Der Fall Theodor Oberländer

Philipp-Christian Wachs, geboren 1967, studierte in Bamberg, Paris und Berlin Zeitgeschichte und internationale Beziehungen. Seit Jahren beschäftigt er sich mit der Geschichte der beiden deutschen Staaten.

Philipp-Christian Wachs

Der Fall Theodor Oberländer (1905 – 1998)

Ein Lehrstück deutscher Geschichte

Campus Verlag
Frankfurt/New York

Die Deutsche Bibliothek – CIP-Einheitsaufnahme

Ein Titeldatensatz für diese Publikation ist bei
Der Deutschen Bibliothek erhältlich
ISBN 3-593-36445-X

Das Werk einschließlich aller seiner Teile ist urheberrechtlich geschützt.
Jede Verwertung ist ohne Zustimmung des Verlags unzulässig. Das gilt insbesondere
für Vervielfältigungen, Übersetzungen, Mikroverfilmungen und die Einspeicherung
und Verarbeitung in elektronischen Systemen.
Copyright © 2000 Campus Verlag GmbH, Frankfurt/Main
Umschlaggestaltung: Atelier Warminski, Büdingen
Umschlagmotiv: dpa, Hamburg
Druck und Bindung: Druckhaus »Thomas Müntzer«, Bad Langensalza
Gedruckt auf säurefreiem und chlorfrei gebleichtem Papier.
Printed in Germany

Besuchen Sie uns im Internet: www.campus.de

Inhalt

Einleitung 9

Kapitel I
Die Besten an die Grenze - Oberländer und der Osten

A. Vorkriegszeit eines Ostforschers -
Oberländers Zeit in Königsberg, Danzig und Greifswald

    1. Abschied und Anfang - Hans Rothfels und Theodor Oberländer   25
    2. Linke Leute von rechts - die „konservativen Revolutionäre"   29
    3. Die Besten an die Grenze - Oberländer geht nach Königsberg   35
    4. Wahlverwandtschaften mit Folgen (I) - Oberländer und Erich Koch   38
    5. Wahlverwandtschaften mit Folgen (II) - Oberländer und Admiral Canaris   45

B. „Ostlandritter" im Feld - Das Bataillon Nachtigall

    1. Die Ukrainer - ein Volk in fünf Staaten   51
    2. Offene Arme in Berlin?
       Die Zusammenarbeit der Abwehr mit der *OUN*   55
    3. Nebenaußenpolitik - Oberländer und das Bataillon *Nachtigall*   60
    4. Anarchie im Machtvakuum - Lemberg vor dem 30. Juni 1941   69
    5. Der 30. Juni 1941   71
    6. Von geduldetem Mord zu planmäßiger Vernichtung -
       Stadtkommandant und die SS marschieren in Lemberg ein   78
    7. Die Rolle des Bataillons *Nachtigall*   85
    8. „Erstens beherrschen, zweitens verwalten, drittens ausbeuten" -
       Das Ende der freien Ukraine   89
    9. Ende einer Meistbegünstigung - Das Schicksal des Bataillons *Nachtigall*   93

C. Das „Kaukasische Experiment": Oberländers Sonderverband Bergmann

    1. Fernziel Tiflis - deutsche Pläne für den Kaukasus   96
    2. Die Aufstellung des Sonderverbandes *Bergmann*   100
    3. Gefahr von innen - Der Fall Ziklauri   105

4. Gefahr von außen - Die 162. Infanteriedivision 107
5. Propaganda- und Fronteinsatz des Sonderverbandes *Bergmann* im Kaukasus 112
6. Pragmatismus contra Rassenlehre - Oberländers Einsatz für die Taten 119
7. Der Rückzug der Deutschen aus dem Kaukasus 122
8. Das Ende - Oberländers Entlassung aus der Wehrmacht 128

D. Kaltgestellt: Erst Prag, dann Osttruppen 135
 1. Noch einmal Ostruppen - Oberländer in der Wlassow-Armee 140

E. Vom „Kampf um das Vorfeld" zum Krieg der Denkschriften -
 Kontinuität und Wandel in Oberländers Ostpolitik
 1. Gegen „Saisonstaat" und die „Schande von Versailles" 148
 2. Vom Völkerrecht zum Recht der Völker von deutschen Gnaden -
 Das Volksgruppenrecht als Kern einer deutschen Monroe-Doktrin 156
 3. Der „Kampf um das Vorfeld" - ein ostpolitisches Auslaufmodell? 158
 4. Vom Volkstums- zum Nebenaußenpolitiker - Oberländers Weg zur Abwehr 163
 5. Variante I: Vernichtungskrieg und Planungswahn – der *Generalplan Ost* 167
 6. Variante II: Führen, nicht herrschen –
 Oberländer und Gleichgesinnte in Wehrmacht und Staat 172
 7. Schreiber Himmlers wider Willen - Oberländers Artikel im *Neuen Bauerntum* 177
 8. Oberländers Denkschriften und seine Vision einer „pax germanica" 179
 9. Oberländer im Visier der SS 184

Kapitel II
Ex oriente lux? Oberländer im Fadenkreuz Albert Nordens

A. Die Allianz Ost-Berlin-Warschau-Moskau:
 ostdeutsche, polnische und sowjetische Angriffe gegen Oberländer
 1. Der Westen leuchtet 191
 2. Flucht in die Ideologie - Antifaschismus als Instrument 195
 3. Neuer Wein in alten Schläuchen - Eine Pressekonferenz im Kalten Krieg 198
 4. Ein letztes Mal Erich Koch - Die Kampagne gegen Oberländer beginnt 206

B. Deutsch-deutsche Beziehungen oder: teutono teutonis lupus est.
 Die VVN-Kampagne gegen Oberländer
 1. Alter Wein in neuen Schläuchen - Eine Anzeige in Ludwigsburg 209
 2. Flucht nach vorn (I) - Das Imperium schlägt zurück 214
 3. Flucht nach vorn (II) - Oberländers Pressekonferenz am 30. September 1959 218
 4. Die Regie bekommt ein Gesicht -
 Albert Nordens Pressekonferenz am 22. Oktober 1959 225

5. Flucht nach vorn (III) -
   Die Internationale *Untersuchungskommission Lemberg 1941* 230
6. „Mohrenwäscher" und Renegaten im Visier Ost-Berlins 234

C. „Dort, wo die Wahrheit zu Hause ist" -
   Propagandazentrale Berlin-Mitte

   1. Auf der Suche nach der Zuständigkeit -
      Ein Funktionärstreffen am Werder'schen Markt 240
   2. Szenenwechsel - Krisenstimmung am Rhein 247
   3. Endstation erster Mai: Die Prozeßvorbereitung beginnt 249
   4. Propagandistisch-juristischer Probelauf - Der Prozeß gegen Klaus Walter 255

D. Finale in Berlin-Ost - Der Oberländer-Prozeß vor dem
   Obersten Gerichtshof der DDR vom 20. bis 29. April 1960

   1. Letzte Proben im Marionettentheater 266
   2. Bockwürste im Gericht - Der erste Verhandlungstag 273
   3. „Wo die Reaktion hauste, war der Angeklagte dabei" –
      Der zweite Verhandlungstag 278
   4. „Tribunal der Totems und Tabus" - Der dritte Verhandlungstag 284
   5. „Das grosse Schuldbuch ist aufgeschlagen" –
      Der vierte und fünfte Verhandlungstag 289
   6. „Theorie und Praxis der Ausrottung" - Der sechste Verhandlungstag 296
   7. Übler Mörder oder Irrendes Gewissen? Die Plädoyers und das Urteil 305

E. Der Tag nach der Schlacht - cui bono?

   1. Ein deutsch-deutscher Pyrrhussieg? 309

Kapitel III
Freude an Prozessen –
Oberländers Kampf um seine Rehabilitation

A. Rasanter Hürdenlauf ohne Atemnot -
   Der zweite Aufstieg eines streitbaren Taktikers

   1. Phönix aus der Asche - Oberländers Rückkehr aufs politische Parkett 317
   2. Ein kurzer Marsch durch die Institutionen (I) 324
   3. Endstation Selbstabschaffung - Wesen und Funktion des *BHE* 329
   4. Ein kurzer Marsch durch die Institutionen (II) 332
   5. Die Zeiten ändern sich - Vorboten des Sturms 343
   6. Wer wirft den ersten Stein?
      Bucerius, Böhm und Krone als die Motoren des Rücktritts 348

7. Die Kunst, entlassen zu werden - Abgang durch die Hintertür 351
8. Urlaub ohne Wiederkehr? Warten auf den ersten Mai 359
9. Vom umstrittenen zum vertriebenen Minister -
Der zweite Aufstieg und Fall eines streitbaren Taktikers 365

B. Kleine Fluchten West: Der Prozeßreigen beginnt

1. Juristische Entlastung (I) - *Nachtigall* vor Gericht 370
2. Juristische Entlastung (II) - Prozesse gegen sich selbst 380
3. Publizistischer Flankenschutz - Oberländers geistige Leibgarde 385
4. Alte Treue rostet nicht - Hermann Raschhofers Buch zum Fall Oberländer 394

C. Kleine Fluchten Ost: Die Stasi als Prozeßgegner

1. Durch innige Feindschaft vereint - Oberländer und die *VVN* 400
2. Auf der Suche nach der 2. Kompanie 405
3. Aktenberge als propagandistischer Rohstoff- Kompetenzzentrum Ost-Berlin 412
4. Marionetten vor Gericht (I) - Kauls willige Helfershelfer 418

D. Störende Brudervölker - Einspruch aus Warschau

1. Störende Brudervölker (I) - Eine Analyse aus Warschau –
intern und unerwünscht 426
2. Störende Brudervölker (II) - Ein Diplomatentreffen in Warschau 437

E. Honeckers hilfreiche Helfershelfer -
Bernt Engelmann und das operative Interesse des MfS

1. Marionetten vor Gericht (II) - Der lange Arm des *MfS* 446
2. Entscheidung in Karlsruhe: Wie gültig kann ein DDR-Urteil sein? 456

F. Totgesagte leben länger - Oberländers Rehabilitation 1993

1. Aufzufinden in Ruinen - Die Suche nach Oberländers *MfS*-Akten 465
2. Eine Regierung wird belagert - Oberländers Demarchen in Bonn 470

Schlußbetrachtung:
Theodor Oberländer - Ein deutscher Fall? 482

Dank 515
Quellen-, Literatur- und Abkürzungsverzeichnis 518

Einleitung

Bonn, Luisenstraße, 29. Juni 1996. Eine Gruppe meist junger Demonstranten marschiert die ruhige, von Villen gesäumte Straße entlang. Ein diskret verbreiteter Aufruf zu einem „outing" hat sie aus dem ganzen Bundesgebiet nach Bonn befördert. Im Namen der strapazierten Formel einer „Geschichte, die nicht vergehen will", haben sie sich auf den Weg gemacht, denn Nichts und niemand werde vergessen, wie ihre parallel verschickte Presseerklärung verkündet[1]. „Autonome AntifaschistInnen in Erinnerung an die unbekannte russische Lehrerin aus Kislowodsk" - der sperrige Name der Gruppe deutet auf deutsche Verbrechen im Zweiten Weltkrieg. Schon bald haben die knapp hundert Marschierer ihr Ziel erreicht. Das Haus Nr. 6 ist eine dreistöckige Villa, kurz nach der Jahrhundertwende erbaut. Ihr schmutziggrauer, jahrzehntealter Anstrich versprüht den morbiden, spröden Charme grauer Nachkriegsjahre.

Eine geschickte Regie des Veranstalters hat dafür gesorgt, daß die örtliche Polizei von der Demonstration keine Notiz nimmt. Routiniert und ungestört geht die Truppe, meist Jugendliche aus den Reihen der Autonomen und Angehörige der *Vereinigung der Verfolgten des Naziregimes (VVN)*, nun ans Werk - argwöhnisch beäugt von ein paar Passanten und Nachbarn. Sprühdosen und Farbbeutel sind schnell in großer Zahl zur Hand, und es dauert nur wenige Minuten, bis die graue Fassade des Hauses Nr. 6 mit Hakenkreuzen und einer Vielzahl von Farbbeuteln verunstaltet ist. Auch die Straße bleibt nicht verschont. Schon bald zieren Worte wie „Mörder" und zahlreiche Hakenkreuze das dunkle Grau des Asphalts.

Ein mitgebrachtes Megaphon erleichtert das Verlesen einer Erklärung über den „Mörder, der nicht mal freiwillig zur Hölle fährt", und schon bald findet sich ein Exemplar in den zahlreichen Briefkästen der umliegenden

---

[1] Pressemitteilung „Besuch bei dem NS-Mörder Theodor Oberländer am 29. Juni 1996". Der Autor hat die Szenerie selbst miterlebt.

Häuser. Auf drei Seiten bezichtigen die Initiatoren den im Rahmen der Aktion Gescholtenen, als „Mörder von Lemberg" im Zweiten Weltkrieg mindestens 5.000 Menschen auf dem Gewissen zu haben, als „ausgewiesener Experte eines arbeitsteiligen Völkermords". Genaues über das Ziel ihres „outings" weiß auf Befragen des Autors indes kaum einer der Demonstranten. Keiner hat den Angeklagten je gesehen oder gesprochen, kaum einer kennt ihn oder hat sich genauer mit ihm beschäftigt. Dennoch gibt den Demonstranten ein kurzer Blick auf das Klingelschild des Hauses Luisenstraße Nr. 6 die Gewißheit, am Ziel zu sein: „Oberländer / Buchholz" steht dort in altmodischer Handschrift. Die Masse der Marschierer ist zu jung, sich noch daran zu erinnern, wie sehr Theodor Oberländer als Bonner Minister zu Zeiten des Kalten Krieges die Spalten deutscher und internationaler Zeitungen füllte und zum Thema zahlreicher Radio- und Fernsehsendungen wurde. Die Vorwürfe, die sie in ihrer Erklärung erheben, stehen in Zusammenhang mit seiner Tätigkeit in der Deutschen Wehrmacht im Zweiten Weltkrieg. Die Staatsanwaltschaft in Köln hat erst im Frühjahr 1996 Ermittlungen gegen den damals Einundneunzigjährigen aufgenommen; darüber ist nur wenige Tage später im *Spiegel* zu lesen, ohne daß die Vorwürfe näher belegt werden[2].

Der Mann, dem die Aktivität der Demonstranten gilt, ist verreist und bekommt den Trubel und die Beschmierung seines Hauses nicht mit. Es wird ihn nicht hindern, im nachhinein aktiv zu werden. Zeit seines Lebens ist Theodor Oberländer, auf dem Felde der Politik ebenso wie vor Gericht, streitbar und mit seinen Kritikern nicht zimperlich. Photos aus den Tagen als Bonner Minister scheinen dies zu belegen; aus dem rundlichen Gesicht des vierschrötigen Mannes blicken zwei selbstbewußte, energische, fast kalte Augen, ein schmallippiger Mund mit nach unten weisenden Mundwinkeln unterstreicht diesen Eindruck. Es ist das Gesicht eines Mannes, der nur wenig fürchtet. Vor wie nach dem Krieg ging er in Amt und Würden keinem politischen Streit aus dem Weg, und auch als Pensionär zerrte er jeden Kritiker ausnahmslos vor Gericht. In knapp hundert Prozessen hat er sich nach 1961 mit ihnen duelliert - und die Verfahren meist zu seinen Gunsten entschieden. Auch nach der Demonstration vom 29. Juni wird er Anzeige wegen Sachbeschädigung erstatten, und ein Bonner Gericht wird im Winter 1996 die Wohnungen zweier Journalisten durchsuchen lassen. Die

---

[2] Vgl. „Die Mühlen mahlen langsam", *Der Spiegel* Nr. 18 / 1996.

Auseinandersetzung vor Gericht ist für ihn über die Jahre zum gängigen Kommunikationsmittel geworden.

Wenn er nicht reist - oder klagt -, verbringt er bis zu seinem Tod im Sommer 1998 die meiste Zeit des Tages in einem kleinen, spartanisch ausgestatteten Schlaf- und Arbeitszimmer. Über einer Pritsche hängt ein Photo der Königsberger Universität, in übervollen Regalen zeugen Bücherberge und meterlange Reihen staubiger Prozeßakten, Mappen, Folianten und Ordner davon, mit welcher Sammelleidenschaft Oberländer die Zeugnisse eines langen Lebens in exponierten Ämtern aufbewahrt hat. Dieses Zimmer ist ein Panoptikum seiner Vergangenheit, dabei ein Archiv voller Zeugnisse eines über weite Strecken sehr umstrittenen, hochpolitischen deutschen Lebens. Manches verwendete er vor Gericht, einiges lancierte er zu seinen Gunsten in die Medien, bei anderen Dokumenten wird er froh gewesen sein, daß sie nie das Licht der Öffentlichkeit erblickten. Sein Zimmer in der Luisenstraße 6 diente dabei über viele Jahrzehnte als gutgefülltes Arsenal für eine offensive Verteidigung des Mannes, den ein DDR-Gericht als „Mörder von Lemberg" stigmatisierte. Doch wirklich ausgewertet hat diese Bestände noch niemand. Die dröhnenden Parolen der Demonstranten mit den immergleichen Vorwürfen sind ebenso unbefriedigend wie Oberländers meist vor Gericht gebetsmühlenhaft wiederholten Rechtfertigungen. Wer wissen will, was der *Fall Oberländer* wirklich war, muß tiefer graben – und das nicht nur in Oberländers Regalen.

Geboren am 1. Mai 1905 im thüringischen Meiningen, gestorben am 4. Mai 1998 in Bonn, ist Theodor Oberländer fast so alt wie das zwanzigste Jahrhundert. Sein politisches Leben begann bereits kurz nach dem Ersten Weltkrieg, im Schatten von Versailles. Er war bereits Mitte fünfzig, als sein Leben zum *Fall Oberländer* stilisiert und in den ausgehenden fünfziger und sechziger Jahren in Deutschland heftig diskutiert wurde, und gerade einundneunzig, als jene im Vorwort beschriebene Demonstration vor seinem Haus stattfand. Es scheint, als sei das Leben Theodor Oberländers eng mit den Höhen und Tiefen des deutschen Schicksals in diesem Jahrhundert verflochten. Doch wer ist dieser Mann wirklich? Was hat es mit dem Schlagwort vom „Fall Oberländer" auf sich?

Ein Blick in einschlägige Nachschlagewerke erbringt nur dürre chronologische Auflistungen. Als bündischer Jugendliche ist er achtzehn und in München, als Hitler im Jahre 1923 auf die Feldherrnhalle marschierte. 1929 in Berlin erstmals promoviert zum Agrarwissenschaftler, ein Jahr später in

Königsberg zum zweiten Male in Nationalökonomie. Seit 1933/34 leitete er das Institut für Osteuropäische Wirtschaft an der Universität Königsberg und versah nebenher eine Professur für Agrarpolitik in Danzig. 1937 Wechsel aus der Wissenschaft zur Wehrmacht in das Amt Ausland / Abwehr. Dort konzipierte Oberländer seit 1940 die deutsch-ukrainische Freiwilligeneinheit *Nachtigall* und Ende 1941 den deutsch-kaukasischen Sonderverband *Bergmann*. Seine positiven Erfahrungen bei ihrer Aufstellung, verknüpft mit Kritik an der deutschen Besatzungspolitik, legte er in sechs Denkschriften nieder, die ihn im Oktober 1943 sein Kommando kosteten. Seit 1940 hatte er einen Lehrstuhl für Staatswissenschaften an der Deutschen Karls-Universität in Prag inne, dorthin konnte er nun zurückkehren. Im März 1945 zog Oberländer den Wehrmachtsrock wieder an und ging als deutscher Verbindungsoffizier in den Stab von General Wlassows nationalrussischer Befreiungsbewegung.

Schon nach kurzer Gefangenschaft schrieb er seine Erfahrungen mit den Ostvölkern für die Alliierten nieder und erstellte in ihren Diensten alsbald Analysen über antistalinistischen Kräfte in Mittel- und Osteuropa. Politisch gelangte Oberländer Ende der vierziger Jahre zum *Bund der Heimatvertriebenen und Entrechteten (BHE)*. Im Dezember 1950 wurde er Staatssekretär für das Flüchtlingswesen in Bayern, nur drei Jahre später machte Konrad Adenauer ihn im Oktober 1953 zum Bundesminister für Vertriebene, Flüchtlinge und Kriegsgeschädigte. Daneben war er bis 1953 bayerischer *BHE*-Landesvorsitzender, durch geschickte Regie ab 1954 auch ihr Bundesvorsitzender. Schon ein Jahr später wechselte er zur CDU. Als Herr über die Milliarden des Lastenausgleichs und als Sprecher von 16 Millionen Vertriebenen, Flüchtlingen und Kriegsgeschädigten war er ein interessenpolitisches Schwergewicht in Konrad Adenauers Regierung. Einerseits beanspruchte er namens des *BHE* das Selbstbestimmungsrecht der Heimatvertriebenen und, implizit, die Wiederherstellung des Deutschen Reichs in den Grenzen von 1937. Andererseits förderte er die politische, wirtschaftliche und soziale Eingliederung der über zwölf Millionen Vertriebenen und Flüchtlinge in die Bundesrepublik durch entsprechende Gesetze und Projekte mit allen Mitteln. Darüber hinaus verschaffte er Konrad Adenauer mit den Stimmen des *BHE* im Bundestag die notwendigen parlamentarischen Mehrheiten für die Politik der Westintegration und der Wiederbewaffnung.

Oberländers Erfolge bei der Eingliederung der Heimatvertriebenen und seine politische Unterstützung der Wiederbewaffnung und des bundesdeutschen Beitritts zur NATO waren seit Sommer 1959 der unmittelbare Anlaß, ihn wegen vermeintlicher Kriegsverbrechen zu entlarven und einen *Fall Oberländer* zu schaffen. Mit Oberländers Namen verbindet sich die erste DDR-Großkampagne gegen einen prominenten Bonner Amtsträger. Ihm wurde vorgeworfen, im Sommer 1941 an der Erschießung von mehreren tausend Juden und Polen in Lemberg beteiligt gewesen und auch für den Tod zahlreicher Menschen im Kaukasus verantwortlich zu sein. Monatelang füllte das Thema die Titelseiten der Zeitungen beiderseits des Eisernen Vorhangs. Beinahe täglich präsentierten aus Ost-Berlin gesteuerte Institutionen und Zeitungen neues Belastungsmaterial gegen den Bonner Minister. Am 29. April 1960 verurteilte das Oberste Gericht der DDR den abwesenden Oberländer nach einem einwöchigen Schauprozeß schließlich zu lebenslangem Zuchthaus und drängte in Bonn auf seine Auslieferung. Auch in der Bundesrepublik entfachte der „Fall Oberländer" zur Jahreswende 1959/60 eine heftige Debatte in den Parteien und in den Medien. Eine Reihe von Journalisten, etwa Bernt Engelmann im *Spiegel* und Gerd Bucerius in der *Zeit*, machten sich die DDR-Vorwürfe zu eigen. Auch die Staatsanwaltschaft ermittelte gegen den Minister. Nach monatelangen innenpolitischen Querelen und heftigen Debatten innerhalb der CDU / CSU trat Oberländer am 3. Mai 1960 zurück. Die Staatsanwaltschaft Bonn stellte die beiden Verfahren gegen ihn wegen mangeldem Tatverdacht 1960 und 1961 ein.

Soweit die Chronologie dürrer Fakten, die wenig Licht in ein bewegtes Leben bringt und die eigentliche Frage unbeantwortet läßt, wer Oberländer war und was ihn zum Fall machte. *Vordenker der Vernichtung!* sagen seine Kritiker. Ende der achtziger Jahre beschrieb der englische Historiker Michael Burleigh die Schlüsselrolle des aufstrebenden Oberländer und der deutschen Ostforschung im nationalsozialistischen Machtgefüge. Er habe in Königsberg eine einzigartige, herausgehobene Position an der Schnittstelle zwischen Wissenschaft und Politik besessen und mit seiner Arbeit intellektuelle Waffen für die Verteidigung des Deutschtums gegen die Polen geschmiedet. Im Kampf gegen den Versailler Vertrag ließen sich so die Ansprüche der Deutschen auf ihre verlorenen Territorien wissenschaftlich untermauern[3].

Der Berliner Historiker Götz Aly, der schon seit 1991 zu den schärfsten Kritikern Oberländers gehörte, griff die Erkenntnisse Burleighs wenig später

---

[3] Vgl. dazu Michael Burleigh: *Germany turns eastwards. A study of Ostforschung in the Third Reich*, Cambridge 1988.

auf. Seine Schlußfolgerungen in dem Buch *Vordenker der Vernichtung* im Jahre 1993 gingen allerdings weit über Burleighs Erkenntnisse hinaus. Durch Aly erhielten die Vorwürfe gegen Oberländer nun eine neue, monströse Dimension. Der Professor spielte dabei in den Augen Alys eine entscheidende Doppelrolle. Als ambitionierter Königsberger Ostforscher in den dreißiger Jahren sei Oberländer ein Vordenker der Vernichtung gewesen, der seinen theoretischen Kenntnissen als tausendfacher „Mörder von Lemberg" im Jahre 1941 die nötige Praxiserfahrung hinzugefügt habe. Für Aly führte die Linie von Oberländers Aufstieg geradezu nach Auschwitz. Als Berater der Macht habe sich der ehrgeizige Oberländer den Nationalsozialisten bedenkenlos angedient, und dort sei sein Sachverstand als „versierter Propagandist der deutschen Ostexpansion" schon bald auf fruchtbaren Boden gefallen. In seiner Rolle als zentraler Theoretiker von Bevölkerungsdruck und Überbevölkerungsproblem habe Oberländer wissenschaftlich ausgearbeitet, was durch Partei, Staat und SS in Form des Holocaust schon bald grausige Wirklichkeit werden sollte. Er sei in Königsberg als Mentor zahlreicher anderer Wissenschaftler aufgetreten, die schon bald darauf in die Dienste der SS traten. Aly folgte mit seinem Verdikt über Oberländer eng den Vorwürfen der DDR der Jahre 1959-60. In seinen Augen war und blieb der ehemalige Vertriebenenminister Oberländer ein theoretisch wie praktisch ausgewiesener Experte des arbeitsteiligen Völkermordes, der 1941 in Lemberg mit seinem Bataillon *Nachtigall* ein Blutbad unter der Zivilbevölkerung angerichtet habe. Mehrere tausend Juden und 38 polnische Professoren seien planmäßig hingerichtet worden. In seinem Buch *Macht - Geist - Wahn* von 1997 fährt Aly in gewohnter Weise fort und bleibt sich selbst treu. Erneut kritisiert er Oberländer scharf und macht sich die Ergebnisse der Beweisaufnahme des DDR-Prozesses von 1960 noch einmal zu eigen[4].

Sehr viel genauer widmen sich den umstrittenen Vorgängen in Lemberg zwei Historiker, welche die nationalsozialistische Vernichtungspolitik im Distrikt Galizien 1941 bis 1944 umfassend erforscht haben. Thomas Sandkühler und Dieter Pohl rekonstruierten die erste Juliwoche des Jahres 1941 in Lemberg minutiös und kommen zu Ergebnissen, die Alys Erkenntnissen deutlich widersprechen. Sandkühler betont, die SS und nicht Oberländer und

---

[4] Vgl. Götz Aly: *Vordenker der Vernichtung*. Auschwitz und die deutschen Pläne für eine neue europäische Ordnung. Frankfurt am Main 1993, S. 92-97, S. 101-118 und S. 447 sowie ders.: *Macht - Geist - Wahn*. Kontinuitäten deutschen Denkens. Berlin 1997, S. 99-106; „Freispruch für den Mörder?" *taz* vom 8. Mai 1991.

sein Bataillon *Nachtigall* sei für die Professorenmorde verantwortlich. Für die weiteren Morde beurteilt er den pauschalen Schuldvorwurf Alys als problematisch, da es keine Hinweise auf eine Beteiligung oder einen Befehl Oberländers gebe. Er räumt allerdings die Möglichkeit ein, einzelne Angehörige des Bataillons *Nachtigall* hätten sich ohne Befehl an den Morden und Ausschreitungen in Lemberg beteiligt[5]. Auch Dieter Pohl kommt zu ähnlichen Ergebnissen: Oberländer sei für die Professorenmorde eindeutig nicht verantwortlich, eine Beteiligung an den übrigen Morden und Ausschreitungen in Lemberg sei nicht nachweisbar, aber durchaus möglich[6].

Auch der Historiker Ingo Haar analysiert in seinem Buch über Historiker und Ostforschung im Dritten Reich die Rolle der *Deutschen Forschungsgemeinschaften* als Großforschungseinrichtungen der Nationalsozialisten. Er beschreibt, wie das Theorem vom „deutschen Volksboden" durch eine neue Generation von Wissenschaftlern aufgegriffen wurde, um daraus die Leitlinien einer neuen außenpolitischen Staatsdoktrin des Dritten Reichs zu entwickeln. Als Vorstandsmitglied der *Nordostdeutschen Forschungsgemeinschaft* spielte Oberländer mit seiner Machtfülle darin bis 1936 eine wesentliche Rolle. Indes sei Oberländers Karriere als Ostforscher trotz oder gerade wegen seines kometenhaften Aufstieg im Jahre 1938 beendet und seine Denkmodelle nur von kurzer Reichweite gewesen. Allerdings erfährt der Leser nur am Rande etwas über die Karrieren der Ostforscher nach dem Ausbruch des Zweiten Weltkriegs – somit bleibt Oberländers Kriegskarriere ungeklärt[7].

Soweit die Kritiker. *Vorbildliche Lichtgestalt, verdienstvoller Patriot!* halten die Oberländers Fürsprecher dagegen. Das vordergründige Rechtfertigungsinteresse der meisten von Ihnen reicht bis in den Kalten Krieg zurück. Unmittelbar nach Oberländers Rücktritt nahm ein Autoren-Dreigestirn die publizistische Verteidigung des gefallenen Ministers auf. Den Anfang

---

[5] Vgl. Thomas Sandkühler: *Endlösung in Galizien*. Der Judenmord in Ostpolen und die Rettungsinitiativen von Berthold Beitz 1941-1944, S. 50, 117f. und 488f.

[6] Vgl. Dieter Pohl: *Nationalsozialistische Judenverfolgung in Ostgalizien 1941-1944*. Organisation und Durchführung eines staatlichen Massenverbrechens. München 1996, S. 62f., 69 und 394.

[7] Vgl. Ingo Haar, *Historiker im Nationalsozialismus*: Die deutsche Geschichtswissenschaft und der „Volkstumskampf" im Osten (erscheint 2000). Erste Ergebnisse Haars finden sich in seinem Aufsatz „Revisionistische Historiker im Nationalsozialismus" in: Peter Schöttler (Hg.): *Geschichtsschreibung als Legitimationswissenschaft 1918 - 1945*. Frankfurt am Main 1997, S. 52-103.

dieser strikt arbeitsteiligen Serie machte Victor Silling, der 1960 in seinem Buch *Die Hintergründe des Falles Oberländers* ihn als Opfer einer genau analysierten Art kommunistischer Propaganda ausmachte. Silling ging es nicht nur um Oberländer selbst, sondern um die Ehrenrettung der völkisch-revisionistischen Volkstumspolitik an sich. Auf dem schmalen Grat „zwischen einer imperialen Herrschaft Deutschlands und einer Preisgabe Osteuropas an den Bolschewismus" wäre die Volkstumspolitik, so Silling allen Ernstes, friedenssichernd und „im besten Sinne demokratisch" gewesen[8].

Bereits ein Jahr später folgte ihm Kurt Ziesel und beschrieb Oberländer in seinem Buch *Der rote Rufmord* als innenpolitisches Opfer eines moralischen Werteverfalls. Die Dreyfuß-Affäre sei vergleichsweise harmlos gegen das Treiben der deutschen Medien und deutsche Politiker im Fall Oberländer. „In dieser widerwärtigen und tödlichen Kumpanei von halbnazistischen Opportunisten und kommunistisch Infizierten", schrieb Ziesel, „wird der Bastard des roten Rufmordes gezeugt" und sei für den Sturz Oberländers verantwortlich. Wie schon Silling, streute auch Ziesel Bekenntnisse seiner Generation ein. Der Einsatz von Oberländer und seinesgleichen sei reiner Idealismus gewesen, mit keinem Hauch eines Bewußtseins belastet, verbrecherischen Zielen zu dienen. Gerade der Offizier Oberländer habe weit mehr als seine Pflicht getan und

„seinen humanen Vorstellungen über die Beziehungen der Völker untereinander und der einzelnen Menschen zueinander inmitten des Grauens gerade im Osten in einer Weise zur Geltung verholfen, die ihn mehrfach an Leib und Leben gefährdete"[9].

Als drittes Buch erschien im Jahre 1962 aus der Feder Hermann Raschhofers eine juristische Analyse des DDR-Schauprozesses von 1960. Der Völkerrechtler Raschhofer griff darin das Urteil Otto Kirchheimers auf, der bereits 1961 in seinem Lehrbuch und Standardwerk *Political Justice* den DDR-Schauprozeß gegen Oberländer schmunzelnd als Musterbeispiel eines politischen Prozesses mit allen notwendigen Merkmalen beschrieben hatte. Raschhofer verglich die Ergebnisse des Ost-Berliner Verfahrens mit zwei für Oberländer erfolgreichen westdeutschen Verfahren von 1960 / 61 und sprach, anhand einer gründlichen Auswertung der gerichtlichen Beweisauf-

---

[8] Vgl. Victor Silling: *Die Hintergründe des Falles Oberländer*. Groß Denkte 1960, S. 29 und 68 f.
[9] Vgl. Kurt Ziesel: *Der rote Rufmord*. Eine Dokumentation zum Kalten Krieg. Tübingen 1961, S. 11-13, S. 27 und S. 64.

nahmen und Einstellungsverfügungen, Oberländer von dem Verdacht der Mordbeteiligungen in Lemberg und im Kaukasus frei. Der Oberländer-Prozeß in Ost-Berlin, folgerte Raschhofer, sei ein klassisches Beispiel für die politische Funktionalisierung der Justiz, die eine vorgegebene politisch-moralische Diffamierung eines als gefährlich erachteten Gegners durch ein Urteil rechtsförmig einzukleiden hatte. Klassenzugehörigkeit und politische Gegnerschaft begründeten bereits die Schuld, die Intensität des Gegensatzes regele das Strafmaß. Pankow habe damit die „Spätformen des Dritten Reiches systematisiert und ausgebaut"[10].

Leisere Töne bevorzugte eine „dokumentarische Untersuchung" über Theodor Oberländer, die im Jahre 1995 aus der Feder des ostdeutschen Journalisten Siegfried Schütt erschien. Als Frucht knapp zweijähriger Gespräche mit Oberländer ist Schütts Charakterstudie sensibel und beleuchtet viele Facetten des Menschen Oberländer, macht sich im Endeffekt in allzu apologetischer Form Oberländers Version seines Lebens zu eigen. Sein Blick richtete sich ausführlich auf die DDR-Inszenierung der Vorwürfe gegen Oberländer, ohne dessen Rolle indes genauer zu erforschen. So ist es kaum verwunderlich, daß Oberländer selbst das Geleitwort schrieb in der Hoffnung, das Buch trage nach „jahrelanger Verbreitung von Lügen durch die Medien zur Wahrheitsfindung" bei[11].

Zehn Jahre nach der deutschen Einheit stehen sich Fürsprecher und Kritiker nach wie vor apodiktisch und unversöhnlich gegenüber. Über Oberländer ist in den vergangenen Jahren viel geschrieben, aber wenig geforscht worden. Selten wurde neues Material ermittelt, noch seltener unveröffentlichte Aktenbestände herangezogen. Es scheint einfacher, das bislang Bekannte aufzunehmen und noch einmal mit eigenem Kommentar zu einem neuen Werk zu formen. Abgesehen von den Büchern Burleighs, Haars, Pohls und Sandkühlers ist die Zahl bislang ausgewerteter Quellen extrem dürftig. Grundmotivation und Aufgabe dieser Studie ist es deshalb, durch einen gründlichen, unvoreingenommenen Blick in *alle* verfügbaren Quellen eine erneute, inhaltliche Prüfung des Falles Oberländer vorzunehmen. In

---

[10] Vgl. als deutsche Ausgabe Otto Kirchheimer: *Politische Justiz*. Verwendung juristischer Verfahrensmöglichkeiten zu politischen Zwecken. Neuwied 1965, S. 488f., und Hermann Raschhofer: *Der Fall Oberländer*. Eine vergleichende Rechtsanalyse der Verfahren in Pankow und Bonn. Tübingen 1962, S. 3, S. 195.und S. 200 f.

[11] Vgl. Siegfried Schütt: *Theodor Oberländer*. Eine dokumentarische Untersuchung. München 1995, S.8.

ost- und westdeutschen Beständen existiert nicht nur eine Fülle bislang ungesichteten Materials, auch manche Akteure des Falles Oberländer in Ost und West sind noch am Leben. Die Möglichkeit, die Meinungen und Materialien von Kritikern wie Fürsprechern Oberländers zu erschließen, zu analysieren und sich auf breiter Quellenbasis dem heftig umstrittenen Lebenslauf des Vertriebenenministers erneut zu nähern, wird dabei neues Licht in den Fall Oberländer bringen und das bisherige Bild teilweise erheblich korrigieren. Nur so läßt sich der Forderung Leopold v. Rankes näherkommen, zu wissen, wie es eigentlich gewesen ist.

Zwei äußerst günstige Umstände kamen dieser Studie zugute. Keine Revision kommt ohne den Namensgeber des Falles Oberländer aus, dem seit der DDR-Kampagne und dem Schauprozeß von 1960 das Stigma des „Mörders von Lemberg" anhaftet. Am Anfang steht Oberländer selbst. Angesichts seines biblischen Alters war Oberländer gewillt, im direkten, ausführlichen Gespräch Bilanz zu ziehen über ein langes bewegtes Leben. Die Aktivitäten der *Zentrale Stelle der Landesjustizverwaltungen zur Verfolgung von NS-Verbrechen* in Ludwigsburg, die nach dem Untergang der DDR deren Urteile wegen NS-Verbrechen überprüfte, zahlreiche Akten aus den Beständen des ehemaligen *Ministeriums für Staatssicherheit* der DDR *(MfS)* durchsah und im Jahre 1996 erneut ein Vorermittlungsverfahren gegen Oberländer wegen der 1960 verhandelten Vorwürfe eröffnete, taten ein Übriges, Oberländers Willen zum Gespräch über die eigene Vergangenheit zu stimulieren. Zahlreiche Gespräche mit Oberländer und eine umfangreiche Korrespondenz bis zu seinem Tod im Mai 1998 konnten deshalb in diese Arbeit einfließen. Dies schloß die Möglichkeit ein, seine privaten Unterlagen, die sich in dem eingangs beschriebenen Zimmer türmten, ohne Einschränkungen zu sichten und auszuwerten. Sie waren äußerst ergiebig und sind dabei durchweg mit anderen Quellen oder Aussagen verglichen worden. Wo Oberländers Materialien oder Erinnerungen die einzige Quelle sind, ist dies vermerkt und gegebenenfalls kommentiert.

Der zweite günstige Umstand ist die simple Erkenntnis, das Deutsche gleich welcher Couleur, zu allen Zeiten alles aufschreiben. Die Akten zahlreicher Abteilungen des SED-Zentralkomitees, des MfS, der Generalstaatsanwaltschaft der DDR und anderer Institutionen zur Kampagne gegen Oberländer füllen etliche Regalmeter, die Zeugnis ablegen von der politischen Priorität, die der Fall Oberländer in der DDR seit dem Sommer 1959 genoß. Mit vereinten Kräften trugen SED-Abteilungen und das MfS aus ihren Beständen zahlreiche Papiere zu Oberländers Leben im Dritten Reich zusammen, ergänzt durch deutsche Originalunterlagen aus polnischen, tschechischen und russischen Beständen; Moskau, Warschau und Ost-Berlin spürten dazu Zeugen und Weggefährten Oberländers auf und förderten ihre Aussagewilligkeit auf mannigfaltige Art. All dies ist in deutscher Aktengründlichkeit belegt und erblickt in diesem Buch zu ersten Mal das Licht der Öffentlichkeit. Dazu sind die einstigen Akteure innerhalb des DDR-Staatsapparats vielfach noch am Leben und gaben zum Teil bereitwillig Auskunft über ihre damalige Arbeit.

Die außerordentliche Breite des inzwischen zugänglichen Materials ermöglichte es, diese Untersuchung chronologisch in drei Teilen anzulegen. Der erste Teil widmet sich Oberländers Aufstieg im Dritten Reich und seiner Karriere im Zweiten Weltkrieg. Untersucht werden soll dabei, ob und wie gradlinig seine Karriere im Nationalsozialismus verlief, welche Ideen die konzeptionellen Vorstellungen des Ostforschers Oberländer prägten und welche Resonanz er innerhalb der Forschung und des NS-Machtapparates damit hatte. Die von der DDR meist aus den Ruinen in der Mitte Berlins geborgenen oder innerhalb der osteuropäischen Staaten ermittelten Akten, beispielsweise die komplette Personalakte Oberländers von 1933 bis 1945, zeichnen darüber ein sehr anschauliches Bild, das sich bestens verknüpfen und ergänzen läßt mit Oberländers Privatbeständen, den Ergebnissen zahlreicher Befragungen und anderen Unterlagen.

Seine Tätigkeit im Zweiten Weltkrieg, die Arbeit für die Abwehr und die Einsätze der von ihm konzipierten und geführten Einheiten *Nachtigall* und *Bergmann* lassen sich aus bundesdeutschen Militärarchiven, den privaten Beständen ehemaliger Einheitsangehöriger und Oberländers eigenen Papieren nachzeichnen. Für die Jahre 1941 bis 1945 haben sich Oberländers Tagebücher fast lückenlos erhalten; er notierte dort für jeden Tag stichwortartig seine Aufenthaltsorte, seinen Tageslauf, seine Gesprächspartner. Auch die Korrespondenz mit seiner Frau, der er seit 1938 bis zum Ende der Gefangenschaft meist mehrmals pro Woche schrieb, ist weitgehend erhalten. Speziell diese beiden, nicht für das Licht der Öffentlichkeit bestimmten Quellen geben oft ungefilterten Einblick in das Wesen Oberländers, seine Gedanken, Ideen und seine Tätigkeit. Diese Erkenntnisse werden verknüpft mit den zahlreichen Vorträgen, Denkschriften und anderen Materialien Oberländers. So läßt sich Aufschluß darüber gewinnen, ob und welche Kontinuität und welchen Wandel das Weltbild des Ostforschers Oberländers in einem Eroberungs- und Vernichtungskrieg erfuhr und welche Konsequenzen er daraus zog.

Sehr aufschlußreich für sein Leben im Krieg sind auch die zugezogenen bundesdeutschen Gerichtsakten, die sich mit den Vorwürfen gegen Oberländer und seine Einheiten bis Ende der sechziger Jahre beschäftigten. Aus den Beweisaufnahmen konnte - nach sorgfältiger Prüfung der Interessenlagen, die etlichen Zeugenaussagen zugrunde liegen konnten - ebenfalls eine Fülle nützlicher Details in die Darstellung einfließen. Verglichen und verknüpft mit den DDR-Beständen und Akten des ehemaligen *Berlin Document Center (BDC)*, erhellt sich Oberländers Weg im Krieg, einschließlich der umstrittenen Vorgänge in Lemberg und im Kaukasus. Für seinen Aufenthalt in Lemberg in der ersten Juliwoche 1941, der ihm das Stigma des „Mörders von Lemberg" eintrug, lassen sich, auf der Basis der Erkenntnisse Pohls und Sandkühlers, die umstrittenen sieben Tage weitgehend rekonstruieren. Diese gründliche Bestandsaufnahme ist unabdingbar, denn Oberländers Vorgeschichte im Nationalsozialismus bildet erst den Humus, aus dem fünfzehn Jahre später der Fall Oberländer werden wird.

Der „Oberländer-Schlacht", dieser Kampagne, die bis dahin ihresgleichen suchte, ist der zweite Teil dieser Studie gewidmet. Eingebettet in osteuropäische Initiativen zur Entspannungspolitik, inspiriert und organisatorisch unterstützt von Moskau, war die „Oberländer-Schlacht" ein sinnstiftendes Gemeinschaftswerk des Warschauer Paktes, federführend umgesetzt in Ost-Berlin durch Albert Norden. Aus den Akten des *MfS* und des Obersten Gerichts der DDR, den Beiakten der DDR-Generalstaatsanwaltschaft und den Nachlässen federführender Akteure wie Albert Norden, Friedrich Karl Kaul und Walter Ulbricht lassen sich die intellektuelle Planung und der organisatorische, generalstabsmäßige Verlauf der Kampagne seit Sommer 1959 beschreiben und die Entstehung und der Ablauf des Schauprozesses gegen Oberländer im April 1960 in allen Einzelheiten rekonstruieren. Selbst ein vorab konzipiertes Sieben-Tage-Drehbuch mit minutengenauen Zeitansätzen findet sich dort. Ein Gespräch mit Oberländers damaligem Pflichtanwalt Friedrich Wolff konnte für diese Studie wesentliche Details beitragen und die Quellenlage aus eigenen Beständen noch ergänzen.

Die DDR hatte mit ihrem staatlich gelenkten, instrumentalisierten Antifaschismus die Initiative zu jeder Zeit und in jeder Hinsicht fest in der Hand. Auf der anderen Seite des Eisernen Vorhangs befand sich Oberländer durch seinen extremen, zeitweise an Borniertheit grenzenden Antikommunismus von Anfang an in der Defensive. Seine apodiktische Weltsicht lähmte sein bis dahin untrügliches taktisches Gespür, und die meist hemdsärmeligen, stets aber ungeschickten Reaktionen auf die Attacken des Ostens isolierten ihn innerhalb der Bonner Politik immer mehr. Ein Blick in Oberländers Privatpapiere, die Akten des Bundeskanzleramtes und die Tagebücher Heinrich Krones belegt dies ebenso, wie die Einsicht, daß Oberländer viel zu spät zu untauglichen taktischen Winkelzügen hinter den Kulissen griff, um seinen Kopf noch zu retten.

Der innenpolitischen, westlichen Facette des Falles Oberländer, seinem Aufstieg und Fall innerhalb der Bonner Politik und seinem Kampf um die Rehabilitation, ist der letzte Teil der Studie gewidmet. Oberländers Entnazifizierungakten und seine Dossiers aus den US National Archives waren besonders ergiebig und erhellen, wiederum verknüpft mit Oberländers Privatpapieren, mit neuen Einsichten den Beginn seiner politischen Nachkriegskarriere. Am Vorabend eines sich abzeichnenden Kalten Krieges mochten die westlichen Alliierten auf die Kenntnisse des theoretisch wie praktisch versierten Königsberger Ostforschers in keinem Falle verzichten; sie begünstigten seine schnelle Entnazifizierung und warfen bis weit in die fünfziger Jahre ein Auge auf ihren agilen deutschen Schützling. Speziell die in den amerikanischen Beständen enthaltenen psychologischen Charakterstudien und politischen Prognosen sollten sich in weiten Teilen als hellseherisch erweisen. Große Teile des Oberländer-Dossiers sind bis heute aus Gründen der nationalen Sicherheit der USA gesperrt; dies mindert indes den Erkenntniswert der offenen Teile nicht.

Oberländers rasante Karriere suchte im Nachkriegsdeutschland Adenauers ihresgleichen - soviel darf hier schon behauptet werden. Die Studie zeichnet seinen Weg anhand ausgewählter Schlüsselereignisse nach und belegt, wie Oberländer bei der Durchsetzung seiner Ziele alles andere als zimperlich war und bei etlichen Weggefährten Schleifspuren und offene Rechnungen hinterließ. Auf dem Höhepunkt der DDR-Kampagne soll deshalb untersucht werden, ob und inwieweit der Fall Oberländer zu einem rein westdeutschen innenpolitischen Problem wurde und sein Schicksal, unabhängig von den Vorwürfen aus dem Osten, immer mehr in die Mühlen der innerparteilichen Debatte in der CDU/CSU, in die Lagerkämpfe der Vertriebenen und die parlamentarischen Auseinandersetzungen mit den Oppositionsparteien geriet. Auch das Verhältnis Adenauers zu seinem Vertriebenenminister soll hier genauer betrachtet werden. Oberländers Sammelwut sorgte hier für eine beinahe lückenlose Dokumentation. In seinen Tagebüchern, ähnlich angelegt wie diejenigen des Zweiten Weltkriegs, notierte er zahlreiche Gespräche und andere Details, und in seinem Privatarchiv sammelte Oberländer dazu zahlreiche Notizen, Gesprächsprotokolle, Korrespondenzen und andere Unterlagen. Verknüpft und verglichen mit den ergiebigen Aktenbeständen des Bundeskanzleramtes, seiner Partei und, nicht zuletzt, mit den Tagebüchern, Erinnerungen und Biographien anderer Akteure wie Heinrich Krone und Fritz Erler, lassen sich die letzten, heftigst umstrittenen Wochen von Oberländers Amtszeit präzise rekonstruieren. Insbesondere der Frage, welche Rolle Konrad Adenauer beim Rücktritt seines Vertriebenenministers spielte wird hier nachgegangen. Nach seinem Rücktritt kämpfte Oberländer auf juristischem wie publizistischen Feld hartnäckig um seine Rehabilitation. Der Grundstein seiner fast mythisch verklärten Sicht seines Lebensweges, die drei zeitgenössischen Bücher zu seiner Verteidigung, werden hier analysiert, die Beziehung der Autoren zu Oberländer beleuchtet und das Bestreben einer Gedanken- und Erlebnisgemeinschaft hinterfragt, sich selbst in ein günstiges Licht zu rücken und Oberländer, einen der Ihren, als Opfer vielfach verschlungener Bemühungen darzustellen.

Aus der Vielzahl der knapp hundert Gerichtsverfahren greift dieser letzte Teil der Studie zweimal zwei Prozesse heraus. Bei den ersten beiden Verfahren in Bonn der Jahre 1960 und 1961 wird neben einer Analyse der Frage nachgegangen, welche Aktivitäten Oberländer selbst und seine *Nachtigall* und *Bergmann*-Weggefährten entfalteten, um in vielfacher Form Einfluß auf den Verlauf der Verhandlungen zu nehmen. Die Gerichtsakten, die Bestände der Militärarchive in Ingolstadt und München sowie zahlreiche Quellen aus den Reihen der Einheitsangehörigen ergeben hier ein plastisches Bild. Beide Verfahren gingen schließlich zugunsten Oberländers aus.

Fast spiegelbildlich dazu steuerte die DDR-Staatssicherheit aktiv bis in die siebziger und achtziger Jahre zwei weitere, langjährige Prozesse, die Oberländer mit seinen heftigsten Kritikern führte. Auch hier werden die Aktivitäten vor und hinter den Kulissen umfassend beleuchtet. Das Mielke-Ministerium übernahm generell federführend die Nachsorge des Falles Oberländer, offerierte seinen internationalen Kritikern in Presse und Justiz freigiebig juristische Anleitung und stellte den Medien einschlägige, selektiv aufbereite Materialien bereit. Der sogenannte „Zentrale Untersuchungsvorgang 28 (Oberländer)", fünfzehn ergiebige Aktenordner stark, dokumentierte jeden kleinsten Schritt und wurde erst gegen Ende der achtziger Jahre geschlossen. Bei der Analyse wird insbesondere der Frage nachgegangen, ob innerhalb der beteiligten Stellen des DDR-Apparates und zwischen den kooperierenden Stellen der sozialistischen Nachbarländer stets Einigkeit herrschte über die Vorgehensweise gegen Oberländer und die Güte der Belastungszeugen und -materialien. Oberländers Bemühungen um seine Rehabilitierung überdauerten schließlich die Lebenszeit seines härtesten Widersachers, der DDR. Von 1990 bis 1993 kündet sein Privatarchiv davon, wie durch zahlreiche Initiativen das Kabinett des Adenauer-Enkels Helmut Kohl dafür eingespannt werden sollte, bis ein Berliner Gericht Ende 1993 das DDR-Urteil von 1960 schließlich aufhob, wenn auch nur aus formalen Gründen.

Dieses Buch zeichnet ein politisches Lebensbild Oberländers und erhellt dabei Konturen und Kontinuitäten seines Lebens. Es begleitet Oberländer von seinem 26. bis zu seinem 88. Lebensjahr und beleuchtet dabei die für den Fall Oberländer entscheidenden Lebensphasen. Theodor Oberländer ist für die Bundesrepublik ein Mann der ersten Stunde. Er gehört zwar nicht zu den Gründungsvätern der Bundesrepublik, er ist aber ein hochpolitischer Kopf, der die ersten Jahre der Bonner Nachkriegsdemokratie in jeder Hinsicht entscheidend mitgeprägt hat. An Adenauers Seite hat er alle wichtigen Grundsatzentscheidungen der jungen Republik miterlebt, oft kommentiert und als Vertriebenenminister nicht selten sogar mitgefaßt, dabei auch Verfehlungen mancher Art mitgeprägt, mitgetragen, mitverkörpert und verantwortet. Dieses Buch ist seine erste Charakterstudie; sie nähert sich ihm mit der Erkenntnis Thomas Nipperdeys, die Geschichte habe es stets mit Geschichten zu tun; mithin sei die Aufgabe eines Historikers immer wieder, auch Geschichten zu erzählen. Insofern erzählt diese Studie mit dem Fall Oberländer ein Stück deutscher wie deutsch-deutscher Nachkriegsgeschichte. Diese Geschichte beginnt, wie vieles in den fünfziger Jahren, bereits lange vorher: in Königsberg, im Herbst des Jahres 1934.

Kapitel I
Die Besten an die Grenze –
Oberländer und der Osten

A. Vorkriegszeit eines Ostforschers - Oberländers Zeit in Königsberg, Danzig und Greifswald

1. Abschied und Anfang - Hans Rothfels und Theodor Oberländer

An einem regnerischen Herbsttag des Jahres 1934 spazieren zwei Studenten, beide Ende zwanzig, durch ein Königsberger Villenviertel, auf dem Weg in die Cäcilienallee Nr. 17. Der Mann, dessen Name dort an der Haustür steht, verehren sie beide gleichermaßen: Akademischer Ziehvater für den einen, *spiritus rector* für den anderen. Er gehört im Deutschen Reich zu den renommiertesten Köpfen seiner Zunft; er ist es auch selbst, der öffnet und die beiden ins Haus bittet. Sein Sohn hat kürzlich einen schweren Unfall erlitten, deshalb ist er erfreut, daß die beiden ihm einen Besuch machen, um sich nach dessen Befinden zu erkundigen.

Doch die Besucher wirken recht unsicher und ein wenig verlegen, erst nach und nach kommt ein schleppendes Gespräch über die Genesung des Verunfallten in Gang. Sehr viel später erst gibt sich einer der Besucher einen Ruck und benutzt die Gelegenheit, um dem allseits respektierten akademischen Lehrer sein Bedauern darüber zum Ausdruck zu bringen, daß dessen Zeit an der Königsberger Albertus-Universität nun zu Ende gehe. Es sei eine Tragik, daß im neuen nationalsozialistischen Deutschland für einen deutschen Patrioten wie ihn anscheinend kein Platz mehr sei. Beide Besucher bedauerten es sehr, daß er demnach in der deutschen Wissenschaftslandschaft nicht mehr unterrichten werde[1].

---

[1] Vgl. den Leserbrief Hans Rothfels' in der *Zeit* vom 12. Februar 1960; Gespräch Oberländer am 3. September 1996.

Es bedarf noch einiger Details, um diesen scheinbar ganz normalen Besuch zu beleuchten und die Symbolhaftigkeit dieser Begegnung zu illustrieren. Das Namensschild an der Haustür in der Cäcilienallee Nr. 17 trug den Namen von Professor Hans Rothfels, Nestor der neukonservativen Geschichtswissenschaftler an der Albertus-Universität zu Königsberg. Er war Jude und schon kurz nach der Machtergreifung ins Visier der Nationalsozialisten geraten. Neben einem studentischen Mitarbeiter war sein zweiter zögernd sprechender Besucher ein Mensch, dem jegliches zaudern ansonsten fremd war. Er gehörte zu den ehrgeizigsten Kandidaten der Königsberger Universitätslandschaft, war bereits doppelt promoviert und hatte sich erst ein Jahr zuvor, 1933, im Alter von nur 28 Jahren mit einer Sondererlaubnis habilitiert.

Seine Kontakte zu den neuen Machthabern in der Politik waren bestens. Im Mai 1933 war er in die *NSDAP* eingetreten, parallel dazu amtierte er als Landesleiter des *Vereins für das Deutschtum im Ausland (VDA)* und als Bundesleiter des *Bundes Deutscher Osten (BDO)*. Mit diesen Ämtern dominierte er die Schnittstelle zwischen Wissenschaft und Politik an einer ganz entscheidenden Stelle. In Königsberg befand sich traditionell eines der Zentren, wo man unter dem Rubrum „Ostforschung" Volksgeschichte betrieb; an der Schwelle nach Osteuropa war der sogenannte „Grenzlandkampf" ein wissenschaftlicher Schwerpunkt gewesen, dessen Bedeutung nach der Machtergreifung 1933 stetig wuchs. In der hochpolitischen Treibhausatmosphäre Königsbergs hatte der Name des jugendlichen Doppeldoktors einen guten Klang: sein Name war Theodor Oberländer[2].

Beide, Oberländer und Rothfels, verkörperten Aufstieg und Fall innerhalb der Ostforschung nach Hitlers Machtergreifung. Im Herbst 1934 sonnte sich Oberländer im Lichte des akademischen und politischen Aufstiegs, während Rothfels der Wind der nationalsozialistischen Rassenideologie bereits kräftig ins Gesicht blies. Als Jude sollte er auf Grund des neuen Gesetzes zur Wiederherstellung des Berufsbeamtentums seinen Königsberger Lehrstuhl verlieren. Seine Begegnung mit Oberländer bei sich zu Hause entsprach im Kleinen der Situation an der Königsberger Universität im Großen. Obwohl Studenten und Dozenten gemeinsam kontinuierlich daran gearbeitet hatten, das ungeliebte Weimarer System zu diskreditieren und zu beseitigen, damit eine neue,

---

[2] Vgl. für die Personalakte Oberländers *SAPMO-BA,* Dy30/IV 2/13 Nr. 436 und die Abschriften seiner Zeugnisse im Archiv des Autors.

völkische Wissenschaft inthronisiert werden könne, erlebten sie nun eine herbe Enttäuschung, als Hans Rothfels, ihr weithin verehrter Nestor der historischen Zunft wie der politischen Landschaft, der nationalsozialistischen Säuberung zum Opfer fiel.

Vorangegangen war bereits im Frühjahr 1933 eine diffamierende Debatte um Rothfels, einen hoch dekorierten und kriegsversehrten Frontoffizier des Ersten Weltkriegs. Aus nationalsozialistischen Studentenkreisen wurden Vorwürfe laut, sein Vater sei Oberrabbiner gewesen, und er selbst habe im Krieg nur in der Etappe Dienst getan, mit den Frontverdiensten sei es deshalb nicht weit her. Rothfels war tief gekränkt und sah sich genötigt, dies klarzustellen. In einem Brief an den Rektor der Universität vom 4. April 1933 listete er penibel die Schlachten des Ersten Weltkriegs auf, an denen er teilgenommen hatte. Außerdem reichte er eine Aufstellung seiner Dienstgrade und die seiner Familie während der Kriegsjahre nach[3].

Rothfels genoß einen fast legendären Ruf und hatte auf Grund seiner Verdienste unter Studenten wie Dozenten zahlreiche Fürsprecher. Seine Assistenten Erich Maschke und Rudolf Craemer klagten in einer Resolution an die Studentenschaft, hier treffe es ausgerechnet den Falschen; Rothfels gehöre zu den „Wegbereitern des wissenschaftlichen neuen Geistes", der stets gegen „destruktive Tendenzen und einen zersetzenden Individualismus" angekämpft habe. Er sei als einer der wenigen deutschen Historiker nie müde geworden, „die gestaltende Kraft der nationalen Volkstumsidee" hervorzuheben. Weiterhin hoben seine Schüler hervor, Rothfels sei ein „Volksgenosse", dem sie alle es zu verdanken hätten, an „sämtliche Volkstumsfragen des volks- und reichsdeutschen Gebietes" herangeführt worden zu sein[4]. Ähnliche Fürsprachen schickten der Kurator der Albertus-Universität und der *Deutsche Akademische Austauschdienst* nach Berlin: Rothfels sei „preußisch durch und durch" und habe „gegen die Kriegsschuldlüge in vorderster Front gekämpft"[5]. Hans Rothfels und sein Schicksal wurden so kurz nach der Machtergreifung zu einer Schlüsselfrage nationalsozialistischer Hochschulpolitik.

---

[3] Vgl. die Personalakte Rothfels' im *BA*, NL 213, Nr. 20; Haar, *Revisionistische Historiker*, S. 52-54..

[4] Resolution von Rudolf Craemer und Erich Maschke an die Studentenschaft der Albertus-Universität in Königsberg vom 3. April 1933. *BA*, NL 213 (Hans Rothfels) Nr. 20.

[5] Der Kurator der Albertus-Universität zu Königsberg an den Reichsminister für Wissenschaft, Kunst und Volksbildung vom 8. April 1933. *BA*, NL 213, Nr. 20.

Sowohl die *NSDAP* als auch die junge Generation der Nachwuchsakademiker, der Theodor Oberländer angehörte, beobachteten den Fall Rothfels aufmerksam - nicht nur in Königsberg. Auch Theodor Oberländer gehörte zu denjenigen, die Rothfels als Nestor der Zunft verehrten und ihm viel verdankten. Er befand sich im Zwiespalt, die eigenen Ambitionen nicht zu gefährden, sich aber dennoch zu Rothfels als Leitbild seiner politischen Ideen zu bekennen. So konnte er sich zwar nicht dazu durchringen, eine weitere Resolution von Studenten an Rothfels, die dessen Rücktritt bedauerten, mit zu unterzeichnen. Doch sein Name führte die Liste derer an, die im Dezember 1934 im Namen des „Ostpreußischen Freundeskreises der Deutschen Akademie" Rothfels für seine geleistete Arbeit dankten[6].

Auch innerhalb der *NSDAP* war man sich nicht einig darüber, was mit Rothfels geschehen sollte. Hatte sich der Kurator der Königsberger Universität noch für Rothfels eingesetzt und für eine Ausnahme plädiert in der Ansicht, daß ein neues Deutschland eine Kapazität wie Rothfels durchaus vertrage[7], war die Danziger Parteileitung ganz anderer Meinung. Für sie war es ein „unhaltbarer Zustand", daß gerade in Ostpreußen, der „Brücke in den Osten und in eine neue deutsche Zukunft, ein Jude die deutsche Jugend in neuere Geschichte einführt". Die NS-Ideologen fürchteten die aus ihrer Sicht fatale Konsequenz, die ein Verbleib Rothfels' als Präzedenzfall haben würde. „Dann kommt es soweit, daß die Jugend, die die Trägerin des kämpferischen Gedankens sein soll, glatt erklärt: Rassegedanke an und für sich gut, aber hier muß eine Ausnahme gemacht werden, weil er doch *auch* ein Mensch ist[8]".

Ausschlaggebend war schließlich die Stellungnahme der Obersten Parteileitung der *NSDAP* in München. Sie betrachtete den akademischen Nachwuchs in Königsberg als Elitereservoir für die schon erwähnte neue deutsche Zukunft; Rothfels könne deshalb auf keinen Fall auf seinem Posten bleiben,

---

[6] Vgl. den Brief im Nachlaß von Hans Rothfels (*BA*, NL 213, Nr. 20); Rothfels in einem Leserbrief in der *Zeit* vom 12. Februar 1960; Haar, *Revisionistische Historiker*, S. 1.

[7] „Bei der bevorstehenden Entjudung der deutschen Universitäten muß es Ausnahmen geben. Zu solchen exzeptionellen Erscheinungen gehört Rothfels. Der neue Staat ist so stark, daß er sich ruhig hinter einen solchen Mann stellen kann" (Brief des Kurators der Albertus-Universität zu Königsberg an den Reichsminister für Wissenschaft, Kunst und Volksbildung vom 8. April 1933. *BA*, NL 213 Nr. 20).

[8] Im Original unterstrichen. Brief der Danziger *NSDAP*-Parteileitung an die Parteizentrale in München vom 22. Februar 1934. *BA*, NL 213 Nr. 20.

denn dies müsse die Jugend zwangsläufig in einen Konflikt zwischen dem gesetzlich verordneten Antisemitismus und ihrer Loyalität zu Rothfels stürzen:

„Wenn an den Brennpunkten des deutschen Lebens deutsche Menschen arischen Blutes stehen sollen und stehen müssen, kann im Dritten Reich nicht ein jüdischer Professor deutsche Geschichte lehren (...) Die Generation, die diesen Professor höre, werde an einem inneren Zwiespalt leiden und für das neue Deutschland verloren sein und eine Belastung darstellen"[9].

Auch Oberländer erkannte die Zeichen der Zeit, die große Chancen bergen sollte für ihn als Angehörigen einer Elite im Wartestand. Im Haus von Hans Rothfels standen sich deshalb, an jenem Herbsttag im Jahre 1934, Abschied und Anfang gegenüber. Während Rothfels' Karriere im neuen Deutschen Reich trotz aller Verdienste beendet war, schlossen viele seiner Schüler und Jünger ohne sichtbare Reibungsverluste in die akademischen Reihen des Nationalsozialismus auf. Ihr Werdegang war nicht von Rothfels abhängig, hatte sich doch bereits vor 1933 seit den späten zwanziger Jahren eine hochgradig politisierte Subkultur gebildet, die die Universität eng mit den Kreisen der *konservativen Revolution* verband[10].

2. Linke Leute von rechts - die „konservativen Revolutionäre"

Dieser Begriff der *konservativen Revolution* erscheint auf den ersten Blick paradox, beschreibt aber recht präzise eine Phase und Form konservativen Denkens, die Rothfels als Vertreter der älteren und Oberländer als solcher der jüngeren Generation repräsentierten. In dieses Denken waren die Umbrüche der Zeit eingeflossen - die vielschichtigen Erlebnisse von 1918 ebenso wie der Niedergang der Weimarer Republik. Das Gedankengut emotionalisierte und steigerte sich mit der Zeit so weit, daß die Grenzen zwischen Konservativismus und politischem Radikalismus zunehmend verwischt wurden. Ein statischer bzw. restaurativer Konservativismus jener Zeit mochte sich vielleicht nach wilhelminischen Zuständen zurücksehnen. Nicht so die konservativen Revolutionäre; sie verstanden sich als Protagonisten des Über-

---

[9] Brief der Münchner Reichsleitung der *NSDAP* an den Preußischen Minister für Wissenschaft, Kunst und Volksbildung vom 22. Februar 1934 (vgl. *BA*, NL 213, Nr. 20).
[10] Vgl. Haar, Revisionistische Historiker, S. 53.

gangs, und darin lag auch ihre dynamische Komponente. Sie wollten das Bewahrende, das Bleibende, das Ewige - darin waren sie konservativ. Aber sie fanden es noch nicht in ihrer Zeit. Die Verhältnisse mußten erst vollkommen umgestürzt werden, um den Boden zu bereiten, auf dem dann das Neue wachsen konnte, das zugleich das Alte war[11].

Es reichte ihnen nicht, lediglich Deutschlands Macht und Ehre wiederhergestellt zu sehen - sie wollten im Grunde das von ihnen definierte Übel an der Wurzel packen: moderner Staat und städtische Zivilisation. Diese Ambivalenz prägte die Bewegung; sie brach, *cum grano salis*, mit wilhelminischen Traditionen und machte außerdem keinen Hehl aus der Abneigung gegen die Demokratie. Sie reihte sich mithin nahtlos ein in die Phalanx der Kräfte, die der Weimarer Republik den inneren Frieden verweigerten. Der Wandervogel Oberländer und sein Nestor Rothfels hatten ihre geistigen Wurzeln in diesen Strömungen.

Die konservativen Revolutionäre gingen davon aus, daß das bestehende Weimarer System zunächst gestürzt werden müsse, um ein neues, in sich geschlossenes Deutschland zu verwirklichen. Einer ihrer Vordenker, Arthur Moeller van den Bruck, lieferte dieser Gefühlslage eine Formel, die einer ganzen Generation die neblige Hoffnung auf ein neues Millennium verkörperte: das „Dritte Reich"[12]. Es sollte zugleich, lange vor der Machtergreifung im Jahre 1933, auch ein tausendjähriges sein. Wie dieses Reich nun aussehen und entstehen sollte, darüber gab es in den Reihen der Konservativen Revolutionäre die widersprüchlichsten und teils völlig utopischen Vorstellungen. Von Ernst Jünger über Othmar Spann bis zu Stefan George reichte die Palette derjenigen, die sich mit Ideen für ein kommendes Reich befaßten. Es war ein ebenso buntes wie explosives Gemisch, das in vielerlei Schriften und Zirkeln zusammengerührt und -geträumt wurde.

---

[11] Vgl. dazu Kurt Sontheimer: *Antidemokratisches Denken in der Weimarer Republik. Die politischen Ideen des deutschen Nationalismus zwischen 1918 und 1933.* München 1968, S. 118 ff. und sehr plastisch Martin Greiffenhagen: *Das Dilemma des Konservativismus in Deutschland.* Frankfurt am Main 1986, S. 239 ff.

[12] Die Meinungen über den Wert der Mystik Moellers in der Politik waren schon damals geteilt: Carl v. Ossietzky nannte Moellers Reich ein „politikfremdes Lamento von monotoner Melancholie". Sein Stellvertreter bei der *Weltbühne* schrieb einmal, allerdings in anderem Zusammenhang: „Vernunft scheint keine marktgängige Ware mehr zu sein. Sie ist abgelöst worden durch die Mystik. Und Mystik kann politisch nur Mist produzieren" (*Weltbühne* vom 28. Juni 1932, S. 954; Sontheimer, S. 122 - 123).

Im Rahmen dieses antidemokratischen Denkens (Kurt Sontheimer) bewegten sich die konservativen Revolutionäre keineswegs im politischen Vakuum, sondern ihre Vorstellungen berührten und speisten sich mit und aus Vorstellungen, die in Wehrverbänden, radikalen Studentenverbindungen, den Freikorps und den Jugendbewegungen heimisch waren. Einer dieser Verbände war die „*Deutsch-Akademische Gildenschaft*" *(DAG)*. Sie vereinte bis in die dreißiger Jahre hinein als bündisch geprägte Korporation das gesamte antirepublikanische, stark fragmentierte Spektrum der studentischen nationalen Opposition von München bis Königsberg. In ihren Reihen befand sich bald auch Theodor Oberländer - als Doppelmitglied der Münchner Gilde *Greif* und des *Bund Oberland*. Die Gildenbrüder beriefen sich auf das Erbe der Wandervogelbewegung und verbanden dabei einen antibürgerlichstudentischen Gestus mit Volkstums- und Lagerfeuerromantik, Antiliberalismus und Großstadtfeindschaft. Zu den Aktivitäten der Gilden gehörten Wehrsportübungen, sogenannte „Schulungstagungen" über das Auslandsdeutschtum sowie wöchentliche Schieß- und Fechtübungen. Es war im Rahmen einer solchen Schießübung in Forstenried bei München, daß eine Gruppe bündischer Jugendlicher, unter ihnen ein Achtzehnjähriger namens Theodor Oberländer, am 9. November 1923 einen Abstecher nach München unternahm, um dort am Marsch auf die Feldherrnhalle teilzunehmen. Bis zu seinem Tode beharrte Oberländer darauf, dort eigentlich nur zufällig hineingeraten zu sein[13].

---

[13] Vgl. Lebenslauf Oberländers vom 11. Oktober 1933 in seinen Personalakten, *SAPMO - BA*, Dy 30/IV 2/13 Nr. 436 und Dy 6/vorl. Nr. 1378. Nach seinem Abitur, das er im März 1923 abgelegt hatte, absolvierte Oberländer gerade ein halbjähriges landwirtschaftliches Praktikum in Oberbayern, bevor er sein Studium in München antreten wollte. Oberländer selbst schildert seine Teilnahme eher verharmlosend als „unter anderen Umständen": Er sei seit dem 7. November in München auf Zimmersuche gewesen. Das Freikorpsmitglied Karl Ade habe ihn aufgefordert, an einer nächtlichen Marschübung im Forstenrieder Park teilzunehmen. Ade hoffte so, Oberländer zum Eintritt in die Gilde *Greiff* bewegen zu können. Die Gruppe, unter ihnen viele Studienanfänger wie Oberländer, marschierte zu einer nahegelegenen Kaserne, wo Gewehre zur vermeintlichen Teilnahme an einem Nachtschießen ausgegeben worden seien. Mittags sei man in die Stadt marschiert und habe sich schließlich in den hinteren Reihen des Marsches auf die Feldherrnhalle wiedergefunden. Erst als er beinahe angeschossen worden sei, habe er die Flucht ergriffen, sei aber als Ortsunkundiger bald von der Polizei aufgegriffen und für zwei Tage zusammen mit einer großen Menge anderer Gildenmitglieder in einer Kaserne festgehalten worden. Er habe danach sein Studium

Allerdings bedeutete die Teilnahme der bündisch geprägten Jugendlichen an dem Marsch auf die Feldherrnhalle nicht von vornherein, daß ausgerechnet Hitler der Führer einer Sammelbewegung war, den sich das stark zersplitterte Spektrum der konservativen Revolutionäre erträumte. Ganz unabhängig von der Figur Hitlers - und lange vor seinem Aufstieg - war die Überzeugung, daß es Führer und Geführte geben müsse, ein herausragendes Leitmotiv antidemokratischen Denkens in der Weimarer Republik. Allerdings gab es für die konservativen Revolutionäre keinen Führer ohne Gefolgschaft, keine Gemeinschaft ohne einen, der sie anführt, ihnen Sinn und Richtung gibt. Aus dieser Grundbeziehung leiteten gerade die bündisch geprägten Jugendlichen andere für sie wesentliche Werte ab: Hingabe, Treue, Gehorsam, Pflichterfüllung. Die politische Vision vom großen Führer, der vom Schicksal auserwählt sei, um Deutschland zu befreien, war nach 1918 fest in den Köpfen verankert - lange bevor Hitler die politische Bühne betrat und diese Rolle mehr und mehr für sich beanspruchte.

In der Führersehnsucht mischten sich sehr verschiedene Erfahrungen und Erwartungen. Ihre Wurzeln reichen ebenso in monarchistisch-cäsaristische Ordnungsvorstellungen zurück wie in militärische Hierarchie-Ideen. Hier trafen sich Vorstellungen aus dem bündischen Führertum der Jugendbewegung wie der Freikorps, aus mäßig demokratischen Traditionen vom Volksführer wie aus pseudo-religiösen Heilserwartungen vom völkischen Erlöser. Gegenüber der politischen Klasse von Weimar, die von den konservativen Revolutionären immer als Ansammlung von Kompromißpolitikern verachtet wurde, war dieser mystisch überhöhte Führer immer ein erstrebenswertes Gegenbild - mit der Krise der Weimarer Republik wurde er zu einer zentralen Idee im politischen Leben.

Doch diese Figur trug - zumindest in den Augen der konservativen Revolutionäre - noch nicht notwendigerweise den Namen Adolf Hitler. Im Gegenteil: dessen Bewegung betrachtete man zunächst mit Skepsis und auch voller Verachtung als plebejische Kleinbürgerversammlung. Die von dem Soziologen Hans Freyer im Jahre 1931 geforderte „Revolution von rechts" beschrieb einen Menschentypus, mit dem die Nationalsozialisten zunächst

---

allerdings unbehelligt aufnehmen können (Gespräch Oberländer am 21. und 22. November 1996). Außerdem betont Oberländer weiter, daß das Freikorps Oberland alles andere als hitlerfreundlich gewesen sei. Es habe überhaupt keine innenpolitischen Zielsetzungen - bis auf den Schutz der Ostgrenze - gehabt (Brief Oberländers an Ossmann vom 20. Februar 1984, Privatarchiv Oberländer).

einmal nichts gemein zu haben schienen. Hitlers Botschaften klangen zwar ähnlich, seine Truppen setzten jedoch anstelle intellektueller Debatten auf den Bürgerkrieg. Deshalb war es nur konsequent, daß Arthur Moeller van den Bruck ein Angebot Hitlers, sich mit ihm als „Trommler und Sammler" zu verbünden, reserviert ablehnte.

Allerdings gab es etliche thematische Brücken zwischen Nationalsozialisten und den konservativen Revolutionären, die sich schnell als äußerst tragfähig erweisen sollten. Beide Strömungen verstanden sich *cum grano salis* als dynamische Bewegung der Jugend, als Protest gegen die bürgerlich-kapitalistische Welt. Folgerichtig vereinte sie der antidemokratische Kampf in der „Los-von-Weimar"- Bewegung, das Streben nach einer „völkischen Wiedergeburt" der deutschen Nation und der Drang, die „Schande von Versailles" möglichst bald getilgt zu sehen. Nur so konnte in den Augen der „Revolutionäre" Deutschlands Größe wiedererstehen und dem „Volk ohne Raum" diejenige neue Geltung verschafft werden, die die Revolutionäre so schmerzlich vermißten. Der Weg dahin führte über den einigenden Kampf gegen das „System" - ein Haßbegriff, gebraucht als propagandistische Kurzformel für Parlamentarismus, Parteiensystem, Wirtschaftskrise und Klientelwirtschaft. Von dieser Negativfolie ließ sich für konservative Revolutionäre wie für Nationalsozialisten der Gegenbegriff einer deutschen Volksgemeinschaft, die von einem Führer zu ihrem eigenen Wohl straff gelenkt werde, sehr leicht positiv absetzen.

Wie das verhaßte System nun überwunden und durch welche Ordnung es ersetzt werden sollte, blieb bei den konservativen Revolutionären ebenso verschwommen wie die wirtschafts- und sozialpolitischen Maßnahmen, die die Nationalsozialisten zu ergreifen gedachten. Für deren Sympathisanten, auch unter den konservativen Revolutionären, spielte dies zunächst einmal eine untergeordnete Rolle. Entscheidend war vor allem der Eindruck, daß sich hier im Gegensatz zu anderen Parteien eine willens- und durchsetzungsstarke Kraft präsentierte, die als einzige nachhaltig glaubhaft machte, die Verhältnisse wirklich ändern zu können. Die „Omnibus-Struktur" des Nationalsozialismus versprach jedem Veränderung, Verbesserung und Erlösung; mit viel Geschick paßte sich die Propaganda den jeweiligen regionalen und sozialen Verhältnissen an und schien es allen recht machen zu wollen - und zu können. Dieser scheinbar integrativen Kraft, welche schließlich von der nationalsozialistischen Machtergreifung ausging, vermochten sich weite Kreise der konservativen Revolutionäre nicht zu entziehen, auch wenn die

NSDAP ihnen im einzelnen vielleicht nicht genehm war. Beileibe nicht alle, die ihn wählten, fanden Hitler genial, aber alle, die den Nationalsozialisten ihre Stimme gaben, wollten weg vom Weimarer Staat.

Die Nationalsozialisten hatten bereits seit 1929 offen auf eine Beseitigung der „Novemberregierung" und ihres Systems hingewirkt, allerdings hatte der Haß auf die Parteienvielfalt der Weimarer Republik auf seiten der zersplitterten intellektuellen Rechten zu keiner nennenswerten Parteigründung geführt. Das Phänomen *NSDAP* schien dagegen in der Lage zu sein, das Volk gegen die Weimarer Republik zu mobilisieren. Von einem totalitären System versprachen sich die konservativen Revolutionäre nicht nur das Herausführen Deutschlands aus dem „Sumpf" (Oswald Spengler), sondern ebenso die Revision des Versailler Vertrages und darüber hinaus eine geopolitische Neuordnung Mitteleuropas.

In diesem geistigen Rahmen hatte sich seit den späten zwanziger Jahren speziell an der Universität Königsberg eine hochgradig politisierte Subkultur herausgebildet. Bereits im Jahre 1926 hatte Hans Rothfels, der ursprünglich aus Kassel stammte, an der Albertus-Universität ein Ordinariat erhalten und ließ sich schnell von den politischen, sozialen und strategischen Gegebenheiten der Region faszinieren. Ihn interessierten vor allem die Rolle des deutschen Ostens in seinem osteuropäischen Umfeld und die besondere Ausprägung der Nationen- und Nationalitätenproblematik. „Ostraum, Preußentum und Reichsgedanke" – der Titel einer seiner Studien zugleich Programm seiner Forschungen. Im Zeichen dieser Forschungen hatten auch Kundgebungen gegen den Versailler Vertrag in Königsberg schon eine lange Tradition und führten stets zu Ausschreitungen zwischen preußischer Polizei und den Angehörigen der Universität - mit Rothfels stets an vorderster Front.[14].

---

[14] Rothfels war ein gesuchter Redner bei den alljährlich stattfindenden Kundgebungen gegen den Versailler Vertrag. Er übernahm 1929-32 stets die Mittlerrolle zwischen Studenten und der Polizei und trat für die Rechtmäßigkeit der Kundgebungen ein (vgl. Emil Popp: *Zur Geschichte des Königsberger Studententums 1900 - 1945*. Würzburg 1955, S. 161). Noch am 3. April 1933 führte der Rektor der Universität als Argument gegen die Ablösung Rothfels' ins Feld, dieser habe „die Kriegsschuldlüge an vorderster Front bekämpft" und sich dabei „Angriffen von seiten der Polizeiorgane ausgesetzt" (Brief des Kurators der Albertus-Universität zu Königsberg an den Reichsminister für Wissenschaft, Kunst und Volksbildung vom 8. April 1933. *BA*, NL 213 Nr. 20).

3. Die Besten an die Grenze - Oberländer geht nach Königsberg

Theodor Oberländer war ein Nachzügler in der politisch-akademischen Landschaft Königsbergs. Er hatte zunächst in Hamburg und Berlin Landwirtschaft studiert und immer wieder landwirtschaftliche Praktika im In- und Ausland absolviert. Im Jahre 1927 machte ihn die Preußische Landwirtschaftliche Hochschule in Berlin zum Diplom-Landwirt, und bereits knapp zwei Jahre später promovierte er zum ersten Mal mit einer Arbeit über die Landwirtschaft in Litauen. Schließlich wechselte er im Frühjahr 1929 an die Albertus-Universität Königsberg. Dort dauerte es wiederum nur knapp elf Monate, bis eine zweite Dissertation über die Landflucht in Deutschland Oberländer einen zweiten Doktortitel der rechts- und staatswissenschaftlichen Fakultät einbrachte.

Doch am Pregel hielt es ihn nicht lange: Oberländer ging mit seinem Freund Gert Koch-Weser zunächst einmal auf eine eineinhalbjährige Weltreise zum Studium landwirtschaftlicher Methoden. Unterstützt vom *Deutschen Akademischen Auslandsdienst*, reisten Oberländer und Koch-Weser zunächst für einen längeren Aufenthalt in die UdSSR und weiter über China nach Japan, überquerten den Pazifik und verbrachten einige Monate in Kanada auf einer Farm in der Nähe von Vancouver. Anschließend arbeitete Oberländer einige Monate in den Vereinigten Staaten in den Ford-Fabriken in Windsor und auf Henry Fords Versuchsfarm in Dearborn bei Detroit, wo er neueste landwirtschaftliche Methoden kennenlernte. Doch Freunde aus den Reihen der *Deutschen Akademischen Gildenschaft* bewogen ihn zu einer vorzeitigen Rückkehr. So begab sich Oberländer nach Königsberg und nahm dort im Oktober 1931 eine Stelle als Assistent am *Institut für Ostdeutsche Wirtschaft* an[15].

Einen Gildenbruder wie Oberländer, der nun in Königsberg im Alter von 26 Jahren bereits an seiner Habilitation arbeitete und dessen akademischer Stern heller zu erstrahlen begann, konnten die jungnationalen und jungvölkischen Nachwuchsakademiker zur Unterstützung gut gebrauchen. Seit 1930 sahen sie in Mittel- und Osteuropa ein zukünftiges Tätigkeitsfeld und setzten sich für eine Blickwendung der Gilden nach Osten ein. Sie verstanden sich als Elite im Wartestand, und ihnen mißfiel in erster Linie nicht nur der schon

---

[15] Personalakten Oberländers, *SAPMO - BA*, Dy 30/IV 2/13 Nr. 436 sowie Oberländers Lebenslauf vom 11. Oktober 1933 (*SAPMO - BA*, Dy 6/vorl. Nr. 1507).

erwähnte antiintellektuelle Gestus der Nationalsozialisten, sondern auch ihre mangelnde außenpolitische Kompetenz.

Einer ihrer führenden Vertreter, Theodor Schieder, hatte im Februar 1930 exemplarisch die ideologischen Grundlagen einer jungnationalen Ostmission umrissen. Er sah einen Wettstreit mit dem Westen um die Vorherrschaft in Mitteleuropa voraus, bei dem die Deutsche Rechte auf ein „gedanklich gefaßtes Gegensystem zurückgreifen müsse", wolle sie in diesem Kampf bestehen. „Die Proklamierung des reinen Nationalstaates" im zersplitterten „deutschen Volksraum Osteuropas", die „allen Völkischen Fremdenrecht zuweise [sic]", wie es den Führern der *NSDAP* vorschwebte, führe zu einer „heillosen Balkanisierung". Sofern die „Organisierung dieser Räume als deutsche Aufgabe" im Rahmen einer europäischen Lösung erfolgreich sein sollte, müßten die „politisch unreifen Völker" des Ostens mit Hilfe einer universalen Reichsidee für Großdeutschland gewonnen werden[16].

Als Ausgangspunkt war keine andere Stadt besser geeignet als Königsberg, die „alte Grenzlanduniversität": sie lockte mit „Einsatzmöglichkeiten im Ostraum", wie Oberländer es bis zu seinem Tode nannte[17]. Gefördert von Geistern wie Rothfels, reichte die Themenpalette der Forschungen von Modellen zur Agrarreform über die Minderheitenrechte der Auslandsdeutschen bis hin zu Untersuchungen über die städtische und bürgerliche Kultur des „Deutschtums" in Polen und den Staaten des Baltikums. Als im Jahre 1932 die akademische Ortsgruppe der *Vereinigung für das Deutschtum im Ausland* gegründet wurde, übernahm Rothfels deren Protektion und schuf so einen organisatorischen Rahmen, in dem akademische Ostforschung mit grenzlandpolitischem Engagement vor Ort verbunden werden konnte.

Zunächst aber arbeitete Oberländer an seiner Habilitationsschrift, lernte Polnisch und vervollkommnete seine litauischen Sprachkenntnisse, um die Basis für seinen weiteren akademischen Aufstieg zu schaffen. Nebenbei hielt er auf Reisen durch die Region Vorträge und veröffentlichte zahlreiche Aufsätze, in denen er die Erfahrungen seiner Weltreise ausbreitete. Dabei engagierte sich Oberländer - ganz im Sinne einer Ostwendung der Gildenbewegung - in der Deutschtumsarbeit im Baltikum. Oberländer wie Rothfels sprachen dabei stets von einer „deutsch-baltischen Gemeinschaftsmission im

---

[16] Zitiert bei Haar, Revisionistische Historiker, S. 62 - 63.
[17] Gespräch Oberländer am 3. September 1996 und am 1. Mai 1998.

Osten" und warnten dabei unter anderem vor einer Verstädterung der deutschen Landbevölkerung in den „Volkstumsinseln"[18].

Oberländer machte sich in der Königsberger Subkultur schnell einen Namen als Experte, der sich nicht lange bitten ließ. Für Oberländer und viele völkische Jungakademiker begann nach der Machtergreifung der Nationalsozialisten die große Stunde; man stimmte zwar nicht mit allen Zielen der *NSDAP* vorbehaltlos überein, zumindest aber war das verhaßte System von Weimar erst einmal beseitigt. Oberländer hatte sich auf diversen Reisen in der Sowjetunion und im Kaukasus umgesehen und wußte als Ostforscher, wovon er sprach; der Weg für seinen steilen Aufstieg war frei. Am 1. März 1933 wurde er kommissarischer Leiter des *Instituts für Osteuropäische Wirtschaft* in Königsberg und leitete mit 27 Jahren eines der maßgeblichen Ostforschungsinstitute im Deutschen Reich.

In dieser Situation stellte sich für Oberländer fast zwangsläufig die Frage nach dem Eintritt in die *NSDAP*, zumal sich der Gauleiter und Oberpräsident Ostpreußens, Erich Koch, um den vielversprechenden Jungakademiker bemühte. Koch schickte seinen persönlichen Referenten Fritz-Dietlof Graf v. der Schulenburg, selbst seit 1932 Parteimitglied, um den zunächst zögernden Oberländer zum Parteieintritt zu überreden. Mit Erfolg: Am 1. Mai 1933, seinem 28. Geburtstag, wurde Theodor Oberländer Mitglied der *NSDAP*, und wenig später übernahm er die Landesleitung des *VDA* sowie am 8. Oktober 1934 auch den Posten der Bundesleitung des *BDO*[19]. Damit nahm Oberländer einen festen Platz im politisch-wissenschaftlichen Kräfteparallelogramm der Königsberger Ostforschung ein. Er schien eine schlechthin ideale Besetzung zu sein: Durch zahlreiche Reisen in die Sowjetunion, einen längeren Aufenthalt im Kaukasus und seine hochrangigen Kontakte bis in den

---

[18] Einerseits wurde dabei das Herder'sche Kulturideal von der friedlichen Koexistenz verschiedener Völker beschworen, andererseits enthielten diese Gedanken stets jene völkisch-dynamische Konnotation, die die Völker in einem ständigen Kampf um das Überleben im geographischen Raum verwickelt sah. Vgl. dazu auch Haar, *Revisionistische Historiker*, S. 70 - 73.

[19] Vgl. *VDA*-Personalpapiere Oberländers im *BDC*, Bestand Theodor Oberländer. Oberländer und Schulenburg kannten sich gut von gemeinsamen Reserveübungen im Infanterieregiment 1 in Königsberg. Oberländer selbst sagt, Schulenburg habe ihn mit dem Argument überzeugt, ein Parteieintritt würde seine Position als Landesleiter des *VDA* entscheidend befestigen (Gespräch Oberländer am 3. September 1996). Schulenburg stieß später im Verlauf des Zweiten Weltkriegs zum Kreisauer Kreis und wurde einer der Verschwörer des 20. Juli 1944.

Kreml[20] hatte er die Folgen des Stalin'schen Regimes vor Ort in Augenschein genommen und sprach obendrein fließend Russisch. Der Neunundzwanzigjährige verkörperte den Pragmatismus der Elite im Wartestand, die ihre ehrgeizigen Ziele auch nach der Machtergreifung weiterhin mit unverminderter Kraft verfolgte - Rothfels selbst hatte sie ausdrücklich dazu ermuntert. Potenziert wurden ihre Möglichkeiten durch die Wirkungsmacht, die das Netzwerk der jugendbewegten Gildenschaftler besaß. Gehörte man ihren Reihen an, war dies ein geeignetes Vehikel, um eine Karriere im neuen Deutschen Reich anzutreten.

4. Wahlverwandtschaften mit Folgen (I) - Oberländer und Erich Koch

Oberländer avancierte nun fachlich und administrativ zu einer Schlüsselfigur in den Kreisen der Osteuropaexperten. Seine Verbindungen und seine Ambitionen waren dabei für die *NSDAP* hochgradig wichtig. Oberländer beriet nun Gauleiter Erich Koch in allen Fragen des Ostens. Schon bald kam es zu atmosphärischen Störungen zwischen beiden, denn der barock-selbstherrlich regierende Koch beäugte argwöhnisch, welche mögliche Konkurrenz ihm da in der Gestalt Oberländers heranwuchs. Durch seine Funktionen hielt Oberländer ein einzigartiges Bündel an Kompetenzen und Ressourcen in seiner Hand. Zentrale Erkenntnisse aus der Wissenschaft, der Auslandspropaganda und der zivilen wie militärischen Abwehr liefen bei Oberländer zusammen. Daraus entstand schnell ein Zerwürfnis, das für den Rest von Oberländers Leben noch folgenreichen Bestand haben sollte. Begonnen hatte alles mit persönlichen Animositäten und Oberländers vorsichtiger Kritik am Lebens- und Regierungsstil Kochs, der den Posten eines Gauleiters als legitimen Nachfolger barocken Duodezfürstentums interpretierte.

Was die beiden aber im Verlauf der dreißiger Jahre immer weiter trennen sollte, waren inhaltliche Differenzen über die neue deutsche Zukunft im

---

[20] 1934 hatte Oberländer eine Einladung Moskaus angenommen und war mit Karl Radek und Nikolai Bucharin zu einem längeren Gespräch über Strukturfragen der sowjetischen Landwirtschaft zusammengekommen. Oberländer sagt, er habe beide auf die sieben Millionen Hungertoten in der Ukraine seit 1931 hingewiesen - und auf die Tatsache, die *DRUSAG*, in der er tätig gewesen sei, habe als privatwirtschaftlich arbeitender Betrieb stets Überschüsse ausgewiesen (vgl. Schütt, S. 43 - 46; Gespräch Oberländer am 26. November 1997).

Osten. Während die Revisionisten der Generation um Oberländer für die Freiheit des Volkstums eintraten und damit die gut geölten Gleise der Anti-Versailles-Propaganda nicht verließen, stand Koch für die Lebensraumpolitik Hitlers, die von vornherein weitere Ziele hatte als die Grenzen von 1914. Was Hitler zu erobern entschlossen war, lag weiter östlich und sollte von einem anderen Menschenbild geprägt sein. Erich Koch sollte es nur wenige Jahre später als Reichskommissar für die Ukraine derart grausam und selbstherrlich vorführen, daß ihm während des Zweiten Weltkriegs der Spitzname „Brauner Zar der Ukraine" zuteil werden würde.

Koch beobachtete unruhig, wie Oberländer mit aller Energie die Stufen seiner wissenschaftlichen Karriere erklomm. Seine Habilitationsschrift hatte er bereits mit achtundzwanzig Jahren fertiggestellt und dafür bereits im Sommer 1933 eine Ausnahmegenehmigung von der geltenden Habilitationssperre beantragt[21]. Auch über die Grenzen Königsbergs hinaus hatte der agile Aufsteiger Aufsehen erregt. Der neue Danziger Senatspräsident Herrmann Rauschning stellte ihm dort eine Professur für Agrarpolitik in Aussicht und bat bei dem zuständigen Reichsminister Rust um die Erlaubnis, diesen Lehrstuhl mit Oberländer zu besetzen[22]. Koch unterstützte diese Bemühungen, denn er konnte den umtriebigen Oberländer auf diese Weise für einige Zeit loswerden und ihn als Verbindungsmann zu Rauschning in Danzig nutzen. Schließlich waren's alle zufrieden. Am 13. Dezember 1933 wurde Oberländer in Königsberg mit seiner Arbeit über die agrarische Überbevölkerung Polens habilitiert und anschließend in Danzig vom 1. April 1934 an zum „sonderplanmäßigen außerordentlichen Professor" ernannt[23].

Mit neunundzwanzig Jahren kontrollierte Oberländer nun eine ungeheure Fülle an Ressourcen und Kompetenzen. In der Wissenschaft nun als Experte für Bevölkerungsfragen ausgewiesen, konnte er auch auf den Feldern Propa-

---

[21] Briefe Oberländers an Ministerialdirektor Georg Gerullis im preußischen Kultusministerium vom 16. und 26. August 1933, *SAPMO - BA*, Dy 6/vorl. Nr. 1507.

[22] Brief Rauschnings an den Reichs- und preußischen Minister für Erziehung, Wissenschaft und Volksbildung, Dr. Rust, vom 26. Oktober 1933. Bemerkenswert dabei ist, daß Rauschning neben Oberländers „Erfahrungen in der Grenzlandarbeit" als Eignungsmerkmal seinen Status als „Mitkämpfer des 9. November 1923 in München" herausstellt (*SAPMO - BA*, Dy 30/IV 2/13 Nr. 436). Oberländer sagt zwar stets, er habe dies aus Schutz gegen Koch gelegentlich betont. Ebenso denkbar ist allerdings, daß Oberländer sich als alter Frontkämpfer geradezu angepriesen hat, um den fehlenden Stallgeruch des bündisch geprägten Nachzügler-Parteimitgliedes auszugleichen.

[23] Vgl. Personalakten Oberländers, *SAPMO - BA*, Dy 30/IV 2/13 Nr. 436.

ganda und Politik fast schrankenlos walten. Sein Aufstieg war ein einzigartiges Beispiel für die Einsatzmöglichkeiten im Ostraum, die sich die konservativen Revolutionäre erträumt hatten. Doch auch Oberländer machte sein Ehrgeiz schwer zu schaffen: Lehraufgaben in Danzig und Königsberg, seine Führungsposten in *VDA* und *BDO* und seine Vorstandstätigkeit in der Berliner *Nordostdeutschen Forschungsgemeinschaft*[24] und seine häufigen Vortragsreisen brachten ihn schnell an seine Grenzen. Bereits nach einem Jahr wollte Oberländer die Tätigkeit in Danzig wieder aufgeben und nach Königsberg zurückkehren. Doch wollte er weder seinen gerade erworbenen Professorentitel wieder verlieren noch die Arbeit im *BDO* aus der Hand geben. Er bemühte sich deshalb in Berlin, bei einer Rückkehr nach Königsberg wenigstens nichtbeamteter außerordentlicher Professor zu bleiben, besser aber einen maßgeschneiderten, eigenen Lehrstuhl zu bekommen.

So wurde Oberländer zunächst an der volkswirtschaftlichen Fakultät „geparkt" und durfte seinen Titel und seine Bezüge behalten. Seinen dortigen Kollegen war dieser Schritt allerdings höchst suspekt, denn sie hielten den promovierten Landwirt Oberländer in volkswirtschaftlichen Fragen für vollkommen ungeeignet und protestierten dagegen bei der Universitätsleitung. Das Berliner Ministerium war davon offenkundig überrascht und machte sich nun im Sommer 1935 fieberhaft daran, interne Mittel umzuschichten und Oberländer einen maßgeschneiderten, speziell auf seine Bedürfnisse zugeschnittenen Lehrstuhl in Königsberg einzurichten. Dabei erschwerte Oberländers aggressives Feilschen um Lehr- und Personalmittel sowie „außergewöhnlich hohe Geldforderungen (laufend 30.000 RM!)" für die langfristigen Etats erschwerten die Suche zusätzlich. Er pokerte hoch und drohte mehrmals an, er werde die Leitung des *BDO* abgeben, falls er nicht die Möglichkeit erhalte, über einen ostwissenschaftlichen Lehrstuhl Theorie und Praxis miteinander zu verbinden[25]. Knapp ein Jahr zog sich die Affäre hin, bis sich

---

[24] Zur Rolle und Funktion der am 19. Dezember 1933 in Berlin gegründeten *NOFG* siehe jetzt Ingo Haars grundlegende Dissertation *Historiker im Nationalsozialismus: Die Deutsche Geschichtswissenschaft und der Volkstumskampf im Osten* (erscheint 2000). Postensammler Oberländer wurde lokaler Geschäftsführer der *NOFG* in Königsberg und war darüber hinaus im Vorstand der *NOFG* zuständig für Agrarfragen (Jahresbericht der *NOFG* am 30. März 1934, *BStU*, Ast 107/60 Bd. 5 Nr. 55 und 56 ; *BA*, R 153 / 1269).

[25] So der entsetzte Kommentar eines ministerialen Bearbeiters. Bei ihrer Suche erwiesen sich vier früher mit jüdischen Professoren besetzte Stellen als „entbehrlich", und so

das Ministerium schließlich für eine Berufung Oberländers aussprach. Was einzig noch fehlte, war die Zustimmung der *NSDAP*-Parteileitung in München.

Aus dem *Braunen Haus* geriet nun erster Flugsand ins Getriebe des Oberländer'schen Karrieremotors. Der zuständige Reichsamtsleiter des NS-Dozentenbundes beurteilte Oberländer zwiespältig und folgerte, trotz seiner Fähigkeiten habe auf seiten des Gauleiters Koch „ein wirkliches politisches Vertrauen" nicht entstehen können. Oberländers Aktivitäten seien eher vordergründiger Natur gewesen:

„Die Parteigenossen haben damals [im Sommer 1933] den Eindruck gehabt, daß er [Oberländer] jedenfalls unmittelbar vor der Machtübernahme der nationalsozialistischen Bewegung fremd gegenüber gestanden hat. Auf der anderen Seite ist er nach eigenen Angaben seit 1923 in der Bewegung gestanden und ist auch um den Blutorden eingekommen. Er ist also eine derjenigen Persönlichkeiten, die in ihrer Jugend für unsere Idee begeistert waren und die nachher dem Parteienstaat wieder verfallen sind. Natürlich erleichtert ihm die Teilnahme am 9. November 1923 heute seine politische Stellung. Er hat es mit außerordentlicher Energie und Tatkraft verstanden, sich eine politische Stellung zu erobern"[26].

Dieses mehr als ambivalente Votum erwies sich als wirksame Karrierebremse: Oberländer blieb zwar mit der vorläufigen Leitung des Lehrstuhls betraut, den er seit dem 1. April 1934 innehatte. Der Weg zu einem beamteten Ordinariat blieb ihm allerdings vorerst versperrt. Augenscheinlich hatte die unsichtbare Hand Erich Kochs den Ausschlag zuungunsten Oberländers gegeben - gegen den Rat und die Meinung aller beteiligten Stellen im Berliner Ministerium. Das Königsberger Kräftemessen zwischen Koch und Oberländer war eröffnet, und es dauerte nicht lange, bis sich die atmosphärischen, inhaltlichen und politischen Differenzen zwischen den beiden ungehindert entfalteten.

---

wurde die Stelle des Berliner Sprachwissenschaftlers Levy nach Königsberg verlegt (*SAPMO - BA*, Dy 30 / IV 2 / 13 Nr. 436); Vermerk für den Leiter der Hochschulabteilung des Berliner Ministeriums vom 28. März 1936 (ebd.).

[26] Bericht des Reichsamtsleiters des NS-Dozentenbundes an den Leiter der Hochschulabteilung im Berliner Ministerium vom 4. Mai 1936. Bereits im April 1937 hatte sich die *NSDAP*-Parteileitung in München darüber beklagt, daß die naturwissenschaftliche Fakultät der Universität die Berufung Oberländers eigenhändig betrieben habe, ohne die entsprechenden Stellen zu kontaktieren (Schreiben des Reichsamtsleiters des NSD-Dozentenbundes an den Reichserziehungsminister Dr. Wacker vom 3. April 1937, beide Dokumente *SAPMO - BA*, Dy 30 / IV 2 / 13 Nr. 436).

Im Sommer 1937 nutzte Koch einen Aufenthalt Oberländers bei der *Nordostdeutschen Forschungsgemeinschaft* in Berlin und zitierte ihn ins Hotel *Adlon* am Pariser Platz. Gemeinsam mit dem Geschäftsführer des *BDO*, Ernst Hoffmeyer, redete Koch dort heftig auf Oberländer ein, die Doppelbelastung der Professur und der *BDO*-Leitung sei einfach zu hoch. Er wolle deshalb Oberländer zu seinem Vertrauensmann im Büro Joachim v. Ribbentrops, des damaligen außenpolitischen Beraters von Rudolf Heß in Berlin machen; im übrigen müsse er sich entscheiden, ob er nun Wissenschaftler bleiben oder als *BDO*-Leiter politisch tätig werden wolle. Oberländer wich einer klaren Entscheidung zunächst aus und erwiderte, er wolle durch die Doppeltätigkeit weiterhin Wissenschaft mit politischer Arbeit verbinden. Vor einer Entscheidung müsse er daher mit dem Ministerium des Inneren und der *Volksdeutschen Mittelstelle*[27] Rücksprache nehmen. Beide Stellen sprachen sich für einen unbedingten Verbleib Oberländers in seiner jetzigen Doppelfunktion aus, wie Oberländer Koch bald darauf mitteilte. Als er dann auch noch seine Berufung zum beamteten außerordentlichen Professor erhielt, schien er sich endgültig gegen Koch behauptet zu haben[28].

Doch der Schein trog; parallel zu diesen Verhandlungen wurden im Sommer 1937 Gerüchte ausgestreut, Oberländer habe als *VDA*-Landesleiter Hunderttausende Reichsmark sowie geheime Unterlagen veruntreut und damit der Arbeit des Verbandes großen Schaden zugefügt. Die Gestapo wurde aktiv und nutzte eine Reise Oberländers nach Berlin, um sein *VDA*-Büro zu durchsuchen und zahlreiche Akten sicherzustellen. Dem zurückkehrenden Oberländer, der die Gestapobeamten noch in seinen Räumen antraf und mit ihnen lauthals stritt, blieb kaum eine Möglichkeit, die Vorwürfe direkt aufzuklären: seinen *VDA*-Mitarbeitern wurde seitens der Gestapo verboten, sich

---

[27] Die *Volksdeutsche Mittelstelle* (*VOMI*) gegründet im Januar 1937, sollte die deutsche Volkstumsarbeit im Sinne der *NSDAP* bündeln, zunächst unter Führung von Ministerialrat Otto v. Kursell. Der setzte sich für einen Verbleib Oberländers ein, blieb aber nicht lange auf seinem Posten. Die SS installierte dort im II. Quartal 1937 SS-Obergruppenführer Hermann Lorenz, der die Volkstumsarbeit zielstrebig im Sinne der SS konzentrierte und die *VOMI* als nützlichen Transmissionsriemen ihrer ostpolitischen Vorstellungen sah (dazu mehr in Kapitel I.E).

[28] Vermerk Oberregierungsrat Kaspers im Reichsministerium für Wissenschaft, Erziehung und Volksbildung vom 26. August 1937 und Berufungsurkunde des Reichs- und Erziehungsministers für Wissenschaft und Volksbildung vom 16. Juni 1937 (beide *SAPMO - BA* Dy 30 / IV 2 / 13 Nr. 436). Oberländer wurde seine Professur rückwirkend zum 1. April 1934 (!) zuerkannt.

Oberländer gegenüber zu den Vorwürfen zu äußern; seinem Stellvertreter wurde eine Loyalitätserklärung für Koch abverlangt. Schließlich bekam Oberländer Kochs unsichtbare Hand ein weiteres Mal zu spüren: am Morgen seiner Vereidigung zum Staatsbeamten wurde Oberländer mitgeteilt, der Rektor der Albertus-Universität sei urplötzlich für ein paar Tage verreist und könne ihn deshalb nicht vereidigen[29].

Oberländer nahm den Fehdehandschuh auf und setzte sich mit allen Mitteln zur Wehr. Zunächst einmal brachte er den stellvertretenden Dekan der Universität dazu, ihn noch am gleichen Tage zu vereidigen. Weiterhin bat er *VDA* und *BDO*, sich zu den gegen ihn erhobenen Vorwürfen zu äußern. Erwartungsgemäß bescheinigte ihm der Reichsgeschäftsführer des *VDA*, Hans Steinacher, drei Revisionen des Landesverbandes Königsberg im Jahr 1937 hätten keinen Grund zu Beanstandung ergeben. Steinacher, alter Weggefährte Oberländers aus den Zeiten der bündischen Jugend, vermutete SS-Obergruppenführer Lorenz und seine *Volksdeutsche Mittelstelle* als Urheber der Gerüchte gegen Oberländer. Er bat Lorenz „um Mitteilung, wie es unter diesen Umständen möglich werden konnte, daß so haltlose Gerüchte in Umlauf gesetzt wurden und Beschuldigungen gegen Herrn Dr. Oberländer erhoben werden, die ebenso gegen seine Ehre wie gegen die des *VDA* gehen"[30].

---

[29] Vermerk Oberregierungsrat Kaspers im Reichsministerium für Wissenschaft, Erziehung und Volksbildung vom 26. August 1937 und Bericht der Referenten im Reichs- und Erziehungsministerium, Busse und Gührig, an Oberregierungsrat Kasper vom 26. November 1937 (beide *SAPMO - BA* Dy 30 / IV 2 / 13 Nr. 436) Der von Koch persönlich instruierte Täter, der die Unterlagen aus dem Schreibtisch Oberländers versteckt hatte, wurde kurze Zeit später erschossen (vgl. Ingo Haar: *Historiker im Nationalsozialismus*: Die deutsche Geschichtswissenschaft und der „Volkstumskampf" im Osten. Phil Diss. Halle 1998, Kapitel 6). Der Rektor Hans-Bernhard v. Grünberg gestand Oberländer in einem persönlichen Gespräch später ein, „an ihn sei das Ansinnen gerichtet worden", Oberländer nicht zu vereidigen (Bericht Oberländers an Oberregierungsrat Kasper vom 17. August 1937. SAPMO - BA Dy 30 / IV 2 / 13 Nr. 436). Über den Urheber des Ansinnens schwieg sich Grünberg allerdings aus.

[30] Brief Steinachers an die *Volksdeutsche Mittelstelle* vom 16. September 1937 (*SAPMO - BA* Dy 30 / IV 2 / 13 Nr. 436). Steinacher sah die Auseinandersetzung um Oberländer stellvertretend für den Kampf zwischen gemäßigten Volkstumspolitikern und der SS bzw. den Kräften, die im Osten radikale Umwälzungsvorstellungen hegten. Steinacher selbst war wie Oberländer ein Kandidat auf Abruf: bereits im April stellte ihn Lorenz' Stellvertreter, SS-Standartenführer Dr. Herrmann Behrens, vor die Wahl, den *VDA* entweder in die NS-Bewegung zu integrieren oder „sich selbst sein eigenes Grab zu schaufeln" (vgl. Burleigh, S. 162). Im November 1938 konnte sich Steinacher

Auch die *Deutsche Stiftung* als Geldgeber des *BDO* prüfte die Verwaltung zweckgebundener Gelder für das Memelgebiet und ihr Leiter Krahmer-Möllenberg sprach Oberländer von den Vorwürfen restlos frei, ebenso die Gestapo in Königsberg. Schließlich schrieb auch Reinhard Heydrichs Stellvertreter, SS-Obergruppenführer Dr. Werner Best, der ebenfalls aus der bündischen Jugend stammte, am 19. Juli 1938 an Rudolf Heß, die Vorwürfe gegen Oberländer hätten sich als unberechtigt erwiesen[31].

Oberländer hatte damit die Vorwürfe entkräftet, doch das Verhältnis zu Koch hatte sich nun endgültig in eine offene Feindschaft verwandelt - zumal dieser Streit Oberländer seine Ämter in *VDA* und *BDO* und seine Karrierechancen als Ostforscher gekostet hatte; Kochs erster Stoß war ins Leere gegangen, doch sein zweiter war von Erfolg gekrönt gewesen. Am 12. November 1937 teilte Martin Bormann im Auftrag von Rudolf Heß dem zuständigen Minister Rust mit, daß Oberländer seines Amtes als *BDO*-Vorsitzender enthoben werden solle und grundsätzlich für ihn „eine Teilnahme an der Bearbeitung der Deutschtumsfragen des Ostens nicht mehr in Betracht kommt"[32].

Für Oberländer stellte sich daher die Frage, ob er überhaupt in Königsberg bleiben könne und wolle - zumal Bormann sich deutlich für seine Versetzung an eine westdeutsche Universität ausgesprochen hatte. Oberländer schlug von sich aus dem Ministerium vor, ihn an eine andere Universität zu versetzen, denn nach dem turbulenten Jahr 1937 sah er sein wissenschaftliches und politisches Renommee so weit geschädigt, daß er einer Zwangsversetzung zuvorkommen wollte. Statt Erich Koch kam dabei ein neuer Akteur ins Spiel,

---

schließlich nicht mehr halten; sein Nachfolger wurde ein Lorenz-Vertrauter (vgl. dazu auch Höhne, *Der Orden*, S. 256). Schließlich wurden die Aufgaben des *VDA* und des *BDO* von der *Volksdeutschen Mittelstelle* zentral übernommen, die beiden Organisationen jedoch aus optischen Gründen nicht aufgelöst.

[31] Brief Krahmer-Möllenbergs an Oberländer vom 17. September 1937 und Schreiben des Leiters der Staatspolizeistelle Königsberg an Oberländer vom 26. November 1937 und 7. März 1938 (beide *SAPMO - BA* Dy 30 / IV 2 / 13 Nr. 436); Werner Best: Gutachten der Gestapo über Theodor Oberländer an Heß vom 19. Juli 1938. *(SAPMO - BA* Dy6 / vorl. Nr. 1359 und *BStU*, Ast 107 / 60 (Beiakten zum Oberländer-Prozeß) Band 11 Nr.17 – 18).

[32] Brief Bormanns an Reichsminister Rust vom 12. November 1937. *SAPMO - BA* Dy 30 / IV 2 / 13 Nr. 436. Im Oktober 1937 wurde Oberländer durch den SS-Brigadeführer Ernst Hoffmeyer - seinen Geschäftsführer - und SS-Oberführer Hermann Behrends, ersetzt - beides Gefolgsleute von Lorenz.

der am Vorabend des Zweiten Weltkriegs eigene ostpolitische Ambitionen entwickelte: das Oberkommando der Wehrmacht mit seinem militärischen Geheimdienst, dem Amt Ausland / Abwehr; dort sah Oberländer eine Chance, seine ostpolitische Arbeit fortzusetzen.

5. Wahlverwandtschaften mit Folgen (II) - Oberländer und Admiral Canaris

Für die Abwehr war Oberländer alles andere als ein Unbekannter. Der Leiter der Königsberger Abwehrstelle, der Canaris-Vertraute General Henke, war in wöchentlichen Tagungen eines Arbeitskreises zu Ostfragen schon seit 1933 auf Oberländer aufmerksam geworden. Seit seinem Amtsantritt im Jahre 1934 hatte der Chef der Abwehr, Admiral Wilhelm Canaris, es nicht vermocht, in der Sowjetunion und den Staaten Osteuropas ein flächendeckendes Agentennetz zu unterhalten. Die von der politischen und militärischen Führung geforderten Informationen flossen nur spärlich, und seit 1936 suchte die Abwehr händeringend nach mehr Ostexperten, um für mögliche Kriegspläne im Osten auf qualifizierte Experten in den eigenen Reihen zurückgreifen zu können. Canaris wollte mehr wissen über die wirtschaftliche, politische und militärische Situation in Osteuropa und Rußland - und die Möglichkeiten, Stalins Herrschaft in diesen Weltgegenden zu schwächen und seinen Einfluß zurückzudrängen. Für Canaris war der Kampf gegen den Weltkommunismus Glaubenssache - darin traf er sich mit Oberländer, der auf zahlreichen Reisen eine tiefe Aversion gegen Stalins Herrschaft über das sowjetische Riesenreich entwickelt hatte.

Um nun Experten wie Oberländer in die Arbeit der Abwehr einzubinden, entstand zum Ende des Jahres 1937 am Berliner Tirpitzufer eine Gruppe unter Führung von Major Helmut Groscurth, die sich mit psychologischer Kriegsführung und der Pflege der Kontakte zu den deutschen Minderheiten in Ost- und Südosteuropa befaßte. Groscurth, selbst Leiter der für Sabotage und Propaganda zuständigen Abteilung II der Abwehr, hatte genaue Vorstellungen für den mittel- und osteuropäischen Raum. Dort lebten Hunderttausende von Volksdeutschen, Bürger fremder Staaten, unzufrieden mit dem Los, welches ihnen der Versailler Vertrag beschert hatte. Da ein Angriffskrieg der deutschen Wehrmacht nach Osten für die Planer in der Berliner Bendlerstraße immer wahrscheinlicher wurde, mußten diese Volksdeutschen für das Deutsche Reich mobilisiert werden. Sie sollten gleichsam als

Sprengmittel nützlich sein, um jene Kräfte zu schwächen, die sich einem Vormarsch Hitlers nach Osten entgegenstellen würden. Gleichzeitig sollten alle Kräfte - deutsche und nichtdeutsche - , die sich gegen Stalin wenden ließen, aktiviert und, falls nötig, langfristig auch mit Waffen und Personal für Aufstände versorgt werden, um am Tage X den Vormarsch der deutschen Wehrmacht möglichst reibungslos zu unterstützen.

Oberländer wußte um seinen Wert für die Abwehr und wucherte mit diesem Pfund, als es darum ging, die Albertus-Universität in Königsberg unter den Augen Erich Kochs erhobenen Hauptes zu verlassen. Dies geschah in kleinen Schritten: Oberländer wurde von Groscurth zunächst bis zum 31. Dezember 1937 nach Berlin zur Abwehr einberufen und diese Übung später noch zweimal verlängert. Parallel dazu wurde die Abwehr beim Ministerium vorstellig, das Reichskriegsministerium lege „größten Wert auf eine Versetzung [Oberländers] nach Berlin, damit die wichtige Zusammenarbeit mit Prof. Oberländer *reibungslos aufrecht erhalten* werden kann"[33]. In den Räumen des Ministeriums für Wissenschaft, Erziehung und Volksbildung Unter den Linden 4 arbeitete man nun fieberhaft an einer Lösung, die für alle Beteiligten - Oberländer, das Ministerium und die *NSDAP* - gleichermaßen akzeptabel erschien. Auf Drängen Kochs mußte Oberländer Königsberg in jedem Falle verlassen; Koch bestand ebenfalls darauf, daß Oberländer aus der unmittelbaren politischen Ostarbeit in jedem Falle ausschied. Eine Versetzung an eine entsprechende Universität - Königsberg, Berlin, Breslau, Leipzig - war zwar erwogen, aber auf Drängen der *NSDAP* wieder verworfen worden[34].

Schließlich fand das Ministerium eine verblüffende Lösung, die alle Beteiligten zufriedenstellte: die Ernst-Moritz-Arndt-Universität in Greifswald. Drei Zugstunden von Berlin wäre Oberländer dort dem ostpolitischen Ram-

---

[33] Brief Groscurths an das Reichs- und Preußische Ministerium für Wissenschaft, Erziehung und Volksbildung vom 13. November 1937 und Brief der Abwehr an den Reichs- und Preußischen Minister für Wissenschaft, Erziehung und Volksbildung vom 15. November 1937 (beide *SAPMO - BA* Dy30/IV 2/13 Nr. 436).

[34] In einem Vermerk vom 26. November 1937, angefertigt nach einer Referentenrunde diverser Ministerien, die sich mit dem Falle Oberländers befaßt hatten, wurde hinsichtlich des Ausscheidens von Oberländer noch einmal betont, daß „politische Erwägungen einen Wechsel in der Landesleitung des *BDO* zweckmäßig erscheinen ließen". Allerdings wurde ein Wechsel an eine westliche Universität verworfen, da dies „den Eindruck machen müßte, daß die tatkräftige Deutschtumspolitik, die Oberländer betrieben hat, nicht gebilligt worden sei" (*SAPMO - BA* Dy30/IV 2/13 Nr. 436).

penlicht fürs erste entzogen; die Nähe zu Berlin befriedigte Groscurth und Canaris, während die Ferne von Königsberg Erich Kochs Abneigung gegen Oberländer Genüge tat. Allerdings hatte die Lösung einen Haken: in Greifswald gab es keine Ostforschung und keinen zu besetzenden Lehrstuhl. Ihr Dekan war zwar bereit, den Agrarwissenschaftler Oberländer in die volkswirtschaftliche Fakultät aufzunehmen, falls er sich in dieses Fachgebiet einarbeiten könne. Allerdings müsse er seinen erst kürzlich geschaffenen Lehrstuhl aus Königsberg „mitbringen"[35].

Gauleiter Koch schäumte, als er von diesen Planungen erfuhr. Er hatte schon die zweite Übung Oberländers bei der Abwehr mit allen Mitteln zu verhindern gesucht, allerdings ohne Erfolg. Und nun sollte der Albertus-Universität Königsberg auch noch Oberländers Lehrstuhl entzogen werden. Koch kabelte am 7. Dezember 1937 seinen „schärfsten Protest" an den zuständigen Minister Rust, begab sich einige Tage selbst nach Berlin und drohte dem Ministerium, er werde bei Rudolf Heß nunmehr dafür sorgen, daß Oberländer als Hochschullehrer endgültig ausgeschaltet werde. Auch die Albertus-Universität war mit dieser Lösung ganz und gar nicht einverstanden, in Königsberg fühlte man sich von Oberländer übervorteilt. Rektor Hans-Bernhard v. Grünberg, erst seit einigen Monaten im Amt, insistierte telefonisch in Berlin, die Wegnahme sei „für die Universität untragbar", äußerstenfalls sei die Versetzung rückgängig zu machen. Eher könne Oberländers Anwesenheit noch ertragen werden, wenn „er in nötigem Maße politisch beaufsichtigt würde". Grünberg machte dabei deutlich, er hoffe, „daß Oberländer dann nach ein bis zwei Jahren wegberufen würde"[36].

---

[35] In einem Vermerk des Ministeriums vom 6. Dezember 1937 heißt es dazu: „Einmal ist der Lehrstuhl wesentlich auf die Person Oberländers zugeschnitten gewesen, er ist von Berlin nach Königsberg verlegt und dem Fachgebiet für osteuropäische Wirtschaft zugeschlagen worden, um Prof. Oberländer eine planmäßige Grundlage für seine Arbeit auf diesem Gebiet zu bieten (...) Zum anderen wäre ein Einsatz Oberländers auf der Grundlage eines freien Lehrstuhls in Volkswirtschaftslehre gar nicht möglich, da er eine Eignung für diesen Zweck noch gar nicht bewiesen hat". *SAPMO - BA* Dy30/IV 2/13 Nr. 436.

[36] Funkspruch Kochs an Reichsminister Rust vom 7. Dezember 1937 und Vermerk über ein Telefongespräch zwischen Grünberg und dem zuständigen Referenten im Ministerium vom 25. November 1937 (Davon konnte Grünberg Koch schließlich abbringen, wie dessen Stellvertreter dem Minister Rust am 20. Dezember 1937 mitteilte); Vermerk über ein Telefongespräch zwischen Grünberg und dem zuständigen Referenten im Ministerium vom 25. November 1937 (alle *SAPMO - BA* Dy30/IV 2/13 Nr. 436).

Aber schließlich half alles nichts: Oberländer hatte das Ministerium hinter sich und bekam ein komfortables Kompromißangebot. Er konnte seinen Lehrstuhl bis auf weiteres mit nach Greifswald nehmen. Seine Stelle käme erst nach Königsberg zurück, sobald Oberländer sich in Greifswald für die Übernahme einer Professur in Volkswirtschaftslehre - mit einem dortigen Lehrstuhl - qualifiziert habe[37]. Die Ernst-Moritz-Arndt-Universität ernannte Oberländer zum Mitdirektor des staatswissenschaftlichen Seminars. Seine Nachfolge an der Spitze seines Königsberger Instituts trat nun Oberländers einstiger Stellvertreter, Peter-Heinz Seraphim, an. Er war sehr viel eher und bedenkenloser bereit, sich auf die kommenden neuen Ziele der Ostforschung einzustellen und im Sinne von Erich Koch, der SS und der *VOMI* zu wirken. Seit dem Jahre 1937 war das Königsberger Institut auch direkter in die Kriegsvorbereitungen des deutschen Reiches eingebunden.

Auf diese Weise dem Einfluß Erich Kochs glücklich entronnen, genoß Theodor Oberländer in Greifswald zunächst vergleichsweise ruhige Zeiten. Zwar hatte Oberländer fast alle seine Ämter in der Ostarbeit aufgeben müssen. Seine schlechten Erfahrungen mit den *NSDAP*-Oberen in Königsberg und Berlin hinderten ihn allerdings nicht daran, in den Stab der SA-Gruppe Pommern mit dem Ehrenrang eines SA-Obersturmführers einzutreten[38].

Von Oberländers Konzentration auf seine wissenschaftliche Arbeit wollte nun auch die Abwehr profitieren. Sie war auf Fachleute um so dringender angewiesen, als sich im Sommer 1938 eine von Hitler provozierte Konfrontation Deutschlands mit der Tschechoslowakei abzeichnete. Auslösender Sprengsatz im Sinne von Canaris war hier die *Sudetendeutsche Partei* Konrad Henleins und ihre Forderung nach Selbstbestimmung; Sie wurde daher von der Abwehr unterstützt. In den Augen der Sudetendeutschen war der Prager Staat seit seiner Gründung im Jahre 1918 nie zu der „Schweiz des Ostens" geworden, die sich die 3,5 Millionen Deutschen erhofft hatten. Ihre

---

[37] Auch bei den Berufungsverhandlungen nach Greifswald setzte Oberländer sein schon sattsam bekanntes Verhandlungstalent ein, um die Arbeitsbedingungen in Greifswald ähnlich üppig zu gestalten wie in Königsberg. Mit seiner Penetranz erreichte er unter anderem, daß sein Grundgehalt - unter Vorwegnahme dreier Dienstaltersstufen - auf nunmehr 7.000 Reichsmark jährlich festgesetzt und ihm ein außerplanmäßiger Assistent und eine Sekretärin in Aussicht gestellt wurden (Vermerk des Reichsministeriums für Wissenschaft, Erziehung und Volksbildung vom 6. Dezember 1937 und Erlaß des Ministers vom 15. Dezember 1937, beide *SAPMO - BA* Dy30/IV 2/13 Nr. 436).

[38] Vgl. Personalakten Oberländers, *SAPMO - BA* Dy30 / IV 2 / 13 Nr. 436.

materielle Not der Zwischenkriegszeit führten sie deshalb stets auf den Staat Thomas Masaryks und Eduard Beneschs zurück. Die Machtergreifung der Nationalsozialisten war für die meisten Sudetendeutschen ein Silberstreif am Horizont: im Aufstieg des Mutterlandes sahen sie ihre Chance auf eine Lösung ihrer durch Versailles entstandenen Probleme „vom Reiche her", wie ihr Führer Konrad Henlein im Jahre 1937 an Hitler schrieb.

Oberländer befürwortete die Entwicklung zwischen Berlin und Prag, die offensichtlich auf eine Auseinandersetzung hinauslief. Den Sudetendeutschen zu mehr Autonomie gegenüber ihren tschechischen Herren zu verhelfen, entsprach genau seiner Vorstellung, auf deutscher Seite für die Freiheit des Volkstums zu kämpfen. Als die Tschechen am 20. Mai 1938 aus Angst vor einem deutschen Angriff mobil machten, taktierte Berlin knapp unterhalb einer offenen Auseinandersetzung und bemühte sich, die Spannung in den folgenden Wochen auf andere Weise noch zu steigern. Im Sommer 1938 wurden zahlreiche Manöver an der deutsch-tschechischen Grenze abgehalten, an denen auch der Leutnant der Reserve Theodor Oberländer teilnahm: vom 30. Mai bis zum 18. August 1939 wurde er „für die Durchführung besonderer Aufgaben, verbunden mit einer Auslandsreise" zu einer Übung einberufen, die anschließend mehrfach verlängert wurde. Dort sammelte Oberländer erste Führungserfahrungen: als Leutnant besetzte er mit dem sudetendeutschen *Freikorps Sturmsoldat 9* die sudetendeutschen Siedlungsgebiete zusammen mit der deutschen Wehrmacht im März 1939[39].

Das Münchener Abkommen vom 29. September 1938 war für den traditionell-völkisch orientierten Revisionisten Oberländer ein großer Erfolg. Ein Teil der „Schande von Versailles" schien getilgt, Deutschlands Hegemonialstellung in einem erweiterten Mitteleuropa nun endgültig gesichert und der Weg zu einer politischen und ökonomischen Vorherrschaft in Mittel- und Osteuropa schien vorgezeichnet. Außerdem glaubte Oberländer, Hitler werde nun von einer weiteren Aggressionspolitik ablassen, denn in seiner berühmten Sportpalastrede Ende September 1938 hatte er die Angliederung der sudetendeutschen Gebiete als seine letzte territoriale Forderung bezeichnet. Zuversichtlich schrieb Oberländer am 22.September 1938 an seine Frau: „Sei sicher: ein Weltkrieg kommt nicht mehr und die Tschechei allein besetzen ist nicht so schlimm!"

---

[39] Vgl. Personalakten Oberländers, *SAPMO - BA* Dy30 / IV 2 / 13 Nr. 436; Feldpostbrief Oberländers an seine Frau vom 30. September 1938 (Privatarchiv Oberländer).

Aber darin sollte er sich täuschen - wenn er es denn wirklich geglaubt hat. Oberländer erfuhr am Berliner Tirpitzufer schon früh von den Vorbereitungen des Unternehmens „Barbarossa" und fand schnell Zugang zu Admiral Canaris und seinem engeren Kreis. Canaris waren Oberländers Auseinandersetzungen mit Erich Koch und seine Abneigungen gegen die Händel der *NSDAP* nicht entgangen, für ihn war dies gleichsam ein Gütesiegel Oberländers. Durch seine Nähe zu Canaris konnte ihm nicht verborgen bleiben, daß Deutschland geradewegs in einen Krieg steuerte. Es ist wohl plausibel, bei Oberländer zu vermuten, daß er für sich, seinen Ehrgeiz und seine Karriere im heraufziehenden Krieg eine Chance sah. Er wollte und würde diesen Krieg mitführen und mittragen - auch wenn er, wie er später immer wieder anmerkte, ein Krieg gegen Moskau sei Wahnsinn.

Am Vorabend des Zweiten Weltkrieges läßt sich für die bisherige Karriere Theodor Oberländers eine ambivalente Bilanz ziehen. Mit der Machtergreifung der Nationalsozialisten standen dem ehrgeizigen Akademiker alle Chancen einer glanzvollen Karriere offen, und der anpassungsfähige Pragmatiker aus Meiningen war gewillt, sie mit beiden Händen zu ergreifen. Oberländer war ein herausragendes Mitglied der Elite im Wartestand, und noch vor seinem dreißigsten Lebensjahr war ihm in den Reihen der Ostforschung ein Aufstieg beschert, der allseits Aufsehen erregte. Schnell vereinte der agile Oberländer eine Macht an Mitteln, Posten und ihren Einflußmöglichkeiten auf sich, die, nicht nur in der Zunft, ihresgleichen suchte. Nach nur vier Jahren war seine steile Karriere im Jahre 1938 abrupt beendet - nicht nur, aber doch maßgeblich durch die unsichtbare Hand Erich Kochs.

Doch Oberländer stürzte nicht ins Bodenlose, obwohl er mit Koch und Bormann zwei maßgebliche Köpfe der NS-Nomenklatura gegen sich hatte. Er erwies sich als ein äußerst geschickter Verhandler und verstand es mit einer an Dreistigkeit grenzenden Chuzpe, einen dauerhaften Karriereknick zu verhindern. Sein Lehrstuhl wanderte mit ihm nach Greifswald, seine spezielle Qualifikation führte schnell dazu, daß die Abwehr gegen Koch und Bormann ihre schützende Hand über Oberländer hielt. Schließlich sorgte er mit seinen exzellenten Verbindungen im akademischen Millieu und in die zuständigen Behörden sowie seinem außerordentlichen taktischen Geschick dafür, daß er durch den Gang zur Abwehr lediglich das Spielfeld seiner Betätigung wechselte. In einem totalitären System, welches bei internen Auseinandersetzungen auch vor Mord nicht zurückschreckte, war der Erfolg von Oberländers Strategie bemerkenswert. Unter der Ägide der Abwehr sollte dem Ostexperten Oberländer in den kommenden Kriegsjahren eine besondere Rolle zufallen. Dafür hatte er in den Greifswalder Tagen eine wichtige Qualifikation erworben - er hatte Ukrainisch gelernt und sich mit der Geschichte und Struktur dieses Landes vertraut gemacht.

B. „Ostlandritter" im Feld - Das Bataillon *Nachtigall*

1. Die Ukrainer - ein Volk in fünf Staaten.

Ukraine - dieses Wort hatte für eine ganze Generation durch Versailles geprägter deutscher Offiziere einen speziellen Klang. Einer von ihnen war Major Helmut Groscurth, dem Oberländer nun unterstellt wurde. Großraumstrategen sahen seit 1918 die Ukraine immer wieder als Traumland in verschiedenen Rollen: sie wurde als Kornkammer, als natürliches Bollwerk gegen Polen und die Sowjetunion, als Baustein eines Mächtegleichgewichts, in jedem Falle aber als Schlüssel zur Sicherung der deutschen Machtposition in Osteuropa betrachtet und in die entsprechenden Planspiele einbezogen. Schon im Ersten Weltkrieg hatte Reichskanzler Theobald v. Bethmann-Hollweg postuliert, durch eine selbständige Ukraine lasse sich die Sowjetunion von der Deutschen Grenze abdrängen. Doch eine eigenstaatliche Ukraine hatte nach dem Ersten Weltkrieg nur für kurze Zeit das Licht der Staatenwelt erblickt: Bereits bei der Friedenskonferenz in Paris hatten die Alliierten andere Sorgen gehabt, als sich den unverständigen Zwistigkeiten kleiner und niegekannter Völker zu widmen; die Ukrainer hatten es daher nicht vermocht, jenen gegenüber ihren Anspruch als Nation mit Nachdruck durchzusetzen.

Darüber hinaus rivalisierten mehrere Exilantengruppen um den nebulösen Anspruch, „wirkliche" Repräsentanten der ukrainischen Nation zu sein, wodurch die ukrainische Staatlichkeit an ihr Ende kam, bevor sie recht begonnen hatte. Bereits nach weniger als einem Jahr zerfiel die Union aus West- und Ostukraine im November 1919, die zumindest in der Theorie ein souveräner Staat gewesen war. Schon in dieser Zeit der gescheiterten Staatsversuche begann die Ukraine, in einem Morast innerer Querelen und äußerer Be-

51

drückung zu versinken - bis sie sich nach 1920 *in toto* als Bestandteil fremder Staaten wiederfand. Der größte Teil davon lag in der Sowjetunion, daneben gab es ukrainische Gebiete in vier weiteren Staaten - Polen (Galizien), der Tschechoslowakei (Karpathoukraine bzw. Ruthenien), Ungarn und Rumänien.

Für die Ukrainer unter Moskaus Herrschaft waren die zwanziger Jahre vergleichsweise ruhig; erst nach Stalins Machtantritt trat an die Stelle der *Neuen Ökonomischen Politik (NEP)* Lenins, die vergleichsweise flexibel gewesen war, die Stalin'sche Revolution von oben. Durch forcierte Industrialisierung und Zwangskollektivierung der Landwirtschaft sollte die Gesellschaft der Sowjetunion radikal umgebaut und neugestaltet werden. Für die Ukraine begann nun eine Zeit des Terrors, die ihr Verhältnis zur Sowjetunion auf Dauer traumatisierte. Da die Ukrainer sich der Kollektivierung widersetzten, bekamen sie Stalins harte Hand zu spüren: durch eine brutale Politik der Getreiderequirierung entstand eine Hungersnot gigantischen Ausmaßes, die allein in den Jahren 1932 und 1933 mehrere Millionen Tote forderte.

Parallel dazu begann 1933 mit einer Säuberung in der Ukraine der bisher umfangreichste Schlag der Moskauer Zentralmacht gegen eine nichtrussische Elite. Ukrainische Kader im Bildungswesen, Landwirtschaft und Kultur wurden massenhaft entlassen, 20 Prozent der Parteimitglieder wurden ausgeschlossen, die Hälfte der regionalen Führungskräfte und drei Viertel der Parteiführung wurden ausgewechselt. Selbst Intellektuelle, Schriftsteller, Künstler und Volkssänger wurden erschossen oder nach Sibirien deportiert - alles, um die vom „ukrainischen Faschismus" getragene „nationalistische Konterrevolution" zu zerschlagen. Das Fazit der dreißiger Jahre war für die Ukrainer verheerend: die terrorisierten Bauern waren durch Hungersnot und Kollektivierung dezimiert, ihre traditionelle wirtschaftliche und soziale Ordnung war zerschlagen und durch das Kolchossystem ersetzt worden. Im übrigen war die gesamte, gerade erst entstandene politische, wirtschaftlich und kulturelle Elite der Ukraine umgebracht oder in Straflager verfrachtet worden - mit einem Wort: die mühsame Nationsbildung der Ukraine in den Jahren 1917 bis 1933 wurde weitgehend zunichte gemacht.

Den Ukrainern unter polnischer Herrschaft erging es kaum besser: auch der polnische Staat hatte im Jahre 1920 sein Territorium nach Osten ausgedehnt und sah nun eine beträchtliche ukrainische Minderheit von 4 bis 5 Millionen innerhalb der eigenen Grenzen, die knapp ein Sechstel der Gesamtbevölkerung ausmachten. Die polnische Politik gegenüber den Ukrainern war allerdings nicht so brachial wie die der Sowjetunion - im großen und ganzen kann man sie als assimilatorisch, allerdings mit schwankender Intensität, bezeichnen. Der neue polnische Nationalstaat hätte sich eine Haltung wie die Stalins gar nicht leisten können - er bestand zu einem Drittel aus Minderheiten und befand sich zudem in ständiger außenpolitischer Konfrontation mit seinen deutschen und sowjetischen Nachbarn. So verhielt sich Warschau gegenüber den Ukrainern flexibler als die Sowjetunion. Dennoch blieb der Polonisierungsdruck deutlich spürbar; die Zahl der ukrainischen Schulen verringerte sich bis 1937 auf einen Bruchteil; sie wurden durch zweisprachige Schulen ersetzt, in denen Polnisch dominierte. Die Universität Lemberg wurde vollständig polonisiert und alle ukrainischen Lehrstühle abgeschafft, die ukrainische Presse an das Gängelband der Zensur genommen, die Griechisch-Katholische Kirche als wichtigste ukrainische Nationalorganisation benachteiligt, obwohl sie formal gleichberechtigt neben der (Römisch -) katholischen Kirche stand.

Die Ukrainer außerhalb des Landes blieben in ihren Zentren Prag, Paris, Berlin und Wien nicht untätig - es war nur eine Frage der Zeit, bis im Jahre 1929 die *Organisation Ukrainischer Nationalisten (OUN)* in Wien gegründet wurde. Sie war ein Kind ihrer Zeit. Sie stand mit ihrem Programm im Kontext nationalistischer und auch faschistischer Strömungen in ganz Mittel- und Osteuropa. Unter ihrem Führer Oberst Konovalec wurde die *OUN* zu einer disziplinierten militärischen Untergrundbewegung, die ständig Unruhen im westlichen Galizien schürte. Zweimal sollten die polnischen Staatspräsidenten zwischen 1920 und 1938 den Weg nach Lemberg finden - und zweimal nur knapp einem Attentat entgehen. Den zahlreichen politischen Attentaten der *OUN* fiel neben einem Vertrauten Marschall Pilsudskis im Jahre 1932 auch der polnische Innenminister Pieracki im Jahre 1934 zum Opfer. „Polen hinter den San!" war die Parole, unter der die *OUN* antrat und damit die Aggressionen auf polnischer Seite noch verstärkte. Warschau kündigte noch im gleichen Jahr den Minderheitenschutzvertrag und ging bis zum Kriegsausbruch wieder härter gegen die Ukrainer vor. Zu loyalen, in die Zweite Polnische Republik integrierten Staatsbürgern waren die Ukrainer deshalb bis 1939 nicht geworden - und hatten es auch nicht werden können.

Auch nach innen war das Fünf-Staaten-Volk nicht zur Ruhe gekommen. Ein Blick auf das westukrainische, von Polen regierte Galizien mit seiner Hauptstadt Lemberg verdeutlicht dies exemplarisch: insgesamt eine ländlich strukturierte Region mit starken polnischen und jüdischen Minderheiten in wenigen großen Städten und einer Vielzahl kleinerer Landstädte, den sprichwörtlichen *Schtetln*, war die Region eigentlich *das* Zentrum des osteuropäischer Judentums. Von hier ging eine Vielzahl geistiger Impulse für die verschiedenen jüdischen Glaubensrichtungen aus, und zahlreiche säkulare sozialistische und zionistische Strömungen hatten in den Köpfen galizischer Juden ihren Ursprung. Dort spielten die Juden seit dem späten Mittelalter eine wichtige Rolle im sozialen Gefüge. Sie waren vor allem im Kleinhandel, Handwerk und Versicherungen tätig und bildeten daher das Rückgrat einer mittelständischen Wirtschaft, die als Mittler zwischen Stadt und Land gewirkt und den ukrainischen Städten ihr unverwechselbares Gepräge verliehen hatten.

Die Kehrseite dieser Rolle war allerdings, daß ukrainische Bauern fast ausschließlich mit jüdischen Pächtern, Wirten oder Händlern in Kontakt kamen. In Ermangelung eines entwickelten Bankwesens wurden Kredite meist durch jüdische Verleiher gewährt, und die Ukrainer klagten über die dabei erhobenen Zinsen von in der Regel 100 bis 250 Prozent. Dieses Phänomen begünstigte die seit Jahrhunderten bestehenden sozialen Spannungen zwischen der jüdischen Minderheit und der christlichen Bevölkerungsmehrheit und kennzeichnete fast alle agrarisch dominierten Regionen Osteuropas.

Politisch hatten die Juden die Emanzipation ihrer Glaubensgenossen in der Sowjetunion nach 1917 aufmerksam verfolgt und bis in die dreißiger Jahre hinein durchaus Sympathien für den Kommunismus entwickelt. Auf polnischer Seite waren viele Juden in die polnische Lokalverwaltung eingetreten, die den Ukrainern meist verhaßt war, und hatten sich von Anfang an in der sozialistischen Bewegung Polens engagiert. Für die mehrheitlich antikommunistisch gesinnten Ukrainer blieben die Juden deshalb doppelte Parias - als potentielle Parteigänger der anderen Seite. Diese latente Spannung führte immer wieder zu lokalen antisemitischen Ausschreitungen.

Zentren antijüdischer Gewalt waren dabei die beiden Lemberger Universitäten: die gesamte Zwischenkriegszeit hindurch wurden Zugangsbeschränkungen für jüdische Studenten erwogen; mehr als einmal wurden jüdische Kommilitonen aus den Universitätsgebäuden verjagt. Als im Jahre 1936 schließlich sogenannte „Ghetto-Bänke" für sie eingerichtet wurden, brannten jüdische Studentenheime, Studenten verprügelten Juden in Parks und auf offener Straße. Die Assistenten der Lemberger Universität führten in ihrem Verband den sogenannten „Arierparagraphen" ein, und die Forderung nach einem „numerus nullus" für jüdische Studenten wurde erneut erhoben[40]. Zwar litten die Juden unter den antisemitischen Exzessen auch der polnischen Nationalisten, ein Großteil von ihnen fühlte sich allerdings als Polen, nicht als Ukrainer. Deshalb meldeten sich im August und September des Jahres 1939 viele Juden freiwillig zur polnischen Armee, um gegen die Deutschen zu kämpfen - zu einer Zeit, in der weite ukrainische Kreise schon auf die Befreiung durch die Deutschen setzten.

2. Offene Arme in Berlin? Die Zusammenarbeit der Abwehr mit der OUN

Nach der Machtergreifung der Nationalsozialisten sah die Führung der *OUN* in Berlin einen möglichen Bundesgenossen, um den Traum der Eigenstaatlichkeit zu verwirklichen. Zwar waren die *OUN*-Mörder Innenminister Pierackis, die nach Deutschland geflohen waren, dort festgenommen und an Polen ausgeliefert worden, weil Hitler im Jahre 1934 mit Polen einen Nichtangriffspakt geschlossen hatte und die bilateralen Beziehungen zunächst nicht belasten wollte. Nachdem Frankreich im Jahre 1935 einen Beistandspakt mit Moskau geschlossen hatte, wandte die *OUN* sich erneut an das Auswärtige Amt und an Canaris, um Kontakte zu etablieren - mit Erfolg. Bei der Abwehr genossen die Ukrainer, nicht zuletzt duch Helmuth Groscurth, eine Art politischer Meistbegünstigung. Zwar stand die *NSDAP* in Ermangelung einer schlüssigen Ukrainepolitik der *OUN* zunächst ablehnend gegenüber. Canaris vermochte es schließlich dennoch, Hitler für die Ukrainefrage zu sensibilisieren.

Für Canaris war die Ukraine militärisch, ökonomisch und politisch für die Deutschen zu einem strategischen Ziel erster Güte geworden - sie war die Achillesferse Polens und der Sowjetunion. Bereits im Jahre 1937 vereinbarten die Abwehr und die *OUN* mit Oberst Konovalec eine enge Zusammenarbeit, die auf deutscher Seite von Helmut Groscurth, Theodor Oberländer und anderen betreut wurde. Auf dem Weg zum Ziel einer „freien Großukraine", wie Groscurth es nannte, entwarf man gemeinsame Strategien für eine Propaganda und diskutierte erste Pläne für Regierung und Armee einer Großukraine. In den Lagern der Abwehr übten *OUN*-Kommandos den Kampf gegen Polen und Russen.

---

[40] Vgl. Pohl, S. 25 - 28.

Das deutsche politische Spiel mit den Ukrainern blieb widersprüchlich, delikat und für die Ukrainer nicht frei von Enttäuschungen. Zwar unterstützte die Abwehr sie ohne Abstriche, doch waren ihre staatlichen Hoffnungen für die Reichskanzlei Manövriermasse, die dem Wechsel der machtpolitischen Interessen Deutschlands bedenkenlos untergeordnet wurde. Das Beispiel der Karpato-Ukraine war hier ein ernüchternder Meilenstein[41]. Doch der die *OUN* sah keinen anderen Ausweg, als die Zusammenarbeit mit der Abwehr fortzusetzen. Auch wenn *OUN*-Führer Melnyk in der Schweiz residierte und die *OUN* im Sommer 1939 in Rom tagte, war Deutschland als Hauptverbündeter der Ukraine nicht zu ersetzen.

Angesichts einer sich immer deutlicher abzeichnenden deutsch-polnischen Auseinandersetzung und der prekären Zunahme der Repressionen gegen die Ukrainer in Polen konnte man in Galizien an der Seite Deutschlands noch am ehesten auf eine Lösung zu eigenen Gunsten hoffen. Deshalb forderte Oberst Melnyk nach dem Beginn des Polenfeldzuges die polnischen Ukrainer am 11. September 1939 auf, sich den deutschen Truppen gegenüber loyal zu verhalten. Auch außerhalb des Landes standen ukrainische Kräfte beim Einmarsch der Deutschen in Polen Gewehr bei Fuß, um hochmotiviert gegen die verhaßte polnische Herrschaft zu kämpfen und möglichst schon bis nach Lemberg zu marschieren. Unter dem Tarnnamen *Bergbauernhilfe* nahmen ukrainische Spezialtrupps im Auftrag der Abwehr bereits am deutschen Vormarsch teil.

Aber der ukrainische Traum der Eigenstaatlichkeit von deutscher Hand wurde ein weiteres Mal enttäuscht: diesmal war es das geheime Zusatzprotokoll des Molotov-Ribbentrop-Paktes vom 23. August 1939, in dem Ostgalizien mit Lemberg der Sowjetunion zugesprochen wurde. Die Bemühungen der Abwehr waren damit zunächst einmal zunichte gemacht: Groscurth no-

---

[41] Einerseits wurden die ukrainischen Selbständigkeitsbestrebungen durch die Deutschen offen unterstützt, sodaß Joseph Roth in seinem Pariser Exil den ukrainischen Nationalismus als „deutsches Patent" feierte und George F. Kennan, damals US-Gesandschaftsrat in Prag, beobachtete, die Ukrainer seien „nur noch Marionetten in der Hand deutscher Agenten, die hinter den Kulissen die Fäden ziehen" (vgl. George F. Kennan: *Diplomat in Prag*. Frankfurt am Main 1972, S. 81). Andererseits taktierten Reichskanzlei und Auswärtiges Amt bezüglich der Karpato-Ukraine und signalisierten im Frühjahr und Sommer 1939 den Ungarn, man werde ihren Aktionen gegen die ukrainischen Separatisten neutral gegenüberstehen. Als sich die ukrainische „Eintagesrepublik" nun unter deutschen Schutz stellen wollte, hielt das Auswärtige Amt die Ukrainer hin und ließ die Ungarn den kurzlebigen Zwergstaat sogleich besetzen.

tierte in der zweiten Septemberwoche 1939 fassungslos in seinem Tagebuch: „Westukraine ist als russische Interessensphäre anerkannt. Die Russen rücken bei etwaigem Volksaufstand ein. Damit geben wir zum dritten Male die Ukraine preis!!". Die Abwehr sah ihre Arbeit blamiert, sie hatte zwar bisher jegliche Festlegung gegenüber den Ukrainern sorgsam vermieden, jedoch Wohlwollen signalisiert und praktische Unterstützung geleistet[42].

Nachdem Hitler sich nun entschieden hatte, alles zu vermeiden, was die Sowjets brüskieren konnte, erreichte Canaris zwar, daß er die Zusammenarbeit mit der *OUN* fortsetzen durfte - allerdings sollte „eine Ausweitung dieser Bewegung in Richtung Sowjetunion (Großukrainische Idee) unbedingt verhindert werden"[43], wie Groscurth in seinem Tagebuch notierte. Somit begleiteten von der Abwehr ausgebildete *OUN*-Truppen zwar die deutsche Wehrmacht beim Einmarsch in Polen, sie mußten sich aber zurückziehen, als die Rote Armee am 17. September 1939 in Galizien einmarschierte. Erst im Herbst 1939 schien sich die Situation für die *OUN* zu verbessern: nachdem die Deutschen Polen erobert und aus seinen Resten das sogenannte Generalgouvernement für die besetzten polnischen Gebiete geformt hatten, gaben die deutschen Behörden den ukrainischen Nationalisten dort zunächst einigen Freiraum. So entfaltete ein 1940 in Krakau gegründetes *Ukrainisches Zentralkomitee* kulturelle und soziale Aktivitäten zugunsten der Ukrainer in Ostgalizien, Ukrainische Schulen und Genossenschaften wurden wieder zugelassen, Ukrainer in Polizei und Lokalverwaltung angestellt, gleichsam als Vorstufe einer späteren Mobilisierung. Die Ukrainer genossen eine Art regionaler Meistbegünstigung, und die deutschen Besatzer spielten sie gegen die bis dahin dominierenden Polen und Juden aus, die viel härteren Repressionen unterworfen waren und aus allen öffentlichen Positionen verdrängt wurden.

Die *OUN* hatte allen Grund, Morgenluft zu wittern; durch die deutsche Besetzung waren die jungen Terroristen, welche Polen nach dem Mord an

---

[42] Vgl. Groscurth, Helmut: *Tagebücher eines Abwehroffiziers 1938-1940*. Herausgegeben von Helmut Krausnick und Harold C. Deutsch unter Mitarbeit von Hildegard v. Kotze. Stuttgart 1970, S. 202-203. Auch innerhalb der Abwehr notierte Groscurth ein „Tolles Durcheinander" und schilderte die Verzweiflung führender Ukrainer wie Oberst Jary ebenso wie des zuständigen Abwehrobersten Erwin Stolze.

[43] Allerdings durfte sich die Abwehr um die Folgen kümmern: am 18. September 1939 teilte das OKW Canaris mit, daß ukrainische Flüchtlinge aus dem Osten aufzunehmen sind. Alles weitere hat Abwehr zu veranlassen" (Vgl. Groscurth, Tagebücher, S. 202–203 und S. 272).

seinem Innenminister im Jahre 1934 inhaftiert hatte, nach der Einnahme Warschaus durch die Deutschen wieder freigekommen und formierten sich zu einem radikalen *OUN*-Flügel, der im Gegensatz zu den politisch taktierenden Älteren einen militanten Kurs verfocht. 1940 spaltete sich die *OUN* auf einem Kongreß in Krakau in zwei rivalisierende Flügel[44], und die Deutschen waren nun bestrebt, sich beide Teile der *OUN* als willkommene und rührige Helfer zu erhalten. Die Abteilung II der Abwehr nahm sofort Verbindung zur *OUN-M* und ihrem Führer Oberst Andrej Melnyk auf, um die Zusammenarbeit zu festigen. Doch auch die militantere *OUN-B* kam zu ihrem Recht: sie knüpfte Kontakte zur Abwehrstelle in Krakau und fand dort offene Ohren bei zwei deutschen Experten, die sich auskannten: die Professoren Hans Koch und Theodor Oberländer. Als wehrübende Offiziere koordinierten sie die Ausbildung der *OUN-B*-Ukrainer von 1940 unter der Ägide der Abwehr zunächst als Dolmetscher und Polizeikräfte, später auch in geschlossenen Einheiten.

Jenseits der Molotow-Ribbentrop-Linie hatte Moskau nach einer Scheinwahl am 22. Oktober 1939 sofort mit der Sowjetisierung seines neuen Teils der Ukraine begonnen[45]: Politische Parteien, Gewerkschaften sowie jüdische, polnische und ukrainische Organisationen wurden verboten; Banken, Industrie und Handel wurden verstaatlicht und die Landwirtschaft ab 1940 kollektiviert. Die Angehörigen der alten Elite wurden verhaftet und in vier Deportationswellen - bis zum Juni 1941 je 125-150.000 Menschen - nach Sibiri-

---

[44] Die Flügel wurden nach ihren Führern benannt: *OUN*-B[andera] hatte als militantere Fraktion der Jüngeren ihre Basis in Galizien und befürworteten den sofortigen Marsch auf Lemberg. Zu der Führung dieses Flügels gehörten Jaroslaw Stetsko und eben Stepan Bandera. Die *OUN*-M[elnyk] als gemäßigtere, auf politisches Taktieren ausgerichtete Fraktion bestand zumeist aus Emigranten und wurde seit Jahren von Canaris persönlich gefördert und unterstützt.

[45] Vgl. dazu vor allem den Zeitzeugenbericht Adolf Folkmans (Stefan Szende: *Der letzte Jude aus Polen* [Der Bericht Adolf Folkmans aus Lemberg]. Zürich 1945, S. 160 - 161). Die Sowjets versuchten unter der Führung von Nikita Chruschtschow, dem Ersten Sekretär der Kommunistischen Partei der Ukraine, propagandistisch den Eindruck zu erwecken, sie befreiten die Ukrainer von der seit langem verhaßten polnischen Herrschaft; die Schulen wurden zunächst ukrainisiert, und die Universität in Lemberg erhielt vorläufig wieder ukrainische Lehrstühle. Allerdings hatte Chruschtschow die von ihm initiierte Wahl vom 22. Oktober zu einer Farce werden lassen, da ihr Ergebnis vor Beginn bereits feststand. Ebenso stand fest, daß eine aus dieser Wahl hervorgegangene Kommission in Moskau um Beitritt zur Sowjetunion bitten würde, was am 1. November 1939 auch gewährt wurde.

en verfrachtet. Angesichts dieser Maßnahmen setzten viele Ukrainer ihre letzte Hoffnung auf die *OUN*, die ihrerseits einen Terror gegen die sowjetischen Besatzer sowie gegen Polen und Juden entfesselte. Nach dem Einmarsch der Roten Armee hatten ukrainische Nationalisten die vermeintliche Gunst der Stunde genutzt, um gegen mißliebige Polen und Juden vorgehen zu können. Bürgerkriegsähnliche Zustände entstanden: versprengte polnische Soldaten und Zivilisten liquidierten prosowjetische Juden und Ukrainer, ukrainische Bauern marodierten auf dem flachen Land und in den Städten, wogegen sich wiederum jüdische Selbstverteidigungskomitees und polnische Bürgerwehren formierten. Gegen diese standen schließlich Bauernmilizen und solche einheimischer Kommunisten, die offene Rechnungen mit Repräsentanten des verhaßten polnischen Staates beglichen. Im Nebel dieser Ereignisse kam es zu einer ganzen Reihe von kleineren Pogromen an Juden, die durch ukrainische Kräfte aus dem *OUN*-Umfeld inszeniert wurden und für die die Rote Armee keine Verantwortung trug.

Ein Großteil der ukrainischen Juden begrüßte deshalb die nach dem Molotow-Ribbentrop-Pakt im Herbst 1939 einmarschierende Rote Armee zunächst als Befreier und bildete erste Milizen. Stalin und die Rote Armee gingen zunächst aggressiv gegen die ukrainische wie die polnische Intelligenz vor und lehnten auf Grund ihrer Feindpsychose eine Übernahme der Beamtenschaft aus polnischer Zeit ab. Moskau war vielmehr bestrebt, sich gerade auf den unteren Ebenen eine neue, loyale Lokalverwaltung zu schaffen. Galizische Juden bewarben sich somit massenhaft dafür, denn durch die Wirtschaftsentwicklung und die sowjetischen Kollektivierungs-maßnahmen seit 1938 waren vor allem die mittelständischen Juden in hoher Zahl arbeitslos geworden.

Mit der Ankunft der Sowjets öffnete sich für viele von ihnen nun scheinbar das Tor zu neuen, ungeahnten Möglichkeiten. Erstmals seit dem Jahre 1918 war ihnen der Weg in den öffentlichen Dienst nicht mehr versperrt, gerade für junge Menschen eröffneten sich erstmals Horizonte formaler Gleichberechtigung und Bildungschancen. Schließlich besaßen in den Augen der Sowjets nur sie die in Frage kommende Qualifikation für eine Verwaltungstätigkeit. Die Außenwirkung dieser Maßnahme sollte sich als fatal erweisen, denn es waren vor allem diese neuen jüdischen Funktionäre, die den meisten Kontakt mit der Bevölkerung hatten. Zwangsläufig wurden sie in erster Linie mit den gewalttätigen sowjetischen Zwangsmaßnahmen identifiziert. Darüber hinaus schätzten viele Ukrainer sie stets als *NKWD*-Zuträger ein. In den Augen der Ukrainer, vor allem ihrer Intelligenz, komplettierte sich so ein schablonenhaftes Bild von den Juden als Kollektiv-Kollaborateure der verhaßten sowjetischen Besatzungsmacht - ein Eindruck, der seinen Niederschlag bis in die Papiere der Gestapo fand. Für die Ukrainer, die unter der von Stalin verursachten Hungersnot und den sowjetischen Säuberungen grausam gelitten hatten, glich dies einem Pakt mit dem Teufel - ein Bild, welches sich nahtlos in den traditionellen Antisemitismus in vielen ukrainischen Köpfen einpaßte. Eine Eroberung der gesamten Ukraine durch die Deutschen konnte in ihren Augen ihr Los nur verbessern - gemäß dem Motto: „Der Feind deines Feindes ist dein Freund".

Die Abwehr und die *OUN-B* hatten schon seit längerer Zeit ein Abkommen getroffen, in dem den Ukrainern als Gegenleistung für militärische und geheime Mitarbeit weitgehende Freiheit für ihre politische Propaganda zugesichert worden war. Außerdem hatten die Ukrainer bereits im April 1941 in Warschau begonnen, erste Pläne für eine ukrainische Regierung auszuarbeiten. Die *OUN-M* übersandte Hitler Anfang Juni 1941 eine Denkschrift, in der die Bedeutung einer selbständigen Ukraine für die Neuordnung Europas erläutert wurde. Darin betonte die *OUN-M*, sie sei für das Deutsche Reich das einzig verläßliche „Gegengewicht gegen moskowitische und jüdische Aspirationen"[46].

3. Nebenaußenpolitik - Oberländer und das Bataillon Nachtigall

Auch auf deutscher Seite hatte die Abwehr ihre Kontakte zu den Ukrainern weiter gepflegt und ausgebaut. Bis zum deutschen Einmarsch in Polen war die Abwehrstelle Breslau für die Aktivitäten der Abwehr mit den Ukrainer federführend gewesen, und dort hatte auch Theodor Oberländer als Ic / AO (Abwehroffizier) beim Generalkommando VIII den Ausbruch des Zweiten Weltkriegs erlebt. Gleich nach der Kapitulation Polens wechselte Oberländer im Herbst 1939 zur Abwehrstelle in Krakau, die von dort direkter auf das ukrainische Geschehen einzuwirken gedachte. Ihr Leiter wurde Hauptmann

---

[46] Denkschrift „Die Bedeutung der Ukraine für die Neuordnung Europas" vom 11. Juni 1941, zitiert bei Alexander Dallin: *Deutsche Herrschaft in Rußland 1941-1945. Eine Studie über Besatzungspolitik*. Düsseldorf 1958, S. 128.

Ernst zu Eickern, und der inzwischen zum Oberleutnant beförderte Oberländer wurde ihm als Abwehrreferent für ukrainische Fragen zugeordnet[47]. Oberländer konnte dort nun seine in Greifswald erworbenen Ukrainischkenntnisse vertiefen, denn ihm unterstand als Abwehrbeauftragtem für das Generalgouvernement die Kontaktpflege zu den ukrainischen Organisationen. Außerdem oblag Oberländer der Kontakt zur lokalen Universität; dort stand eine Fülle polnischer Materialien über die Ukraine zur Verfügung, wie er seiner Frau am 5. Oktober 1939 schrieb. Oberländer war bestrebt, neue Erkenntnisse über die Lage in Ostgalizien zu gewinnen. Nach der Besetzung Ostgaliziens durch die Rote Armee ergoß sich ein Flüchtlings- und Umsiedlerstrom aus Deutschen, Polen, Ukrainern und Juden ins Generalgouvernement. Oberländer sah sich und seine Dienststelle als eine „Armee im Schatten" - er war daran beteiligt, durch Vernehmungen der Flüchtlinge neue Erkenntnisse über die Situation jenseits der Molotow-Ribbentrop-Linie zu gewinnen beziehungsweise geeignete Kandidaten für mögliche Spionageunternehmen auszuwählen. Außerdem besaß das Deutsche Reich bis 1940 ein Konsulat in Lemberg, was bei der Beschaffung von Informationen über Ostgalizien ebenfalls behilflich war[48].

Oberländer arbeitete zusammen mit Professor Hans Koch, einem alten Freund und Weggefährten aus den dreißiger Jahren. Koch war in der Nähe von Lemberg aufgewachsen und war 1939 Mitglied der deutsch-sowjetischen Repatriierungskommission, die für die Rückführung der Galiziendeutschen

---

[47] Brief Oberländers an seine Frau vom 1. September 1939. Die Angaben über die Funktion Oberländers sind widersprüchlich: er selbst sprach von sich als Abwehrreferent für Ukrainefragen (Oberländer an den Autor vom 17. April 1997), laut Zeugenaussage eines deutschen Abwehrmitarbeiters (Name anonymisiert durch den *BStU*) vom 30. Januar 1947 in Kiew (*BStU*, Ast 107 / 60 (Beiakten zum Oberländer-Prozeß) Band 7 Nr. 182 - 188) war er Eickerns Stellvertreter. Das Telephonverzeichnis der Wehrmachtsdienststellen in Krakau vom Oktober 1939 weist Oberländer zusammen mit Koch in der Führungsabteilung des 3. Generalstabsoffiziers nach (*BA*, R 2 Pers, Oberländer, Theodor, geb. 1. Mai 1905, Ordner 297 I [ehemalige BDC-Bestände]). Da Oberländer aber erst per 1. März 1941 zum Truppendienst einberufen wurde (Oberländer an Kasper vom 18. Februar 1941, *SAPMO - BA* Dy 30/IV 2/13 Nr. 436) und sich aus Oberländers Tagebuch für die erste Hälfte 1941 eine rege Reisetätigkeit zwischen Berlin, Krakau, Greifswald und Prag nachweisen läßt, deutet dies eher auf die Rolle eines „reisenden Hilfsoffiziers" und Experten hin, dessen Anwesenheit nicht dauernd erforderlich war, als auf die (fest institutionalisierte) Stelle eines Stellvertreters.

[48] Brief Oberländers an seine Frau vom 24. Oktober 1939.

ins Generalgouvernement zuständig war. Zwischen den zahlreichen Volksdeutschen wurden auch etliche Ukrainer als Volksdeutsche getarnt ins Generalgouvernement geschleust und dort in Lagern der *OUN* ausgebildet. Noch in den letzten Wochen schafften die Deutschen mehr als 10.000 Ukrainer unter diesem Deckmantel über die Grenze[49]. Im Gegenzug übernahmen die Sowjets im Austausch übersiedlungswillige Ukrainer; somit war es ein leichtes, ausgebildete und instruierte Ukrainer auf diese Weise für Aufklärungsarbeiten zurückzuschleusen. Oberländer war für diese Auswahl und den Ablauf mit verantwortlich[50].

Oberländers Tätigkeit in Krakau hatte ihn jedoch nicht von seinen akademischen Wurzeln getrennt - im Gegenteil. In Berlin hielt Oberregierungsrat Kasper im Ministerium ein waches Auge auf den Greifswalder Professor, der sich zunächst zur Abwehr begeben hatte. Kasper hatte den Auf- und Ausbau der Deutschen Karls-Universität in Prag im Auge und wollte Oberländer unbedingt als Professor dort sehen. Das ganze Frühjahr 1940 warb er bei mehreren Gesprächen in Berlin um Oberländer und malte die Prager Möglichkeiten in den schillerndsten Farben aus. Auch in Prag selbst warb man um Oberländer: der Agrarwissenschaftler Wilhelm Saure, Rektor der Agrarwissenschaftlichen Fakultät der *Deutschen Karls-Universität* in Prag, bemühte sich extrem darum, Oberländer an die Moldau zu bekommen. Er fuhr am 22. August 1940 eigens nach Krakau, um Oberländer eine Professur für Agrarwissenschaften schmackhaft zu machen[51].

Jedoch verspürte Oberländer eigentlich keine große Neigung, nach Prag zu gehen. Erst im Jahre 1938 hatte er für seine Familie in Greifswald ein Haus gekauft und war bemüht, es durch die Honorare für eine rege Vor-

---

[49] Vgl. Sandkühler, S. 60-61
[50] Zeugenaussage eines deutschen Verwaltungsmitarbeiters im Generalgouvernement (Name anonymisiert durch den *BStU*) vom 17. Januar 1947 in Kiew. BStU, Ast 107 / 60 Band 7 Nr. 180 - 181.
[51] Kasper muß sich der Feilscherei Oberländers bis 1937 erinnert haben, denn er köderte ihn mit etlichen pekuniären Extrawürsten: sein Versorgungsdienstalter wurde auf den 1. Dezember 1933 berechnet, daraus ergab sich für Kasper die Möglichkeit, Oberländer ab dem 1. September 1940 als Ordinarius in Prag zu bezahlen und seine erste Gehaltssteigerung bereits nach zwei statt nach vier Jahren anzusetzen. Auch aus Prag berichtete Oberländer seiner Frau amüsiert, Saure habe ihn immer wieder pathetisch beschworen, er sei der einzige, den er sich auf diesem Lehrstuhl vorstellen könne. Auch seine Greifswalder Assistenten Fischer und Flunkert könne er ohne weiteres mitbringen (Briefe Oberländers an seine Frau vom 27. Mai und 21. August 1940).

trags- und Publikationstätigkeit abzuzahlen. Außerdem besaß er in der Nähe von Greifswald ein Stück Land, das er mit seiner Frau nach dem Krieg bewirtschaften wollte. Doch Kasper ließ nicht locker und köderte Oberländer schließlich, indem er an dessen ausgeprägten Ehrgeiz und seinen Finanzbedarf appellierte. Die Aussicht auf ein sehr gutes Professorengehalt als Ordinarius, die zahlreichen Protektorats- und anderen Zulagen und die Möglichkeit, in Prag Dekan zu werden, waren für Oberländer sehr verlockend. Schließlich ließ er sich gerne bitten und und erhielt im November 1940 in Prag die Stelle eines ordentlichen Professors für Volkswirtschaftslehre innerhalb der staats- und rechtswissenschaftlichen Fakultät[52].

Allerdings hatten Oberländer, Saure und Kasper ihre Rechnung ohne die Abwehr gemacht, denn auch das Tirpitzufer besaß ein ungebrochenes Interesse an dem Ukraineexperten Oberländer. Hatte der gehofft, er könne zum 1. September 1940 aus der Abwehr ausscheiden, um nach Prag zu gehen, wie er seiner Frau im August schrieb, hatte die Abwehr andere Pläne mit ihm. Ein Jahr vor Beginn des Unternehmens *Barbarossa* hatte die Berliner Reichskanzlei noch kein schlüssiges Konzept entwickelt, welchen Stellenwert die Ukraine für die deutsche Politik in Zukunft haben würde. Die Abwehr stieß hier in ein Vakuum und konkretisierte ihre Nebenaußenpolitik weiter. Sie begann, gemeinsam mit der *OUN-B*, zwei ukrainische Einheiten aufzustellen - *Roland* und *Nachtigall*. Die Angehörigen von *Roland* trugen Phantasieuniformen, die denen der Ukrainischen Armee von 1918-1920 nachempfunden waren. Die ukrainischen Angehörigen von *Nachtigall* dagegen trugen Uniformen der deutschen Wehrmacht, die lediglich an den Schulterstücken eine schmale blau-gelbe Paspelierung in den ukrainischen Nationalfarben besaßen. *Nachtigall* war der Versuch der Abwehr, durch Einsatz einer nationalukrainischen Truppe unter deutscher Führung die Ambitionen der Bandera'schen *OUN-B* zu befriedigen, die darin die Keimzelle einer möglichen ukrainischen Armee sah. Außerdem sollte die galizische Bevölkerung für den Kampf gegen die Sowjetunion gewonnen werden. Kam es zu Kämpfen mit ukrainischen Truppen der Roten Armee, sahen Abwehr und *OUN-B* gute Chancen, sie zum Überlaufen zu bewegen.

---

[52] Vgl. dazu die Personalakten Oberländers, *SAPMO - BA* Dy 30/IV 2/13 Nr. 436. Oberländer erhielt den früheren Lehrstuhl Weiß. Seinem Ruf als harter Verhandler machte er dabei wieder alle Ehre: die erste Gehaltssteigerung wurde bereits im Vertrag fixiert - nach zwei statt vier Jahren (Brief Oberländers an seine Frau vom 27. Mai 1940).

Als Reservoir für *Nachtigall* boten sich vor allem Ukrainer aus der ehemals polnischen Armee an, die bereits eine militärische Ausbildung genossen hatten und nun in deutschen Kriegsgefangenenlagern saßen. Banderas *OUN-B* machte sich nun auf die Suche und stellte schon bald etliche hundert geeignete Kandidaten zusammen, die bereits seit 1940 als Partisanen in eigenen Lagern ausgebildet und anschließend im sowjetisch besetzten Teil Galiziens eingesetzt wurden. Ihre Offiziere bildete die *OUN-B* selbst in sogenannten revolutionären Kursen aus. Sie waren der Kern, den die „Haustruppe" der Abwehr, das Regiment *Brandenburg*[53], nun im Generalgouvernement versammelte und durch weitere Freiwillige verstärkte, um die Einheiten *Nachtigall* und *Roland* aufzustellen. Der Führer der *OUN-B*, Stephan Bandera, achtete bei der Auswahl auf die Herkunft möglichst aus dem Raum Lemberg-Przemysl, um sich die Ortskenntnisse der Soldaten bei einem militärischen Einsatz zunutze machen zu können.

Für die Abwehr schien Oberländer der geeignete Mann, um auf deutscher Seite die Aufstellung des Bataillons *Nachtigall* zu begleiten. In Krakau hatte er alle notwendigen Kontakte und konnte bereits auf einige Besuche in den Ausbildungslagern der *OUN-B* zurückblicken. Nachdem Admiral Canaris selbst ihm seine neue Aufgabe erläutert und schmackhaft gemacht hatte, war Oberländer seit dem Spätsommer 1940 etliche Male in Berlin gewesen, um in langwierigen Verhandlungen für das Bataillon *Nachtigall* um Unterstützung zu werben und für adäquate personelle und materielle Ausstattung zu sorgen. Da die Abwehr ihn nicht gehen ließ, reiste er im zweiten Halbjahr 1940 ständig zwischen Krakau, Berlin und Prag hin und her. Seine Lehrstuhlverpflichtungen an der Moldau konnte er daher zunächst nur sporadisch wahrnehmen und organisierte einen Stellvertreter. Erst zum Jahresbeginn 1941

---

[53] Das Regiment *Brandenburg* konzipierten Groscurth und Hauptmann Theodor v. Hippel zum Jahresende 1939 durch konzipiert, um die volksdeutschen Verbindungsleute, die der Abwehr ursprünglich während des Polenfeldzuges zugearbeitet hatten, in einer Truppe für Sabotage und Propaganda zu reorganisieren. Die ersten Soldaten bezogen eine leerstehende Kaserne in Brandenburg und hatten zunächst wechselnde Namen: Der erste (*Deutsche Kompanie*) stieß auf Widerspruch der SS, so daß die Einheit am 25. Oktober 1939 in *Baulehrkompanie 800* und ab 10. Januar 1940 in *Bau-Lehrbataillon z.b.V. 800* umbenannt wurde. Nach seinem Standort hieß es schon bald einfach *Regiment Brandenburg*.

konnte er sich für mehrere Wochen seiner Arbeit in Prag widmen, und genoß dabei die Ferne zur Politik, wie er an seine Frau schrieb[54].

Nur wenige Wochen später berief ihn die Abwehrstelle Krakau erneut als Soldat ein. Dort war er zunächst, gemeinsam mit Hans Koch, für die militärische Ausbildung der Ukrainer in den *OUN-B*-Lagern Krynica und Komancza eingeteilt[55]. Am 8. Mai 1941 trat Oberländer dann seinen Dienst als Ausbilder des Bataillons *Nachtigall* im schlesischen Neuhammer an. Knappe sechs Wochen blieben ihm nur für die Ausbildung. Gemäß ihrem offiziellen Charakter als Lehr- und Versuchseinheit war das Bataillon *Nachtigall* nur leicht bewaffnet, schwere Maschinengewehre oder gar panzerbrechende Waffen fehlten ganz, da das Bataillon stets mit anderen, regulär bewaffneten Einheiten eingesetzt werden sollte. Auch Fahrzeuge waren für die Einheit, die *OKW*-intern als Lehrgang firmierte, eigentlich nicht vorgesehen - der Transport sollte in den kurzen Wochen ihrer Existenz in zum Teil vor Ort requirierten zivilen Pkws und Lkws erfolgen und ein ständiges Problem darstellen. Einzige Ausnahme war Oberländer selbst: er hatte sich in Berlin erfolgreich zwei zivile Pkws eingehandelt[56].

Nachtigall bestand aus drei Kompanien mit je zwei Zügen Ukrainern und einem Zug deutschen Rahmenpersonals aus dem Abwehrregiment *Brandenburg* - insgesamt etwa 300 Ukrainer und 100 Deutsche. Führer der drei Kompanien waren Leutnant Middelhauve (1. Kompanie), Leutnant Primm (2. Kompanie) und Leutnant Schüler (3. Kompanie). Die Ukrainer standen

---

[54] Briefe Oberländers an seine Frau vom 24. August und 7. September 1940 und vom 9. Januar 1941. Wegen seiner Kriegsverwendungen bei *Nachtigall* und später im Sonderverband *Bergmann* nahm Oberländer dieses Amt allerdings nur sehr sporadisch wahr. Den täglichen Betrieb erledigte sein Stellvertreter Laufke, mit dem Oberländer auch die finanziellen Zulagen des Amtes teilte (Brief Oberländers an seine Frau vom 15. Mai 1941; Personalakten Oberländers, *SAPMO - BA*, Dy 30/IV 2/13 Nr. 436).

[55] Tagebucheinträge Oberländers vom 5. und 8. März 1941; Oberländer an den Autor vom 3. April 1997. Doch zunächst Theodor Oberländer noch einige Monate zwischen Prag, Greifswald, Berlin und Krakau herum. In Prag war er bemüht, seine Lehrveranstaltungen zu Ende zu bringen und erste Karten sowie Material über die Ukraine zu besorgen. In der letzten Februarwoche erhielt er am Tirpitzufer letzte Instruktionen durch Canaris, traf mit anderen Ostforschern zusammen und fuhr anschließend über Prag, wo er den Abwehroffizier Erwin Stolze traf, nach Krakau. Dort trat er am 3. März seinen Dienst bei der örtlichen Abwehrdienststelle an (Tagebucheinträge Oberländers vom 1. Januar bis 1. März 1941).

[56] Brief Oberländers an seine Frau vom 13. Juli 1941.

unter dem internen Kommando des *OUN-B*-Mitgliedes Roman Schuchewitsch, der den Rang eines Leutnants innehatte. Die deutsche Bataillonsführung bestand im wesentlichen aus vier Personen: Bataillonskommandeur der gesamten Einheit wurde der Canaris-Vertraute Dr. Hans-Albrecht Herzner[57], der mit diversen Kommandounternehmen seit 1939 bereits einschlägige Erfahrungen gesammelt hatte. Allerdings sprach er keine Ostsprache und verstand wenig von den Besonderheiten des polnisch-ukrainischen Verhältnisses. Deshalb unterstellte ihm die Abwehr Theodor Oberländer als Stellvertreter, beratenden Offizier und Spezialist für ukrainische Fragen[58]. Oberländer hatte seit dem 8. Mai 1941 die Ausbildung des Bataillons geleitet, bis Herzner zur Einheit stieß. Dazu kamen als Zahlmeister der Kriegsverwaltungsinspektor Meyer und der Feldgeistliche Dr. Johannes Hrynioch, der

---

[57] Herzner, Reservist des Infanterieregiments 9 in Potsdam, gehörte zum Kreis um General Beck und Oberst Oster, die bereits im Jahre 1938 Hitler stürzen wollten. Nachdem das Münchner Abkommen dies verhindert hatte, ging Herzner später zur Abwehr und hatte bereits in den letzten Augusttagen 1939 vor dem Einmarsch der Deutschen in Polen eine Reihe verdeckter Abwehroperationen geführt, die parallel zu dem deutschen Angriff auf den Sender in Gleiwitz stattfanden (Vgl. dazu Heinz Höhne: *Canaris. Patriot im Zwielicht*, Bindlach 1993, S. 334 ff.)

[58] Die Frage, welche Funktion Oberländer bei *Nachtigall* hatte, wird nach 1945 zum Gegenstand zahlreicher Publikationen und zahlloser Prozesse, zuletzt im Jahre 1985 vor dem Bundesgerichtshof in einem Prozeß Oberländers gegen den Publizisten Bernt Engelmann. Oberländer selbst schrieb seiner Frau am 16. Juni 1941, er sei Herzners „Berater und Stellvertreter". Auch Herzner selbst schrieb seiner Frau am 28. Juni 1941: „Mir wurde die Führung der drei U[krainischen] Kompanien in Neuhammer und meiner Brandenburger Kompanie übertragen. Oberländer, der bisher Lehrgangsleiter in N[euhammer] war, mir unterstellt und diese Formation (...) Major Heinz zugeteilt" (Briefkopien im Privatarchiv des Autors). Major Friedrich Wilhelm Heinz (Kommandeur des 1. Bataillons des Regiments *Brandenburg*), betonte seinerseits vor dem Landgericht Fulda im Jahre 1962, Oberländer habe eine Sonderstellung gehabt, „die in der deutschen Wehrmacht wohl einmalig gewesen" in seiner „beratenden Funktion ohne Befehlsgewalt" (LG Fulda - 2 O 283/59 - , Oberländer ./. Fudaer Verlagsanstalt u.a., Vernehmung Friedrich Wilhelm Heinz am 26. Juni 1962, S. 8). Als Fazit der Debatte, ob Oberländer nun „Politischer Führer" (Engelmann), „Berater und Stellvertreter" (Oberländer selbst) oder was auch immer gewesen ist, scheint dem Autor die obige Formulierung angemessen, die sich an die Beschreibung von Oberländers Tätigkeit des amerikanischen Völkerrechtlers Alfred M. de Zayas anlehnt (Alfred M. de Zayas: *Die Wehrmacht - Untersuchungsstelle. Deutsche Ermittlungen über alliierte Völkerrechtsverletzungen im Zweiten Weltkrieg*. Stuttgart [5]1995, S. 348 Anmerkung 2).

allerdings erst einen Tag vor Beginn des Rußlandfeldzuges zum Bataillon stieß. Er war einflußreiches *OUN-B*-Mitglied und sollte schon bald eine Schlüsselrolle spielen.

Oberländers Aufgabe bestand darin, als Verbindungsoffizier der Bataillonsführung zu den ukrainischen Teilen des Bataillons tätig zu sein, das deutsche Rahmenpersonal zu schulen und ein gutes Verhältnis zwischen den sehr heterogen zusammengewürfelten Ukrainern sicherzustellen; darüber hinaus war er Ansprechpartner der Heeresgruppe. Politische Fragen, so Oberländer, sollte er im Sinne eines deutsch-ukrainischen Zusammenwirkens gegen Stalin und den Bolschewismus beantworten. Eine erste Probe seines Könnens mußte Oberländer schon sehr bald liefern: die Ukrainer weigerten sich, einen Eid auf Hitler abzulegen oder eventuell auch gegen eine Westmacht kämpfen zu müssen. Oberländer handelte deshalb im Mai 1941 mit Vertretern der *OUN-B*, der Abwehr und dem Auswärtigen Amt in den Räumen der *Deutschen Gesellschaft für Osteuropakunde* in Berlin eine Eidesformel aus, die die Ukrainer lediglich auf den Kampf gegen den Bolschewismus und für eine freie Ukraine verpflichtete. Erst dann konnten die ukrainischen Angehörigen des Bataillons *Nachtigall* am 17. Juni 1941 wie vorgesehen vereidigt werden[59]. Bald darauf sammelte sich das Bataillon im Raum Rzeszów (Reichshof)-Przemysl, wurde als selbständiger Verband dem 1. Bataillon der *Brandenburger* und seinem Kommandeur, Major Friedrich Wilhelm Heinz, unterstellt und wartete auf seinen baldigen Einsatz[60]. Kaum hatte der deutsche

---

[59] Oberländer an den Autor vom 17. April 1997; Tagebucheinträge Oberländers vom 4. - 7. Mai und am 17. Juni 1941 sowie OStA Bonn - 8 Js 344/59 -, ./. Oberländer, Vernehmung Oberländers am 24. März 1960, Seite 2. Der Eid lautete: „Mit diesem Gewehr erkämpfe ich die Freiheit der Ukraine, oder ich werde für sie sterben" (auszugsweise zitiert bei Neulen, *An deutscher Seite*, S. 308 und Gespräch Oberländer am 3. September 1996).

[60] Tagebucheintrag Oberländers vom 21. Juni 1941; Aussage Heinz am 20. Oktober 1959; Höhne, S. 438 - 442 und Czeslaw Madajczyk: *Die Okkupationspolitik Nazideutschlands in Polen 1939-1945*. Berlin (Ost) 1987, S.528 f. Heinz war, Oberländer nicht unähnlich, auch ein NS - Renegat, der in der Abwehr „geparkt" war. Als früherer Stahlhelm - Führer war er nach dem Röhm - Putsch in Ungnade gefallen. Seine Bücher (er war Schriftsteller) kamen auf den Index, und ihm blieb nur das Abtauchen in die Reihen der Wehrmacht. 1936 trat er in die Abwehr ein, übernahm dort ein eigens für ihn gebildetes Referat für Presse und Propaganda und wurde schon bald, zusammen mit Herzner, ein Mitglied der Verschwörergruppe um Ludwig Beck und Hans Oster. Nachdem die Anfangserfolge der Deutschen Armee die Verschwörer zunächst desillu-

Überfall auf die Sowjetunion begonnen, setzte die *OUN-B* in Abstimmung mit der Abwehr *Nachtigall* in Marsch. Nur zum Teil motorisiert und eben leicht bewaffnet, wurde die Einheit meist in Reserve gehalten und marschierte, ohne nennenswerte Berührung mit der Roten Armee gehabt zu haben, hinter den Verbänden der Wehrmacht in Richtung Osten. Am 29. Juni befand sie sich bereits in Jasow Nowe, 10 km vor Lemberg.

In der galizischen Metropole Lemberg sollten sich in der ersten Woche nach dem deutschen Einmarsch die Erfahrungen, Erwartungen und Spannungen explosionsartig entladen, die Deutsche, Russen und Ukrainer in Galizien schicksalhaft miteinander verflochten. Natürliches Ziel auf Grund der Vorgeschichte waren die Juden. In Ostgalizien lebten am Tag des deutschen Einmarsches ca. 540.000 Juden - mehr als im ganzen Deutschen Reich im Jahre 1933. Allein ein Drittel davon befand sich in Lemberg. Zwar hatte sich die *OUN* im April 1941 noch offiziell von Pogromen gegen Juden distanziert, doch wuchs in den Reihen der Untergrundkämpfer die Erwartung, in dem kommenden Feldzug vermeintliche alte Rechnungen begleichen zu können. Außerdem ist aus heutiger Sicht fraglich, ob die *OUN*-Führung im Juni 1941 immer die volle Kontrolle über alle ihre Einheiten besaß. Überlieferte *OUN*-Flugblätter aus den ersten Tagen des Feldzuges sprachen hier eine deutliche Sprache:

„Werft die Waffen auch jetzt nicht weg. Nimm sie in Deine Hand. Vernichte den Feind. (...) Volk! - Wisse! - Moskau, Polen, Ungarn, das Judentum - das sind Deine Feinde! Vernichte sie"[61].

Die *OUN-B* Stepan Banderas hatte nicht vor, sich als Hilfstruppe der Deutschen degradieren zu lassen. Bandera plante vielmehr, durch ein *fait accompli* - etwa die Selbstbefreiung Lembergs - die Selbständigkeit der Ukraine durchzusetzen, die von der Abwehr und dem Stab Alfred Rosenbergs in Aussicht gestellt war. *En passant* konnte sich die *OUN-B* ukraineintern als treibende Kraft auch einen Vorteil gegenüber der Melnyk'schen *OUN-M* verschaffen. Am 22. Juni 1941, dem Tag des deutschen Einmarsches in die Sowjetunion, gründeten Banderas Mitstreiter in Krakau ein Ukrainisches Nationalkomitee und ließen Hitler einen Tag nach dem Überfall ein Memorandum

---

sioniert hatten, verschaffte Canaris Heinz seine Stellung im Regiment *Brandenburg* (vgl. zu Heinz Susanne Meinl und Dieter Krüger: „Der politische Weg des Friedrich Wilhelm Heinz", in: *Vierteljahreshefte für Zeitgeschichte* Nr. 42 / 1994, S. 39 – 69).

[61] Vgl. Pohl, S. 57 mit zahlreichen weiteren Hinweisen.

zukommen, das für eine Wiederherstellung einer freien, geeinten Ukraine eintrat. Vorausschauend waren die *Nachtigall*-Angehörigen deshalb am 17. Juni auch nicht auf Adolf Hitler, sondern auf die Freiheit der Ukraine vereidigt worden, bevor sie vier Tage später in Marsch gesetzt wurden. Auch folgten den deutschen Einheiten kleine Marschgruppen der *OUN-B*, die in den besetzten Gebieten kommunale Verwaltungen übernehmen und mit banderatreuem Personal besetzen sollten.

4. Anarchie im Machtvakuum - Lemberg vor dem 30. Juni 1941

Das schnelle Vorrücken der deutschen Truppen zwang nicht nur die Rote Armee, sondern auch die Truppen des *NKWD* zu einem überstürzten Rückzug. Die dezidert prodeutsche Haltung vieler ukrainischer Nationalisten bot den Sowjets die Handhabe für eine harte, grausame Behandlung. Auf Anordnung des Chefs des *NKWD*, Lawrenti Berija, mußten nun in ganz Ostgalizien Zehntausende ukrainischer politischer Gefangener nach Osten evakuiert werden. Wegen der Kürze der Zeit und der zurückflutenden Truppen der Roten Armee war dies nicht überall möglich, und der *NKWD* zog die pragmatischere Lösung vor, sie kurzerhand zu ermorden. In Lemberg wurde eine Vielzahl illegal lebender ukrainischer Nationalisten verhaftet und durch Schnellgerichte zum Tode verurteilt. Diejenigen Gefangenen, die wegen "konterrevolutionärer Verbrechen" angeklagt waren - eine Gummiformel, die extremer Willkür Vorschub leistete -, wurden sofort erschossen[62]. In 22 Orten Ostgaliziens wurden massenhaft Leichen von *NKWD*-Häftlingen gefunden. Die spektakulärsten und grausamsten Fälle ereigneten sich dabei jedoch in Lemberg. In seinen vier Gefängnissen begann bereits am 22. Juni das Massenmorden, und in den folgenden sechs Tagen wurden 5.300 Häftlinge, meist ukrainische Nationalisten, verstümmelt, grausam gefoltert und erschossen.

Die *OUN-B* hatte, ähnlich wie in anderen galizischen Städten, versucht, diese Morde durch lokale Aufstände zu verhindern und mit der eigenen Anwesenheit vor Ort gleichzeitig vollendete Tatsachen zu schaffen. Bereits mit Einsetzen der ersten deutschen Luftangriffe auf Lemberg inszenierten die

---

[62] Vgl. den Befehl vom 23. Juni 1941 auf Anordnung Berijas in: Bilas, Bd. 1 S. 128 ff; Bogdan Musial: "Konterrevolutionäre Elemente sind zu erschießen". *FAZ* vom 30. Oktober 1999; Szende, S. 170:

OUN-B-Verbände Aufstände gegen die Rote Armee und hißten die ukrainische Flagge an mehreren Stellen der Stadt. Abziehende Verbände der Roten Armee wurden attackiert und versprengte Rotarmisten gejagt - allerdings ohne Erfolg. Die beabsichtigte Selbstbefreiung Lembergs scheiterte, der *NKWD* kehrte sogar mit etlichen Einheiten zurück, schlug den Aufstand nieder und setzte nach einer neuen Verhaftungswelle sein Morden noch einige Tage fort[63].

Erst in der Nacht zum 28. Juni - zwei Tage vor dem Einmarsch der Deutschen - verließ das *NKWD*-Gefängnispersonal zusammen mit der Nachhut der Roten Armee die Stadt. Die mit Leichen überfüllten Bauten wurden beim Abzug in Brand gesteckt. Kaum waren die Sowjets verschwunden, stieß die *OUN* nun mit Macht in das entstandene Machtvakuum, um die zwei Tage bis zum deutschem Einmarsch für ihre Chance zu nutzen. Milizen wurden aufgestellt, die sofort mit der Festnahme von jüdischen Männern begannen. Die potentiellen Opfer standen im fatalen Sinne des Wortes an jeder Ecke, denn durch eine große Zahl von Flüchtlingen vor den Deutschen war die Zahl der Juden in Lemberg im Juni 1941 auf ca. 150.000 bis 160.000 Juden angewachsen. Plünderungen, Brandstiftungen und Schießereien waren an der Tagesordnung und prägten das Bild Lembergs in diesen Tagen[64].

Bereits an den Sammelstellen der Milizreviere wurden die Opfer brutal mißhandelt. Ein Teil von ihnen wurde in die vier Lemberger Gefängnisse gebracht, um dort die Leichen der *NKWD*-Opfer zu bergen. Dort trafen sie auf zahlreiche Ukrainer, die auf der Suche nach ihren Angehörigen in die Gefängnisse geströmt waren und nun die vermeintlich Mitverantwortlichen in Gestalt der Juden vor sich glaubten. Es kam zu schweren Ausschreitungen, in

---

[63] Vgl. Ilnytzkyj, Roman: *Deutschland und die Ukraine 1934-1945*. Tatsachen europäischer Ostpolitik. Ein Vorbericht. München ²1958, Band II, S. 167 und auch Pohl, S. 60 Anmerkung 110 mit einzelnen Hinweisen, daß bereits am 26. Juni 1941 erste Ausschreitungen gegen Juden und Kommunisten begannen; Szende, S. 172; Fässler, S.121.

[64] Vgl. Fässler, Peter, Thomas Held und Dirk Sawitzki (Hg.): *Lemberg-Lwów-Lviv*. Eine Stadt im Schnittpunkt europäischer Kulturen. Köln ²1995, S. 114, Szende, S. 135 und S. 172-174.) und Philip Friedman: *Roads to Extinction*. Essays on the Holocaust. New York-Philadelphia 1980, S.244. Zeugenaussagen ukrainischer und polnischer Gefangener, die das Massaker überlebten auch bei de Zayas, S. 339-343; Pohl, S. 55-57 sowie OStA Bonn - 8 Js 344/59 - , ./. Oberländer, Einstellungsverfügung vom 5. August 1960, S.11.

deren Verlauf zahlreiche Juden zu Tode geprügelt und erschossen wurden[65].
Das Kriegstagebuch der 1. Gebirgsdivision, an deren Spitze das Bataillon *Nachtigall* als erste deutsche Wehrmachtseinheit am 30. Juni 1941 in Lemberg einmarschieren sollte, notierte denn auch einige Tage später: "Unter der Bevölkerung herrscht über die Schandtaten der Bolschewisten rasende Verbitterung, die sich gegenüber den in der Stadt lebenden Juden, die mit den Bolschewisten stets zusammengearbeitet haben, Luft macht"[66].

5. Der 30. Juni 1941

Von all diesen Dingen wußten die Angehörigen des Bataillons *Nachtigall* nur gerüchteweise, als sie ihr Quartier am 29. Juni 1941 10 Kilometer nordwestlich von Lemberg bezogen hatten. Das Regiment *Brandenburg* mit dem Bataillon *Nachtigall* war der 1. Gebirgsdivision unter Generalmajor Hubert Lanz unterstellt und sollte, nachdem die Rote Armee noch in der Stadt vermutet wurde, erst ein bis zwei Tage später in Lemberg einmarschieren und mit der Ortskenntnis der Einheitsangehörigen schnell einige strategisch wichtige Plätze in der Stadt besetzen. Doch bereits am 29. Juni abends berichteten *OUN-B*-Emissäre von der Lage in der Stadt und den *NKWD*-Säuberungen. Sie beknieten den ukrainischen Führer Schuchewitsch, *Nachtigall* möge endlich einmarschieren[67].

Nach Rücksprache mit dem Regiment *Brandenburg* und der 1. Gebirgsdivision setzte sich das Bataillon in Bewegung und marschierte gleich nach Mitternacht in den frühen Morgenstunden des 30. Juni 1941 - noch einige Stunden vor den Spitzen der 1. Gebirgsdivision - in Lemberg ein. Die Soldaten wurden durch die Bevölkerung begeistert begrüßt, mit Blumen über-

---

[65] Vgl. Bogdan Musial: "Konterrevolutionäre Elemente sind zu erschießen". *FAZ* vom 30. Oktober 1999; Pohl, S. 61. Allein im Brygydki-Gefängnis, einem der Hauptschauplätze der Exzesse, wurden bis zum 2. Juli 1941 etwa 1000 Juden ermordet.
[66] *BA-MA* RH 24-49/8, S. 176, KTB XXXXIX. AK, 30.6.1941, 15 Uhr (vgl. Pohl, S. 61).
[67] OStA Bonn - 8 Js 344/59 - , ./. Oberländer, Vernehmung Oberländers am 24. März 1960, Seite 4; Gespräch Oberländer am 3. September 1996; LG Fulda - 2 O 283/59 - , Oberländer ./. Fuldaer Verlagsanstalt u.a., Vernehmung Friedrich Wilhelm Heinz am 26. Juni 1962, S. 9.

häuft und als Befreier gefeiert[68], ohne auf Widerstand zu stoßen. Mit unterschiedlichen Zielen marschierten die Kompanien - meist in Teileinheiten, aber auch in Zügen - in die Stadt. Die 1. Kompanie sollte zum Hügel der St. Georgs-Kathedrale der Unierten Kirche am Juraplatz vorstoßen, die 2. Kompanie hatte den Auftrag erhalten, Elektrizitäts- und Gaswerk zu besetzen und mindestens einen Zug zu den Gefängnissen zu schicken, um dort nach Überlebenden der ukrainischen Intelligenz zu forschen und gegebenenfalls ihr Leben zu schützen. Die 3. Kompanie besetzte den Bahnhof und den Rundfunksender[69].

Die Bataillonsführung unter Herzner und Oberländer begab sich direkt zur St. Georgs-Kathedrale, um den Metropoliten, Erzbischof Graf Andrej Sheptistkyj, in der überfüllten Kirche zu suchen. Dieser, Sohn eines polnischen Vaters und einer ukrainischen Mutter, genoß als „grand old man" der ukrainischen Nationalbewegung unter der Bevölkerung hohes Ansehen und sollte seinen Einfluß im Sinne der ukrainischen Sache geltend machen[70]. Oberländer und Herzner hatten den Auftrag, sein Leben unter allen Umständen zu schützen. Doch erst in dessen Palais unweit der Kathedrale wurden sie fündig und das Regiment *Brandenburg* richtete dort zunächst seinen Gefechtsstand ein. Erzbischof Sheptistkyj, sechsundachtzig Jahre alt, mit weißem Bart und

---

[68] Vgl. Szende, S. 173; Andreas Kappeler: *Kleine Geschichte der Ukraine*. München 1994, S. 217; Frank Golczewski (Hg.): *Geschichte der Ukraine*. Göttingen 1993, S. 251; Fässler, S. 122; OStA Bonn - 8 Js 344/59 - , ./. Oberländer, Vernehmung Oberländers am 24. März 1960, Seite 5; Gespräch Oberländer am 3. September 1996; Aussage Alexander Buchner vom 28. Januar 1960, S. 3; LG München - 9 O 12755/85 - , Vernehmung Dr. Johannes Hryniach am 3. Dezember 1986, S. 3 sowie zahlreiche weitere Zeugen.

[69] LG Fulda - 3 KMs 3/64 - , Oberländer ./. Karpenstein, Vernehmung Friedrich Middelhauves am 10. Mai 1966, S. 15; LG Fulda - 2 O 63/64 - , Schriftsatz des RA Will vom 14. September 1971, S. 6; OStA Bonn - 8 Js 344/59 - , ./. Oberländer, Vernehmung Oberländers am 24. März 1960, Seite 5; LG Fulda - 2 O 283/59 - , Oberländer ./. Fuldaer Verlagsanstalt u.a., Vernehmung Erich Eichelkrauts am 26. Juni 1962, S. 2; Ebd., Vernehmung Friedrich Wilhelm Heinz am 26. Juni 1962, S. 9; Urteil LG Bonn - 2 Q 7/61 - , Middelhauve ./. Sigbert Mohn-Verlag vom 18. April 1961, S. 10; Sandkühler, S. 63.

[70] Brief Oberländers an seine Frau vom 2. Juli 1941. Vgl. zum Metropoliten auch David Kahane: *Lvov ghetto diary*. Amherst 1990, S. 120 ff. und Szende, S. 127 - 128 und S. 135; Pohl, S. 67 sowie Tagebucheintrag Oberländers vom 30. Juni 1941.

an den Rollstuhl gefesselt, gab Oberländer und Hans Koch[71], der sich im Lauf des Vormittags ebenfalls dort einfand, zunächst eine lange Schilderung der Lemberger Ereignisse. Er bedauerte, daß er nicht habe eingreifen können, da er bis zuletzt unter *NKWD*-Aufsicht gestanden habe, zeigte sich aber bereit, sich in einem Hirtenbrief über das Radio an die Bevölkerung zu wenden. Koch und der Feldgeistliche des Bataillons, Kaplan Dr. Johannes Hrynioch, blieben als Gast des Metropoliten bei ihm, auch eine Wache von *Nachtigall* blieb am Palais des Metropoliten zurück[72].

Mittlerweile war es später Vormittag, und die *Nachtigall*-Truppen wurden durch Einheiten des Regiments *Brandenburg* beziehungsweise durch erste Wehrmachtseinheiten abgelöst, die allmählich in die Stadt kamen. So sammelten Oberländer und Herzner zunächst die Angehörigen der 1. Kompanie und marschierten unter Gesang alter ukrainischer Schlachtlieder zusammen mit Teilen von *Brandenburg* in den Hof des Rathauses. Dort zogen sie die Fahne des Deutschen Reiches auf. Zeitgleich hatte am Morgen eine Vorausabteilung der 1. Gebirgsdivision über der Zitadelle von Lemberg die deutsche Fahne gehißt. Oberländer und Herzner führten nun erste Gespräche

---

[71] Der fließend Polnisch, Ukrainisch, Jiddisch und Deutsch sprechende Koch war mit einem Sonderauftrag der Abwehr nach Lemberg beordert worden, um mit den Führern der ukrainischen Freiheitsbewegung Kontakt aufzunehmen (OStA Bonn - 8 Js 344/59 - , S. 3). Abweichend davon die Aussage Pfarrer Otto Wagners vom 8. Dezember 1959, S. 1 - 3, Koch sei nach dem 22. Juni 1941 dem Stab von *Nachtigall* zugeteilt worden und habe am Einmarsch von Lemberg teilgenommen. Dafür läßt sich in den einschlägigen Bataillonspapieren sowie im Tagebuch Oberländers, der mit Koch eng befreundet war, kein Hinweis finden. Oberländer selbst sagt, Koch habe direkt vom *OKW* einen Sonderauftrag für die Zusammenarbeit mit Ukrainern erhalten, ohne sich allerdings an Details zu erinnern (Oberländer an den Autor vom 3. April 1997 und im Gespräch am 1. Mai 1998). Am 15. Juni 1941 hatte Koch in einem Vortrag vor dem Stab der Heeresgruppe Süd detaillierte Vorschläge für eine freie Ukraine unterbreitet und genau analysiert, auf welche Kräfte sich die deutsche Herrschaft dort stützen solle. Allerdings plädierte auch er dafür, die deutsche Oberhoheit über die Ukraine für die Dauer des Krieges beizubehalten und erst nach dem Kriege auf die Ukrainer selbst übergehen zu lassen (vgl. Ilnytzkyj, Bd. I S. 54 ff. dort wird allerdings, eine weitere Variante, Koch als Verbindungsmann des Ostministeriums zur Heeresgruppe Süd, bezeichnet).

[72] Brief Hans Kochs an seine Frau vom 1. Juli 1941 (Abschrift im Privatarchiv Oberländer); OStA Bonn - 8 Js 344/59 - , ./. Oberländer, Vernehmung Oberländers am 24. März 1960, Seite 5; LG München - 9 O 12755/85 - , Vernehmung Dr. Johannes Hrynioch am 3. Dezember 1986, S. 3.

mit dem Vorauskommando des Gebirgs-Artillerie-Kommandos 132 unter Oberst Wintergerst, der die Stadtkommandantur übernehmen und für Ruhe und Ordnung sorgen sollte. Einige Angehörige von *Nachtigall* wurden als Dolmetscher an den Stab von Oberst Wintergerst sowie an die Feldgendarmerie abgegeben. Gegen Mittag hatte das Bataillon damit seinen Auftrag vorerst erfüllt. Da im Einsatzbefehl lediglich ein kurzer Aufenthalt in Lemberg vorgesehen war, quartierte sich Oberländer mit einem Großteil seiner Einheit im Hotel „Astoria" ein und bereitete sich sich auf zwei weitere Tage in Lemberg vor[73].

Nachmittags besuchte Oberländer mit Herzner und einem weiteren Offizier zwei Gefängnisse, um sich ein Bild von der Lage zu machen. Zunächst kamen sie in das bereits brennende Stadtgefängnis Brygidki. Die Kazmierzowska-Straße, an der das Gefängnis lag, war nur eine Viertelstunde zu Fuß vom Hotel entfernt, und auch ohne Ortskenntnis wies ihnen der Leichengeruch den Weg. Oberländer war entsetzt über das Bild, das sich ihnen bot, und der Verwesungsgestank im Gebäude machte es den beiden unmöglich, sich dort länger aufzuhalten, so daß sie zu einem weiteren Gefängnis, der ehemaligen *NKWD*-Zentrale in der Lonskiego-Straße, weitergingen. Laut späterer Aussage Oberländers hatten sie in dem ehemaligen *NKWD*-Gefängnis keine deutschen Soldaten gleich welcher Truppengattung gesehen[74]. Anders in dem zweiten Gefängnis: dort hatte der sowjetische Geheimdienst vor seinem Abzug ein provisorisches Gefängnis eingerichtet, die Zahl der Todesopfer war mithin dort besonders groß. Einzelne Angehörige des Bataillons *Nachtigall* waren bereits vor Ort und hatten begonnen, die Leichen in einem großen Garten vor dem Gebäude auszulegen, damit die Bevölkerung sich auf die Suche nach Angehörigen machen konnte[75].

---

[73] LG Fulda - 2 O 283/59 - , Oberländer ./. Fuldaer Verlagsanstalt u.a., Vernehmung Erich Eichelkrauts am 26. Juni 1962, S. 4 und Vernehmung Eugen Meydings am 20. April 1964, S. 1 ff. Meyding war Hauptmann im Stab von Oberst Wintergerst und nahm in den folgenden Tagen an den Beratungen mit den Offizieren von *Nachtigall* teil. OStA Bonn - 8 Js 344/59 - , ./. Oberländer, Einstellungsverfügung vom 5. August 1960, S. 44.

[74] Brief Oberländers an seine Frau vom 2. Juli 1941; Tagebucheintrag Oberländers vom 30. Juni 1941; LG Fulda - 2 O 283/59 -, Oberländer ./. Fuldaer Verlagsanstalt u.a., Vernehmung Theodor Oberländers am 20. April 1964, S. 3; OStA Bonn - 8 Js 344/59 - , ./. Oberländer, Vernehmung Oberländers am 24. März 1960, Seite 5.

[75] OStA Bonn - 8 Js 344/59 - , ./. Oberländer, Vernehmung Oberländers am 24. März 1960, Seite 6 und ebd. Einstellungsverfügung vom 5. August 1960, S. 10.

Der von der ukrainischen Bevölkerung stürmisch gefeierte Einmarsch hatte Herzner, Koch und Oberländer daran erinnert, daß sie die Erwartungen der Ukrainer in Bezug auf ihre Eigenstaatlichkeit zunächst unter allen Umständen dämpfen mußten. Oberländer schwante schon bald nach dem Einmarsch, welche symbolische Kraft in seiner Einheit steckte. Er duldete zwar, daß Roman Schuchewitsch in den Reihen der Exilukrainer Gerüchten zufolge schon als kommender Kriegsminister gehandelt wurde, weil Schuchewitsch für die Disziplin der Ukrainer innerhalb von *Nachtigall* sorgte. Dennoch warnten Koch, Oberländer und andere die Ukrainer vor den Folgen einer möglichen Proklamation eines eigenen Staates, die, so Oberländer, ständig zu befürchten war[76]. Den ganzen Nachmittag des 30. Juni 1941 geschah jedoch in dieser Hinsicht scheinbar gar nichts. Am gleichen Abend machte sich Hans Koch auf dem Weg zu einem Treffen, um die Errichtung einer ukrainischen Stadtverwaltung zu beschließen und erste Schritte dafür zu besprechen. Als er das Gebäude des Kulturvereins „Prosvita" am Ringplatz passierte, baten ihn einige Ukrainer eindringlich dort herein. Mißtrauisch betrat Koch nun das Gebäude und wurde in einen kleinen, überfüllten Sitzungssaal geleitet. Dort ging eine Versammlung gerade zu Ende, die bereits am frühen Abend einberufen worden war durch sechs Abgesandte des eine Woche vorher gegründeten *Ukrainischen Nationalkomitees*.

Diese „Marschgruppe der Sechs" unter Führung von Banderas Stellvertreter, Jaroslaw Stetsko, war erst im Laufe des 30. Juni unter abenteuerlichen Umständen nach Lemberg gelangt und hatte an der Besetzung von Rathaus und Rundfunk teilgenommen. Gleich danach hatten sie noch für den selben Abend eine von Stetsko so bezeichnete „Nationalversammlung" aus *OUN-B*-Angehörigen zusammengetrommelt, die nun genau das tun sollte, was Herzner, Koch und Oberländer befürchtet hatten und um jeden Preis vermeiden

---

[76] OStA Bonn - 8 Js 344/59 - , ./. Oberländer, Vernehmung Oberländers am 24. März 1960, Seite 7; Gespräch Oberländer am 21. und 22. November 1996. Oberländer schrieb am 25. Juni 1941 an seine Frau: „Die U[krainer-] Frage hat eine ungeheure Bedeutung erlangt, ich wehre mich aber mit allen Mitteln gegen einen politischen Einsatz, weil ich nicht will. Wir haben politisch alles auf eine Karte gesetzt, der religiöse Osten sieht uns bei großen politischen Erwartungen jedoch abwartend". Koch hingegen muß geahnt haben, was ihn erwarten würde, denn bereits am selben Tage hatte er seiner Frau geschrieben: „Ich kann nicht alles sagen, aber vielleicht kommt in den nächsten Tagen etwas durch den Rundfunk zur Sprache. ich bleibe vorläufig noch einige Tage hier (...)" (Abschrift des Feldpostbriefs von Hans Koch an seine Frau vom 30. Juni 1941 im Archiv des Autors).

wollten. Es war acht Uhr, als Stetsko im Kreis von etwa sechzig meist namhaften Ukrainern „Im Namen der *OUN* unter der Führung von Stepan Bandera" die Wiederherstellung einer selbständigen Ukraine proklamierte. Eine ukrainische Armee werde nun auf ukrainischem Boden gegründet, die ihren Kampf gegen die moskowitische Besetzung bis zu ihrem Ende fortsetzen werde. Außerdem werde eine provisorische Regierung ernannt, die amtieren sollte, bis die ukrainische Hauptstadt Kiew befreit sei und sich dort eine Regierung für die gesamte Ukraine gebildet habe. Anschließend erhoben sich alle und sangen die ukrainische Nationalhymne, danach wurden die Anwesenden kurzerhand zur Nationalversammlung erklärt, die diese provisorische Regierung nunmehr einsetzen solle. Als Hans Koch im Kulturhaus „Prosvita" eintraf, sah er sich einer ukrainischen provisorischen Regierung unter Führung von Jaroslaw Stetsko gegenüber.

Herzner, Koch, Oberländer und auch sein früherer Breslauer Vorgesetzter, Hauptmann Ernst zu Eickern, inzwischen an Oberländers Statt Verbindungsoffizier zur Heeresgruppe Süd, hielten diesen Schritt für äußerst fatal und sahen darin ein Spiel mit dem Feuer. Sie hatten mit Roman Schuchewitsch nun nicht nur einen designierten stellvertretenden Kriegsminister in den Reihen von *Nachtigall*, sondern sie waren auch unsicher, wie das offizielle Berlin auf diesen ukrainischen Schnellschuß reagieren würde. Sie standen den ukrainischen Hoffnungen zwar grundsätzlich positiv gegenüber und wußten sich dabei auch von Canaris unterstützt, hielten diesen Schritt jedoch zum jetzigen Zeitpunkt für verfrüht[77]. Sie waren sich sicher, das Vorpreschen der Ukrainer werde den Widerstand der Berliner Stellen provozieren, die strikt gegen jegliche ukrainische Eigenstaatlichkeit waren. Außerdem befürchtete gerade das *OKW* eine Stärkung des russischen Widerstandswillens auf dem riesigen Gebiet der restlichen Ukraine, das noch längst nicht erobert war.

Doch die Situation wurde für die Deutschen noch schlimmer - durch die Schlüsselrolle, die der einflußreiche Feldgeistliche des Bataillons *Nachtigall*,

---

[77] Vgl. Brief Herzners an seine Familie vom 28. Juni 1941 (Archiv des Autors); Oberländer an den Autor vom 3. April 1997; John A. Armstrong: *Ukrainian Nationalism 1939-1945*. New York ²1963, S. 82; Golczewski, S. 252; Pohl, S. 47. Dallin, S. 130, zitiert Hans Koch mit den Worten, „man hätte wenigstens bis zur Einnahme von Kiew warten sollen". Oberländer betont, daß Koch und er absolut für eine freie Ukraine gewesen waren, sich dem Befehl von Canaris jedoch hätten unterordnen müssen, die Proklamation rückgängig zu machen (Oberländer an den Autor vom 14. November 1996).

Hrynioch, in den folgenden Stunden spielte. Schon tagsüber hatte er in längeren Gesprächen den Metropoliten um Unterstützung für die Freie Ukraine ersucht. Für die *OUN* war die Parteinahme des Metropoliten ungeheuer wertvoll, denn es hob die Reputation der neuen Regierung beträchtlich, wenn sie mit der *OUN-B* und der Ukrainischen Katholischen Kirche die Unterstützung zweier maßgeblicher, in diesen Tagen noch funktionstüchtiger Organisationen genoß. Hrynioch enges Zusammenwirken mit Koch und Oberländer vermittelte Erzbischof Sheptistkyj den Eindruck, die *OUN-B* genösse die offizielle deutsche Unterstützung und er könne das Unternehmen im Sinne einer freien Ukrainie durch einen Hirtenbrief unterstützen.

So wurde der Text noch in der Nacht entworfen und am nächsten Morgen des 1. Juli 1941 durch den *Nachtigall*-Feldgeistlichen zusammen mit der Selbständigkeitserklärung im Rundfunk verlesen. Darin begrüßte der Metropolit die deutsche Herrschaft und bat um Schutz für alle Bevölkerungsgruppen, „unabhängig von ihrem Glauben, nationaler Zugehörigkeit und sozialem Status". Gleichzeitig erkannte er Stetsko „als Premier der Staatsregierung" an. Bis zur Einrichtung einer deutschen Stadtkommandantur zwei Tage später wurde die Lemberger Proklamation ungehindert weiter verbreitet[78].

Auf Seiten der Abwehr bemühte man sich nun um Schadensbegrenzung, und die deutschen Experten versuchten in den folgenden Tagen, die Ukrainer zu einer Rücknahme der Proklamation zu bewegen - Koch selbst hatte von Canaris den Auftrag dazu erhalten. Doch er blieb ohne Erfolg, denn die

---

[78] Vgl. den Text bei Armstrong, S. 81 und Ilnytzkyj I, S. 273 ff.; Auszüge auch bei Kahane, S. 158 ff. Die Rolle des Metropoliten ist bis heute umstritten: Der Zeitzeuge David Kahane, der die erste Juliwoche 1941 in Lemberg miterlebte, lobte dagegen die mahnenden Worte des Metropoliten an die Deutschen: This particular passage in the metropolitan's letter, important as it was to Jews, tells us something about its author. Speaking publicly about the duty of tolerance toward other religions, by which the metropolitan implicitly meant Jews, required a great deal of courage and an unshakable commitment to moral principles" (Kahane, S.124 ff). Dagegen moniert Pohl, S. 66, der Metropolit habe die Juden mit keinem Wort erwähnt. Zur Frage, wieviel der Metropolit wußte, vgl. Armstrong, S. 80 ff.; Friedman, S. 245; Sandkühler, S. 63; Golczewski, S. 252 - 253; Dallin, S. 129; Kappeler, S. 217; Hrynioch an Oberländer vom 2. November 1959, S. 3. Laut Armstrong und Golczewski ist nicht ganz klar, ob der Metropolit wußte, daß die *OUN* gespalten war und er sich durch sein Engagement für die Interessen der *OUN-B* einspannen ließ. Ilnytzkyj II, (S. 176 und S. 184) verneint dies ausdrücklich und zitiert Stetsko, man habe den Metropoliten bewußt im unklaren gelassen. Darüber habe er später des öfteren sein Mißfallen bekundet.

Ukrainer waren um keinen Preis zur Rücknahme der Proklamation bereit. Oberländer und Herzner hatten gehofft, die Situation für das Bataillon dadurch entschärfen zu können, daß sie, wie vorgesehen, schon nach einem Tag würden weitermarschieren können. Doch wegen der fehlenden Fahrzeuge war die Einheit zunächst gezwungen, in Lemberg zu bleiben. Der Großteil der Einheit wurde deshalb am 2. Juli aus dem Hotel „Astoria" in das ehemalige Deutsche Gymnasium umquartiert und blieb dort bis zum Abmarsch am 7. Juli 1941. Dorthin verlegte auch der Bataillonsstab seinen Sitz[79].

6. Von geduldetem Mord zu planmäßiger Vernichtung - Stadtkommandant und die SS marschieren in Lemberg ein

Während all dies geschah, ging der Pogrom gegen die Juden unvermindert weiter und wurde am 1. Juli 1941 weder durch den Metropoliten noch durch Hrynioch im Rundfunk erwähnt[80]. Schon am Vortag war die Stadt gleich nach dem Einmarsch der Deutschen an vielen Litfaßsäulen mit Plakaten des *Ukrainischen Nationalen Komitees* gepflastert. Sie begrüßten in deutscher und ukrainischer Sprache die Deutschen und forderten Vergeltung für die vermeintlichen „Greueltaten jüdischer Bolschewisten": „Es leben Adolf Hitler und Stephan Bandera. Tod den Juden und Kommunisten!". Am Morgen des 1. Juli befand sich der Pogrom auf dem Höhepunkt - die Juden waren praktisch vogelfrei, wie Adolf Folkman feststellte[81].

---

[79] Tagebucheintrag Oberländers vom 7. Juli 1941 Gespräch Oberländer am 3. September 1996; Dallin, S. 129; Höhne, S. 441.

[80] Der Metropolit hatte zwar stets gute Beziehungen zur jüdischen Gemeinde gepflegt, protestierte gegen die Behandlung der Juden sogar bei Himmler und rettete später immer wieder Juden, beispielsweise den Lemberger Oberrabbiner Jecheskiel Lewin. Aber am 2. Juli 1941 konnte auch er Lewin nur versichern, er werde zwar alles tun, um die Ukrainer von weiteren Ausschreitungen abzuhalten, er könne jedoch nicht gegen die Deutschen einschreiten (vgl. Kahane, S. 1 - 84 und S. 118 – 152; Fässler, S. 157). Hrynioch erwähnte dagegen die Pogrome vom 1. und 2. Juli später mit keinem Wort - weder vor Gericht (LG München - 9 O 12755/85 - , Vernehmung Dr. Johannes Hrynioch am 3. Dezember 1986) als auch in einem längeren Brief an Oberländer vom 2. November 1959 (Privatarchiv Oberländer).

[81] Vgl. Szende, S. 179; OStA Bonn - 8 Js 344/59 - , ./. Oberländer, Einstellungsverfügung vom 5. August 1960, S. 20.

Schon am 30. Juni hatten die ukrainischen Widerstandsgruppen damit begonnen, eine einheimische Miliz aufzustellen, die auch bald von der Wehrmacht als Ordnungskraft bestätigt wurde. Sie sollte nicht nur die öffentliche Ordnung sicherstellen, sondern darüber hinaus auch die politischen Pläne der in die Stadt gekommenen Emigranten unterstützen. Sie rekrutierte sich aus ganz unterschiedlichen Reservoirs: einerseits aus den Reihen der *OUN-B*, die auch die abziehenden Truppen der Roten Armee attackiert hatten. Sie besaßen noch keine Uniformen und trugen daher zunächst nur eine blau-gelbe Armbinde; später versorgten sie sich aus zurückgelassenen Beständen der Roten Armee mit olivgrünen Uniformen und trugen dazu die *Mazepinka*, eine nationalukrainische Kopfbedeckung. Andererseits strömten auch ukrainische Angehörige der schon zu sowjetischen Zeiten bestehenden uniformierten Miliz dazu. Sie waren nach Abzug der Roten Armee sofort zur *OUN-B* übergelaufen und behielten ihre bisherigen Uniformen - dunkelblaue Uniformbluse, olivbraune Reithose und Stiefel - kurzerhand bei. Lediglich die sowjetischen Embleme wurden entfernt. Diese Milizen besetzten nun etliche Polizeireviere und nahmen, unter Duldung der Deutschen, zunächst ordnungspolizeiliche Funktionen wahr. Dieser Wirrwarr an Uniformen wird in der Verhandlung des Falles Oberländer noch eine wichtige Rolle spielen.

Zusammen mit der aufgebrachten Bevölkerung formierten sich diese ukrainischen Milizen nun zu mordenden Horden, die durch die Straßen zogen. Vor allem im vorwiegend von Juden bewohnten Stadtteil Zamarstynow im Norden der Stadt brandschatzten, plünderten und mißhandelten sie Juden, wo immer sie sie fanden Menschen wurden aus ihren Wohnungen gezerrt, zu erniedrigenden Arbeiten gezwungen und wahllos ermordet. Zentraler Schauplatz der Pogrome aber waren die Lemberger Gefängnisse, in die eine große Zahl von Juden getrieben wurde. Vor dem Stadtgefängnis (Brygydki-Gefängnis) hatte sich ein Spalier an Einheimischen gebildet, durch das über 1.000 Menschen mit Prügeln, Latten und Faustschlägen in das Gefängnistor getrieben wurden. Dort sollten sie die Leichen der *NKWD*-Opfer bergen. Auch dabei kam es zu Ausschreitungen mit zahlreichen jüdischen Mordopfern[82]. Den ungeheuren Lärm, der aus dem Gefängnis drang, erwähnte sogar das Kriegstagebuch der 1. Gebirgsdivision - mit einer entlarvenden Schlußfolgerung:

---

[82] Vgl. Fässler, S. 121-123; Friedman, S. 246; OStA Bonn - 8 Js 344/59 - , ./. Oberländer, Einstellungsverfügung vom 5. August 1960, S. 23 und 36.

„Während der Kommandeursbesprechung hörte man das Schießen im *GPU*-Gefängnis Lemberg, wo Juden die in den letzten Wochen auf jüd. Denunziation hier ermordeten Ukrainer (mehrere Tausend) begraben mußten. Auf Antreiben der ukrainischen Bevölkerung kam es am 1.7. zu einem regelrechten Juden- und Russenpogrom in Lemberg"[83].

Das grausame Beispiel machte Schule: Im ehemaligen *NKWD*-Gefängnis in der Lonckistraße wurden die von der ukrainischen Miliz eingelieferten Juden zum Bergen von Leichen eingesetzt - überwacht von einer Abteilung deutscher Wehrmachtssoldaten, ca. 40-50 Mann. Während der Arbeiten wurden die meisten Juden schon körperlich mißhandelt. Als die Arbeiten beendet waren, bildeten die Soldaten ein Spalier und schlugen und stachen mit Gewehrkolben und Bajonetten auf die durchlaufenden Juden ein, bis alle entweder tot oder verwundet waren. Auch im ehemaligen Militärgefängnis im Lemberger Stadtteil Zamarstynow wurden die Juden zu Hunderten in den Gefängnishof getrieben, wo sie ein Spalier aus Zivilisten und ukrainischen Uniformierten erwartete. Die hier durchgetriebenen Menschen wurden ebenfalls mit Bajonetten erstochen, mit Knüppeln und Gewehrkolben geschlagen. In den drei Tagen des Progroms kamen etwa 4.000 Menschen um[84].

Zur selben Zeit marschierten seit Mittag des 30. Juni zahlreiche deutsche Wehrmachtstruppenteile in Lemberg ein. Sie waren dem 49. Gebirgsarmeekorps von General Konrad unterstellt und umfaßten verschiedene Waffengattungen. Dazu kamen Einheiten der Geheimen Feldpolizei und der Feldgendarmerie, die Feldkommandantur 605, slowakische Einheiten, die SS-Division *Wiking* sowie weitere Verbände der SS und des SD[85]. Einige wenige beteiligten sich an den Ausschreitungen, die meisten standen dem Geschehen jedoch passiv und teilnahmslos gegenüber und schossen sogar Photos davon. Im Brygydki-Gefängnis hatte die Feldgendarmerie die Absperrung des Gefängnisses übernommen, einzelne Angehörige der 1. Gebirgsdivision

---

[83] *BA*-MA RH 28-1/20 Blatt 35RS, KTB 1. Geb.Div. 1. Juli 1941 sowie Förster, Sicherung, S. 1064.

[84] Vgl. die Zeugenaussage Feinsilbers, OStA Bonn - 8 Js 344/59 - , ./. Oberländer, Einstellungsverfügung vom 5. August 1960, S. 35 und 41; Pohl, S. 61.

[85] Für die Wehrmacht waren es die Gebirgsjägerregimenter 98 und 99, die Gebirgsartillerieregimenter 79 und 111, das Gebirgsartilleriekommando 132, Vorkommandos der 68. Infanteriedivision, das Landesschützenbataillon 258, Vorkommandos des Artillerieregiments 53 sowie das I. Bataillon des Regiments *Brandenburg* mit dem Bataillon *Nachtigall* (vgl. 130 Js 1/96 ./. Oberländer, Einstellungsverfügung vom 8. Mai 1998, S. 22).

sahen den Ausschreitungen zu. Im Militärgefängnis Zamarstynow photographierten deutsche Soldaten die Spaliere, durch die die Juden laufen mußten[86]. Auch die Ausschreitungen in den Straßen Lembergs wurden von zahlreichen Soldaten photographiert und gefilmt[87]. Einzelne Zeugenaussagen geben Hinweise darauf, daß den Einheiten der Wehrmacht jegliche Form des Fraternisierens verboten war, denn einzelne Soldaten in Wehrmachtsuniform mußten sich bei Kontrolle stets ausweisen und rechtfertigen.

Es scheint, daß die Lemberger Pogrome durch eine verhängnisvolle deutsch-ukrainische Wechselwirkung zusätzlich begünstigt wurden: Zum einen ließen die Ukrainer einem weit verbreiteten Antisemitismus freien Lauf, der durch die Erfahrungen seit 1939 neue Nahrung erhalten zu haben schien. Dabei hofften sie, sich durch die Behandlung der Juden den neuen deutschen Machthabern zu empfehlen. Andererseits war man auf deutscher Seite nur zögernd gewillt, überhaupt in die Geschehnisse einzugreifen, obwohl man über die Verhältnisse vor Ort durchaus informiert war. Der Stab des Gebirgs-Artillerie-Kommandos 132, der am 30. Juni 1941 in Jaroslaw, kurz vor Lemberg, lag, hatte bereits am frühen Morgen des 30. Juni ein Vorkommando nach Lemberg entsandt, mit dem Herzner und Oberländer am späten Vormittag zusammengetroffen waren.

Am Nachmittag erhielt der Stab durch den Kommandierenden General den Befehl, sofort hinter der Spitzengruppe der 1. Gebirgsdivision in Lemberg einzumarschieren und die Stadtkommandantur zu übernehmen. Der Chef des Stabes des 49. Gebirgsarmeekorps wies den Kommandeur und Stadtkommandanten *in spe*, Oberst Wintergerst, auf die unklare politische Lage in der Stadt und die Kräfte ukrainischer Nationalisten hin und erteilte anschließend einen klaren Auftrag: für Ruhe und Sicherheit der kämpfenden Truppe - also der deutschen Soldaten - zu sorgen und jegliche Ausschreitun-

---

[86] OStA Bonn - 8 Js 344/59 - , ./. Oberländer, Einstellungsverfügung vom 5. August 1960, Zeugenaussagen Feinsilbers, Brandts und Schmidts S. 31-33, 39-43; Sandkühler, S. 117, Szende, S. 174; de Zayas, S. 334; Pohl, S. 60 f.

[87] Vgl. Sandkühler, S. 117. Ein Zusammenschnitt dieser Filme wurde wenige Tage später Hitler in einer Wochenschau vorgeführt. Joseph Goebbels notierte in seinem Tagebuch: „Die Großkampagne gegen den Bolschewismus wird fortgesetzt. Die neutrale Presse macht mit. Das ist das Schulbeispiel (...) Abends Wochenschau bearbeitet. Mit erschütternden Szenen der bolschewistischen Greueltaten in Lemberg. Ein Furioso! Der Führer ruft an: das sei die beste Wochenschau, die wir je gemacht hätten" (vgl. Elke Fröhlich (Hg.): *Die Tagebücher von Joseph Goebbels. Sämtliche Fragmente Band I / 4: 1.1.1940 bis 8.7.1941.* München 1987, S. 741).

gen zu verhindern. Um politische Dinge habe sich der Stab nicht zu kümmern, vielmehr dafür zu sorgen, möglichst rasch ein geordnetes Stadtregiment einzusetzen. Die Plünderungen von Lagerhäusern und Geschäften sei zu verhindern, die Versorgung mit Wasser und Elektrizität müsse möglichst bald wieder in Gang gebracht werden[88].

Noch am Nachmittag des 30. Juni erreichte Oberst Wintergersts Stab die Stadt. Feldgendarmerieeinheiten wurden sofort zur Absperrung und Sicherung in die Gefängnisse geschickt, um dort die Leichen zu bergen und das Ausbreiten von Seuchen zu verhindern. Auch erste Ausweise zur Besichtigung der Gefängnisse durch ausländische Journalisten und Angehörige einer deutschen Propagandakompanie wurden bereits am Nachmittag ausgestellt. Die Feldgendarmerie meldete pogromartige Ausschreitungen durch die ukrainische Miliz („blaugelbe Armbinden") schon am späten Abend des 30. Juni, sah sich allerdings nicht in der Lage, einzugreifen, da ihr die Anwendung von Waffengewalt verboten war. Um dieser Lage Herr zu werden, bat der Stab von Oberst Wintergerst beim kommandierenden General um die Zuteilung von Lautsprecherwagen und eines Reservebataillons, um die bis dahin mit Sicherungsaufgaben gebundenen Feldgedarmeriekräfte abzulösen und sie für die Sicherung der öffentlichen Ordnung freizubekommen[89].

Im Laufe des 1. Juli 1941 wurde schließlich die erbetene Reserve, wohl das Gebirgsjägerregiment 98, zugeteilt, und ab dem 2. Juli konnte der Stadtkommandant die Ortskommandantur einrichten und die öffentliche Ordnung wiederherstellen. Zu diesem Zeitpunkt hatte der Pogrom seinen Höhepunkt allerdings schon erreicht, wenn nicht sogar überschritten. Die Tatsache, daß die deutsche Wehrmachtsführung bereits in diesen Tagen neutrale Journalisten die Leichenfunde besichtigen ließ[90], unterstreicht noch, wie wenig die

---

[88] *BA*-MA RH 24-49/8. S. 176, KTB XXXIX AK, 30.6.41, 15 Uhr (zitiert bei Pohl, S. 62); LG Fulda - 2 O 283/59 - , Oberländer ./. Fuldaer Verlagsanstalt u.a., Vernehmung Eugen Meydings am 20. April 1964, S. 1-2. Meyding war Hauptmann im Stab von Oberst Wintergerst und schrieb angesichts dieser wenig vielversprechenden Aufgabe noch am 30. Juni 1941 an seine Frau: „Unser Stab hat die wenig erfreuliche Aufgabe des Stadtkommandanten. Die Russen und Juden haben hier schrecklich gehaust, in den Gefängnissen massakriert" (Ebd., Anlage zur Aussage Meydings am 20. April 1964).

[89] LG Fulda - 2 O 283/59 - , Oberländer ./. Fuldaer Verlagsanstalt u.a., Vernehmung Eugen Meydings am 20. April 1964, S. 2.

[90] So der schwedische Korrespondent Bertil Svanström. Sein Bericht erschien nur ein paar Tage später in Schweden („Die Ernte der eroberten Ukraine nicht in Mitleidenschaft gezogen", *Stockholms Tidningen* vom 7. Juli 1941); LG Fulda - 2 O 283/59 - ,

Deutschen, zumindest bis zum 2. Juli, geneigt waren, sich in die Vorgänge zweier Lemberger Pogromtage einzumischen, solange keine unmittelbare Gefahr für die deutschen Truppen davon ausging.

Den Juden Lembergs half dies wenig - für sie waren die Greuel noch längst nicht vorüber, denn der Pogrom war lediglich eine Vorstufe des organisierten Grauens gewesen. Auch wenn die Ausschreitungen nach dem Errichten der Stadtkommandantur durch die Wehrmacht am 2. Juli 1941 rasch abebbten, folgte nun auf den geschürten und geduldeten ukrainischen Volkszorn die organisierte deutsche Vernichtungsmaschinerie von Sicherheitspolizei, SS und SD - in Gestalt der Einsatzgruppe B unter SS-Brigadeführer Dr. Otto Rasch. Ihm unterstanden die Sonderkommandos 4a und 4b sowie die Einsatzkommandos 5 und 6. Während die Vorausabteilungen des Sonderkommandos 4b bereits am 30. Juni 1941 Lemberg erreichten und mit dem Inspizieren der Gefängnisse begannen, traf der Stab der Einsatzgruppe tags darauf mit dem Einsatzkommando 6 am 1. Juli 1941 in der Stadt ein[91].

Diese Truppen waren auf ihren Einsatz psychologisch genauestens vorbereitet und mit präzisen Anweisungen versehen. Schon am 17. Juni 1941 hatte SS-Obergruppenführer Reinhard Heydrich gegenüber den Höheren SS- und Polizeiführern seine Gedanken dargelegt, die angesichts der vorrückenden deutschen Truppen am 29. Juni 1941 in eine Direktive gegossen wurden, die an Deutlichkeit nichts zu wünschen übrig ließ:

„Dem Selbstreinigungsprogramm antikommunistischer und antijüdischer Kreise in den neu zu besetzenden Gebieten ist kein Hindernis zu bereiten. Sie sind, im Gegenteil, allerdings spurenlos, auszulösen, zu intensivieren, wenn erforderlich, in die richtigen Bahnen zu lenken, ohne daß sich die örtlichen 'Selbstschutzkreise' später auf Anordnungen oder auf gegebene politische Zusicherungen berufen können"[92].

Oberländer ./. Fuldaer Verlagsanstalt u.a., Vernehmung Eugen Meydings am 20. April 1964, S. 2;OStA Bonn - 8 Js 344/59 - , ./. Oberländer, Einstellungsverfügung vom 5. August 1960, S. 24 – 25;Pohl, S. 61

[91] Vgl. Pohl, S. 61-62 und 68-69; Sandkühler, S. 116 - 118; Fässler, S. 122 - 123; ZStL, Brief des Ersten Staatsanwalts Streim an den Verlag Kiepenheuer & Witsch vom 4. September 1975, S. 4 (Privatarchiv Oberländer); Ereignismeldung des Chefs der Sicherheitspolizei (CdS) UdSSR Nr. 9 vom 1. Juli 1941, IfZ, NO-4536. Bis zum 11. Juli 1941 trug die Einheit unter Führung von Rasch die Bezeichnung B, dann wurde sie durch Tausch in Einsatzgruppe C umbenannt (Vgl. Ereignismeldung des CdS UdSSR Nr. 19 vom 11. Juli 1941).

[92] Vgl. Aussage des Führers des Einsatzkommandos 5, SS-Brigadeführer Erwin Schulz am 26. Mai 1947, IfZ NO-3644; Helmut Krausnick und Hans-Heinrich Wilhelm: *Die*

Zu diesem Zweck sollten die Einsatzgruppen möglichst dicht hinter der Front operieren und wenigstens mit einem Vorkommando zeitgleich mit den Kampftruppen in die einzunehmenden Städte und Landstriche einrücken. Die Suche nach „kommunistischen Agenten des *NKWD*" war stets ein willkommener Vorwand für die Aktionen der Einsatzgruppen, umso mehr war es auch für Einsatzgruppenchef Rasch und seine Kommandoführer in Lemberg ein leichtes, ihren Einsatz als vermeintliche Racheaktion an jüdischen Funktionären für die *NKWD*-Opfer in den Lemberger Gefängnissen zu bemänteln. Sie gingen mit grausamer Effizienz zu Werke: bereits am 2. Juli erschossen Teile des Sonderkommandos 6133 jüdische Männer in einem Wald außerhalb Lembergs. Mit Hilfe der ukrainischen Miliz wurde die Stadt und besonders der Stadtteil Zamarstynow durchkämmt und alle jüdische Männer, derer man habhaft werden konnte, aus ihren Wohnungen gezerrt. 2.500 bis 3.000 Menschen, die gerade erst den Pogrom überstanden hatten, wurden auf einem Sportplatz zusammengetrieben, der sich neben dem Quartier der Einsatzgruppe befand. Dort wurden sie durch Einheiten des Reserve-Polizeibataillons 9 bewacht und fortgesetzt durch Ukrainer und deutsche Soldaten mißhandelt. Innerhalb von zwei Tagen wurden Facharbeiter, Alte und Jugendliche selektiert, danach die restlichen Menschen zur Exekution in die Wälder am Stadtrand von Lemberg verbracht. Bis zum 6. Juli 1941 wurden knapp 3.000 Menschen durch die Einsatzkommandos 5 und 6 erschossen.

Zeitgleich mit der Einsatzgruppe B erreichte noch eine weitere SD-Einheit am 2. Juli 1941 Lemberg: das sogenannte „Einsatzkommando z.b.V.", in Marsch gesetzt vom Befehlshaber der Sicherheitspolizei und des SD (BdS) in Krakau, SS-Brigadeführer Dr. Eberhard Schoengarth. Es sollte als Keimzelle für die geplante spätere deutsche Dienststelle des Kommandeurs der Sicherheitspolizei und des Sicherheitsdienstes (KdS) dienen. Das Kommando beteiligte sich zwar an den Erschießungen der Einsatzkommandos 5 und 6, hatte aber zunächst einen perfiden Spezialauftrag: die Ermordung der polnischen Professorenschaft von Lemberg als vernichtenden Schlag gegen die polnische Elite. In den Nächten vom 2. bis zum 4. Juli 1941 wurde eine große Zahl polnischer Universitätsprofessoren samt ihren Angehörigen durch kleine Patrouillen gezielt verhaftet. Unter ihnen befand sich auch der letzte polnische

---

Truppe des Weltanschauungskrieges. Die Einsatzgruppen der Sicherheitspolizei und des SD. Frankfurt am Main 1981, S. 145.

Premierminister, Kasimierz Bartel. Am frühen Morgen des 4. Juli wurden sie in einem Park am Wuletzker Hügel, nicht weit vom neuen Domizil der Sicherheitspolizei, durch ein Erschießungskommando unter Führung von SS-Untersturmführer Walter Kutschmann in Fünfergruppen erschossen[93].

7. Die Rolle des Bataillons Nachtigall

Bleibt die Frage nach der Rolle, die das Bataillon *Nachtigall* während seines knapp einwöchigen Aufenthaltes in Lemberg spielte. Am 30. Juni 1941 abends hatten alle Kompanien ihre Quartiere bezogen, und am Morgen des 1. Juli traten Stab und 1. Kompanie zunächst zu einem feierlichen Begräbnis an: Bei der Besetzung der Gefängnisse war unter den Leichen auch die von Roman Schuchewitschs Bruder im *NKWD*-Gefängnis gefunden worden, der als Sänger in Lemberg gelebt hatte. Er wurde am Morgen des 1. Juli nach einem Gottesdienst in der Aussegnungshalle in der Pekarskastraße durch seine Familie begraben. Ein Teil des Bataillons - mindestens der Stab und ein Zug der 1. Kompanie - gaben dem Toten aus Respekt für Schuchewitsch, der seit dem Abend vorher als Kriegsminister der ukrainischen Schattenregierung gehandelt wurde, letztes Geleit[94].

Schuchewitsch war zwar der prominenteste, aber sicher nicht der einzige *Nachtigall*-Angehörige, der nach den *NKWD*-Massakern Todesopfer in seiner Familie zu beklagen hatte. Die Leichenfunde in den Gefängnissen hatten die Emotionen der Bewohner Lembergs vollends gesteigert, deshalb wird auch in den Reihen des Bataillons die Stimmung aufgeheizt gewesen sein. Sie war jedenfalls ein Thema, das am gleichen Abend zur Sprache kam - in einer Besprechung zwischen Oberst Wintergerst und seinem Stab sowie den Abwehroffizieren Stolze, Eickern, Herzner, Oberländer und wohl auch Hans Koch. Da bis dato noch mit einem unmittelbaren Weitermarsch gerechnet

---

[93] Vgl. Pohl, S. 69 mit zahlreichen weiteren Nachweisen; Aussage Schulz, S.5. Sandkühler, S. 119, spricht sogar von mindestens 4.000 getöteten Juden; Simon Wiesenthal: *Recht, nicht Rache*. Erinnerungen. Frankfurt am Main-Berlin 1992, S. 211-222. Nur einer, Professor Frantisek Groer, überlebte das Massaker. Er konnte seine Freilassung erreichen, weil seine Frau die englische Staatsangehörigkeit besaß.

[94] Brief Hryniochs an Oberländer vom 2. November 1959, S. 4-5 (Privatarchiv Oberländer) und Gespräch Oberländer am 3. September 1996 und 1. Mai 1998. Danach haben er selbst, Koch und Hrynioch am Begräbnis teilgenommen.

wurde, kam dabei die Möglichkeit zur Sprache, auch das Bataillon *Nachtigall* zur Aufrechterhaltung der öffentlichen Ordnung einzusetzen. Angesichts der angespannten Situation und der persönlichen Betroffenheit der meisten Bataillonsangehörigen wurde dies strikt abgelehnt[95].

Herzner und Oberländer hatten zwar die übereilte Proklamation einer Freien Ukraine nicht verhindern können und deshalb Mühe, die Disziplin des Bataillons aufrechtzuerhalten; mit der „Bekämpfung von Plünderungen, Bränden und Beerdigungen" habe er voll zu tun, schrieb Oberländer seiner Frau am 2. Juli 1941. „Den Männern bekommt die Stadt gar nicht, Alkohol und Frauen wirken verheerend, nur scharfe Strafen verhindern, daß die Truppe nicht zum Sauhaufen wird". Im Endeffekt gelang es ihnen aber, eine Teilnahme der über die Stadt verteilten *Nachtigall*-Teileinheiten weitgehend zu verhindern[96]. Ein womöglich expliziter Befehl zur Teilnahme hätte nicht nur nach eigenem Bekunden den Einsatzgrundsätzen und -zielen des Bataillons *Nachtigall* widersprochen, sondern der Pogrom hatte in den Reihen des Bataillons schon zu Unruhen geführt. Heinz schrieb in seinem Schlußbericht über die Einnahme Lembergs vom 1. Juli 1941:

„Die eigene Truppe ist, wie die Meldungen der Kompanien beweisen, über die Roheitsakte und Quälereien empört. Sie hält ein unerbittliches Strafgericht an den Schuldigen am Massaker der Bolschewisten für unbedingt erforderlich, versteht jedoch das Quälen und

---

[95] LG Fulda - 2 O 283/59 - , Oberländer ./. Fuldaer Verlagsanstalt u.a., Vernehmung Eugen Meydings am 20. April 1964, S. 3 und Erich Eichelkrauts am 26. Juni 1962, S. 4; Tagebucheintrag Oberländers vom 1. Juli 1941. Dort ist allerdings nur Ernst zu Eickern als Gesprächspartner verzeichnet. Oberländer selbst erinnert sich zwar auf Nachfrage an das Treffen, behauptet aber, er habe sich an dem Gespräch nicht beteiligt und sei lediglich für den Objektschutz zuständig gewesen (Gespräch Oberländer am 3. September sowie am 21. und 22. November 1996).

[96] Vgl. Karl-Heinz Roth: „Heydrichs Professor. Historiographie des Volkstums und der Massenvernichtungen. Der Fall Hans Joachim Beyer", in: Peter Schöttler (Hg.): *Geschichtsschreibung als Legitimationswissenschaft 1918 - 1945*. Frankfurt am Main 1997, S. 262 - 342, dieses Zitat S. 290. Dementsprechend läßt sich in den Papieren des Bataillons *Nachtigall* auch kein Befehl der Bataillonsführung zur aktiven Teilnahme an dem Pogrom und den grausamen Ereignissen in den Gefängnissen nachweisen (vgl. Armstrong, S. 77; Pohl, S. 62; Sandkühler, S.117; de Zayas, S. 347 - 349; Raschhofer, S. 62 - 73; ZStL, Brief des Ersten Staatsanwalts Streim an den Verlag Kiepenheuer & Witsch vom 4. September 1975, S. 4 und Brief Oberländers an seine Frau vom 2. Juli 1941 (Privatarchiv Oberländer). Äußerst problematisch dagegen der pauschale Schuldvorwurf in Aly / Heim, *Vordenker*, S. 447, der gänzlich ohne Quellenangaben arbeitet (vgl. für die Kritik an Aly / Heim auch Sandkühler, S. 488 und Pohl, S. 394).

Erschießen wahllos zusammengetriebener Juden, darunter Frauen und Kinder. Besonders auf die ukrainischen Kompanien macht dies einen disziplinerschütternden Eindruck"[97]

Darüber hinaus haben zahlreiche *Nachtigall*-Angehörige nach dem Krieg vor Gericht immer wieder übereinstimmend versichert, sie seien schon bei der Aufstellung des Bataillons durch Herzner und Oberländer ständig darauf hingewiesen worden, welch zentrale Bedeutung das Heraushalten aus sämtlichen Ausschreitungen für den Einsatz des Bataillons habe[98].

Dagegen stehen die Schilderungen einzelner Betroffener, Angehörige des Bataillons *Nachtigall* hätten sich an den Morden und Ausschreitungen beteiligt[99]. Die Kompanien und ihre Teileinheiten waren während des Lemberger Aufenthalts in sich geschlossen untergebracht und wurden mit Instandsetzungs- und anderen Arbeiten beschäftigt. Schließt man also einen Bataillonsbefehl zur Beteiligung an den Morden aus, gewinnt die Frage große Bedeutung, welche Möglichkeiten es für die *Nachtigall*-Angehörigen gab, sich außerhalb des Dienstes an den Ausschreitungen zu beteiligen. Die Ukrainer stammten fast alle aus Lemberg und Umgebung, und Unterführer aus allen drei Kompanien des Bataillons berichten - gegen vereinzelte Stimmen[100] -

---

[97] Vgl. die Schlußmeldung über Einnahme Lembergs und vollzogene Objektsicherung vom 1. Juli 1941. *BA - MA*, WF 03 / 3470).

[98] LG Fulda - 2 O 283/59 - , Oberländer ./. Fuldaer Verlagsanstalt u.a., Vernehmung Walter Meyers am 25. September 1962, S. 1-3 und Kurt Klingers am 11. Februar 1963, S 5. Oberländer selbst sagt, das Ziel des *Nachtigall*-Einsatzes sei gerade gewesen, durch eine disziplinierte Haltung die Bevölkerung zu gewinnen und ukrainische Truppen auf seiten der Roten Armee zum Überlaufen zu bewegen (OStA Bonn - 8 Js 344/59 - , ./. Oberländer, Vernehmung Oberländers am 24. März 1960, S. 2 und Einstellungsverfügung vom 5. August 1960; Gespräch Oberländer am 3. September 1996).

[99] Zeugenaussagen Reiss und Goldberg (OStA Bonn - 8 Js 344/59 - , ./. Oberländer, Einstellungsverfügung vom 5. August 1960, S 36 - 46 und 49 - 51).

[100] LG Fulda, - 3 KMs 3/64 - Zeugenvernehmung Friedrich Brüggemanns am 17. Mai 1966, S. 27. Der Zeuge Egon Kröhl, früher Zugführer in der II. Kompanie, schließt Ausgangsregelungen für die Ukrainer seiner Kompanie *a priori* aus (LG Fulda, - 3 KMs 3/64 - Zeugenvernehmung Egon Kröhls am 20. Mai 1966, S. 47). Auch Oberländer kann sich an Ausgangsregelungen nicht erinnern (Gespräch Oberländer am 3. September 1996). Dies allerdings widerspricht seiner eigenen Aussage aus dem Jahre 1960, Einzelurlaub von bis zu einem halben Tag sei den Ukrainern zum Besuch nächster Angehöriger gewährt worden (OStA Bonn - 8 Js 344/59 - ./. Oberländer, Vernehmung Oberländers am 24. März 1960, S. 6). Außerdem widerspricht es den zahlreichen Beobachtungen, *Nachtigall* - Angehörige hätten mehrmals zugunsten der Bevölkerung eingegriffen - (So Oberländer selbst (LG Fulda - 2 O 283/59 - , Oberländer ./.

87

von Ausgangsregelungen für die ukrainischen Soldaten[101]. Außerdem waren einige Ukrainer schon in den ersten Stunden der Besetzung Lembergs desertiert[102], und schließlich wurden etwa 20 Mann des Bataillons als Dolmetscher und Ortskundige zu anderen Einheiten und Stäben kommandiert. Somit wurden einzelne *Nachtigall*-Angehörige auch an diversen Schauplätzen der Lemberger Ausschreitungen gesehen. Teilweise waren sie auf der Suche nach ihren Angehörigen in den beiden Gefängnissen, teilweise wurden sie an verschiedenen Stellen der Stadt ohne Grund beobachtet bzw. angetroffen; so bleibt die Möglichkeit, daß sich vereinzelt *Nachtigall*-Angehörige außerhalb ihrer Dienstzeit an den Ausschreitungen beteiligt haben. Mit den Morden der SS und des SD hatte das Bataillon *Nachtigall* allerdings nichts zu tun - die verantwortlichen SS-Führer wußten zum Teil nicht einmal, daß es eine solche Einheit in Lemberg gab[103].

Bereits am 2. Juli hatte die Einheit den vorrückenden deutschen Truppen auf ihrem Vormarsch folgen sollen, doch ließen die dafür benötigten Fahr-

---

Fuldaer Verlagsanstalt u.a., Vernehmung Erich Eichelkrauts am 26. Juni 1962, S. 5; Verteilung von Lebensmitteln durch die Bataillonsführung (Ebd., S.5 - 6); Einschreiten gegen Übergriffe der ukrainischen Miliz gegen alte Juden, Einstellen von Juden zu Hilfsarbeiten im Lemberger Gaswerk (Ebd., Vernehmung Egon Kröhls am 26. Juni 1962, S.7 - 8); Auflösung einer Prügelei zwischen Ukrainischen Zivilisten und Juden (LG Fulda - 2 O 283/59 - , Oberländer ./. Fuldaer Verlagsanstalt u.a., Vernehmung Otto Roggenbucks am 25. September 1962, S. 7).

[101] OStA Bonn - 8 Js 344/59 - , ./. Oberländer, Einstellungsverfügung vom 5. August 1960, S. 45. Danach hatten die in Lemberg beheimateten Soldaten teilweise tagsüber Ausgang. Dies bestätigt der Führer der 1. Kompanie, Friedrich Middelhauve (LG Fulda, - 3KMs 3/64 - Zeugenvernehmung Friedrich Middelhauves am 13. Mai 1966, S. 17). Der Zeuge Kurt Klinger (LG Fulda - 2 O 283/59 - , Oberländer ./. Fuldaer Verlagsanstalt u.a., Vernehmung Kurt Klingers am 11. Februar 1963, S.4) erwähnt eine Ausgangsregelung für die Ukrainer bis spätestens 22 Uhr - allerdings erst „nach dem Einrichten einer Ortskommandantur". Der Zeuge Walter Meyer, Zahlmeister von *Nachtigall*, LG Fulda - 2 O 283/59 - , Oberländer ./. Fuldaer Verlagsanstalt u.a., Vernehmung Walter Meyers am 25. September 1962, S. 4) erwähnt beschränkte Ausgangsregelungen für einzelne Angehörige. Dagegen haben einzelne Angehörige des Bataillons kategorisch bestritten, daß es überhaupt Ausgang gegeben habe (LG Fulda, - 3 KMs 3/64 - Zeugenvernehmung Friedrich Brüggemanns am 17. Mai 1966, S. 27).

[102] LG Fulda, - 3 KMs 3/64 - Zeugenvernehmung Will Böhms und Erich Eichelkrauts am 17. Mai 1966, S. 25 und S. 28.

[103] So auch Sandkühler, S. 118 und Pohl, S. 69; LG Fulda - 3 KMs 3 / 64, Oberländer ./. Karpenstein, Vernehmung Erwin Schulz' und Hermann Lumms am 11. Mai 1966, S. 12ff.

zeuge auf sich warten. Während Oberländer und Herzner sich um geeignete Fahrzeuge bemühten, blieben die Kompanien geschlossen in ihren Quartieren und wurden durch leichten Dienst beschäftigt. Erst in der Nacht zum 7. Juli 1941 konnte das Bataillon den Vormarsch in Richtung Solotschew und Tarnopol fortsetzen. Ein Vollzähligkeitsappell von Munition und Gerät am Abend des 6. Juli ergab, daß in Lemberg keine Patrone verschossen worden war - bis auf einen Schuß, der sich beim Waffenreinigen gelöst hatte[104].

8. „Erstens beherrschen, zweitens verwalten, drittens ausbeuten" - Das Ende einer Freien Ukraine

Die vorschnelle Proklamation einer selbständigen Ukraine hatte für die Ukrainer sehr unangenehme Steine ins Rollen gebracht und im fernen Berlin ein regelrechtes politisches Beben ausgelöst. Die zahlreichen Gegner einer ukrainischen Eigenstaatlichkeit in Berlin sahen im Vorpreschen der *OUN-B* einen Fall von Insubordination, der die gesamte deutsche Oberhoheit in Frage stellte. Der delikate Dualismus, der die deutsche Politik gegenüber Emigranten wie den Ukrainern bislang gekennzeichnet hatte, stand vor dem Scheitern. Das Konzept, die unterschiedlichen Völker der Sowjetunion auch unterschiedlich zu behandeln, war für die Abwehr und den Stab Rosenbergs im außenpolitischen Amt der *NSDAP* stets Leitlinie ihres Taktierens gewesen, das mitunter heikel bis widersprüchlich gewesen war. Gegen Rosenbergs und Canaris' Form einer Nebenaußenpolitik, die die Ukrainer unterstützte, ohne damit eine politische Anerkennung der *OUN* zu verbinden, setzte sich das Interesse Hitlers durch. Angesichts des siegreichen Vormarsches der deutschen Truppen glaubte er, den Feldzug innerhalb weniger Wochen zu gewinnen und deshalb nicht um jeden Preis auf jeden Bundesgenossen angewiesen zu sein. In der Friedhofsruhe einer Hitler'schen *pax germanica* war eine freie Ukraine deshalb nicht mehr vorgesehen. Aus Berlin erging deshalb an die Einsatzgruppe B und das Einsatzkommando z.b.V. die Order, die verantwortlichen Köpfe der *OUN-B* in Lemberg zu verhaften.

---

[104] Tagebucheintrag Oberländers vom 6. Juli 1941; LG Fulda - 3 KMs 3 / 64, Oberländer ./. Karpenstein, Vernehmung Erich Eichelkrauts am 17. Mai 1966, S. 13 - 15; LG Fulda - 2 O 283 / 59 (Fu) - , Oberländer ./. Fuldaer Verlagsanstalt, Vernehmung Oberländers am 30. April 1964, S. 4.

Allerdings zögerte SS-Brigadeführer Rasch zunächst, energisch einzugreifen. Da die Situation in Lemberg in den ersten Tagen des Juli 1941 unklar war und die Ukrainer nicht verunsichert werden sollten, wurden sie erst einmal verschont. Für das Bataillon *Nachtigall* bedeutete dies, daß Koch und Oberländer einen halbherzig betriebenen Versuch verhindern konnten, den Feldgeistlichen Hrynioch auf Grund seines Auftritts im Radio und wohl auch Schuchewitsch am 3. Juli zu verhaften[105]. Dieser Zustand währte jedoch nicht lange, und weniger protegierte *OUN-B*-Anhänger wurden vor allem durch das Einsatzkommando z.b.V. Lemberg ab dem 4. Juli 1941 konsequent verhaftet. Wie in ganz Galizien wurden auch in Lemberg von Stetsko eingesetzte *OUN-B*-Verwaltungschefs abgelöst, Versammlungen, die der *OUN-B*-Sympathie verdächtig waren, geschlossen. Nur das Bataillon *Nachtigall* blieb von diesen Zwangsmaßnahmen verschont.

Am 5. Juli meldete der Chef der Sicherheitspolizei und des SD nach Berlin, alle maßgeblichen ukrainischen Nationalistenführer im Generalgouvernement seien in Ehrenhaft genommen. Ebenso ereilte die Stetsko-Regierung ihr Schicksal. Zwar hatte Stetsko am 6. Juli weitere Regierungsmitglieder ernannt, doch wurde dieses Schattenkabinett aufgelöst, kaum daß es 100 Stunden amtiert hatte. Stetsko selbst wurde am 12. Juli verhaftet und sogleich zum Verhör nach Berlin in die Prinz-Albrecht-Straße transportiert. Auch in Berlin wurden diverse ukrainische Repräsentanten mit Hausarrest belegt und ihnen verboten, sich ins Generalgouvernement zu begeben, um dort in die Geschehnisse einzugreifen. Stepan Bandera, der die uneingeschränkte Unterstützung der Krakauer Abwehrstelle genossen hatte, wurde zunächst zwar ehrenvoll, aber unmißverständlich von Krakau nach Berlin verfrachtet und dort verhört. Auch er wurde anschließend durch den SD ins Konzentrationslager Sachsenhausen geschickt.

Angesichts des Scheiterns von Banderas *OUN-B* sah die *OUN-M* des Obersten Melnyk ihre Chance, da sie dem Projekt einer unabhängigen und freien Ukraine irrtümlich noch eine Zukunft gab. Angesichts der Bandera'schen Bemühungen um die Aufstellung von *Nachtigall* hatte die *OUN*-

---

[105] Vgl. Armstrong, S. 86; Brief Hryniochs an Oberländer vom 2. November 1959, S. 5; Gespräch Oberländer am 3. September 1996. In der Ereignismeldung des CdS UdSSR Nr. 12 vom 4. Juli 1941 heißt es auf S. 4: „*OUN*-Gruppe Bandera beansprucht Führung des Staates nach dem Prinzip 'Die Partei regiert den Staat'. Anerkennung auch *de facto* nicht erfolgt, jedoch mußte energisches Vorgehen gegen die Usurpatoren mit Rücksicht auf militärische Lage und Stimmung im Gebiet vermieden werden".

M stets versucht, ihrerseits Dolmetscher und andere Posten in deutschen Stäben mit eigenen Anhängern zu besetzen, dabei aber in der innerukrainischen Auseinandersetzung stets am kürzeren Hebel gesessen. Jetzt nutzte sie die Gunst der Stunde: gemeinsam mit der Einsatzgruppe wurde eine „ukrainische Selbstverwaltung der Stadt als Gegengewicht gegen die Bandera-Gruppe geschaffen", wie sogleich nach Berlin gemeldet wurde - mit dem lobenden Zusatz, Melnyks *OUN*-Fraktion habe sich an den Aktivitäten Banderas nicht beteiligt. Die *OUN-M* bat am 6. Juli in einer Ergebenheitsadresse an das Führerhauptquartier in vorauseilendem Gehorsam darum, „an dem Kreuzzug gegen das bolschewistische Barbarentum" mit einer ukrainischen Armee teilnehmen zu dürfen[106].

Aber auch die Anbiederei der *OUN-M* konnte die selbständige Ukraine nicht mehr retten. Die Nebenaußenpolitk der Abwehr und der *OUN* war zu Ende, denn Hitlers Entscheidung sollte anders lauten; statt einen Vasallenstaat Ukraine zu schaffen, sollte das Generalgouvernement nach Osten erweitert werden. Er sah den Sieg über Stalin greifbar vor Augen und machte deshalb deutlich, die Propagandathese eines „gesamteuropäischen Freiheitskrieges" dürfe nicht so verstanden werden, als ob Deutschland für Europa Krieg führe. Die Nutznießer des Krieges sollten „allein die Deutschen sein". Staatssekretär v. Weizsäcker notierte sich, man habe „bei uns nicht den Plan, in dem zu erobernden Gebiet frühere Zustände wiederherzustellen. Das Schema ist vielmehr, diese Länder und ihre Bodenschätze prompt und streng in unseren Dienst zu stellen. Die Eingliederung Ostgaliziens in das mehrheitlich polnisch bewohnte Generalgouvernement erfüllte dabei einen doppelten Zweck - es nahm der vorschnellen *OUN*-Staatsgründung die Spitze und wies andererseits den Weg zur neuen Attitüde Hitlers gegenüber der Ukraine: „erstens beherrschen, zweitens verwalten, drittens ausbeuten"[107].

Reichsleiter Alfred Rosenberg, eines der maßgeblichen Sprachrohre ukrainischer Interessen, wurde zwar zum Reichsminister für die besetzten Ostgebiete ernannt, hatte aber ansonsten die Grenzen seiner Macht deutlich

---

[106] Vgl. Armstrong, S. 87; Sandkühler, S. 64f.; Ereignismeldung des CdS UdSSR Nr. 11 vom 3. Juli 1941, S. 3, und Nr. 15 vom 7. Juli 1941, S. 2

[107] Aktenvermerk Bormanns vom 16. Juli 1941 und Weizsäcker-Papiere vom 29. Juni 1941, S. 261 ff, zitiert in Militärgeschichtliches Forschungsamt (Hg.): *Das Deutsche Reich und der Zweite Weltkrieg*. Band 4 Seite 908ff. und S. 1071; Protokoll der Besprechung im Führerhauptquartier vom 16. Juli 1941 (abgedruckt bei Ilnytzkyj II. S. 315 - 323); Sandkühler, S. 64;; Dallin, S. 71 und 96.

vor Augen geführt bekommen. Das Reichsministerium für die besetzten Ostgebiete war keinesfalls die Schaltstelle nationalsozialistischer Ostpolitik, und daß Rosenbergs Ministerium im Ämterchaos und Kompetenzwirrwar des Dritten Reiches von Beginn an keine entscheidende Rolle spielen konnte, dafür sorgten Himmler und Goebbels, Göring und Bormann in seltener Einmütigkeit. Rosenberg hatte die Linie Canaris' gegenüber der *OUN* stets mit Wohlwollen betrachtet, doch Richtlinien, die er Oberländers altem Bekannten Erich Koch als neuem Reichskommissar für die Ukraine mit auf den Weg gab, wiesen den neuen, fatalen Weg. Sie waren das Eingeständnis, daß Rosenberg fortan nur Vollstrecker seines Herrn sein würde. Er schrieb:

„Die Ostarbeit hat nunmehr das Ziel, „Deutschland neues Land zu schaffen, Moskowien (Rußland) auf seinen ureigenen Lebensraum zurückzuführen. [Dies sei] ein Kampf um die Sicherung des Lebens für das deutsche Volk als auch für das gesamte neue Europa, ein Kampf weltanschaulicher Natur, ein staatspolitischer Krieg, der eine neue Konzeption unseres Kontinents in sich birgt und das eigentliche Europa in entscheidender Weise nach Osten vorrückt"[108].

Rosenberg distanzierte sich damit ausdrücklich von seiner ursprünglichen Konzeption, der auch die Überlegungen Oberländers zugrunde gelegen hatten, nämlich die verschiedenen Völker der UdSSR unterschiedlich zu behandeln. Er folgte damit der von Hitler ausgegebenen Devise, die Ukraine „rein kolonial" zu verwalten und ihre Ausnutzung für die deutsche Kriegsmaschinerie in den Vordergrund zu stellen. „Die Größe des deutschen Bluteinsatzes, die Notwendigkeit der Raumerweiterung Zentraleuropas sowie der Wille, die Folgen einer britischen Kontinentalblockade für immer abzuwenden", so formulierte Rosenberg am 19. November 1941, „zwingen zu einer geschlossenen großen Planung. Diese kann nur durch eine *autoritäre deutsche Verwaltung* [sic] gesichert werden". Deshalb sei der *vor* [sic] dem Krieg gegen die Sowjetunion erwogene Gedanke, das „Ukrainertum" als politische Macht gegen Moskau aufzubauen, fallengelassen worden.

„In der *jetzigen* [sic] Lage kann das Deutsche Reich nicht mehr die gesteigerte Fürsorge für ein fremdes Volkstum übernehmen, das nicht durch deutsche Schuld in die schwere Lage von heute gekommen ist"[109]

Aus privilegierten Separatisten waren quasi über Nacht verfolgte Parias geworden.

---

[108] Erste allgemeine Anweisung vom 19. November 1941 Nr. 530/41 g. Rs., *BA* R 6/69.
[109] KTB WiRüAmt / Stab vom 15. Oktober 1941,*BA - MA*, RW 19-65.

9. Ende einer Meistbegünstigung - das Schicksal des Bataillons Nachtigall

Für das Bataillon *Nachtigall* bedeutete dies, daß der Freiheitskampf der Ukrainer zu Ende sein sollte, bevor er recht begonnen hatte. Zunächst folgte das Bataillon ohne nennenswerte Fahrzeuge mehr schlecht als recht der vorrückenden Front über Solotschew, Tarnopol, Grzymatow und Perekowka. Zwar verteilten Oberländer und Herzner am 9. Juli noch einige Auszeichnungen und hatten am 17. Juli noch ein leichtes Gefecht mit der Roten Armee, doch bereits am 22. Juli kabelte das Berliner Tirpitzufer an die *Nachtigall*-Führung in Winniza, die Ukrainer dürften sich an der Befreiung ihres Landes in keinem Falle weiter beteiligen. Gleichzeitig wurde Oberländer aus dem Bataillon abkommandiert und nach Berlin zurückbeordert. Er hatte gerade noch Zeit, seine Soldaten mit Eisernen Kreuzen auszuzeichnen und sich am 25. Juli zu verabschieden, bevor er am 26. Juli nach Berlin aufbrach. Als er dort am 29. Juli eintraf, erstattete er Stolze und v. Lahousen am Tirpitzufer sofort Bericht[110].

Für Oberleutnant Herzner, dem nun die Abwicklung des Unternehmens *Nachtigall* oblag, war dieses ruhmlose Ende einer ambitionierten Idee eine herbe Enttäuschung. Er glaubte, die Entscheidung ließe sich noch rückgängig machen, als sich kurzfristig Admiral Canaris selbst zu einem Besuch für den 30. Juli 1941 in Juswin ansagte. Doch der Besuch des Admirals desillusionierte Herzner komplett: „dass - oder vielmehr: *wie* wir in Juswin vom Admiral besichtigt wurden, das möchte ich Ihnen lieber einmal persönlich erzählen", schrieb Herzner ärgerlich an Oberländer. Zunächst kam der Admiral, begleitet von Oberst v. Lahousen und Oberst v. Haehling, zwei Stunden zu spät, dann fand er gegenüber dem deutschen Rahmenpersonal wie den Ukrainern allenfalls dürre Worte des Dankes und war schon kurz darauf wieder verschwunden[111]. Nur wenige Tage später kehrte das deutsche Rahmenpersonal zum Regiment *Brandenburg* zurück, und die Ukrainer wurden zurück nach Neuhammer in Schlesien verlegt. Dort löste Herzner das Bataillon in seiner ursprünglichen Form auf.

---

[110] Tagebucheintrag Oberländers vom 7. bis 14. Juli, vom 22., 25. und 29. Juli 1941; LG Fulda - 3 KMs 3 / 64, Oberländer ./. Karpenstein, Vernehmung Oberländers am 11. Mai 1966, S. 6; Oberländer an den Autor vom 3. April 1997.
[111] Brief Herzners an Oberländer vom 3. September 1941 und Kriegstagebuch des Lehrgangs *Nachtigall*, Eintrag vom 30. Juli 1941 (Archiv des Autors); Höhne, S. 441.

In seiner Abschiedsrede vor den Ukrainern hatte sich Herzner mit der Kritik am eigenen Dienstherrn zwar bedeckt gehalten. Dafür machte er seinem Unmut über den sang- und klanglosen Abgang in einem Brief an seinen Bruder Luft:

„Die Nachtigallen (...) sind in erster Linie aus politischen Gründen aufgelöst worden (...) Seit Wochen wird jetzt gewartet, was sich Berlin über die Ukrainerfrage für Gedanken macht. Es macht sich eben gar keine - wie kann es auch, wenn sich Dutzende von Dienststellen um die Zuständigkeit streiten und jeder in dieser Angelegenheit das große Wort führen will. Was wir als Soldaten *und* als Menschen an Ansehen bei den Männern dieses ukrainischen Freikorps, das sich allermeist aus der hohen Intelligenz dieses 42-Millionen-Volkes zusammensetzt, in diesen letzten Wochen verloren haben, ist kaum vorstellbar. Mit läppischen Redensarten und fadenscheinigen Ausreden werden sie von Berlin aus abgespeist und hingehalten, und es ist ein Jammer zu sehen, wie die Un-Verantwortlichen dazu beitragen, die Begeisterungsfähigkeit und Einsatzfreude dieser Männer auf ein Minimum herabzudrücken"[112].

Auch Theodor Oberländer war über das Ende des Bataillons *Nachtigall* tief enttäuscht. Ein Stück Nebenaußenpolitik des Amtes Ausland / Abwehr war gescheitert, und die mehr als einjährigen Vorarbeiten Oberländers zur Aufstellung des Bataillons *Nachtigall* waren umsonst gewesen. Schon seit den späten dreißiger Jahren spielte die Ukraine in den Köpfen vor allem der Abwehr eine große Rolle als eigenständiger Staat in einem von Deutschland dominierten Europa. Das 42-Millionen-Volk, verteilt auf vier Staaten, sah seinerseits im Deutschen Reich seinen potentiellen Bündnispartner, um endlich den langersehnten Nationalstaat zu erringen. Umgekehrt hatte die Abwehr das Potential der Ukraine erkannt. Sie war der Schlüssel zur Sicherung der deutschen Machtposition in Osteuropa, auch und vor allem in einem zukünftigen Waffengang mit Stalin. Für den Kampf gegen Moskau, der nicht nur für Theodor Oberländer den Charakter eines Kreuzzuges gegen Moskau hatte, war die Ukraine ein strategischer Faktor erster Güte, der unbedingte Meistbegünstigung genießen sollte. Mit einigem Fingerspitzengefühl ließen sich ihre Wirtschaftskraft und ihre personellen Ressourcen äußerst effektiv gegen Stalin und die Rote Armee einsetzen, stellte man es nur geschickt genug an. Doch geschah dies eher aus Taktik denn aus Überzeugung. Gerade auch außerhalb der Abwehr gab es andere Pläne für die Behandlung des europäischen Ostens - der delikate Dualismus der deutschen Politik gegenüber der Ukraine machte dies immer wieder deutlich.

---

[112] Brief Herzners an seinen Bruder vom 3. September 1941 (Archiv des Autors).

Dennoch hatte Oberländer gemeinsam mit einer Schar Gleichgesinnter aus den Reihen der Abwehr und des Ostministeriums schon länger für eine Zusammenarbeit mit der Ukraine geworben. Nach Kriegsausbruch hatte er selbst als Abwehroffizier in Krakau die Verbindung mit der *OUN-B* intensiviert und mit der Ausbildung erster Einheiten begonnen. In einer zweiten Stufe warb er seit dem Sommer 1940 auf allen politischen und militärischen Ebenen in Berlin intensiv für die Aufstellung des Bataillons *Nachtigall* und, teils vergeblich, für eine adäquate militärische Ausstattung. Als die Einheit am 30. Juni 1941 in Lemberg einmarschierte, schien Oberländer ein Erfolgsmodell für den Krieg gegen Moskau erschaffen zu haben. Doch die Ukrainer waren mit ihrer Statistenrolle alles andere als zufrieden und benutzten mit der Befreiung Lembergs die erste Gelegenheit, eine Freie Ukraine zu proklamieren. *Nachtigall*-Soldaten spielten dabei eine tragende Rolle oder wurden über Nacht zu Mitgliedern des Schattenkabinetts. Die Reaktion Berlins war prompt und heftig: für eine Freie Ukraine war im Denken der Reichskanzlei kein Platz, mithin wurde die gesamte *OUN-B*-Spitze verhaftet. Es spricht für das taktische Geschick Oberländers, daß er die Verhaftung von *Nachtigall*-Angehörigen erfolgreich verhindern konnte - auch wenn der Verband vier Wochen später aufgelöst wurde.

Kaum war Oberländer durch die Auflösung des Bataillons *Nachtigall* über Nacht arbeitslos, streckte Oberregierungsrat Kasper in Berlin seine Fühler aus, um Oberländer nun endlich nach Prag zu bekommen, sobald er aus dem aktiven Dienst entlassen würde. Aber die Abwehr ließ ihn nicht gehen, sie hatte andere Pläne mit ihrem Ostexperten, wie Oberländer seiner Frau am 8. August 1941 schrieb. Durch den rasanten Vormarsch der deutschen Truppen sollte sich für Oberländer schnell eine zweite Gelegenheit bieten, seine Ideen einer deutschen Ost- und Besatzungspolitik zu verwirklichen. Am Horizont stand ein neues strategisches Ziel mit enormer wirtschaftlicher und strategischer Bedeutung - der Kaukasus.

C. Das „Kaukasische Experiment" - Oberländers Sonderverband *Bergmann*

1. Fernziel Tiflis - deutsche Pläne für den Kaukasus

Lange bevor der erste deutsche Soldat seinen Fuß auf kaukasischen Boden setzte, spielte diese Landbrücke in den Orient in den Köpfen der deutschen Militärstrategen eine wichtige Rolle, auch wenn die Vorstellungen zunächst noch recht vage waren. Hitler selbst sprach vom Kaukasus lediglich als dem „großen Ölspender" und folgte rein pragmatischen Erwägungen: 80 Prozent der sowjetischen Ölförderungen stammten aus dem Kaukasus, eine Eroberung konnte daher kriegsentscheidend sein. Doch darüber hinaus erschien der Kaukasus mit seiner Bevölkerungsstruktur den meisten Wehrmachtsoffizieren fremd - ein Gemisch von knapp 16 Millionen Menschen mit annähernd 40 verschiedenen Völkern, Stämmen, Volks- und Sprachgruppen, mal einige Millionen, mal einige hunderttausend, oft nur einige zehntausend Köpfe stark.

Im Kaukasus begann der muslimische Orient, hier sollten die deutschen Truppen wie in der Ukraine Boden betreten, der zwar sowjetisch, aber alles andere als russisch war. Die kaukasischen Völker waren seit Jahrhunderten den Eroberungsbestrebungen ihrer zaristischen und osmanisch-türkischen Nachbarn ausgesetzt und hatten ihnen, begünstigt durch ihre geopolitische Lage, dabei stets das Leben schwer gemacht. Zwar waren sie schließlich in die Grenzen der Sowjetunion gezwungen worden, doch konnten die Deutschen, ähnlich wie in der Ukraine, auf eine aufgeschlossene Haltung der Kaukasier rechnen - gemäß dem Motto „Der Feind deines Feindes ist dein Freund".

Ähnlich wie die Ukraine hatten die Kaukasusvölker das Jahr 1917 voller Hoffnungen erlebt. Allerdings waren lediglich die drei großen transkaukasischen Republiken Armenien, Georgien und Aserbaidschan in der Lage gewesen, ihre Träume von Eigenstaatlichkeit für eine gewisse Zeit zu verwirklichen. Sie gründeten im Jahre 1918 die *Transkaukasische Föderative Republik*, die sich aber als relativ kurzlebig erwies und bald wieder zerfiel. Von den europäischen Besatzungstruppen, die im Jahre 1918 für einige Zeit die Staatenbildung überwachten, erwarben sich besonders die Deutschen einen guten Ruf. Sie halfen vor allem in Georgien beim Aufbau einer Armee und einer Staatsverwaltung. Doch die Verbindung des Deutschen Reiches zum Kaukasus und seinen Emigranten war schon älter, sie reichte bis in die Jahre des Ersten Weltkriegs zurück.

Nach einer kurzen Phase labiler Eigenstaatlichkeit der Kaukasusvölker betrat die Sowjetunion die Bühne des Geschehens. Das nun folgende Repressionsmuster glich dem der Ukraine: brutale Sowjetisierung um jeden Preis. Zuerst wurde die Unabhängigkeit der Kosaken unterdrückt, nach 1920 löschte Moskau auch die gerade errungene Souveränität der nordkaukasischen, aserbaidschanischen, georgischen und armenischen Republiken aus und annektierte das Land. Die Eliten wurden liquidiert oder deportiert, die Landwirtschaft kollektiviert, religiöse Eigenheiten des christlich-muslimischen Flickenteppichs Kaukasus wurden durch Glaubensverfolgungen brutal unterdrückt. Allerdings konnte Moskau den Widerstandsgeist der Kaukasier nie vollständig brechen - nicht zuletzt durch die Unzugänglichkeit der Region. Die Erlebnisse der Zwischenkriegszeit und die guten Erinnerungen an die deutsche Besatzung bildeten hier für die deutschen Eroberer ein sehr positives Ausgangsklima: der gesamte Kaukasus sah einer deutschen Besetzung gelassen bis wohlwollend entgegen. In Berlin gab es zwei Parteien, die diesen Umstand politisch ausnutzen wollten.

Alfred Rosenberg, der neue *Reichsminister für die besetzten Ostgebiete*, repräsentierte eine Gruppe in Staat und *NSDAP*, die einen von Rußland abgetrennten Kaukasus als einen wertvollen Baustein für einen antirussischen *cordon sanitaire* betrachtete. Rosenbergs Konzept sah einen Ring von Schwarzmeerstaaten, bestehend aus Kaukasien, der Ukraine, Rumänien und den Kosakengebieten, vor, die Deutschland schützen und Europa erweitern sollten - wie einst das Gotenreich. Für den Kaukasus setzte Rosenberg auf eine Achse Berlin-Tiflis, denn innerhalb des kaukasischen Staatenbundes sollte den Georgiern eine Vormachtstellung gewährt werden, versinnbildlicht durch die Wahl von Tiflis als Hauptstadt. Für Rosenberg waren die Georgier das „Wirtsvolk" des Staatenbundes, denn seine geographische Lage und seine Bedeutung prädestinierten es als lokale Vormacht. Die nationalsozialistischen Rassenideologen stuften überdies die Kaukasier als „arisch" und „hochwertig" ein, demnach sollte der Kaukasus keinen Umsiedlungs- und anderen Generalplänen unterworfen werden.

Bereits im Mai und Juni 1941, noch vor dem Angriff auf die Sowjetunion, hatte Rosenberg erste Instruktionen für einen zukünftigen Reichskommissar in Kaukasien verfaßt und einen Struktur- und Aufteilungsplan in mehrere Einheiten vorgelegt. Auch ein Kandidat für den als „Generalresidenten" bezeichneten deutschen Statthalter war bereits gefunden: der Baltendeutsche Arno Schickedanz, Journalist beim „Völkischen Beobachter" und früher Leiter der Auslandsabteilung der *NSDAP*. Hitler billigte seine Ernennung am 16. Juli 1941, und Schickedanz erging sich von da an in Entwürfen und Planungen für seinen 1.200 Mann fassenden Regierungspalast in Tiflis.

Allerdings sorgte eine zweite Partei dafür, daß Schickedanz sein Amt *in praxi* niemals antreten würde. In den Reihen der Wehrmacht gab es eine Gruppe von Offizieren, die sich von Figuren wie Schickedanz im Kaukasus nur eine Neuauflage der Terrorherrschaft Erich Kochs in der Ukraine versprachen. *Spiritus rector* dieser Gruppe war Major Graf Claus Schenk v. Stauffenberg. Er war innerhalb der Organisationsabteilung des Generalstabs des Heeres für die Truppen osteuropäischer Völker in deutschen Diensten verantwortlich und ständig an einer Verstärkung der deutschen Kampfkraft interessiert. Stellte man die deutsche Eroberung des Kaukasus nun als eine Befreiung dar, so würden sich die antisowjetischen Ressentiments der Kaukasier ausnutzen lassen. Eine solches als „Freundschaftspolitik" deklariertes Vorgehen sollte die kaukasischen Ressourcen in für die Deutschen nützliche Bahnen lenken; Stauffenberg erhoffte sich freiwillige Soldaten an deutscher Seite gegen Stalin und ungehinderten Zugriff auf die Rohstoffreserven, um den Krieg im Osten alsbald gewinnen zu können. Dazu sollte der Kaukasus nach einer deutschen Eroberung unter militärischer Verwaltung verbleiben und der Bevölkerung die rücksichtslose Ausbeutung durch eine Zivilverwaltung erspart werden. Der psychologische und politische Schaden, den die brutale Ausbeutungspolitik eines Erich Koch in der Ukraine anrichtete, sollte im Kaukasus vermieden werden. Stauffenberg und seine Mitstreiter betraten mit dieser Idee in jeder Hinsicht Neuland, daher stammte auch ihr Name: das „kaukasische Experiment".

Stauffenberg stieß mit seinen Plänen vor allem in den Reihen des *OKW* und der Abwehr auf Resonanz. Sein Posten gab ihm die Möglichkeit, eine ganze Reihe geistesverwandter, osterfahrener Soldaten auf die entsprechenden Dienstposten zu kommandieren und so den Einfluß seiner Denkschule zu vergrößern. Ihm gelang es auch bald, drei Spezialisten aus Rosenbergs Ministerium für sich zu gewinnen: Ministerialdirigent Otto Bräutigam, bis zum Jahre 1941 deutscher Generalkonsul in Batumi und nunmehr Leiter der Hauptabteilung Politik, und die Professoren Gerhard v. Mende (Leiter der

Abteilung Fremde Völker) und Otto Schiller engagierten sich als Agrarexperten mit langjähriger Rußlanderfahrung für das „kaukasische Experiment". Alle sollten die Struktur der kurzen deutschen Besatzung im Kaukasus nachhaltig beeinflussen und stets bemüht sein, Rosenbergs Protegé Schickedanz auf größtmögliche Distanz vom Geschehen zu halten.

Für Stauffenberg konnte die Sowjetunion nur mit Hilfe der Russen - und der nichtrussischen Völker - geschlagen werden, die unter Stalin gelitten hatten, nicht aber gegen sie. Dafür mußte man ihnen ein Ziel bieten, für das es sich lohnte, an die Seite der Deutschen zu treten. Erst das Gefühl, sich für die Heimat an einem Befreiungskampf gegen Stalin zu beteiligen, würde sie zu wertvollen Verbündeten machen. Stauffenberg und seine Anhänger sollten im Kaukasus bei den Chefs der späteren Heeresgruppe A, Feldmarschall List, und seinem ab November 1942 zuständigen Nachfolger, Generaloberst v. Kleist, auf offene Ohren stoßen und verständnisvolle Zuhörer und Förderer finden.

Auch Admiral Canaris und die Abwehr unterstützten die Bemühungen Stauffenbergs. Canaris selbst verfiel dabei auf seinen Ostexperten Theodor Oberländer und ermutigte ihn, sich dazu einmal Gedanken zu machen. Nach Auflösung des Bataillons *Nachtigall* war Oberländer zum Stab des Armeeoberkommandos 17 im ukrainischen Poltawa als Experte für kaukasische Fragen kommandiert worden und wurde dem Ic/AO, Major Weiner, zugeteilt. Die Heeresgruppe Süd hatte zwischen Weiner und Oberländer „Arbeitsteilung befohlen": Weiner kümmerte sich um den Bereich diesseits der Front, Oberländer oblag der Blick in den Kaukasus, den er aus seiner Jugend kannte[113].

So diskutierte er mit dem Chef des Stabes der Heeresgruppe Süd, Oberst i. G. Winter, und mit Admiral Canaris, Oberst Stolze und Hauptmann Ernst zu Eickern immer wieder die Frage, wie die deutsche Wehrmacht sich im Kaukasus verhalten solle und welche Aktivitäten die Abwehr ergreifen könne. Als Ergebnis all dieser Debatten trug Oberländer auf Anweisung von Canaris Oberst i.G. Winter wohl am 13. Oktober seine Idee vor, eine Einheit aus Kaukasiern aufzustellen, die Propagandaflugblätter erstellen sollte und nach einer Spezialausbildung auch Aufträge wie Kommando- und Spähtrupps und Schutzaufgaben erledigen konnte. Die deutschen Invasoren, so

---

[113] So ein Vermerk des AOK 17 vom 9. August 1941. *BStU*, ZUV 28, Band 5 Nr. 363 – 364.

Oberländer, hätten dann für die Kaukasusregion eine Spezialtruppe aus Landeseinwohnern zur Verfügung, die als propagandistische Nebenwirkung den Effekt haben sollte, die örtliche Bevölkerung zur militärischen Zusammenarbeit und zu Aufklärungszwecken zu gewinnen. So würde sich der deutsche Vormarsch in den unwegsamen Hochgebirgsregionen auf Ortskundige stützen können und habe Aussicht auf Erfolg[114]. Der Einsatzort sollte auch Pate stehen für den Namen der Einheit: Sonderverband *Bergmann*.

2. Die Aufstellung des Sonderverbandes Bergmann

Nicht lange danach erhielt Oberländer von Canaris den Befehl, eine solche kaukasische Freiwilligeneinheit mit deutschem Rahmenpersonal aufzustellen, deren Kommandeur er werden sollte. Dafür wurde ihm durch das Armeeoberkommando 17 der Sonderführer Walter v. Kutzschenbach zugeteilt, der in Tiflis geboren und aufgewachsen war, somit fließend Russisch und Georgisch sprach. Schon seit dem 17. August 1941 inspizierten die beiden fast täglich die Kriegsgefangenenlager um Poltawa auf der Suche nach kaukasischen Überläufern und Kriegsgefangenen[115]. Die Zahl der geeigneten Anwärter überstieg bei weitem die Erwartungen, denn in den ersten großen Schlachten des Jahres waren durch die Wehrmacht binnen kürzester Zeit Millionen Kriegsgefangene gemacht worden, die meist im Freien und unter den erbärmlichsten Bedingungen hausten und dabei zu Tausenden starben. Zu den Kandidaten, die für die Befreiung ihrer Heimat von der Herrschaft Stalins kämpfen wollten, kamen daher viele, die eine Chance sahen, dem Massensterben durch Hunger und Erschöpfung zu entgehen.
Nach einer strengen Auslese wählten Oberländer und Kutzschenbach nach längeren Befragungen 700 Georgier, Armenier, Aserbaidschaner und Nordkaukasier aus, meist ehemalige Rotarmisten. Sie wurden zunächst auf einzel-

---

[114] Aktennotiz Oberländers für Oberst i.G. Winter betreffend Ausbildung von Kaukasiern vom 13. Oktober 1941. *BAM*, Bestand *Bergmann* Nr. 322/84a; diverse Tagebucheinträge Oberländers vom 15. September bis zum 15. Oktober 1941.OStA Bonn - 8 Js 359/60 - , ./. Fleischer u.a. Angehörige der Einheit *Bergmann*, Einstellungsverfügung vom 13. April 1961, S. 3 ff.; Oberländer an den Autor vom 17. April 1997; Gespräch Oberländer am 3. September 1996.
[115] Vgl. die Tagebucheinträge Oberländers vom 17. August bis zum 15. Oktober 1942; Bräutigam, S. 543, und Gespräch Oberländer am 3. September 1996.

nen Kolchosen in der Umgebung von Poltawa zusammengezogen. Der psychologische Effekt dabei war, sie zunächst von Gefangenen wieder zu aktiven Mitgliedern einer Einheit mit einem Auftrag, nämlich Landarbeit, zu machen. Außerdem mußten viele nach ihrem entbehrungsreichen Aufenthalt im Lager durch reichliche Ernährung erst einmal in zwei Wochen wieder zu Kräften kommen. Zu diesen 700 Mann kamen im Frühjahr 1942 noch etwa 130 Georgier aus der französischen Emigration hinzu, die in der französischen Armee gekämpft hatten und teilweise sogar Offiziere geworden waren.

Ende Oktober 1942 wurden die ausgesuchten Soldaten per Bahn in das Truppenlager Stranz im schlesischen Neuhammer überführt - dorthin, wo Oberländer erst einige Monate vorher das Bataillon *Nachtigall* verlassen hatte. Dort stieß das deutsche Rahmenpersonal dazu und wuchs bis zum Frühjahr 1942 auf knapp 300 Offiziere, Unteroffiziere und Mannschaften an. Wie schon beim Bataillon *Nachtigall* stammten die Deutschen aus dem Abwehrregiment *Brandenburg*, außerdem aus den Reihen der deutschen Gebirgstruppe. Viele hatten sich bei Schwerpunktwerbungen der Abwehr in Bayern, Österreich und Hamburg freiwillig gemeldet oder wurden, wie Oberländer und Kutzschenbach, wegen ihrer besonderen Sprach- oder Ortskenntnisse ausgesucht. In Neuhammer wurden die Kaukasier, nach Völkern getrennt, zunächst in fünf Kompanien eingeteilt. Die Soldaten, die bisher nur französische und sowjetische Beuteuniformen trugen, wurden nunmehr einheitlich als Gebirgsjäger der deutschen Wehrmacht eingekleidet. Einziger Hinweis auf den besonderen Charakter der Einheit bildete der kaukasische *Kindschal* - ein Dolch, den die Angehörigen als Abzeichen auf ihrer Feldmütze trugen[116].

Die Kleidung war Programm und Indiz dafür, welchen Auftrag der Sonderverband Bergmann im Rahmen der deutschen Offensive im Kaukasus erhalten sollte. Der Gebirgszug des Kaukasus mit seiner Länge von knapp 1.000 Kilometern, seiner Tiefe von 170 Kilometer und Gipfeln um die 5.000

---

[116] Die 1. und die 2. Kompanie bestanden aus Georgiern, die 3. Kompanie aus Aserbaidschanern, die 4. Kompanie setzte sich aus Nordkaukasiern (Tschetschenen, Inguschen, Karabinern, Balkaren und Tscherkessen) und Armeniern zusammen, während die 5. Kompanie aus Nordkaukasiern und einem Zug Georgiern bestand, der später auch für Fallschirmeinsätze ausgebildet wurde. OStA Bonn - 8 Js 344/59 - , ./. Oberländer u.a. Angehörige der Einheit *Bergmann*, Einstellungsverfügung vom 13. April 1961, S. 6; Joachim Hoffmann: *Kaukasien 1942/43. Das deutsche Heer und die Orientvölker der Sowjetunion.* Freiburg 1991, S. 104.

Meter Höhe in seinem Hauptkamm bot nur eine handvoll Wege, ihn mit Fahrzeugen zu überqueren - eigentlich waren es nur zwei Straßen: die sogenannte Ossetische Heerstraße von Pjatigorsk über Alagir nach Kutaissi über den Mamison-Paß und die Grusinische Heerstraße von Wladikaukas nach Tiflis über den 2345 Meter hohen Kreuzpaß. Ein Teil der *Bergmann*-Angehörigen stammte aus den Tälern, die an die Grusinische Heerstraße grenzten. Der Sonderverband sollte nun den Kreuzpaß in einem Kommandounternehmen erobern. Die 5. Kompanie sollte mit ihren Luftlandetrupps hinter den sowjetischen Linien den Paß besetzen, während der ortskundige Rest als deutsche Speerspitze die Heerstraße freikämpfen mußte. Dabei waren die Orts- und Sprachkenntnisse der Kaukasier für den Einsatz von unschätzbarem Wert. Auch das deutsche Rahmenpersonal kannte sich in der Gegend aus: Oberländer war, ebenso wie Kutzschenbach, bereits zweimal über den Kreuzpaß gefahren.

Der politisch-propagandistische Zweck, den Oberländers Truppe neben ihrer militärischen Mission hatte, lag auf der Hand und zog die historisch bedingte sowjetfeindliche Einstellung der Kaukasusvölker ins Kalkül: der Sonderverband *Bergmann* sollte den vormarschierenden deutschen Truppen als Wegweiser dienen und dazu beitragen, daß die einmarschierenden Deutschen als Befreier angesehen würden, ihnen mithin also kein Widerstand geleistet werde und Straßen, Brücken sowie andere strategische Einrichtungen unbeschadet in deutsche Hände fielen. Sie sollten darüber hinaus vor Ort den Eindruck verstärken, die Deutschen unterstützten die lokalen Bestrebungen nach politischer Unabhängigkeit. Als Fernziel sollten die Kaukasier der Einheit als Kern einer kaukasischen Selbstverwaltung an ihrem Aufbau mitwirken, sobald ihr unmittelbarer militärischer Auftrag erfüllt war.

Für einen solchen Auftrag und dafür, daß aus einem zusammengewürfelten Haufen eine homogene, schlagkräftige Einheit werden konnte, bedurfte es aber noch enormer Anstrengungen - so etwa einer Ausbildung in Verhältnissen, die denen im Kaukasus zumindest ähnlich waren. Schließlich fiel die Wahl auf das „Lager Luttensee" in der Nähe des oberbayrischen Mittenwald. Sogar ein Übungsterrain, was dem mutmaßlichen Einsatzort im Terektal entfernt ähnelte, ließ sich dort finden. Im März 1942 wurde mit den Vorbereitungen begonnen, den Sonderverband *Bergmann* nach Mittenwald zu verlegen.

Zum Abschluß der Ausbildung im schlesischen Neuhammer stellte sich, wie schon beim Bataillon *Nachtigall*, die Frage, wie und auf wen die Einheit zu vereidigen sei. Für die Kaukasier wiederholte sich die Prozedur, die Oberländer schon ein Jahr vorher kennengelernt hatte: im Kompetenzwirrwar verschiedener Berliner Stellen wollten alle bei der Eidesformel ein Wort mitreden. Bei zahlreichen Konsultationen in Berlin vertrat Oberländer die Ansicht, man müsse für eine maximale Motivation die Kaukasier in ihren Rechten und Pflichten den deutschen Wehrmachtssoldaten gleichstellen und in der Eidesformel denjenigen Aspekt berücksichtigen, der für die Kaukasier am wichtigsten sei - die Befreiung ihrer Territorien von Stalins Herrschaft. Außerdem hatten gerade die georgischen Freiwilligen insistiert, sie wollten nicht auf Adolf Hitler vereidigt werden.

Oberländers Verhandlungen mit den zahlreichen Berliner Dienststellen gestalteten sich äußerst zäh, denn erst ein Dreivierteljahr vorher hatte man dort die Aufstellung und Vereidigung des Bataillons *Nachtigall* kritisch beäugt und kommentiert. Admiral Canaris war es schließlich, der das Finden einer Eidesformel beschleunigte und Oberländers Bemühungen mit Nachdruck befürwortete: am 10. März wurden, in Anwesenheit zahlreicher hoher Abwehroffiziere aus Berlin, nach einem Platzkonzert die Angehörigen des Sonderverbandes *Bergmann* als Zeichen ihrer Gleichstellung mit den übrigen Soldaten der Wehrmacht über ihre Rechte und Pflichten als deutsche Soldaten belehrt und „auf den Obersten Befehlshaber der deutschen Wehrmacht zu treuen Diensten im Kampf gegen den Bolschewismus und zu unbedingtem Gehorsam gegen die vorgesetzten Führer" vereidigt[117]. Die Zeremonie klang

---

[117] Der vollständige Wortlaut der Eidesformel läßt sich nicht mehr im einzelnen rekonstruieren und ist - was im Prozeß gegen Oberländer im Jahre 1960 noch eine Rolle spielt - heftig umstritten. In den Gerichtsakten zum Fall Oberländer findet sich lediglich der Hinweis auf eine „besondere Eidesformel mit Rücksicht auf die georgischen Emigranten" (OStA Bonn - 8 Js 344/59 - , ./. Oberländer u.a. Angehörige der Einheit *Bergmann*, Einstellungsverfügung vom 13. April 1961, S. 7). Hoffmann spricht von einem Passus, der die Kaukasier zum „Kampf um die Befreiung ihrer Heimat" verpflichte (Hoffmann, *Kaukasien*, S. 104) und Beher als ehemaliger Angehöriger von *Bergmann* erwähnt, daß „die Angehörigen zwar einen militärischen Treueid zu leisten hatten, in dem aber ausdrücklich die Vereidigung auf die Person Adolf Hitlers fehlte" (Rudolf Heinz Beher: Erinnerungen an den Sonderverband und das Bataillon Bergmann. Krailing 1983, S. 15). Demgegenüber hat der Kaukasier Aleskerov, der ebenfalls *Bergmann* angehörte und im Jahre 1960 als einer der Hauptbelastungszeugen im DDR-Prozeß gegen Oberländer aussagte, folgenden Wortlaut protokolliert: Ich trete der Deutschen Armee bei, ich schwöre, daß ich alle Befehle meiner deutschen Vorgesetzten erfüllen und mich für ihren Kampf gegen die jüdische bolschewistische Armee

aus mit einem von den *Bergmann*-Angehörigen gestalteten „kaukasischen Abend". In der dritten Märzwoche wurde der Sonderverband dann zur Verlegung nach Mittenwald vorbereitet, und am 26. März 1942 traf die Einheit am Bahnhof von Mittenwald. Nunmehr reisten die Offiziere des deutschen Rahmenpersonals; die Leutnante Brandt, Pahlen und Kress v. Kressenstein quer durch Deutschland und warben, vor allem in Bayern und in Hamburg, erfolgreich weitere deutsche Soldaten für den Aufbau von *Bergmann* an. Schon bald erreichte die Einheit ihre volle Stärke und Gliederung: Die 1. und die 4. Kompanie, geführt von Oberleutnant Brandt und Leutnant Hoffmann, bestand aus Georgiern, die 2. Kompanie unter Führung von Leutnant Vogl aus Nordkaukasiern, die 3. Kompanie unter dem Kommando von Oberleutnant Zaag aus Aserbaidschanern und die 5. Kompanie, geführt erst von Oberleutnant Holly, dann von Leutnant Pahlen, wiederum aus Georgiern mit einem Zug Armenier, der später auch für Fallschirmeinsätze ausgebildet wurde. Ähnlich wie beim Bataillon *Nachtigall* gab es auch bei *Bergmann* nur einen kleinen Stab. Oberländer selbst war Kommandeur, Walter v. Kutzschenbach sein sprach- und landeskundiger Berater, der deutsche Oberzahlmeister Everling und der kaukasische Bataillonsarzt Dr. Albert Kerim-Sade, ein ehemaliger Stabsarzt der Roten Armee. Zum engeren Vertrautenkreis der Bataillonsführung gehörten außerdem der Mannschaftsdienstgrad Hermann Raschhofer als Fahrer und Schreiber sowie der georgische Leutnant Givi C. Gabliani als weiterer Arzt[118].

---

bis zum endgültigen Sieg der deutschen Waffe aufopfern werde. Bei Verletzung dieses Schwurs werde ich bestraft. Das Höchstmaß kann die Todesstrafe sein" (*BStU*, ZUV 28 / Oberländer, Band 8 Nr. 7 ff.). Die im Text zitierte Version - die meiner Meinung nach keinem Verdacht auf persönliche Färbung unterworfen ist - findet sich in einem Urteil des Reichskriegsgerichts für einen Prozeß des 4. Senats gegen *Bergmann*-Angehörige vom 1. Juli 1942 (Vgl. Francis L. Carsten: „A Bolshevik conspiracy in the Wehrmacht", in : *The Slavonic and East European Review*, vol. XLVII Nr. 109 (1969), S. 483 - 509; *BStU*, ZUV 28 / Oberländer, Band 7 Nr. 233 - 252, hier Nr. 237).

[118] Deutsches Rahmenpersonal-Register der Kameradschaft *Bergmann*, o.D. sowie Hoffmann, *Kaukasien*, S. 105 ff.); OStA Bonn - 8 Js 344/59 - , ./. Oberländer u.a. Angehörige der Einheit *Bergmann*, Einstellungsverfügung vom 13. April 1961, S. 6; Festschrift 50 Jahre Kameradschaft Bergmann. Krailing 1991, S. 13.

3. Gefahr von innen - Der Fall Ziklauri

Die Ausbildung in den folgenden Monaten sollte allerdings nicht nur begleitet sein von ständigem hohem Besuch. Für Oberländer war dies nichts Neues, denn bereits in Neuhammer war eine japanische Militärdelegation zu Besuch gewesen, die am Konzept des Sonderverbandes interessiert gewesen war, aus Kriegsgefangenen und Überläufern eine Einheit zu formen. Auch im Werdenfelser Land blieben hohe Offiziere aus Abwehr und Wehrmacht, bis hin zu Admiral Canaris, regelmäßige Gäste. Weniger erfreulich war für Oberländer jedoch eine bedrohliche Entdeckung: eine Verschwörergruppe hatte sich in den eigenen Reihen gebildet, die den Bestand der Einheit von innen heraus gefährdete. Unter Führung von Simion Ziklauri, einem früheren Hauptmann der Roten Armee, wollte eine Gruppe von sechzehn *Bergmann*-Angehörigen dafür sorgen, daß die Einheit nach beendeter Ausbildung beim Einsatz im Kaukasus möglichst geschlossen der Roten Armee in die Hände fiel. Diesem sogenannten „Fall Ziklauri" sollte in Oberländers Nachkriegsprozessen und in der sowjetischen Propaganda noch eine langlebige Existenz beschieden sein.

Schon im Herbst 1941 hatte sich in den Reihen des Sonderverbandes eine kleine Gruppe von kommunistischen Georgiern zusammengefunden und in regelmäßigen Treffen überlegt, wie das Unternehmen Bergmann zu sabotieren sei[119]. Dabei hatte Ziklauri gegenüber etlichen Mitverschwörern immer wieder betont, er sei mit dem Auftrag zu *Bergmann* gekommen, dessen Aktivitäten im Sinne der Sowjetunion zu schwächen. Allerdings waren sich die Verschwörer von vornherein nicht sicher, ob sie eine solche Aktion vor Verfolgungen in der Sowjetunion schützen werde. Um also ihre Position zu verbessern und den in Stalins Augen tödlichen Makel des Überläufers bzw. Kriegsgefangenen zu tilgen und sich von dem daraus resultierenden pauschalen Vorwurf des „Landesverrats" zu befreien, wurde nicht nur eine Untergruppe der sowjetischen Kommunistischen Partei gegründet, die Parteisit-

---

[119] Vgl. das Tagebuch eines der Verschwörer, des Georgiers Zuzikiridse, das bei einer späteren Verhandlung vor dem 4. Senat des Reichskriegsgerichts als Beweismittel zugezogen und im Urteil mit längeren Ausschnitten zitiert wurde. Im folgenden wird zitiert aus dem Exemplar des Urteils aus den Beständen der DDR-Staatssicherheit (*BStU*, ZUV 28 / Oberländer, Band 7 Nr. 233 - 252). Diese Version stimmt mit der von Francis L. Carsten herausgegebenen (Francis L. Carsten: „A Bolshevik conspiracy in the Wehrmacht", in: *The Slavonic and East European Review*, vol. XLVII Nr. 109 (1969), S. 483 - 509) überein.

zungen abhielt und „agitatorische Arbeit" innerhalb des Sonderverbandes beschloß. Auch behielt sich Ziklauri selbst innerhalb der Verschwörergruppe vor, Oberländer und Kutzschenbach umzubringen, falls sie gegen eine Übergabe Widerstand leisteten[120].

Allerdings war der Erfolg von Ziklauris Bemühungen begrenzt - schon weil ein Großteil der Kaukasier sich mit dem Ziel der Einheit, einen Beitrag zur Befreiung ihres Landes zu leisten, durchaus identifizierte. So waren es auch Georgier unter Leutnant Schalwa Okropiridse, die der Bataillonsführung meldeten, sie seien durch einen Verschwörerkreis kontaktiert worden. Oberländer selbst und Kutzschenbach hatten bereits Verdacht geschöpft, als die Kreuzpaß-Operation in ihren Grundzügen mit den kaukasischen Offizieren erstmalig besprochen wurde. Im Gegensatz zu Oberländers Plan, Teile der 5. Kompanie gemäß ihrer Ausbildung per Fallschirm hinter den sowjetischen Linien abzusetzen und Ziklauri durch ein Flugzeug in das Einsatzgebiet zu bringen, bestand dieser als ranghöchster kaukasischer Offizier darauf, an der Spitze einer kleinen Gruppe (= seiner Verschwörergruppe), möglichst gebildet aus den Soldaten der schweren Waffen des Sonderverbandes, durch die feindlichen Linien zu gehen, um zuerst innerhalb der Bevölkerung zu agitieren.

Oberländer erstattete der Abwehr am Berliner Tirpitzufer Bericht und begann seinerseits mit Befragungen eines größeren Kreises von Verdächtigen. Um Aufsehen zu vermeiden, wurde eine größere Gruppe am 5. Juni 1942 zu einer Besichtigungstour nach Berlin transportiert und dort einen Tag später verhaftet. Als vereidigte Wehrmachtsangehörige unterstanden die Verschwörer der deutschen Militärgerichtsbarkeit und waren somit auf Grund der Schwere der Vorwürfe ein Fall für das Reichskriegsgericht. Dessen 4. Senat erschien zur ordentlichen Hauptverhandlung in Garmisch-Partenkirchen und tagte dort vom 22. Juni bis zum 1. Juli 1942.

---

[120] Vgl. *BStU*, ZUV 28 / Oberländer, Band 7 Nr. 244 ff. Ziklauri war nicht auf dem üblichen Wege der Auswahl durch Oberländer oder Kutzschenbach zu *Bergmann* gekommen, sondern war durch eine Abwehr-Dienststelle zukommandiert worden. Ob er in sowjetischem Auftrag handelte oder, wie Ziklauri behauptete, um mögliche Mitverschwörer an sich zu binden, konnte auch im Gerichtsverfahren nicht geklärt werden und ist bis heute offen (vgl. dazu auch Hoffmann, *Kaukasien* S. 104-5; OStA Bonn - 8 Js 344/59 - , ./. Oberländer u.a. Angehörige der Einheit *Bergmann*, Einstellungsverfügung vom 13. April 1961, S. 26 ff.).

Im Verlauf der zwölftägigen Verhandlung bestritten die sechzehn Angeklagten die Verschwörung nicht, sondern belasteten sich vielmehr gegenseitig mit dem Vorwurf der Urheberschaft. Oberländer selbst wurde durch das *OKW* telegraphisch aus Meiningen nach Garmisch beordert und in der Hauptverhandlung am 27. Juni 1942 als Zeuge gehört. Das - auf zwanzig Seiten ausführlich begründete - Urteil verhängte zwölf Todesstrafen über die Hauptverschwörer wegen „Kriegsverrats, begangen in Tateinheit mit Zersetzung der Wehrkraft und mit Meuterei" und sprach vier nicht hinreichend tatverdächtige Kaukasier frei. Von dem Vorwurf der Spionage - der normalerweise ein Todesurteil nach sich zog - wurden alle Angeklagten freigesprochen. Angesichts der besonderen Umstände und im Rahmen der gültigen Bestimmungen war dies kein Schauprozeß, sondern ein ordentliches Verfahren mit einem bemerkenswert differenzierten Urteil. Oberländer blieb hingegen kaum Zeit, sich über den inneren Zustand des Sonderverbandes weiter zu beunruhigen. Die nächste Bedrohung kam diesmal von außen.

4. Gefahr von außen - Die 162. Infanteriedivision

Der Sonderverband *Bergmann* der Abwehr war nicht der einzige Verband, mit dem die Wehrmacht bestrebt war, Soldaten unter den Völkern von Stalins Riesenreich zu werben und in deutschen Einheiten aufzustellen. Auch das Oberkommando des Heeres (*OKH*) hegte schon seit dem Winter 1941 / 42 entsprechende Pläne, da im Operationsgebiet der Heeresgruppe Süd sich zahlreiche Angehörige der nichtsowjetischen Völker unter den Kriegsgefangenen befanden. Im Frühjahr 1942 wurde der Heeresgruppe Süd deshalb ein besonderer Aufstellungs-, Ausbildungs- und Führungsstab unterstellt, der am 9. Mai 1942 den Auftrag erhielt, mit der Aufstellung sogenannter „Fremdvölkischer Legionen" zu beginnen. Er sollte die Reste der einige Monate zuvor aufgelösten 162. Infanteriedivision und ihren Stab dazu nutzen. So führte die Division ihre Nummer mit dem Zusatz „(türk.)" weiter. Ihr Kommandeur wurde Oberst Oskar Ritter v. Niedermayer, ein Professor der Iranistik und der Geographie und mehr noch als Oberländer ein ausgewiesener Experte für die Völker des östlichen Europas, Vorder- und Mittelasiens. Von 1921 bis 1933 war er inoffizieller Vertreter der Reichswehr an der Deutschen Botschaft in Moskau gewesen und kannte die Stärken und Schwächen der Roten Armee aus dieser Zeit. Seit 1933 als Ordinarius für

Wehrgeographie und Wehrpolitik an der Berliner *Friedrich-Wilhelms-Universität*, sprach Niedermayer Russisch, Persisch, Türkisch und etliche weitere Ostsprachen. lokaler Sprachen.

Die Aufgaben der 162. Infanteriedivision sollten, anders als die des Sonderverbandes *Bergmann*, rein politischer Natur sein und den Willen der Deutschen dokumentieren, im Rahmen des „kaukasischen Experiments" die nichtrussischen Völker gleichberechtigt an ihrer Seite gegen Stalin mitkämpfen zu lassen. Die Division war zunächst nicht mehr als die organisatorische Zusammenfassung mehrerer Kriegsgefangenenlager, aus denen die Angehörigen der Division geworben werden sollten. Was fehlte, war ein Kern aus erfahrenen deutschen und nichtdeutschen Ausbildern. Niedermayer wußte um die Existenz des Sonderverbands *Bergmann* und wandte sich deshalb an die Heeresgruppe, um zu klären, welche Pläne sie mit Oberländers Truppe hatte. Die Heeresgruppe hegte Zweifel, ob sich der Kreuzpaß im Handstreich besetzen lasse und sah sich obendrein außerstande, die entsprechende Motorisierung und Bewaffnung zu gewährleisten. Niedermayer entschloß sich deshalb, bei der Heeresgruppe die Auflösung des Sonderverbandes zu erwirken und die einzelnen Kompanien als Kern seiner aufzustellenden Bataillone zu verwenden.

Oberländer ahnte von alledem nichts. Ziemlich abrupt wurde er am 18. Juni 1942 nach einer Besprechung am Berliner Tirpitzufer zum Sitz des *OKH* nach Lötzen befohlen und mit einem Flugzeug einen Tag später ins Hauptquartier der Heeresgruppe Süd nach Poltawa geflogen. Dort konnte er gerade noch mit Hans Koch und Ernst zu Eickern zusammentreffen, um Erfahrungen auszutauschen, bis er am Morgen des 21. Juni nach Mirgorod zur Inspektion der ersten Truppen der 162. Infanteriedivision transportiert wurde und dort, wie er später zu Protokoll gab, einen „völlig unorganisierten Haufen Mohammedaner" vorfand. Anschließend wurde er vor vollendete Tatsachen gestellt: Niedermayer eröffnete ihm seine Absichten, und der ebenfalls anwesende 3. Generalstabsoffizier (Ic) der Heeresgruppe, Oberst i.G. Freiherr Wessel v. Freitag-Loringhoven, unterstützte diesen Plan. Oberländers Gegenvorschlag, den Sonderverband *Bergmann* nicht aufzuteilen und ihn als eine Art Truppenschule für Niedermayers Division einzusetzen, wurde ohne weitere Diskussion verworfen, weil die Heeresgruppe eine ausreichende Motorisierung von *Bergmann* nicht sicherstellen wollte[121].

Oberländer wandte sich an Canaris um Hilfe. Er war selbst überrascht gewesen, wie schnell aus seiner zusammengewürfelten Truppe in nur einem halben Jahr ein mehr oder weniger homogener Verband entstanden war, und wollte dementsprechend verhindern, daß *Bergmann* nun in einer halben Nacht zerschlagen würde. Oberländer hatte zwar unter dem 22. Juni 1942 resignierend in seinem Tagebuch „Nachmittags Sitzung über die Zukunft der Einheit: Zerschlagung beschlossen!" notiert. Doch als die Heeresgruppe Süd bei der Abwehr zwei Tage später beantragte, den Sonderverband *Bergmann* für Niedermayers Division freizugeben, wandte sich Oberst i.G. v. Lahousen in Canaris' Auftrag an den Wehrmachtsführungsstab mit der Bitte, dies abzulehnen - mit Erfolg. Per 11. Juli 1942 entschied die Heeresgruppe schließlich, den Sonderverband doch unangetastet zu lassen. Canaris selbst erwies dem Sonderverband wenige Tage später seine Reverenz: am 7. und 8. Juli besuchte der Admiral die Kaukasier in Mittenwald, begutachtete die Kletterkünste aller Kompanien im nur 2 Kilometer entfernten Scharnitzer Klettergarten und lobte ihren Ausbildungsstand in einer kurzen Ansprache[122].

Ungeachtet des Kompetenzgerangels zwischen Oberländer und der Abwehr einerseits und Oberst v. Niedermayer und der Heeresgruppe andererseits war der stimmungsmäßige Rahmen für einen Einsatz von *Bergmann* auch auf seiten der Wehrmacht äußerst günstig. Im Herbst 1941 hatte Oberländer mit der geliehenen Autorität von Canaris im Hintergrund viele Berliner Klinken putzen müssen, um die Wege für die Aufstellung des Sonderver-

---

[121] Tagebucheinträge Oberländers vom 20. bis 22. Juni 1942; Protokoll der Besprechung bei der Heeresgruppe Süd vom 22. Juni 1942 und diverse Meldungen der Heeresgruppe an die Berliner *OKH* - Dienststellen vom 12. bis zum 24. Juni 1942., *BA - MA*, RH 19 V Nr. 108 und 110; Joachim Hoffmann: *Die Ostlegionen 1941-1943*. Turkotataren, Kaukasier und Wolgafinnen im deutschen Heer. Freiburg 1976, S. 67.

[122] Tagebucheinträge Oberländers vom 7. und 8. Juli 1942; Protokoll der Besprechung bei der Heeresgruppe Süd vom 22. Juni 1942 (*BA - MA*, RH 19 V Nr. 108); Heeresgruppe Süd, Ic/AO, Niederschrift über die Besprechung vom 22. Juni 1942; Heeresgruppe Süd, Ic/AO, an OKW Amt Ausland/Abwehr vom 24. Juni 1942; OKW Amt Ausland/Abwehr II an Heeresgruppe Süd, Ic, vom 27. Juni 1942; 162. I.D., Ia, Tätigkeitsbericht vom 1. Juli 1942, S. 8 und vom 27. Juli 1942, S. 15 (*BA-MA*, 34 427/1, zitiert bei Hoffmann, *Ostlegionen*, S. 66 ff.); Oberländer an den Autor vom 26. April 1997. Darüber hinaus erhielt Oberländer noch 350 Kaukasier, die innerhalb der 162. Infanteriedivision nicht verwendet werden konnten, zur weiteren Ausbildung zugeteilt.

bandes *Bergmann* zu ebnen. Ein dreiviertel Jahr später sah die Lage bereits ganz anders aus: das „kaukasische Experiment" galt allgemein als vielversprechend und die Idee, nach dem Prinzip „Befreiung, nicht Eroberung" vorzugehen, hatte bereits erste Früchte getragen. Die Wehrmachtsspitze und das Ministerium Rosenberg waren in das Vakuum hineingestoßen, das Hitlers relative Indifferenz gegenüber dem Kaukasus und seine dementsprechend vagen Pläne mit dieser Weltgegend eröffnet hatte. Die Pragmatiker betonten dabei den Aspekt, schon in eigenem Interesse müsse die lokale Bevölkerung gewonnen werden, da man einer Partisanenaktivität in den gebirgigen Regionen des Kaukasus sonst unmöglich würde Herr werden können.

Dementsprechend hatte das Reichsministerium für die besetzten Ostgebiete am 19. Februar 1942 eine Reihe von Richtlinien für die Propaganda unter den kaukasischen Völkern erlassen. Im Lichte des grausamen deutschen Besatzungsregimes in der Ukraine waren die Grundsätze für den Kaukasus fast milde: Sie betonten den Status der Kaukasusvölker als Freunde Deutschlands und stellten die Befreiung von der Herrschaft Stalins durch die deutsche Wehrmacht in Aussicht. Unter deutscher Garantie sollte eine weitgehende nationale Selbstverwaltung den Boden bereiten für eine selbständige Entwicklung der nationalen, wirtschaftlichen und kulturellen Kräfte der Region. Diese Entwicklung sollte durch die Deutschen ausdrücklich begrüßt und den Kaukasiern die Achtung ihrer Traditionen, Sitten und Gebräuche ausdrücklich zugesichert werden. Dazu gehörte der Gebrauch der Muttersprache, der Wiederaufbau und die Förderung eines eigenen Schulwesens und die vollkommene Freiheit zur Religionsausübung gleich welcher Konfession. Auch in einer weiteren Schlüsselfrage versprachen die Deutschen Besserung: das Kollektivsystem, als Zwangsmaßnahme Stalins verhaßt, sollte aufgehoben werden und die Landfrage „den Lebensgewohnheiten der kaukasischen Völker entsprechend" geregelt werden[123].

Für das deutsche Rahmenpersonal neu aufzustellender sogenannter „Ostlegionen" erarbeitete Stauffenberg auf Seiten des *OKH* eine politische Richtlinie, die er am 27. Juni 1942 der Heeresgruppe Süd zukommen ließ. Darin wurde den deutschen Soldaten noch einmal nahegebracht, die Ostlegionen seien in erster Linie dazu bestimmt, in politisch-propagandistischer Hinsicht

---

[123] RmfbO an OKW/WPr Nr. 969/42 vom 18. Februar 1942 (Richtlinien für die Propaganda unter den Kaukasusvölkern), *BA - MA* RW 4/v.254, Abschrift auch bei Buchbender, S. 191 ff, Zitate daraus.

werbend auf die Bevölkerung und zersetzend auf die volksverwandten Truppen der Roten Armee zu wirken, die der Heeresgruppe Süd besonders zahlreich gegenüberstanden. Ihre militärische Funktion, die deutsche Kampfkraft zu verstärken, trete dabei in den Hintergrund. Um aber beide Effekte bei ihrem Einsatz voll zur Geltung zu bringen, war es notwendig, die neu aufgestellten Einheiten möglichst in Richtung auf ihre Heimatländer anzusetzen. Stauffenberg hegte deshalb großes Interesse an den ersten Erfahrungen bei Ausbildung und Führung solcher Einheiten und hatte deshalb ein Auge auf Oberländer geworfen. Als Oberländer nun seine fast einjährigen Erfahrungen mit dem Sonderverband *Bergmann* in einer Denkschrift niederlegte, fand er sogleich die ungeteilte Aufmerksamkeit Stauffenbergs. Er sorgte dafür, daß Oberländers Papier außer der Heeresgruppe A auch den Heeresgruppen B, Mitte und Nord Mitte August 1942 als Richtschnur für die „militärische Ausbildung fremden Volkstums" zugeleitet wurde[124].

Im gleichen Zeitraum hatte die Sommeroffensive der deutschen Truppen ihren Anfang genommen. Für ein knappes halbes Jahr, bis zum Frühjahr 1943, brachten die Raumgewinne dieser Offensive den nördlichen Teil der kaukasischen Landbrücke zwischen Schwarzem Meer und Kaspischem Meer unter deutsche Kontrolle - und mithin die ersten nichtrussischen Völker und ihre Territorien. Die Verbände der Heeresgruppe A besetzten das Gebiet der Terek- und Kubankosaken sowie weite Teile der nordkaukasischen Regionen. Im Kaukasus selbst sollten die deutschen Truppen bis in die Nord-Ossetische ASSR und die ASSR Tschetscheno-Inguschien vorrücken, und selbst transkaukasische Territorien wie die Grusinische ASSR (Teile Georgiens) und die Abchasische ASSR wurden für einige Wochen und Monate besetzt.

---

[124] OKH/GenStdH/OQu IV AusbAbt/OrgAbt (II), Nr. 2380/42 vom 27. Juni 1942 (*BA - MA* RH 19 V/109); Denkschrift „Maßnahmen zur militärischen Ausbildung fremden Volkstums (Nach Erfahrungen der Einheit „Bergmann" vom 1.1.-1.7. 1942), Oberleutnant Dr. Oberländer vom 8. Juli 1942; OKH/GenStdH/OQu IV an Heeresgruppe Nord, Mitte, B Nr. 2866/42 vom 16. August 1942. *BA - MA* RH 19 III/492.

5. Propaganda- und Fronteinsatz des Sonderverbandes Bergmann im Kaukasus

Nachdem Admiral Canaris dem Sonderverband am 7. und 8. Juli 1942 bei seinem Besuch in Mittenwald seine Fronttauglichkeit bescheinigt hatte, begann die Verlegung erster *Bergmann*-Teile per Bahn und mit Fahrzeugen in Richtung Kaukasus. Die vorläufige Stärke der Einheit betrug nun 1.200 Mann - 900 Kaukasier und 300 Deutsche, ihr Kommandeur Theodor Oberländer wurde vor seiner Abreise an die Ostfront am 15. Juli zum Hauptmann befördert[125]. Mitte August 1942 trafen die ersten Teile des Sonderverbandes im Operationsgebiet der Heeresgruppe A ein und wurden der 1. Panzerarmee des Generalobersten v. Kleist unterstellt. Dessen Plan war es, im Rahmen der Offensive am Nordrand des Kaukasus in Richtung auf die Erdölfelder von Grosny vorzustoßen und dabei zwei der drei Heerstraßen, die Ossetische und die Grusinische, zu sperren. Allerdings versteifte sich der Widerstand der Roten Armee, und die deutschen Truppen kamen nicht nur weit vor dem Hauptkamm des Kaukasus, sondern auch weit westlich vor Grosny zum Stehen. Der militärische Auftrag, auf den der Sonderverband *Bergmann* bis dato vorbereitet wurde, war damit einstweilen obsolet geworden.

Oberländer konnte deshalb nicht verhindern, daß die Heeresgruppe den Sonderverband nunmehr nicht mehr geschlossen einsetzten wollte, sondern die einzelnen Kompanien deutschen Einheiten nach Bedarf für den normalen Frontdienst unterstellte, um sich so wenigstens die Sprach- und Ortskenntnisse der Kaukasier an verschiedenen Stellen zunutze machen zu können. Bis zum Jahresende 1942 wurden die Kompanien des Sonderverbandes daher wie folgt verteilt: die georgische 1. und die 5. Kompanie wurden am Ostrand des Kaukasus am Terek mit einem eigenen Frontabschnitt betraut, an dem zwar kaum gekämpft wurde, dafür aber um so mehr Zeit für den zweiten *Bergmann*-Auftrag, die Propaganda und das Werben von Überläufern, blieb. Die nordkaukasische 2. Kompanie wurde bis auf Zugebene aufgeteilt: ein Zug Tscherkessen kam zur 4. Gebirgsdivision und wurde für Späh- und Erkundungsaufgaben im Elbrusmassiv eingeplant, der Rest als Kampftruppe, gemeinsam mit der aserbaidschanischen 3. Kompanie, am Ostrand des Kau-

---

[125] Tagebucheintrag Oberländers vom 15. Juli 1942; Canaris hatte Oberländers Arbeit in einem mehr als zweistündigen Gespräch am Abend des 7. Juli „gelobt, wie ich es gar nicht verdient hatte", wie Oberländer seiner Frau am 9. Juli 1942 schrieb.

kasus im Bereich der 3. Panzerdivision eingesetzt. Die 4. georgische Kompanie wurde einer rumänischen Gebirgsdivision zugeschlagen und fungierte als Besatzung des Ortes Gundelen und des Baksantales im Kaukasus. Der schwerbewaffnete sogenannte S-Zug der 5. Kompanie wurde in der Kalmykensteppe, im Bereich der 3. und 23. Panzerdivision, zu Aufklärungs- und Stoßtruppunternehmen eingesetzt.

Die Kompanien waren nur teilweise in Kampfhandlungen verwickelt und standen vielmehr als sprachkundige Propagandatruppe vor Ort zur Verfügung. Bereits Ende Juli 1942 hatte die Vorhut der 2. Kompanie, die als erste an der Ostfront eintraf, in Stalino und im Hauptquartier der Heeresgruppe A in Poltawa Flugblätter in den verschiedenen kaukasischen Sprachen verfaßt. Um die erforderlichen großen Stückzahlen herzustellen, bediente man sich der gerade erst in Betrieb genommenen mobilen Propagandadruckerei in Poltawa. Sie unterstand der Abteilung Wehrmachtspropaganda des *OKW* und war in einem Zug mit 8 Waggons namens „Bad Pyrmont" eingerichtet. Dort konnten innerhalb kürzester Zeit die Flugblätter und Plakate in großen Auflagen hergestellt werden. Oberländer selbst hatte vermutlich die Texte entworfen, die sich an die Zivilbevölkerung wandten und sie aufforderten, Partisanen keinerlei Hilfe zu gewähren und gegen die Rote Armee zu kämpfen. Für die deutschen, italienischen und rumänischen Truppen verfaßte Oberländer Merkblätter, die den Soldaten die Eigenarten des Kaukasus und seiner Bevölkerung erläuterten und strenge Verhaltensregeln festlegten[126]

Aus propagandistischer Sicht waren die Chancen für die deutschen Kaukasier vielversprechend, denn auch auf seiten der Roten Armee kämpften kalmykische, georgische, armenische und aserbaidschanische Einheiten, die zu bis zu achtzig Prozent aus Kaukasiern bestanden. Sie waren allerdings nicht freiwillig für die Rote Armee rekrutiert, sondern gepreßt worden, um die „Errungenschaften des Großen Oktober" gegen die „deutschfaschistischen Eindringlinge" zu verteidigen. Dies spielte sicher eine große Rolle für die schnell sichtbaren Erfolge, die die Propaganda der einzelnen Kompanien zeigte: die georgische 1. und 5. Kompanie brachte in ihrem Frontabschnitt knapp achthundert georgische Rotarmisten zum Überlaufen, andere *Bergmann* -Teile erzielten ähnliche Erfolge. Oberländer selbst er-

---

[126] Merkblätter vom August 1942 in italienischer, rumänischer und deutscher Sprache im Archiv des Autors und im Original in Oberländers Brief an seine Frau vom 21. August 1942.

wähnte in einem Bericht für die Heeresgruppe knapp 1.100 Überläufer und Gefangene des Sonderverbandes bis zum Jahresende 1942[127]. Da die Teile des Sonderverbandes nun auf einer Frontlänge von ca. 200 Kilometern verteilt und zudem voll in deutsche Großverbände eingebunden waren, blieb der extrem kleine, kaum ein Dutzend Offiziere und Unteroffiziere umfassende *Bergmann*-Stab unter Oberländers Führung von operativen Aufgaben weitgehend entlastet. Seit dem 28. August 1942 lag er in Russki und konnte sich nicht nur truppendienstlichen, sondern auch Fragen einer personellen Erweiterung ausgiebig widmen. Die immens anschwellende Zahl von Überläufern und Gefangenen aus den Reihen der Roten Armee warf schnell die allgemeine Frage auf, ob weitere kaukasische Einheiten auf deutscher Seite aufgestellt werden sollten. Da das Potential an Gefangenen und Überläufern direkt im Operationsgebiet „anfiel" und die Heeresgruppe sowenig Kapazitäten wie möglich beim Transport der Gefangenen in die rückwärtigen Kriegsgefangenenlager binden konnte und wollte, mußte mit ihnen sofort etwas geschehen[128].

Oberländer verfiel hier auf eine Idee, die er bereits im Herbst 1941 bei der Aufstellung der ersten *Bergmann*-Gruppen um Poltawa erfolgreich praktiziert hatte: auf einem Staatsgut bei Russki wurden die ausgewählten Kandidaten gesammelt und dort bei Landarbeit und guter Ernährung erst einmal zu Kräften gebracht. Anschließend wurden sie in Kompanien gegliedert und mit einer kurzen Zusatzausbildung versehen. Auch in den Kriegsgefangenenlagern unmittelbar hinter der Front stießen Oberländer und Kutzschenbach auf eine stetig steigende Zahl von Kaukasiern, die sich bereit erklärten, an der Seite der Deutschen zu kämpfen. Dabei kam ihnen zugute, daß sich zahlreiche kaukasische Offiziere von *Bergmann* an diesen Werbungsaktionen beteiligten. Doch auf deutscher Seite machte sich Oberländer mit diesen unortho-

---

[127] Bericht Oberländers über den Einsatz des Sonderverbandes *Bergmann* vom 1. Dezember 1942 bis zum 15. Februar 1943 vom 16. Februar 1943. *ArchGebTr*, Sammlung *Bergmann*. Ein gleichlautendes Exemplar findet sich auch in Oberländers Stasi-Akte (*BStU*, ZUV 28, Band 7 Nr. 78 - 80).

[128] Allein das XXXX. Panzerkorps der 4. Armee hatte am 14. Juli 1942 10.000 Überläufer, zum Teil in kompletten Einheiten inklusive Führungspersonal, gemeldet (Bericht des Pz.AOK 4/OQu an die Heeresgruppe A/Ib vom 18. Juli 1942, *BA - MA* RH 21-4/380).

doxen Rekrutierungsmethoden wenig Freunde - immer wieder geriet er mit Wehrmachtsoffizieren aneinander[129].

Zunächst konnten aus diesem Reservoir die Verluste des Sonderverbandes - bis zum Herbst etwa 300 deutsche und kaukasische Soldaten - ausgeglichen werden. Schon bald jedoch überstieg die Zahl der geeigneten Freiwilligen bei weitem die Verluste des Verbandes. Mithin eröffnete sich für Oberländer die Möglichkeit, seinen Sonderverband durch neue Freiwillige auszubauen, und er begann entsprechende Verhandlungen mit der Heeresgruppe. Am 29. September 1942 erhielt er durch die 1. Panzerarmee den Auftrag, unmittelbar im Operationsgebiet fünf weitere je 200 Mann starke Kompanien aufzustellen. Doch über diese Vorgabe konnte Oberländer ohne Mühe hinausgehen: zum Ende 1942 bestand der Sonderverband *Bergmann* - auch wenn manche Kompanien nur notdürftig ausgerüstet, ausgebildet und nicht voll gefechtsbereit waren - aus dreizehn Kompanien und zwei Reiterschwadronen und hatte eine Gesamtstärke von 2.880 Mann - fast die Stärke eines Infanterieregiments. Wie um neben seiner militärischen auch seine politische Bedeutung noch zu unterstreichen, wurde der Sonderverband innerhalb des *OKW* aus dem Unterstellungsverhältnis der Abwehr entlassen und am 15. Dezember 1942 direkt dem *OKH* unterstellt.

Bei einem Verhältnis des deutschen Rahmenpersonals zu den Kaukasiern von etwa eins zu acht spielte die psychologisch geschickte Führung und Behandlung eine wichtige, wenn nicht lebenswichtige Rolle, wollte sich das deutsche Rahmenpersonal nicht eines Nachts mit durchtrennter Kehle wiederfinden. Schon während der Aufstellung des Sonderverbandes *Bergmann* in Neuhammer und Mittenwald hatte Oberländer die von der Abteilung für Wehrmachtpropaganda im *OKW* vorbereiteten Flugblätter nach Rücksprache mit einigen kaukasischen Offizieren zum Teil heftig kritisiert und Korrektur-

---

[129] "Die Behandlung der Überläufer und Gefangenen macht große Schwierigkeiten", schrieb Oberländer an seine Frau am 25. September 1942, „aber nur aus gut behandelten Gefangenen bekommen wir Männer. Mit meinem Eintreten für gute Behandlung habe ich mir manchen Ärger gemacht, aber ich habe meine Dienststelle hinter mir. Erst gestern nahm mich ein Stabsoffizier persönlich an, aber ich habe ihn sachlich ziehmlich fertig gemacht. Unsere Männer gehen für uns durch dick und dünn, *weil* sie wissen, daß wir ein Herz für sie haben" [Hervorhebung im Original].

vorschläge gemacht. Seine Gegenvorschläge wurden von Admiral Canaris meist befürwortet und an das *OKW* weitergeleitet[130].

Hauptkritikpunkt Oberländers war dabei, der Propaganda fehle eine Botschaft, die wirklich verfangen konnte. Seiner Meinung nach mußten - gerade im Hinblick auf die enttäuschenden Erfahrungen mit dem Bataillon *Nachtigall* - den Menschen konkrete Dinge zugesagt werden, um sie an die Seite der Deutschen zu bringen. Um potentielle Überläufer anzusprechen, kamen seiner Meinung nach zwei Dinge in Frage: das Versprechen, die Agrarfrage zu lösen, und eine angemessene Behandlung der Kriegskommissare und der politischen Leiter der Roten Armee, die in deutsche Hände fielen. Noch im August 1941 hatte die Wehrmachtspropaganda mit ungeschlachten Parolen á la „Schlagt den Judenkommissar, seine Fresse schreit nach einem Ziegelstein!" nicht nur wenig ausgerichtet, sondern den Widerstand der Roten Armee zusätzlich gesteigert. Für Oberländer ließ sich dies nur als Beweis für Grausamkeit und Kulturlosigkeit auf deutscher Seite werten und war damit kontraproduktiv für jegliche Form der Propaganda.

Der Einmarsch der Deutschen in die Republiken des Nordkaukasus sollte nun propagandawirksam genutzt werden, um den guten Willen der Deutschen zu demonstrieren. Am 8. September 1942 hatte Hitler der neugebildeten Heeresgruppe A die Hauptverantwortung für die Besatzungspolitik im Kaukasus übertragen und der Bildung einheimischer Selbstverwaltungen unter deutscher Oberhoheit zugestimmt. Die Heeresgruppe beschloß zunächst, den Kaukasus unter Militärverwaltung zu belassen, abgeschreckt von dem Beispiel der Zivilverwaltung Erich Kochs in der Ukraine mit ihren grausamen Exzessen. Die Offiziere des Stabes zögerten die Übergabe der Befehlsgewalt über den Kaukasus an den zuständigen Reichskommissar Schikkedanz immer weiter hinaus, um das kaukasische Experiment in Gang zu

---

[130] Befehl des Pz.AOK 1, Ic, Nr. 7229/42 vom 29. September 1942 zur Aufstellung von Turkverbänden durch die Einheit *Bergmann*.(BA - MA, RH 19 V/110); Bericht Oberländers über den Einsatz des Sonderverbandes *Bergmann* vom 1. Dezember 1942 bis zum 15. Februar 1943 vom 16. Februar 1943 (*ArchGebTr*, Sammlung *Bergmann*); OStA Bonn - 8 Js 344/59 - , ./. Oberländer u.a. Angehörige der Einheit *Bergmann*, Einstellungsverfügung vom 13. April 1961, S. 14. Zu den 5 bekannten Kompanien des Altbestandes kamen neu hinzu: eine 6. Schwadron aus Dagestanern und Tschetschenen, eine 7. Kompanie, die zusätzlich noch aus Aserbaidschanern bestand, eine 8. und 9. Schwadron aus Tscherkessen, eine georgische 11. sowie eine aserbaidschanische 12. Kompanie und schließlich eine 13. gemischte Kompanie als Ersatzeinheit;

bringen und die Verhältnisse gemäß ihren eigenen Vorstellungen gestalten zu können. Die Anhänger des „kaukasischen Experiments" maßen einer Lösung der Agrarfrage entscheidende Bedeutung bei, sie war ein Schlüsselfaktor im Konzept einer moderaten Besatzungspolitik, die bei der Heeresgruppe Süd bzw. A gehegt wurde. Deshalb war das *OKH* um eine Zusammenarbeit mit dem Ostministerium bemüht, das eigentlich für die politische Entwicklung des Kaukasus zuständig sein sollte. Rosenberg wurde bedrängt, einen kaukasuserfahrenen Bevollmächtigten des Ministeriums zur Heeresgruppe Süd zu kommandieren. Seine Wahl fiel - gegen den Willen der SS - auf Ministerialdirigent Bräutigam, der sich mit Professor Otto Schiller bereits mit der Frage befaßte, wie eine zukünftige Agrarsturktur aussehen könnte. Die Agrarfrage, intern heiß und kontrovers diskutiert, nahm in der deutschen Propaganda im Herbst 1942 einen zentralen Stellenwert ein[131].

Im Gebiet der Karatschaier begingen deutsche Besatzer und lokale Bevölkerung am 11. Oktober 1942 gemeinsam das muslimische Bairamfest in Kislowodsk. Die Deutschen, in deren Namen General Ernst Köstring eine

---

[131] Die sogenannte „Neue Agrarordnung", die von Bräutigam, Schiller und anderen schließlich erarbeitet worden war und am 16. Februar 1942 erlassen wurde, versuchte einerseits die Landbevölkerung durch eine Aufteilung der verstaatlichten Großbetriebe für die Besatzer zu gewinnen und andererseits aus etlichen leistungsfähigen Großbetrieben die Versorgung der deutschen Truppen mit Getreide und landwirtschaftlichen Produkten vorrangig sicherzustellen. Sie galt ausschließlich in den „altsowjetischen" Gebieten (also weder im Baltikum noch in den bis 1939 polnischen Teilen Weißrußlands und der Ukraine) und sah drei mögliche Formen der Bewirtschaftung vor - den Kolchos, die sogenannte „Landbaugenossenschaft" und den privaten Einzelhof. Da die einheimischen Bauern weg wollten vom Kolchos, sollte die Masse des bisherigen Kolchosbodens unter ihnen Bauern vergeteilt und durch sie als Mitbesitzer individuell bewirtschaftet werden. Eine endgültige Regelung der Eigentumsverhältnisse wurde allerdings auf die Zeit nach dem Krieg verschoben. Die ehemaligen Staatswirtschaften (Sowchosen) sollten dagegen als deutsche Domänen vorrangig zur Versorgung der Wehrmacht und des Deutschen Reichs herangezogen werden. Der politische Zweck dieser Reform war eindeutig: die einheimischen Bauern auf die Seite der Deutschen zu ziehen; die Bauern konnten ihre Erträge oberhalb eines bestimmten Ablieferungssolls am Markt verkaufen, um dadurch ihren Lebensunterhalt zu sichern (Zu den Einzelheiten der Reform vgl. Dallin, S. 341 - 346. Eine kritische Analyse der Agrarreform liefert Christian Gerlach: „Die deutsche Agrarreform und die Bevölkerungspolitik in den besetzten sowjetischen Gebieten", in: *Besatzung und Bündnis.* Deutsche Herrschaftsstrategien in Ost-und Südosteuropa. Berlin-Göttingen 1995, S. 9ff.).

russische Begrüßungsrede hielt, wurden dort jubelnd empfangen und reich beschenkt[132]. Unter stillschweigender Billigung des *OKH* in Berlin gewährte die Heeresgruppe A in eigener Regie einer lokalen Karatschaierregierung eine beschränkte Autonomie und begann, wenn auch zögernd, mit der Auflösung der Kolchosen und der Verteilung der Viehbestände. Um die neue Agrarverordnung zu einem positiven Signal der deutschen Besatzung werden zu lassen und sie bei der Bevölkerung symbolisch aufzuwerten, fanden die Deutschen eine passende Gelegenheit: In Naltschik, der Karbadinischen Hauptstadt, sollte zwischen dem 18. und dem 22. Dezember 1942 wieder das sogenannte Kurman-Fest stattfinden - erstmals seit 25 Jahren. Für Schiller und Bräutigam eignete sich diese viertägige Mischung aus religiöser Zeremonie und Volksfest bestens, um die Agrarfrage und ihre befriedigende Lösung durch die Deutschen in den Mittelpunkt zu stellen und ihren Willen zur Zusammenarbeit mit der Region zur Schau stellen zu können.

Zwar fehlten der neue Oberbefehlshaber der Heeresgruppe A, Generaloberst v. Kleist sowie etliche Angehörige seines Stabes. Doch nahm eine große Zahl von Offizieren, die für das „kaukasischen Experiment" standen, an diesem vorweihnachtlichen Volksfest teil - unter ihnen auch Theodor Oberländer. Bräutigam hatte ihn am 17. und 18. Dezember nochmals aufgesucht, wohl um seiner geplanten Ansprache den letzten Schliff zu geben. Am 18. Dezember hielt Bräutigam dann im Rahmen des Festes eine Rede, in der er die Agrarordnung als Symbol für die „dauerhaften Freundschaftsbande zwischen Deutschland und den kaukasischen Völkern" pries und noch einmal über die Religionsfreiheit, die Auflösung der Kollektive und die nationale Eigenständigkeit sprach, die im Kaukasus schon bald Einzug halten sollten. Seine Worte wurden durch die Kaukasier begeistert aufgenommen[133].

---

[132] Vgl. den Bericht Bräutigams vom Besuch des Uraza Bairam-Festes in Kislowodsk am 11. Oktober 1942. *BA* R 6 / 65, Nr. 66 - 70; Patrick v. zur Mühlen: *Zwischen Hakenkreuz und Sowjetstern*. Der Nationalismus der sowjetischen Orientvölker im Zweiten Weltkrieg. Düsseldorf 1971, S. 191; Dallin, S. 258.

[133] Bericht Bräutigams über das Kurman-Fest in Naltschik vom 18. Dezember 1942 und seine Ansprache an Kabardiner und Balkaren anläßlich der Verkündung der Agrarordnung sowie das Programm der offiziellen Veranstaltungen, alle im *BA* , R 6 / 65; Oberländers Tagebuch verzeichnet vom 17. bis zum 19. Dezember 1942 tägliche Gespräche, am 18. das Kurman-Fest inklusive Festakt und am 19. sogar eine ganztägige Fahrt nach Gundelen, der Hauptstadt der Balkaren, um dort an einer Tagung des lokalen Ältestenrates teilzunehmen. Dies alles bestätigt lückenlos Bräutigam, S. 537 – 543, vgl. dazu auch Mühlen, S. 191; Hoffmann, *Kaukasien*, S. 444.

Im Lichte seiner Erfahrungen mit dem Sonderverband *Bergmann* maß Oberländer einer solchen Vorbildfunktion der Deutschen besonderes Gewicht bei. Die kaukasischen Freiwilligen, die mit den Deutschen vormarschierten, „betrachten die Stimmung in der Ukraine und vergleichen, ob es dort so aussieht, wie sie sich künftig ihre Heimat vorstellen". Im übrigen seien die meisten Kaukasier strenggläubige Mohammedaner, und die „Art, wie wir sie behandeln, wird für die künftige Stellung des Islam gegenüber Großdeutschland besonders wichtig sein". Oberländer bewegte sich damit im Einklang mit seinem Oberbefehlshaber, dem Generalobersten, später Feldmarschall v. Kleist. Er hatte am 15. Dezember 1942 vor seinen Stabsoffizieren auf die Signalwirkung jeglichen Tuns im Kaukasus hingewiesen:

„Die beste Propaganda nach innen und außen ist eine zufriedene und hoffnungsvolle Bevölkerung, welche weiß, daß ihr eine bessere Zukunft bevorsteht als unter der Herrschaft der Zaren und Stalins. Die Bevölkerung muß wissen, daß wir uns um sie bemühen, selbst wenn wir ihr nicht alles, was sie wünscht, geben können (...) Ein Unterschied zwischen Bergvölkern, Kosaken und Russen kann grundsätzlich nicht gemacht werden. Wir brauchen sie alle"[134].

6. Pragmatismus contra Rassenlehre - Oberländers Einsatz für die Taten

Dieser generelle Wille Kleists bedeutete allerdings noch nicht, daß im Kaukasus keine Ausschreitungen stattfanden. Immer wieder kam es zu Übergriffen der deutschen Truppen gegen die Zivilbevölkerung, denn die Ideen des „kaukasischen Experiments" waren nicht in alle Köpfe gedrungen und wurden von vielen auch nicht geteilt. Oberländer, der diese Ideen maßgeblich unterstützte, hatte knapp eine Woche nach Kleists Rede Gelegenheit, sie in einem Streit mit der SS und den örtlichen SD-Dienststellen durchzusetzen. In der Gegend um Naltschik bereitete die Einsatzgruppe D unter SS-Oberführer

---

[134] Vgl. die Schlußbemerkung Kleists im Anschluß an den Vortrag des Stabsoffiziers für Propagandaeinsatz vom 15. Dezember 1942 (*BA*, R 6 / 65; Nr. 177 bis 178); Theodor Oberländer: *Der Osten und die deutsche Wehrmacht. Sechs Denkschriften aus den Jahren 1941-1943 gegen die NS-Kolonialthese.* Asendorf 1987, dieses Zitat stammt aus der *dritten Denkschrift*, S. 68. Am 20. Dezember 1942 berichtete Oberländer in einem Brief an seine Frau, auch vor den mohammedanischen *Bergmann* - Angehörigen habe er in einer Rede die „völlige Religionsfreiheit unter deutschem Schutz" garantiert und sei dafür begeistert gefeiert worden..

Walter Bierkamp die Liquidierung eines kleinen Stammes sogenannter Bergjuden, der Taten, vor und hatte ihnen - quasi als Vorstufe ihrer Vernichtung - befohlen, den Judenstern zu tragen[135]. Die Taten lehnten dies ab und wandten sich ihrerseits sofort an das kaukasische Regionalkomitee in Naltschik, das örtliche Selbstverwaltungsgremium. Dort suchte man Rat beim Stabe Kleists. Währenddessen wandte sich das Sonderkommando 10b unter SS-Sturmbannführer Alois Persterer in der dritten Dezemberwoche 1942 an Oberländer mit der Bitte, mindestens eine Kompanie des Sonderverbandes *Bergmann* für die Erschießung der knapp 2.000 Bergjuden in Naltschik bereitzustellen[136]. Nach telephonischer Rückfrage in Kleists Stab, wo man ihm freie Hand gab, begab sich Oberländer zu Persterer. Hinter Oberländers lapidarem Tagebucheintrag „SS-Sturmbannführer Persterer / SD zum Tee und abends" verbirgt sich eine mehrstündige Unterredung, in der Oberländer Persterer davon zu überzeugen suchte, auf die Erschießung der Taten zu verzichten. Begleitet wurde er von Hermann Raschhofer, der wie Persterer aus Niederösterreich stammte und sich selbst für ausreichend trinkfest hielt. Für Gespräche mit Persterer war dies von herausragender Bedeutung[137].

Nach langer und hitziger Debatte konnte Persterer schließlich überzeugt werden - aus zwei Gründen. Zum einen machte Oberländer glaubhaft, bei den Taten handele es sich nicht um Juden im Sinne der nationalsozialistischen Rassenlehre, sondern um normale Bergkaukasier. Lediglich Teile von Ihnen

---

[135] Vgl. Rudolf Loewenthal: „The Judeo-Tats in the Caucasus", in: *Historica Judaica*, vol. XIV (April 1952), S. 61 - 82; Mühlen, S. 50; Dallin, S. 259..

[136] Tagebucheintrag Oberländers vom 23. Dezember 1942; Gespräch Oberländer am 20. August 1997. Während seines Aufenthaltes im Kaukasus war das Sonderkommando 10b, ähnlich wie *Bergmann*, in mehrere, weit verstreute Teilkommandos aufgeteilt (Vgl. *ZStL* 213 AR 1899 / 66 ./. Alois Persterer u. a). Standorte der Teilkommandos bei Krausnick, S. 203.

[137] Tagebucheintrag Oberländers vom 23. Dezember 1942; Oberländer schrieb seiner Frau zu Weihnachten 1942 nur von „langen politischen Besprechungen", die er mit Raschhofer gehabt habe. Persterers Trunksucht wird bestätigt durch einen Einblick in die Ermittlungsakten der Zentralen Stelle in Ludwigsburg gegen die Angehörigen des Sonderkommandos 10b (*ZStL* 213 AR 1899 / 66 ./. Persterer u.a.). Praktisch alle vernommenen Einheitsangehörigen - es sind über dreißig - erwähnen den Alkoholismus Persterers und die Notwendigkeit, essentielle Dinge stets beim Trinken zu besprechen. Auch Oberländer hat im Gespräch immer wieder erwähnt, Persterer sei dafür bekannt gewesen, dem Alkohol ausgiebig zuzusprechen.

hätten im 8. und 9, Jahrhundert die jüdische Religion angenommen[138]. Zum anderen betonte er die Nützlichkeit der Taten bei der Herstellung von Militärgütern wie Lammfellwesten, Mänteln etc. und weigerte sich, die vom Sonderkommando 10b für die Erschießung benötigten *Bergmann*-Soldaten zur Verfügung zu stellen[139]. Schließlich schlug Oberländer vor, Persterer und sein Vorgesetzter Bierkamp möchten sich vor Ort ein Bild von den Taten machen - mit Erfolg, denn bereits am 26. Dezember meldete Bräutigam an seinen Minister Rosenberg nach Berlin, Bierkamp, der sich kurz vor Weihnachten zu einer Inspektion in der Gegend von Naltschik befand, habe ihm von einem Besuch bei den Bergjuden in der Umgebung von Naltschik erzählt. „Er sei von diesen sehr gastlich aufgenommen worden und habe festgestellt, dass sie außer der gemeinsamen Religion mit den Juden nichts zu tun hätten". Er habe seinen nachgeordneten SD-Dienststellen die Weisung erteilt, nicht mehr von Bergjuden, sondern vom Stamm der Taten zu sprechen[140].

---

[138] Schütt, S. 137 - 138; Dallin, S. 259; Hoffmann, S. 439; LG Fulda - 3 KMs 3/64 - , Oberländer ./. Karpenstein, Vernehmung Hermann Raschhofers vom 20. Mai 1966, S. 53. Auch der General der Freiwilligenverbände Köstring stellte sich auf den Standpunkt, die Zugehörigkeit der Taten zum jüdischen Glauben bedeute noch keinesfalls, daß sie ethnische Juden im Sinne der NS-Rassenlehre seien. Jüdische Kaukasier hätten zur Zarenzeit im russischen Heer als Offiziere gedient, in dem kein Jude je ein Offizierspatent habe halten dürfen, deshalb könnten sie ebenso in die Reihen der Wehrmacht und seien nicht zu erschießen. Köstring amüsierte sich zwar mit seinem Adjutanten Hans v. Herwarth stets über diese haarspalterischen Argumente, rettete damit allerdings einigen Menschen das Leben (vgl. Hans v. Herwarth: *Zwischen Hitler und Stalin. Erlebte Zeitgeschichte 1931-1945*. Frankfurt 1989, S. 270 ff.).

[139] Möglicherweise wurde die Entscheidung Persterers, die Taten letztlich in Ruhe zu lassen, noch durch eine weitere Tatsache begünstigt. Zu Weihnachten 1942 war Persterer als Führer des Sonderkommandos 10b eigentlich schon abgelöst, und sein Nachfolger, SS- Sturmbannführer Eduard Jedamzik, war am 23. Dezember 1943 noch im Anmarsch und traf erst am 24. Dezember ein. Da er sich in der ersten Januarwoche 1943 bei seiner Frau aus Wien meldete, muß er Naltschik bereits kurz nach Weihnachten verlassen haben. Deshalb scheint es, als habe er in seinen letzten Stunden keinen Eklat gleich welcher Art riskieren wollen (vgl. dazu ZStL 213 AR 1899 / 66, ./. Persterer u. a., Band VIII Blatt 1893).

[140] Brief Bräutigams an Rosenberg vom 26. Dezember 1942. *BA* R 6 / 65, Nr. 233; *ZStL* 213 AR 1899 / 66, ./. Persterer u.a.; Loewenthal, S. 79; Mühlen, S. 50; Herwarth, S. 271. Hier spielt möglicherweise auch eine Rolle, daß in den Reihen der Einsatzgruppe D eine Anzahl kaukasischer Hilfswilliger beschäftigt war, allein 40 beim Sonderkommando 11b (*ZStL* 213 AR 1899 / 66 Band VIII Blatt 1846). Da die Kaukasier die Bergjuden, wie auch Oberländer argumentierte, als ihresgleichen betrachteten, hätten

7. Der Rückzug der Deutschen aus dem Kaukasus

Bereits nach wenigen Monaten der Besatzung zeichnete sich zu Weihnachten 1942 das Ende des „kaukasischen Experiments" ab. Nur einige hundert Kilometer von Naltschik entfernt wurde die deutsche 6. Armee in Stalingrad eingekesselt - sinnfälliger Ausdruck für die Wende des Zweiten Weltkrieges. Als Generalfeldmarschall Paulus dort Anfang Februar 1943 kapitulierte, war die Heeresgruppe A durch diese empfindliche Niederlage ihres nördlichen Flankenschutzes beraubt. Die Existenz zweier weiterer deutscher Armeen stand nunmehr auf dem Spiel und ließ sich nur sichern, indem die Raumgewinne der deutschen Sommeroffensive 1942 durch die Wehrmacht innerhalb weniger Monate wieder aufgegeben wurden.

Am 28. Dezember 1942 befahl das Oberkommando des Heeres, Generaloberst v. Kleist, die Heeresgruppe A aus dem Kaukasus zurückzuziehen. Für Kleists Truppen, so auch für den Sonderverband *Bergmann*, bedeutete dies einen Eilrückzug bis auf eine Linie von der Taman-Halbinsel bis Rostow, um nicht im Kaukasus durch die Rote Armee abgeschnitten zu werden. Theodor Oberländer erreichte der Befehl zum Rückzug in der Neujahrsnacht 1943. Den hochfliegenden deutsch-kaukasischen Plänen war nach nur wenigen Monaten ihre Grundlage entzogen. Statt ambitionierte Besatzungs- und Kooperationsvorhaben zu verwirklichen, mußte sich das „Kaukasische Experiment" der deutschen Wehrmacht im rauhen Alltag des Rückzugs bewähren - mit unterschiedlichem Erfolg. Die Taktik berechnender Großzügigkeit löste sich vielerorts in Luft auf, und das Verhalten vieler deutscher Einheiten glich sich dem an, was an Exzessen in der Ukraine und anderswo an der Tagesordnung war.

Auch Oberländer geriet mit dem Sonderverband *Bergmann* durch den Rückzug in eine prekäre Situation: für die knapp 3.000 Kaukasier war die alles überwölbende Idee, ihre Heimat zu befreien, nun über Nacht verloren. Sie hatte die multiethnische Truppe Oberländers zu einem loyalen und verläßlichen Glied innerhalb von Abwehr und Wehrmacht werden lassen. Auf dem übereilten Rückzug gedachte zunächst einmal jeder, seine eigene Haut zu retten. Dennoch ließ sich die Disziplin aufrechterhalten - und eine große Zahl einheimischer Kaukasier aus der Zivilbevölkerung zog sich mit den

---

jegliche Ausschreitungen gegen die Taten wohl Konsequenzen für die Disziplin gehabt.

Deutschen Truppen aus Angst vor sowjetischen Repressalien zurück. Fast 12.000 Menschen, zogen auf diese Weise eine ungewisse Zukunft an deutscher Seite als bessere Alternative dem sicheren Tod durch die Rote Armee vor.

Auf dem achtwöchigen Rückzug bis auf die Krim wurde die Einheit mit ihren verschiedenen, weit verstreuten Teilen immer wieder in Rückzugsgefechte verwickelt. In drei Marschgruppen getrennt marschierte der Sonderverband *Bergmann* abseits der großen Rückzugswege über Tscherkessk und Krasnodar in die sogenannte „Gotenkopf-Stellung", um von dort schließlich ab dem 20. Februar 1943 mit Booten auf die Krim übergesetzt zu werden. Während dieses Rückzugs wurden die deutschen und kaukasischen Angehörigen des Sonderverbands *Bergmann* Zeugen zahlreicher Kriegsverbrechen, die Züge eines Vernichtungskrieges trugen. Deutsche und ukrainische Wachmannschaften mißhandelten und ermordeten die mit den Truppen der Wehrmacht zurückgeführten sowjetischen Kriegsgefangenen. Konnten sie entkräftet nicht Schritt halten, erschossen die Wachen sie meist am Wegesrand - vor den Augen der entgeisterten Zivilbevölkerung. Die hehren Grundsätze der Behandlung nichtdeutscher Truppen in deutscher Uniform standen täglich auf der Probe und wurden im chaotischen Alltag des Rückzugs von Truppen, Gefangenen und zahllosen Zivilisten in Richtung Westen oft genug zu Makulatur. Zu groß war in den deutschen Köpfen das Unverständnis, die ideologisch bedingte Abneigung oder auch nur die Indifferenz gegenüber den sogenannten „Landeseigenen Verbänden", die als Nichtdeutsche aus Stalins Riesenreich stammten, aber für Deutschland kämpften.

Auch Oberländer wurde auf dem Rückzug Zeuge solcher Morde und Mißhandlungen. In einem Bericht an die Heeresgruppe A vom 6. Februar 1943 prangerte Oberländer diese Zustände energisch an. Seiner Meinung nach brachten die wahllosen Erschießungen, das Plündern der sterbenden Kriegsgefangenen und die Mißhandlungen der Zivilbevölkerung, die Oberländer immer wieder beobachtete, den Partisanen immer weiteren Zulauf. Außerdem sah er die Disziplin seiner Einheit akut gefährdet:

„Nichts kann unter den landeseigenen Verbänden den Glauben an Deutschland, an deutsche Sauberkeit und Gerechtigkeit so erschüttern wie der Anblick von Dutzenden von Sterbenden, die wie Vieh angeschossen wurden, weil sie nicht die Kraft hatten, mit dem Marschblock mitzuhalten".

Als Reaktion auf Oberländers Demarche meldete sich zunächst nur der „Kommandeur der Kriegsgefangenen im Operationsgebiet I", er verbitte sich

„solche ständig wiederholten, allgemeinen Belehrungen" von Leuten wie Oberländer[141].

Innerhalb der Heeresgruppe war Oberländer nicht nur wegen seiner fachlichen Einwände kein Unbekannter. Auch seine zuweilen unorthodoxen Methoden wurden ihm des öfteren zur Last gelegt: Mal hatte er es mit dem Dienstweg nicht sehr genau genommen, mal hatten seine eigenwilligen Methoden, für *Bergmann* geeignetes Personal zu besorgen, für Aufregung gesorgt. Bereits im November 1942 hatte Oberländer eine von der Heeresgruppe befohlene Inspektion des Turkbataillons 795 dazu benutzt, *en passant* einige Mannschaften mit ihren Unterführern für diensttauglich zu erklären, um sie dann geschlossen in den Sonderverband *Bergmann* zu übernehmen. Auch das kaukasische Begleitpersonal eines Pferdetransportes für *Bergmann* wurde kurzerhand dabehalten und dem Verband eingegliedert[142]. Auch diesmal ließ er sich nicht beirren: Am 30. März 1943 wiederholte er seinen Protest, der in Kopie auch an die Heeresgruppe ging. Zwischen dem 8. und dem 16. Februar habe er über 200 Leichen von Kriegsgefangenen gesehen und einige Transportführer zur Rede gestellt. Sie hätten sämtlich bekundet, ihnen sei befohlen worden, diejenigen Kriegsgefangenen zu erschießen, die das Marschtempo nicht halten konnten. Oberländer beschwor den Schaden, der nicht nur in seiner Einheit durch diese Taten entstanden sei, und schloß verbittert mit dem Hinweis, daß

„es nicht verständlich ist, daß man sich im 4. Kriegsjahr angesichts der Tragödie von Stalingrad von Ausländern, die dem Führer ihre Treue geschworen haben, sagen lassen muß, daß dieses Verhalten der Ehre und dem Ansehen des deutschen Volkes widerspricht[143]".

---

[141] Sonderverband *Bergmann* (Hauptmann Oberländer) an Heeresgruppe A vom 6. Februar 1943. *BStU*, ZUV 28, Bd. 5 Nr. 354; Hoffmann, *Kaukasien*, S. 121 ff.

[142] 23. Panzerdivision, Ic-Offizier, an den Ic-Offizier des III.Panzerkorps vom 11. November 1942. *BStU*, ZUV 28, Bd. 7 Nr. 55 und Nr. 195 – 199.

[143] Sonderverband *Bergmann* (Hauptmann Oberländer) an den Kommandeur der Kriegsgefangenen im Operationsgebiet I vom 30. März 1943. *BStU*, ZUV 28, Bd. 5 Nr. 355 - 356. Oberländer schlug in diesem Bericht für kleinere Gruppen eine Vorgehensweise vor, die die 3. Kompanie des Sonderverbandes beobachtete: eine Gruppe von 25 Kriegsgefangenen aus dem DULAG 153 sollte durch ihr Wachpersonal in einem Dorf erschossen werden, als der Starost - der Bürgermeister - des Ortes anbot, fünfundzwanzig Gefangene für einige Tage im Ort zu behalten, um sie wieder aufzupäppeln. Der Führer des Wachpersonals habe nach einigem Zögern eingewilligt. Die 3. Kompanie von *Bergmann* habe diese Tage im selben Dorf als Baueinheit verbracht und sich

Oberländer hatte eine Durchschrift seiner letzten zwei Denkschriften auch an den Oberbefehlshaber der Heeresgruppe, Generalfeldmarschall v. Kleist, geschickt, der ihn prompt am 16. Dezember 1942 zum Abendessen in kleinem Kreise bat, um über seine Ideen zu sprechen. Der Ordonnanzoffizier Kleists notierte seine Eindrücke von diesem Abend:

„Außerordentlich aktiv, gerät er leicht in Hitze und sagt dann wohl mehr, als er eigentlich verantworten kann (...) Auch ist er von der Schädlichkeit der derzeitigen Ostpolitik überzeugt und glaubt, daß Wandel nur noch in den nächsten fünf bis sechs Monaten möglich sei. Vor allem komme es auf eine anständige Behandlung der Bevölkerung und (...) der Kaukasier an; die wirtschaftlichen Dinge hätten daneben nur sekundäre Bedeutung. Aber gerade in der Behandlung würden die meisten Fehler begangen, besonders auch in der Ukraine. Seine [Oberländers] Versuche, in Berlin seine Ansichten durchzufechten, hätten bisher lediglich persönliche Nachteile zur Folge gehabt[144]".

Nun aber lagen im Februar die Meldungen Oberländers über die Mißhandlungen von Kriegsgefangenen auf Kleists Tisch. Sie trafen den Generalfeldmarschall an einem empfindlichen Nerv, da er für den Bereich seiner Heeresgruppe bereits kurz nach der Übernahme seines Kommandos strenge Vorschriften für das Verhalten der deutschen Soldaten erlassen hatte[145]. Deshalb

---

davon überzeugt, daß die 25 Mann durch den Starosten nach fünf Tagen einem durchziehenden Gefangenentransport übergeben werden konnten (Ebd. sowie Beher, S. 28; Brief Oberländers an Albrecht vom 15. Februar 1943 (*BStU*, ZUV 28, Band 6 Nr. 272). An seine Frau schrieb Oberländer am 2. Februar 1943: „In den letzten Tagen habe ich einige Fälle von Gefangenenmißhandlung durch deutsches Personal festgestellt und gemeldet. Man liebt diese Meldungen nicht, aber man muß mir recht geben" (Privatarchiv Oberländer).

[144] Wiedergabe des Gesprächs durch den persönlichen Ordonnanzoffizier v. Kleists, Graf Kalckreuth, in einem Brief an Oberländer vom 14. April 1960 und seiner Aussage vor Gericht im Verfahren gegen Oberländer und Angehörige des Sonderverbandes *Bergmann* (LG Bonn - 8 Js 359/60 - ./. Otto Fleischer u.a., Vernehmung Graf Kalckreuths am 11. Januar 1961). Kalckreuth hat später sein Originaltagebuch dem Landgericht Bonn vorgelegt, diese Abschriften stimmen mit dem Inhalt des Briefes an Oberländer überein. Vgl. auch Tagebucheintrag Oberländers vom 16. Dezember 1942; Gespräch Oberländer am 3. September und 22. November 1996 und am 1. Mai 1998.

[145] So etwa das „Merkblatt" für das Verhalten gegenüber kaukasischen Völkern", das die Angehörigen der Wehrmacht mit landesspezifischen Dingen vertraut machte (*BAM*, Nr. 322 (Bestand *Bergmann*) / 84a). Es basierte auf den Entwürfen, die Oberländer bereits im August 1942 mit dem Sonderverband Bergmann angefertigt hatte. In den Meldungen aus den besetzten Ostgebieten" des Chefs der Sicherheitspolizei und des SD an das *RSHA* in Berlin findet sich in Nr. 28 vom 6. November 1942 die Kurzfassung eines Befehls der Heeresgruppe an alle unterstellten Einheiten. Danach sind die

125

beorderte er Oberländer umgehend per Flugzeug zu sich und empfing ihn zunächst frostig: „Seit wann kritisiert ein Hauptmann meine Armeen?" - „Wenn der Hauptmann recht hat, warum nicht?" antwortete Oberländer. Kleist fragte ihn, woher er das Recht nähme, zu behaupten, in Kleists Heeresgruppe würden Gefangene erschossen[146]. Oberländer breitete ihm noch einmal die in seiner Meldung geschilderten Erkenntnisse aus und bot die jeweiligen Teile des Sonderverbandes *Bergmann* als Zeugen an, die die Vorfälle beobachtet hatten. Scheinbar muß Oberländers Vortrag einen tiefen und glaubhaften Eindruck hinterlassen haben, denn Kleist beauftragte seinen Generalstabschef, Generalleutnant v. Greiffenberg, am 23. Februar 1943 mit der Ausgabe eines Befehls an die 17. Armee, „mit schärfsten Mitteln gegen die für die geschilderten Zustände Verantwortlichen einzuschreiten" und „Wiederholungsfällen vorzubeugen"[147].

Anfang März 1943 traf der ganze Sonderverband *Bergmann* schließlich auf der Krim ein und wurde dort zu leichten, vergleichsweise ruhigen Bau- und Küstenschutzaufgaben zwischen Jalta und Sewastopol eingeteilt[148]. Oberländer bezog mit seinem Stab ein kleines Schloß in Kokkosy, nahm Kontakt mit der tatarischen Bevölkerung auf und organisierte in seinem Befehlsbereich, wie schon im Kaukasus, örtliche Selbsthilfe: eine lokale Polizei wurde aufgestellt, die Kirchen geöffnet, in bestimmten Fragen Selbstverwaltung gewährt: Oberländer selbst richtete als Ortskommandant eine Art Bürgersprechstunde ein und begann mit der Rückgabe kollektivierten Bodens an die Bevölkerung am 3. März[149]. Darüber hinaus organisierte er Pferde für die

---

kaukasischen Völker als Freunde zu behandeln, ihr Eigentum zu achten und Requirierungen nur mit ausführlicher Begründung und gegen Bezahlung vorzunehmen, die Religionsausübung zu gewährleisten, die Aufhebung der Kollektivierung nicht zu behindern und die „Ehre der kaukasischen Frau zu achten" (LG Bonn - 8 Js 359 / 60 - ./. Otto Fleischer u.a., Beiakten Band II Nr. 11).

[146] Aussage Graf Kalckreuths vor Gericht im Verfahren gegen Oberländer und Angehörige des Sonderverbandes *Bergmann* (LG Bonn - 8 Js 359/60 - ./. Otto Fleischer u.a.) am 11. Januar 1961) und Brief Kalkreuths an Oberländer vom 14. April 1960; Hoffmann, *Kaukasien*, S. 123 ff.

[147] Brief Oberländers an seine Frau vom 26. Februar 1943; Heeresgruppe A an AOK 17 wg. Behandlung der Kriegsgefangenen im Gotenkopf vom 23. Februar 1943. *BA - MA*, RH 19 V / 6; Hoffmann, S. 124.

[148] Brief Oberländers an seine Frau vom 26. Februar 1943.

[149] Brief Oberländers an seine Frau vom Ostersamstag 1943.

Landwirtschaft und ließ auf Fahrzeugen des Sonderverbandes aus der Ukraine Saatgut für die Bestellung der Felder heranschaffen[150].

Der März und der April 1943 gaben Oberländer auch genügend Zeit für zwei weitere Denkschriften. Zusammen mit einer Handvoll deutscher und georgischer Vertrauter formulierte er seine Erfahrungen mit dem Sonderverband *Bergmann* auf dem Rückzug in einer Schrift vom 17. April 1943 und entwickelte darin Thesen für die weitere Arbeit mit Truppen verbündeter Völker. Die Kriegslage, so Oberländer, zwinge die Deutschen endlich zu einer Kursänderung. Die Motivation der an deutscher Seite kämpfenden landeseigenen Verbände sinke, ihre Kampfkraft werde mehr und mehr beeinträchtigt, und die sinkenden Gefangenenzahlen machten einen geeigneten Ersatz immer schwerer. Sieben Dinge gelte es deshalb besonders zu beachten, sollten die landeseigenen Verbände weiter zu den zuverlässigen Verbündeten der Deutschen zählen. Erstens müsse die Versorgung der gemäß der Verfügung Nr. 8000 des *OKH* für die den Deutschen gleichgestellten Soldaten ebenso reichhaltig wie für die Wehrmachtstruppen selbst sein - „Wer mit uns kämpfen und sein Leben aufs Spiel setzten soll, muß auch unter den gleichen Bedingungen mit uns leben können".

Zweitens bemängelte Oberländer einmal mehr die Qualifikation des deutschen Rahmenpersonals und seine Fähigkeit, die landeseigenen Truppen psychologisch geschickt und vertrauensvoll zu führen - „Das persönliche Vertrauensgefühl dieser Völker, das viel mehr gegenüber den einzelnen Führern als gegenüber der Sache ausgeprägt ist, verlangt, dass der militärische Führer die Grundsätze (...) in seinem persönlichen Leben täglich und stündlich vorlebt". Anders könne das Ziel nicht erreicht werden, die landeseigenen Truppen möglichst bald zu einer vollwertigen Kampftruppe zu machen, die deutsche Truppen nachhaltig entlasteten. Drittens, so Oberländer voll bitterer Ironie, müsse diesen Truppen nicht nur das Recht zum Sterben, sondern endlich auch volle Anerkennung von deutscher Seite zuteil werden. Dazu sollten sie möglichst bald fest in deutsche Truppenteile integriert und bis auf die mittlere Führungsebene herab gemischt geführt werden.

Die Kriegslage müsse, viertens, stets bekanntgemacht und jeder Lageänderung auch die geistige Betreuung angepaßt werden, um die Anfälligkeit gegen Propaganda zu minimieren. Fünftens kritisierte Oberländer noch einmal, „daß der Teil des Sonderverbandes, der nicht über die Taman-Halbinsel

---

[150] Vgl. Beher, S. 28; Briefe Oberländers an seine Frau vom 5.,13. und 28. März 1943.

[= auf dem Seewege], sondern im längeren Marsch durch die Ukraine auf die Krim kam, derartig viele [negative] Eindrücke von der Behandlung der ukrainischen Bevölkerung mitgenommen hatte, daß sie bis heute nach beinahe zwei Monaten noch nicht überwunden werden konnten" - eine Spitze gegen Erich Kochs Despotenregiment in der Ukraine. Gleiches gelte, sechstens, für die Behandlung der zahllosen Flüchtlinge aus dem Kaukasus, unter denen die Angehörigen des Sonderverbandes viele Verwandte hätten. Hier müsse durch klare Richtlinien Abhilfe geschaffen werden, um der brodelnden Gerüchteküche Herr zu werden. Siebtens mahnte Oberländer, wie schon bei Generalfeldmarschall v. Kleist, aus ureigenstem Interesse eine bessere und weniger willkürliche Behandlung der Gefangenen an[151].

Dafür schien Oberländer viel Zuspruch seitens der Praktiker zu ernten, die seine Alltagserfahrungen teilten; seine Tagebücher verzeichnen für den Zeitraum von April bis Juni 1943 durchweg hohen, in Sachen Osttruppen erfahrenen Besuch. Folgt man der Einschätzung von Oberländer, die der Ordonnanzoffizier des Generalfeldmarschalls v. Kleist notierte, wird Oberländer bei seinen zahlreichen Besuchern wohl keinen Hehl aus seiner Meinung über nationalsozialistische Funktionäre von der Sorte Erich Kochs gemacht haben[152].

8. Das Ende - Oberländers Entlassung aus der Wehrmacht

Das tat er auch sonst nicht: Oberländer hatte seit dem Herbst 1941 im Lichte seiner Enttäuschungen im Bataillon *Nachtigall* mit einer Reihe von Denkschriften in den betroffenen Kreisen aus Partei, Verwaltung, Wehrmacht und

---

[151] Siebte Denkschrift Oberländers „Gefahren für die Zukunft der landeseigenen Verbände" vom 17. April 1943. *ArchGebTr*, Sammlung *Bergmann*. Zitate sämtlich daraus.

[152] Tagebucheinträge Oberländers vom 3. April (Generäle Köstring und v. Pannwitz), 23. April (General v. Richthofen), 4. Mai (Otto Schiller), 26. Mai (General Freitag, Befehlshaber Krim). Oberländer schrieb dazu am 30. Mai 1943 an seine Frau: „Gleich Denkende gibt es viele, Gleichkämpfende sehr wenig (...) Sonst habe ich neben dem Dienst viel Besuch, die alle wegen meiner politischen Auffassungen kommen" (Privatarchiv Oberländer). Außerdem hielt er zahlreiche Vorträge, etwa am 8. Mai 1943 vor Marineoffizieren in Jalta. Oberländer wußte auch, daß Koch darauf regieren würde. „Erich Koch geht gegen seine Gegner vor", schrieb er am 6. Mai 1943 an seine Frau, „gegen die in der Heimat nicht ohne Erfolg, mich kann er hier gerne haben".

SS einiges Aufsehen erregt. Anfangs brachte er sie selbst von der Front nach Berlin und verteilte sie an einen Kreis von ca. 30 Leuten, die wirtschaftlich, politisch und militärisch mit der deutschen Besatzung im Osten befaßt waren. Spätere Schriften schickte er meist an die Heeresgruppe Süd, sie entschied von Fall zu Fall über eine Weiterleitung. Im Falle eines Leitfadens, den Oberländer über den Kaukasus verfaßte, sorgte der Ic-Offizier der Heeresgruppe für eine Verteilung von mehreren hundert Exemplaren. Seine letzte Denkschrift vom Sommer 1943 verbreitete Oberländers Dienstherr Admiral Canaris in einer Auflage von knapp 4.000 Exemplaren in Berlin quer durch alle Dienststellen[153].

Einer der Kontakte, den Oberländer bei der Diskussion seiner Thesen besonders pflegte, war der zu dem Marineadjutanten Hitlers, Kapitän Alwin Broder Albrecht. An Hitlers Seite erlebte er viele der richtungweisenden Entscheidungen für den Osten hautnah mit und korrespondierte mit Oberländer über das, was er täglich sah. Seit Herbst 1941 korrespondierten beide über die Frage, wie die Völker Osteuropas und Rußlands behandelt werden sollten. Im August 1942 sandte er Albrecht zwei neue Denkschriften und beschwerte sich über Ausschreitungen, die er seitens rumänischer und italienischer Truppen auf dem deutschen Vormarsch beobachtete[154]. Ein Dreivierteljahr später, am 15. Februar 1943, schrieb Oberländer über die Schwierig-

---

[153] Vgl. Stellungnahme Oberländers zur Abfassung und Versendung der Denkschriften vom 9. Dezember 1943 und die Liste der Empfänger, wohl von Ende) 1942 (*BStU*, ZUV 28, Band 6 Nr. 219 und Nr. 242). Für die Abwehr fanden sich dort Canaris, Stolze und Lahousen, aus dem militärischen Umfeld u.a. Generalfeldmarschall v. Kleist, General der Waffen-SS Steiner, die Ia- und Ic-Offiziere der Heeresgruppe sowie des Pz.AOK.1 und des AOK 17. Aus Partei und Staat zahlreiche Personen aus dem Ostministerium (Bräutigam, Leibbrandt, Schickedanz) und aus der Zivilverwaltung (Reichsernährungs- und Wirtschaftsministerium, Vierjahresplanbehörde) sowie weitere Personen, darunter sein Greifswalder Professorenkollege Rühland, der ihm zwischenzeitlich nach Prag gefolgt war.

[154] Oberländer schickte Albrecht die Kopie eines Berichtes an den Ic-Offizier der Heeresgruppe A vom 17. September 1942, in dem er die Stimmung der Bevölkerung ausführlich erläutert hatte (ein Exemplar findet sich in *BA*, R 6 / 65, Nr. 58). Darin findet sich der Hinweis, vielerorts hätten die Starosten die Deutschen gebeten, sie vor den Rumänen zu retten. Albrecht ging in seiner Antwort darauf ein und fragte Oberländer, „ob wir wirklich überall als die Schuldigen gelten? Sicher wird es doch noch vernünftige Leute geben, die aus dem unterschiedlichen Auftreten zwischen deutschen und rumänischen Soldaten die richtigen Schlüsse ziehen" (Brief Albrechts an Oberländer vom 19. September 1942. *BStU*, Ast 107 / 60, Band 11 Nr. 37).

keiten, die seine Denkschriften ihm eingebrockt hätten, und schilderte Albrecht die Gefangenenerschießungen auf dem Rückzug. „Das Volk lernt uns mit den Bolschewisten [zu] vergleichen und meine Kaukasier, die unter den Sterbenden Landsleute trafen, kommen ständig mit Vorwürfen zu mir" resümierte er resigniert, „Wir haben die Rote Armee doch erst zusammengeschweißt".

Albrecht antwortete ihm bereits drei Tage später in einem Brief vom 18. Februar 1943. Er bedauerte Oberländers Schwierigkeiten und versprach, sich im Führerhauptquartier einmal genauer umzuhören. „Es will mir nicht in den Kopf", schrieb er, „dass eine so sachlich geschriebene Denkschrift derartige Folgen haben soll". Oberländer sei ja kein „Vertreter eine völlig extremen Richtung, sondern [Sie] haben auf Ihrer Seite ja viele Gleichgesinnte". Er riet Oberländer, seine Thesen auch weiterhin zu Papier zu bringen: „Sie werden in mir jederzeit einen dankbaren Abnehmer finden". Albrecht tat dies nicht nur für sich, sondern auch für seinen obersten Chef: auch Hitler legte er eine Denkschrift Oberländers vom März 1943 vor[155].

Am 10. Juni 1943 trafen sich Generalfeldmarschall v. Kleist, Reichsminister Rosenberg, Erich Koch und etliche hohe Offiziere auf der Krim zu einer Kommandeursbesprechung im Sommerpavillon des Khanspalastes von Bachtschissaraj. Rosenberg und Koch befanden sich zur Zeit auf einer Reise durch die besetzten Ostgebiete, um die Fortschritte der Umsetzung der Agrarreform vor Ort zu kontrollieren. Oberländer hatte diese Besprechung bereits seit längerem mit Spannung erwartet, weil er hoffte, die schwierige militärische Situation würde einen Sinneswandel bewirken, der wenn schon nicht Erich Koch, dann zumindest Rosenberg geneigter machen würde für eine moderatere Besatzungspolitik, die am Beispiel der Krim besprochen werden sollte. Kleist sprach sich dafür aus, die Bevölkerung für den Kampf gegen den Bolschewismus zu gewinnen und den Bundesgenossen dabei dauerhaft so viele Freiheiten zu gewähren, wie der Krieg es eben zuließe. Rosenberg scheute eine klare Aussage und äußerte nur die vage Absicht, er wolle alles Endgültige auf die Zeit nach dem Kriege verschieben. Im übrigen sei die Krim Teil des deutschen Siedlungsraumes, denn schon die Goten hätten hier gesessen.

---

[155] Brief Oberländers an seine Frau vom 3. Mai 1942, Brief Oberländers an Albrecht vom 15. Februar 1943 und dessen Antwort an Oberländer vom 18. Februar 1943 (*BStU*, ZUV 28, Band 6 Nr. 190 und 272-273.Brief Albrechts *BStU*, ZUV 28, Band 6 Nr. 190.

Koch schließlich hatte kein Verständnis für seinen Vorredner und redete einer rücksichtslosen Ausbeutung der Ukraine tatkräftig das Wort. Schon einige Tage vorher hatte Koch ausgeführt, es sei „unsinnig, für die Ukraine das Nationalitätenprinzip anzuwenden und die Ukraine in die europäische Völkerfamilie aufzunehmen". Die Ukraine habe nie zu Europa gehört, sie sei ein Vorort jeder allslawischen Bewegung gewesen, und für sie gelte wie für alle Slawen lediglich der Grundsatz von Siegern und Besiegten. Wenn der deutsche Soldat die Ukraine eroberte, so nicht, um das ukrainische Volk glücklich zu machen, sondern um die Ukraine unter deutsches Gesetz zu stellen und für die Nachkommen des deutschen Frontsoldaten dort Siedlungsmöglichkeiten, für Europa aber ein Absatzland erster Ordnung zu schaffen". Die Schlußfolgerung, die Koch daraus zog, war klar: „Für dieses Negervolk stirbt doch kein deutscher Soldat!"[156]. Zwar hatte Koch, so Oberländers Eindruck, einen schweren Stand, doch das vergebliche Aufbegehren Kleists und anderer Offiziere und die schwächliche Haltung Rosenbergs wirkte auf Oberländer und die Offiziere des Sonderverbandes *Bergmann* zutiefst ernüchternd und deprimierend[157]. Unter diesem Eindruck erarbeitete Oberländer zwischen dem 22. und dem 26. Juni 1943 eine letzte Denkschrift „Bündnis oder Ausbeutung".

Darin faßte Oberländer noch einmal seine in zwei Jahren gesammelten Einsichten und Ideen zusammen und formulierte, diesmal in pathetisch-eindringlichen Worten, erneut einen Maßnahmenkatalog: ein radikales Umdenken sei, erstens, notwendig - eine „restlose Aufgabe der (in der Tat durch nichts begründeten) Auffassung, daß die Ostgebiete nur von <unterwertigen> Menschen bewohnt seien und daher im Kolonialstil des 19. Jahrhunderts regiert werden können". Dieser Umbruch in der Ostpolitik müsse „erkennbar und total sein", Teillösungen würden lediglich als „Eingeständnis deutscher Schwäche" gewertet. Zweitens müsse die Selbstverwaltung wieder eingeführt und die Agrarreform zügig und konsequent vollzogen werden, um deutsche Kräfte zu sparen. Drittens mahnte Oberländer, wie schon zuvor, eine „positive Kultur- und Sozialpolitik" an und erläuterte das negative Beispiel der Ukraine als Sammelsurium all dessen, was vermieden werden müs-

---

[156] Tagebucheintrag Oberländers vom 10. Juni 1943; Beher, S. 32; Dallin, S. 173-175.
[157] Oberländer schilderte die Besprechung in einem Brief an seine Frau vom 12. Juni 1943: "Erich Koch wich in allem aus. Er mußte sich anderen gegenüber so verteidigen, daß er genug zu tun hatte (...) Wir können im Osten nur eins: entweder Ausbeutung á la K. [Koch] oder landeseigene Verbände aufziehen. Beides können wir nicht".

se: Der „Versuch, ein entwickeltes, sozial differenziertes Volk in Europa durch Zwangsdegeneration zu schwächen, ist absurd".

Dagegen beschwor Oberländer die Möglichkeiten, die sein Sonderverband *Bergmann* oder die russische Befreiungsarmee des Generals Wlassow den Deutschen demonstrierten - als politische und militärische Realität, als funktionstüchtiges Beispiel. In diesem „letzten geschichtlichen Augenblick" sei ein Wechsel auf deutscher Seite noch möglich. Er schloß mit einem Zitat von Stalins Sohn Jakob Dschugaschwili: „Wir haben das russische Volk wirklich schlecht behandelt, so schlecht, daß es eine Kunst wäre, es noch schlechter zu behandeln. Die Deutschen haben diese Kunst fertiggebracht. Auf die Dauer wählt ein Volk von zwei Tyrannen den, der seine eigene Sprache spricht, also werden wir den Krieg gewinnen[158]".

Bevor allerdings die Deutschen den Krieg verloren, verlor Oberländer zunächst einmal sein Kommando. Befürchtet hatte er dies schon seit über einem Jahr[159]. Ende August 1943 wurde er zu einem Bataillonsführerlehrgang nach Antwerpen kommandiert mit dem Hinweis, für ihn sei ein Stabsposten beim General der Freiwilligenverbände Ernst Köstring vorgesehen. Doch in Berlin hegte man andere Pläne als in der Heeresgruppe. Nichtsahnend trat Oberländer am 13. September 1943 seinen Lehrgang in Antwerpen an, absolvierte ihn mit Erfolg und verbrachte nach bestandenem Lehrgang im Oktober noch einige Tage in Berlin. Dort erhielt er weder bei der Abwehr noch in der Reichskanzlei und im Ostministerium einen nennenswerten Hinweis darauf, daß er in Ungnade gefallen sein könnte. Umso überraschter war er, als ihm am 29. Oktober 1943 beim Wehrkreiskommando in Prag eröffnet wurde, statt einer Beförderung zum Major stehe ihm „wegen politischer Betätigung" die Entlassung aus der Wehrmacht bevor[160]. Dort erreichte ihn auch ein Brief

---

[158] Sechste Denkschrift Oberländers, „Bündnis oder Ausbeutung?", vom 22. Juni 1943, in: Oberländer, *Denkschriften*, S. 119 - 127. Maßgeblich daran beteiligt waren sein Fahrer Prof. Hermann Raschhofer und sein Zugführer Leutnant Dr. Ehrenfried Schütte.

[159] So erstmals in Briefen an seine Frau vom 25. und 27. September 1942, seitdem immer wieder.

[160] Tagebucheintrag Oberländers vom 29. Oktober 1943; Brief Oberländers an den Wehrmachtsbevollmächtigten in Prag vom 5. November 1943 und Stellungnahme Oberländers zur Abfassung und Versendung der Denkschriften vom 9. Dezember 1943 (*BStU*, ZUV 28, Band 6 Nr. 219–221 und Nr. 238-240). Nur Albrecht machte am 10. Oktober 1943 eine vage Andeutung, er glaube, „daß einige Punkte meiner Denkschriften mit derzeitigen Erfordernissen der Ostpolitik des Führers nicht übereinstimmen".

Albrechts vom 14. September, seine Denkschriften würden jetzt zentral eingezogen[161].

Noch am selben Tage machte sich Oberländer wieder auf den Weg nach Berlin, um von Albrecht vor Ort Genaueres zu erfahren. Am 30. Oktober traf er ihn bereits um 7 Uhr 45 in der Vorhalle der Neuen Reichskanzlei in der Voßstraße. Albrecht versprach Oberländer, sich im *OKW*, in der Reichskanzlei und im Reichssicherheitshauptamt im Prinz-Albrecht-Palais umzuhören. Am 6. November wußte Albrecht, wer im Hintergrund die Fäden zog: Der Reichsführer-SS, Heinrich Himmler selbst, betrieb Oberländers Entlassung. Vier Tage später hatte Oberländer es schwarz auf weiß: er war aus dem aktiven Wehrdienst entlassen mit dem Vermerk, „eine Wiederverwendung im aktiven Dienst in Ermangelung weiterer Verwendungsmöglichkeiten [sei] durch das *OKH* nicht beabsichtigt"[162].

Voller Unverständnis sah sich Oberländer bestraft dafür, eine Idee in ein funktionstüchtiges, äußerst erfolgreiches Modell verwandelt zu haben. Das Scheitern des deutschen Blitzkriegs vor Moskau im Winter 1941 war in weiten Teilen der Wehrmacht Anlaß gewesen, über die Behandlung der Kriegsgefangenen und damit der Völkerschaften Osteuropas und Rußlands neu nachzudenken. Oberländer und sein Bataillon *Nachtigall* hatten bereits eine mögliche Variante demonstriert, dieses Potential für die Deutschen nutzbar zu machen. Der Kaukasus sollte das Experimentierfeld für neue Konzepte der Militärverwaltung sein und nach einer deutschen Eroberung unter militärischer Verwaltung verbleiben, damit der Bevölkerung die rücksichtslose Ausbeutung durch eine Zivilverwaltung erspart würde. Der psychologische und politische Schaden, den die brutale Ausbeutungspolitik eines Erich Koch in der Ukraine anrichtete, sollte im Kaukasus vermieden werden. Koch verkörperte auch den Typus, der den Protagonisten des „kaukasischen

---

[161] Brief Albrechts an Oberländer vom 14. September 1943. *BStU*, ZUV 28, Band 6 Nr. 191.

[162] Tagebucheintrag Oberländers vom 30. Oktober und vom 5. und 6. November 1943; Brief Oberländers an den Wehrmachtsbevollmächtigten für Böhmen und Mähren in Prag vom 5. November 1943. *BStU*, ZUV 28, Band 6 Nr. 238 – 241; Erlaß des Wehrmachtsbevollmächtigten beim Reichsprotektor und Befehlshaber im Wehrkreis Böhmen und Mähren an Oberländer vom 9. Oktober 1943 (Privatarchiv Oberländer). Auch in den Reihen der Offiziere des „kaukasischen Experiments" setzte man sich für Oberländer ein - vor allem der General der Osttruppen Ernst Köstring und sein Adjutant Hans v. Herwarth begehrten gegen Oberländers Entlassung auf, allerdings ohne Erfolg (vgl. Herwarth, S. 262).

Experiments" im Wege stand: Nationalsozialisten reinster Prägung, denen das Rassendogma, die totale Ausbeutung und der Wille des Führers das Maß aller Dinge waren. Koch wischte alle politischen, militärischen und wirtschaftlichen Bedenken gegen seine Herrschaft stets mit dem Argument beiseite, der Deutsche sei der gottgegebene Herr der östlichen Untermenschen, und die Deutschland feindlichen Schichten müßten ausgerottet werden. Es sei das natürliche Recht der Deutschen, die besetzten Gebiete gnadenlos auszubeuten.

Für Stauffenberg, Oberländer und andere führte dies alles zu nichts. Für sie konnte die Sowjetunion nur mit Hilfe der Völker, die unter Stalin gelitten hatten, geschlagen werden - auf ihrem eigenen Boden, in einer Art Bürgerkrieg. Dafür mußte man diesen Völkern ein Ziel bieten, für das es sich lohnte, an die Seite der Deutschen zu treten. Erst das Gefühl, sich für die Heimat an einem Befreiungskampf gegen Stalin zu beteiligen, würde sie zu wertvollen Verbündeten machen, die die Deutschen aus militärischen Gründen dringend benötigten. Stauffenberg erhoffte sich freiwillige Soldaten an deutscher Seite gegen Stalin und ungehinderten Zugriff auf die Rohstoffreserven, um den Krieg im Osten alsbald gewinnen zu können. Der Erfolg dieser Politik blieb allerdings wechselnd - nicht zuletzt deshalb, weil die Deutschen vielfach halbherzig und inkonsequent handelten und die Ideen Stauffenbergs innerhalb der Wehrmacht zu wenig echte Freunde hatten.

Doch im Kleinen gelangen solche Experimente durchaus: Oberländers Sonderverband *Bergmann* war sicher eines der erfolgreichsten Beispiele. Kriegsgefangene aus 5 Völkern wurden zu einer schlagkräftigen Einheit ausgebildet, die ihren Umfang innerhalb eines Jahres verdoppelte. Trotz eines Verhältnisses von Deutschen zu Kaukasiern von eins zu acht blieb die Zahl der Desertionen gering, auch wenn der Verband teilweise auf Hunderten von Kilometern auseinandergezogen war. Eine Verschwörung in Mittenwald wurde durch die Kaukasier selbst aufgedeckt und von Oberländer mit einer ordentlichen Kriegsgerichtsverhandlung geahndet, die als Ergebnis Todesurteile, aber auch Freisprüche aufwies. Zwar konnte der Sonderverband *Bergmann* nicht gemäß seines ursprünglichen Ausbildungsauftrages eingesetzt werden, bewährte sich aber dennoch und blieb, auch nach Oberländers Entlassung, bis zum Kriegsende als funktionstüchtiger Verband erhalten. Oberländers Sachverstand bei der Führung seines „landeseigenen" Verbandes ließ ihn innerhalb der Heeresgruppe und der Denkschule um Stauffenberg schnell zu einem gesuchten Experten werden, der auch unter seinen Soldaten einen guten Ruf genoß[163]. Oberländer war überzeugt, die Erfahrungen mit dem Sonderverband *Bergmann* könnten „in Berlin nicht einfach beiseite geschoben werden", wie er seiner Frau am 3. Mai 1943 schrieb. Doch er irrte sich: für seine Person konnten Heinrich Himmler und die SS dies sehr wohl - sie hatten ihn schon länger ins Visier genommen.

D. Kaltgestellt: Erst Prag, dann Osttruppen

Sein Lehrstuhl in Prag, den er seit dem Frühjahr 1941 mehr als stiefmütterlich wahrgenommen hatte, kam ihm nun sehr zupaß, und er konnte im nachhinein dankbar sein, daß er im Herbst 1940 den Ruf an die Moldau angenommen hatte. Doch schon sein Gang dorthin war von der Antipathie des *RSHA* überschattet. Hatte Oberländer bis zum Frühjahr 1942 sein Dekanat in Prag trotz Abwesenheit behalten, wurde er nun am 9. Februar 1942 von seinem Amt entbunden - gleichzeitig mit Saure, der am 15. März 1942 aus dem Rektorat entfernt wurde, weil SS-Obergruppenführer Reinhard Heydrich einen ihm genehmen Nachfolger dort installierte. Im Juni 1942 wurde Oberländer dann entpflichtet und zum Honorarprofessor ernannt[164]. Da er trotz kriegsbedingter Abwesenheit am 16. Juni 1941 für drei Jahre zum Leiter des Prüfungsamtes für Wirtschaftswissenschaften ernannt worden war und dieses Amt nicht zurückgegeben hatte, kam ihm dies nun zupaß. Unterstützt von

---

[163] Ein sehr plastisches Beispiel dafür findet sich in den Beständen des Freiburger Militärarchivs (*BA - MA*, RH 19 V Nr. 5): Etliche Kaukasier, die versetzt worden waren klagten über schlechte Behandlung und baten darum, schnellstens zurückversetzt zu werden.

[164] Vgl. dazu Roth, Heydrichs Professor, S. 299 f. und den Eintrag in Oberländers ehemalige BDC-Akte *BA*, R2 Pers, Oberländer, Theodor, geb. 01.05.05, Wi. Sein Nachfolger wurde sein bisheriger Stellvertreter Laufke (Brief Oberländers an seine Frau vom 7. Januar 1942). Oberländer schrieb über Saures Amtsenthebung am 19. März 1942 an seine Frau, der Grund für diesen Schritt sei „Nichts Ehrenrühriges, aber Ungeschick, vor allem wohl sein Krieg mit dem Kurator, den ich nie mitgemacht habe. Ich halte mich heraus". Hinter Saures Nachfolger stand mit Hans-Joachim Bever der starke Mann Heydrichs, der die Prager Universität in den Dienst der rassen- und volkspolitischen Visionen des *RSHA* nehmen sollte.

dem neuen Rektor Friedrich Klausing, der sein Amt erst am 1. November 1943 angetreten hatte, nahm Oberländer seine Verteidigung auf[165]. Am 5. November schrieb Oberländer an den Wehrmachtsbevollmächtigten in Prag, er verstehe seine Entlassung nicht, denn seine „gesamte Tätigkeit" habe er stets „mit Wissen, Billigung oder gar im Auftrage seiner militärischen Dienststellen vollzogen". Erst der Widerspruch zwischen den Versprechungen der offiziellen Politik und der demotivierenden Praxis vor Ort habe ihn dazu gebracht, seine Erfahrungen zu Papier zu bringen, da die Kampfkraft des Sonderverbandes *Bergmann* ernsthaft gefährdet gewesen sei. Im März 1943 habe er Generalfeldmarschall v. Kleist auf die Gefangenenmißhandlungen seitens der Deutschen aufmerksam gemacht und seine „24 Thesen zur Lage" vom 15. März 1943 einer kleinen Anzahl fachlich und persönlich Betroffener zukommen lassen. Führeradjutant Albrecht habe sie dann Hitler vorgelegt. Für alle seine Denkschriften, so Oberländer, habe er stets von allen Seiten zustimmende Kommentare geerntet und sei durch seine Vorgesetzten immer wieder dazu angeregt worden, weitere Erfahrungen zu Papier zu bringen. Im Endeffekt habe er deutsches Blut sparen wollen[166]. Nur vier Tage später schob Oberländer eine weitere Stellungnahme zu seinen Denkschriften nach und stellte noch einmal zwei Dinge klar. Um den Sonderverband *Bergmann* überhaupt aufstellen und einsetzen zu können, habe er den Kaukasiern ein Ziel ihres Kampfes aufzeigen müssen. Im Einvernehmen mit dem *OKW*, der Abwehr und dem Ostministerium seien dies die „Befreiung des Kaukasus (wie Rußland überhaupt) vom Bolschewismus" und die Garantie umfassender Rechte gewesen. Admiral Canaris selbst habe dies bei der Vereidigung der Truppe in Mittenwald im Sommer 1942 öffentlich bestätigt. Zweitens habe er alle seine Schriften auf Befehl der Heeresgruppe oder des *OKW* verfaßt und verbreitet, um seine Erfahrungen allgemein zugänglich zu machen.

> „Wir [waren] vorzüglich über die Verhältnisse im dies- und jenseitigen Frontgebiet unterrichtet [und konnten] mit eigenen Augen die vorzüglichen Wirkungen einer klugen Nationalitätenpolitik beobachten, wie sie von deutschen Dienststellen im Kaukasus betrieben wurde. Immer wieder, besonders auf dem Rückzug, wurde durch die Kaukasier die Frage gestellt, warum in den weitesten Teilen des besetzten Rußland die deutschen Stellen eine

---

[165] Vgl. Roth, Heydrichs Professor, S. 300; Brief Oberländers an seine Frau vom 17. Juni 1941.
[166] Brief Oberländers ("Geheim") an den Wehrmachtsbevollmächtigten in Böhmen und Mähren vom 5. November 1943. *BStU*, ZUV 28 Band 6 Nr. 238 - 241.

völlig andere Haltung einnähmen. Wenn sich trotz dieser inneren Zweifel (...) die kaukasischen Freiwilligen bewährt haben, so doch nur deshalb, weil sie wußten, daß ihre deutschen Offiziere alles tun würden, um die gegebenen Versprechungen einzuhalten. Die positiven Reaktionen auf meine Gedanken [hätten ihm den Eindruck vermittelt,] meine Berichte seien weiterhin erwünscht"[167].

In Berlin wurde nun das Reichssicherheitshauptamt der SS aktiv. Im Prinz-Albrecht-Palais in der Berliner Wilhelmstraße 102 nahm sich SS-Obergruppenführer Ernst Kaltenbrunner, Chef der Sicherheitspolizei und des SD, auf Weisung Himmlers der Sache Oberländer an. Er beauftragte SS-Brigadeführer Otto Ohlendorff, den Fall anläßlich eines Treffens mit dem Staatsminister für Böhmen und Mähren, SS-Obergruppenführer Karl Hermann Frank, im November 1943 zu besprechen und weitere Maßnahmen gegen Oberländer vorzuschlagen. Frank sollte seine Erkenntnisse über die Stellung Oberländers und seinen Eindruck in Prag einmal ausarbeiten[168].

Am 8. Dezember 1943 schickte Frank schließlich einen Bericht an Himmler und Kaltenbrunner, der eingangs das gute Ansehen hervorhob, das sich Oberländer nach Franks Recherchen innerhalb kürzester Zeit erworben habe: in Kreisen der Deutschen Karls-Universität werde ihm nachgesagt, er sei ein Kenner der Ostfragen. Dort sei allgemein bekannt, daß Oberländer in einen Fall verwickelt sei - ohne daß Anlaß oder Folgen indes diskutiert würden. Allerdings sei immer wieder zu hören, Oberländers Erfahrungen und seine Kritik seien nicht ohne weiteres von der Hand zu weisen. Er habe sich stets als „ehrlicher Patriot" erwiesen und versucht, aus eigener Verantwortung und aus Sorge für das Ganze seine Erkenntnisse vorzubringen". Frank selbst sprach Oberländer seine Sachkenntnis und die gute Absicht zwar nicht ab, seine „weltanschaulichen Ausgangspunkte" seien jedoch falsch, ebenso die Form, in der Oberländer seine Thesen verbreitet habe. Er warnte, Oberländers Protest beim Wehrmachtsbevollmächtigten habe schon Kreise gezogen und werde innerhalb der Wehrmacht heftigst diskutiert. Oberländer, so hieße

---

[167] Stellungnahme Oberländers zur Abfassung und Versendung der Denkschriften vom 9. Dezember 1943. *BStU*, ZUV 28, Band 6 Nr. 219 - 221. Erst am 10. Oktober 1943 habe er durch eine Andeutung Brigadeführer Albrechts erfahren, daß seine Thesen „mit den derzeitigen Erfordernissen der Ostpolitik des Führers nicht übereinstimmten". Vorauseilend erklärte er, es sei „selbstverständlich, daß ich unter diesen Umständen in Zukunft jegliche Äußerung zu diesen Fragen unterlasse".

[168] Brief der Abteilung III des *RSHA* an Staatsminister und SS-Obergruppenführer Karl Hermann Frank vom 12. November 1943 (*BStU*, ZUV 28, Band 6 Nr. 230).

es dort, werde Unrecht getan, wenn er für seine Meinung zur Rechenschaft gezogen werde, die er aus Verantwortung für die Sache geäußert habe. Die ganze Art, wie Oberländer seine Verteidigung offensiv organisiere, entspreche indes, so Frank weiter, „seinem stark bündisch geprägten Wesen". Wie schon in der Vergangenheit versuche Oberländer dabei, herausragende Personen des öffentlichen Lebens für seine Sache zu gewinnen.

Frank kam zu dem Schluß, Oberländers Verhalten sei „instinktlos und der Kriegsmoral abträglich" - daher schlage er eine „fühlbare Bestrafung" Oberländers vor. Nähme man ihn in Schutzhaft, fürchtete Frank allerdings um die Stimmung an der Universität. Die Strafe, so die Konsequenz, sei genau zu erwägen: Oberländer dürfe sich nicht als Märtyrer fühlen und seine Anhänger keinen Anlaß finden, „einen Justizmord zu konstruieren". Drakonische Strafen, etwa die Notdienstverpflichtung in einem Rüstungsbetrieb für die Dauer des Krieges oder der Dienst in der *Organisation Todt*, schieden deshalb für Frank aus, denn sie würden zu „Konflikten mit der Wehrmacht führen, der Oberländer als verabschiedeter Hauptmann der Reserve weiterhin angehört". Aber auch ein Verbleib Oberländers in Prag schien für Frank nicht akzeptabel, da es für die „Oberländer stark abstützende Wehrmacht" einen Prestigegewinn bedeute". Franks Vorschlag bestand schließlich darin, Oberländer an einem Ort außerhalb Prags unter Polizeiaufsicht zu stellen und ihm die Lehrtätigkeit für die Dauer des Krieges zu verbieten[169]. Doch neben seinen schriftlichen Eingaben nutzte Oberländer noch eine zweite Möglichkeit, sich nachdrücklich Gehör zu verschaffen. Frank hatte einen „Sonderberater für politisch-rechtliche Probleme des Protektorats", der gleichzeitig Direktor des *Instituts für Völkerrecht und Reichsrecht* an der Universität war: Professor Hermann Raschhofer, ehemaliger Soldat in Oberländers *Sonderverband Bergmann* und Mitverfasser einiger Denkschriften. Raschhofer hatte stets

---

[169] Bericht Franks an Himmler und Kaltenbrunner vom 8. Dezember 1943. *BStU*, ZUV 28, Band 6 Nr. 214 - 216. Auch Oberländer wandte sich neben dem Wehrmachtsbevollmächtigten in Prag an einen Freund, Major Hans v. Zabuesnig, Kommandant des Lagers Luttensee in Mittenwald. Oberländer hatte Zabuesnig im Frühjahr 1942 bei der Ausbildung von *Bergmann* kennengelernt und erinnerte sich, daß Zabuesnig ein Schulfreund Heinrich Himmlers war. Zabuesnig bereits im Herbst 1942 frühere Denkschriften Oberländers an Himmler geschickt und stets dessen ablehnende Haltung zu spüren bekommen hatte (Erklärung Zabuesnigs vom 29. Januar 1947 im Entnazifizierungsverfahren Oberländers vor der Spruchkammer in Bad Kissingen, im Archiv des Autors).

Zugang zu Frank und verfaßte dessen Reden und Vorträge. Oberländers letzte Denkschrift „Bündnis oder Ausbeutung„ findet sich in Franks Akten, wahrscheinlich hatte ihr Mitautor Raschhofer sie ihm zukommen lassen. Es ist fast sicher, daß Raschhofer Frank bedrängte, von einer Bestrafung seines Freundes und früheren Vorgesetzten Oberländer abzusehen - zumal es um Schriften und Thesen ging, die er selbst mit verfaßt hatte. Dabei wird er gegenüber Frank sicher Oberländers Teilnahme an der Besetzung der Tschechoslowakei zu seinen Gunsten ins Spiel gebracht haben[170].

Ergebnis der vereinten Bemühungen war, daß Oberländer am 18. Januar 1944 um 13 Uhr zu Frank auf die Prager Burg zitiert wurde. Frank erteilte ihm im Auftrag Himmlers „eine letzte und schärfste Verwarnung" wegen seiner Denkschriften und drohte, Oberländer habe zunächst in ein Konzentrationslager verbracht werden sollen. Dies sei in letzter Minute durch ein Entgegenkommen Himmlers im Dezember 1943 in ein Aufenthaltsgebot für die Stadt Prag umgewandelt worden. Oberländer habe sich ab heute „jedweder wie immer gearteten politischen Tätigkeit in Wort und Schrift zu enthalten und insbesondere Volkstumsprobleme weder zu behandeln noch zu diskutieren", sonst würde er sofort verhaftet. Allerdings sei das Aufenthaltsgebot für Prag vom Herbst 1943 hiermit aufgehoben. Frank, habe gegen eine Wiederaufnahme von Oberländers universitärer Arbeit nichts einzuwenden. Oberländer nahm all dies widerspruchslos zur Kenntnis und erwiderte, er wolle sich strikt daran halten, fragte aber gleich anschließend, ob er sich beim *OKW* wieder um ein Kommando bemühen dürfe. Frank insistierte, daß dies ohne Himmlers Genehmigung nicht möglich sei, er wolle dies aber in Berlin

---

[170] Vgl. Karl Hermann Frank: *Mein Leben für Böhmen. Als Staatsminister im Protektorat.* Herausgegeben von Ernst Frank. Kiel 1994, S. 16 und S. 80. Der Rektor der Universität bemerkte deshalb gegenüber dem Staatsministerium kritisch, Raschhofer sei durch „Sonderaufgaben für den Herrn Deutschen Staatsminister stark in Anspruch genommen" und vernachlässige seine eigentlichen universitären Aufgaben (Brief des Rektors der Deutschen Karls-Universität in Prag an Frank vom 3. August 1944. *BStU*, ZUV 28, Band 6 Nr. 167). Raschhofer entstammte wie Oberländer der bündischen Jugend und war vor dem Kriege Juraprofessor in Göttingen gewesen. Im Jahre 1939 wurde er auf besonderen Wunsch Franks an die Prager Karls-Universität berufen. Zur Vita Raschhofers vgl. *BStU*, ZUV 28, Band 8 Nr. 273 - 296, und äußerst kritisch aus der Sicht der DDR Karel Fremund: Professor Hermann Raschhofer", in: *Informationen über die imperialistische Ostforschung*, Band 6 (1966) Heft 2, S. 1-36.

vorbringen. Doch schon einige Tage später ließ Oberländer diesen Plan wieder fallen[171].

Mit Franks Eingreifen blieb Oberländer zwar Schlimmeres erspart, doch stellte sich nun die Frage, was er in Zukunft an der Universität, argwöhnisch beäugt von der SS, in Prag tun konnte. Der Rektor der Universität, Professor Friedrich Klausing, der Oberländer gegen Frank unterstützte, schlug ihm vor, Kurse zur Prüfungsvorbereitung für schwerstverwundete SS-Offiziere an der Universität abzuhalten und ansonsten im Rahmen des normalen Universitätsbetriebes Volkswirtschafts- und Agrarlehre zu lesen. Darüber hinaus nutzte Oberländer die Gelegenheit, um durch das Jahr 1944 hindurch immer wieder längere Zeit bei seiner Frau und seinen Kindern in Greifswald zu verbringen. Ansonsten blieb ihm nur, Themen seines Interesses zu Hause zu recherchieren und vorzubereiten - hier widmete er sich, ausweislich seines Tagebuches, vornehmlich der Verkehrs- und Agrarpolitik sowie diversen Themen des Fernen Ostens. Auf diese Weise waren die Gemüter im Berliner *Reichssicherheitshauptamt* bald beruhigt. Am 5. Juni 1944 schrieb Frank an Himmler und Kaltenbrunner auf deren Nachfrage, seit dem Herbst 1943 sei ihm über Oberländer nichts Nachteiliges zu Ohren gekommen. „Oberländer hält sich zurück und lebt in seiner Wissenschaft. Ich glaube deshalb, vorschlagen zu sollen, die Angelegenheit als einstweilig erledigt anzusehen"[172].

1. Noch einmal Osttruppen - Oberländer in der Wlassow-Armee

Das Ablassen der SS war allerdings kein Zeichen für neu entdeckte Menschenliebe, sondern Ausdruck der sich für Deutschland rapide verschlechternden militärischen Lage. Sie zwang Himmler im Sommer und Herbst 1944

---

[171] Tagebucheintrag Oberländers vom 18. Januar 1944; Protokoll der Unterredung Franks mit Oberländer vom gleichen Tage und Vermerk Franks über ein Telefonat mit Oberländer vom 1. Februar 1944 (beide *BStU*, ZUV 28, Band 6 Nr. 209-211) Frank vermerkte nach dem Telephonat: „In einer wenige Tage [nach dem 18. Januar] später stattgehabten Besprechung bat Professor Oberländer, er möchte seinen Plan (...) im Augenblick nicht weiterverfolgen. Er wolle unter allen Umständen den Eindruck vermeiden, als ob er keine Ruhe geben und als Nationalsozialist keine Disziplin üben könne".

[172] Brief Franks an Himmler vom 5. Juni 1944 (*BStU*, ZUV 28, Band 6 Nr. 203 und Nr. 206).

zu einer Kehrtwendung. Hatten die Völker Osteuropas und Rußlands bislang in Himmlers kolonialistischem Kosmos kaum mehr als rechtlosen Helotenstatus erhalten, wurden sie nun, da Deutschlands Feinde im Westen und Osten an der Vorkriegsgrenze standen, zu widerwillig akzeptierten Mitkämpfern gegen die Rote Armee deklariert[173]. Die Erfahrungen von Offizieren wie Oberländer mit seinem Sonderverband *Bergmann* erschienen nun in einem anderen Licht und bekamen eine neue Aktualität. Im Sommer 1944 war die SS bestrebt, einen Russen als Symbolfigur für eine nationalrussische Sammlungsbewegung aufzubauen: General Andreij A. Wlassow, den, einst von Stalin gefeierten, Verteidiger von Moskau. Wlassow war im Sommer 1942 von den Deutschen gefangengenommen worden und war in die politischen Dienste der Deutschen getreten, anfangs betreut von der Wehrmachtspropagandaabteilung im *OKW*. Im Dezember 1942 hatte Wlassow in seinem Smolensker Aufruf sich in 13 Punkten an seine Landsleute gewandt, die russische Befreiungsbewegung zu unterstützen. Solange das *OKW* in Berlin glaubte, ohne nennenswerte Unterstützung den Krieg gegen Stalin allein zu gewinnen, war die Tätigkeit Wlassows indes eher geduldet als erwünscht, und er mußte im Verborgenen wirken, unterstützt von einigen Wehrmachtsoffizieren und Angehörigen des Ostministeriums.

Erst als sich 1944 die deutsche Niederlage deutlich abzeichnete und die Wehrmacht nach dem 20. Juli 1944 entmachtet wurde, schlug die Stunde Wlassows. Mit dem Rücken zur Wand entdeckte die SS Wlassow im Spätsommer 1944 quasi neu. Es dauerte nicht lange, bis Wlassow selbst Himmler seine Pläne vortragen konnte, eine russische Befreiungsarmee zu gründen. Am 14. November 1944 verkündete Wlassow im Rahmen eines großangelegten Festaktes im Spanischen Saal auf der Prager Burg nachmittags um drei Uhr die Errichtung des „Komitees der Befreiung der Völker Rußlands" (*KONR*). Über fünfhundert Vertreter aller Völker des großrussischen Machtbereichs waren anwesend und brachen zum Teil in enthusiastischen Jubel aus.

---

[173] Vgl. den Erlaß Himmlers an alle höheren SS-Dienststellen vom 20. Februar 1943 (komplett abgedruckt bei Schütt, S. 163 ff.). Er bringt allen Adressaten einen Erlaß Goebbels' vom 15. Februar 1943 zur Kenntnis, in dem eine Zusammenarbeit mit den Völkern des Ostens ausführlich befürwortet wird. Man reibt sich bei der Lektüre die Augen, wenn man im Lichte der Vorereignisse auf solche Passagen stößt: „Man kann diese Menschen der Ostvölker, die von uns ihre Befreiung erhoffen, nicht als Bestien, Barbaren usw. bezeichnen und dann von ihnen Interesse an einem deutschen Sieg erwarten".

Innerhalb dieser Befreiungsbewegung war dem charismatischen Wlassow die Rolle eines *primus inter pares* für alle Nationalvertretungen zugedacht, ebenso die Stellung des Oberbefehlshabers der bewegungseigenen Armee, der „Russischen Befreiungsarmee" (*ROA*), die Wlassow nun aufstellen wollte und für die händeringend geeignete Offiziere gesucht wurden. Mußten die Infanterieeinheiten der Wlassow-Armee quasi aus dem Nichts aufgestellt und ausgebildet werden, konnten sich Wlassow und sein deutscher Verbindungsstab bereits auf zwei Institutionen stützen, die schon seit über einem Jahr mit dem Blick auf die Zukunft einer Befreiungsarmee ständig ausgebaut worden waren: erstens eine Offiziers- und Truppenschule, unscheinbar verborgen im brandenburgischen Dabendorf bei Berlin, in der Deutsche, mit Osttruppen befaßte Offiziere, gefangene Offiziere der Roten Armee und einfache Kriegsgefangene mit den Grundlagen und Zielen der Befreiungsbewegung vertraut gemacht wurden: Zweitens eine kleine, allerdings voll funktionstüchtige eigene Luftwaffe, entstanden bereits im August 1942 durch große Zahlen übergelaufener sowjetischer Flieger und eine später erbeutete große Zahl von Flugzeugen im ostpreußischen Moritzfelde, mit dem Viktor I. Malzew an der Spitze. Auch hier ging nichts ohne Protektion innerhalb der Wehrmacht, und ausschlaggebend war hier der *Inspizient für ausländisches Personal der Luftwaffe Ost*, Generalleutnant Heinrich Aschenbrenner. Vor dem Krieg als deutscher Luftwaffenattaché an der Botschaft in Moskau tätig gewesen, brachte er Göring dazu, am 19. Dezember 1944 die Aufstellung einer Luftwaffe der *ROA* im Rahmen der Befreiungsarmee zu befehlen und damit die bereits bestehende Malzew-Truppe zu legalisieren. Ihr Standort wurden Flugplätze bei Eger und Brüx in Böhmen und Mähren mit dem vor. Aschenbrenner selbst wurde Deutscher Bevollmächtigter General bei Wlassows Befreiungsbewegung.

Als das Dabendorfer Lager im Winter 1944 / 45 von Berlin in das böhmische Schloß Gießhübel unweit von Karlsbad evakuiert wurde, lagen zwei Institutionen, die Oberländers Interesse weckten, nur wenige Kilometer von Prag entfernt. Oberländer kannte bereits einige maßgebliche Persönlichkeiten der Wlassow-Armee: er hatte schon seit längerem Kontakte zu General v. Rhoden geknüpft, den er, ebenso wie den Oberstleutnant der Malzew-Luftwaffe Holters, auf einer Vortragsreise durch Böhmen und Mähren kennengelernt und sich mit ihm auf längeren Spaziergängen ausgetauscht hatte. Folgerichtig bemühte sich Oberländer deshalb im Herbst 1944 um eine erneute Einberufung zur Wehrmacht und hatte dabei die Wlassow-Armee im

Sinn. Der erste Anlauf scheiterte an der SS - sie wollte Oberländer nun plötzlich selbst in ihren Reihen sehen. Im Dezember 1944 hatte sich die SS-Propagandastandarte „Kurt Eggers" an Himmler gewandt, ob Oberländer als Kommandeur einer „russischen Freiwilligen-Propaganda-Abteilung" in Frage käme - „seitens des *RSHA* [werde] der Vorgang Oberländer als abgeschlossen" betrachtet. Himmlers persönlicher Referent antwortete indes, Himmler habe „über Professor Oberländer und sein Wirken seine eigene Ansicht", diese habe sich auch durch die Wlassow-Armee nicht geändert. Er sehe deshalb davon ab, Himmler diesen Vorschlag zu unterbreiten und empfehle, Oberländer solle besser seiner wissenschaftlichen Tätigkeit nachgehen[174]. Schließlich wurde Oberländer, nach erneuter Drängelei beim Wehrmachtsbevollmächtigten, am 21. Dezember 1944 auch einberufen - allerdings zunächst zum Volkssturm, wo er zusammen mit Raschhofer landete. Dennoch führte er weitere Gespräche mit Aschenbrenner und Malzew und bemühte sich um seine Versetzung in die Wlassow-Armee, doch trotz der Bemühungen Aschenbrenners und anderer wurde er offenkundig hingehalten und machte seinem Ärger darüber allerorten Luft. Bevor sich aber nun etwas tat, hielt Oberländer noch seine letzten Prüfungen ab und die Deutsche Karls-Universität feierte in Prag, quasi am Vorabend der deutschen Kapitulation, am 21. und 23. Februar 1945 Oberländers Fakultätsabschied sowie den Semesterabschlußabend für die Studentenschaft - kaum vorstellbar angesichts der militärischen Lage, die die Truppen der Alliierten längst in Deutschland und die Rote Armee kurz vor Prag sah. Ausweislich seines Tagebuches betreute Oberländer noch bis in den März 1945 hinein Doktoranden und Diplomanden und marschierte mit seiner Volkssturmeinheit auch noch einmal durch Prag, bis er am 7. März aus seinem Kommando entlassen wurde. Augenscheinlich hatte Aschenbrenner sich durchgesetzt: am 13. März 1945 erreichte Oberländer in Greifswald ein Anruf aus Berlin, er sei zum Heer versetzt und habe sich sofort im böhmischen Schloß Gießhübel, dem neuen Sitz des Dabendorfer Lagers, zu melden[175].

---

[174] Vgl. den Brief des SS-Sturmbannführers Kriegbaum an die Feldkommandostelle des Reichsführers SS vom 15. Dezember 1944 und den Brief des persönlichen Referenten Himmlers, SS-Standartenführer Brandt, an SS-Sturmbannführer Kriegbaum vom 29. Dezember 1944 (beide *BStU*, ZUV 28, Band 6 Nr. 192 und Nr. 194).

[175] Bereits am 2. und 3. Januar hatte Oberländer Aschenbrenner in Berlin aufgesucht, und am 7. Februar 1945 wandte er sich nochmals ärgerlich an den Wehrmachtsbevollmächtigen in Prag mit der Bitte, daß, falls er nun nicht eingezogen werden könne, er

Dort übernahm er schon wenige Tage später die Führung des evakuierten Lagers Dabendorf aus der Hand von Hauptmann Strik-Strikfeldt und setzte die Reihe an Vorträgen und Kursen zunächst fort. Auch mit Malzew und seinen Einheiten rund um Marienbad nahm Oberländer Kontakt auf und informierte sich bei Aschenbrenner zunächst ausführlich über die Situation und die Stellung der Malzew'schen Luftwaffe. Wlassow wollte nun seine Truppen nicht gleich zwischen der Roten Armee und den amerikanischen Truppen zerreiben, die bereits an der Grenze Böhmens standen. Fieberhaft überlegte sein Stab im Karlsbader Hotel *Richmond* nun, was zu tun sei. In der fast ausweglosen Situation war schließlich General Patton, dessen Truppen die böhmische Grenze überschritten, die letzte Hoffnung. Aschenbrenner riet Malzew, von sich aus Verhandlungen mit den Amerikanern zu beginnen, um der Roten Armee zu entgehen und sich eine Tür in die amerikanische Gefangenschaft zu öffnen. Sein geeignetster Unterhändler war Theodor Oberländer, der aus seiner Zeit in den USA Anfang der dreißiger Jahre gut Englisch sprach - er sollte mit den Amerikanern die Modalitäten der Übergabe verhandeln. Am 19. und 20. April 1945 setzten sich Oberländer, Holters und Aschenbrenner in Marienbad zusammen und entwarfen einen Brief an die Amerikaner, in dem die Geschichte und die Idee der Wlassow-Bewegung erläutert wurde. Er schloß mit der Bemerkung, Malzew wolle sich mit seinen Truppen - knapp 5.000 Mann - den Amerikanern kampflos ergeben, wenn sie als Kriegsgefangene im Sinne der Genfer Konvention anerkannt und aufgenommen würden. Oberländer selbst erhielt am selben Tag von Aschenbrenner seine Verhandlungsrichtlinien und begab sich damit durch die deutschen Linien auf die oberpfälzische Burg Guteneck, um dort deren Einnahme durch die Amerikaner zu erwarten.

---

ein Ehrenprüfverfahren beantrage, um endlich die Gründe für seine Entlassung zu erfahren und dagegen Stellung nehmen zu können. Er schickte erneut eine kurze Schilderung seines Falles an Karl Hermann Frank und bat darum, „wieder Soldat werden zu können und möglichst bei fremdvölkischer Truppe. Da mir die Luftwaffe zugesagt hat, mich bei fremdvölkischen Verbänden zu verwenden, ist es mir jetzt gleichgültig, zu welchem Wehrmachtsteil ich komme, wenn ich nur überhaupt wieder mit fremdem Volkstum zum Einsatz gelangen kann" (vgl. Tagebucheinträge Oberländers vom 2. und 3. Januar, 21. und 23. Februar und vom 7. und 13. März 1945; Brief Oberländers an seine Frau vom 28. Januar und 17. Februar 1945; Brief Oberländers an den Wehrmachtsbevollmächtigten vom 7. Februar 1945. *BStU*, ZUV 28, Band 6 Nr. 186; Brief Oberländers an Frank , o. D. [wohl Mitte Februar 1945]. *BStU*, Ast 107 / 60 Band 8 Nr. 117.

Guteneck wurde am 23. April von den Amerikanern eingenommen. Oberländer wurde auf seine Bitte hin dem Chef des Stabes des XII. Korps der 3. US-Armee, Brigadegeneral Canine, vorgeführt und erläuterte seinen Fall[176]. Canine und sechs weitere amerikanische Offiziere hörten ihm aufmerksam zu, nachdem seine Identität überprüft worden war, Canine meinte aber schließlich, er könne mit Oberländer, so wörtlich, „kein Tauroggen abschließen". Canine und sein Stab verstanden nicht, warum die Soldaten der Wlassow-Armee nicht in ihre Heimat ausgeliefert werden wollten, und verwiesen immer wieder auf die Abmachungen von Jalta, die eine Auslieferung aller sowjetischen Kriegsgefangenen durch die Alliierten vorsähen. Oberländer solle deshalb zurückgehen und mit Aschenbrenner und Malzew zurückkehren, um erneut zu verhandeln[177]. Oberländer kehrte, teils von den Amerikanern gefahren, teils per requiriertem Fahrrad, zu Aschenbrenner auf den böhmischen Spitzberg zurück und hielt ein *laissez-passer* der US-Armee in Händen, welches Aschenbrenner für den 24. April einen festgelegten Weg nach Cham zu Verhandlungen vorschrieb. Aschenbrenner und Malzew beschlossen nun, die Verhandlungen mit dem Ziel aufzunehmen, für die Soldaten Malzews den Status ordentlicher Kriegsgefangener oder politischer Flüchtlinge zu erwirken, um ihre Auslieferung an Stalin zu verhindern. Sie begaben sich mit Oberländer am 24. und 25. April auf dem vorgegebenen Weg nach Cham zu den Amerikanern und von dort in das Hauptquartier General Canines in Bodenwöhr[178].

Trotz zweitägiger Verhandlungen waren die Amerikaner allerdings nicht zu den gewünschten Zugeständnissen zu bewegen. Aschenbrenner konnte lediglich erwirken, daß vor Ende des Krieges und einer endgültigen Klärung der Frage politischen Asyls für die Wlassow-Soldaten keiner an Stalin ausgeliefert werde. Oberländer und Aschenbrenner regten an, die internierten rus-

---

[176] Tagebucheinträge Oberländers vom 22. und 23. April 1945. Bezüglich des Namens von General Canine finden sich in der Literatur (so etwa bei Tolstoy, Victims, S. 289) immer wieder irreführende Angaben über einen angeblichen „General Kennedy". Dies beruht wohl auf einem Irrtum Oberländers, der schon am 23. April 1945 in sein Tagebuch schrieb, er habe mit einem „General -y" verhandelt. Wahrscheinlich handelt es sich bei dem Namen um Canines Vorgänger, General Manton S. Eddy, der die Position Canines bis zum 20. April innehatte.

[177] Gespräch Oberländer am 3. September, am 12. und 22. November 1996 und am 1. Mai 1998 in Bonn.

[178] Original des *laissez-passer* im Privatarchiv Oberländer; Joachim Hoffmann: *Die Geschichte der Wlassow-Armee*. Freiburg 1984, S. 123.

sischen Freiwilligen möglichst von der Roten Armee fernzuhalten und sie zu ihrem alten Aufstellungsort Münsingen zurückzubringen. Die Amerikaner sicherten dies zu, und auf dieser Basis waren Aschenbrenner und Malzew einverstanden, ihre Truppen am 27. April in Niederbayern zwischen Zwiesel und Regen um 10 Uhr kapitulieren zu lassen. Anders als der Rest der Wlassow-Armee und die übrigen Freiwilligenverbände, die 1946 fast *in toto* an die Sowjetunion ausgeliefert wurden, blieb einem Großteil der Malzew'schen Luftwaffe dieses Schicksal erspart[179]. Auch für Oberländer war der Krieg zu Ende. Von Bodenwöhr wurde er direkt zu weiteren Verhören nach Bamberg und Frankfurt am Main geschickt, denn die Amerikaner waren an den Kenntnissen des Ostexperten Oberländer sehr interessiert.

Am Ende des Zweiten Weltkrieges hatte Oberländer, mit viel Glück und taktischem Geschick, seinen Kopf schließlich aus der Schlinge gezogen, der im Herbst 1943 bereits unrettbar verloren schien. Fassungslos über die Ablösung von seinem Kommando, hatte er sich mit Verve gegenüber den zuständigen Stellen zu rechtfertigen versucht, immer mit dem Hinweis auf den Erfolg seiner Arbeit und die Billigung seiner Vorgesetzten. Doch in den Augen der SS und der für die „Deutschen Lebensgebiete" zuständigen Abteilung III des *RSHA* hatte dies zunächst keine Bedeutung: die Strafen, die Ohlendorff, Kaltenbrunner und Frank für Oberländer erwogen, sprechen eine deutliche Sprache. Die taktischen Erwägungen, den Fall Oberländer nicht öffentlich zu sehr aufzuwerten, und Oberländers Ruf innerhalb der Wehrmacht und der Zunft führten schließlich zu einer milden, gesichtswahrenden Strafe für Oberländer. Auch hatte sich die *bis dato* ungeliebte akademische Wahlheimat Prag als Rettung für ihn erwiesen: Mit Hermann Raschhofer besaß ein Ver-

---

[179] Nach ihrer Übergabe teilten die Amerikaner Malzews Truppen in drei Teile: eine erste, etwa 200 Mann starke Gruppe hoher Offiziere, wurde zunächst in Niederbayern, später im französischen Cherbourg interniert und auf Drängen der Sowjetunion bereits im September 1945 komplett ausgeliefert. Eine zweite Gruppe, etwa 1.600 Mann stark, blieb in der Nähe von Regensburg interniert, während eine dritte Gruppe von 3.000 Mann in den letzten Kriegstagen quer durch Süddeutschland bis nach Nierstein bei Mainz in Marsch gesetzt wurde. Möglicherweise hatte General Canine sich den Rat Aschenbrenners und Oberländers zu Herzen genommen, die Gefangenen möglichst weit von der Roten Armee entfernt zu internieren. Die letzten zwei Gruppen der Malzew'schen Luftwaffe konnten sich Stalins Rache entziehen wanderten größtenteils in die USA aus. Malzew selbst wurde, wie über 100.000 russische Kriegsgefangene und Angehörige der Freiwilligenverbände durch Engländer und Amerikaner an die Sowjetunion ausgeliefert.

trauter Oberländers maßgeblichen Einfluß auf Frank, was Oberländer sicher genützt hat. Raschhofer wird Frank bedrängt haben, eine Bestrafung seines Freundes und früheren Vorgesetzten Oberländer nicht zu übertreiben - schon gar nicht für Schriften und Thesen, die er selbst mit verfaßt hatte. Nachdem Oberländer so mit einem blauen Auge davongekommen war, gelang es ihm, seine Lehrtätigkeit mehr oder weniger fortzusetzen - unterstützt von Rektor Friedrich Klausing, der selbst einen schweren Stand hatte[180]. Paradoxerweise war es die sich verschlechternde militärische Situation Deutschlands, die Oberländer auf kaltem Wege rehabilitierte, da seine Gedanken und Erfahrungen mit dem Entstehen der Wlassow-Armee nun in einem anderen Licht erschienen und eine neue Aktualität bekamen. In weniger als einem Jahr wurde Oberländer somit von einem drangsalierten Paria zu einem gesuchten Experten, den die SS-Standarte „Kurt Eggers" unbedingt in ihren Reihen sehen wollte. Aber Oberländer gelang es, zur Wlassow-Armee zu kommen - wieder hatten seine persönlichen Kontakte zur rechten Zeit die Wege geebnet. Der Feind, gegen den er kämpfte, war stets der gleiche geblieben: der sowjetische Kommunismus und sein Kopf Josef Stalin in Moskau. Auch wenn Deutschland den Krieg verlor, hatte Oberländer für sich am 27. April 1945 einen letzten Sieg errungen: die Angehörigen des Malzew'schen Luftkorps, deren Kapitulation er vorbereitet hatte, wurden nicht an die Rote Armee ausgeliefert.

---

[180] Vgl. zu Beyer und der Prager Universität Roth, Heydrichs Professor, S. 262 - 341. Klausing bemühte sich vergebens, innerhalb des Lehrkörpers die Vormachtstellung einer Fraktion um den Professor Hans - Joachim Beyer zu brechen, die die Umwandlung der Universität zur akademischen Hochburg der Volkstumsvisionen des *RSHA* betrieb. Klausing beging im September 1944 Selbstmord, nachdem sein Sohn, Hauptmann im *OKW*, in Zusammenhang mit dem 20. Juli verhaftet worden war.

E. Vom „Kampf um das Vorfeld" zum Krieg der Denkschriften-Kontinuität und Wandel in Oberländers Ostpolitik

1. Gegen „Saisonstaat" und die „Schande von Versailles"

Am Schluß dieser chronologischen *tour d'horizon* durch Oberländers Karriere soll ein Blick auf seine Schriften geworfen werden, um zu versuchen, seine gedankliche Entwicklung seit den dreißiger Jahren nachzuzeichnen und ihn mit seinen Thesen im komplexen nationalsozialistischen Gedanken - und Ideengefüge einzuordnen. Als Oberländer im Oktober 1931 seine Stelle an der Albertus-Universität zu Königsberg antrat, tauchte er ein in eine akademisches Milieu, das seine Arbeit als Erfüllung einer patriotischen Pflicht gegen die „Schande von Versailles" verstand. Im Zentrum dieser Ambitionen stand der „Saisonstaat" Polen, den die Wissenschaftler mit einer Mischung aus offener Verachtung, Aggression und klammheimlichem Respekt betrachteten. Die Gebietsabtretungen an Warschau und die vom deutschen Reich ausgeschlossenen volksdeutschen Minderheiten waren besonders empfindliche Themen, die die deutsche Volksseele schmerzten und an denen die konservativen Revolutionäre, nicht nur in Königsberg, leicht rühren konnten. Die Wissenschaftler waren bemüht, intellektuelle Waffen für die Verteidigung des „Deutschtums" in Osteuropa zu schmieden und so die politischen Ansprüche Deutschlands auf seine an Polen verlorenen Territorien wissenschaftlich zu untermauern. In ihren Augen vergalten sie nur Gleiches mit Gleichem, denn auch die Polen taten sich mit den Grenzen von Versailles schwer; es mehrten sich auch dort Stimmen, die die bestehenden Grenzen mit einem Fragezeichen versahen, da sie für polnische Strategen gänzlich unannehmbar schienen.

Diesem prononcierten Revisionismus, der letztlich weit über das Lager der Konservativen Revolutionäre hinaus verbreitet war, mußte von nationalsozialistischer Seite zunächst kaum etwas hinzugefügt werden. Er bot vielmehr die Basis, wenn nicht den Transmissionsriemen, für einen geräuschlosen Einstieg Hitlers in eine neue Außenpolitik, die zunächst einmal im Gewand der Beschwichtigungspolitik daherkam. In der Maske eines Revisionspolitikers, dem es nur um Wiederherstellung nationaler Ehre und Größe zu tun war, konnte Hitler beginnen, die multinationale Ordnung des Versailler Vertrages zu unterminieren und bilaterale Machtpolitik zu betreiben. Ein erster Schritt dahin ließ nicht lange auf sich warten: am 14. Oktober 1933 trat Deutschland aus dem Völkerbund aus.

Oberländer, der durch vielfältige Ämter in die Arbeit mit den deutschen Volksgruppen integriert war, erwartete nun mit Spannung, welche Haltung Hitler zu der Frage einnehmen würde, welchen Charakter die sogenannte Volkstumsarbeit im neuen Deutschen Reich haben würde. Durch seinen Eintritt in die *NSDAP* im Sommer 1933 glaubte er, seine politische Stellung erfolgreich stabilisiert und die Bedingungen für seinen akademischen Aufstieg verbessert zu haben. Nun wollte er seine Position mit der außenpolitischen Linie der *NSDAP* harmonisieren. Einerseits erinnerte er sich an die Rede Hitlers vom 17. Mai 1933, in der Hitler jeglichen Germanisierungsversuchen unter den Völkern Osteuropas eine klare Absage erteilt hatte. Andererseits hatte Deutschlands Austritt aus dem Völkerbund nun fünf Monate später unter den deutschen Volkstumspolitikern und - funktionären wie Oberländer für große Unruhe gesorgt. Mit Spannung erwartete er deshalb den 7. Dezember 1933. Hitler hatte für diesen Tag Vorstand und Landesgruppenführer des *VDA* in die Berliner Reichskanzlei eingeladen, damit dieser Kreis ihm seine Sorgen selbst vortragen könne.

In der alten Reichskanzlei empfing Hitler in einem kleinen Saal die etwa 25 *VDA*-Vorstandsmitglieder und Landesleiter und hielt eine kurze, freie Rede von etwa einer halben Stunde. Er sprach sich dezidiert für eine bessere Behandlung der Volksgruppen aus, für die er sorgen wolle. Er billige allen Nachbarn die gleiche Pflege ihres Volkstums zu, die er für die Deutschen fordere. Jeder Deutsche solle Deutscher, jeder Pole könne Pole bleiben. Der von den Nationalsozialisten in Angriff genommene Aufbau der Wehrmacht sei Teil dieser Friedensstrategie. Sein Ziel, so Hitler, sei es, ein europäisches Volksgruppenrecht zu erarbeiten, das allen Minderheiten eine gleiche und freie Entwicklung sichere. Hitler prognostizierte, gerade die „Grenz- und Auslandsdeutschen" würden in den nächsten Jahren erhöhtem Druck ausgesetzt sein. Sobald die Wiederaufrüstung beendet sei, werde das Deutsche Reich den Schutz aller Deutschen im In- und Ausland übernehmen, und der Opfertod der zwei Millionen [deutscher Gefallener im Ersten Weltkrieg] werde nachträglich seinen tiefen Sinn erhalten. Hitler schloß mit dem Appell an die Gäste, weiter in diesem Sinne tätig zu sein, und sicherte die vorbehaltlose Unterstützung der Reichsregierung zu. Hitler hatte sich in der Maske des traditionellen Revisionspolitikers gezeigt, und Oberländer verließ die Reichskanzlei tief beeindruckt und bestärkt in dem Gefühl, sein Agieren gegen Polen und die Ergebnisse des Versailler Vertrages mit allerhöchster Rückendeckung fortsetzen zu können - zumal Polen wenig später den Minderheitenschutzvertrag kündigte, der zum Regelwerk von Versailles gehört hatte[181].

In diese gespannte Patt-Situation fiel nun am 26. Januar 1934 der Abschluß des deutsch-polnischen Nichtangriffspaktes, der zunächst für 10 Jahre einen Burgfrieden festschrieb und beide Seiten zu unmittelbarer Verständigung in allen anstehenden Fragen verpflichtete. Der Pakt war in Deutschland zunächst wenig populär und wurde vor allem aus dem konservativen Spektrum kritisch beargwöhnt, denn nichts schien naheliegender, als die Revisionspolitik gegen Polen fortzusetzen und zu verschärfen. Doch verschaffte der Pakt Hitler die notwendige außenpolitische Entlastung, die nach Deutschlands Austritt aus dem Völkerbund dringend notwendig war.

Was nicht hieß, daß der Kampf mit Polen über Nacht zu Ende war - lediglich das Schlachtfeld hatte gewechselt. Berlin und Warschau, Deutsche wie Polen, gründeten und instrumentalisierten nun eine Reihe von staatlichen und halbstaatlichen Organisationen, die Wissenschaft, Publizistik und Propaganda zu einer schwer zu trennenden Melange almagamierten. Auf polnischer Seite etablierte sich das sogenannte *Westinstitut* in Posen, und auf deutscher Seite bildete sich eine doppelte Speerspitze: die Wissenschaft, namentlich der Ostforschung, in Königsberg, Breslau, Berlin und Leipzig einerseits, und Institutionen der politischen Volksgruppenarbeit, wie *VDA* und *BDO,* andererseits. Ein dynamischer, ehrgeiziger Kopf wie Theodor Oberländer bekleidete in beiden Sparten führende Positionen.

---

[181] Gedächnisprotokoll, S.2 - 4; Gespräch Oberländer am 3. September 1996; Jacobsen, Hans-Adolf (Hg.): *Hans Steinacher. Bundesleiter des VDA 1933-1937. Erinnerungen und Dokumente.* Boppard 1970, S. 182; ders.: *Nationalsozialistische Außenpolitik 1933-1938.* Berlin 1968, S. 780 und Robert Ernst: *Rechenschaftsbericht eines Elsässers.* Berlin 1955, S. 199 - 201. Ernst, ebenfalls Teilnehmer dieses Treffens, bestätigt die Angaben Oberländers über den Gesprächsinhalt, spricht allerdings nur von 15 Teilnehmern und ist sich in bezug auf die Datierung („1933 oder 1935") nicht sicher.

Auf deutscher Seite begann unter der Ägide von Albert Brackmann die *Nordostdeutsche Forschungsgemeinschaft* und die *Publikationsstelle Dahlem (PuSte)*, die „wissenschaftliche" Abwehr der polnischen Ansprüche zu steuern. Deutsche und polnische Forschungen wurden gesammelt und übersetzt, politisch mißliebige Publikationen be- oder verhindert und solche gefördert, die halfen, deutsche Ansprüche zu untermauern. Zunächst hatten diese Institutionen vor allem die Revision der deutsch-polnischen Grenze im Sinn. Langfristig sollten in dieser Großforschungseinrichtung alle preußischen Historiker zusammengefaßt werden, um den polnischen und slawischen „Feind" gemeinsam ins Visier zu nehmen[182].

---

[182] Vgl. dazu Rössler, S.7 und zu dem Komplex der Großforschungsinstitutionen Haar, Revisionistische Historiker und Ostforschung, S. 84 - 88 und die detailreiche Dissertation von Ingo Haar (*Historiker im Nationalsozialismus*: Die deutsche Geschichtswissenschaft und der „Volkstumskampf" im Osten, erscheint 2000). Haar liefert auf der Grundlage bisher weitgehend unpublizierten Materials einen plastischen Einblick und eine profunde Analyse der Arbeit und der Ziele der deutschen Ostforschung. Oberländer selbst lieferte ein anschauliches Bild der gereizten Stimmung in einem Vorwort zu einer *BDO*-Übersetzung eines polnischen Werkes, das in einer Vorübersetzung „einem beschränkten Personenkreis zur vertraulichen Kenntnisnahme" zugänglich sein sollte. Das Buch *Hinter dem nördlichen Grenzgürtel* stammte von Jedrzej Giertych, einem ehemaligen Beamten des polnischen Außenministeriums, und war, obgleich schon 1932 und 1933 geschrieben, erst im Jahre 1934 nach Abschluß des deutsch - polnischen Paktes veröffentlicht worden. *BDO*-Bundesleiter Oberländer stellte sein ostpolitisches Plädoyer an den Anfang: „Wo uns ein fremdes Volkstum im Willen um die Erhaltung seines Bestandes (...) gegenübertritt, kann es unzweifelhaft damit rechnen, daß wir keine Assimilierungs- und Entvolkungsmaßnahmen einleiten werden, denn wir achten jedes fremde Volkstum. Wo ein politisches Programm aufgestellt, das wie in dem Buch von Giertych eine Repolonisierung der deutschen oder masurischen Grenzbevölkerung in Ostpreußen fordert, wo ein bis ins einzelne gehender Vorschlag, diese Polonisierung durch ein Netz wirtschaftlicher und propagandistischer Maßnahmen durchzuführen, gemacht wird, da handelt es sich nicht um die Achtung eines fremden Volkstums, sondern um den notwendigen Schutz des eigenen Volkstums. Wenn die Polen in Ostpreußen eine Reihe von eigenen Schulen eröffnen und sie aus eigener Kraft erhalten, so wird vom Staat aus dagegen niemand einschreiten (...) Wenn aber durch Mittel wirtschaftlicher Lockung, durch kulturelle, religiöse und politische Propaganda Volksteile, die sich niemals zum Polentum gerechnet haben, in diesen polnischen Kulturinstitutionen eingefangen werden sollen, wo eine Irredenta künstlich geschaffen werden soll, so können wir uns unter keinen Umständen damit abfinden. [Dabei] handelt es sich nicht um den fairen Kampf zweier Nationen und zweier Kulturen, sondern um eine irredentistische, unlautere und damit den in der Rede des Führers

Ein erster deutsch-polnischer Kampfplatz war der Internationale Historikerkongreß gewesen, der im Jahre 1933 in Warschau stattfand. Die *PuSte* gab dafür ein „Vademecum für die historisch-politische Auseinandersetzung zwischen Polen und Deutschland" heraus, das den deutschen Teilnehmern vorher zugestellt wurde und sie mit Argumenten für die erwarteten deutsch-polnischen Debatten wappnen sollte. Im Februar 1934 unterbanden die Polen den Vertrieb des von Albert Brackmann herausgegebenen Sammelbandes *Deutschland und Polen*, - und provozierten damit eine Streitschrift, in der er nur eine Woche später vor „Propagandafeldzügen zur Befriedigung weiterer polnischer Gelüste auf deutsche Gebiete im Osten" warnte. Die Polen konterten mit dem Hinweis auf Danzigs traditionelle Rolle als Polens Ostseehafen und mit dem Vorwurf, Brackmann mißachte den Freundschaftsvertrag mit seinen „pseudo-wissenschaftlichen Phantasien eines kämpferischen Germanismus", um dadurch einen „deutschen Angriff auf urpolnisches Land zu forcieren"[183].

In diesem Klima sah Oberländer die Notwendigkeit, die deutschen Volksgruppen - knapp 6 Millionen Menschen in Mittel- und Osteuropa - gegen den Druck von außen zu stärken. Dazu griff er auf eine Reihe von Thesen zurück, die er bereits seit 1932 regelmäßig formuliert hatte. Er propagierte als „soziale Erneuerung des Auslandsdeutschtums" eine Veränderung ihrer Sozialstruktur hin zu mehr Landwirten und weniger Akademikern, zu mehr Land- und weniger Stadtbevölkerung und hin zu einer engeren Bindung an das Deutsche Reich. Dabei sollte die deutsche Volksgruppe dem jeweiligen Staat gegenüber, in dem sie sich befand, loyal bleiben. „Gesundes Volkstum schlägt jede Armee!" - Davon war Theodor Oberländer überzeugt - und blieb es bis zu seinem Tode[184]. Um nun die deutschen Anstrengungen zu koordi-

---

vom 17. Mai 1933 aufgestellten Grundsätzen des Nationalsozialismus ins Gesicht schlagende Politik" (vgl. Oberländers Einleitung zu Jedrzej Giertych: *Hinter dem nördlichen Grenzgürtel*. Königsberg 1934, S. 1-2 (Privatarchiv Oberländer). Das Exemplar ist mit einem Stempel <streng vertraulich> versehen).

[183] Streitschrift Brackmanns vom 5. März 1934, zitiert bei Haar, Dissertation *Historiker im Nationalsozialismus*, 5. Kapitel.

[184] „Das Recht der kleinen Völker, von Frankreich propagiert, setzt sich durch. Europa wird balkanisiert, und durch die Demokratien werden schonungslos die Schäden der deutschen Volksgruppen aufgedeckt (...) Wenn Deutschland heute versucht, mit seiner sozialistischen Revolution der Welt ein Beispiel einer neuen Lebensform zu geben, so muß jede deutsche Volksgruppe im Ausland, sie mag leben, wo sie will, das Ziel haben, ein gleiches Beispiel für die anderen Völker zu sein (...)Unter den akademischen

nieren und die bevölkerungspolitischen Fragen im Kreise der Ostlandkenner einmal ausführlich zu erörtern, lud die *Nordostdeutsche Forschungsgemeinschaft* vom 6. bis zum 10. August 1934 74 Fachleute - Historiker, Ostforscher, Bevölkerungswissenschaftler, Minderheitenpolitiker, Volksgruppenführer aus dem Ausland etc. - zu einer Tagung in das Hotel *Kaiserhof* im ostpreußischen Kahlberg ein. Einige Stimmen setzten sich dort weiterhin für eine Aussöhnung zwischen deutschen und polnischen Wissenschaftlern ein. Generallinie der Mehrheit war allerdings, taktischer vorzugehen nach dem Motto *suaviter in modo, fortiter in re*. Auf jegliche „Krieg-in-Sicht"-Rhetorik gegenüber Polen sollte verzichtet, Wissenschaft und Propaganda scharf getrennt und insgesamt die Zusammenarbeit zwischen Deutschland und Polen hervorgehoben, die Arbeit von *VDA* und *BDO* jedoch intensiviert werden, um dem Eindruck vorzubeugen, Deutschland verzichte auf seine Rechte[185].

Theodor Oberländer trat in Kahlberg, nur wenige Monate vor seinem Amtsantritt an der Spitze des *BDO*, gleich mit zwei Vorträgen in Erscheinung. In seinem ersten Vortrag am Nachmittag des 7. August 1934, „Polen, Litauen und Memel", verwertete Oberländer die Ergebnisse seiner Königsberger Alltagsarbeit, die ihm eine einzigartige Bandbreite von Erkenntnissen bot: als Leiter des Gaugrenzlandamtes, in der Leitung des *VDA* und des *BDO* war Oberländer damit beschäftigt, Erkenntnisse über die Lage des Deutschtums in den Randstaaten, vor allem im Baltikum, mittels eines Spionagenetzes zu erkunden. Durch seine Position im *Institut für osteuropäische Wirtschaft* an der Albertus-Universität stand ihm zugleich ein exzellenter Apparat zur Verfügung, die gewonnenen Erkenntnisse wissenschaftlich zu verarbeiten. Er skizzierte die politische Lage Litauens zwischen Deutschland, Polen und der Sowjetunion, die zu einer Angst der Litauer vor einer Vereinnahmung durch die Deutschen führe. Aus dieser Angst heraus drangsaliere die

---

Berufen müssen vor allen Dingen die Landwirte (...), Pastoren und Ärzte bevorzugt werden (...) Es wird nötig sein, einen großen Teil der Söhne von Akademikern dazu zu erziehen, ohne ein Studium sich für einen freien Beruf vorzubereiten, also ein Handwerk zu lernen oder noch besser in die Landwirtschaft zu gehen" (vgl. „Die soziale Erneuerung des Auslandsdeutschtums", in: *Volk und Reich* Nr. 9 / 1934, S. 652-658); Gespräch Oberländer am 22. November 1996 und am 1. Mai 1998.

[185] Vgl. den „Vertraulichen Bericht über die Tagung der Nordostdeutschen Forschungsgemeinschaft im Hotel Kaiserhof im Ostseebad Kahlberg vom 6. bis zum 10. August 1934", *BA*, R 153, 1269).

litauische Obrigkeit dort die deutsche Minderheit durch Schließung der Schulen, Ausweisung der Lehrer etc.. Die Litauer, so Oberländer, hätten in diesem Volkstumskampf die Juden instrumentalisiert, um den deutschen Einfluß zu schmälern. Als Folge von Folter, Kriminalisierung und anderen Repressionen sei aus dem Memelland mehr deutsches Volkstum abgewandert als in dreizehn Jahren in anderen Grenzgebieten - ohne daß Berlin je angemessen protestiert habe. Am nächsten Morgen fuhr Oberländer in einem zweiten Vortrag fort. Diesmal sprach der Agrarwissenschaftler Oberländer über die „Frage der agrarischen Überbevölkerung in Polen" und trug dabei erstmalig die Ergebnisse seiner noch unveröffentlichten Habilitationsschrift vor, die ein Jahr später, 1935, in Berlin erscheinen sollte. Darin vertrat er die Ansicht, dem geburtenschwachen Westeuropa stehe im Osten Europas eine agrarische Überbevölkerung gegenüber, die ein Quell möglicher politischer Instabilität sei: allein in Polen habe sich die Bevölkerung in den letzten Jahren um 18 % vermehrt, und die polnische Landwirtschaft sei nicht in der Lage, diesen Bevölkerungszuwachs adäquat zu versorgen und den „Nahrungsspielraum", so Oberländer, aufzufangen. Allein in Galizien, so Oberländer, gebe es „66 Prozent mehr Bevölkerung, als es tragen kann"[186].

Um die Überbevölkerung zu quantifizieren, hatte Oberländer ein Rechenverfahren entwickelt, um die „Landnutzungsnorm" zu bestimmen, bei der eine Person ausgelastet sei. Je nach Bemessungsgrundlage lag die Zahl in Polens Landwirtschaft bei 4,3 bis 7,1 Millionen Menschen, die obendrein in der Landwirtschaft auch nicht beschäftigt werden konnten - vor allem im galizischen Teil Polens. Daraus konstruierte Oberländer einen Bevölkerungsdruck im deutsch-polnischen Grenzgebiet, der sich seiner Meinung nach nur in einer Richtung entladen konnte: nach Westen. Da die traditionellen Ventile Saisonarbeit in Deutschland oder Abwanderung in die USA neuerdings ver-

---

[186] Vgl. die Vorträge Oberländers „Polen, Litauen, Memel" und „Die Frage der agrarischen Überbevölkerung in Polen"im „Vertraulichen Bericht über die Tagung der Nordostdeutschen Forschungsgemeinschaft im Hotel Kaiserhof im Ostseebad Kahlberg vom 6. bis zum 10. August 1934", S. 28-31 und S. 40-44 (*BA*, R 153, 1269). Hier befand sich Oberländer in bester Gesellschaft, denn kaum ein Zeitgenosse, egal ob aus Frankreich, England, den USA oder auch Polen selbst, verzichtete auf den Hinweis, daß in Polen ein Bürgerkrieg oder eine soziale Revolution bevorstehe (Vgl. Susanne Heim und Ulrike Schwaz: *Berechnung und Beschwörung. Überbevölkerung - Kritik einer Debatte.* Berlin 1996, S. 49). Den Überbevölkerungsgedanken hatte Oberländer schon etliche Male publiziert, so etwa in den *Baltischen Monatsheften* im Sommer 1933 (Heft 7-8, Juli / August 1933, S. 375 - 382).

sperrt waren, rechnete Oberländer mit einer fast explosionsartigen Abwanderung - in die Regierungsbezirke Posen und Westpreußen mit ihren deutschen Minderheiten, die bis zum ersten Weltkrieg preußisch waren. In seinem Vortrag und seiner Habilitationsschrift warnte er vor diesem Teufelskreis, in dem sich Polen zur Zeit befände; durch die mangelnde Rentabilität der Landwirtschaft habe die polnische Wirtschaft keine Möglichkeit, eine entsprechende Kapitalbasis zu bilden, um den handwerklichen und industriellen Sektor so auszubauen, daß neue Arbeitsplätze geschaffen würden[187].

Dieser *circulus vitiosus* könne, so Oberländer in seiner Habilitationsschrift, nur aufgebrochen werden, wenn die „überschüssige Bevölkerung in dem zu engen Raum reduziert" würde. Oberländers Urteilskraft schien zunächst sachlich und ungetrübt zu sein von den kruden Ängsten von „Verpolung" und „Frauenüberschuß", die etliche andere Teilnehmer gegenüber den Völkern des Ostens hegten. Allerdings stimmte auch er in den Chor derer ein, für die die polnische Bevölkerungsentwicklung zwangsläufig auf Kosten der deutschen Minderheit in Polen gehen mußte. Nach der Tagung betonte Oberländer in einer Reihe von Artikeln, die in mehreren Zeitungen erschienen und alle mit „Der neue Weg" betitelt waren, erneut den positiven Prozeß, der durch den Nationalsozialismus in Gang gesetzt worden sei. Nach der „Balkanisierung", die Europa durch den Versailler Vertrag erfahren habe, seien die Nationalsozialisten nun bestrebt, Europa neu zu ordnen. Jeder Nation solle dabei das Recht zugebilligt werden, sich selbst zu entwickeln, denn es würde Jahrzehnte dauern, bis das erlösende Prinzip der gegenseitigen Anerkennung, der völligen, auf Achtung beruhenden Gleichberechtigung der fremden Volksgruppen sich durchsetzt. Es ist die Rettung für Osteuropa"[188].

---

[187] Vgl. Theodor Oberländer: *Die agrarische Überbevölkerung Polens*. Berlin 1935, S. 53 und S. 92-96 und die Arbeit von Oberländers Mitarbeiter am Königsberger Institut, Friedrich Ross: „Der Bevölkerungsdruck im deutsch-polnischen Grenzgebiet. Königsberg 1936, S. 51 ff.

[188] Oberländer, „Der neue Weg", in: *Ostland* Nr. 15 vom 13. April 1934, S. 175 - 176. Die Theorie des Bevölkerungsüberdrucks und vor allem ihre Konsequenzen sind heiß umstritten. Eine präzise und knappe Analyse findet sich bei Heim / Schaz, S. 40 ff. Oberländers Theorie und seine Folgen sind bis heute sehr umstritten: Götz Aly hat Oberländer eine gewollte und aktive Verknüpfung von Bevölkerungs- und Vernichtungspolitik vorgeworfen und ihm das Prädikat „Vordenker der Vernichtung" verliehen (vgl. Aly, *Vordenker*, S. 91 ff.). Ingo Haar argumentiert differenzierter, seine Lageeinschätzung von 1934 habe die Folie für ein Denkmodell geboten, das die Bevölke-

2. Vom Völkerrecht zum Recht der Völker von deutschen Gnaden - das Volksgruppenrecht als Kern einer deutschen Monroe-Doktrin

Mit seinem Plädoyer für ein neues Volksgruppenrecht stand der Revisionist Oberländer in einer langen Tradition des Haderns mit den Folgen von Versailles. Die Grenzziehungen des Vertrages wurden dem ethnischen Flickenteppich, den Mittel- und Osteuropa darstellte, kaum gerecht: beträchtliche Minderheiten blieben in allen Staaten, und historische, militärische, ökonomische und geographische Interessen prallten aufeinander und sorgten für immerwährenden Zündstoff. Der Schutz dieser Minderheiten konnte nicht dem Ermessen des jeweiligen Staates überlassen werden, in dem sie lebten. Die Architekten von Versailles schufen deshalb den sogenannten „Internationalen Minderheitenschutz", ein Geflecht von Bestimmungen zum Schutz der Minderheiten, über deren Einhaltung der Völkerbund wachen sollte Wo immer eine Minderheit einen beträchtlichen Anteil an der Bevölkerung stellte, war der jeweilige Staat verpflichtet, für eine Grundausbildung in der Minderheitensprache zu sorgen und die Kosten für Bildungs-, Religions- und Wohlfahrtseinrichtungen zu tragen. Darüber hinaus konnten die Minderheiten eigene Schulen und andere Institutionen zur Pflege ihrer Sprache und Kultur selbst errichten und betreiben. Die freie Ausübung der Religion war uneingeschränkt gewährleistet, Streitigkeiten konnten vor dem Völkerbund und in letzter Instanz vor dem Internationalen Gerichtshof in Den Haag verhandelt werden. Doch die Minderheiten besaßen keine kollektiven Rechte, die sie geltend machen konnten, um als Hüter ihrer eigenen Interessen aufzutreten. Zudem hielt es der Völkerbund allzuoft aus pragmatischen Gründen für zweckdienlich, sich bei Konflikten auf die Seite der souveränen Staaten zu schlagen. Nicht nur in Deutschland mit seinen 6 Millionen Menschen außerhalb der Reichsgrenzen stieß dieser Zustand auf heftige Kritik.

Nach dem Austritt Deutschlands aus dem Völkerbund griffen die Nationalsozialisten diese weit verbreitete Kritik auf; Hitler hatte Oberländer und seinen *VDA*-Mitstreitern am 7. Dezember angekündigt, er werde ein neues europäisches Volksgruppenrecht ausarbeiten. Dieses Volksgruppenrecht unterschied sich in drei wesentlichen Punkten von dem bisherigen Minderheitenschutz des Völkerbundes: erstens erkannte es die Volksgruppe als Ein-

---

rungswissenschaftler und Raumplaner nach 1940 dann als handlungsleitende Maxime anerkannt hätten (Haar, Dissertation *Historiker im Nationalsozialismus*, 5. Kapitel).

heit an, nicht aber deren einzelne Mitglieder mit ihren individuellen Rechten - das Gleichheitsprinzip als Stütze westlicher Zivilisation wurde damit ausgehebelt. Den Schutz der Volksgruppe verankerte das neue Recht, zweitens, nicht mehr in internationalen Regeln, sondern im jeweiligen Mutterland. Drittens sollte das Individuum nicht mehr über seine Zugehörigkeit zur Volksgruppe bestimmen können, sondern die Gruppe entschied, wer ihr angehört[189]. Oberländer und Hermann Raschhofer, einer der maßgeblichen Mitgestalter des Volksgruppenrechts, hoben immer wieder hervor, wie sehr dieses Recht wirksamer Schutz für die deutschen Minderheiten sei, um friedlich mit ihren Nachbarn zusammenzuleben. Doch betrachtet man diese Idee genauer, so besitzt das Recht eine janusköpfige Gestalt. Hinter dem Schutz der Volksgruppen verbarg sich ein langfristiges Ziel - es bot die Handhabe, die deutschen Einsprengsel in Mittel- und Osteuropa als „Fünfte Kolonne" zu mobilisieren, um ein Bedrohungsszenario zu inszenieren und ein willkürliches Eingreifen des Reiches zu rechtfertigen. Das Deutsche Reich konnte sich so „die führende Stellung in der europäischen Nationalitätenpolitik sichern, die ihm gebührt"[190]. Die deutsche Monroe-Doktrin verwob Geopolitik und Völkerrecht miteinander; in einem später von Deutschland dominierten Großraum Mittel- und Osteuropa konnte Berlin dann die Volksgruppen gegeneinander ausspielen und eine „Hierarchie der Völker und Rassen" etablieren[191]. Die geistige Grundlage für die spätere Dekomposition des osteuropäischen Völkergemisches - das Trennen der Volksgruppen und ihre anschließende Vernichtung - war damit im neuen Volksgruppenrecht bereits angelegt[192].

---

[189] Vgl. dazu Franz L. Neumann: *Behemoth*. Struktur und Praxis des Nationalsozialismus 1933-1944. Frankfurt am Main ³1993, S. 205.

[190] So der Brief vom 1. August 1935, der eine Reihe renommierter Rechtswissenschaftler zur Gründungssitzung des völkerrechtlichen Ausschusses der *Akademie für Deutsches Recht* zum 22. August 1935 nach Berlin einlud (Kopie im Privatarchiv des Autors). Der Ruf der Sudetendeutschen nach Hilfe aus dem Reich und Hitlers Einmarsch in die Tschechoslowakei sollten dies schon bald beweisen.

[191] Vgl. Neumann, *Behemoth*, S. 206.

[192] Bereits seit 1934 arbeiteten etliche Ostforscher an einer Bestandsaufnahme der Volksgruppen Mittel - und Osteuropas mit dem Ziel, im Falle einer Neuordnung Europas deutsche von nicht-deutschen Volksgruppen zu unterscheiden. Aus diesem Kataster entstand nach Beginn des Zweiten Weltkrieges das Volkstumskataster, mit dem die nationalsozialistischen Machthaber darüber entschieden, wer „eindeutschungsfähig" war oder nicht - eine Entscheidung über Leben und Tod. Für Oberländer sollte das Nationalitätenkataster dagegen lediglich Grundlage für „sozialpolitische Interventio-

3. Der „Kampf um das Vorfeld": ein ostpolitisches Auslaufmodell?

Für Theodor Oberländer, aufgewachsen in der Zwischenkriegszeit mit ihren revisionistischen Mustern, hatte die aktive Auseinandersetzung mit Polen oberste Priorität. Im März 1935 berief Oberländer als *BDO*-Vorsitzender ein achttägiges sogenanntes „Ostschulungslager" ein und führte erstmals die Elite im Wartestand mit Vertretern der *NSDAP* zusammen, um den „Zweiklang von Theorie und Praxis in der Grenzlandarbeit" durchzuspielen. Vor den 72 Teilnehmern kritisierte Oberländer die Haltung des polnischen Staates, der eine repressive Politik gegenüber seiner deutschen Minderheit betreibe; die Polen seien im Vergleich zu den Deutschen überlegenere Volkstumskämpfer[193]. In Einklang mit den Erkenntnissen aus seiner Habilitation mahnte er, die deutschen Grenzgebiete gegen den polnischen Bevölkerungsüberdruck zu stärken. Als Polen im Sommer 1936 eine verschärfte Grenzzonenverordnung erließ, schien Oberländer höchste Eile geboten[194].

Der dreißigjährige Oberländer befand sich zu dieser Zeit auf der Höhe seiner Macht. Ungeachtet ihres sich verschlechternden Verhältnisses hatte Koch ihn am 24. August 1935 mit umfassenden Vollmachten versehen, um die gesamte sogenannte „Grenzlandarbeit" in einer Hand zu vereinen[195]. Doch

---

nen" sein (vgl. Oberländer, „Der neue Weg", in: *Ostland* Nr. 15 vom 13. April 1934, S. 175 ff. Auch jeder Hinweis darauf, daß die Auslandsdeutschen in manchen Köpfen die Rolle einer Fünften Kolonne bei einer Neuordnung Europas spielten, fehlte.

[193] Vgl. den Bericht über das Ostschulungslager des *BDO* und der deutschen Dozentenschaft vom 20. - 28. März 1935 in Marienbuchen (Kopie im Archiv des Autors, vgl. dazu auch Haar, Dissertation *Historiker im Nationalsozialismus*, 6. Kapitel).

[194] Sie ermöglichte den polnischen Woiwoden, Angehörigen der deutschen Minderheit entlang der Westgrenze in einer Tiefe von 30 Kilometern den Erwerb, Besitz, Pacht, und die Vererbung von Grundstücken zu verweigern. Zum Schutz der Grenze konnten sie willkürlich enteignet, verhaftet und ausgesiedelt werden, falls sie gegen den polnischen Staat agitieren sollten. Das zu beurteilen, lag im Ermessen polnischer Stellen. In dieser Verordnung, verbunden mit der polnischen Agrarreform von 1926, nach der deutscher Großgrundbesitz für polnische Bauern enteignet und aufgesiedelt werden konnte, sahen *VDA, BDO* und andere Institutionen die akuteste Bedrohung der deutschen Volksgruppe in Polen.

[195] Dazu gehörte die Kontrolle öffentlicher Kundgebungen über außen- und grenzlandpolitische Fragen; der Aufbau eines „Nachrichtendienstes für die Grenzlandarbeit" und die Überwachung nichtdeutscher Minderheiten im Reich (Erlaß Erich Kochs für Theodor Oberländer zum 24. August 1935 im Privatarchiv des Autors. Ein Exemplar befindet sich im *GStA Berlin - Dahlem*, Rep. 240, XX Nr. 306 Blatt 232 - 234).

als er den 28. *Schulungsbrief des BDO* im Oktober 1936 herausgab, war dies der Anfang vom Ende seiner Karriere im Geflecht von Ostwissenschaft und -Politik. Eine dort veröffentliche Kartenserie zur Geschichte des polnischen Volkes mit den entsprechenden Erläuterungen versetzte die gleichgeschaltete völkische Wissenschaft in helle Aufregung - der *Schulungsbrief* habe Thesen polnischer Historiker unkritisch verarbeitet, das Kartenwerk mache politisch einen untragbaren Eindruck, und seine Öffentlichkeitswirkung sei äußerst negativ. Ein eigens erstelltes Gutachten der *PuSte* in Berlin-Dahlem monierte, der *Schulungsbrief* habe geradezu den Vorsatz, polnische Thesen unkommentiert in die deutsche Öffentlichkeit zu tragen[196]. Die scharfe Kritik an dem Autor traf genauso den Herausgeber Oberländer, dem - vermutlich inspiriert durch Erich Koch - sofort eine mangelnde weltanschauliche Haltung zum Nationalsozialismus attestiert wurde:

„Oberländer ist nicht aus der Bewegung hervorgegangen. Noch am 1. Mai 1933 lehnte er es ab, der Partei beizutreten. Oberländer entstammt der Bündischen Bewegung. Bis 1935 war er Führer der bündischen Jugend in Ostpreußen. Er ist heute ideologisch und personalpolitisch in diesem Sinne tätig. Er hat starke Bindungen zu den Professoren Preyer und Naumann, ferner zu Raupach und steht mit Karrenbrock in Verbindung. Er huldigt Spann'schen Ideologien. Er ist Bundesleiter des *VDA* und Führer des *BDO*. In dieser seiner letzten Eigenschaft hat er eine Kartenserie über den deutsch-polnischen Raum herausgegeben, in der bildlich Berlin in diesem Raum liegt. Die Karte hat hellste Begeisterung in der polnischen Presse gefunden, die sich auf Oberländer als Kronzeugen beruft. In der Schrift „Der Bevölkerungsdruck im deutsch-polnischen Grenzgebiet" vertritt er die Theorie des polnischen Bevölkerungsüberdrucks, der sich mit ideologisch zwingender Notwendigkeit nach Westen auswirke. Er konstruiert einen deutsch-polnischen Raum und fördert damit - ganz gleich, ob bewußt oder unbewußt - die polnischen Ansprüche auf Ostelbien.

---

[196] Vgl. die Stellungnahme zum 28. Schulungsbrief des *BDO* „Kartenserie zur Geschichte des polnischen Volkes" vom Oktober 1936, o.D., *GStA Berlin - Dahlem*, NL 81 Albert Brackmann Nr. 100 ff. Der Autor des Schulungsbriefes habe die Auffassung vertreten, die Germanen seien in Ostdeutschland nicht längere Zeit seßhaft gewesen und hätten es auf ihren Wanderungen in den Süden nur flüchtig berührt. Als Betrachter müsse man den Eindruck gewinnen, Polen sei ein seit Jahrhunderten konsolidierter Volkskörper, der geradezu ein Recht auf weitere Expansion besitze. Faktisch belegten die Karten, daß die innerhalb der Reichsgrenzen siedelnde polnische Minderheit einen Großteil der ostdeutschen Bevölkerung stellte.

Er hat eine Kartenserie zur Geschichte des polnischen Volkes veröffentlicht, die historisch falsch ist und absolut polophil"[197].

Nur wenige Wochen nach diesem Vorfall, der noch weit in das Jahr 1937 hinein nachwirkte, wurde die *Volksdeutsche Mittelstelle (VOMI)* im Januar 1937 gegründet. Mit ihr plante Hitler, die verschiedenen mit deutscher Volkstumsarbeit betrauten Stellen zusammenzufassen und ihre Führung unter einem Dach straff hierarchisch zu organisieren. Die Volkstumsarbeit sollte nunmehr einheitlich im Sinne der *NSDAP* beeinflußt und kanalisiert werden. Zunächst hatte Hitler einen alten Mitkämpfer, den Ministerialrat Otto v. Kursell, mit der Leitung beauftragt. Kursell war es auch, der sich gegenüber Koch für einen Verbleib Oberländers an der Spitze des *BDO* einsetzte, als Koch und Hoffmeyer ihn bedrängten, den Vorsitz des *BDO* aufzugeben. Doch Kursell hielt sich nicht lange, denn er konnte den Kompetenzwirrwarr der zu vereinigenden Stellen auf Dauer nicht kontrollieren. Daraufhin schaltete sich die SS ein - sie hatte für Osteuropa weitergehende, extremere Pläne und war gewillt, eine ganze Reihe von Revisionisten der Zwischenkriegszeit mit ihren überkommenen Ideen aus den Ämtern zu drängen. Neue Köpfe aus den eigenen Reihen, bereit für die monströsen Pläne der SS für ein neues deutsches Europa, sollten ihre Plätze einnehmen. An der Spitze der *VOMI* installierte die SS im Frühjahr 1937 SS-Obergruppenführer Hermann Lorenz, einen Vertrauten Heydrichs, der die Volkstumsarbeit zielstrebig im Sinne der SS umbaute und die *VOMI* als nützliches Instrument für ihre ostpolitischen Vorstellungen sah.

Oberländer selbst geriet mehr und mehr ins Kreuzfeuer der Kritik. Im Sommer 1937 - die Kampagne gegen Oberländer wegen Veruntreuung von *VDA*-Geldern lief bereits - breitete er in einer ostpolitischen *tour d'horizon* noch einmal sein Szenario für die Aufgaben des Deutschen Reiches in Mittel- und Osteuropa aus: „Der Kampf um das Vorfeld". In diesem Vorfeld mit seinen 90 Millionen Einwohnern würde sich laut Oberländer entscheiden, ob der europäische Großraum durch den Kommunismus oder den Nationalsozialismus dominiert werde. Oberstes Ziel müsse es sein, das Vorfeld Osteuropa vom Kommunismus freizuhalten und so einen deutschen *cordon sanitaire* zu schaffen, der im Falle einer militärischen Auseinandersetzung viel

---

[197] Vgl. den Stellenplan der Dienststelle des Außerordentlichen Bevollmächtigten Botschafters des Deutschen Reiches (*BA*, R2 Pers, Oberländer, Theodor, geb. 01.05.1905 (ehemalige *BDC*-Bestände), SL 10).

deutsches Blut sparen könne. Man dürfe die Sprengkraft jener 30 Millionen Menschen nicht unterschätzen, die unter 90 Millionen Einwohnern eigene Volksgruppen in fremden Staaten bildeten. Unter ihnen müsse Deutschland, vor allem mit seinen 6 Millionen Auslandsdeutschen, für sich werben. „Es ist dabei nicht notwendig, für den Nationalsozialismus an sich Propaganda zu machen, wohl aber alles zu stärken, was dem kommunistischen Vordringen schädlich ist".

Insbesondere Polen bezeichnete Oberländer als „weltanschauliches Chaos", in dem die Gefahr, der Kommunismus könne Platz greifen, besonders groß sei. Diejenige Gruppe, von der dabei die größte Gefahr ausging, waren für Oberländer die Juden: „das osteuropäische Judentum ist, soweit es nicht orthodox ist, sondern Assimilationsjudenheit, der aktivste Träger kommunistischer Ideen". Das städtische gewerbliche Proletariat sei zum größten Teil jüdischer Herkunft und für kommunistische Propaganda besonders anfällig, denn es lebe in den Ghettos der Städte in schlechten sozialen Verhältnissen und habe deshalb wenig zu verlieren, aber viel zu gewinnen. Von den dreieinhalb Millionen polnischer Juden seien dies etwa ein Drittel. Das Deutsche Reich müsse vor allem unter den polnischen Bauern werben und den polnischen Volkstumskampf quasi nach innen wenden: der Antisemitismus der Bauern sei ein „außerordentliches Aktivum", da sie in ihrem Wirtschaften und dem Geldverkehr weitgehend von Juden abhängig seien. Unter den Bauern sei die „Achtung vor einem Deutschland, das den Kampf mit dem Judentum aufgenommen hat, ungewöhnlich groß". Für Oberländer entschied sich Polens Schicksal mit einer Lösung der Agrarfrage, es solle also mit dem deutschen Erbhofgesetz geworben werden, um das Judentum vom Land zu verdrängen:

„Wenn die deutschen Volksgruppen draußen überall, ohne irgendwie die Form des Nationalsozialismus herauszukehren, bei voller Loyalität den Staatsvölkern gegenüber versuchen, durch Stärkung der Selbsthilfe ein kleines Drittes Reich in sich darzustellen, so können sie dann ungeheuer viel gegen den Kommunismus in diesen Ländern tun. Stärkung, Differenzierung und Stärkung des Bauerntums sind die Grundgesetze unserer Arbeit in Osteuropa"[198].

Oberländer hatte zwar die osteuropäischen Juden als Volksgruppe einzeln angesprochen (und implizit als potentiellen Feind markiert), sich aber nicht

---

[198] Theodor Oberländer: „Der Kampf um das Vorfeld" vom 7. Juni 1937, *BA* - Zwischenarchiv Dahlewitz-Hoppegarten, Dok/P 815 1a. Ein weiteres Exemplar findet sich auch im Bundesarchiv in Koblenz (*BA* R 153 / 1202).

näher darüber ausgelassen, wie mit den Juden weiter verfahren werden könne[199]. Seine Thesen entsprachen deshalb kaum den Vorstellungen, die Lorenz, die SS und die „*Volksdeutsche Mittelstelle*" für das Vorfeld und von der Grundeinstellung und dem geistigen Horizont eines linientreuen Ostforschers hatten, der schon bald über Osteuropas Grenzen hinaus denken sollte. Trotz seiner Dynamik, seines Ehrgeizes und seiner extremen Anpassungsbereitschaft war das Nachzügler-Parteimitglied Oberländer noch zu sehr durch die völkisch-revisionistischen Muster des Kampfes gegen Versailles geprägt. Er war auf dem bestem Wege, ein ostpolitisches Auslaufmodell zu verkörpern. So war Erich Kochs Intrige gegen Oberländer in Königsberg die Begleitmusik eines Generationswechsels in der Volkstumspolitik.

Hans Steinacher, Reichsgeschäftsführer des *VDA*, sah die Auseinandersetzung um Oberländer stellvertretend für den Kampf zwischen traditionell-revisionistischen Volkstumspolitikern, zu denen er sich selbst und Oberländer zählte, und der SS bzw. den Kräften, die für den Osten radikale Umwälzungsvorstellungen hegten. Auch er selbst saß, ähnlich wie Oberländer, in dieser Auseinandersetzung am kürzeren Hebel; bereits im April 1937 stellte ihn Lorenz' Stellvertreter, SS-Standartenführer Dr. Herrmann Behrens, vor die Wahl, den *VDA* entweder in die NS-Bewegung zu integrieren oder „sich selbst sein eigenes Grab zu schaufeln"[200]. Bis zum Juli 1938 konnte sich Steinacher noch halten, dann verlor er seinen Posten. Auch Oberländer konnte zwar den Vorwurf widerlegen, *VDA*-Mittel veruntreut zu haben. Allerdings war seine ostpolitische Karriere zu Ende, denn Koch und Lorenz hatten gemeinsam die Ablösung Oberländers von seinen Ämtern in *VDA* und *BDO* erwirkt. Im Oktober 1937 wurde er durch seinen Geschäftsführer, SS-

---

[199] Haar ist darüber anderer Meinung: er schreibt, Oberländer habe sich in dem Text für die Zwangsenteignung und Ausweisung der dreieinhalb Millionen Juden ausgesprochen (vgl. Haar, Dissertation *Historiker im Nationalsozialismus*, 7. Kapitel). Aus dem Wortlaut geht dies allerdings nicht hervor. Selbst wenn Oberländer, im Kontext der zeitgenössischen Ostforschung, implizit von dieser Konsequenz ausgegangen ist, scheint diese Lösung sehr viel weniger radikal als der industrielle Massenmord, der nur wenig später durch die SS geplant und verwirklicht wird. Oberländer räumt im Gespräch ein, die Juden hätten in seinem Volksgruppenkonzept eine „eigenständige Rolle gespielt" und verweist auf die sowjetische Trabantenstadt Birobidschan, die in den dreißiger Jahren im Fernen Osten am Amur entstand und für große Zahlen jüdischer Umsiedler vorgesehen war (Gespräch Oberländer am 26. November 1997 und am 1. Mai 1998).
[200] Vgl. Burleigh, S. 162.

Brigadeführer Ernst Hoffmeyer, und Behrends ersetzt. Zu guter letzt schrieb Martin Bormann am 12. November 1937 im Auftrag von Rudolf Heß an den für Oberländer zuständigen Minister Rust, für den seines Postens enthobenen Oberländer komme eine „Teilnahme an der Bearbeitung der Deutschtumsfragen des Ostens nicht mehr in Betracht". *BDO* und *VDA* wurden als „getarnte Werkzeuge" direkt der *VOMI* unterstellt und damit durch die *NSDAP* wirksam kontrolliert, die beiden Organisationen jedoch aus optischen Gründen nicht aufgelöst[201].

4. Vom Volkstums- zum Nebenaußenpolitiker - Oberländers Weg zur Abwehr

Zu diesem Zeitpunkt stand die Abwehr bereits in den Startlöchern, Oberländer für sich anzuwerben. Oberländer sah sich zwar aus der Ostarbeit herausgedrängt und betonte dies in Eingaben an das Ministerium und enge Freunde immer wieder. Canaris war jedoch bereits durch seinen Königsberger Repräsentanten auf Oberländer aufmerksam geworden. Im Sommer 1937 sprach der Canaris-Vertraute Major Stolze ihn nach einem Vortrag auf der Marienburg an. Er war über Oberländers Zwist mit Koch wohl orientiert gewesen und signalisierte ihm, eine Tätigkeit in der Abwehr sei nicht nur wissenschaftlich interessant, sondern könne auch das „Problem Koch" für Oberländer lösen. Erst kurz davor hatte Oberländer das Interesse Canaris' geweckt, als er 1937 in Berlin durch einen Vortrag vor Generalstabsoffizieren Aufse-

---

[201] Brief Bormanns an Rust vom 12. November 1937. *SAPMO - BA* Dy30 / IV 2 / 13 Nr. 436. Am 3. Februar 1939 veranlaßte Rudolf Heß in einer Anordnung an Lorenz zum Verhältnis *VOMI - BDO - VDA* folgende Neuregelung: „1. Der *VDA* erhält eine vorwiegend aus Parteigenossen gebildete Bundesleitung unter Vorsitz von Karl Haushofer. Geschäftsführer wird Paul Minke, der gleichzeitig für die *VOMI* tätig ist und nach ihren Weisungen arbeitet. 2. Der *BDO* erhält als Leiter SS-Oberführer Behrends, den Stellvertretenden Leiter der *VOMI*. Verantwortlicher Geschäftsführer ist SS-Brigadeführer Hoffmeyer, der die Geschäfte nach Weisung der *VOMI* führt. 3. Alle sonstigen Verbände werden nach und nach in die obigen Verbände überführt. 4. Der *VDA* ist für die Volkstumsarbeit jenseits der Grenzen allein zuständig. Partei- und sonstige Aktivitäten werden verboten. Sie sind Sache der *VOMI* und als deren getarntes Werkzeug der *VDA*" (Anordnung Nr. 5/39 des Stellvertreters des Führers, Rudolf Heß, vom 3. Februar 1939. *BA*, R2 Pers, Oberländer, Theodor, geb. 01.05.1905, Ordner 22 Bund Deutscher Osten [ehemalige *BDC*-Bestände].

hen erregte. Dort hatte er die Rote Armee im Lichte der jüngsten stalinistischen Säuberungen analysiert und trotzdem das Bild einer zwar moralisch am Boden liegenden, insgesamt aber gut ausgebildeten und ausgerüsteten Armee gezeichnet. Jeder Angreifer habe in der Sowjetunion automatisch drei Gegner: die Armee, den Raum und das Klima - schon Napoleon sei daran gescheitert. Als Eroberer müsse man deshalb der Behandlung der Bevölkerung besondere Beachtung schenken: 50% der Einwohner von Stalins Kolonialreich seien Nichtrussen aus 108 verschiedenen Nationalitäten, die vielfach zu Russen wider Willen gemacht worden seien. Ein psychologisch geschicktes Verhalten ihnen gegenüber werde deshalb großen Einfluß auf den Erfolg des Angriffs gegen Moskau haben. Zum Abschluß vermied Oberländer ein militärisches Urteil, warnte aber eindringlich davor, die Rote Armee zu unterschätzen. Die Resonanz auf den Vortrag war äußerst zwiespältig und brachte Oberländer parteiinterne Querelen und das Prädikat eines „Bolschewistenprofessors" ein[202].

Für Canaris war Oberländer in der Abwehr genau am richtigen Platz - er vertrat in dessen Augen auffallend maßvolle Auffassungen bezüglich des Ostens und bewegte sich auf der Linie eines gemäßigten Revisionismus, dem Canaris selbst anhing. Oberländer wurde bald zu einem Protegé des Admirals, der während des Krieges mehrmals seine schützende Hand über Ober-

---

[202] Dieser Vorwurf des „Bolschewistenprofessors" zog weitere Kreise: so schrieb der Gaudozentenbundsführer Prof. Dr. Karl Reschke an den Reichsstudentenführer Dr. Scheel in München am 5. September 1938: „Sehr geehrter Parteigenosse Scheel! Seitens des stellvertretenden Studentenführers an der Universität Greifswald ist dem Pg. Dr. Oberländer, Greifswald, der Vorwurf bolschewistischer Einstellung gemacht worden. Dieser Vorwurf ist von dem stellvertretenden Parteigericht zurückgenommen worden. Damit ist die Angelegenheit Oberländer soweit bereinigt. Seitens der örtlichen Studentenführung soll jedoch eine Zusammenarbeit zwischen Oberländer und den Studenten in der wissenschaftlichen Grenzlandarbeit verboten worden sein (...) Für eine Weiterarbeit Oberländers spielt jedoch die angeschnittene Frage eine große Rolle". *BA*, R2 Pers, Oberländer, Theodor, geb. 01.05.05, PK (ehemalige *BDC*-Bestände). Kerngedanken seines Vortrages finden sich auch in einem Text Oberländers aus dem Jahre 1937 („Der Bolschewismus als weltpolitische Macht und Gefahr"; in: Haushofer / Fochler-Hauke (Hg.): *Welt in Gärung. Zeitberichte deutscher Geopolitiker.* Leipzig 1937, S. 192 - 214). Oberländer sagt, Keitel habe ihm nach dem Vortrag vorwurfsvoll mitgeteilt, die Zuhörer hätten etwas anderes erwartet. Allerdings sei er während des Krieges immer wieder, beispielsweise von General v. Richthofen, auf die Richtigkeit seiner Auffassung angesprochen worden (Vgl. Gespräch Oberländer am 21. und 22. November 1996).

länder hielt und ihn zum Abfassen seiner Gedanken in Denkschriften ermutigte. Canaris und Oberländer schwebte gemeinsam eine Revision der Versailler Ergebnisse vor, die Deutschlands Hegemonialstellung in einem Großraum Europa festigen würde. Die Aktivitäten der Abwehr, die im Sommer 1938 die Sudetendeutschen Konrad Henleins unterstützte, und das Münchner Abkommen waren für Oberländer ein erster erfolgreicher Schritt dorthin.

Doch zum gleichen Zeitpunkt erreichten Canaris die ersten Vorboten der Veränderung. Am 14. Dezember 1938 informierte ihn der Staatssekretär im Auswärtigen Amt, Ernst Freiherr v. Weizsäcker, darüber, die „Umstellung von der Volkstumspolitik zur imperialistischen Politik" führe zu Schwierigkeiten; Hitler forciere seine Ostpolitik derartig, daß ein Krieg zwischen Deutschland und Polen nicht mehr ausgeschlossen werden könne. Ein dreiviertel Jahr später war es soweit. Angesichts der Order Hitlers, Polen anzugreifen, entfuhr es Canaris am 31. August 1939 in den Räumen am Berliner Tirpitzufer gegenüber einem Besucher nur: „das ist das Ende Deutschlands"[203]. Die zwei Jahre bis zum Angriff auf die Sowjetunion war Canaris eindringlich, kontinuierlich bestrebt, die Führung des *OKW* und Hitler selbst von seinen Feldzugplänen gen Osten abzubringen - letztlich ohne Erfolg. Nachdem der Feldzug aber einmal begonnen war, schwenkte auch die Abwehr auf das allgemeine Ziel ein, Stalin und sein Riesenreich möglichst bald zu schlagen.

Allerdings schwebte Canaris etwas anderes vor als der kreuzzugsgleiche, monströse Vernichtungskrieg zweier Weltanschauungen gegeneinander, den die SS und Teile der Wehrmacht gegen Stalin entfesselten. Canaris und seine Fachleute wie Oberländer setzten darauf, die Sowjetunion vor allem von innen zu schlagen und sich so zahlreicher Bundesgenossen gegen Stalin zu versichern. Die Aufstellung des Bataillons *Nachtigall* war ein erster, ambitionierter Versuch in dieser Richtung. Aber der Vernichtungskrieg, der durch SS-Einsatzgruppen und Kommissarbefehl tagtäglich geführt wurde, machte jeglichen Kooperationswillen auf seiten der osteuropäischen und russischen Völker zunichte. Canaris und sein Stellvertreter Lahousen hatten besonders die Millionen Kriegsgefangenen, die der deutschen Wehrmacht bei ihrem Vormarsch in die Hände fielen, im Blick. Im *OKW* betonte die Abwehr deshalb immer wieder,

---

[203] Gegenüber Hans Bernd Gisevius, zitiert bei Höhne, S. 337; Aussage Lahousens in Nürnberg (*IMT*, Band XXIII / XIV, S. 491).

„daß durch diese Befehle Elemente unter den russischen Soldaten, die geneigt wären, überzulaufen, davon abgehalten würden und zweitens, daß Leute, die sich aus irgendwelchen Gründen zu Diensten Deutschlands für die Abwehr angeboten hätten, auch davon abgehalten würden, und daß, in summa, (...) der Widerstandswille des russischen Soldaten bis zum Äußersten gesteigert würde"[204].

Ergänzend wies Canaris am 15. September 1941 darauf hin, die deutschen Truppen seien an die bestehenden völkerrechtlichen Konventionen gebunden - was ihm nur den Spott Feldmarschall Keitels einbrachte:

„Diese Bedenken entsprechen den Auffassungen vom ritterlichen Krieg. Hier handelt es sich [aber] um die Vernichtung einer Weltanschauung. Deshalb billige ich die [kritisierten] Maßnahmen und decke sie"

schrieb Keitel auf die Vorlage. Einen ähnlichen Bericht des Stabes Wehrmachtpropaganda quittierte General Jodl mit dem Vermerk „Bedenkliche Anzeichen von Gefühlsduselei"[205]. Bereits am 30. März 1941 hatte der Generalstabschef des Heeres, Franz Halder, in seinem Tagebuch notiert, wie Hitler diesen Vernichtungskrieg charakterisiert hatte: er sprach vom „Zusammenstoß zweier Weltanschauungen und von der Vergleichbarkeit des Bolschewismus mit Verbrechertum". Der Kommunismus sei eine ungeheure Gefahr für die Zukunft, deshalb müsse man den „Begriff der Kameradschaft unter Soldaten fallen lassen. Ein Kommunist ist kein Kamerad, weder vor noch nach der Schlacht. Dies ist ein Vernichtungskrieg (...) Wir führen nicht Krieg, um den Feind zu erhalten"[206]. Waren die Gebiete erst einmal erobert, sorgten Zivilverwaltung und *tabula rasa*-Kolonisatoren dafür, daß Menschen und Territorien zu Objekten maximaler rücksichtsloser Ausbeutung degradiert wurden. Im Koordinatensystem der deutschen Führung, die von einer kurzen Kriegsdauer gegen Moskau ausging, kamen die Interessen der lokalen Bevölkerungen überhaupt nicht vor; es gab keine Pläne, mit politischen Maßnahmen die Völker der Sowjetunion für Deutschland zu gewinnen und auch keinen Entwurf für eine politische Lenkung in den besetzten Gebieten.

---

[204] Vgl. Aussage Lahousens in Nürnberg (*IMT*, Band XXIII / XIV, S. 504).

[205] Handschriftliche Randnotiz Keitels auf dem Papier mit den Gegenvorstellungen der Abwehr vom 15. September 1941, zitiert bei Alfred Streim: „Saubere Wehrmacht? Die Verfolgung von Kriegs- und NS-Verbrechern in der Bundesrepublik und der DDR", in: Hannes Heer und Klaus Naumann (Hg.): *Vernichtungskrieg*: Verbrechen der Wehrmacht 1941 bis 1944. Hamburg 1995, S.569; Höhne, S. 443; Hoffmann, *Die Wlassow-Armee*, S. 142 ff.; Dallin, S. 429-430 und S. 510..

[206] Aus dem Tagebuch Franz Halders zitiert bei Dallin, S. 42.

Von einheimischen Regierungen, lokaler Selbstverwaltung und der Aussicht auf eventuelle Autonomie oder Unabhängigkeit als Elemente einer konstruktiven Besatzungspolitik war nirgends die Rede. Hitler selbst brachte den Kern dieser Philosophie am 16. Juli 1941 im Falle der Ukraine auf den einfachsten Nenner: „1. beherrschen, 2. verwalten, 3. ausbeuten"[207].

5. Variante I: Vernichtungskrieg und Planungswahn - Der Generalplan Ost

Die Folgen einer solchen Einstellung enttäuschten schnell eventuelle Erwartungen bei den betroffenen Völkern und lähmten, wie beim Bataillon *Nachtigall*, jeden Willen, an deutscher Seite gegen Stalin zu kämpfen. Doch das spielte keine Rolle, denn der Vernichtungskrieg, den Deutschland im Kleide einer „Verteidigung Europas" führte, sollte auch das Gesicht Osteuropas und seine Landkarte in weiten Teilen neu zeichnen. Für Heinrich Himmler und die SS waren traditionelle Modelle deutscher Volkstumspolitik der dreißiger Jahre, die auch Oberländer vertreten hatte, „romantische Schwärmerei"[208]. Seine eigenen Pläne hingegen, von zahlreichen SS-Dienststellen für die besetzten Gebiete ausgearbeitet, besaßen eine ganz andere, monströse Dimension. Er hatte ihre Grundzüge in einer Rede vom 22. Oktober 1940 schon einmal skizziert:

„Ein gewonnener Krieg besteht nicht im Menschengewinn anderen Volkstums, sondern im gewonnenen Acker. Deutschland hat durch seine militärischen Siege im Osten zwar 8 Millionen fremdes Volkstum übernehmen müssen, aber bereits alle Vorbereitungen getroffen, um in klarer Trennung die verschiedenen Völker auseinanderzuhalten. Alles fremde Volkstum und besonders das Judentum wird künftig im Generalgouvernement angesetzt werden, was bedeutet, daß dorthin 5 bis 6 Millionen umgesiedelt werden, wobei die Juden in einem gesonderten Ghetto untergebracht werden sollen (...) Die Umsiedlung erfolgt auf Grund neuester Forschungsergebnisse und wird revolutionäre Ergebnisse erbringen, weil sie nicht nur Volkstumskontingente verpflanzt, sondern auch die Landschaft

---

[207] Aktenvermerk Bormanns vom gleichen Tage, zitiert bei Dallin, S. 70.
[208] Himmler, zitiert bei Buchsweiler, S. 269. Oberländer billigte sich selbst zu, hier seit Jahren eine konsequente Linie zu verfolgen. Dies geht aus einem Brief hervor, den er seiner Frau am 3. Mai 1943 schrieb: „Mein politischer Kampf hat in den acht Jahren auch nie sein Gesicht gewechselt. Nur ist er nie so auf dem Höhepunkt gewesen wie jetzt (...) Denn was ich im BDO begann und in Nachtigall fortsetzte, will ich in *Bergmann* durchkämpfen".

völlig umgestaltet wird (...) Auch werden hier erstmalige Methoden angewandt werden"[209].

Die „erstmaligen Methoden" Himmlers konnten die Betroffenen dieses Planes in der Ukraine erleben - unter dem Terrorregime von Erich Koch, das allein auf Ausplünderung der menschlichen Ressourcen aus Polen, Ukrainern und Juden ausgerichtet war. Zwar hatte man dort 1.700.000 „Eindeutschungsfähigen" bescheinigt, sie könnten die deutsche Staatsangehörigkeit erhalten. Doch die restlichen Millionen waren dem grausamen Morden der SS und den Höheren SS- und Polizeiführern ausgesetzt - ihr Schicksal markierte das Fernziel: Germanisierung. Die ethnische Grenze, die „Volkstumsgrenze", sollte bis zu 1.000 Kilometer weit nach Osten und im Süden bis auf die Krim vorgeschoben werden, um sukzessive eine Militärgrenze („Wehrgrenze") am Ural festzulegen. Im Inneren dieses germanisierten Raumes sollte die Bevölkerung zunächst in möglichst viele Teile zersplittert werden und ihre überwiegende Mehrheit, die die Deutschen als „rassisch minderwertig" betrachteten, physisch und psychisch unterdrückt werden - bis hin zum planmäßigen, industriellen Völkermord. Wer als Fremdvölkischer überlebte, sollte in einer Art rechtlosem Helotenstatus vor Ort dahinvegetieren[210].

Waren dies zunächst Ideen, die im Jahre 1939 für das Generalgouvernement entworfen wurden, erweiterte sich der Planungshorizont bald weiter nach Osten. Bereits kurz nach Beginn des Zweiten Weltkrieges vergab Himmler nun den Auftrag, eine Art Masterplan auszuarbeiten, der als Grundlage einer großräumigen Germanisierung der noch zu erobernden Gebiete zwischen Oder und Ural dienen sollte. Daran waren zahlreiche SS-Dienststellen, unter anderem die *Volksdeutsche Mittelstelle*, beteiligt: in erster Linie das *Reichssicherheitshauptamt* mit seiner *Volksdeutschen Mittelstelle* und das *Stabshauptamt des Reichskommissars für die Festigung deutschen Volkstums*, später auch das *Wirtschaftsverwaltungshauptamt* der SS. Organisatorischer Kopf, bei dem alle Planungen zusammenliefen, war SS-Standartenführer Professor Dr. Konrad Meyer (-Hetling), Chef der Pla-

---

[209] Rede Himmlers vor der Landesgruppe der *NSDAP* in Madrid am 22. Oktober 1940, in: Rolf-Dieter Müller: *Hitlers Ostkrieg und die deutsche Siedlungspolitik*. Die Zusammenarbeit von Wehrmacht, Wirtschaft und SS. Frankfurt am Main 1991, S. 139.

[210] Vgl. Wolfgang Benz: „Der Generalplan Ost. Zur Germanisierungspolitik des NS-Regimes in den besetzten Ostgebieten 1939-1945", in: ders. (Hg.): *Die Vertreibung der Deutschen aus dem Osten*. Ursachen, Ereignisse, Folgen. Frankfurt am Main 1985, S. 40; Madajzyk, *Generalplan Ost*, S. 12.

nungsabteilung des *RSHA* und Professor für Agrarwirtschaft und Agrarpolitik in Berlin. Bereits im Frühjahr 1940 übermittelte Meyer Himmler erste Vorschläge, die Himmler allerdings noch nicht ausreichten. Himmler erklärte, die bisherige deutsche Volkstumspolitik müsse durch eine radikal neuartige abgelöst werden und beauftragte Meyer, die Pläne nicht nur weiter auszuarbeiten, sondern auch durch publizistische Arbeit zu begleiten. Im Juli 1941 legte Meyer Himmler eine zweite, ebenfalls vorläufige Sammlung von Ideen vor, die nun schon den Namen „Generalplan Ost" trug und vorerst geheim blieb. Ihre überarbeitete Form wurde schließlich im Mai 1942 zu Meyers erstem Planentwurf mit dem Titel „Generalplan Ost - Rechtliche, wirtschaftliche und räumliche Grundlagen des Ostaufbaus"[211].

Nach diesem Masterplan sollte der neue deutsche Osten eine komplett neue, „germanisch dominierte" Sozialstruktur erhalten. Für eine Besiedelung der besetzten Gebiete ging die Zielplanung von einer deutschen Bevölkerung von knapp 7,3 Millionen Menschen aus, davon 4,3 Millionen in den Städten und 2,9 Millionen auf dem Land. Als Mindestzahl zur notwendigen „Eindeutschung" wurden etwa 4 Millionen Deutsche angesehen. Der dazu notwendige Bedarf an „Germanen" sollte aus dem Deutschen Reich, aus Übersee, durch „Germanische Siedler" aus Europa und „Eindeutschungsfähige" aus den besetzten Gebieten gedeckt werden[212]. Für die „Behandlung der eindeut-

---

[211] Hinter dem Begriff des „Generalplan Ost" verbirgt sich eine Sammlung mehrerer Teilpläne verschiedener Versionen, die größtenteils aufeinander aufbauten und ständig überarbeitet wurden. Vgl. dazu Madajczyk, *Generalplan Ost*, S. 12 ff.

[212] Was dahintersteckte, umschrieb Himmler in seiner Broschüre *Der Menscheneinsatz*: „Der vom Führer an verschiedene Volksgruppen ergangene Ruf zur Heimkehr in das Reich *stellt eine völlige Revolutionierung der früheren deutschen Volkstumspolitik dar.* Während in den vergangenen Jahren die Einwanderung von Volksdeutschen in das Reichsgebiet oft geradezu als Verrat am deutschen Volkstum und als „volksdeutsche Fahnenflucht" gebrandmarkt wurde (...) steht jetzt die Stärkung und die Festigung des deutschen Volkstums innerhalb der Reichsgrenzen bzw. der großdeutschen Interessensphäre im Vordergrund. Die früher vielfach romantische Schwärmerei, die sich an der Verstreutheit der Deutschen in aller Welt begeisterte (...) hat der Forderung Platz gemacht: *Hereinholung des wertvollen deutschen Blutes zur Stärkung des Reiches selbst* [Hervorhebungen im Original]". Großdeutsche Interessensphäre - damit war das Fernziel umschrieben, diese Volksdeutschen in den einzudeutschenden Gebieten Polens und weiter östlich wieder anzusiedeln. Dementsprechend regelte ein vertrauliches Zusatzprotokoll des Molotow-Ribbentrop-Abkommens vom August 1939 die „Heimholung" von bis zu 1,2 Millionen Volksdeutschen aus den sowjetischen Besatzungs- und Interessengebieten des Baltikums, Ostpolens und Südosteuropas (vgl. Reichsfüh-

schungsfähigen Fremdvölkischen" war, neben diversen Dienststellen des SD und der SS, auch die *Volksdeutsche Mittelstelle* zuständig²¹³.

Für das ehemalige Polen sah der Plan eine völlige Germanisierung vor, slawische und andere Minderheiten waren hier nicht vorgesehen. Das Generalgouvernement sollte hier als eine Art natürliches Laboratorium der SS die Vorreiterrolle spielen. Für die östlich anschließenden Gebiete unter der Hoheitsgewalt der SS sah der Plan die Einrichtung von sogenannten „Reichsmarken" vor - das Petersburger Gebiet („Ingermanland"), die Krim und das Gebiet um Cherson („Gotengau") sowie der Bezirk Bialystok und das westliche Litauen („Memel- und Narewgebiet"), die zu 50 Prozent kolonisiert werden sollten. Verbunden werden sollten sie durch eine Kette von 36 Siedlungsstützpunkten (zu 25 Prozent kolonisiert), die in Abständen von 100 Kilometern entlang der Verkehrsachsen vom Reich in die Reichsmarken errichtet werden sollten. In diesen Marken sollte der von der SS eingesetzte „Markhauptmann" als Kopf der Verwaltung für vier Aufgabenfelder verantwortlich sein: Siedlungspolitik und -planung, Siedlerauslese, Siedlungsdurchführung sowie Verwaltung und Finanzierung. Strukturell sollte in den

---

rer-SS, Der Reichskommissar für die Festigung deutschen Volkstums (Hg.): *Der Menscheneinsatz*. Grundsätze, Anordnungen und Richtlinien. Berlin 1940, S. VI; Sandkühler, S. 27). Die Deutschen in den baltischen Staaten merkten dies als erste: ihnen war zunächst die Rückwanderung ins Deutsche Reich verboten worden, bevor sie dann im Oktober 1939 nach und nach in den eroberten polnischen Gebieten und dem Generalgouvernement angesiedelt wurden - um dort den zu erweiternden deutschen Siedlungsraum mit Germanen „aufzufüllen". Bereits fünf Wochen nach dem deutschen Einmarsch in Polen wurde Himmler von Hitler per Erlaß zum *Reichskommissar für die Festigung deutschen Volkstums* ernannt und damit beauftragt, den „schädigenden Einfluß fremder Bevölkerungsteile auszuschalten" und „neue Siedlungsgebiete durch Umsiedlung zu gestalten" (vgl. den Erlaß Hitlers, zitiert bei Benz, S. 39).

²¹³ Vgl. die „Aufgaben und Aufgabenverteilung zur Weiterbearbeitung des Generalplans Ost vom 28. Juli 1942, abgedruckt bei Madajczyk, *Generalplan Ost*, S. 20. Im Planungsrausch verstiegen sich einige Planer zu vollkommen irrealen, utopischen Projekten: die „rassisch unerwünschten Polen" sollten entweder geschlossen (20 Millionen!) in Sibirien oder nach Südamerika ausgesiedelt werden - im Austausch gegen die Deutschen dort, die als Siedler für die Krim vorgesehen waren. Diese Lösung hatte für die Planer folgenden Vorzug: „Eine Verbreitung des Polentums in Südamerika dürfte (...) keine politische Gefahr bedeuten, da dem fanatischen politischen Klerus in Brasilien verhältnismäßig leicht die Umvolkung der katholischen Polen gelingen sollte" (vgl. Benz, S. 46 sowie Bruno Wasser: *Himmlers Raumplanung im Osten. Der Generalplan Ost in Polen 1940-1944*, S. 47 ff.).

Marken die Landbevölkerung gestärkt und die Stadtbevölkerung verringert werden. Die Gerichtsbarkeit sowie die Vergabe des Bodens sollte der SS als eine Art feudal-staatliches Monopol vorbehalten bleiben.

Die Kosten für dieses Projekt, dessen Zeitrahmen mit 25 Jahren angesetzt war, wurden zunächst auf knapp 46 Milliarden Reichsmark veranschlagt - aufzubringen durch „Tributleistungen der besiegten Gegner", eine neuzuschaffende „Oststeuer" sowie Kredite. Der Plan umfaßte die besetzten Gebiete Polens, des Baltikums, einen Großteil der Ukraine und Weißrußlands sowie zwei Sonderregionen: das Gebiet um Leningrad sowie die Krim. Das Planungs- und Siedlungsgebiet sollte 700.000 Quadratkilometer umfassen, 350.000 Quadratkilometer Ackerland sollten neu entstehen - zum Vergleich: das Deutsche Reich des Jahres 1938 besaß eine Ausdehnung von 583.000 Quadratkilometern[214].

Was sollte nun mit den „rassisch Unerwünschten" geschehen - den Menschen, die bereits im Planungsraum lebten? Die Antwort ist ebenso grausam wie einfach: die Planer legten das Prinzip der *tabula rasa* zugrunde. Die ansässige Bevölkerung war der große Störfaktor, der buchstäblich ausgeschaltet werden mußte. Die Dimension, mit der hier in einem radikal-kolonialen Sandkastenspiel mit Völkern und Territorien verfahren wurde, war ohne Beispiel. 31 Millionen Menschen sollten nach Westsibirien ausgesiedelt werden. Die Verbleibenden sollten nach dem Prinzip „Eindeutschung oder Vernichtung" mehrheitlich germanisiert, der Rest, darunter 5 Millionen Juden, deportiert oder ausgesiedelt werden[215]. Neue Grenzen sollten gezogen und eine neue Völkerhierarchie im Osten etabliert werden, an deren Spitze die Deutschen als Herrenvolk zu stehen gedachten. Unabhängig vom Kriegsverlauf wurde mit dem Plan nach 1942 in Teilen begonnen, zum „Generalsiedlungsplan" erweitert und schließlich noch bis zum Sommer 1944 fortgeschrieben - als die Rote Armee bereits in Ostpreußen stand.

---

[214] Vgl. Benz, S. 43; Madajczyk, *Generalplan Ost*, S. 14; Wasser, S. 55 ff.. Eine Karte des zu besiedelnden Gebietes findet sich bei Wasser, S. 300 - 302.

[215] Der vom *RSHA* ausgearbeitete Plan sah die Aussiedlung von 80 bis 85 Prozent der Bevölkerung aus Polen, 64 Prozent aus der westlichen Ukraine und 75 Prozent aus Weißrußland vor (vgl. Madajczyk, S. 13).

6. Variante II: Führen, nicht herrschen - Oberländer und Gleichgesinnte in Wehrmacht und Staat

Die Ausrottungsplanungen der SS waren in den Augen vieler beileibe keine Patentlösung, um den Krieg zu gewinnen. Teile der Wehrmacht und eine Gruppe um den Reichsminister für die besetzten Ostgebiete, Alfred Rosenberg, lehnten es ab, den gesamten Osten unterschiedslos als einen Schmelztiegel von Minderwertigen anzusehen. Zwar war das Ziel, durch einen Eroberungsfeldzug eine deutsche Herrschaft im Osten zu errichten, das gleiche. Doch wollte man sich vergleichsweise traditioneller Kolonialmethoden bedienen, anstatt einer totalen Ausrottung der einheimischen Bevölkerung mit anschließender Germanisierung und Neubesiedelung das Wort zu reden. Die Gegensätze innerhalb des Stalin'schen Vielvölkerstaates waren ein stetiger Quell Moskauer Sorge, den ein Eroberer ins Kalkül ziehen konnte. Dies sollte gezielt genutzt werden.

Auch diese Denkschule speiste sich aus einem starken Gefühl deutscher zivilisatorischer Überlegenheit; man bedürfe der *tabula-rasa*-Methoden der Himmlers, Kochs und Meyers gar nicht, denn bei richtiger Behandlung würden die betroffenen Völker von selbst Deutschlands Überlegenheit anerkennen und sich seiner Führung unterwerfen. Um dieses Ziel zu erreichen, galten unter Oberländer und seinesgleichen zwei Dinge als grundverkehrt, die täglich geschahen: erstens das unterschiedslose Ausrotten aller angeblichen Gegner in den eroberten Ländern und unter den Kriegsgefangenen und zweitens die unterschiedslos schlechte Behandlung aller Kriegsgefangenen. Oberländer und andere Vertreter einer pragmatischeren deutschen Kriegführung forderten, drastische Maßnahmen auf die eigentlichen Gegner zu beschränken - die überzeugten Kommunisten - und dafür nationale Minderheiten zu bevorzugen, mit deren Hilfe Deutschland den Krieg gewinnen konnte. Diese Geisteshaltung ließ sich, in ihrer eigenen Terminologie, in eine Formel zusammenfassen: „hart, aber gerecht"[216]. Oberländer schrieb am 15. März 1941 an seine Frau:

„Man kann Europa nicht ohne die Slawen aufbauen und zwar nicht ohne mit ihnen einen modus vivendi zu finden. Wir dürfen nicht wie die Amerikaner und die Bolschewisten

---

[216] Vgl. Christian Streit: *Keine Kameraden*. Die Wehrmacht und die sowjetischen Kriegsgefangenen 1941-1945. Stuttgart 1978, S. 302; Gespräch Oberländer am 20. August 1997 und am 1. Mai 1998.

assimilieren, sondern müssen die Völker bei eigenem Leben führen, nicht beherrschen. Wir müssen den Frieden bereits im Krieg gewinnen, in dem wir die große Anlage richtig machen und der engen Raumgebundenheit vieler Völker in Europa eine geistige und seelische Gemeinsamkeit entsprechen lassen".

In vielen gleichgesinnten Köpfen wurden solche Ideen bewegt. Um sie zu verbreiten, entstand der sogenannte „Krieg der Denkschriften" als eine zweite Form der Kriegführung nach innen, als eine Konkurrenz der Konzepte, die Offiziere aus der Wehrmacht auf Grund ihrer erschütternden Erlebnisse an der Ostfront in großer Zahl kursieren ließen. Auch Oberländer verfaßte, deprimiert von seinen Erlebnissen mit dem Bataillon *Nachtigall* und enttäuscht von dem Berliner Kurswechsel in der Ukraine, im Herbst 1941 eine erste Denkschrift mit dem Titel „Voraussetzungen für die Sicherheit des Nachschubs und die Gewinnung höchster Ernährungsüberschüsse in der Ukraine". „Wir zeigen - nicht nur durch die Kampfmethoden der Bolschewisten verbittert - eine innere Abneigung, ja einen Haß gegen dieses Land und eine Überheblichkeit gegen dieses Volk, die jede positive Zusammenarbeit ausschließen", klagte Oberländer darin. Er plädierte für eine Selbstkritik und eine Überprüfung der getroffenen Maßnahmen durch die Truppe und beschrieb plastisch die drohenden Gefahren eines passiven und aktiven Widerstands in der Bevölkerung für die Sicherung der deutschen Nachschubwege, die entstehen könnten, wenn die Bevölkerung weiter als Ausbeutungsobjekt behandelt würde[217]. Oberländer machte eine Reihe von Vorschlägen, damit „wir freiwillig mit geringstem Einsatz an eigenen Menschen höchste Leistungen erzielen können":

„Die Herrschaft in diesem Land verpflichtet uns zu Leistung, Gerechtigkeit und Härte gegen uns selbst. Jede, auch die geringste Handlung jedes Deutschen in diesem Land, wird dauernd beobachtet und wirkt für uns oder gegen uns, sie macht die feindliche Propaganda unmöglich oder gibt ihr Ansatzpunkte, sie steigert die wehrwirtschaftliche Leistung oder sie schwächt sie (...) Wer durch Mißhandlung der Bevölkerung das deutsche Ansehen schädigt, muß streng bestraft werden (...) Aus eigenstem Interesse haben wir allen Grund dazu, unsere innere Einstellung zu Volk und Land zu ändern.

Oberländer setzte darauf, die Eigeninitiative zu wecken: das Schulwesen - „besonders Volks-, Landwirtschafts- und Gewerbeschulen" - sollte in Gang

---

[217] Vgl. die Denkschrift Oberländers „Voraussetzung für die Sicherheit des Nachschubs und die Gewinnung höchster Ernährungsüberschüsse in der Ukraine vom 28. Oktober 1941, in: Oberländer, *Denkschriften*, S. 51 - 62. Ein weiteres Exemplar findet sich auch in Oberländers Stasi-Akte (*BStU*; ZUV 28, Band 5 Nr. 326 - 332).

gebracht, selbständige Handwerksbetriebe eingerichtet werden und jegliche persönliche Initiative mit einem Prämiensystem und großzügiger Kreditvergabe belohnt werden. Sicherheitspolitisch forderte Oberländer den Aufbau einer lokalen Hilfspolizei und eines Partisanen-Meldedienstes. Zusammenfassend raisonnierte er, nur so ließen sich Nachschubwege und Ernährungsüberschüsse der Ukraine auf Dauer für die Deutschen nutzbar machen:

„Ehre und Ansehen des deutschen Volkes verlangen außerdem, daß ein Volk, das in keiner Weise feindlich gegen uns eingestellt ist, eine Behandlung erfährt, die es ihm ermöglicht, mit uns aus Überzeugung zusammenzuarbeiten und die Vergangenheit innerlich zu überwinden"[218].

Schon im Herbst 1941 hatte Oberländer für den Generalstabschef der Heeresgruppe Süd, Oberst Winter, den bereits erwähnten Leitfaden „Deutschland und der Kaukasus" im Vorgriff auf die deutsche Sommeroffensive 1942 verfaßt, der im Laufe des Jahres 1942 an die im Kaukasus eingesetzten Truppen verteilt werden sollte. Darin wurde die religiöse und ethnische Vielfalt der einzelnen Völker des Kaukasus ausführlich erläutert, die Schwierigkeiten innerhalb eines rivalisierenden Vielvölkergemisches dargelegt und seine wechselvolle Geschichte in groben Zügen vorgestellt. Wenn Deutschland den Kaukasus für sich einnehmen wolle, komme es laut Oberländer auf drei Dinge an: erstens müsse eine neue Agrarordnung die Bodenfrage lösen und damit die bei den Kaukasiern verhaßte Kollektivierung rückgängig machen. Dabei müsse auf lokal höchst unterschiedliche Gegebenheiten empfindlichste Rücksicht genommen werden. Eine Verteilung des Bodens an die Bauern sei die erste und wichtigste vertrauensbildende Maßnahme, die im übrigen auch schnell zu einem Beitrag Kaukasiens führen könne, durch Ernteüberschüsse die Ernährungslage im Deutschen Reich und an der Front zu entlasten. Zweitens plädierte Oberländer dafür, eine politische Selbstverwaltung aufzubauen - schon wegen Menschenmangels in den Reihen der Deutschen. Wenn Militär- und Wirtschaftsverwaltung in deutscher Hand blieben, so könnten Kultur-, Finanz-, Justiz- und Innenverwaltung einschließlich der örtlichen Polizei durch die einzelnen Völker selbst organisiert und getragen werden. Drittens sprach sich Oberländer für das Gewähren von religiöser und kultureller Freiheit aus, die in diesem Raume Teil der historischen Identität sei. Es sei ein vitales Interesse des Deutschen Reiches für die „Blockadefe-

---

[218] Vgl. Oberländer, Zweite Denkschrift, S. 62.

stigkeit Europas" der nächsten Jahrzehnte, auf diese Weise das Vertrauen der Kaukasier zu gewinnen und auf Dauer zu sichern[219].

Hatte Oberländer mit seiner Denkschrift über den Kaukasus nach vorne geblickt, war seine Denkschrift vom 28. Oktober 1941 darauf ausgerichtet, sich mit den Mißständen hinter der deutschen Front zu befassen. Die Frage, wie die Landwirtschaft in den besetzten Gebieten strukturiert sein sollte, beschäftigte ihn zusammen mit einer Reihe von Experten, die das Leben in der Sowjetunion aus eigener Anschauung kannten. Zu ihnen gehörten Otto Bräutigam und die Professoren Werner Markert - ein Weggefährte Oberländers aus der bündischen Jugend und Königsberg - und Landwirtschaftsexperte Otto Schiller. Markert war Sekretär der *Gesellschaft zum Studium Osteuropas* in Berlin, deshalb zogen sich Schiller, Markert und Oberländer zwischen dem 11. und dem 18. März 1941 auf Bitten von Canaris und seinem Stellvertreter Lahousen dorthin zurück. Dort arbeiteten sie einen Plan für die künftige Agrarpolitik aus, der eine baldige Auflösung der Kolchosen in den besetzten Gebieten vorsah[220]. Doch blieb dieses Papier ohne Folgen, weil die Agrarstruktur nicht in die Zuständigkeit der Abwehr fiel. Seine Ergebnisse wurden nicht weiter verfolgt.

Trotz seines Daseins als Frontoffizier veröffentlichte Oberländer in den Jahren 1940 bis 1942 in mehreren Zeitschriften eine Reihe von Artikeln zur Sozial- und Agrarstruktur eines von Deutschland dominierten europäischen Großraums. Wortreich stritt er für ein allgemeines Wiedererstarken des Bauerntums in Europa und plädierte vehement dafür, die Mittel- und Großbauern im Deutschen Reich und in den besetzten Gebieten zu stärken. Auch die Denk- und Gefühlsmuster der Zwischenkriegszeit schimmerten in Oberländers Artikeln wieder durch: indem er die „Heimkehr der alten deutschen Provinzen Westpreußen, Posen und Oberschlesien" und deren Vergrößerung um einige Kreise zu Lasten des Generalgouvernements begrüßte, ging er allerdings über die Grenzen von 1918 hinaus, da dies ehemals polnische Gebiete waren, die dem Deutschen Reich nun einverleibt wurden. Oberländer prognostizierte für diese Regionen eine rasante wirtschaftliche Entwicklung, ermöglicht durch die Erneuerung der „seit zwanzig Jahren zum großen Scha-

---

[219] Denkschrift Oberländers „Deutschland und der Kaukasus" vom Oktober 1941, in: Oberländer, *Denkschriften*, S. 15 - 48.
[220] Tagebucheinträge Oberländers vom 11. und vom 17. bis 19. März 1941; Dallin, S. 336, der dieses Treffen irrtümlich in den Mai 1941 datiert; Oberländer an den Autor vom 3. April 1997.

den dieser Gebiete zerrissenen tausendfachen Verbindung" mit der deutschen Wirtschaft[221]. Anders fiel seine Prognose für das Generalgouvernement aus. Die außerordentlich dichte Besiedelung und eine „unglückliche Verteilung von Boden, Arbeit und Kapital" setzten hier einem wirtschaftlichen Aufstieg Grenzen:

„Die Ausnutzung des Faktors Arbeit ist das Grundproblem der Wirtschaft des Generalgouvernements. Dadurch, daß die zwei Millionen Juden ebenfalls zur Arbeitsleistung herangezogen werden, (...) wird das Angebot des Faktors Arbeit wesentlich erschwert".

Damit hatte er, wie schon im „Kampf um das Vorfeld", die Juden isoliert als Volksgruppe betrachtet. Eine Lösung sah Oberländer darin, einerseits die Infrastruktur im Generalgouvernement zu verbessern und andererseits Arbeitskräfte in die Industrie des Deutschen Reiches und des Generalgouvernements zu transferieren[222].

Auch seine Theorie des Bevölkerungsüberdrucks, die Oberländer erstmals in seiner Habilitation im Jahre 1935 vertreten hatte, brachte Oberländer für Mittel- und Osteuropa noch einmal ins Spiel und kritisierte die kleinbäuerliche Agrarstruktur, die nach 1918 vor allem in den Staaten Mittel- und Südosteuropas duch Agrarreformen entstanden sei und sie in „Klein- und Zwergbauernstaaten" verwandelt habe, deren Export drastisch zurückgegangen sei. Stalins brutale Kollektivierung sei zwar ein radikales Zwangsmodell, aber in wirtschaftlicher Hinsicht letztlich erfolgreicher gewesen. Oberländer schwebte eine ähnliche Strukturveränderung, allerdings mit klassisch-kapitalistischen Mitteln, vor: vollwertiges Eigentum sollte die kollektive Nutzung ersetzen, Mittel- und Großbauernbetriebe gefördert werden und die Abwanderung der ländlichen Bevölkerung in die Industrie begünstigt werden, um die Bevölkerungsdichte zu verringern[223].

---

[221] Vgl. Theodor Oberländer: „Die Voraussetzungen des wirtschaftlichen Aufbaus im Generalgouvernement", in: *Deutschlands Erneuerung* Heft 2 (April 1940), S. 130.

[222] "So wie Galizien schon vor dem ersten Weltkrieg überschüssige Arbeitskräfte als Wanderarbeiter abgab, so ist eine ähnliche Entlastung des Generalgouvernements möglich und erwünscht", soweit die Landflucht verhindert werde. „Auch die Industrie kann noch eine Menge Arbeitskräfte binden", manche ihrer Zweige seien „durchaus ausdehnungsfähig" (Vgl. Theodor Oberländer: „Die Voraussetzungen des wirtschaftlichen Aufbaus im Generalgouvernement", in: *Deutschlands Erneuerung* Heft 2 (April 1940), S. 132).

[223] "Ob die Kollektivierung, die ein Zwangssystem darstellt und nach der Vernichtung des inneren Verhältnisses zum Boden eine Zwangsbindung an den Boden bildet, einen

7. Schreiber Himmlers wider Willen - Oberländers Artikel im Neuen Bauerntum

Auf Grund seiner Posten in den Einheiten *Nachtigall* und *Bergmann* hatte Oberländer für das Abfassen seiner Artikel meist nicht viel Zeit. Sie enthielten deshalb oft wortgleiche Kernpassagen - eine Methode, die er bereits in den dreißiger Jahren bei zahlreichen Vorträgen erfolgreich angewandt hatte[224]. Nur ein Artikel Oberländers fällt bei der Lektüre sofort ins Auge, da er sich fundamental von den anderen unterscheidet: es handelt sich um einen Artikel „Von der Front des Volkstumskampfes", veröffentlicht in der Zeitschrift *Neues Bauerntum* im Frühjahr 1940. Herausgegeben von SS-

verantwortlichen, selbständigen Menschentyp schafft, (...) ist eine zweite Frage. Ebenso, ob es notwendig war, um das Verhältnis von Nahrungsspielraum und Bevölkerung ins Gleichgewicht zu bringen, das gesamte Bauerntum zu vernichten. Fest steht, daß die Sowjetunion aus der Not der agrarischen Überbevölkerung heraus den Weg der Industrialisierung und damit ungeachtet aller schweren Rückschläge und des politischen Zwangssystems einen der Wege der Bekämpfung der agrarischen Überbevölkerung beschritten hat (...) „Gewiß ist die Linderung der agrarischen Überbevölkerung nur langsam möglich. Aber es ist ein entscheidender Anfang, der durch die enge Wirtschaftsverflechtung mit Deutschland und durch die Belieferung mit Industrieprodukten künftig zu weitgehender Entlastung führen kann". In Verbindung mit „diesen neuen marktpolitischen Grundlagen muß eine starke Intensivierung mit Hilfe verbilligter Kredite und staatlich durchgeführter Bodenmelioration den Nahrungsspielraum der Agrarbevölkerung auszudehnen suchen. Entscheidend bleibt jedoch bei alledem eine tatsächliche Verminderung der agrarischen Überbevölkerung (...) Und diese Verminderung ist nur möglich durch Abwanderung in die Industrie, die bei weiterer Erschließung ihrer Rohstoffe in enger Zusammenarbeit mit Deutschland noch große Mengen von Arbeitskräften aufzunehmen in der Lage ist" (vgl. Theodor Oberländer: „Die agrarische Überbevölkerung Ostmitteleuropas", in: *Deutsche Ostforschung* Band 21 (1943), S. 416-427.

[224] Oberländer konzipierte in den dreißiger Jahren seine häufigen Vorträge meist bausteinhaft und verwendete sie meist öfter. So lassen sich gedankliche, oft wortgleiche Bausteine in seinen Veröffentlichungen identifizieren. Herangezogen wurden folgende Artikel Oberländers: „Die agrarische Überbevölkerung Ostmitteleuropas", in: *Deutsche Ostforschung* Band 21 (1943), S. 416 - 427; „Völkische Sozialpolitik und unsere Ostaufgabe", in: *Deutsche Monatshefte*, Heft 9 / 10 (März/ April 1941), S. 365 - 369; „Bevölkerungsfragen Südosteuropas", in: *Wochenblatt des Verbandes der deutschen Land- und Forstwirtschaft für Böhmen und Mähren* vom 8. März 1941, S. 185 - 187; „Die Voraussetzungen des wirtschaftlichen Aufbaus im Generalgouvernement", in: *Deutschlands Erneuerung* Heft 2 (April 1940), S. 128-132.

Hauptsturmführer Dr. Walter Gebert und dem Architekten des *Generalplans Ost*, Konrad Meyer, hatte ihr Himmler seit Jahresbeginn 1940 die Rolle zugedacht, seine Rasse und Siedlungsplanungen publizistisch zu begleiten[225]. Im Frühjahr 1940 hatte Himmler, sehr zur Überraschung Meyers, den ersten Entwurf zum *Generalplan Ost* als zu wenig konsequent abgelehnt, eine radikalere Lösung gefordert und Meyer gedrängt, auch publizistisch eine andere, radikalere Sprache zu finden. Meyer sah seine Stellung gefährdet und instruierte deshalb die Redaktion der Zeitung, alle eingehenden Artikel in Himmlers Sinne umzuarbeiten und mit seinen Gedanken zu versehen. Neben etlichen anderen Autoren hatten die Herausgeber auch den Agrarexperten Oberländer um einen agrarpolitischen Beitrag gebeten, den er im Frühjahr 1940 schließlich einsandte[226].

Dieser Artikel wurde nun in weiten Teilen mit Himmlers Gedanken ergänzt, und der Redakteur Arthur v. Machui verfaßte ganze Abschnitte dabei neu. Allerdings wurden in den Text zusätzlich zu den Änderungen drei fettgedruckteTextblöcke eingefügt, die auf Bitten Meyers die Kerngedanken Himmlers enthielten und deren Unterschiede in Terminologie und Inhalt im Vergleich mit Oberländers sonstigen Artikeln auffällig sind. So war eine „Verdoppelung des deutschen Siedlungsraumes nach Osten als größte und bleibende Siedlungsleistung" mitnichten ein Ziel Oberländers, vielmehr sollte er noch 1943 vor einer Ausdehnung des deutschen Siedlungsraumes ausdrücklich warnen. Auch die Forderung, „die Eindeutschung der Ostgebiete" müsse „in jedem Falle eine restlose sein", bei der „Millionen fremden Volkstums durch Millionen eigenen Volkstums ersetzt" würden, entsprang eher der Gedankenwelt Himmlers als der Oberländers[227]. Wie auch die anderen

---

[225] Vgl. die Erklärung des Redaktionsmitglieds der Redaktion *Neues Bauerntum*, Arthur v. Machui, vom 25. November 1959 (Archiv des Verfassers). Der Verlag, die „Deutsche Landbuchhandlung Prof. Heinrich Sohnrey", war bis dahin, so Meyer und Machui, noch nicht als *NSDAP* - Agrarverlag in Erscheinung getreten und sollte schon deshalb von Himmler auf den Kurs der NS - Vernichtungspolitik gebracht werden.

[226] Brief Oberländers an seine Frau vom 12. April 1940; Protokoll einer Unterredung zwischen Gerhard Wolfrum und Machui vom 13. Januar 1954 (*BA*, B136 Nr. 4699); Eidesstattliche Erklärung Meyers vom 26. Januar 1954 (Archiv des Verfassers).

[227] Vgl. Theodor Oberländer: „Von der Front des Volkstumskampfes", in: *Neues Bauerntum*, Jg. 32, Heft 4-5 (April/Mai 1940), S. 127 - 130, diese Zitate S. 127f. Die geistige Urheberschaft Himmlers ist sehr leicht ersichtlich durch einen Vergleich mit zwei Dokumenten Himmlers, die im gleichen Zeitraum entstanden: der Denkschrift „Einige Gedanken über die Behandlung der Fremdvölkischen im Osten" vom 15. Mai 1940

Autoren wurde Oberländer über die Änderung nicht informiert - lediglich die fertigen Druckfahnen hielt ihm Machui anläßlich einer Durchreise in Berlin vor die Nase mit der Bitte, sie in einer Viertelstunde zu redigieren. Oberländer lehnte dies ab, und nach kurzem Streit trennten die beiden sich wieder - und der Artikel in Meyers und Machuis Version wurde unter dem Namen Oberländers veröffentlicht[228].

8. Oberländers Denkschriften und seine Vision einer pax germanica

Zwischen 1941 und 1943, unter dem Eindruck seiner Kriegserlebnisse, legte Oberländer in einer Reihe von Denkschriften seine Gedanken über ein deutsches Kolonialkonzept nieder. Die Grundgedanken dieser Denkschriften ähneln sich stets, nur die Forderung, ihre Gedanken in die Praxis umzusetzen,

---

(in: Wolfgang Michalka (Hg.): *Deutsche Geschichte 1933 - 1945. Dokumente zur Innen- und Außenpolitik* Frankfurt am Main 1996, S. 238 - 240) und der Rede Himmlers vor der Landesgruppe der *NSDAP* in Madrid über Siedlungsfragen vom 22. Oktober 1940 (in: Müller, *Hitlers Ostkrieg*, S. 139).

[228] Machui erklärte, Meyer habe ihn um das Einarbeiten zahlreicher Thesen von Himmler gebeten. Schließlich fanden sich in der Reinschrift von Oberländers Artikel, verteilt über den ganzen Aufsatz, die zahlreichen, an Aussprüche von Heinrich Himmler unmittelbar angelehnten Formulierungen. Machui selbst war noch nach dem Kriege mit seinen Fähigkeiten vollauf zufrieden: „Die nicht unbeträchtlichen Fähigkeiten des Unterzeichneten [Machui] brachten dabei etwas zustande, dessen innere Widersprüche nur bei einer gründlichen Analyse erkennbar sind" (Erklärung des Redaktionsmitglieds der Redaktion *Neues Bauerntum*, Arthur v. Machui, vom 13. Januar 1954 und Eidesstattliche Erklärung Machuis vom 25. November 1959; Eidesstattliche Erklärung Meyers vom 26. Januar 1954, alle im Archiv des Verfassers); Protokoll einer Unterredung zwischen Gerhard Wolfrum und Machui vom 13. Januar 1954 (*BA*, B136 Nr. 4699). Oberländer, dessen Schilderung der Vorfälle mit der Machuis übereinstimmt, berichtet dazu, ihm seien die Druckfahnen im März 1940 auf dem Schlesischen Bahnhof auf einer Durchreise von Greifswald nach Krakau von Machui vorgehalten worden mit der Aufforderung, sie innerhalb von einer Viertelstunde zu lesen. Er habe eine nur flüchtige Durchsicht abgelehnt und angeboten, den Aufsatz nach einer gründlichen Lektüre auf seine Verantwortbarkeit zu prüfen und sich dann bei Machui zu melden. Dies wiederum habe Machui abgelehnt (Gespräch Oberländer am 3. September 1996 und am 26. November 1997). Erstaunlich bleibt nur eines: Oberländer schrieb am 27. Mai 1940 seiner Frau, der Artikel sei erschienen, und vermied dabei jede Kritik und jeden Kommentar zu der Entstehung. Drei Monate später ist von „vielen lobenden Zuschriften" die Rede,

wurde mit fortschreitendem, für Deutschland ungünstigem Kriegsverlauf immer dringlicher. Diese Papiere, in denen Oberländer seine Vorstellungen einer deutschen Haltung gegenüber den Völkern Osteuropas und Rußlands ausbreitete, werden in der Nachkriegszeit noch eine wichtige Rolle spielen. Deshalb soll mit einigen Passagen aus verschiedenen Denkschriften die Gedankenwelt des Theodor Oberländer kurz vorgestellt werden.

Für Oberländer gab es im Krieg drei vollkommen gleichwertige Faktoren, die über einen Sieg entschieden: Waffen, Wehrwirtschaft und Psychologie. Die Schwächung nur einer dieser „kriegsentscheidenden Faktoren" habe fatale Auswirkungen auf die Schlagkraft und den Erfolg des deutschen Vormarsches. Deshalb sei die richtige Behandlung der Bevölkerung der besetzten Gebiete als Teil des Faktors Psychologie von größter, kriegsentscheidender Bedeutung, erläuterte er in zwei Denkschriften vom Herbst 1942[229]. Die psychologische Notwendigkeit einer politischen Kriegführung stand für Oberländer ganz oben auf seiner Prioritätenliste. „Führen und nicht herrschen" sei der einzig richtige Ansatz für eine erfolgreiche Besatzungspolitik. Die Zufriedenheit der Bevölkerung sei nicht nur überlebenswichtig, um die eigenen Nachschubwege zu halten und zu sichern. Für die deutschen Angreifer könnten so auch enorme Mengen an Truppen gespart werden, die an der Front mehr Kampfkraft bündelten. Schließlich seien die Deutschen zahlenmäßig zwingend auf die Zusammenarbeit mit den Völkern der besetzten Gebiete angewiesen: „Raum und Rohstoffe [würden] erst durch menschliche Hand nutzbar und fruchtbar", und eine Mobilisierung und Steigerung der Arbeitsleistung dieser Völker könne nur psychologisch bewirkt werden. Es sei daher leichtsinnig, den psychologischen Faktor bei der Behandlung der Ostvölker zu leugnen oder als sentimentales Gerede zu bezeichnen: „Nicht das materielle Entgelt ist in erster Linie entscheidend, sondern die soziale Einstufung und das Wissen, daß die Arbeit etwas bedeutet und er [der Ukrainer] darum geachtet wird". Nur so lasse sich auch die Wirksamkeit feindlicher Propaganda begrenzen.

Die Ukraine, das Aktionsfeld seines Widersachers Erich Koch, spielte in Oberländers geostrategischen Überlegungen eine entscheidende Rolle. An ihrem Beispiel übte Oberländer scharfe Kritik an der deutschen Haltung. Für

---

[229] Vgl. Oberländer, Dritte Denkschrift vom Herbst 1942, in: Oberländer, *Denkschriften*, S. 67 - 84; Vierte Denkschrift Oberländers „Die besetzten Gebiete Osteuropas und der weitere Verlauf des Krieges" vom 9. November 1942, in: Oberländer, *Denkschriften*, S. 85 - 101.

jede deutsche Operation im Osten besitze sie eine zentrale strategische Bedeutung, und kaum ein Volk in Europa sei deutschfreundlicher als die Ukrainer: „Jeder Ukrainer ist bereit, jahrelang mit uns zu hungern, wenn er das feste Vertrauen hat, später wieder sein eigenes Land zu bekommen". Doch der Sinn des deutschen Krieges sei den Ukrainern verborgen geblieben, denn die Deutschen hätten sich stets bedeckt gehalten, welche Rolle sie der Ukraine in Europa zugedacht hatten. Für Oberländer wirkten hier die Erfahrungen mit dem Bataillon *Nachtigall* nach; die Ukrainer hatten mit Deutschland kämpfen wollen, wurden aber als „koloniale Helotenbevölkerung für unwürdig befunden und zurückgestoßen". Die deutsche Besatzungspolitik habe innerhalb nur eines Jahres die Erwartungen enttäuscht und bewirkt, daß die Ukrainer begännen, sich von den Deutschen abzuwenden - sie fühlten sich „als Objekt behandelt, rücksichtslos ausgebeutet, in ihrer materiellen Existenz bedroht und der Vernichtung ausgesetzt". Diese Haltung konnte jederzeit in handfeste Feindseligkeiten gegen die Deutschen umschlagen - „mit allen wirtschaftlichen, militärischen und politischen Folgen für den Verlauf des Krieges und die Zukunft des Deutschen Reiches und Europas". Dementsprechend sei die Motivation „von bolschewistischer Tyrannei in deutsche Versklavung" zu fallen, gleich null. So sei auf allen Ebenen Psychologie gefragt: „nicht *was* wir fordern ist wichtig, sondern *wie* wir fordern". Für den Agrarexperten Oberländer spielte deshalb die Agrarfrage eine Schlüsselrolle: würde der Boden zügig verteilt und das landwirtschaftliche Ablieferungssoll mit Augenmaß bemessen, könnten besonders die ländlichen Ukrainer für Deutschland gewonnen werden. Nur durch die Berücksichtigung der „primitivsten wirtschaftlichen und national-kulturellen Lebensinteressen des ukrainischen Volkes und eine gerechte Behandlung der Bevölkerung" ließe sich der Raum auf Dauer sichern. Die beste Propaganda, so Oberländer, sei dabei die Tat, die auch durch die feindlichen Linien schneller wirke als jedes Flugblatt. Dabei schloß er die Behandlung der Kriegsgefangenen explizit ein: „Propaganda, die mit den Tatsachen nicht übereinstimmt, ist wertlos und schädlich".

Doch die Behandlung der Ukrainer sah Oberländer nur stellvertretend für einen generellen Fehler der deutschen Strategie gegenüber den osteuropäischen Völkern, namentlich den Slawen. Die Hälfte der europäischen Bevölkerung sei slawisch, ohne sie könne ein neues Europa nicht aufgebaut werden. Oberländer glaubte an die Hegemonialstellung Deutschlands in Europa; allerdings seien „bei der entscheidenden wichtigen Führung fremden Volkstums auch Männer zu einer Verantwortung [gelangt], der sie bei der Vertretung dem reichsfremden Volkstums gegenüber, besonders dem Osten, nicht immer gewachsen waren" - eine Spitze Oberländers gegen Erich Koch, ebenso der Hinweis, „auf dem Boden Europas ist für koloniale Ausbeutungsmethoden heute kein Platz mehr". Speziell in Polen habe die offizielle Politik mit ihren Fehlern den „Neuaufbau Europas mit einer schweren Hypothek belastet"[230]. Doch auch im restlichen Osten habe die unterschiedslos schlechte Behandlung der Völker nur eine deutschenfeindliche Einheitsfront bewirkt. Nur die „bewährtesten, charakterfestesten und beispielhaftesten Männer" sollten mit der Verwaltung der Ostgebiete betraut werden und deutsche Interessen „möglichst unsichtbar wahrnehmen"[231].

Kritisch stand Oberländer auch den Siedlungsplänen der Planer um Himmler und Konrad Meyer gegenüber. Meyer selbst hatte im Herbst 1939 versucht, Oberländer als Mitarbeiter zu gewinnen, allerdings vergeblich. Auch der VOMI begegnete Oberländer, klug geworden durch die Ereignisse vor dem Krieg, mit Argwohn[232]. Durch seine ständigen Kontakte mit den Ic-Offizieren der Heeresgruppen, den Vertretern des Ostministeriums und der SS sowie mit den in Berlin tätigen Wissenschaftlern seiner eigenen Disziplin war Oberländer über Meyers Pläne auf dem laufenden und konnte sie verfolgen[233]. Außerdem hatte er die realen, verbrecherischen Vorstufen dieses Planungswahns hinter der Front selbst kennengelernt - nicht nur in Naltschik beim Verhandeln mit der Einsatzgruppe D der SS.

In seiner vierten Denkschrift vom 9. November 1942 warnte er vor einem Größenwahn in dieser Richtung, der ebenfalls kontraproduktiv sei:

> Ein Teil dieser Völker lebt in der vom Kommunismus stets genährten Sorge, daß sie völlig von uns vernichtet würden. Der deutsche Lebensraum hat eine gewaltige Ausdehnung

---

[230] Briefe Oberländers an seine Frau vom 11. und 28. März 1943.
[231] Vgl. Oberländer, Sechste Denkschrift, S. 117.
[232] Brief Oberländers an seine Frau vom 27. September 1939. Zwei Tage später schrieb er an seine Frau, mit der „VOMI und ähnlichen Dienststellen" wolle er „nichts zu tun" haben - schon deshalb nicht, weil sein einstiger intriganter Stellvertreter Hoffmeyer dort tätig war.
[233] Oberländers Briefe an seine Frau geben darüber Aufschluß, was er erfuhr: so berichtete ihm Gerhard Wolfrum mehrmals ausgiebig über die Umsiedlung der Buchenlanddeutschen ins Generalgouvernement (Brief Oberländers an seine Frau vom 6. April 1941); Ernst Hoffmeyer schilderte ihm seine Umsiedlungsmaßnahmen für die Baltendeutschen, und Oberländer war zugegen bei einem Vortrag Seraphims in Krakau über die Juden in Polen (Brief vom 24. April 1940).

erfahren. Der deutsche Siedlungsraum erkauft diese Ausdehnung mit dem Einsickern von Millionen fremder Arbeitskräfte. Versuchen wir in diesem Krieg gleichzeitig mit der Ausdehnung des Lebensraumes eine Ausdehnung des Siedlungsraumes, der den Siedlungswillen und die Siedlungsfähigkeit unseres Volkes übersteigt und dem durch die deutschen Blutverluste Grenzen gesetzt sind, so gefährden wir von einer anderen Seite den Erfolg der Waffen. Denn die übermäßige Ausdehnung des Siedlungsraumes muß bei den betroffenen Völkern stärkste Widerstände hervorrufen. Eine der Volkskraft Rechnung tragende Weise Beschränkung in Planung und Propaganda ist im Hinblick auf das in Europa und gerade im Osten zu gewinnende und zu vertiefende Vertrauen unbedingt notwendig"[234].

Diesen Gedanken griff Oberländer in seiner nächsten Denkschrift vom Frühjahr 1943 noch einmal auf:

„Für Deutschland als Herz Europas ist ausreichender Siedlungsraum Voraussetzung seiner Existenz. Die beiden sich überschneidenden Aufgaben, Ausdehnung des deutschen Volksbodens und Schaffung des europäischen Großraums, müssen in unserer augenblicklichen Lage gleichzeitig verwirklicht werden. Umso wichtiger ist es, die Siedlungsziele so zu stecken, daß bei einem Optimum an neuem Volksboden möglichst wenige Völker von ihnen betroffen werden und dadurch im Gegensatz zu uns geraten und wir der Freundschaft der übrigen desto sicherer sein können (Polen gegen uns, Ukrainer für uns) (...) Dem militärischen Kampf muß eine geistige Offensive zur Seite stehen, die dazu angetan ist, durch freiwilligen Entschluß alle Europäer einschließlich der Völker des Ostens als Bundesgenossen mitzureißen (...)[Dies] setzt ein klares geistiges Programm und den unzweideutige Willen, es zu befolgen, voraus: (...) Bindung in Kultur und Religion, durch auf staatliche Selbständigkeit oder gesicherte Eigenständigkeit der Völker, (...) die Pflege der in der Volksgemeinschaft verwurzelten Einzelpersönlichkeit und Kampf gegen die materialistische Plutokratie und Kollektivismus. Das inhaltlose Kernwort eines neuen Europa genügt nicht"

Bei Themen wie der Agrarfrage, der Behandlung von Gefangenen, der Wiedereinführung des Privateigentums oder der Anwerbung von Arbeitskräften für das Reich erfülle das Deutsche Reich weder seine selbst gegebenen Zusagen noch die Erwartungen der betroffenen Völker. Um nun trotz der bereits gemachten Fehler dennoch eine europäische Schicksalsgemeinschaft gegen die Rote Armee zu schmieden, sei es, so Oberländer, notwendig, daß ein möglichst großer Teil der Ostvölker noch die Waffe gegen Stalin in die Hand nehme. Das Recht, welches Deutschland als „Führungsmacht des Abendlandes" dabei in Europa setzen solle, müsse dem Grundsatz „Jedem das Seine" verpflichtet sein und verlange die Anerkennung unterschiedlicher Volkspersönlichkeiten in all ihrer Vielgestalt, auf der der Reichtum (...) des Abendlan-

---

[234] Vgl. Oberländer, Vierte Denkschrift, S. 96.

des beruht". Der Grundsatz impliziere gleichzeitig, daß niemand, „auch der letzte russische Proletarier und Kolchosbauer nicht, ein auf Rechtlosigkeit, Mißachtung und damit auf Mißtrauen beruhendes Helotendasein" führen dürfe. „Der Schild des Reiches gewährleistet die Einheit, die in der Gegenwart lebende Geschichte Europas die Vielfalt"[235].

9. Oberländer im Visier der SS

Seine Erkenntnisse, die Oberländer bei der Aufstellung der Einheiten *Nachtigall* und *Bergmann* gewonnen und zu Papier gebracht hatte, waren für Oberländer die logische Konsequenz seiner Volkstumspolitik seit 1933. Er sah sich, wie er seiner Frau schrieb, am Ende eines achtjährigen politischen Kampfes[236]. Das *Reichssicherheitshauptamt* in Berlin teilte diese Meinung - nur mit umgekehrten Vorzeichen. Was Oberländer für sich selbst positiv in Anspruch nahm, wurde in der Berliner Wilhelmstraße als gravierender Makel betrachtet. Nicht umsonst hatte sich die SS-gesteuerte *Volksdeutsche Mittelstelle (VOMI)* bereits 1937 aktiv am erzwungenen Ausscheiden Oberländers aus Ostwissenschaft und -Politik beteiligt. Dies geschah im Rahmen eines Generationswechsels, bevor das *RSHA* einen immer größer werdenden Kreis williger Wissenschaftler in den Dienst seiner bevölkerungspolitischen Planungen nahm, um deren Wahnvorstellungen zu operationalisieren. Seit 1937 / 38 scharte die Amtsgruppe III B („Deutsche Lebensgebiete, Abteilung Volkstum") des *RSHA* etwa 300 Volkstumsexperten um sich, die auf Umsiedlungen und Völkermorde hinter den militärischen Fronten hinarbeiteten. Sie glaubten, im Sinne einer „großgermanischen Reichsidee" Deutschlands Hegemonialstellung in Europa durch willkürliche Bevölkerungsverschiebungen und Selektionen sichern zu können. In dieses Weltbild paßte Oberländer mit seinen Denkschriften kaum hinein: seine Denkschrift „Deutschland und der Kaukasus" wurde als „Meldung aus den besetzten Ostgebieten Nr. 13" vom 24. Juli 1942 auch dem *RSHA* vorgelegt, trägt aber den Vermerk: „Die kritische Einstellung des Reichssicherheitshauptamtes zur Person des Dr.

---

[235] Vgl. Oberländer, Fünfte Denkschrift, S. 110 ff.
[236] „Was ich im BDO begann und mit Nachtigall fortsetzte, will ich in Bergmann durchkämpfen (...) ein Regiment wie Bergmann kann man nicht einfach beiseite schieben" (Brief Oberländers an seine Frau vom 3. Mai 1943).

Oberländer wird durch die Veröffentlichung dieser Ausarbeitung nicht berührt"[237].

Sein Gang nach Prag war ebenfalls von der Antipathie des *RSHA* überschattet. Hatte Oberländer bis zum Frühjahr 1942 sein Dekanat in Prag trotz Abwesenheit behalten, wurde er nun am 9. Februar 1942 von seinem Amt entbunden - gleichzeitig mit Saure, der aus dem Rektorat entfernt wurde, weil SS-Obergruppenführer Reinhard Heydrich einen ihm genehmen Nachfolger dort installierte. Im Juni 1942 wurde Oberländer dann zum Honorarprofessor ernannt. Als er nun im Herbst 1943 nach Prag kam und gegen seine Abkommandierung anging, sah er sich nicht nur Himmlers genereller Abneigung ausgesetzt. Da Oberländer das „falsche Lager" an der Universität verstärkte, hatte auch die Amtsgruppe III B des *RSHA* ein Interesse daran, seine Stellung zu unterminieren[238].

Parallel zu den Beratungen Kaltenbrunners, Ohlendorffs und Franks über den Fall Oberländer im November und Dezember 1943 erstellte Dr. Herbert Strickner für die Amtsgruppe III B des *RSHA* am 11. November 1943 einen sechsseitigen Bericht, der Oberländers Denkschriften zum Anlaß nahm, seine Aktivitäten seit 1933 aus der Sicht von SS und SD kritisch zu kommmentieren. Der Charakter Oberländers wurde äußerst negativ beurteilt, denn seine Handlungen seien „nur von taktischen Gesichtspunkten aus diktiert"; er verstehe es, „stets mit den jeweils stärksten Faktoren Verbindung aufzunehmen und zu arbeiten". Auch attestierte das *RSHA* ihm mangelnden nationalsoziali-

---

[237] Vgl. das Exemplar der Meldung in den Stasi-Akten Oberländers (*BStU*. ZUV 28, Band 8 Nr. 290).

[238] Vgl. Oberländers ehemalige BDC - Akte *BA*, R2 Pers, Oberländer, Theodor, geb. 01.05.05, Wi. Reinhard Heydrich hatte bis zu seinem Tode das Ziel verfolgt, die Deutsche Karls-Universität für seine wirtschafts-, wissenschafts- und bevölkerungspolitischen Ambitionen zu instrumentalisieren. Zu diesem Zweck hatte er auf eine Entfernung Saures gedrängt und seinen volkstumspolitischen Berater Hans - Joachim Beyer als Prorektor und einflußreichen Stellvertreter des Rektors Alfred Buntru installiert. Beyer baute sich schnell eine Hausmacht auf und war mit Hilfe Heydrichs bemüht, den Einfluß seiner „großgermanisch" denkenden Expertengruppe auszubauen. Nach Heydrichs Tod war dessen Nachfolger Karl Hermann Frank bemüht, Beyers Einfluß zugunsten der restlichen, keineswegs entmachteten Professorenschaft zurückzudrängen. Er ernannte daher am 1. November 1943 Friedrich Klausing zum neuen Rektor, dem es nicht schwerfiel, Oberländer gegen die Fraktion um Beyer und das *RSHA* zu stützen (vgl. zu Beyer und seiner Politik an der Prager Universität Roth, Heydrichs Professor, S. 297 ff).

stischen Stallgeruch: er sei nicht aus der Bewegung hervorgegangen und habe es noch 1933 abgelehnt, in die *NSDAP* einzutreten. Erst nach dem Parteitag 1935 habe er sich zu diesem Schritt durchgerungen. Oberländer entstamme der bündischen Jugend und sei im Jahre 1932 als Exponent einer Denkrichtung aufgetreten, die im Gegensatz zum Nationalsozialimus das universalistische Denken Otmar Spanns vertreten habe. Mittels einer aggressiven Personalpolitik habe er seine Gildenbrüder auf allen Ebenen von *VDA* und *BDO* und in der Wissenschaft untergebracht, sie hätten den Kreis der sogenannten „Pro-Bolschewisten" gebildet.

Auch die seit 1935 bestehende Kritik orthodoxer Nationalsozialisten an Oberländers Theorie des polnischen Bevölkerungsüberdrucks fand sich hier wieder. Seine Arbeit habe bedenkliche politische Auswirkungen gehabt und die „polnischen Ansprüche auf Ostelbien erleichtert" - diese Kritik deckt sich in Inhalt und Form nahtlos mit der negativen Beurteilung Oberländers aus dem Jahre 1938 im „Stellenplan der Dienststelle des Außerordentlichen Bevollmächtigten Botschafters des Deutschen Reiches". Erst Erich Koch sei hier eingeschritten und habe „angesichts katastrophaler Verhältnisse in der Arbeit dieser *VDA*-Gliederung [Ostpreußen]" eine Untersuchung gegen Oberländer eingeleitet. Das Ergebnis habe festgehalten, er habe sich um die Landesleitung überhaupt nicht gekümmert, schwerste Finanzmißwirtschaft, besonders in der Memelarbeit, sei die Folge gewesen. Koch habe die Untersuchung „mit einer Ausschaltung Oberländers aus der volkspolitischen Arbeit in Ostpreußen" beendet, und Oberländer sei anschließend nach Greifswald versetzt worden. Der Bericht erwähnte mit keiner Silbe die Entlastungen und Rehablilitationen, die Oberländer in den Jahren 1937 und 1938 nicht nur durch die Leiter von *VDA* und *BDO*, sondern auch von Heydrichs Stellvertreter, SS - Obergruppenführer Werner Best, erhalten hatte. Seine bündischen Kontakte und sein Draht zur Abwehrstelle Königsberg hätten ihn dann schnell zur Abwehr gebracht. Als Führer der Einheiten *Nachtigall* und *Bergmann* habe er eine Reihe von Denkschriften mit „mehr oder minder grundsätzlichen Stellungnahmen zur Ostpolitik" verfaßt und darin gefordert, die Völker des Ostens differenziert zu behandeln und „uferlose Siedlungsziele" aufzugeben.

Abschließend würdigte das *RSHA* die weltanschauliche Einstellung Oberländers, die in zwei Punkten beweise, daß er sich noch nicht aus seinen „bündisch-liberalistischen Gedankengängen" gelöst habe: erstens beschwöre er die „vor der biologischen Übermacht kapitulierende [Weltanschauung] des

Liberalismus etwa im Sinne von Spenglers 'Untergang des Abendlandes' (Hinweis auf die gelbe Gefahr)" anstelle der „heroischen Weltanschauung" des Nationalsozialismus, und zweitens täte er den Glauben des *RSHA* an die „Führungsaufgabe des germanischen Menschen" als materialistisch ab[239].

Im Lichte dieser Kritik scheint Oberländers eigenes Bild seiner Arbeit - ein direkter Weg führe von den Tätigkeiten in *VDA* und *BDO* zu *Nachtigall* und *Bergmann* und seinen Denkschriften - plausibel. In der Tat hat er sich nie ganz von den Mustern der Volkstumspolitik im Schatten von Versailles gelöst. Zwar nutzte er den Aufstieg der Nationalsozialisten effizient und taktisch geschickt für seine eigene Karriere - allerdings konnte auch er nicht den Generationswechsel der Jahre 1937 und 1938 überstehen. Dieser spülte eine Forschungs- und Funktionselite an die Schalthebel der Macht, die zum großen Teil zeitgleich mit Oberländer und in den gleichen Institutionen groß geworden und durch ihn selbst aktiv gefördert worden war. Doch dieser Teil der Elite im Wartestand war, anders als Oberländer, sehr viel bedenkenloser bereit, unter der Ägide der SS den Weg hin zu Planungswahn und industriellem Massenmord zu gehen[240].

Canaris und Oberländer dachten in anderen Kategorien. Ihnen schwebte gemeinsam eine Revision der Versailler Ergebnisse vor, die Deutschlands Hegemonialstellung in einem Großraum Europa festigen würde. Der Ruf der Sudetendeutschen nach einem Eingreifen Berlins, die Aktivitäten der Abwehr zur Vorbereitung des deutschen Einmarsches in die Tschechoslowakei und das Münchner Abkommen waren für Oberländer ein erster erfolgreicher Schritt. Doch einen Krieg gegen die Sowjetunion konnte Deutschland nicht ohne weiteres gewinnen. Canaris und Oberländer setzten darauf, die Sowjetunion von innen zu schlagen; sie forderten, drastische Maßnahmen auf die eigentlichen Gegner zu beschränken - die überzeugten Kommunisten - und dafür nationale Minderheiten zu bevorzugen, mit deren Hilfe Deutschland

---

[239] Bericht der Amtsgruppe III des *RSHA* zum Fall Oberländer („ohne Vorgang") vom 11. November 1943. *BStU*, ZUV 28, Band 6 Nr. 231 - 237. Hier irrt das *RSHA*: der Eintritt Oberländers in die *NSDAP* zum 1. Mai 1933 findet sich u. a. in seinen Personalakten, ebenso wie seine Parteinummer: 2 331 552.

[240] Seinen früheren Königsberger Protegé Peter-Heinz Seraphim, der diesen Weg ohne Bedenken mitging, betrachtete Oberländer kopfschüttelnd. Am 13. März 1943 schrieb er seiner Frau, er verstehe Seraphim nicht: „ich bedaure nicht, ihn gefördert zu haben, aber menschlich kann ich da nicht mit und will auch nichts mehr mit ihm zu tun haben".

den Krieg gewinnen konnte. Die Aufstellung von *Nachtigall* und *Bergmann* waren in dieser Hinsicht erfolgreiche Experimente.

Dabei glaubte auch Oberländer an die zivilisatorische Überlegenheit der Deutschen als Führungsmacht des Abendlandes, die sich im kreuzzugsähnlichen Kampf gegen Stalin und die Sowjetunion befinde. Er bejahte das Kriegsziel und unterstützte den Krieg, der sich nicht hatte verhindern lassen, mit vollen Kräften. Doch lehnte er die brutalen Methoden des Vernichtungskriegs eines Erich Koch, die Mißhandlungen der Kriegsgefangenen und den Planungswahn eines Konrad Meyer ab - und sagte dies in einer Deutlichkeit, die seinen Kritikern, vor allem in den Reihen der SS, immer wieder aufstieß und die ihn letztlich sein Kommando kostete. An die Stelle des „Herrentums der Germanischen Rasse" setzte Oberländer eher das „wahre Herrentum", wie er es in seiner sechsten Denkschrift nannte, das führte und nicht herrschte - eine Art deutscher Monroe-Doktrin, die Geopolitik und Völkerrecht miteinander verwob. Mit einem Zweiklang von „Völkischer Freiheit und politischer Gebundenheit" beschrieb er, wie ein von Deutschland dominierter europäischer Großraum Mittel- und Osteuropa eine Völkerhierarchie von Berlins Gnaden erhielt. Andererseits forderte er mit Nachdruck, dem militärischen Kampf müsse eine geistige Offensive zur Seite stehen, die dazu angetan sei, durch freiwilligen Entschluß alle Europäer einschließlich der Völker des Ostens als Bundesgenossen im Kampf gegen Moskau mitzureißen. Dazu mahnte er immer wieder ein klares geistiges Programm für eine Besatzungspolitik an, basierend auf der „Bindung in Kultur und Religion, auf staatlicher Selbständigkeit oder gesicherter Eigenständigkeit der Völker, der Pflege der in der Volksgemeinschaft verwurzelten Einzelpersönlichkeit"[241].

Damit offenbart sich ein sehr viel geschlosseneres Weltbild, als man auf Grund seiner steilen Karriere seit 1933 vermuten mag. Nach Hitlers Machtergreifung standen dem ehrgeizigen Akademiker alle Chancen einer glanzvollen Karriere offen, und der anpassungsfähige Pragmatiker Oberländer hatte sie mit beiden Händen ergriffen. Er war ein herausragendes Mitglied der Elite im Wartestand, dessen Stern noch vor seinem dreißigsten Lebensjahr in den Reihen der Ostforschung in einer Weise stieg, die Aufsehen erregte. Schnell vereinte der agile Oberländer eine Macht an Mitteln, Posten und Einflußmöglichkeiten auf sich, die ihresgleichen suchte - bis der Genera-

---

[241] Brief Oberländers an seine Frau vom 7. März 1941; Oberländer, Vierte Denkschrift, S. 96 f.; Fünfte Denkschrift, S. 110 ff.

tions- und Paradigmenwechsel in der Ostpolitik und die unsichtbare Hand Erich Kochs seine steile Karriere im Jahre 1938 abrupt beendeten.

Sein Gang zur Abwehr machte Oberländer zum Nebenaußenpolitiker: am Vorabend des Zweiten Weltkriegs erkannte Oberländer den Wert möglicher Bundesgenossen unter den Völkern Osteuropas und konzentrierte sich auf die Ukraine als Schlüssel zur Sicherung der deutschen Machtposition in Osteuropa, vor allem in einem zukünftigen Waffengang mit Stalin. Für einen Kampf gegen Moskau war die Ukraine ein strategischer Faktor erster Güte, der unbedingte Meistbegünstigung genießen sollte - das Bataillon *Nachtigall* war Oberländers kurzlebiges, aber äußerst erfolgreiches Modell dafür -, lange bevor angesichts des Scheiterns der Wehrmacht vor Moskau im Winter 1941 in weiten Teilen der Wehrmacht neu darüber nachgedacht wurde, wie die Kriegsgefangenen und die Völkerschaften Osteuropas und Rußlands behandelt werden sollten. Oberländers zweites Projekt, der Sonderverband *Bergmann*, wies hier den Weg. Er war sicher eines der erfolgreichsten Beispiele im ganzen Krieg: Kriegsgefangene aus fünf Völkern wurden zu einer schlagkräftigen Einheit ausgebildet, die ihren Umfang innerhalb eines Jahres verdoppelte und bis zum Kriegsende bestand. *Bergmann* war für Oberländer der Beweis seiner Theorie, die Sowjetunion sei nur mit Hilfe der Völker, die unter Stalin gelitten hatten, zu schlagen - von innen, auf ihrem eigenen Boden, in einer Art Bürgerkrieg. Die Befreiung der eigenen Heimat bot Oberländer diesen Völkern als Ziel, für das es sich lohnte, an die Seite der Deutschen zu treten. Quasi *en passant* hofften Oberländer und Gleichgesinnte, auf diese Weise ungehinderten Zugriff auf die notwendigen Rohstoffreserven zu erhalten, um den Krieg im Osten alsbald gewinnen zu können.

Ein hundertfünfzigprozentiger Nationalsozialist war Oberländer gewiß nicht - auch kein offener Gegner des Regimes und auch kein innerer Emigrant - wohl aber ein lautstarker Widersprecher, dem seine Überzeugungen im totalitären NS-Staat nach 1935 immer wieder erhebliche, folgenreiche Schwierigkeiten einbrachten. Paradoxerweise war es erst die aussichtslose militärische Situation Deutschlands, die Oberländer in den Augen der SS auf kaltem Wege rehabilitierte. In weniger als einem Jahr wurde Oberländer von einem drangsalierten Paria zu einem gesuchten Experten, den die SS-Standarte „Kurt Eggers" unbedingt in ihren Reihen sehen wollte, um seine seit 1940 gesammelten Erfahrungen nun für die SS beim Umgang mit neuen Freiwilligenverbänden zu nutzen. Daß er sich dem verschloß und als Hauptmann der Wehrmacht lieber direkt zur Wlassow-Armee ging, war aus seiner

Sicht nur konsequent. Dort gewann er auch seinen letzten Kampf - Tausende russische Wlassow-Soldaten vor dem sicheren Tod in Stalins Lagern zu bewahren. Es war ein letzter, später Triumph in einem verlorenen Kampf. Wäre er siegreich verlaufen, schrieb er am 1. Februar 1945 an seine Frau, „hätte kein Bolschewist je deutschen Boden betreten".

Kapitel II
Ex oriente lux?
Oberländer im Fadenkreuz Albert Nordens

A. Die Allianz Ost-Berlin-Warschau-Moskau: ostdeutsche, polnische und sowjetische Angriffe gegen Oberländer

1. Der Westen leuchtet

Knapp fünfzehn Jahre nach Ende des Zweiten Weltkriegs hatten sich Oberländers Befürchtungen mehr als bewahrheitet. Die Rote Armee hatte nicht nur deutschen Boden betreten, sondern sie stand nach wie vor mitten in Deutschland. Die innerdeutsche Zonengrenze war gleichzeitig Grenze zwischen den Blöcken. Die Rolle, die Moskau der DDR als Frontstaat des Kalten Krieges zumaß, hatte eine Doppelfunktion. Als Teil Deutschlands und als Mitglied des sozialistischen Lagers war sie geradezu prädestiniert, als „Schaufenster des Ostens" nach Westen zu strahlen. Sie besaß, so Nikita Chruschtschow, einen entscheidenden Vorzug:

"Dort sind die Grenzen [zur Bundesrepublik] einfach offen und es erfolgt eine ständige Berührung mit der kapitalistischen Welt, zu der ja die Deutsche Bundesrepublik gehört. Dort wird nicht nur eine ideologische Schlacht geschlagen, sondern eine ökonomische Schlacht zwischen Sozialismus und Kapitalismus. Dort wird der Vergleich gezogen, welche Ordnung die besseren materiellen Bedingungen schafft"[1].

Doch diesen Vergleich drohte die DDR innerhalb kürzester Zeit zu verlieren, denn das Schaufenster strahlte nicht, es wurde angestrahlt und bis in seine dunkelsten Ecken grell ausgeleuchtet. Die Menschen stimmten mit den Füßen ab und flüchteten über die grüne Grenze in das Land des Wirtschaftswunders. Regime und Bevölkerung hatten gegenseitig nie wirklich Wurzeln geschlagen, und Ulbrichts DDR bot den meisten Menschen einfach keine emo-

---
[1] Zitiert bei Michael Lemke: *Die Berlinkrise 1958 bis 1963. Interessen und Handlungsspielräume der SED im Ost-West-Konflikt*. Berlin 1995, S. 46 - 47.

tionale Heimat. Dieser Mangel an politischer Verwurzelung der DDR, der 17. Juni 1953 und die prekäre wirtschaftliche Lage, die immer wieder zu Versorgungsengpässen selbst bei einfachen Gütern führte, sowie zahllose andere Zustände des täglichen Lebens enttäuschten die Hoffnungen der als „werktätigen Massen" apostrophierten Bürger immer wieder und in jeder Hinsicht. Für Ost-Berlin geriet die Republikflucht immer mehr zu einem existenzgefährdenden Problem der DDR, denn der ostdeutsche Teilstaat blutete buchstäblich aus. Der tägliche, hundertfache Aderlaß betraf einerseits die Säulen jeder zivilisierten Gesellschaft - Facharbeiter, Ärzte, Wissenschaftler, Lehrer und andere - , andererseits aber auch gerade die Jugend, die fatalerweise zu einer Massenflucht in eine bessere Zukunft ansetzte. Von 1955 bis 1958 flohen jährlich über eine Viertelmillion Menschen, und gerade ihr Anteil machte bis zu zwei Drittel der Flüchtenden eines Jahres aus.

Für die DDR erwuchs daraus eine Systemkrise, die alle gesellschaftlichen Teilbereiche erfaßte und schon mittelfristig ihren Bestand und ihre Lebensfähigkeit gefährden konnte. Innenpolitischen Spielraum gewährte das Regime weder sich noch seiner Bevölkerung, wirtschaftspolitisch hing man am Tropf einer Zentralwirtschaft, die baldige Erfolge kaum versprach. So blieb zunächst nur das Ausweichen auf außenpolitisches Terrain, um die eigene Position zu stabilisieren und Erfolge zu verbuchen. Der Abschluß eines Friedensvertrags vor einer Wiedervereinigung Deutschlands als Konföderation, eine Lösung der Berlin-Frage und die damit verbundene völkerrechtliche Anerkennung der DDR standen nach 1958 ganz oben auf Walter Ulbrichts Agenda politischer Ziele.

Am 10. Januar 1959 forderte Moskau, innerhalb von zwei Monaten eine Konferenz zur Unterzeichnung eines Friedensvertrages einzuberufen, und Ulbricht ergriff die Gelegenheit, um wenig später seine Vorstellungen zu präzisieren. Anfang März 1959 legte das Politbüro einen Entwurf für einen deutsch-deutschen Konföderationsvertrag vor, der einen paritätisch besetzten Gesamtdeutschen Rat als Regierungsorgan zweier souveräner deutscher Staaten vorsah, die aus ihren jeweiligen Militärbündnissen ausgetreten waren. Da dieser Plan implizit auf eine Systemveränderung in der Bundesrepublik und eine Auflösung ihrer Westbindung abzielte[2], hatte er in Bonn und bei den

---

[2] Vgl. Anlage 12 zum Protokoll 11 / 59 der Sitzung des Politbüros vom 3. März 1959. *SAPMO - BA*, J IV 2 / 2 Nr. 635. Bereits im März 1957 hatte der stellvertretende Präsident der Ost-Berliner Volkskammer, Hermann Matern, über die Konföderationspläne der *SED* mit entwaffnender Offenheit gesagt: „Es kommt nicht darauf an, ob jetzt die

HEADQUARTERS 26th INFANTRY DIVISION

24 Apr, 1945

TO ALL CONCERNED:

1. This is to certify that Captain Oberlander, German Army, and civilian, Alexander von Borries, as chauffeur have been authorized by the Commanding General, 26 US Inf Div to pass through the Allied lines to re-enter the German lines for the purpose of obtaining and returning back to the Allied lines with General Aschenbrenner.

2. This will be accomplished on Tuesday, 24 April, 1945.

3. The route to be used by General Aschenbrenner and Captain Oberlander to return to the Allied lines will be as follows:

        Eisenstein

        Neuern

        Saint Katharina

        Neukirchen

        Furth

        Kothmaißling

        Cham

4. General Aschenbrenner and Captain Oberlander upon arriving at Cham will report to 1st Lt Max Gissen, 26 US Inf Div, at the office of the Military Government Officer.

5. The cooperation of all authorities is requested.

For the Commanding General:

HARLAN N. HARTNESS
Brigadier General, U.S. Army
Assistant Division Commander

Laissez-passer der US-Armee für die Delegation unter Oberländers Führung, die die Übergabe der Malzew-Truppen an die Amerikaner Ende April 1945 verhandelte. (Archiv des Autors.)

Westmächten keine Chance. Ihrerseits legten die Westmächte für die von Moskau geforderte Konferenz, die im Sommer 1959 in Genf stattfinden sollte, den nach dem US-Außenminister Christian Herter benannten Herter-Plan vor, der die westlichen Vorstellungen zur Wiedervereinigung in einen europäischen Gesamtzusammenhang stellte und den Vorstellungen Moskaus in einigen Punkten entgegenkam[3].

Im Vorfeld der Konferenz verbuchte die *SED* vorab zwei wichtige Erfolge: erstens nahmen Bonn und Ost-Berlin an der Konferenz als Beobachter teil - sie waren quasi an den „Katzentisch" dazugebeten. Die staatliche Existenz der DDR war somit nicht mehr einfach zu leugnen. Zweitens machte auch der Herter-Plan implizit deutlich, eine Lösung der deutschen Frage sei ohne eine Mitwirkung der beiden deutschen Staaten nicht möglich - auch dies stützte die östliche Zwei-Staaten-Theorie. Doch die eigentliche Konferenz, die vom 10. Mai bis zum 20. Juni 1959 dauerte, brachte keine nennenswerten Ergebnisse. Moskau beharrte auf seinen im Januar geäußerten Vorstellungen

---

in Westdeutschland Herrschenden die Vorschläge annehmen, sondern es kommt darauf an, daß wir gemeinsam mit den demokratischen Kräften in Westdeutschland den Kampf führen und die Lage dort verändern".

[3] Allerdings führte die Ablehnung der Pläne durch die Bundesregierung dazu, daß *SPD* und *FDP* eigene Vorstellungen zur Deutschlandpolitik entwickelten und, im Falle der *FDP*, am 12. Mai 1959 auch geheime Kontakte mit der *SED* in Genf suchten: eine Delegation unter Führung von Thomas Dehler, Ernst Achenbach und Erich Mende diskutierte dort mit Arne Rehahn, Gerhard Kegel und anderen ZK - Mitgliedern über die beiderseitigen Pläne.Der Herter-Plan war in Bonn keineswegs unumstritten. Er sah drei Stufen vor: zunächst sollte in Berlin eine kleine Wiedervereinigung stattfinden in Gestalt freier Wahlen in den Stadthälften unter Kontrolle der *UNO* oder der Vier Mächte, die danach vereint würden. Als zweite Stufe sollte ein Deutscher Gemischter Ausschuß mit 25 Bonner und 10 Ost-Berliner Vertretern bestellt werden, der Vorschläge ausarbeiten sollte zur Ausgestaltung der innerdeutschen Beziehungen, für freie Wahlen und eine Begrenzung der militärischen Kontingente. Beschlüsse sollten mit Dreiviertelmehrheit gefaßt und in einem Volksentscheid anschließend sanktioniert werden. Spätestens zweieinhalb Jahre nach dem Volksentscheid sollten als dritte Stufe freie und geheime Wahlen in ganz Deutschland stattfinden. Die so gewählte Versammlung solle dann die Verfassung ausarbeiten. Eine auf der Grundlage dieser Verfassung gewählte neue Regierung könne dann die bisherigen Regierungen ersetzen, einen Friedensvertrag abschließen und Truppenstärken weiter reduzieren. Dem vereinten Deutschland sollte es dann freistehen, welchem Militärbündnis es beitreten wolle. Bonn verzichtete dabei auf die Vorbedingung freier Wahlen als ersten Schritt zur Wiedervereinigung. Es sollte der letzte gemeinsame Vorschlag der Westalliierten für die Wiedervereinigung Deutschlands sein (vgl. Lemke, *Berlinkrise*, S. 121).

für einen Friedensvertrag und drohte, ihn notfalls auch allein mit der DDR abzuschließen. Die Westmächte lehnten einhellig die Idee einer Konföderation ab. Der Sprecher der Bonner Delegation, Wilhelm Grewe, brachte es mit seinen Worten auf den Punkt, ein System der Freiheit ließe sich nicht mit einem System der Unfreiheit konföderieren. Nach immer wieder ergebnislosen Verhandlungen wurde die Konferenz am 20. Juni 1959 für vier Wochen vertagt und blieb schließlich auch nach der zweiten Verhandlungsrunde ohne greifbares Ergebnis.

2. Flucht in die Ideologie - Antifaschismus als Instrument

Für Walter Ulbricht und das Politbüro war das Scheitern der Konferenz aus vielerlei Gründen bitter, wenn nicht existenzbedrohend. Der innenpolitische Druck und die wirtschaftliche Misere hatten keinesfalls nachgelassen, gerade letztere sich eher noch verschlimmert. So gab es nur eine einzige Ressource, mit der man auch aus der Defensive heraus wirksam gegensteuern konnte, ohne den Staatshaushalt zu belasten: Ideologie und Propaganda - sie standen unbegrenzt zur Verfügung.

Am 18. August 1959 beschloß das Politbüro ein in das Gewand aggressiver Polemik gekleidetes Kampfprogramm gegen die wahren Schuldigen: Genf habe erkennen lassen, so das Politbüro, daß die Bundesregierung der „Hauptstörenfried in den internationalen Beziehungen" sei. Bundeskanzler Adenauer und seine Minister Gerhard Schröder und Franz-Josef Strauß machten eine Verständigung unmöglich und hätten sich vor aller Welt „als eines der Haupthindernisse für die internationale Entspannung" erwiesen. Sie seien mit ihrer Gegnerschaft zu den diversen Vorschlägen der DDR der Beweis dafür, daß Bonn die Wiedervereinigung abgeschrieben habe. Fazit: „Kein Schritt in Richtung Wiedervereinigung [sei] möglich, solange die westdeutsche Bevölkerung die Adenauer, Strauß und Schröder an der Spitze der Bonner Regierung duldet"[4].

So besann sich die DDR auf die eingeübten Rituale des Antifaschismus - ein Feld, auf dem sie schon beträchtliche Erfahrungen vorzuweisen hatte.

---

[4] Vgl. den Beschluß des Politbüros „An alle Grundorganisationen der *SED*", Anlage 6 zum Protokoll 40 / 59 der Politbürositzung vom 18. August 1959. *SAPMO - BA*, J IV 2 / 2 Nr. 664.

Das Selbstverständnis der DDR seit 1949 war nicht eine sozialistische Alternative zur Bundesrepublik, sondern das eines besseren, konsequent antifaschistischen deutschen Staates. Als historisch wurzelloses Gebilde und wegen ihrer sonstigen vielfältigen Unterlegenheit war die DDR für ihr eigenes Profil und ihre Selbstlegitimation zwingend auf die Bundesrepublik angewiesen. Ihr konnte die DDR ständig - in vielen Fällen zu Recht - ihr Versagen auf dem Gebiet der NS-Vergangenheitsbewältigung vorhalten. Der Antifaschismus war primärer, identifikationsstiftender Gründungsmythos der DDR und wurde zum Kernbegriff, zur Quelle der Selbstlegitimation - übrigens der einzigen, die die *SED*-Herrschaft in den Augen der Bevölkerung je entwickeln konnte. Dem lichten Staatswesen einer nachhaltig entnazifizierten DDR wurde der Bonner Teilstaat als Hort faschistischer Finsternis gegenübergestellt. Die neue DDR-Machtelite voller Verfolgter und Emigranten sollte in auffälligem Gegensatz stehen zu der Bundesrepublik, dem „klerikal-faschistischen Adenauer-Staat", in dem die alten Eliten des Dritten Reiches scheinbar besorgniserregend wieder an die Spitze des Staates treten konnten.

Auf dieser Basis setzten nun politische Kampagnen einer neuen Qualität ein. Zwar hatte es schon seit einigen Jahren immer wieder sporadische Aktionen gegen öffentliche Köpfe Bonns oder die Verhältnisse im anderen Deutschland gegeben. Die Kampagnen neuen Typs jedoch sollten systematischer werden und konsequentere, militantere Ziele verfolgen. Albert Norden hatte die Direktive des Politbüros vom 18. August 1959 selbst mitformuliert und wurde auch zum *spiritus rector* der nun gegen die „renazifizierte Bundesrepublik" zu führenden Aktionen. Sein Koordinationszentrum bildete der stabsmäßig organisierte *Ausschuß für Deutsche Einheit*. Schwierig gestaltete sich nun der Umstand, daß Konrad Adenauer als oberster Repräsentant Bonns schwer zu „nazifizieren" war: als Hauptfeind des sozialistischen Aufbaus stand der DDR mit Adenauer selbst ein Verfolgter des Dritten Reiches gegenüber. So beließ man es zunächst bei sprachlichen Entgleisungen unterschiedlicher Güte, etwa der These, Adenauer sei der „Hitler unserer Tage", der „einen Bruderkrieg entfesseln" wolle und „dessen Grundsätze man in *Mein Kampf* nachlesen" könne[5].

---

[5] Wortprotokoll der Beratung mit dem Politbüro der KPD und der *SED*, Anlage 1 zum Protokoll 19 / 59 der Sitzung des Politbüros vom 23. April 1959. *SAPMO - BA*, J IV 2 / 2 Nr. 643.

Doch bald griff Ost-Berlin zu perfiderer Symbolik und machte die „Gegenwart der Vergangenheit" (Alfred Grosser) zum Propagandathema, um die Bonner Demokratie im politischen westlichen Lager zu isolieren. Am 20. September 1959 wohnte Adenauer der Einweihung einer Kölner Synagoge bei - und drei Monate später wurde der Bau in der Weihnachtsnacht 1959 geschändet. Auf beiden Seiten der Pforte fanden sich riesige schwarze Hakenkreuze, und an der Mauer prangte ein großer weißer Schriftzug „Juden raus". Dies zog eine Welle antisemitischer Schmierereien in der ganzen Bundesrepublik nach sich - allein bis zum 28. Januar 1960 wurden 470 Vorfälle registriert[6].

Schon bei einer vorangegangenen Schmiererei an der Synagoge in Düsseldorf war ein ehemaliger FDJ-Funktionär als Verdächtiger festgenommen worden. Zwar bekannten die beiden festgenommenen Täter, sie hätten aus eigenem Antrieb gehandelt. Allerdings waren auch sie, wie Adenauer durch den englischen Geheimdienst erfuhr, vor der Tat längere Zeit in der DDR gewesen. Zahlreiche Indizien und die Aussagen diverser Überläufer deuten auf eine wenigstens teilweise von außen, sprich: Ost-Berlin, gelenkte Aktion hin - die bestens in das auf ausführlichen Aktenbeständen basierende Bild paßt, das in diesem Kapitel entrollt wird[7]. Statt Adenauer gerieten nun seine Minister, hochrangige Diplomaten und andere Bonner Köpfe ins Visier Albert Nordens. Globke, Schröder, Strauß - das waren nur einige Namen, die die DDR schon länger ins Spiel brachte.

Beispielhaft exerziert werden sollte eine Kampagne neuen Typs jedoch an einem anderen Mitglied der Bonner Regierung, das bisher seltener genannt worden war: Theodor Oberländer. Norden verfolgte damit drei Ziele: die „Adenauerregierung zu diskreditieren, politische Krisen auszulösen" und die im Verständnis der *SED* antifaschistischen Kräfte zu sammeln[8]. Nur so ließ sich die innenpolitische Situation stabilisieren und das Ost-Berliner Regime,

---

[6] Vgl. die Bilder bei Ulrich Brochhagen: *Nach Nürnberg*. Vergangenheitsbewältigung und Westintegration in der Ära Adenauer. Hamburg 1994, S. 277-279; „Die nützlichen Idioten", *Der Spiegel* Nr. 39 / 1995.

[7] Vgl. „Ex-General Reveals Antisemitic Campaign". *Jerusalem Post* vom 4. Januar 1992; Ladislav Bittmann: *Geheimwaffe D*. Bern 1973; ders.: *Zum Tode verurteilt*. Memoiren eines Spions. München 1984; Brochhagen, S. 289-292.

[8] Vgl. die Vorschläge zur Verbesserung der Arbeit des *Ausschusses für Deutsche Einheit* vom 21. Dezember 1960. *SAPMO - BA*, Dy 30 / IV 2 / 2028 Nr. 66.

mithin auch sein eigener Kopf, retten. Dabei konnte er auf die tatkräftige Mithilfe der osteuropäischen Nachbarstaaten bauen.

3. Neuer Wein in alten Schläuchen - Eine Pressekonferenz im Kalten Krieg

Dienstag, der 5. April 1960, war in Moskau ein ziemlich grauer, verschneiter Tag. Kein Wunder also, daß die Passanten auf den Moskauer Straßen es eilig hatten, dem kalten Aprilwetter zu entkommen. Einige hundert von ihnen hatten ein gemeinsames Ziel: den „Oktobersaal" im ersten Stock des Hauses der Gewerkschaft. Es war 10 Uhr, als sich der Saal nach und nach mit Journalisten und interessierten Zuhörern füllte, insgesamt etwa 500 Menschen. Ihr großes Interesse ließ sich unschwer durch zwei Dinge erklären - die einladende Institution und der Name desjenigen, dem die Konferenz sich widmen sollte. Eingeladen zu dieser Pressekonferenz hatte eine einst sehr renommierte, mittlerweile aber längst totgeglaubte Institution zur Aufarbeitung von Kriegsverbrechen - die *Außerordentliche Staatliche Komission zur Feststellung der Verbrechen der deutsch-faschistischen Eindringlinge*. 1942 gegründet, hatte die Kommission deutsche Verbrechen auf sowjetischem Boden untersucht und war eigentlich im Jahre 1952 aufgelöst worden. Die Besucher ahnten die Brisanz des Konferenzthemas spätestens in dem Moment, als sie in der Wandelhalle des Oktobersaales an einer langen Reihe von Stellwänden vorübergingen. Zahlreiche Photos belegten eine Vielzahl von Kriegsverbrechen, Karten und Auszüge von Schriftstücken unterstrichen den grausigen Gesamteindruck, den diese Ausstellung hinterließ.

Im Zentrum dieser Dokumentation stand ein vierschrötiger, blonder Enddreißiger in deutscher Wehrmachtsuniform, ihm wurden die dokumentierten Verbrechen allesamt vorgeworfen. Zwar war er auf den Bildern, die ihn als Soldaten zeigten, auch für Eingeweihte nur schwer zu erkennen. Besser stand es jedoch mit den Plakaten, die diesen Mann, der mittlerweile vor seinem fünfundfünfzigsten Geburtstag stand, am Ende dieser Ausstellung zeigten. Sie warfen ihm „ungeheuerliche Verbrechen" vor und forderten mit schrillen Phrasen eine Zuchthausstrafe, mindestens aber den Rücktritt von seinem Staatsamt. Dadurch aber wurde die Sache erst delikat: es handelte sich nicht um einen der vielen namenlosen deutschen Kriegsverbrecher, sondern um einen Minister der Bundesrepublik Deutschland. Seine Amtsbezeichnung als Bundesminister für Vertriebene, Flüchtlinge und Kriegsgeschädigte machte deutlich, wie sehr er der Sowjetunion ein Dorn im Auge sein mußte. Sein Name und seine Vita aber, in Ost und West gleichermaßen umstritten, machten für die Sowjets das Maß erst voll: es handelte sich um Theodor Oberländer. Theodor Oberländer?

Dieser Mann, der am 24. April 1945 in amerikanische Kriegsgefangenschaft gegangen war, konnte auf eine kometenhafte Nachkriegskarriere zurückblicken. Zwei Jahre später mit amerikanischer Hilfe ohne Schwierigkeiten entnazifiziert, faßte er schnell wieder Fuß in der westzonalen deutschen Nachkriegsgesellschaft. Im Jahre 1950 brauchte er vom namenlosen Zuhörer bei der Gründung einer Vertriebenenpartei nur wenige Wochen, bis er im bayrischen Innenministerium Staatssekretär für Vertriebenenfragen wurde. Mit einer „seltenen Mischung von Tatkraft und Anpassungsfähigkeit", die die Hamburger *ZEIT* im Mai 1954 feinsinnig konstatiert hatte, brauchte er nur drei Jahre, um an die Spitze der Vertriebenenpartei *Bund der Heimatvertriebenen und Entrechteten (BHE)* zu gelangen. Konrad Adenauer machte ihn im Jahre 1953 zum Bundesvertriebenenminister, schon bald wechselte er vom *BHE* zur *CDU* und saß seitdem unangefochten im Sattel. Als Herr über die Milliarden des Lastenausgleichs und als Sprecher von 16 Millionen Vertriebenen, Flüchtlingen und Kriegsgeschädigten war er ein interessenpolitisches Schwergewicht in Konrad Adenauers Regierung. Aus seinem scharfen Antikommunismus hatte Oberländer dabei nie einen Hehl gemacht. Unter dem Motto „Geschädigte aller Gruppen, vereinigt euch!" sollte durch gleichmäßige Fürsorge für alle Geschädigten die bundesdeutsche Nachkriegsgesellschaft stabilisiert werden.

Oberländer hatte seine Arbeit als Minister mit dem Anspruch begonnen, durch diese Stabilisierung einen innenpolitischen Beitrag gegen den Kommunismus im Kalten Krieg zu leisten. In markigen Sonntagsreden stritt er für das „Recht auf Heimat". Ähnlich wie in seinen Denkschriften der vierziger Jahre sah er Deutschland als abendländisches Bollwerk, das es gegen Moskau zu halten gelte. Er fühlte sich als „antibolschewistischer Stöpsel, ohne den sich die rote Springflut in das europäische Becken ergießen würde", wie der *Spiegel* spottete[9]. Er nannte die Gefahr für die Bundesrepublik beim Namen, und deshalb war Oberländer in den Augen Moskaus mehr als nur ein Ärgernis. Er war ein langjähriger, erprobter politischer Feind, der nunmehr mit vereinten Kräften ausgeschaltet werden sollte.

---

[9] Vgl. „Der Stöpsel", *Der Spiegel* Nr. 5 vom 27. Januar 1960.

Die Pressekonferenz im Moskauer Oktobersaal sollte dabei eine wichtige Rolle spielen. Der Vorsitzende der *Außerordentlichen Kommission*, der Agrarwissenschaftler Trofim Lyssenko, saß an einem Tisch vor seinem Mikrophon. Sein Blick schweifte über die Menge, und er musterte von seinem Podium aus zufrieden die etwa 500 Zuhörer, die sich in dem prächtigen, mit Halbsäulen verzierten ehemaligen Ballsaal eingefunden hatten. In den letzten Wochen und Monaten hatten der KGB, das Außenministerium und die Staatsanwaltschaft eine rege Betriebsamkeit entfacht, und die Konferenz war vorläufiger Schlußpunkt einer sowjetischen Kampagne. Den Anstoß dazu hatte Nikita Chruschtschow selbst gegeben. Er hatte ein Dreivierteljahr vorher in einer Rede im ehemaligen Konzentrationslager Mauthausen Oberländer als „Erznazi" bezeichnet, der beweise, daß „die Faschisierung des inneren Lebens eines Landes [der Bundesrepublik Deutschland] ein untrügliches Zeichen dafür ist, daß seine Regierung sich vorbereitet, einen Krieg zu entfachen"[10]. Dies war der Beginn einer Lawine von zahlreichen Presseattacken gewesen, mit denen sich Theodor Oberländer bis ins Frühjahr 1960 auseinandersetzen mußte.

Seit dem Herbst 1959 war der KGB in der Sowjetunion aktiv gewesen, hatte umfangreiches Material und Zeugen für die Kampagne gegen Oberländer aufgespürt und vorbereitet. Am 24. Februar 1960 konnte das Präsidium des Zentralkomitees der *KPdSU* beschließen, eine Pressekonferenz zum Komplex Oberländer mit den entsprechenden Materialien vorzubereiten. KGB, Staatsanwaltschaft und Außenministerium präsentierten dem Präsidium des ZK am 10. März 1960 ihre Vorschläge: die *Außerordentliche Staatliche Kommission zur Feststellung der Verbrechen der deutschfaschistischen Eindringlinge*, obschon im Jahre 1952 aufgelöst, sollte für diese Pressekonferenz wiederbelebt werden, um ihr propagandistischen Nachdruck in Richtung Westen zu verleihen. Ebenfalls vorgelegt wurde bereits gesammeltes Belastungsmaterial zum Fall Oberländer, inklusive eines Dokumentarfilms, der in Teilen bei der DEFA noch zu Ehren kommen würde, darüber hinaus Zeugen nominiert und erste Verfahrensvorschläge gemacht. Am 19. März 1960 stimmte das Präsidium des ZK der *KPdSU* schließlich der Vorlage in allen Einzelheiten zu[11].

---

[10] Deutsche Fassung der Rede Chruschtschows vom 3. Juli 1960 in Mauthausen. SAPMO - BA, Dy 30 / IV 2 / 2028 / 78.
[11] Beschluß des Präsidiums des ZK der KPdSU vom 19. März 1960, Nr. P 271 / 6.

Bevor nun das Eröffungskommuniqué verlesen wurde, vergewisserte sich Lyssenko ein letztes Mal, welche eindrucksvolle Riege mit ihm zusammen auf dem Podium saß: rechts neben ihm eine landesweit bekannte Heldin der Sowjetunion, die Fliegerin Valentina Grisudobowa. Zu seiner Linken der Metropolit Nikolai von Krotizy und Kolomna, der ein Brillantkreuz auf seiner hellen Bischofshaube und eine goldene Kette mit einem schweren Kreuz auf der Brust trug. An zwei Tischen links und rechts von ihm erblickte Lyssenko zehn Zeugen, die im weiteren Verlauf der Konferenz den Journalisten Rede und Antwort stehen sollten. Vier Kaukasier und ein Volksdeutscher saßen am rechten Tisch, fünf Ukrainer am linken. Sie alle hatten eines gemeinsam: entweder hatten sie, so ihre Aussagen, Theodor Oberländer während des Zweiten Weltkriegs erlebt oder waren, wie die kaukasischen Zeugen Kerrar Aleskerow und Schalwa Okropiridse, Offiziere in Oberländers Verbänden *Nachtigall* und *Bergmann* gewesen.

Okropiridse, einem einstigen Vertrauten Oberländers, war die Rolle als Hauptakteur zugedacht; er verbüßte jedoch im Jahre 1960 noch eine Strafe von 25 Jahren verschärfter Lagerhaft, zu der er im Jahre 1949 verurteilt worden war. Daher hatte bereits der KGB in seiner Vorlage vom 10. März 1960 vorgeschlagen, Okropiridse als „Hauptbeteiligten" zu begnadigen, so daß er als Zeuge während der Konferenz zur Verfügung stünde. Gesagt, getan - am 21. März wurde Okropiridse begnadigt und freigelassen und saß nun am 5. April in einem dunklen Anzug im Blickfeld Lyssenkos[12].

Dieser begrüßte nun alle Anwesenden und kündigte an, heute die Welt mit neuen Verbrechen Theodor Oberländers bekanntzumachen. Er gab das Wort weiter an den Sekretär Bogojawlenski, der nun das Kommuniqué der Kommission verlas. Sie sei tätig geworden, begann er, da die Veröffentlichungen in der ausländischen und sowjetischen Presse sich seit Monaten häuften und zu einer Flut von Eingaben seitens der Sowjetbürger geführt haben, die Oberländer eine ganze Reihe schwerer Verbrechen vorgeworfen hätten. Eine große Zahl von Zeugen sei durch die Kommission gehört worden und man habe Dokumente gesammelt, die Oberländers Verantwortung für diese Verbrechen bewiesen hätten.

---

[12] Vgl. dazu die Liste „landeseigener" Offiziere im Sonderverband Bergmann, o.D. (wohl I. Quartal 1943), *BA - MA* RH 19 V / 111 Nr. 92; Erlaß des Präsidiums des Obersten Sowjets der UdSSR Nr. 135 / 14 vom 21. März 1960, Archiv Wagenlehner. Zahlreiche Photos der Pressekonferenz finden sich in den Akten des *SAPMO - BA*, Dy 6/vorl. Nr. 1507-1511

So habe er im Jahre 1940 in Polen ein Bataillon aus ukrainischen bürgerlichen Nationalisten, das „Bestrafungsbataillon Nachtigall", aufgestellt. Nach seinem Einmarsch in Lemberg am 30. Juni 1941 habe *Nachtigall* mit Sonderabteilungen und vorbereiteten Listen „Sowjetfunktionäre, Personen jüdischer und polnischer Volkszugehörigkeit ermordet". Oberländer selbst habe Massenerschießungen von „friedlicher Bevölkerung, von Frauen, Kindern und Greisen" initiiert, begleitet von „Folterungen und Prügeleien". Auf dem Balkon des Lemberger Opernhauses seien zwölf Menschen erhängt worden, Säuglinge aus dem Fenster gestürzt und eine große Gruppe namhafter polnischer Gelehrter ermordet worden. Nachdem *Nachtigall* Lemberg verlassen hatte, sollte die Einheit ähnliche Greueltaten an weiteren Stationen ihres Weges verübt haben - so in Solotschew, Tarnopol, Winniza und Joswin.

Nach der Aufstellung seines Bataillons *Bergmann* im Herbst 1941 habe Oberländer „in verbrecherischer Verletzung internationaler Konventionen (...) durch Hunger und Foltern in ihrer Widerstandskraft gebrochene Menschen unter Mordandrohung" in das Bataillon *Bergmann* gepreßt. Die sogenannte „Gruppe Ziklauri", die zur Roten Armee habe überlaufen wollen, sei durch Befehl Oberländers standrechtlich erschossen worden, ebenso wie dreißig Kriegsgefangene auf dem Rückzug im Kaukasus. Überhaupt habe der Aufenthalt *Bergmanns* im Kaukasus im Zeichen von Ausschreitungen, Plünderungen und Gewalttaten an der Bevölkerung, vor allem in Naltschik und Umgebung, gestanden. Die Beute seiner Plünderungen habe Oberländer stets an seine Familie nach Deutschland geschickt. In der zweiten Oktoberhälfte 1942 seien schließlich fünfzehn Häftlinge, darunter eine sowjetische Lehrerin, im Gefängnis von Pjatigorsk von Oberländer bestialisch gefoltert und anschließend erschossen worden. Die Kommission sah es schließlich als erwiesen an, Oberländer sei theoretisch wie praktisch einer der Vollstrecker der in Nürnberg als Kriegsverbrechen gebrandmarkten Pläne gewesen, die Bevölkerung im Osten Europas durch Vertreibung und Ausrottung loszuwerden, um die frei gewordenen Gebiete zu germanisieren[13].

Anschließend erteilte Lyssenko den Zeugen das Wort. Sie zeichneten mit ihren Aussagen Oberländers Weg durch den Krieg chronologisch nach und beschrieben seine vermeintlichen Greueltaten in den einzelnen Epochen[14]. Im

---

[13] Bericht der Pressekonferenz vom 5. April 1960. *BStU*, ZUV 28, Band 2a Nr. 5 - 52; „Die Bestie im Ministerrang", *Prawda* vom 6. April 1960, Zitate daraus. Für die Übersetzung aus dem Russischen danke ich Herrn Philipp v. Hülsen.

[14] Bericht der Pressekonferenz vom 5. April 1960. *BStU*, ZUV 28, Band 2a Nr. 5 - 52.

Juli 1941 habe Oberländer von Lemberg bis Juswin an jedem Ort, den das Bataillon *Nachtigall* zwischen dem 1. und dem 26. Juli 1941 passiert habe, stets Listen bei der Hand gehabt, welche Personen am Ort zu erschießen seien - beginnend mit dem Mord an polnischen Wissenschaftlern auf dem Wuletzker Berg in Lemberg. Nebenbei seien immer wieder wahllos Zivilisten erschossen worden - meist durch Oberländer selbst. So beschrieb der erste Zeuge Grigori Melnik als ehemaliger Angehöriger von *Nachtigall* seine Erlebnisse.

Der Zeuge Kerrar Aleskerow war seinerzeit in der 3. Kompanie des Sonderverbandes *Bergmann* landeskundlicher Berater des deutschen Kompaniechefs. Er schilderte die Erlebnisse bei seiner Auswahl durch Oberländer im Herbst 1941: Oberländer habe in seiner Gegenwart sechzig taugliche Kriegsgefangene ausgesucht und die restlichen sieben zusammen mit einigen Kranken durch Spritzen töten lassen. Seit dem Sommer 1942 seien Teile *Bergmanns* als Bestrafungseinheiten eingesetzt worden, die grausam unter der Zivilbevölkerung gewütet hätten, dabei unterstützt von durch Oberländer ernannten lokalen Kollaborateuren. Mit wiederholten Plünderungen habe er sich persönlich bereichert und seine Schätze per Flugzeug nach Deutschland abtransportiert.

In den Lagern für sowjetische Kriegsgefangene rund um Pjatigorsk habe Oberländer neue Truppen für *Bergmann* geworben, eine Vielzahl von Kaukasiern durch Folter und lebensunwürdige Umstände zum Dienst in seiner Einheit gepreßt und den Hungertod zahlreicher anderer in Kauf genommen. Noch auf dem Rückzug habe gerade *Bergmann* auf Oberländers Befehl hin noch einmal grausam unter der Zivilbevölkerung gewütet, zahlreiche öffentliche Einrichtungen gesprengt und zahllose mitgeführte Kriegsgefangene erschossen - zuletzt 30 Kriegsgefangene Ende Januar 1943 bei dem Kosakendorf Slawjanskaja. Oberländer habe dem Führer der begleitenden Wachmannschaft nahegelegt, man solle „mit Bolschewiki keine Gefühlsduseleien zulassen, sie müßten vernichtet werden".

Der einzige volksdeutsche Zeuge, ein breitschultriger, blonder Mann in einem eleganten dunkelgrauen Anzug, stellte sich als Alexander Hammerschmidt vor. Er berichtete, er habe bis zum Herbst 1942 im Stabe des Generals v. Kleist in der Quartiermeisterabteilung und später in der deutschen Abwehr gedient und sei in der zweiten Jahreshälfte 1942 öfters mit Oberländer zusammengetroffen. In seinem Umfeld sei dem „Sonderkommando Oberländer" ein grausamer Ruf vorausgeeilt - zugespitzt in dem geflügelten

Wort, der Professor Oberländer sei auch in seinen Methoden der Liquidierung von Juden und Bolschewisten ein wahrer Akademiker. Oberländers Stab in Kislowodsk sei schnell berühmt geworden für seine großen Vorräte an Marketenderwaren und für Ausschweifungen und Gelage aller Art.

Bei einem solchen Gelage Ende Oktober oder Anfang November 1942, an dem er, Hammerschmidt, zugegen gewesen sei, habe sich eine alkoholisierte Debatte darüber entsponnen, ob die westlichen oder die östlichen Völker angesichts des unabwendbaren Todes mehr „moralische Überlegenheit, Willenskraft und Geistesgegenwart" zeigten. Einige deutsche Offiziere hätten, so Hammerschmidt, für den Westen plädiert mit der Begründung, in ihrer Gegenwart habe es noch kein gefangener Kommunist oder Kommissar versäumt, um sein Leben zu betteln, zu jammern oder zu beten. Oberländer jedoch sei anderer Meinung gewesen: für ihn waren die Sowjetmenschen „näher an der Natur" und damit „primitiver", daher seien sie auch belastbarer und ertrügen Folter und Tod umso leichter. Man dürfe ihnen deshalb „kein Pardon geben", sonst würden sie, so Oberländer, den Deutschen „das Genick brechen, die Geschichte aber spreche den Sieger immer frei, was immer er auch verbrochen haben mag". Um seine These zu untermauern und sich „zu erfrischen", habe Oberländer, so Hammerschmidt, die ganze Gesellschaft in das Gefängnis im nahegelegenen Pjatigorsk verfrachtet und dort erneut Kognak und Kaffee ausgeschenkt.

In einer Zelle habe Oberländer dann begonnen, eine junge Frau auszupeitschen und sie dabei nach ihren Verbindungen zu örtlichen Partisanen zu befragen - ohne Erfolg. Um sie zum Sprechen zu bringen, habe Oberländer ihr mit einer Pistole die rechte Brust durchschossen, um ihre Leidensfähigkeit zu erproben. Als auch dies wirkungslos blieb, habe er sie ein weiteres Mal angeschossen und im Sterben liegen lassen. Angewidert von dieser Art der Beweisführung, hätten die meisten Deutschen, so auch Hammerschmidt, die Zelle schließlich verlassen. Erst später habe er erfahren, Oberländer sei mit den übrigen 15 Zelleninsassen ähnlich verfahren und habe sie alle eigenhändig erschossen. Hammerschmidt habe dies am folgenden Tage dem Grafen Münster im Stabe des Generals v. Kleist gemeldet.

Als letzter gab der Zeuge Schalwa Okropiridse eine genaue Schilderung des Aufbaus von *Bergmann* und der Ausbildungszeit in Mittenwald und beschrieb ähnlich wie Aleskerow, auf welche Weise Oberländer auf dem Rückzug aus dem Kaukasus befohlen habe, wahllos Schulen, Krankenhäuser, Wassertürme und andere Einrichtungen, in einigen Fällen samt Personal, zu sprengen. Alle Kriegsgefangenen, die nicht mit den Deutschen zurückgehen konnten, seien auf seinen Befehl umgebracht worden, und ganze Eisenbahnladungen an Beutegut habe er im Mai und Juni 1942 an seine Familie nach Deutschland geschickt. Okropiridse schloß mit der Klage, er selbst sehe seine zwölfjährige Gefangenschaft als Buße für seine Schuld. Doch derjenige, der ihn antrieb und befahl, sei heute ein unbestrafter Minister der Bundesrepublik geworden.

Nachdem alle Zeugen ihre Schilderungen beendet hatten, konnten die Journalisten Fragen stellen. Vor allem die ausländischen Korrespondenten konzentrierten sich auf den Zeugen Hammerschmidt und baten ihn um eine genaue Schilderung seines Lebenslaufes. Der gab sich alles andere als auskunftsfreudig: er beschied den Fragenden in dürren Worten, er sei im Jahre 1918 in Krasnodar geboren und in Kaukasien aufgewachsen und habe bis zum Kriegsausbruch in einer pädagogischen Fachschule in Ustj-Labiskaja unterrichtet. Seit 1941 habe er dann in den Hauptquartieren der Generalfeldmarschälle v. Kleist, Model und Schörner gedient, danach im Westen gelebt und sei im Jahre 1956 in die Sowjetunion zurückgekehrt.

Doch gerade die westlichen Journalisten gaben sich damit nicht zufrieden. Auf die nochmalige Nachfrage des Korrespondenten der Londoner Zeitung *Daily Worker* nach seiner Vita versetzte Hammerschmidt nur:

„Mein Herr, mir scheint, daß es hier nicht um meine Person, sondern um die Person des Herrn Oberländer geht. Wäre es nicht besser, sich auf Oberländer zu konzentrieren? Falls Sie es zur Sensation brauchen, bin ich gern bereit, Ihnen nach der Pressekonferenz ein paar Minuten zur Verfügung zu stehen. Sind Sie nun zufrieden?"[15].

Am Ende der vierstündigen Konferenz wurde seitens der Journalisten noch einmal die Frage laut, ob die Zeugen wegen ihrer Zusammenarbeit mit den Deutschen bestraft wurden. Hier entzog Lyssenko den Zeugen abrupt das Wort und erläuterte am Beispiel der Zeugen Melnik und Schpidal, sie seien begnadigt worden und heute in normalen Berufen tätig.

Angesichts dieser massiven Vorwürfe von östlicher Seite war es schon lange vor diesem 5. April 1960 nur eine Frage der Zeit, bis die Vorwürfe gegen Oberländer auch ein breites innerdeutsches Echo finden würden.

---

[15] Bericht der Pressekonferenz vom 5. April 1960. *BStU*, ZUV 28, Band 2a Nr. 5 - 52, Antworten Hammerschmidts Nr. 49 - 50. Nach der Pressekonferenz war Hammerschmidt allerdings verschwunden. Der letzte, unwirsche Nachsatz wurde im Protokoll handschriftlich gestrichen. Vgl. auch „Moskau läßt Zeugen gegen Oberländer aufmarschieren", *FAZ* vom 6. April 1960.

Oberländers Charakter und sein Aufstieg als Bundesvertriebenenminister wurden seit dem Sommer 1959 in der Bundesrepublik heftig und kontrovers diskutiert. Dazu trugen auch eine ganze Reihe innerdeutscher Akteure beiderseits des Eisernen Vorhangs bei. Der KGB hatte in seiner Vorlage für das Präsidium des ZK der *KPdSU* vom 10. März 1960 bereits vorgeschlagen, das Oberländer-Material an die entsprechenden Stellen der DDR abzugeben. Dort wartete man schon darauf, war selbst jedoch keinesfalls untätig geblieben. Im Gegenteil: man sah sich längst mitten in der „gemeinsamen Oberländer-Schlacht", wie der sowjetische Parteiideologe Lew Besymenski das sinnstiftende Gemeinschaftswerk des Warschauer Paktes bezeichnete[16]. Der Startschuß dafür war schon erheblich früher gefallen - und zwar in Warschau, im Frühjahr 1959.

4. Ein letztes Mal Erich Koch - Die Kampagne gegen Oberländer beginnt.

Seit seinem Amtsantritt 1953 war Theodor Oberländers politische Karriere begleitet von vernehmlichem Raunen, aus allen Ländern Osteuropas, der DDR und auch der bundesrepublikanischen Parteienlandschaft. Doch erst sein alter Widersacher Erich Koch brachte Oberländers Namen wieder in die Presse als er im Frühjahr 1959 wegen seiner Rolle im Generalgouvernement vor Gericht stand. In seinem Schlußwort im März 1959 hatte Koch lamentiert:

„Ich verstehe überhaupt nicht, warum ich hier, vierzehn Jahre nach dem Kriege, vor diesem Gericht stehe, während mein ehemaliger Gauamtsleiter in der NSDAP-Gauleitung Ostpreußen, der SA-Hauptsturmführer Theodor Oberländer, heute Minister in Bonn ist!"[17].

---

[16] Vgl. die Vorlage des KGB vom 10. März 1960 und den Beschluß des Präsidiums des ZK der KPdSU vom 19. März 1960, Nr. P 271 / 6; Aktennotiz Nordens vom 6. Januar 1960 und Brief Nordens an den sowjetischen Botschafter Perwuchin vom 22. März 1960 und Schreiben Besymenskis an Norden vom 12. Oktober 1960 (alle drei *SAPMO - BA* Dy 30 / IV 2 / 2028 / 51).

[17] Vgl. Marianne Bretzel: *Die Machtfrau*. Hilde Benjamin 1902-1989. Berlin 1997, S. 286; „Zweimal kam der Tod nach Lemberg", *FAZ* vom 5. Juni 1975; „Kronzeuge Koch?", *Bonner Rundschau* vom 9. Dezember 1959. Doch diese Vorwürfe bezogen sich zunächst lediglich auf die Eindeutschungsmaßnahmen, die Koch in den dreißiger Jahren in Ostpreußen vorgesehen hatte.

Seit Jahresbeginn 1959 kursierten immer wieder Gerüchte, die Staaten des Warschauer Paktes säßen für eine Kampagne gegen Oberländer in den Startlöchern. Der *Spiegel* meldete am 29. April 1959, die sowjetische Botschaft bereite mit Prag eine Dokumentensammlung von Vorschlägen Oberländer für eine Germanisierung der Ukraine nach dem Krieg vor. Doch den ersten offenen Angriff der Oberländer-Schlacht wagte der polnische Parteichef Gomulka. Anläßlich einer Rede im Juni 1959 vor oberschlesischen Bergleuten unterstrich er, Oberländer sei „der unmittelbar Verantwortliche für die Ermordung polnischer Wissenschaftler und Schriftsteller in Lemberg" gewesen. Gomulka schloß seine Rede mit bebender Stimme: „Wir aber sagen den Erben der Hitlerpolitik: Eure raubgierigen Pranken sind zu kurz!"[18].

Nikita Chruschtschow, der bei Gomulkas Rede anwesend war, nahm deren Tenor wenige Wochen später in einer Rede im österreichischen Mauthausen wieder auf. Er warf der Bundesregierung unter Bundeskanzler Adenauer vor, die „Führer revanchistischer und neonazistischer Organisationen" gewönnen auf ihrem Territorium immer mehr Einfluß und „säßen selbst in der westdeutschen Regierung". Bundeskanzler Adenauer wies am 30. August 1959 solche Vorwürfe schärfstens zurück. In einem Brief an Chruschtschow versicherte Adenauer:

„Ich bin kein Revanchist, ich bin es niemals gewesen. In meiner Regierung ist kein Revanchist, und ich würde niemals einen Minister in ihr dulden, der Revanchist ist. Und was das deutsche Volk angeht, so mag in ihm hier und da ein Mann sein, der von Hitler und Revanche träumt. Aber das sind sehr, sehr wenige, völlig einflußlose Menschen"[19].

Aber zu dieser Zeit brach der Damm bereits - in Bonn hatte es nur noch keiner gemerkt. Am Rhein ignorierte man die Vorboten einer Kampagne, die schon in wenigen Wochen ihre volle Kraft entfalten sollte. Die von Lew Besymenski pathetisch so getaufte „Oberländer-Schlacht" hatte begonnen, ein sinnstiftendes Gemeinschaftswerk des Warschauer Paktes. Ende August 1959 erschien in der Moskauer Zeitschrift *Neue Zeit* eine mehr als 10 Seiten lange Kurzbiographie Oberländers, die seine Kriegsverbrechen und seinen vermeintlich ungebrochenen Revanchismus ausbreitete. Seit Jahresbeginn 1959 ließen zahllose Artikel in allen osteuropäischen Zeitungen das Ziel

---

[18] Vgl. „Über den Klassenkampf zur Eroberung der Welt", *FAZ* vom 17. Juli 1959.
[19] Deutsche Fassung der Rede Chruschtschows vom 3. Juli 1960 in Mauthausen. *SAPMO - BA*, Dy 30 / IV 2 / 2028 / 78. Brief Adenauers an Chruschtschow vom 30. August 1959, abgedruckt in: *Hamburger Echo* vom 3. / 4. Oktober 1959.

durchblicken: Oberländer als Kriegsverbrecher zu entlarven, zu diskreditieren und aus seinem Ministeramt zu drängen. Oberländer wurde darin für eine Fülle grausamer Verbrechen verantwortlich gemacht: in Ungarn für 11.000 ermordete Karpato-Ukrainer, die nach dem Anschluß an Ungarn auf die Festung von Kaminiec-Podolski verschleppt worden und dort durch das Bataillon *Nachtigall* ermordet worden seien. Der gleiche Vorwurf erscholl aus diversen polnischen Publikationen: die Parteizeitung *Trybuna Ludu* sprach von 12.000 Toten in Kaminiec-Podolski. Außerdem habe das Bataillon an dem Kiewer Massaker von Babi Jar teilgenommen, bei dem 34.000 Juden ermordet wurden[20].

Die polnische *Zachodnia Agencia Prasowa* veröffentlichte im November 1959 eine zehnseitige Broschüre zum Fall Oberländer und kündigte an, man würde sich „weiter für die Person Oberländers interessieren. Auch die Lausitzer Sorben beschuldigten Oberländer, er habe in den dreißiger Jahren innerhalb des *BDO* das planmäßige Ausrotten ihrer Volksgruppe angeregt und vorbereitet. In einem offenen Brief der tschechischen Wochenzeitschrift *Litterarny noviny*, adressiert an Bundeskanzler Adenauer als „Direktor des Hauses Adolf Hitler, Nachfolger", wurde der Vorschlag geäußert, Adenauer möge alle verurteilten Mörder begnadigen und sie an der Seite Oberländers in dessen Ministerium unterbringen. Arbeitslose Scharfrichter würden so beschäftigt, die Ministerien verjüngt, und alle könnten von Oberländer etwas lernen[21].

Doch Oberländer und das politische Bonn ließen sich von diesen Attacken zunächst nicht beirren. Der Bundesvertriebenenminister stellte sich, wie der *Spiegel* bemerkte, erst einmal tot[22]. Bevor also etwas geschah, mußten noch zwei weitere deutsch-deutsche Akteure die Szene betreten - erst damit war die östliche „Schlachtordnung" komplett. Der erste war Professor Albert

---

[20] Vgl. *Nepszabadsag* vom 8. November 1959 und *Trybuna Ludu* vom 21. November 1959. Der Bericht stützte sich auf die Forschungen des ungarischen Historikers Jenö Levai, der angab, Materialien zum Nürnberger Prozeß erneut ausgewertet zu haben. Levai legte später noch nach und addierte weitere 30.000 Tote auf Oberländers Verbrechenskonto mit dem Bataillon *Nachtigall*, diesmal in Dnjepopetrowsk. Aus den herangezogenen Quellen und den Tagebüchern Oberländers ergibt sich allerdings, daß das Bataillon *Nachtigall* beide Städte bis zum 26. Juli 1941 nie betreten hat.

[21] Vgl. *Lausitzer Rundschau* vom 16. November und *Literarni noviny* vom 13. Dezember 1959.

[22] Vgl. „Ein drittes Reich im Kleinen". *Der Spiegel* vom 2. Dezember 1959, S. 29.

Norden und sein Ost-Berliner Propagandaapparat der DDR, der zweite einer seiner verlängerten Arme in der Bundesrepublik: die *Vereinigung der Verfolgten des Naziregimes (VVN)*. Als Adenauer im Sommer 1959 seinen Brief an Chruschtschow schrieb, hatten sie ihre Startlöcher längst verlassen.

B. Deutsch-deutsche Beziehungen oder: teutono teutonis lupus est. Die *VVN*-Kampagne gegen Oberländer

1. Alter Wein in neuen Schläuchen: Eine Anzeige in Ludwigsburg

Es war Anfang August 1959, als Oberstaatsanwalt Dr. Erwin Schüle sich in der barocken Residenzstadt Ludwigsburg auf den Weg in sein Büro machte. Dies befand sich in der Schorndorfer Straße 58, im ehemaligen Frauengefängnis der Stadt. Dort befand sich seine Dienststelle, eine von vielen in der Beamtenstadt Ludwigsburg. Seiner früheren Nutzung verdankte das Gebäude eine hohe zusätzliche Außenmauer, die das Grundstück umgab - sinnfälliger Ausdruck für die exponierte gesellschaftliche Stellung derjenigen Behörde, die sich darin befand und der Schüle vorstand. Knapp ein Jahr existierte sie erst, doch vom ersten Tag ihres Bestehens an war ihre Arbeit in weiten Kreisen der bundesrepublikanischen Bevölkerung heftig umstritten. Sie schien dem inneren Frieden der jungen deutschen Demokratie abträglich zu sein in einer Zeit, in der die Masse der Westdeutschen die Grauen und Verbrechen des Zweiten Weltkrieges durch beredtes Beschweigen zu vergessen suchte. Sie wurde von vielen, nicht nur vom Heer der Mitläufer und Täter, die ihre Vergangenheit zu verdrängen suchten, für schädlich und überflüssig gehalten. Es handelte sich um die *Zentrale Stelle der Landesjustizverwaltungen zur Verfolgung von NS-Verbrechen*.

Ihre Gründung entsprang einem öffentlichen Schock darüber, wie viele Kriegsverbrecher in der Bundesrepublik straffrei blieben, wo eine Bevölkerung sich nicht zu den Verbrechen bekennen wollte, die „in deutschem Namen begangen" worden waren - als ob ein Söldnerheer und nicht die Deutschen selbst für diese Dinge verantwortlich gewesen wären. Diese Haltung in der westdeutschen Nachkriegsgesellschaft war eine unmittelbare psychologische Folge der Nürnberger Prozesse. Dort hatten die Richter zwar versucht, mit dem Tatbestand „Verbrechen gegen die Menschlichkeit" ein Novum zu schaffen, das die neuartige, monströse Dimension des organisierten nationalsozialistischen Massenmordes zu erfassen bemüht war. Doch war dies nur einer von drei Anklagepunkten - neben Verbrechen gegen den Frieden und eben Kriegsverbrechen im Sinne der Haager Landkriegsordnung.

Die Deutung der Nürnberger Verfahren als „Kriegsverbrecherprozeß" führte in der Öffentlichkeit dazu, daß es sich bei allen drei Tatbeständen um Kriegsverbrechen handelte. In den Augen der Erlebnisgeneration wogen sie weniger schwer, denn sie hatten zum normalen Alltag des Krieges gehört. Mit dieser Gefühlslage ließ sich für weite Teile der Bevölkerung die Einzigartigkeit des Holocaust relativieren. „Im Eifer des Gefechts" seien solche Taten zwar bedauerlich, aber meist nicht zu vermeiden gewesen. Ein gängiges Argumentationsmuster der Zeit übte im Gegenzug stets Kritik an der „Nürnberger Siegerjustiz", außerdem wurde die Frage nach den alliierten Schuldigen von Katyn (die Sowjets) und Dresden (die „Anglo-Amerikaner") stets schnell aufgeworfen. Die Folge war offensichtlich: zwar schlossen sich dem Hauptkriegsverbrecherprozeß zwölf Verfahren vor einem amerikanischen Militärgericht in Nürnberg an, doch die deutsche Justiz blieb erschreckend passiv. Bis zum Jahre 1949 wurden nur knapp 100 Verfahren wegen Tötungsdelikten gegen Kriegsverbrecher geführt.

Für die Väter des Grundgesetzes mündete diese Situation in ein Dilemma: sie hatten kaum geeignetes Personal zur Auswahl, um die neue Bundesrepublik aufzubauen und sie nach außen und innen zu festigen. Die politischen Führungspositionen ließen sich politisch integer besetzen, mehr kaum. Schon in der zweiten Reihe aller Behörden und Institutionen kam man ohne die „Ehemaligen" kaum aus. So gingen die Entnazifizierungsverfahren schnell zu Ende, und zahlreiche Beamte wurden wieder eingestellt: 1951 ermöglichte die sogenannte „131er-Regelung", daß zahlreiche Angehörige des Öffentlichen Dienstes wieder in ihre alten Stellungen einziehen durften. Im Zeichen des Kalten Krieges gab sich die Gesellschaft im Deutschland Adenauers extrem integrationsfreudig, ja süchtig, gegenüber allen Kategorien von Kriegsteilnehmern - auch den Verbrechern unter ihnen. Robert Kempner, einst alliierter Ankläger der Nürnberger Prozesse, beobachtete, in Deutschland sei ab 1951 ein regelrechtes „Gnadenfieber" ausgebrochen. Im Deutschen Bundestag bat der DP-Abgeordnete Hans Ewers darum, das Wort Kriegsverbrecher zu vermeiden - es handele sich bei diesem Personenkreis nicht um Verbrecher, sondern im wesentlichen um unschuldig Verurteilte[23].

Auch in anderen Debatten tauchten die Forderungen nach Amnestie und einem Schlußstrich immer wieder auf, den man nun endlich ziehen müsse. Ebenso wurden neun Todesurteile aus dem Nürnberger Einsatzgruppen-Prozeß vom April 1948 in Freiheitsstrafen umgewandelt und zahlreiche von den Alliierten Militärgerichten Verurteilte begnadigt. Ein Großteil derjenigen Massenmörder, derer man bis dahin hatte habhaft werden können, entschlüpfte nun ohne Not der deutschen Justiz - meist ins rettende Südamerika. Die ersten dieser Täter kamen im Jahre 1951, die letzten 1958 auf freien Fuß. Obendrein führten diverse Amnestieregelungen dazu, daß NS-Funktionäre bei bereits abgeschlossenen Verfahren der Alliierten nicht mehr vor deutschen Gerichten zur Rechenschaft zu ziehen waren - selbst dann nicht, wenn sich tatsächlich neue Beweismaterialien ergaben.

Am Ende der fünfziger Jahre war somit die Verfolgung von NS-Verbrechen fast zum Erliegen gekommen, und Staatsanwalt Zufall war der einzige ernsthafte Ermittler. Die dafür verantwortliche Trägheit einer westdeutschen Justiz, die überdies auch in den eigenen Reihen mit Tätern durchsetzt war, spiegelte exakt den Zeitgeist wieder. Im Jahre 1958 wurde die deutsche Öffentlichkeit erstmals durch das Meinungsforschungsinstitut Allensbach zu den NS-Prozessen in Deutschland befragt. Eine deutliche Mehrheit von 54 Prozent war der Meinung, man solle endlich aufhören, Menschen wegen Verbrechen zu richten, die schon so lange zurücklägen. Nur 34 Prozent sprachen sich gegen eine solche Art des Schlußstrich-Denkens aus. Auch in den Reihen der Justiz, eben durch Täter in den eigenen Reihen kompromittiert, hatte sich weithin die Ansicht durchgesetzt, die juristische Bewältigung der Vergangenheit sei nunmehr abgeschlossen und man müsse nach vorn schauen. Man glaubte, so der Zürcher Staatsrechtslehrer und frühere Generalstaatsanwalt in Freiburg, Karl Bader, die Dinge seien nun entschärft und reiften einer wohltätigen Verjährung entgegen.

Erst der Ulmer Einsatzgruppenprozeß im Jahre 1958 rüttelte die Teile der Bevölkerung auf, die bemüht waren, das moralische Ansehen Deutschlands in der Welt wieder herzustellen. In den Medien regte sich ebenfalls der Wille zur publizistischen Unruhe bezüglich der Kriegsverbrechen, und die Auf-

---

[23] Stenographische Protokolle des Deutschen Bundestages, 1. Wahlperiode, Band 13, S. 10505.

bruchsstimmung, sich mit diesen Verbrechen auseinanderzusetzen, griff auf Bund und Länder über. Am 3. Oktober 1958 beschloß die Konferenz der Justizminister in Bad Harzburg, die Zentrale Stelle der Landesjustizverwaltungen zur Verfolgung von NS-Verbrechen in Ludwigsburg zu gründen. Mit großer Motivation und über 20 Mitarbeitern - die Hälfte davon Richter oder Staatsanwälte - nahm die neue Dienststelle am 1. Dezember 1958 ihre Arbeit auf und konzentrierte sich auf das Ermitteln von NS-Verbrechen, die außerhalb des Bundesgebietes begangen worden waren. Bereits nach vier Wochen liefen 64 Vorermittlungsverfahren, bis zum Ende des Jahres 1959 bereits knapp 400. Die bisherige Verfahrensweise von NS-Verbrecherprozessen wurde quasi auf den Kopf gestellt: Bisher setzten Untersuchungen zu einer Tat überhaupt nur ein, wenn es tatsächlich zu einer Anzeige gegen einen Tatverdächtigen kam. Nunmehr lösten wie auch immer geartete Hinweise auf eine strafrechtlich noch verfolgbare Tat die Ermittlungen aus. Die Frage nach der Zuständigkeit einer Staatsanwaltschaft, an der die meisten bislang Verfahren scheiterten, stellte sich nun erst, wenn Ludwigsburg den eigentlichen Sachverhalt in groben Zügen aufgeklärt hatte und wenigstens ein Tatverdächtiger zu ermitteln war. Sämtliches Material zur Eröffnung eines förmlichen Verfahrens wurde dann an die örtlich zuständige Staatsanwaltschaft abgegeben. Der erfolgreiche Ermittler des Ulmer Prozesses, Oberstaatsanwalt Dr. Erwin Schüle, wurde ihr erster Leiter. an seiner Person wurde einmal mehr das Nachkriegsdilemma der Bundesrepublik deutlich: Schüle selbst war SA- und NSDAP-Mitglied gewesen und mußte im Jahre 1965 nach massiven Vorwürfen aus der DDR seinen Stuhl räumen. Erst zwei Jahre später wurde er rehabilitiert.

Auf Schüles Schreibtisch landete nun Anfang August des Jahres 1959 auch eine sechsseitige Anzeige, erstattet durch das Präsidium der *Vereinigung der Verfolgten des Naziregimes (VVN)* in Frankfurt am Main. Die *VVN*, in Bonn häufig als kommunistische Tarnorganisation betrachtet, veröffentlichte in regelmäßigen Abständen Listen von Politikern und anderen Persönlichkeiten des öffentlichen Lebens in der Bundesrepublik, die durch ihre Zeit im Dritten Reich kompromittiert waren oder, weit öfter, angeblich kompromittiert sein sollten. In dieser Anzeige beschuldigte die *VVN* nun eine Reihe von Personen, verantwortlich zu sein für die Ermordung von „310.000 Juden, Polen und Kommunisten" in der Zeit vom 30. Juni 1941 bis zum 20. November 1943 - Oberleutnant Dr. Albrecht Herzner als „Deutscher Führer" des Bataillons *Nachtigall*, und den Bundesminister für Flüchtlinge, Vertriebene und Kriegsgeschädigte, Prof. Dr. Dr. Theodor Oberländer, als „Politischer Führer" der Einheit, die als „Spezial-Einsatzkommando der Abteilung Abwehr II" für die Morde verantwortlich gemacht wurde.

Auf mehreren Seiten legte die *VVN* ihre Vorwürfe ausführlich dar. Nach einer persönlichen Unterredung mit Hitler habe Herzners und Oberländers Bataillon *Nachtigall* bis zum 7. Juli 1941 in Lemberg „3.000 Rechtsanwälte, Ärzte, Ingenieure, Professoren, Wissenschaftler, Kirchenpersönlichkeiten und andere Vertreter der polnischen Intelligenz ermordet bzw. hingerichtet". In den Gefängnissen der Stadt sowie an verschiedenen Orten außerhalb der Stadt seien weitere 1.600 Menschen erschossen und ihre Leichen anschließend verbrannt worden. Bei einem späteren Transport von Juden aus dem Ghetto vor die Stadt seien noch einmal insgesamt 60.000 Juden erschossen worden; dabei habe das Ghetto-Orchester einen „eigens zu diesem Zweck komponierten Tango des Todes" spielen müssen.

Beschuldigt für diese Taten wurde neben Oberländer und Herzner auch Professor Hans Koch „als persönlicher Berater Oberländers". Als Beweismittel wurden einige angebliche Zeugen, die Aussagen Erich Kochs während seines Prozesses in Warschau, „die in Frankfurt / Main erscheinende (*VVN*-eigene) Wochenzeitung Die *Tat* sowie eine Reihe weiterer Publikationen genannt. Die östliche Urheberschaft ließ sich nicht ganz verleugnen: die Anzeige der *VVN* entsprach nahezu wörtlich dem Text zweier Artikel über Oberländer, die wenige Tage vorher in Moskau und in Prag erschienen waren[24].

Flankierend dazu hatte das *Neue Deutschland* bereits am 1. Juli 1959 ein propagandistisches Trommelfeuer eröffnet mit einem ganzseitigen Artikel über den „Massenmörder Oberländer am Werk". In einer „Bartholomäusnacht" habe er die slawische Intelligenz ausgerottet und sei für das „blutige faschistische Massaker in der sowjetischen Stadt Lwow, oder Lemberg, wie sie es in der Sprache deutscher Kolonisatoren zu nennen pflegen", verant-

---

[24] Anzeige des Präsidiums der *VVN* gegen Oberländer vom 31. Juli 1959 in den Akten des LG Bonn - 8 Js 393 / 60 - ./. Oberländer, außerdem die in Moskau erscheinende, auch in deutscher Sprache gedruckte *Novoje Vremja* (*Neue Zeit*) Nr. 35 vom August 1959 sowie die Prager Zeitung *Aufbau und Frieden* vom 9. Juli 1959, ebenfalls in deutscher Sprache. Der für die Artikel in der *Tat* verantwortliche Redakteur Erhard Karpenstein sollte später in den sechziger Jahren mehrmals vor Gericht behaupten, er habe die inkriminierten Artikel in der *Tat* nicht selbst verfaßt, sondern sie nur redaktionell verantwortet. Allerdings wolle er seine Quelle nicht preisgeben.

wortlich. Nach dem gleichen Muster aufgebaut wie die Anzeige der *VVN*, war der Artikel in manchen Passagen wortgleich und nannte dieselben Zahlenmaterial, bestätigt durch eine Reihe namentlich genannter polnischer, ukrainischer und russischer Zeugen, die die Behauptungen auf grausamanschauliche Weise zu untermauern schienen. Gleiches geschah in der Ausgabe der *Tat*, die den Fall Oberländer bereits am 11 April 1959 ein erstes Mal zur Titelgeschichte gemacht hatte.

Die *VVN* kündigte schließlich in ihrer Anzeige an, weiteres Dokumentationsmaterial nachzureichen. Für die Zentrale Stelle war auf Grund der Angaben ein Anfangsverdacht gegen Oberländer gegeben. Sie nahm deshalb Vorermittlungen auf und gab schließlich das Verfahren an die für Oberländer örtlich zuständige Staatsanwaltschaft in Bonn ab. Dort leitete der zuständige Oberstaatsanwalt Dr. Franz Drügh ein Verfahren gegen die noch lebenden Angehörigen des Bataillons *Nachtigall* ein, um den Lemberger Vorgängen mit rechtsstaatlichen Mitteln auf den Grund zu gehen. Er informierte auch Oberländer über die Vorwürfe und bat ihn innerhalb eines Monats, dazu Stellung zu nehmen.

2. Flucht nach vorn (I) - Das Imperium schlägt zurück

Sowohl Oberländer als auch sein Ministerium hielten die Vorwürfe, schon wegen ihrer Herkunft aus Osteuropa, für vollkommen abwegig und nahmen den Fehdehandschuh nur zögernd auf. Erste Veröffentlichungen der osteuropäischen Presse im Frühjahr 1959 wurden mehr als halbherzig dementiert. Als nun alle Dämme brachen und auch die westdeutschen Medien sich der Vorwürfe im Fall Oberländer annahmen, erwachte Oberländers Ministerium zu neuer Streitlust, und das im wahrsten Sinne des Wortes. Sein wachsames Auge fiel zunächst auf die publizistische Speerspitze der Kampagne, der *VVN*-Zeitung *Die Tat*. Das Fuldaer Blatt hatte am 19. September 1959 in seiner Nummer 38 ein Bild Oberländers auf die Titelseite gesetzt, ohne seinen Namen zu nennen, und „Enthüllungen über eine hochgestellte Persönlichkeit" angekündigt. Da das Blatt auf dem Postwege vertrieben wurde, forderte die *Tat* ihre Abonnenten unverblümt auf, möglichst zahlreiche und rechtzeitige Extrabestellungen der nächsten Ausgabe am 26. September aufzugeben.

Offensichtlich rechneten Verlag und Redaktion der *Tat* in Fulda von vornherein mit einem restriktiven Eingreifen aus Bonn. Der verantwortliche Redakteur Erhard Karpenstein forderte und erreichte, daß die Prozedur der Zeitungsproduktion für die folgende Ausgabe geändert wurde. Die Zeitung erschien normalerweise immer samstags und wurde ab dem vorhergehenden Mittwoch, in diesem Falle der 23. September 1959, gedruckt. Doch diesmal lief alles anders: bereits einen Tag vorher wurde am Dienstag frühmorgens mit dem Druck von 21.000 Exemplaren begonnen. Zudem änderte der Verlag den Versandmodus. Sonst wurden die Zeitungen aus finanziellen Gründen als Streifband verschickt und als Ganzes bei der Hauptpost in Fulda eingeliefert. Doch in diesem Falle wurde die neue Auflage - 21.810 Exemplare - unmittelbar nach dem Druck in Eilpakete verpackt und diese sofort einzeln bei der Hauptpost in Fulda eingeliefert. So konnten die Zeitungen ohne Zeitverlust versandt werden[25].

Auch in Bonn waren die Ankündigungen der *Tat* nicht unbemerkt geblieben - Mitglieder der Fuldaer *CDU*-Ortsgruppe hatten den Pressereferenten Oberländers über den bevorstehenden Artikel informiert. Wohl im Verlauf des Montags, des 21. Septembers 1959, verschaffte sich auch Theodor Oberländer in seinem Ministerium in der Bonner Husarenstraße 30 Kenntnis vom Text des Artikels, möglicherweise durch einen Spitzel[26], und schickte umgehend seinen Staatssekretär Nahm zur Hessischen Landesregierung nach Wiesbaden, um die am nächsten Tag zu druckende Ausgabe der *Tat* beschlagnahmen zu lassen. Offenkundig schlug dieser Plan fehl, denn am Dienstag ging gegen 11 Uhr 30 ein Anruf aus Fulda bei Oberländer ein, im Druckhaus der Fuldaer Verlagsanstalt herrsche seit Stunden Hochbetrieb. Oberländer begab sich nun am Nachmittag zu Adenauer in das Bundeskanzleramt. Dort erörterten die beiden eine Dreiviertelstunde lang, ob Oberländer zurücktreten solle - was der Bundeskanzler entschieden ablehnte[27].

---

[25] LG Fulda - 2 O 63 / 64 - Oberländer ./. Fuldaer Verlagsanstalt, Schriftsatz RA Will vom 14. September 1971, S.37 ff., S. 60 und Auskunft des technischen Leiters der Fuldaer Verlagsanstalt, Budenz, vom 25. September 1959, ebd.

[26] So die *Berliner Zeitung* vom 24. September 1959. Vgl. dazu auch „Ein drittes Reich im Kleinen". *Der Spiegel* vom 2. Dezember 1959, S. 29 und Gespräch Oberländer am 20. August 1997.

[27] Tagebucheintrag Oberländers vom 22. September 1959; Brief Oberländers an Adenauer vom 24. April 1960; Protokoll [„geheim!"] über die Unterredung Oberländers mit Adenauer vom 26. April 1960 in Karlsruhe (beide Privatarchiv Oberländer).

Durch Adenauer bestärkt, entschloß sich Oberländer, selbst in Fulda aktiv zu werden. Gegen acht Uhr abends verließ er sein Haus in der Bonner Luisenstraße 6 und machte sich auf den Weg nach Fulda. In einem dunklen Mercedes 220, ohne Ministerstander und mit Privatnummer, trafen er und sein persönlicher Referent Dauge, kurz vor Mitternacht in der Bischofsstadt ein. Sie begaben sich direkt zum Amtsgericht, wo Amtsgerichtsrat Gustav Jacksch, Staatsanwalt Fritz Hose und einige Mitglieder der örtlichen *CDU* die beiden bereits erwarteten. Dort erstattete Oberländer zunächst Strafanzeige gegen den Verlag und den verantwortlichen Redakteur der *Tat* wegen übler Nachrede und Verunglimpfung und setzte den Anwesenden kurz und eindringlich seinen Fall auseinander. Dennoch dauerte es dreieinhalb Stunden, bis ein aus dem ersten Schlaf geholter Amtsgerichtsrat Jacksch seine Unterschrift unter eine Einstweilige Beschlagnahmeverfügung gegen die Nummer 39 der *Tat* setzte.

Es war schließlich vier Uhr morgens, als die Kriminalpolizei mit dieser Verfügung in der Hand in das Haus der Fuldaer Verlagsanstalt eindrang und begann, die Zeitungsstapel zu beschlagnahmen. Allerdings war der Polizei auf Grund der Versandtaktik des Verlages und des frühen Druckbeginns nur ein Teilerfolg beschieden: die letzten Exemplare der Zeitung waren schon um 17 Uhr aus der Rotation gekommen, so daß im Verlag selbst nur 2.430 Exemplare sowie die Mater der Zeitung sichergestellt werden konnten. Erst als der Richter nachträglich anordnete, auch die noch auf der Hauptpost eingelieferten Pakete zu beschlagnahmen, vergrößerte sich diese Zahl. Im Endeffekt gelang es der Fuldaer Kriminalpolizei jedoch nicht, alle Exemplare sicherzustellen, obwohl sie praktisch ihr gesamtes Personal mobilisiert und aufgeboten hatte: bei Sonnenaufgang stand fest, daß einige Pakete ihren Zielort erreicht hatten und bereits ausgeliefert waren. Dennoch zufrieden, zog sich Oberländer zu einem kurzen, knapp zweistündigen Schlaf in ein Bahnhofshotel in Fulda zurück, bevor er am frühen Morgen die Rückreise nach Bonn antrat, um pünktlich zur Kabinettssitzung um 10 Uhr zurück zu sein[28].

---

[28] Vgl. LG Fulda - 3 KMs 3/64 - , Oberländer ./. Karpenstein, Bericht der Kriminalpolizei Fulda vom 2. November 1959; Tagebuchaufzeichnungen Oberländers vom 22. September 1959; LG Fulda - 2 O 63/64 - , Schriftsatz des RA Will vom 14. September 1971, S. 60; Gespräch Oberländer am 20. August 1997 und am 1. Mai 1998; „Mit einem Gesangverein in Lemberg", *Frankfurter Rundschau* vom 2. Oktober 1959; „Ein Drittes Reich im Kleinen", *Der Spiegel* Nr. 49 vom 2. Dezember 1959; „Oberländer

Auf dem Weg hatte er Gelegenheit, den Text des beschlagnahmten Artikels zu studieren. Da stand zu lesen, die Ausgabe werde „von einem Mann in der Bundesrepublik mit besonderer Spannung erwartet werden", nämlich ihm selbst. Erneut wurde er als politischer Führer des Bataillons *Nachtigall* bezeichnet, der mit seiner Einheit „bei der Durchführung von Säuberungen und Pogromen beträchtliche Initiative entfaltet habe" - dies wurde als Zitat des amerikanischen Historikers Alexander Dallin in seinem neuesten Buch dargestellt. „Während der Anwesenheit des unter der politischen Leitung Oberländers stehenden Bataillons *Nachtigall* in Lemberg" seien über 30 Angehörige der meist polnischen Intelligenz ermordet worden, und Oberländer sei zwingend an diesen Massenmorden beteiligt gewesen. Gleichzeitig wurde auf ein vor dem Landgericht Frankfurt am Main schwebendes Verfahren gegen Oberländer hingewiesen, das Karpenstein frei erfunden hatte (und die Behauptung später vor Gericht zurücknehmen mußte). Schließlich warf der Artikel die Frage auf, ob Oberländer für sein Amt überhaupt noch tragbar sei und warum die Bundesregierung sich noch nicht von diesem Minister getrennt habe[29].

Gleich nach seiner Rückkehr schrieb Oberländer in Bonn eine Stellungnahme zu den Vorwürfen der Anzeige, die die *VVN* knapp zwei Monate zuvor in Ludwigsburg gegen ihn erstattet hatte. Auf fünf Seiten schilderte er noch einmal den Einmarsch des Bataillons *Nachtigall* in Lemberg aus seiner Sicht und betonte noch einmal:

Angehörige meiner Einheit haben sich, soweit ich weiß, in keinem Fall an irgendwelchen Ausschreitungen beteiligt. Darüber hinaus bin ich nie mit Hitler zusammengetroffen, bin auch niemals „Reichsführer" des BDO gewesen. [Ziel der Attacken sei die]Diffamierung und Kompromittierung einmal um weltpolitisch gesehen die Vertrauens- und Partnerwürdigkeit der Bundesrepublik zu untergraben, andererseits, um vom kommunistischen Standpunkt aus unbequeme Persönlichkeiten zu Fall zu bringen"[30].

Allerdings verschaffte Oberländers nächtliche Beschlagnahmeaktion ihm nur eine kurze Atempause, denn die *Tat* schien nicht bereit, diese Niederlage

---

fuhr persönlich nach Fulda", *Berliner Zeitung* vom 25. September 1959; „Oberländer muß abgeurteilt werden!", *Neues Deutschland* vom 25. September 1959.
[29] Ein Exemplar im Archiv des Autors, eine Abschrift befindet sich im Urteil des LG Fulda - 2 O 63/64 - Oberländer ./. Fuldaer Verlagsanstalt u.a. vom 29. Juni 1972.
[30] LG Bonn - 8 Js 393 / 60 - ./. Oberländer, Stellungnahme Oberländers an den Oberstaatsanwalt Dr. Drügh vom 25. September 1959; Tagebucheinträge Oberländers vom 24. bis 26. September 1959.

kampflos hinzunehmen. Bereits am 23. September 1959, dem Tag danach, hatte die *Tat* einen Sonderdruck zu den Ereignissen in Fulda aufgelegt und siegesgewiß getextet: „Wir verraten kein Geheimnis, wenn wir sagen, daß wir im Fall Oberländer noch Pulver auf der Pfanne haben"[31]. Außerdem liefen im Bonner Ministerium an der Husarenstraße die Drähte heiß vor Hunderten von Presseanfragen zu den Vorfällen in Lemberg. Oberländers Tagebuch gibt Auskunft darüber, wie er sich zunächst mit Adenauer, dem *CDU*-Generalsekretär Heinrich Krone und anderen beriet, wie man die Initiative zurückgewinnen könne. Die Wahl fiel, zum zweiten Mal, auf die Flucht nach vorn: für Mittwoch, den 30. September 1959, bat die *CDU* das Bonner Pressecorps in ihren Fraktionssaal des Bundespressehauses. „Widerlegung der Lemberglüge!" notierte Oberländer als Zweck dieser Pressekonferenz am gleichen Tag in sein Tagebuch.

3. Flucht nach vorn (II) - Oberländers Pressekonferenz in Bonn am 30. September 1959

Es war zwanzig nach drei Uhr nachmittags, als ein sichtlich gestreßter Bundesvertriebenenminister den *CDU*-Fraktionssaal im Bundespressehaus betrat. Begleitet von Staatssekretär Felix v. Eckhardt und einigen anderen Mitgliedern der Regierung, nahm er zunächst in der ersten Reihe des Saales Platz und trat nach einer kurzen Begrüßung ans Podium, um eine Erklärung abzugeben. Mit angespannter Miene und sichtlich nervösen Händen beschrieb Oberländer noch einmal seine Sicht der seitens des Neuen Deutschland und der *VVN* vorgebrachten Vorwürfe in bezug auf das Bataillon *Nachtigall* in Lemberg. Dazu ließ er eine Reihe von Dokumentarberichten unter den Journalisten verteilen, die schwedische, amerikanische und Schweizer Journalisten nur zwei Tage nach dem deutschen Einmarsch vor Ort in Lemberg recherchiert und anschließend veröffentlicht hatten. Sie machten die Rote Armee und ihren Geheimdienst NKWD für die Massenmorde in den Gefängnissen von Lemberg verantwortlich. Oberländer schilderte noch einmal den triumphalen Einzug *Nachtigalls* in Lemberg und die Lage, die er damals in der Stadt vorgefunden hatte. Die Gefängnisse seien bereits voller Leichen ukrai-

---

[31] Vgl. den Sonderdruck der *Tat* vom 23. September 1959: „Angriff auf die Pressefreiheit - Die *Tat* Nr. 39 beschlagnahmt!".

nischer Nationalisten gewesen, und den Metropoliten Graf Sheptistkyj habe man gefesselt in der Kathedrale gefunden. Oberländer erklärte, er habe in den letzten Wochen etliche Zeugen ausfindig gemacht, die die kommunistischen Massaker an Ukrainern und Polen miterlebt hätten. Die Erschießungen in den Lemberger Gefängnissen, so Oberländer, ließen sich damit ohne Zweifel auf die Tage vor dem deutschen Einmarsch datieren. Das Bataillon *Nachtigall* habe deshalb damit gar nichts zu tun. Dies lasse sich schon dadurch belegen, daß von polnischer Seite bislang noch kein belastendes Material gegen ihn vorliege[32].

In der anschließenden Fragestunde wurde Oberländer von etlichen, meist osteuropäischen und ostdeutschen Journalisten hart bedrängt und attackiert. In seiner Nervosität und Erregung bestritt er, vom 1. bis zum 7. Juli 1941 in Lemberg überhaupt Ausschreitungen bemerkt zu haben:

„Ich habe in den ersten sechs Tagen dauernd die Wachen kontrollieren müssen, die zum Objektschutz von *Nachtigall* aufgestellt worden waren. Ich bin in Lemberg dauernd unterwegs gewesen, und kann Ihnen sagen, daß in Lemberg (...) in diesen Tagen nicht ein Schuß gefallen ist".

Oberländer revidierte diese Aussage kurze Zeit später, nachdem er sich beruhigt hatte:

„Sie können nicht erwarten, daß ich für alles, was in Lemberg passiert ist, eine gültige Aussage mache. Ich kann nur sagen, daß von *Nachtigall* (...) in diesen sechs Tagen nicht irgend eine Unrechtshandlung begangen worden ist"[33].

Doch der Schaden war immens, denn aus diesen Worten begleitete Oberländer für den Rest seiner Amtszeit der Vorwurf, über Lemberg bewußt gelogen zu haben.

Zur Funktion des Bataillons erläuterte Oberländer, es habe sich mehr um eine symbolische Propaganda-, als um eine Kampfeinheit gehandelt, die ihren Namen durch ihre gesanglichen Qualitäten erhalten habe, „die es mit jedem

---

[32] Vgl. das Unkorrigierte Manuskript der Pressekonferenz vom 30. September 1959, erstellt durch das Presse- und Informationsamt der Bundesregierung, S. 2 und S. 9 (Privatarchiv Oberländer). Oberländer hatte seinen alten Freund aus Ostforschertagen, Werner Markert, nach Polen entsandt, um die dort vorliegenden Materialien zu prüfen. Markert telegraphierte Oberländer am 28. und 29. September 1959, die polnischen Dokumente enthielten keinerlei Hinweise auf eine Tatbeteiligung Oberländers oder des Bataillons *Nachtigall* an den Morden an 38. Mitgliedern der polnischen Intelligenz in Lemberg (vgl. Telegramme Markerts an Oberländer im Privatarchiv Oberländer).

[33] Vgl. das Unkorrigierte Manuskript der Pressekonferenz, S. 7 - 8.

Kosakenchor hätte aufnehmen können". Am Ende der halbstündigen Pressekonferenz kündigte Oberländer gegenüber einzelnen Journalisten an, gegen jeden, der die kommunistischen Beschuldigungen abdrucke, Strafantrag wegen übler Nachrede zu stellen. Die Journalisten konfrontierten Oberländer während der Befragung auch mit den Passagen aus dem Buch von Alexander Dallin, die dem Bataillon *Nachtigall* eine führende Rolle bei dem Lemberger Aktivitäten zumaßen. „Das soll der Herr Dallin mal beweisen!", war die zornige Antwort des Bundesvertriebenenministers[34].

Doch Oberländer selbst wurde nun sofort aktiv, um zu erfahren, über welches Material der amerikanische Historiker verfügte. Er schrieb deshalb am 8. Oktober 1959 an Dallin („Sie werden vielleicht nicht sehr erstaunt sein, von mir einen Brief zu erhalten, wenn Sie die Angriffe gelesen haben, die von sowjetischer Seite gegen mich [...] gerichtet werden") und bat ihn, seine drei Quellen näher zu erläutern, aus denen Dallin in seinem Buch den Vorwurf gegen *Nachtigall* untermauert hatte. Dallin antwortete postwendend, die Angaben seien durch die Sowjets verkürzt wiedergegeben und „auf jeden Fall berühren die Bezugnahmen auf meine Untersuchung natürlich nicht Sie persönlich"[35]. In einem Brief an einen gemeinsamen Freund, den Bonner Botschaftsrat Gustav Hilger, räumte Dallin darüber hinaus wenige Tage später ein:

---

[34] Vgl. das Unkorrigierte Manuskript der Pressekonferenz, S. 9.
[35] Brief Oberländers an Dallin vom 8. Oktober 1959 und Antwort Dallins an Oberländer vom 17. Oktober 1959 (Privatarchiv Oberländer). Die Hauptquelle, auf die Dallin sich bezog, waren die „Einsatztruppenberichte" [gemeint sind hier die Ereignismeldungen des KdS UdSSR, die meist täglich durch die Höheren SS- und Polizeiführer der Einsatzgruppen nach Berlin erstattet wurden]. Dallin schreibt zwar an Oberländer, er glaube, den „berichtenden Dienststellen sei der Unterschied zwischen *OUN-B*-Truppen, Miliz und anderen Nationalisten nicht immer klar" gewesen. Für den Autor, der diese Berichte als wichtige Quelle des Lemberger Kapitels herangezogen hat, ergibt sich indes ein ganz anderes Bild: die Beobachter vor Ort wußten meist sehr gut Bescheid über die örtlichen, meist sehr unübersichtlichen Verhältnisse. Dementsprechend findet sich auch in diesen Meldungen kein Hinweis auf eine Tätigkeit des Bataillons *Nachtigall*. Eben dies merkt Oberländer in einer ausführlichen Stellungnahme an das Landgericht Bonn an (o.D., wahrscheinlich um den 27. Oktober 1959, Privatarchiv Oberländer).

„Ich habe sich nie näher mit der Angelegenheit [dem Einsatz des Bataillons *Nachtigall*] befaßt und hoffe daß die ganze Sache sich bald aufklärt - es ist wirklich eine dumme Angelegenheit!"[36].

Weniger dumm, allerdings sehr viel folgenreicher war ein anderer Zuspruch, der Oberländer zuteil wurde: die öffentliche Diskussion über die Vorgänge in Lemberg hatte auch die ukrainische Emigrantengemeinde auf den Plan gerufen. In der Bundesrepublik war sie zumeist in der Gegend von München ansässig und trat nun an Oberländers Seite. Er selbst hatte über einen ehemaligen *Nachtigall*-Angehörigen den Kontakt nach München gesucht und erfahren, führende Köpfe der ukrainischen Emigration seien bereit, für ihn in Sachen Lemberg auszusagen. Darunter waren vor allem Jaroslaw Stetzko, der Sieben-Tage-Premierminister einer Freien Ukraine in Lemberg Anfang Juli 1941, den Oberländer und Hans Koch damals geduldet und gefördert hatten, und Stephan Bandera, Graue Eminenz der ukrainischen Emigranten in Deutschland, wie Oberländers Pressereferent am 30. September vermerkte.

Bandera hatte sich zu einer Aussage für Oberländer gegen Ende Oktober 1959 bereit erklärt - und damit wohl gleichzeitig sein Todesurteil unterschrieben. Er befand sich schon länger im Fadenkreuz des sowjetischen Geheimdienstes. Zwei Wochen nach Oberländers Pressekonferenz in Bonn bekam Bandera Besuch aus Moskau. Am Donnerstag, den 16. Oktober 1959 traf Bandera gegen Mitternacht vor seiner Münchner Wohnungstür auf den 27jährigen KGB-Attentäter Bogdan Staschinsky, der ihn mit einer tödlichen Giftspritze ermordete. Staschinsky hatte bereits seit April 1959 den Auftrag, Bandera zu vergiften, doch im Mai 1959 mißlang ein erster Attentatsversuch in München und fortan bewegte sich Bandera nur mit Leibwächtern fort. Erst Anfang Oktober 1959 erteilte der *KGB* Staschinsky in Berlin-Karlshorst einen neuen, dringlichen Befehl für einen Doppelmord an Bandera und dem ukrainischen Führer Lew Rebet. Am 12. Oktober ermordete Staschinsky Rebet, und am 15. Oktober 1959 paßte Staschinsky Bandera nachts allein vor seinem Hause ab[37]. Gegen ein Uhr fand die Münchener Polizei die Leiche Banderas in der Kreittmayerstraße 7 in München.

---

[36] Brief Dallins an Hilger vom 21. Oktober 1959 (Privatarchiv Oberländer). Erstaunlich ist, daß weder Dallin noch Oberländer auf die Idee kamen, Dallins positive Einschätzung Oberländers und seiner Denkschriften zu zitieren, zu der Dallin auf den Seiten 526 ff. seines Buches kommt.

[37] Vgl. John Barron: *KGB. The secret word of Soviet secret agents*. London 1974, S. 311-323; Louis Hagen: *Der heimliche Krieg auf deutschem Boden seit 1945*. Düsseldorf

Zum Zeitpunkt des Mordes waren die östlichen Zeitungen bereits angedruckt und waren am nächsten Morgen voll von Berichten über Banderas Tod. Nur wenige Stunden, nachdem er in einem Münchner Krankenhaus obduziert worden war, stand der Schuldige in den osteuropäischen Medien bereits fest: „Oberländer ließ Mitwisser Bandera ermorden", titelte die *Berliner Zeitung* am 17. Oktober 1959. Bandera sei, so die Zeitung, „auf Weisung des Bonner Umsiedlungsministers Oberländer (...) beseitigt worden. Das verlautet aus der Leitung des Bundesnachrichtendienstes Gehlen, der dem Bonner Minister mit der Mörder-Vergangenheit offenkundig Handlangerdienste leistete". Bandera wurde als „Kompaniechef des Bataillons *Nachtigall*" dargestellt, der Oberländer dort unterstellt gewesen sei und ein wichtiger Zeuge bei der Aufdeckung von dessen Greueltaten hätte sein können[38].

„Der Fall Oberländer-Bandera zeigt: ein eingefleischter Faschist und professioneller Mörder schreckt nicht davor zurück, seine Mittel gegen einen alten Komplizen zu wenden, wenn dieser unbequem wird. Der Faschist kann Frack und Zylinder tragen, kann im Bonner Kabinett sitzen - er hört deshalb nicht auf, ein gefährlicher Verbrecher zu sein, der strenge Bestrafung verdient!"[39].

Auch die *VVN* war bereits am 17. Oktober tätig geworden und forderte in einem Brief an Bundestagspräsident Eugen Gerstenmaier die Ablösung Oberländers sowie die Einsetzung eines parlamentarischen Untersuchungsausschusses. Schließlich erschien in der letzten Oktoberwoche 1959 in allen sowjetischen und ostdeutschen Zeitungen eine Karikatur, die Oberländer am

---

1969, S. 139-169 ff.; Ernst Nolte: *Deutschland und der Kalte Krieg*. Stuttgart ²1985, S. 678.

[38] Vgl. „Kronzeuge Nr. 1 beseitigt", *Neues Deutschland* vom 17. Oktober 1959; „Oberländer ließ Mitwisser ermorden", *Berliner Zeitung* vom 17. Oktober 1959; „Wurde der Hauptbelastungszeuge ermordet?", *Sächsische Zeitung* vom 17. Oktober 1959; „Der Treppensturz zu München", *Lausitzer Rundschau* vom 21. Oktober 1959.

[39] Vgl. „Verbrecher im Bonner Kabinett", *Sächsische Zeitung* vom 21. Oktober 1959; „Sowjets greifen Oberländer an", *Neue Rhein-Zeitung* vom 21. Oktober 1959; „Ein Todesfall im Bonner Hundestall", *Radjanska Ukraina* vom 21. Oktober 1959; „Unfall oder Mord? Geheimnisvoller Tod eines Zeugen im Fall Oberländer", *Komsomolskaja Prawda* vom 22. Oktober 1959; „Die Spuren führen zu Oberländer" *Komsomolskaja Prawda* vom 25. Oktober 1959 [Für die Übersetzung aus dem Ukrainischen und dem Russischen danke ich Herrn Philipp v. Hülsen].

Grab Banderas zeigt, mit dem Text: „Schade um ihn, er [Bandera] war so 'n prima Nazi, er wußte nur zu viel von mir"[40].

Die ukrainische Emigration stand den Vorwürfen gelassener gegenüber - dort sah man die Urheber eindeutig in Moskau. Banderas Mitstreiter Jaroslaw Stetzko, der Sieben-Tage-Premierminister des Jahres 1941, wunderte sich über die deutsche Untätigkeit und die Agonie des Bonner Kabinetts. Er schrieb Anfang November 1959 an Oberländer:

„Da der gemeinsame Feind Moskau seine Verbrechen an dem ukrainischen Freiheitskampf mit der Ermordung Stephan Banderas Ihnen unterschiebt (...) [wolle er] vorschlagen, irgendeine Aktion gegen die Bolschewiken zu unternehmen. Es ist unbedingt notwendig, daß die deutsche Presse und der Rundfunk klar und eindeutig zu diesem Fall Stellung nehmen, und zwar die Kreml-Machthaber den Tatsachen entsprechend als Meuchelmörder benennen. Wir wundern uns, daß keine offizielle Stelle in Bonn die Beschuldigungen, die man Ihnen im Zusammenhang mit Banderas Mord macht, entschieden zurückweist, zumal Sie des meuchlerischen Mordes an Bandera bezichtigt werden"[41].

---

[40] Vgl. *Neues Deutschland* vom 19. Oktober 1959. Eine Sammlung von 35 Artikeln sowjetischer Zeitungen mit gleichlautendem Text und der Karikatur findet sich im Archiv des Autors.

[41] Brief Stetzkos an Oberländer vom 3. November 1959 (Privatarchiv Oberländer). Darin schwang noch eine gewisse Verbitterung mit über die Erfahrungen, die die Anhänger einer freien Ukraine mit den deutschen Besatzern im Zweiten Weltkrieg gemacht hatten: „In dieser Beziehung ist das Ziel der Russen klar: damit wollen sie den Haß des ukrainischen und anderer unterjochter Völker für die Ermordung Banderas auf die Deutschen abwälzen. So manche deutsche Tageszeitung ist ihnen dabei behilflich (...) Es hat uns dabei tief gekränkt, (...) daß der bayrische Staatssekretär für Inneres den Russen mit keinem Wort die Schuld an dem Verbrechen gab, im Gegenteil, daß er sich über die sogenannten Unruhestifter unter der Emigration breit ausließ (...) Er kündigte dabei polizeiliche Maßnahmen mit Meldepflicht usw. an, doch nicht für die MWD [NKWD-] Agenten, sondern für die sogenannten [ukrainischen] Extremisten. Anstatt die russischen Mörder zu brandmarken und den Bundesminister vor den Moskauer Anschuldigungen zu verteidigen und die Kreml-Mörder klar und deutlich zu benennen, erweckt es den Anschein, (...) als sei nicht der Mörder, sondern der Ermordete selbst schuldig. Die Enttäuschung bei den Freiheitskämpfern ist groß (...) Es ist sehr bedauerlich, daß kein deutscher Sprecher am Grabe Banderas Abschiedsworte sagte. Noch erstaunlicher und unverständlicher aber ist der Umstand, daß sich kein Heimatvertriebener zu Wort meldete. Das hat wieder alte Ressentiments erweckt. Doch daran sind die Deutschen selbst schuld (...) Vergessen wir nicht, daß Deutschland wegen der Abwesenheit der Verbündeten im Osten zwei Weltkriege verloren hat".

Seitens der DDR wurde nun schnell die Verbindung von Oberländer zu Adenauer, dem „Komplizen des Mörders auf dem Ministerstuhl"[42] gezogen, und auch auf bundesdeutscher Seite nahm die *VVN* den Mord zum Anlaß, wieder aktiv zu werden. Zahlreiche lokale *VVN*-Gliederungen bombardierten das Kanzleramt mit Forderungen, die Beschlagnahme der *Tat* aufzuheben und Oberländer zu entlassen. Außerdem brachte die *Tat* nunmehr jede Woche Einzelheiten und weitere Zeugenaussagen über die dunklen Zeiten der deutschen Besatzung der Ukraine im Zweiten Weltkrieg. Aus vereinzelten Angriffen gegen einen Minister aus dem Kabinett Adenauer war längst ein Fall Oberländer geworden, der landesweit Gesprächsstoff bot. Längst stand Oberländer stellvertretend für das gesamte Bonner Kabinett Adenauers auf dem Prüfstand.

Der Name des umstrittenen Bundesvertriebenenministers war aus öffentlicher wie veröffentlichter Meinung nicht mehr wegzudenken - und die Bonner Strategie, den Fall Oberländer auf kleinster Flamme dem Vergessen entgegenzufahren, offenkundig auf ganzer Linie fehlgeschlagen. Zwar begann ein Wiesbadener Antiquariat im Oktober 1959, bundesweit die Bestände des von der *VVN* zitierten Buches von Paul Leverkuehn, *Der geheime Nachrichtendienst der deutschen Wehrmacht im Kriege*, das Oberländer belastete, aufzukaufen und aus dem Verkehr zu ziehen.

hatte es Bestrebungen gegeben, die von der *VVN* zitierten Bücher, die, aus dem Verkehr zu ziehen, doch nun suchte man innerhalb des Kabinetts fieberhaft nach einer anderen Lösung, neuen Beschuldigungen wirksam zu begegnen. Bereits Anfang Oktober 1959 wurden zwischen dem Bundeskanzleramt, dem Innenministerium und Oberländers Haus Möglichkeiten diskutiert, wie man gegen die *VVN* vorgehen könne. Oberländers Verdruß über die Machenschaften der *VVN* trafen sich mit dem von Bundesinnenminister Gerhard Schröder, der auf Grund seiner SA-Vergangenheit das jüngste Ziel einschlägiger *VVN*-Veröffentlichungen geworden war. Er favorisierte ein *VVN*-Verbot, gegen das sich allerdings warnende Stimmen erhoben, denn in Verbindungen mit dem nun hochkochenden Fall Oberländer schien der Eindruck doch zu naheliegend, es handele sich hier um einen Racheakt der Exekutive gegen unbequeme Mahner[43].

---

[42] "Wer deckt Oberländer?", *Berliner Zeitung* vom 21. Oktober 1959.
[43] Vermerk des Bundeskanzleramtes in Sachen Oberländer vom 7. Oktober 1959. *BA*, B 136 Nr. 3809. Oberländer sagt heute, ein Verbot der *VVN* sei damals längst fällig gewesen, er habe sich schon länger um Mitstreiter bemüht, die dieses Verbot durchsetzen

Doch Schröder ließ sich davon nicht beirren und setzte sich durch: am 20. Oktober 1959 beantragte die Bundesregierung beim Bundesverwaltungsgericht in Berlin, die *VVN* als kommunistisch gelenkte Organisation zu verbieten. Auf 43 Seiten bezog sich die Bundesregierung auf Artikel 9 Absatz 2 des Grundgesetzes und begründete den Verbotsantrag damit, daß die *VVN* als „sogenannte Hilfs- und Massenorganisation zumindest personell und organisatorisch von der gemäß Artikel 21 Absatz 2 des Grundgesetzes verbotenen *KPD* bzw. von der *SED* gesteuert" werde. Die *VVN* habe sich „nach innen und außen im Sinne der mit der freiheitlich-demokratischen Grundordnung unvereinbaren aktuellen politischen Ziele der *KPD / SED* betätigt und tut es noch. Dies wird dadurch bestätigt, daß der politische Gesamtstil dem der *KPD / SED* entspricht"[44]. Die Regierung Adenauer und auch Theodor Oberländer glaubten, sich dadurch eine Atempause verschafft zu haben. Doch der Schein trog, denn sie war kürzer als gedacht - sie währte genau 48 Stunden.

4. Die Regie bekommt ein Gesicht - Albert Nordens Pressekonferenz am 22. Oktober 1959

Das Gesetz des Handelns war Bonn längst entglitten, auch wenn dies dort noch nicht ins allgemeine Bewußtsein gedrungen war. Die erste Phase der Oberländer-Schlacht ging erfolgreich an Ost-Berlin. Von nun an saß hier die Regie, und Bonn geriet mehr und mehr in die Defensive. Als Regisseur nahm ein bislang unsichtbar gebliebener Akteur öffentlich die Zügel in die Hand: Professor Albert Norden, Mitglied des Politbüros und des Zentralkomitees der *SED*, Nummer drei in der DDR-Hierarchie und intellektueller wie funktionaler Kopf der ostdeutschen Propaganda. Mit ihm bekam die treibende Kraft nun auch ein Gesicht.

---

wollten. Erst bei Schröder sei er allerdings fündig geworden (Oberländer an den Autor vom 11. Dezember 1997). Schröder war als angehender Rechtsreferendar mit 23 Jahren in die SA eingetreten. 1938 wurde er Mitglied der Bekennenden Kirche, die Tochter Martin Niemöllers arbeitete nach dessen Verhaftung in seiner Anwaltskanzlei. Schröder heiratete seine nach den Nürnberger Rassegesetzen als Mischling geltende Frau und wurde damit automatisch aus der *NSDAP* ausgestoßen.

[44] Vgl. den Verbotsantrag im Nachlaß Friedrich Karl Kaul, *SAPMO - BA*, Ny 4238 Nr. 20. Vgl. außerdem Nolte, *Deutschland im Kalten Krieg 1945-1963*, S. 240; „The Red attack on Oberländer", *Long Island Daily Press* vom 17. November 1959.

Am Morgen des 22. Oktober 1959 fanden sich über hundert in- und ausländische Journalisten zu einer Pressekonferenz ein. Der ostdeutsche *Ausschuß für Deutsche Einheit*, propagandistisch erfahrener Arm des Zentralkomitees der *SED*, hatte dazu nach Berlin-Mitte eingeladen[45]. In einem unscheinbaren Bau aus den dreißiger Jahren an der Friedrichstraße 169-170, Ecke Französische Straße, befand sich das Haus des Nationalrates der Nationalen Front. Im Steinsaal im ersten Stock gedachte Albert Norden, seine propagandistischen Neuigkeiten vor der Presse auszubreiten.

Dr. Hans Loch, Vorsitzender des *Ausschusses für Deutsche Einheit*, eröffnete die Pressekonferenz mit großer Geste und kündigte an, neben zahlreichen Originalakten werde auch ein Dokumentarfilm über die Verbrechen Oberländers, gedreht an Originalschauplätzen in Lemberg, gezeigt. Norden hielt triumphierend ein dickes Bündel verstaubter Akten hoch, präsentierte es den Journalisten und ging gleich in medias res:

„Oberstes Gebot der Politik muss gegenwärtig in Deutschland wie jenseits seiner Grenzen die Entgiftung der nationalen und internationalen Atmosphäre, die Beendigung des Kalten Krieges, die Wegräumung aller Hindernisse sein, die der innerdeutschen und internationalen Entspannung im Wege stehen (...) Es ist höchste Zeit, daß Oberländer vor Gericht gestellt wird (...) nicht um in der Vergangenheit zu wühlen, sondern um die gegenwärtig in Bonn konzentrierte Gefahr für den Frieden Europas zu beleuchten (...)Heute und hier wird der Minister Oberländer der Lüge und Täuschung der Öffentlichkeit überführt. Heute und hier wird aufgedeckt, daß es sich bei dem Bonner Minister Oberländer um einen nazistischen Putschisten gegen die Weimarer Republik, um einen der Hauptverantwortlichen für die Vorbereitung des Zweiten Weltkrieges und den Henker der slawischen Intelligenz und der Juden handelt. Die Dokumente liegen hier auf dem Tisch. Die Zeugen leben und sprechen. Sie klagen den Teufel von Lwow an, der als Ausgeburt der Hitlerschen und Himmlerschen Hölle einen verantwortlichen Ministerposten in der Bonner Regierung einnimmt". Nach dem Zweiten Weltkrieg habe Oberländer seinen Lebenslauf gefälscht

---

[45] Als bewährte publizistische Speerspitze geißelte der *Ausschuß für Deutsche Einheit* schon seit 1956 die hohe Zahl von Nationalsozialisten in der politischen Klasse Bonns (vgl. die Aufstellung von über 50 Publikationen vom 14. Januar 1960, *SAPMO - BA*, Dy 30 / IV 2 / 2028 Nr. 65). Die Broschüren mit Titeln wie „Rassenschande - Rassenschänder" (über Staatssekretär Hans Globke), „Aus dem Tagebuch eines Judenmörders" (über Otto-Heinrich Bräutigam) oder „Bonn bereitet Revanchekrieg vor" (zur Wiederbewaffnungsdebatte) wurden jeweils in mehreren tausend Exemplaren an Journalisten, Politiker und Personen des öffentlichen Lebens in der Bundesrepublik gesandt und an den Grenzübergängen Reisenden aus der Bundesrepublik in die Hand gedrückt. Rechnet man alle Publikationen zusammen, so bekamen die Adressaten dieser DDR-Postillen in den Jahren 1958 und 1959 bis zu einmal pro Woche Post aus Ost-Berlin.

und entscheidende politische Tatsachen unterschlagen: (...) er verschweigt heute, wessen er sich unter der Nazidiktatur rühmte"[46].

Oberländer habe auf seiner Pressekonferenz am 30. September in Bonn jegliche Pogrome und Massaker geleugnet. Norden setzte vor seinen Zuhörern nun zu einer geschichtlichen *tour d'horizon* durch das Leben Oberländers an, wie es sich aus dessen Personalpapieren darstellte. Schon lange vor Hitlers Machtergreifung sei Oberländer

„Mitglied im *Deutsch-Völkischen Schutz- und Trutzbund,* dem schlimmsten radauantisemitischen Vorläufer der Nazipartei und (...) im *Freikorps Oberland* [gewesen], das Fememorde an der polnischen Bevölkerung in Ostoberschlesien beging (...) Am 9. November 1923 war er aktiver Teilnehmer am Hitlerputsch und rühmt sich (...) vier Tage Festungshaft dafür abgesessen zu haben".

Nach der Machtergreifung habe Oberländer seine Chance ergriffen und sei schnell zu einer der „Organisatoren der 5. Kolonne gegen die östlichen Nachbarn Deutschlands" aufgestiegen. Von Königsberg aus habe Oberländer die Länder unterminiert, die Hitler später überfallen habe - durch „chauvinistische Hetze in Deutschland selbst, als auch die Anleitung und Förderung und Organisierung der Unterwühlung der Nachbarstaaten im Osten Deutschlands". Dazu las Norden Auszüge aus zahlreichen Personaldokumenten Oberländers vor und schloß mit einem Appell an die Zuhörer: „Hören und lesen Sie diese Worte und konfrontieren Sie dieses Bekenntnis Oberländers mit Adenauers Beteuerung, daß er niemals einen Revanchisten als Minister in seiner Regierung dulden würde!". Bei den Auszügen, die Norden verlas, handelte es sich um sehr geschickt aus dem Zusammenhang gerissene Bruchstücke, die dem Gesamtcharakter der jeweiligen Briefe, Beurteilungen und anderer Papiere, wie er in Kapitel 1 dargestellt ist, keinesfalls gerecht wurden.

Durch seine Tätigkeit bei der Abwehr, so Norden weiter, sei Oberländer in die Planung für den deutschen Überfall auf den Sender Gleiwitz, der zum Zweiten Weltkrieg geführt habe, einbezogen gewesen. Die Abwehrstelle Breslau habe nicht nur den Ostexperten Oberländer beschäftigt, sondern auch den Überfall sowie eine Reihe weiterer deutscher Aggressionen gegen Polen

---

[46] Der Text der Rede Nordens vom 22. Oktober 1959 findet sich in dessen Nachlaß, *SAPMO - BA,* Ny 4217 Nr. 46. Für die freundliche Genehmigung zur Einsicht danke ich Prof. Dr. John Norden.

geplant und durchgeführt[47]. Gleich nach dem Überfall auf die Sowjetunion sei Oberländer in Lemberg einmarschiert und habe dort die erste Juliwoche mit seinem Bataillon *Nachtigall* verbracht. „In jenen sechs Tagen, als es Oberländer zufolge so friedlich und idyllisch gewesen sein soll, wurden nachweislich 3.000 polnische und jüdische Einwohner der Stadt Lwow erschlagen, erhängt und erschossen, unter ihnen dreißig der hervorragendsten Geistesschaffenden". Norden verlas dazu die Schilderungen einer Reihe von Zeugen, die alle die Pogrome und Ausschreitungen in Lemberg am eigenen Leibe miterlebt hatten. Obgleich keiner von Ihnen Oberländer direkt beschuldigt oder erkannt hatte, hinterließen ihre Schilderungen bei den Zuhörern einen nachhaltigen Eindruck, an den Norden in seinem Vortrag rhetorisch immer wieder appellierte: „Und Herr Oberländer hat von alledem nichts gewußt, nichts gesehen, nichts gehört!"

Zwar hatte keiner der östlichen Zeugen die Angehörigen des Bataillons *Nachtigall* an ihren Uniformen erkannt. Dennoch leitete Norden aus den Zeugenaussagen ab, gerade dieses der deutschen Abwehr unterstellte geheimnisvolle Sonderbataillon ukrainischer Nationalisten mit seinen gelbblauen Emblemen habe die antijüdischen und antipolnischen Pogrome veranstaltet und sei „mit fertigen Listen der zu ermordenden Juden und Polen" in Lemberg eingefallen. Norden zitierte aus den Protokollen einer Reihe von Zeugen, die den deutschen Einmarsch selbst miterlebt hatten. Zum einen ging aus diesen Aussagen hervor, die Gefängnisse seien vor dem deutschen Einmarsch leer gewesen - „verschwenden wir deshalb nicht allzu viele Worte auf die Zurückweisung des Versuches Oberländers, die Massenmorde den sowjetischen Behörden in die Schuhe zu schieben. Eigentlich richtet sich der Bonner Minister mit diesem Versuch selbst, weil er sich damit heute noch direkt an die Seite von Joseph Goebbels stellt, der ja mit der selben Bemerkung hausieren ging (...) die Leichen, die die Faschisten später als Opfer der Sowjets in den Gefängnissen zur Schau stellten, waren die Leichen der Juden und Polen, die sie selbst erschossen und gemartert hatten".

Zum anderen bemühte Norden Zeugen für den Mord der Deutschen an den 38 Professoren - unter ihnen auch die Witwe eines der Opfer, des ehe-

---

[47] Aus den einschlägigen Quellen ergibt sich ein anderes Bild. Nicht Oberländer, sondern der spätere Kommandeur des Bataillons *Nachtigall*, Oberleutnant Dr. Albrecht Herzner, war innerhalb der Abwehrstelle Breslau beteiligt an einer Reihe von deutschen Kommandounternehmen gegen Polen am Vorabend des Zweiten Weltkriegs (vgl. dazu ausführlich Höhne, Canaris, S.322 ff.).

maligen polnischen Ministerpräsidenten Professor Kasimierz Bartel. Er war einer der 38 Professoren gewesen, die das SS-Einsatzkommando z.b.V. am 3. und 4. Juli 1941 erschossen hatte. Ihre und etliche andere Aussagen wurden verlesen - stets von Norden kommentiert: „Aber Oberländer hat nichts gewußt, nichts gesehen, nichts gehört!", ihm sei der Einmarsch „ein erhebendes Glücksgefühl gewesen".

Ebenfalls anhand von Zeugen und Literaturauszügen wurde die vermeintlich aktive Rolle Oberländers bei der Planung und Aufstellung der Einheit skizziert. Innerhalb der Abwehr, so Norden, sei Oberländer seit 1940 die treibende Kraft bei der Aufstellung des „Mordbataillons *Nachtigall*" gewesen. Oberländer sei auch der Vorgesetzte gewesen, der hinter jedem deutschen Henker in Lemberg gestanden und dafür den Blutorden der Nazipartei beantragt habe: „Tausendfach hat er ihn verdient, denn an seinen Händen und Rockschößen klebt das Blut, das er in Strömen vergoß! (...) Der Naziaktivist der ersten Stunde war auch der Naziaktivist der letzten Stunde": noch bis in die ersten Maitage des Jahres 1945 habe Oberländer Volksdeutsche und Wlassow-Soldaten gesammelt und „trieb diese verlorenen Bataillone eines längst verlorenen Krieges noch einmal in Not und Tod".

Nahtlos habe Oberländer seine Karriere im von Nationalsozialisten durchseuchten Nachkriegsdeutschland Adenauers fortsetzen können. Jede Woche „proklamiere er sein Annexionsprogramm. Es umschließt polnische, tschechische und rumänische [!] Gebiete". Er wolle „das Wurzelschlagen der Umgesiedelten in Westdeutschland verhindern, um aus ihnen eine neue Eroberungsarmee zu formieren. Die Gegenwart des Oberländer steht im Einklang mit seiner Vergangenheit!". Empörend sei, daß die *KPD* verboten werde, während ein „gesetzloser Verbrecher, den die Geschichte mit glühendem Eisen gebrandmarkt hat", den Rang eines Ministers bekleide. Norden forderte den Bundestag auf, die Immunität Oberländers endlich aufzuheben. Es sei höchste Zeit, Oberländer vor Gericht zu stellen. Dem Bonner Staatsanwalt schlug Norden vor, einen hohen Beamten zur Akteneinsicht in den „Demokratischen Sektor Berlins" zu schicken. „Alle notwendigen Unterlagen und Akten stehen dem Bonner Oberstaatsanwalt bei uns zur Verfügung", betonte Norden. „Wenn es ihm um die Wahrheit zu tun ist, so möge er den Weg dorthin nehmen, wo die Wahrheit zu Hause ist".

Die Bonner Regierung könne nun nicht länger schweigen: „Jetzt erwartet die Öffentlichkeit, daß der Kanzler die Konsequenzen zieht und Oberländer vom Dienst suspendiert". „Aus gesamtdeutscher Verantwortung" werde das

„empörende Kapitel Oberländer der Weltöffentlichkeit unterbreitet". Norden verkündete mit Stentorstimme, er spreche nicht nur im Namen der ganzen DDR-Bevölkerung, denn „an unserer Seite stehen nicht nur alle durch Oberländers Politik der Massaker tödlich beleidigten Völker. Wir wissen uns auch einig mit der erdrückenden Mehrheit der westdeutschen Bürger. Sie sehnen sich nach Abrüstung, sie lieben den Frieden, sie hassen darum die Oberländers!". Das Westdeutschland Adenauers, so Nordens Schlußwort, dürfe kein „Naturschutzpark für Verbrecher" sein.

Kaum hatte Norden seine halbstündige Rede beendet und die Veröffentlichung weiteren Materials über Oberländer angekündigt, wurden im Vorraum des Steinsaales Dokumente zum Fall Oberländer für die anwesenden Journalisten ausgelegt. Wie einige Monate später in Moskau, war auch hier eine Ausstellung an großen Stellwänden befestigt, so daß die Journalisten das soeben Gehörte anhand der Unterlagen vertiefen konnten. Dabei handelte es sich um Auszüge und Bruchstücke seiner Personalpapiere, des Artikels aus dem *Neuen Bauerntum* und andere Materialien, die ihn meist nicht persönlich belasteten, aber assoziativ mit etlichen deutschen Kriegsverbrechen in Verbindung brachten.

5. Flucht nach vorn (III)- Die Internationale Untersuchungskommission Lemberg 41

Etliche hundert Kilometer westlich von Berlin machte am Tag darauf, am 23. Oktober 1959, ein nachdenklicher Bundesvertriebenenminister einen Spaziergang am Rhein. Den ganzen Vormittag hatte er mit seinen Rechtsanwälten Hans Dahs und Konrad Redeker seine Verteidigungs-strategie gegen die Anzeige der *VVN* besprochen und eine Stellungnahme an den Bonner Oberstaatsanwalt Franz Drügh entworfen. Während seines Aktenstudiums am Nachmittag hatte ihm sein Referent Dauge die neueste Ausgabe des *Neuen Deutschland* vorgelegt, das sich auf mehreren Seiten mit seinem Fall beschäftigte. „Bonner Minister der Morde von Lwow überführt - Oberländers Verbrecherlaufbahn enthüllt - Im Namen des Friedens: Strafverfolgung!" stand dort in übergroßen Lettern zu lesen. Oberländer war überzeugt, die Angriffe von jenseits des Eisernen Vorhangs würden nicht aufhören - sie konnten ihn über kurz oder lang auch sein Amt kosten. Für Norden und seine kommunistischen Mitstreiter aus Ost-Berlin war dies, dessen war Oberländer sich auch sicher, mehr als eine Frage der Ehre. Der Leitartikel des *Neuen Deutschland*, den Oberländer am Nachmittag gelesen hatte, machte ungeschminkt deutlich, welches Ziel Ost-Berlin verfolgte:

„Was ist das für ein Staat? Es ist eben der Bonner Staat: eine militaristisch-klerikale Diktatur, ein Unrechtsstaat, ein Zentrum der Aggression. Wer es bisher noch nicht gewußt hat, mag an Oberländer erkennen, was für eine Regierung in Bonn sitzt (...) Hier waltet kein Zufall, kein Irrtum. Gerade solche Subjekte [wie Oberländer] braucht ein Regime, das Revanche schreit, mit der Atombombe fuchtelt und den Krieg vorbereitet (...) Ehe dieses Geschwür [Oberländer] nicht operativ entfernt ist, werden wir nicht müde werden zu fordern: Um des Friedens und des Rechtes willen, um der Ehre des deutschen Namens willen: Oberländer muß weg!"[48]

Er hatte deshalb dem Bundeskanzler schon am 22. September 1959 unter vier Augen seinen Rücktritt angeboten. Adenauer hatte dies brüsk abgelehnt mit dem Hinweis, so einfach könne man sich den Angriffen aus dem Osten nicht beugen. Allerdings scheute Oberländer scheinbar einen Parlamentarischen Untersuchungsausschuß - deshalb hatte er sich auf die Suche nach anderen Personen oder Institutionen begeben, die für seine Entlastung und Rehabilitation dienlich sein könnten. Dabei war Oberländer über einen Artikel im holländischen *Elsevier Weekblad* gestolpert, der im Oktober 1959 erschienen war und die Schuldfrage am Lemberger Blutbad untersuchte. Der Autor Joop Zwart, ein holländischer Sozialist und ehemaliger Häftling des Konzentrationslagers Sachsenhausen, kam in dem Artikel zu dem - sehr in Oberländers Sinne liegenden - Schluß, die Sowjets hätten unter den Nationalukrainern vor dem Abzug aus Lemberg ein Massaker veranstaltet, mit denen die Gefängnisse überfüllt gewesen seien. Verantwortlich dafür sei Nikita Chruschtschow gewesen, der Generalsekretär der ukrainischen KP. Die „Wahrheit über Lemberg", so Zwart später, habe er bereits als Dolmetscher in Sachsenhausen von den dort inhaftierten Ukrainern um Stephan Bandera erfahren[49].

Bereits am 17. Oktober 1959 hatte sich Oberländer mit Zwart getroffen und über seine Version der Vorgänge von Lemberg gesprochen. Zwarts Artikel brachte Oberländer auf die Idee, sich an die *Union des Résistants pour*

---

[48] Vgl. „Der perfekte Kriegsverbrecher", *Neues Deutschland* vom 23. Oktober 1959.

[49] Vgl. „Oberländers Leben wird durchleuchtet", *Süddeutsche Zeitung* vom 12. Dezember 1959.

une Europe unie (*URPE*) zu wenden, eine antikommunistische europäische Organisation von Widerstandsangehörigen, die sich ständig mit der *VVN* befehdete, um seinen Fall von unabhängiger Seite untersucht zu sehen. Da er mit sich selbst im reinen war, würde die *URPE* besser als jede deutsche Institution zu seiner Rehabilitierung beitragen können. Eine ausländische Kommission, möglichst gebildet aus Angehörigen des Widerstandes oder Verfolgten des Nationalsozialisten, war in den Augen Oberländers die wirksamste Entgegnung auf Albert Nordens Tiraden.

Als nun die Schleswig-Holsteinische *VVN* auf einer Tagung in Kiel, ebenso wie der Bundesverband der *VVN*, nachdrücklich eine Untersuchung forderte - erst durch eine polnisch-sowjetische Kommission, dann durch einen Ausschuß des Bundestages - war Oberländers Entscheidung gefallen. Er wandte sich umgehend an den Chef der deutschen Sektion der *URPE*, Wolfgang Müller, mit der Bitte, eine unabhängige Untersuchung einzuleiten. Schon bald präsentierte Müller geeignete ausländische Kandidaten. Von zwölf Angeschriebenen sagten fünf schließlich zu und trafen sich am 4. November 1959 in Den Haag, um die „Internationale Untersuchungskommission Lemberg 41" zu gründen. Knapp vier Wochen später, am 27. und 28. November 1959, trat die Kommission dort auch zum ersten Mal zusammen. Die Führung lag fest in holländischen Händen: Vorsitzender der Kommission wurde Richard Karel van Staal, geschäftsführender Sekretär wurde Joop Zwart. Die Kommission bestand aus lauter ehemaligen prominenten Widerstandskämpfern: dem norwegischen Sozialisten Hans Cappelen, dem Dänen Björn Ole Kraft, Präsident des dänischen Reichstags, dem holländischen Sozialisten Richard Karel van Staal, dem belgischen Universitätsprofessor Floor Peters und schließlich dem Schweizer Kurt Schoch.

Wochenlang machten sich nun Zwart und die anderen Kommissionsmitglieder auf den Weg und reisten, bewaffnet mit einem Tonband, durch Europa und befragten Zeugen, Mitwissende und Leidtragende zu den Vorkommnissen der ersten Juliwoche 1941 in Lemberg. Ziel war es dabei, vor allem Augenzeugen zu Wort kommen zu lassen, die die Geschehnisse in Lemberg hautnah erlebt hatten, und somit erst einmal die tatsächlichen Fakten der Lemberger Geschehnisse auf den Tisch zu legen. In einer zweiten Etappe der Untersuchung sollte Theodor Oberländers nationalsozialistische Vergangenheit durchleuchtet werden. Auf der Agenda der Kommission standen dafür mehrere hundert Personen, die befragt werden sollten. Auch Theodor Oberländer erklärte sich zur Mitarbeit bereit und gewährte Zwart und der Kommission Ende Oktober und Anfang November Einsicht in seine Tagebücher und weitere Dokumente in seinem Besitz. Bis Ende März 1960 sollten die Befragungen abgeschlossen und die gewonnenen Erkenntnisse in einem ausführlichen Bericht publiziert werden. Dabei wurde allen Zeugen, die in der Bundesrepublik lebten und eine Beeinflussung durch Oberländer fürchteten, ausdrücklich Anonymität zugesichert. Zu allererst bemühte sich Zwart um den sowjetischen Redakteur Lew Besymenski, der den Begriff der „Oberländer-Schlacht" in der *Neuen Zeit* geprägt und sie begonnen hatte, um die Stichhaltigkeit seiner Vorwürfe zu überprüfen. Einer Einladung nach Den Haag, um dort der Kommission Beweise für seine Behauptungen vorzulegen, kam Besymenski allerdings nicht nach.

Von Beginn an hatte die Kommission deutlich gemacht, sie sei an deutschen, polnischen und sowjetischen Mitgliedern im Untersuchungsausschuß nicht interessiert, um die Unabhängigkeit der Untersuchungen zu gewährleisten. Der Kommissionsvorsitzende, Karel van Staal, schrieb am 5. Dezember 1959 in *Elsevier Weekblad*:

„Daß die Beschuldigungen [gegen Oberländer] aus Moskau kommen, ist auch nicht sehr sonderlich; sie brauchen deshalb noch nicht unwahr zu sein. Daß sie aber erst jetzt, so viele Jahre später kommen, gibt Anlaß zum Nachdenken. Die Beschuldigungen drohen dadurch den Charakter einer Verleumdung zu bekommen, und das bedeutet viel."

Deshalb reagierten die am Fall Oberländer Beteiligten jenseits des Eisernen Vorhangs auf die Arbeit der Kommission mehr als zugeknöpft: das *Neue Deutschland* veröffentlichte zwar jeden Tag neues Material zum Fall Oberländer, weigerte sich allerdings, Zwart die verwendeten Originaldokumente zur Einsicht zur Verfügung zu stellen. Auch die Einladungen der Kommission an Albert Norden, an Nikita Chruschtschow selbst sowie alle von der *VVN* und dem *Ausschuß für Deutsche Einheit* benannten Zeugen blieben, ebenso wie im Falle Besymenskis, ohne Reaktion[50].

So verwundert es nicht, daß Zwart im Dezember 1959 gegenüber der *Süddeutschen Zeitung* öffentlich äußerte, er halte die Materialien der DDR für wenig objektiv und die Zeugenaussagen für gesteuert. Er bezog dies ausdrücklich auch auf diejenigen Aussagen, die die *VVN* der Kommission als

---

[50] Vgl. Lemberg 1941 und Oberländer. Das Ergebnis einer Untersuchung. Amstelveen 1960 (zitiert als: Ergebnisbericht), S. 30.

Abschriften in großer Zahl zur Verfügung gestellt hatte[51]. Doch Zwart konnte allenfalls ahnen, nicht aber wissen, wie mager die Aussagen östlicher Zeugen möglicherweise hätten sein können. Erst Anfang November 1959 hatte der polnische Innenminister Wicha in einem Runderlaß allen Polen, die früher in Lemberg gelebt hatten, jeglichen Kontakt mit bundesrepublikanischen Dienststellen oder Personen verboten, die sich mit den Lemberger Vorgängen befaßten[52]. Doch dies war erst der Anfang einer Entwicklung, an deren Ende die Arbeit der Kommission gründlich diskreditiert sein würde. Aber auch das konnte Zwart beim besten Willen nicht ahnen.

6. „Mohrenwäscher" und Renegaten im Visier Ost-Berlins

In Berlins Friedrichstraße 169-170 und am Werderschen Markt - also dort, wo nach Albert Nordens Worten die Wahrheit zu Hause war - hatte man nicht nur Oberländer, sondern auch die Mitglieder der Kommission längst ins Visier genommen. Die östliche Schlachtordnung in der „Oberländer-Schlacht" durfte durch nichts gestört werden, der Lemberger Untersuchungsausschuß, entstanden durch die Initiative Oberländers, war dabei nur ein unerwünschter Störfaktor. Dabei hatten die Propagandisten aus zweierlei Gründen leichtes Spiel, die holländische Kommission aufs Korn zu nehmen. Erster Grund war ihr deutscher Initiator, der Widerstandsfunktionär Wolfgang Müller. Als Oberst war er im weiteren Kreis der Betroffenen des 20. Juli 1944 gewesen und wurde nach dem Krieg in mehreren deutschen Widerstandsverbänden aktiv, so auch in der deutschen Sektion der *URPE*.

Der Fall Oberländer war für die *VVN* eine willkommene Gelegenheit, eine alte Rechnung zu begleichen. Müller und Zwart waren Renegaten aus den eigenen Reihen. Müller war ursprünglich in der *VVN* an leitender Stelle aktiv

---

[51] Vgl. „Oberländers Leben wird durchleuchtet", *Süddeutsche Zeitung* vom 12. Dezember 1959.

[52] Information des Bundesinnenministeriums an das Bundesvertriebenenministerium vom 31. Oktober und 3. November 1959 (Privatarchiv Oberländer). Darin heißt es u.a.: „Die Anweisung Wichas hat unter Beamten und Funktionären, die die Lemberger Ereignisse nicht aus eigener Anschauung kennen, wie ein Schock gewirkt, da die Anweisung praktisch ein Eingeständnis ist, daß Oberländer wie die Deutschen an den Lemberger Morden [bis zum 30. Juni 1941] unschuldig sind. Im Falle einer deutschen Schuld wäre eine solche Anweisung völlig sinnlos".

gewesen und hatte den Verband Anfang der fünfziger Jahre verlassen, nachdem er eine Abkehr der *VVN* vom Kommunismus nicht durchsetzen konnte. Auch Zwart hatte bis 1948 auf allen wichtigen Veranstaltungen der *VVN* als Redner gesprochen. Zwart wurde später Geschäftsmann, und Müller war seither als Widerstandsfunktionär in diversen Verbänden aktiv geworden. Beide arbeiteten mit deutlich antikommunistischer Tendenz. Die Renegaten Zwart und Müller im Dienste des Klassenfeindes waren für die *VVN* ein zwangsläufiges, natürliches Ziel.

Müller geriet schnell in den Verdacht, zwischen Oberländer und der holländischen Kommission ein Geschäft auf Gegenseitigkeit vermittelt zu haben. Falls die *URPE* Oberländer entlaste, würde die Bundesregierung im Tausch die Ansprüche der in Deutschland lebenden Exilgruppen sowie ausländischer Verbände abgelten, die durch ein am 5. November 1959 gegründetes „technisches Komitee" der *URPE* beziffert würden. Während Zwart durch die Lande zog, verhandelte das „technische Komitee" der *URPE* mit dem Bundesfinanzministerium über einen Härtefonds für bestimmte ausländische Widerstandsgruppen, die nach dem Bundesentschädigungsgesetz eigentlich keinen Anspruch auf Geld hatten - zunächst mit Erfolg, wie Müller dem *Spiegel* Anfang 1960 bestätigte, später allerdings ergebnislos[53].

Der zweite Grund und Ansatzpunkt Ost-Berlins war die Frage nach den Finanziers der Kommission. Auch hier brachten kursierende Gerüchte die Kommission in der Öffentlichkeit schnell ins Zwielicht. Müller hatte durch Gespräche mit der Bundesregierung deren Bereitschaft sondiert, entsprechende Gelder bereitzustellen; die Mehrzahl der Ausschußmitglieder favorisierte jedoch, wie Zwart immer wieder öffentlich betonte, andere Geldquel-

---

[53] Vgl. „Die Wahrheit über Lemberg", *Der Spiegel* Nr. 1 - 2 / 1960, S. 24; Müller waren diese Verhandlungen offenkundig so wichtig, daß er sie in höchstem Maße gefährdet sah, als ein anderer Verfolgtenverband, der *Verband für Freiheit und Menschenwürde (VFM)*, am 21. November 1959 in den Chor derjenigen einstimmte, die - mittlerweile sehr zahlreich - einen Rücktritt Oberländers von seinem Ministerposten forderten. In einem Brief an Bundeskanzler Adenauer stellte Müller klar, daß er und die *URPE* damit „nicht konform gingen", außerdem beschuldigte Müller den *VFM*, mit ihrer Forderung „greife der *VFM* kommunistische Weltpropaganda auf". Dies brachte Müller nicht nur eine Klage wegen Verleumdung ein, die Müller nur durch einen Vergleich beenden konnte. Auch gelangte Müllers Brief an Adenauer an die Öffentlichkeit und leistete weiteren Spekulationen Vorschub (Brief Müllers an Adenauer vom 7. Dezember 1960 sowie Vergleich zwischen der *VFM* und Müller vom 3. Februar 1960 *BA*, B 136 Nr. 3809).

len, um die absolute Unabhängigkeit der Kommission sicherzustellen. Doch Zwarts widersprüchliche Äußerungen in der Öffentlichkeit erregten allgemein Skepsis, und die Fragen nach weiteren Geldquellen und einer möglichen Befangenheit wollten deshalb nicht verstummen[54]. Einen ersten Geldgeber mit solidem Eigeninteresse enthüllte die Kommission in ihrem Ergebnisbericht später selbst - den in München ansässigen *Antibolschewistischen Block der Nationen*. In ihm waren, neben dem ukrainischen Sieben-Tage-Premier Jaroslaw Stetzko, noch etliche andere geistige Verwandte Oberländers federführend[55]. Nachdem Moskau ihre Graue Eminenz Stephan Bandera ermordet hatte, liegt der Schluß nahe, daß sie den Angriff gegen Oberländer auch als Angriff gegen sich selbst sahen und entschlossen waren, ihm entgegenzutreten. Außerdem gehörten die Ukrainer zu den Gruppen, die von den Verhandlungen der *URPE* mit der Bundesregierung handfeste materielle Vorteile erhoffen konnten.

Ein zweiter, prominenter Geldgeber wurde allerorts vermutet, allerdings fehlten die Beweise. Einzig die *Frankfurter Rundschau* glaubte, einen Nachweis über eine Zahlung an Zwart und den Ausschuß zu besitzen - durch die Bundesregierung selbst, die dies sofort entschieden dementierte. Ein Blick in die Akten des Bundeskanzleramtes gibt hier Aufschluß: danach hatte Oberländer mit Adenauers Staatssekretär Felix v. Eckhardt im November 1959 die Übernahme der Kosten durch die Bundesregierung erörtert - mit dem Ergebnis, Eckhardt wolle beim Präsidenten des Bundesrechnungshofes,

---

[54] Vgl. „Oberländers Leben wird durchleuchtet", *Süddeutsche Zeitung* vom 12. Dezember 1959. Zwart gab an, daß eine holländische Institution, das *Nationalkomitee zur Bekämpfung des KZ-Systems*, die Finanzierung komplett übernommen hatte.

[55] Der Briefkopf der in der Münchner Zeppelinstraße 67 ansässigen *Anti-Bolshevik bloc of nations (ABN)* liest sich wie ein *who is who* der Gegner Moskaus, die aus Völkern der Sowjetunion stammten und im Zweiten Weltkrieg auf deutscher Seite versucht hatten, gegen Stalin zu kämpfen. Neben dem Ukrainer Stetzko fanden sich hier der georgische Fürst Niko Nakaschidse, der bei Alfred Rosenberg für ein freies Georgien warb, Veli Kajum Chan als Vorsitzender des *Nationalen Komitees der Turkestaner* in Berlin sowie viele Andere, die im Zweiten Weltkrieg zur sogenannten *Adlonaida* (Alexander Dallin) gehörten, die im Berliner Hotel Adlon Pläne für eigene Staaten unter Führung Deutschlands in einem Nachkriegseuropa geschmiedet hatten. Der ukrainische Anteil an der Finanzierung schlug sich auch darin nieder, daß im Anhang des Ergebnisberichtes der Kommission vom März 1960 fast ausschließlich ukrainische Zeugen zu den Vorgängen in Lemberg zu Wort kamen.

Hertel, Möglichkeiten feststellen, in welchem Haushaltstitel sich solche Kosten diskret unterbringen ließen[56].

Eckhardt schrieb schließlich an Oberländer, bei den Attacken gegen ihn handele es sich um „einen planmäßig gesteuerten Angriff aus den Ländern des sowjetischen Ostblocks gegenüber einem Mitglied der Bundesregierung (...)", also sei es ein „unabweisbares politisches Erfordernis, sich dagegen zur Wehr zu setzen". Deshalb sollten die „Kosten, welche durch die Tätigkeit des Internationalen Ausschusses der Union der Widerstandskämpfer (*URPE*) zur Überprüfung der Lemberger Vorfälle entstehen", aus dem Etat des Presse- und Informationsamtes der Bundesregierung beglichen werden. Müller reichte also dem Bundeskanzleramt - dort betrachtete man ihn als den Geschäftsführer der Kommission - einen Kostenvoranschlag für die Arbeit der Kommission ein. Kurze Zeit später wurde die Zahlstelle des Bundespresseamtes angewiesen, eine Abschlagszahlung für erste Auslagen der Kommission bereitzustellen. Müller wurde instruiert, er könne die Summe von 25.000 DM am 26. November 1959 nachmittags dort in bar abholen[57].

Aus diesen Gründen besaß die Arbeit der Kommission einen schalen Beigeschmack und war schon bald zum Scheitern verurteilt. Mit ihren Geburts- und Strukturfehlern behaftet - auch wenn sie nur zum Teil bekannt waren - genoß die holländische Kommission in der Öffentlichkeit wenig Ansehen. Die *VVN* verspottete sie als „Heinzelmännchen des Ministers", die nur eine „Mohrenwäsche" Oberländers im Sinne hätten. Der Eindruck, das Urteil der Kommission über Oberländer habe von vornherein festgestanden, wurde von östlicher Seite immer wieder geschürt. So wurde die Meldung lanciert, die niederländischen Behörden hätten aussagewilligen Zeugen aus dem Osten die Einreisegenehmigung nach Den Haag verweigert, was nicht zutraf. Vor allem Zwart trat immer wieder vor die Presse und gab Vorabstellungnahmen ab. Da ein Großteil der bis dahin gehörten siebzig Zeugen - meist Ukrainer - Oberländer entlasteten, erhielten die Pressevertreter immer die gleiche Ant-

---

[56] Vgl. „Falschgeld, Pässe und weiße Westen", *Frankfurter Rundschau* vom 28. Februar 1960; Brief Eckhardts an Oberländer vom 25. November 1959. BA, B 136 Nr. 3809.

[57] Brief Eckhardts an Oberländer vom 25. November 1959. BA, B 136 Nr. 3809. Oberländer bewies hier einmal mehr Chuzpe: er reichte eine detaillierte Rechnung über seine entstandenen Kosten für Anwälte u.a. ein, um sie aus der Bundeskasse erstattet zu bekommen. Der Präsident des Bundesrechnungshofes und auch Staatssekretär Hettlage vom Bundesfinanzministerium erhoben dagegen Einspruch, mit der Begründung, für solche Kosten könne die Bundeskasse nicht einstehen (ebd.).

wort: Oberländer habe mit den Morden in Lemberg nichts zu tun - obgleich ein abschließender Bericht erst am Ende der gesamten Untersuchung im Frühjahr 1960 veröffentlicht werden sollte. Auch Oberländers Plan, diesen Kommissionsbericht als Weißbuch der Bundesregierung zu veröffentlichen, hielt Staatssekretär Felix v.Eckhardt für „politisch und sachlich untuhlich", wie er Oberländer am 25. November geschrieben hatte.

Schließlich schaltete sich Albert Nordens Apparat in Ost-Berlin ein und ließ einzelne Mitglieder der Kommission, so etwa den Norweger Hans Cappelen, in ihren Heimatländern gezielt unter Druck setzen, damit sie ihren Rücktritt aus der Kommission erklärten. So schrieb Georg Spielmann, Sekretär des *Komitees der Antifaschistischen Widerstandskämpfer in der DDR* am 5. Januar 1960 an Albert Norden, er habe

„Bemühungen unternommen, um insbesondere (...) Cappelen, Oslo, zu beeinflussen, damit er seinen Rücktritt erklärt. Die neuesten Mitteilungen besagen, daß Cappelen zur Zeit nicht die Absicht hat, sich aus der Kommission zurückzuziehen, aber darauf drängen will, daß a l l e Dokumente in der Sache Oberländer von dieser Kommission untersucht werden. In persönlichen Unterhaltungen äußerte sich Cappelen, daß es sehr schlecht für Oberländer stehe. Die norwegischen Freunde ließen uns wissen, daß sie es noch nicht aufgegeben haben, Cappelen weiter zu beeinflussen. Das geschieht nicht nur von den kommunistischen Freunden, sondern auch aus den Reihen der Norwegischen Arbeiterpartei"[58]

Mehr und mehr durch öffentliche Kritik und Einflußnahme zermürbt, bat Zwarts Gremium, vom Spiegel als „obskurer Ausschuß wiedergutmachungsheischender Wichtigtuer" verspottet, Oberländer zu einer weiteren Aussage für den 10. Januar 1960 nach Den Haag. Glaubt man Oberländers Tagebuch, so verbrachte er schon den Abend des 9. Januar 1960 im Brüsseler *Hotel Central* mit einem Abendessen unter Freunden: anwesend waren die Ehepaare Cappelen und Peters sowie Joop Zwart, Björn Ole Kraft und Kurt Schoch - damit war die Kommission komplett versammelt, die Oberländer, so Cappelen später in einer Presseerklärung, am nächsten Morgen „zweieinhalb Stunden wie eine Zitrone auspressen" wollte. Eigentlich sollte die Sitzung der Kommission am Morgen des 10. Januar 1960 um 10 Uhr geheim bleiben - vergeblich: ein großes Presseaufgebot erwartete die Kommission, Oberländer und fünf weitere Zeugen und bestürmte alle mit Fragen. Erst als für den nächsten Tag eine Pressekonferenz in Aussicht gestellt wurde, konnte die Kommission ihre Arbeit ungehindert fortsetzen. Allerdings wurden Oberlän-

---

[58] Brief Spielmanns an Norden vom 5. Januar 1960. *SAPMO - BA*, Dy 30 / IV 2 / 2028 Nr. 78.

der und der Vorsitzende, Richard van Staal, von der Presse bis ins Hotel Central verfolgt und mit bohrenden Fragen traktiert. Während der Pressekonferenz am nächsten Morgen wiederholte Zwart noch einmal, die Kommission bestehe aus völlig unabhängigen Persönlichkeiten und werde ausschließlich vom holländischen Nationalkomitee zur Bekämpfung des KZ-Systems finanziert. Nach bisherigen Erkenntnissen hätten die drei Hauptbeschuldiger - die *VVN*, Albert Norden, Lew Besymenski - trotz Aufforderung noch keinen Beweis für ihre Beschuldigungen vorgelegt und auch nicht reagiert; die *VVN* habe sich sogar geweigert. Man habe die Materialien der Staatsanwaltschaft in Bonn, die gegen Oberländer ermittle, eingesehen und teile die Meinung des Staatsanwaltes, das Material sei vollkommen unzureichend und rechtfertige nicht eine Anklage. Zahlreiche Zeugen jenseits des Eisernen Vorhangs hätten sich gemeldet, die Kommission sei bereit, sie an ihrem Wohnort zu vernehmen, falls dies ungehindert möglich sei. In diesem Zusammenhang dementierte Zwart abermals Gerüchte, das holländische Außenministerium habe Zeugen aus dem Osten die notwendigen Einreisevisa verweigert. Das Ergebnis ihrer Arbeit, so Zwart weiter, werde die Kommission im März 1960 vorlegen, ganz gleich, zu welchem Ergebnis man komme:

„Wenn Oberländer (...) für schuldig befunden werden solle, wird die Kommission das klar zum Ausdruck bringen. Im anderen Falle wird die Kommission den Namen des wahren Schuldigen bekanntgeben. [Den] Nazi und Antisemit Oberländer brauche man nicht näher zu untersuchen, lediglich die sowjetischen und polnischen Vorwürfe in Sachen Lemberg sind nicht durch Beweise erhärtet"[59].

Doch die Kommission hatte ihre Glaubwürdigkeit längst verspielt. Ihre Arbeit war bereits zu sehr diskreditiert und stand im Kreuzfeuer östlicher wie auch westlicher Kritik: Am 16. Januar 1960 distanzierte sich der holländische *Verband der Widerstandskämpfer* energisch von der Kommission, die „auf Ersuchen der westdeutschen Regierung" die Vorwürfe gegen Oberländer untersuche, und Professor Dr. Franz Böhm, führender CDU-Wiedergutmachungspolitiker, trat aus der *URPE* aus[60]. Als nun die *CDU*

---

[59] Vgl. die Presseerklärung des *Internationalen Untersuchungsausschusses Lemberg 1941* vom 10. Januar 1960.

[60] Vgl. „Erklärung holländischer Widerstandskämpfer" und „Die Vergangenheit Oberländers", *Neue Zürcher Zeitung* vom 18. Januar und 4. Februar 1960. Professor Dr. Franz Böhm, führender CDU-Wiedergutmachungspolitiker, erklärte der, seinen Austritt aus der *URPE*.

anfang 1960 beschloß, den Fall Oberländer dem Ehrenrat der Partei vorzulegen, stellte die Kommission schon kurze Zeit später ihre Arbeit gänzlich ein. Ihr vorläufiger Ergebnisbericht, im März 1960 in Holland im Selbstverlag erschienen, sprach Oberländer schließlich von allen Vorwürfen frei und ergriff im Vorwort noch einmal vehement Partei für ihn:

„Möge diese Arbeit dazu beitragen, einmal mehr erkennen zu lassen, daß der sowjetische Osten bemüht ist, den Bundeskanzler und die deutsche Bundesregierung durch die Hetze gegen eines ihrer Mitglieder vor der Weltöffentlichkeit zu diffamieren, um sie zu isolieren, ein Ziel, das völlig eindeutig und unmißverständlich (...) zum Ausdruck gebracht ist. Erstaunlicherweise sind es die Bundesdeutschen selbst, die diese Absicht am wenigsten erkannt haben oder sie haben erkennen wollen"[61].

Mit dem Scheitern der holländischen Untersuchungskommission war auch der dritte Versuch Oberländers mißlungen, die Initiative in der Oberländer - Schlacht zurückzugewinnen. Sowohl die handstreichartige Beschlagnahme der *Tat* als auch die Pressekonferenz in Bonn hatten ihm kaum Entlastung gebracht, sondern, im Gegenteil, seine Lage noch verschlimmert. Die Initiative, den Fall Oberländer zu seinen Gunsten zu beeinflussen, war nun endgültig verloren. Auch wenn Adenauer zu ihm hielt, mehrten sich doch auch in Bonn die Stimmen quer durch alle Parteien, die Oberländer für politisch untragbar hielten und auf einen Rücktritt drängten. Das Gesetz des Handelns lag nun, endgültig, bei Albert Norden.

C. „Dort, wo die Wahrheit zu Hause ist" - Propagandazentrale Berlin-Mitte

1. Auf der Suche nach der Zuständigkeit - Ein Funktionärstreffen am Werderschen Markt

Es war ein trister Ausblick, der sich Albert Norden bot, als er an einem grauen 26. November 1959 aus dem Fenster seines Büros blickte. Das Zentral-

---

[61] Vgl. Ergebnisbericht, S. 4. In dem Bericht kommen fast nur noch ukrainische Zeugen zu Wort, die die Erschießungen des *NKWD* schilderten. Von den Judenpogromen in Lemberg, die alle Zeugen ebenfalls erlebt haben mußten, findet sich hier kein Wort.

komitee der *SED* in Ost-Berlin befand sich im Gebäude der ehemaligen Reichsbank am Werderschen Markt - inmitten der Trümmerwüste, die Berlins Mitte auch 14 Jahre nach Ende des Zweiten Weltkrieges noch immer war. Gegenüber sah Norden auf den Torso von Schinkels Bauakademie, in ihrem Gerippe waren die Reparaturarbeiten in vollem Gange. Links davon stand die Ruine von Schinkels Friedrichswerderscher Kirche, rechts die gähnende Leere des Marx-Engels-Platzes. Dort hatte noch vor kurzem die ausgebrannten Reste des Berliner Stadtschlosses gestanden, bis es im Jahre 1950 auf Befehl Walter Ulbrichts gesprengt wurde. Dahinter erhob sich, ebenfalls als Ruine, die Kuppel des Berliner Domes.

Das neue Domizil von Ulbrichts Machtapparat der *SED*, erst im Jahre 1959 bezogen, hatte dagegen den Zweiten Weltkrieg weithin unbeschadet überlebt und bot nun entsprechenden Raum für die Heerscharen des ZK. Fast eine Ironie des Schicksals, dachte Norden - unter den wenigen Bauten, die das Inferno der Schlacht um Berlin überstanden hatten, waren fast alle Großbauten des Nationalsozialismus: das Propagandaministerium am Wilhelmplatz, das Haus der Flieger in der Wilhelmstraße und eben die Deutsche Reichsbank, 1932 bis 1938 von Heinrich Wolff erbaut, in der er nun sein Büro hatte.

Norden konnte mit dem Presseecho zum Fall Oberländer sehr zufrieden sein: beiderseits des Eisernen Vorhangs war das Thema fast täglich in den Medien. Die DDR hatte in jeder Hinsicht die Initiative fest in der Hand, und Oberländers punktuelles Leugnen und Reagieren auf die Maßnahmen aus Berlin-Mitte schienen Norden ebenso hilflos wie vergeblich. Ein erstes Etappenziel war damit erreicht - jetzt galt es, das Eisen zu schmieden, solange es heiß war. Auch in der Bundesrepublik hatte sich die Stimmung deutlich differenziert, und die Stimmen, die Oberländers Rücktritt forderten, mehrten sich auch dort. Diesen Stimmungswechsel wollte Norden unter allen Umständen ausnutzen - sein Rezept dafür hieß: ein Schauprozeß gegen Oberländer, *in absentia*, in Ost-Berlin.

Zu diesem Zweck hatte er heute vormittag eine Gruppe von fünf Kadern in sein Büro eingeladen, die allesamt zur Crème der DDR-Nomenklatura gehörten. Mit ihnen wollte Norden das weitere Vorgehen besprechen. Als wenig später alle eingetroffen waren, eröffnete ihnen Norden mit dürren Worten seinen Prozeßplan. Er stellte fest, er erwarte von den Anwesenden dreierlei: erstens zu klären, ob ein demonstrativer Prozeß vor einem „Gremium hervorragender Persönlichkeiten" angestrebt werden sollte oder ein ordentliches Verfahren vor dem Obersten Gericht der DDR. Zweitens warf er die Frage auf, bei wem die Federführung für die Konzeption und Durchführung liegen solle, und drittens forderte er zur Debatte auf mit der Maßgabe, auf der Grundlage der Diskussion eine Vorlage für das Politbüro auszuarbeiten[62].

„Ich würde davon abraten, ein nichtoffizielles Gremium für einen solchen Prozeß zu schaffen", begann Friedrich Karl Kaul die Diskussion. Kaul, kampferprobter „Kronanwalt" der DDR, war eines der schärfsten Floretts Ost-Berlins im Kalten Krieg und als Anwalt und DDR-Nebenkläger in politischen Prozessen gegen Naziverbrecher in der Bundesrepublik quasi ein Held der Propaganda[63]. Er hielt ein Verfahren vor dem Obersten Gericht am zweckmäßigsten und wirkungsvollsten, und schob damit auch Nordens Bedenken beiseite, ob das Gericht opportun sei. Auch Gerhard Kegel, Ulbrichts außenpolitischer Berater im ZK, pflichtete Kaul bei: ein Prozeß gegen Oberländer sei „der erste Fall seit 1945, in dem ein offizieller Vertreter einer der beiden deutschen Staaten vor dem Gericht des anderen steht". Allerdings war sich auch Kegel nicht sicher, wie die Zuständigkeit des Generalstaatsanwaltes der DDR begründet werden könne. Hier beruhigten ihn nicht nur Kaul, sondern auch Josef Streit aus der Abteilung für Staats- und Rechtsfragen der *SED*, zukünftiger Generalstaatsanwalt der DDR[64]: sie erläuterten ihm, über

---

[62] Vgl. das Wortprotokoll über eine „Beratung beim Genossen Norden" vom 26. November 1959. *SAPMO - BA*, Dy 30 / IV 2 / 13 Nr. 435.

[63] Von 1949 bis 1956 war Kaul u.a. Vertreter und Nebenkläger in politischen Prozessen gegen KPD-Angehörige und *VVN*-Mitglieder in der Bundesrepublik. Dabei war Kauls Zulassung vor den Gerichten in West-Berlin und in der Bundesrepublik Gold wert. Sie beruhte auf dem § 138 der Strafprozeßordnung des Deutschen Reiches von 1877: dort hieß es, zur Verteidigung können die bei deutschen Gerichten zugelassenen Rechtsanwälte gewählt werden. Da Kaul Mitglied der Berliner Anwaltskammer war, einer der letzten Gesamt-Berliner Institutionen, war die Zulassung in der Bundesrepublik nur eine Formsache. Auf der anderen Seite war die DDR weniger kulant: die *SED* hatte im Jahre 1952 eine neue Strafprozeßordnung erlassen, die vorschrieb, daß nur in der DDR wohnhafte Verteidiger dort auch zugelassen seien. Kaul besaß als einer der Wenigen eine Sondergenehmigung. Die *SED* hatte für seine Tätigkeit allerdings das Ausland und die Bundesrepublik auserkoren. So vertrat er im Jahre 1956 die KPD vor dem Bundesverfassungsgericht.

[64] Josef Streit, Mitarbeiter des Zentralkomitees und Leiter des Sektors Justiz der Abteilung für Staats- und Rechtsfragen der *SED*, vertrat auf dieser Sitzung bereits den Generalstaatsanwalt der DDR, Ernst Melsheimer, der bereits gesundheitlich angeschlagen war und am 25. März 1960 starb.

den Rechtshilfevertrag mit Moskau lasse sich eine Vereinbarung zwischen den beiden Generalstaatsanwälten schließen.

Dem widersprach Klaus Sorgenicht, mit 36 Jahren Leiter der Abteilung für Staats- und Rechtsfragen der *SED*. Er sah die Wirkung nicht gewährleistet, denn das Urteil könne nicht vollstreckt werden - Oberländer werde sich kaum bereit finden, freiwillig in die DDR zu kommen. Ihm pflichtete Arne Rehahn, mit 35 Jahren ebenfalls einer der Jüngeren und seit 1959 der für Langzeitkampagnen der DDR zuständige Abteilungsleiter im ZK der *SED*, ebenfalls heftig bei und wies auf mögliche völkerrechtliche Schwierigkeiten hin, die aus den diplomatischen Beziehungen zwischen Bonn und Moskau herrührten[65].

Um seine Meinung gebeten, wies der mit 27 Jahren jüngste Teilnehmer der Runde, Max Schmidt, wissenschaftlicher Mitarbeiter aus Streits ZK-Abteilung, darauf hin, Oberländer könne nur nach den Bestimmungen des DDR-Strafrechtes, also wegen Mordes, belangt werden. Wolle man die Anklage erweitern, müsse man auf die gesetzlichen Grundlagen der Nürnberger Prozesse zurückgreifen. Dem widersprachen Kaul und die Anderen energisch und waren der Meinung, man könne Vorschriften wie das Kontrollratsgesetz Nr. 10 durchaus atmosphärisch in den Prozeß einflechten, verurteilt werden müsse Oberländer jedoch wegen seiner nach DDR-Recht strafbaren Mordtaten. Nach einigem Hin und Her einigten sich die Anwesenden darauf, daß ein ordentlicher Prozeß gegen Oberländer die beste Wirkung biete. Die Möglichkeiten, die DDR rechtlich zuständig zu erklären, sollten noch geklärt und mit den „sowjetischen Freunden" abgesprochen werden. Drei Zuständigkeitsmodelle kamen dabei in Frage: die Zuständigkeit durch Delegation aus Moskau, die der DDR als zweiter deutscher Teilstaat und Rechtsnachfolger des Deutschen Reiches und schließlich die Zuständigkeit auf Grund von Anzeigen sowjetischer Betroffener der Oberländer-Verbrechen in der DDR.

Wenige Tage später kursierte auf der Basis des Treffens bei Norden bereits ein Papier mit konkreten Vorschlägen in der alten Reichsbank. Ein möglicher Prozeß sollte danach auf etwa acht bis zehn Verhandlungstage angesetzt werden und in der letzten Januarwoche 1960 stattfinden. Die „propagandistische Veröffentlichung sollte bereits bei den einzelnen Phasen des

---

[65] Arne Rehahn, von 1953 bis 1959 stellvertretender Leiter des *Ausschusses für Deutsche Einheit*, leitete die langfristigen Kampagnen zur „Entlarvung des Bonner Unrechtsstaates" und war nunmehr Mitglied der neu gebildeten Westkommission beim Politbüro.

Vorverfahrens" einsetzen, und die entsprechenden *SED*-Abteilungen würden das Verfahren arbeitsteilig vorbereiten. Die juristische Seite sollte der Abteilung für Staats- und Rechtsfragen obliegen, die politische Vorbereitung bei der Westkommission des Politbüros angesiedelt sein, und der *Ausschuß für Deutsche Einheit* sollte die erforderlichen Zeugen, Dokumente, Sachverständige etc. beschaffen. Allerdings brannten Norden, Kaul und den weiteren Beteiligten noch etliche prozeßrechtliche Fragen und andere Details auf den Nägeln und hielten sie den ganzen Dezember 1959 hindurch in Atem. Ein Blick auf die Vorlage, die Josef Streit schließlich am 12. Januar 1960 für das Politbüro verfaßte, macht deutlich, welche möglichen Einwände es zu umschiffen galt[66].

Zunächst stand - immer noch - die Frage der örtlichen Zuständigkeit des Obersten Gerichts der DDR im Raum. Oberländers „Taten" waren sämtlich außerhalb Deutschlands geschehen, so war eine Zuständigkeit nach dem Tatortprinzip nicht gegeben, denn die vermeintlichen Verbrechen Oberländers hatten, je nach Lage der Propaganda, entweder in der Sowjetunion, in Polen, der CSSR, Ungarn oder der Ukraine stattgefunden. Erst ein genaues Studium der Personalakten Oberländers und eine Stichprobe durch die Staatssicherheit führte zum Erfolg: eine Überprüfung von Oberländers letztem Wohnsitz hatte ergeben, daß dieser sich auf dem Boden der DDR befand: in der Gerdingstraße 12 in Greifswald. Dort war Oberländer seit dem Jahre 1938 als Eigentümer eines Zweifamilienhauses im Grundbuch eingetragen. So verfiel man darauf, die örtliche Zuständigkeit des Obersten Gerichtes der DDR für Oberländer über seinen letzten Wohnsitz zu konstruieren - wenngleich auch hier die Strafprozeßordnung durchaus eigenwillig interpretiert werden mußte: Paragraph 14 Abs. 2 der DDR-StPO besagte nämlich, daß, falls ein Beschuldigter keinen Wohnsitz in der DDR habe, die Zuständigkeit durch den gewöhnlichen Aufenthaltsort und, falls ein solcher nicht bekannt ist, durch den letzten Aufenthaltsort oder Wohnsitz begründet würde. Obwohl der gewöhnliche Aufenthaltsort Oberländers, Bonn, beinahe jeden Tag in allen Zeitungen der DDR gebrandmarkt wurde, hatten Norden und seine Mitstreiter keine Bedenken, so zu verfahren. Auch wenn Oberländer bei der Hauptverhandlung sicher abwesend sein würde, sollte er öffentlich geladen und ihm

---

[66] Vgl. Vorschlag für die Durchführung des Prozesses gegen Oberländer, o.D., und den Entwurf zur Vorlage für das Politbüro betreffend das Strafverfahren gegen Oberländer vom 12. Januar 1960 (beide *SAPMO - BA*, Dy 30 / IV 2 / 13 Nr. 435).

ein Pflichtverteidiger zur Seite gestellt werden, um die Wirkung insbesondere im westlichen Ausland sicherzustellen. Das Urteil gegen ihn sollte Oberländer anschließend zugestellt und veröffentlicht werden.

Da mit Oberländer zum ersten Mal seit 1945 ein Minister eines aus Sicht der DDR fremden Staates vor ihrem höchsten Gericht stand, stellte sich auch die Frage, wie die Immunität Oberländers aufzuheben sei. Das Strafverfahren gegen Oberländer wurde als „Maßnahme zur Befreiung des deutschen Volkes von Nationalsozialismus und Militarismus" definiert. Oberländer könne sich somit als Kriegsverbrecher nicht auf Artikel 1939 des Grundgesetzes berufen, das ihn nicht schütze.

Schließlich stand noch die Frage im Raum, ob ein Prozeß, der sich lediglich auf Dokumente als Beweismaterial stützte, für das westliche Ausland überzeugend sei. Dafür müßten, darin war sich die Runde einig, die Aussagen sowjetischer und tschechoslowakischer Zeugen und Sachverständiger noch hinzukommen. Norden machte dies allerdings keine Sorgen - er wußte bereits, daß der KGB in Moskau mit der Suche nach geeigneten Zeugen und Dokumenten begonnen hatte. Alle Zeugen sollten schon während des Ermittlungsverfahrens vernommen werden, damit ihre Aussagen in der Anklageschrift noch verwertet werden konnten. Streit versicherte, die Anklageschrift könne innerhalb von drei Wochen fertiggestellt werden und die Hauptverhandlung dann umgehend folgen. Um nun den Prozeß vorzubereiten, schlug Norden eine hochkarätig besetzte siebenköpfige Kommission vor. An ihrer Spitze stand Justizministerin Hilde Benjamin. Weitere Staatsjuristen waren Josef Streit, Staatsanwalt Werner Funk sowie Gustav Jahn, Vizepräsident des Obersten Gerichts der DDR. Ihn standen mit Friedrich Karl Kaul, Arne Rehahn und Adolf Deter, dem Sekretär des *Ausschusses für Deutsche Einheit*, drei erfahrene Propagandisten zur Seite.

Für Deter und seine Mitstreiter vom *Ausschuß für Deutsche Einheit* bot der Fall Oberländer eine willkommene Chance, sich bei Albert Norden durch propagandistische Kompetenz und Aktivität zu empfehlen. Der *Ausschuß* hatte Norden nicht nur eine mehrseitige Bilanz der Ausschußarbeit seit 1956 zukommen lassen, sondern wollte die Arbeit in Sachen Oberländer als Auftakt nutzen, um die eigenen Kapazitäten zu erweitern und die Wühlarbeit in der Bundesrepublik zu verbreitern und zu vertiefen. So hatten Deter und sein Mitstreiter Hans Rentmeister am 18. Januar 1960 eine Liste mit Vorschlägen an Norden geschickt, welche Arbeiten der *Ausschuß* für 1960 vorgesehen habe und welches zusätzliche Personal dazu benötigt werde. All das bewilligte Norden anstandslos[67].

Nachdem Norden alle Vorbereitung soweit angeschoben oder bereits abgeschlossen hatte, konnte der Prozeß konnte nun jederzeit innerhalb von vier bis fünf Wochen stattfinden. Jedoch zögerte er, denn er war sich nicht sicher, ob die Mühe nicht bereits überflüssig war: Oberländers Stuhl schien ihm angesichts der heftigen Debatte in der bundesrepublikanischen Presse- und Parteilandschaft mittlerweile mehr als wacklig. Seinem „Werten Genossen" Walter Ulbricht, der sich schon mehrmals nach dem Stand der Oberländer-Kampagne erkundigt hatte, schrieb er deshalb am 16. Januar 1960:

"Meine Absicht war, eine Vorlage für das Politbüro über den Prozeß der DDR gegen Oberländer einzureichen. Sie ist bereits fertig formuliert, aber es sieht doch so aus, daß Oberländers Stellung bereits derartig unterminiert ist und wankt, daß wir uns diese großen Kosten sparen können, zumal die Vorbereitungszeit für einen solchen Prozeß nicht unter sechs Wochen liegt. Es kann uns passieren, daß der Prozeßstoß ins Leere geht, weil Oberländer inzwischen gestürzt ist. Jedenfalls haben wir die Dinge jetzt so beschleunigt, daß in spätestens 14 Tagen das „Braunbuch Oberländer" herauskommt und der Fernseh- und DEFA - Film über Oberländer uraufgeführt werden kann. Bei beiden Dingen handelt es sich um mehrfach von uns durchgearbeitete Dinge, die starke und wirksame Aktionen gegen das Bonner Regime sein werden"[68].

---

[67] Vgl. den Entwurf zur Vorlage für das Politbüro betreffend das Strafverfahren gegen Oberländer vom 12. Januar 1960. *SAPMO - BA*, Dy 30 / IV 2 / 13 Nr. 435 und den Vorschlag zur Arbeit des *Ausschusses für Deutsche Einheit* vom 15. Januar 1960. *SAPMO - BA*, Dy 30 / IV 2 / 2028 Nr. 65. Die drei Ziele der Ausschußarbeit wurden dort folgendermaßen beschrieben: „1. Das System der Unterdrückung von Freiheit und Demokratie in Westdeutschland (...) zu entlarven; 2. Die Klassendifferenzierung und die verschiedenen politischen Strömungen, Gruppierungen und Gegensätze innerhalb von CDU und *FDP*, die Analyse der hinter den jeweiligen Gruppierungen stehenden ökonomischen und Monopolinteressen; 3. Der wachsende Revanchismus und Chauvinismus in Westdeutschland in Zusammenhang mit der Rolle Oberländers, seines Ministeriums und der Landsmannschaften und Ostinstitute".

[68] Vgl. Brief Nordens an Ulbricht vom 16. Januar 1960. *SAPMO - BA*, Dy 30 / IV 2 / 2028 Nr. 2.

2. Szenenwechsel - Krisenstimmung am Rhein

Vom Sturz Oberländers konnte indes am Rhein Ende Januar 1960 noch keine Rede sein. Nachdem Adenauer dessen Rücktrittsangebot vom 22. September 1959 abgelehnt hatte, war Oberländer zu einer dreifachen Flucht nach vorn angetreten, um den Vorwürfen aktiv zu begegnen. Doch seine Position innerhalb des Kabinetts und der *CDU* hatte sich nur weiter verschlechtert. Die innerparteiliche Kritik war mittlerweile zu einem vielstimmigen Konzert angewachsen - erste Vorwürfe wurden laut, er klebe an seinem Stuhl.

Den ersten Stein warf nun Gerd Bucerius, Herausgeber der *Zeit* und Mitglied der *CDU*-Fraktion auf Oberländer. Bucerius und seine Zeitung begleiteten den *Fall Oberländer*, politisch wie publizistisch, ohnehin äußerst kritisch. In einem langen Artikel vom 29. Januar 1960 fragte Bucerius „Was ist mit den Nazis in Bonn?" und mahnte den Rücktritt Oberländers an, um Schaden von seinem Amt und der Bundesrepublik abzuwenden. Dies brachte Bucerius noch am gleichen Tag eine scharfe Rüge Adenauers ein: auf einer Tagung des *CDU*-Parteivorstands in Bonn erklärte der Bundeskanzler, den kommunistischen Versuchen, einzelne Politiker aus dem Bundeskabinett „herauszuschießen", dürfe in keinem Falle nachgegeben werden. Am Ende einer stundenlangen Debatte sprach Adenauer dem abwesenden Oberländer, der sich in Freiburg zur Beerdigung seines Amtsvorgängers Georg Lukaschek befand, sein volles Vertrauen aus. Auch im Lichte der immer stärker werdenden innerparteilichen Querelen war Adenauer öffentlich stets für Oberländer in die Bresche gesprungen und hatte deutlich gemacht, er wolle an Oberländer festhalten[69].

Nun machte aber auch der Generalsekretär der *CDU*, Dr. Heinrich Krone, seine massiven Bedenken zur Person Oberländers gegenüber Adenauer geltend. Gleichzeitig hatte Oberländer selbst - das unrühmliche Ende der holländischen Kommission vor Augen - darum gebeten, der Ehrenrat der *CDU* möge die Vorwürfe untersuchen. Erneut wurde deshalb am 9. Februar 1960 auf einer Fraktionssitzung der *CDU / CSU* über Oberländers Zukunft beraten. Die Meinungen der sieben anwesenden Christdemokraten zum Thema Oberländer gingen dabei weit auseinander: Professor Dr. Franz Böhm, engagierter Kritiker Oberländers, äußerte sein Unverständnis darüber, wie Ober-

---

[69] Tagebucheintrag Oberländers vom 29. Januar 1960; „Volles Vertrauen", *Sozialdemokratischer Pressedienst* - Sonderausgabe - vom März 1960, S.6.

länder sich überhaupt an „fünf ausländische Zivilpersonen" habe wenden können, um seinen Fall zu klären. Der Ehrenrat sei sicher der bessere Weg. Ihm pflichtete Dr. Ferdinand Friedensburg, auch ein prominenter Kritiker Oberländers, in dieser Hinsicht bei und warf beunruhigt die Frage auf, wie ein Mann wie Oberländer, „dessen Vergangenheit feststehe", eine leitende Funktion im Bundeskabinett innehaben könne. Es sei zu fragen, ob Oberländer „an leitender Stelle dazu beigetragen habe, das Deutsche Volk ins Unglück zu stürzen".

Dem widersprachen die Vorstandsmitglieder Dollinger und Stecker energisch: Stecker bezeichnete es als „grobe Illoyalität", daß Bucerius für seine Kritik an Oberländer den Weg über die Öffentlichkeit gewählt habe, ohne die Partei zu informieren. Stecker setzte hinzu, man solle „15 Jahre nach Kriegsende nicht mit einer neuen Entnazifizierung beginnen". Auch müsse man sich fragen, warum die Vorwürfe erst jetzt auftauchten, wenn sie schon so lange bekannt seien. Schließlich übertrug die Fraktion den *Fall Oberländer* dem Ehrenrat der *CDU* unter dem Vorsitz des Bankiers Dr. Robert Pferdmenges, einem alten Adenauer-Vertrauten. Krone notierte abends entnervt in sein Tagebuch:

„Immer wieder Oberländer. Er sollte gehen. Doch nicht, weil die Kommunisten ihn angreifen. Würde der Osten dann nicht einen anderen aufs Korn nehmen? Das macht die Sache schwierig" [70].

Am Montag, den 15. Februar 1960, kam das Thema auf der Fraktionssitzung der *CDU / CSU* noch einmal zur Sprache. Krone berichtete zum Fall Oberländer und betonte, die Aufgabe des Ehrenrates im Falle Oberländer könne lediglich sein, dessen Ehre wieder herzustellen. Die Entscheidung über dessen Verbleiben im Amt sei letztlich eine politische, die der Kanzler und der Bundespräsident entscheiden müßten. Doch Adenauer zögerte - er scheute das Odium, seinen ihm stets loyalen Vertriebenenminister den Angriffen aus dem Osten preiszugeben. Schon am gleichen Nachmittag sprang er ein weiteres Mal öffentlich für Oberländer in die Bresche, als er in der Aula der Kölner Universität vor Studenten sprach:

---

[70] Vgl. das Protokoll der Sitzung der CDU / CSU Fraktion Nr. 15 vom 9. Februar 1960 (Privatarchiv Oberländer); Heinrich Krone: *Tagebücher*. Erster Band 1945-1961. Düsseldorf 1995, Eintrag vom 29. Januar und vom 9. Februar 1960.

„Ich weigere mich, einem Mann den Kopf abzuschlagen, weil die *SED* es will (...) Es mag sein, daß Minister Oberländer braun gewesen ist, wenn Sie wollen, sogar tiefbraun. Aber er hat nie etwas getan, was unehrenhaft, ein Vergehen oder Verbrechen gewesen wäre."[71] Schließlich setzten sich die kritischen Stimmen in der Partei, allen voran Heinrich Krone, durch. Fünf Tage später notierte er erleichtert in sein Tagebuch:

„Ich halte den Rücktritt des Vertriebenenministers für geboten. Der Kanzler will mit ihm sprechen. Dabei bin ich überzeugt, daß Oberländers Hände sauber sind. Nur war er einer, der mit der neuen Zeit ging, der dann auch wieder nein sagen konnte und es auch tat, wo Überzeugung und Verantwortung es ihm geboten"[72].

Diese Notiz Krones verdichtete in kurzen Worten die ambivalente Mischung der Gefühle, die auch Adenauer empfand. Deshalb galt es unter allem Umständen, eine gesichtswahrende Möglichkeit für Oberländer zu finden, die politische Bühne des Bonner Kabinetts zu verlassen - unabhängig davon, zu welchem Ergebnis der Ehrenrat der Partei kommen würde. Den Weg dahin hatte ausgerechnet Gerd Bucerius in der *Zeit* gewiesen: Oberländer solle nach dem ersten Mai 1960 - dem Datum, an dem er 55 Jahre alt wurde und seine Pensionsberechtigung erlangte - zurücktreten. Ohne weiteren Schaden für sein Amt und die Regierung könne er sich anschließend um seine Rehabilitation bemühen.

3. Endstation erster Mai - Die Prozeßvorbereitung beginnt

Die Erkenntnisse, die Krone seinem Tagebuch am 20. Februar 1960 anvertraute, blieben Albert Norden in seinem Büro am Werderschen Markt in Berlin natürlich verborgen. Allerdings konnte er politisch eins und eins zusammenzählen und beurteilte die Lage in einer Vorlage für das Politbüro vom 11. März als extrem günstig für die DDR. Norden hatte den Artikel von Bucerius in der *Zeit* und diverse andere Artikel westdeutscher Zeitungen gelesen, die Ähnliches vermuteten, und hielt ihre Schlußfolgerungen für realistisch. Er

---

[71] Vgl. Krone - Tagebücher, Eintrag vom 15. Februar 1960 und den Brief Adenauers an Oberländer vom 1. Dezember 1960. Darin schildert er seine Rede detailliert und bezieht sich auf die Mitschriften seines Stabes (Privatarchiv Oberländer); „Nicht begriffen", *Sozialdemokratischer Pressedienst* - Sonderausgabe - vom März 1960, S. 13.

[72] Vgl. Krone - Tagebücher, Eintrag vom 20. Februar 1960.

war sicher, Oberländer werde nicht vor dem 1. Mai zurücktreten, um eine „pensionsverträgliche" Lösung nicht zu torpedieren. Der Zeitrahmen lag damit fest, in dem man einen Prozeß gegen Oberländer, mit der gebotenen propagandistischen Vorarbeit, wirkungsvoll inszenieren konnte - mehr als zwei Monate Zeit blieben der DDR. Nach zwei erfolgreichen Phasen der Oberländer-Schlacht plante Norden, in einer dritten und letzten die Kampagne nunmehr zu einem siegreichen Ende zu bringen.

Zunächst steigerte er die propagandistische Offensive gegen Oberländer in den folgenden Wochen noch einmal deutlich: Fast täglich war in diversen Zeitungen eine Mischung aus neuen Gerüchten zu lesen, Dokumentenfetzen wurden präsentiert und immer wieder gefordert, der Mörder Oberländer müsse vor Gericht. Das *Braunbuch* zu Oberländer kam auf den Markt, in dem das gesammelte Material aus polnischen und ostdeutschen Archiven aufbereitet und präsentiert wurde. Es ergänzte das Buch *Die Wahrheit über Oberländer*, das die *VVN* bereits zu Weihnachten 1959 herausgegeben und nach einem genauen Schlüssel in mehreren tausend Exemplaren in der Bundesrepublik verschickt hatte. In der Bundesrepublik gab eine weitere *VVN*-Zeitung, *Der Widerstandskämpfer*, parallel zu den Ost-Berliner Veröffentlichungen im Februar 1960 eine Sondernummer zum Fall Oberländer heraus[73].

Für die *Tat* war der Fall Oberländer längst eine Fortsetzungsgeschichte wert: das ganze Frühjahr 1960 hindurch erschienen dort jede Woche neue Zeugenaussagen, die Oberländer für die Morde an Ukrainern, Polen und Juden in Lemberg verantwortlich machten. In Ost-Berlin stand die *DEFA* kurz davor, einen Film über Oberländers Lemberger Verbrechen fertigzustellen, und auch die „Kulturschaffenden" der DDR griffen auf breiter Front in das Geschehen ein. Arnold Zweig, Ludwig Renn, Helene Weigel und andere unterzeichneten als nützliche Poeten einen öffentlichen Aufruf an den Bonner Staatsanwalt Drügh, endlich auch dort ein Verfahren gegen Oberländer zu eröffnen. Auch Helene Weigels *Berliner Ensemble* hatte seine Mitarbeit in Sachen Oberländer „als Antwort auf die faschistische und antisemitische Provokation" angeboten. Schließlich hatte der sowjetische Botschafter in Ost-Berlin, Michail Perwuchin, Norden mitgeteilt, das Präsidium des ZK der *KPdSU* habe am

---

[73] Vgl. VVN (Hg.): *Die Wahrheit über Oberländer*. Frankfurt am Main 1959; Sondernummer „Der Fall Oberländer", *Der Widerstandskämpfer* vom Februar 1960.

10. März 1960 beschlossen, aus seinem Machtbereich Zeugen für einen Prozeß zur Verfügung zu stellen[74].

Für Norden wurden damit innenpolitischer und außenpolitischer Nutzen deckungsgleich. Am 15. März 1960 begann die 10-Mächte-Konferenz in Genf, auf der die Großmächte für knapp drei Monate erneut über Abrüstung verhandeln sollten, und schon Mitte Mai 1960 sollten sich die Großmächte in Paris erneut zu einer Gipfelkonferenz treffen, um über Fragen der Abrüstung und Entspannung zu beraten. Nazis im Westen konnten dem Osten nur nützen - und eine größere politische und atmosphärische Hypothek als der Fall Oberländer und die Synagogenschmierereien der Jahreswende ließen sich für Adenauer und die Bundesrepublik kaum denken.

Der Zeitpunkt für einen Schauprozeß gegen Oberländer schien nun denkbar günstig. Norden frohlockte in einer entsprechenden Vorlage für das Politbüro:

„Unsere politische Kampagne gegen den Bonner Minister Oberländer hat inzwischen ein weltweites politisches Echo gefunden (...) [aus dem hervorgehe] daß unsere Enthüllungen beträchtlich dazu beigetragen haben, das Bonner System zu diskreditieren und die Wesensgleichheit seiner Politik mit der des Hitlerfaschismus zu dokumentieren und zu beweisen (...) In Westdeutschland hat unsere Oberländer-Kampagne zur weiteren Differenzierung der politischen Kräfte geführt, Unsicherheit und Auseinandersetzungen bis in die Reihen der *CDU / CSU*-Fraktion erzeugt und der Bevölkerung an einem anschaulichen Beispiel die faschistisch-militaristische Führung des Staatsapparates deutlich gemacht. Im Hinblick auf die bevorstehende Gipfelkonferenz soll der [Oberländer-] Prozeß dazu dienen, auch auf diesem Wege das Bonner System zu entlarven, den demokratischen Kampf gegen die westdeutschen Revanchisten und Militärfaschisten wirksam voranzutreiben und die Rolle der DDR als Wahrer der nationalen Interessen, als deutscher Friedensstaat und

---

[74] Vgl. die handschriftliche Notiz Nordens auf der Vorlage für das Politbüro (Durchschlag der Abteilung Staat und Recht der SED) vom 11. März 1960, SAPMO - BA, Dy 30 / IV 2 / 13 Nr. 435. Auf Nordens eigener Vorlage findet sich dieser Vermerkt dagegen nicht. Vgl. außerdem den Brief Nordens an Spielmann vom 19. Januar 1960. *SAPMO - BA*, Dy 30 / IV 2 / 2028 Nr. 78. Weigel hatte angeboten, Brechts Stück „Furcht und Elend des Dritten Reiches" wieder auf den Spielplan zu setzen und dies mit einer Ausstellung im Gebäude des Berliner Ensembles am Schiffbauerdamm zu verbinden, in der „Dokumente alter und neuer Greuel" gezeigt werden sollten. Der Aufruf an Drügh ist abgedruckt in *Die Wahrheit über Oberländer*, S. 190-191. Am. 5. April 1960 erklärte Oberstaatsanwalt Drügh vor der Presse, die seit 1959 laufenden Ermittlungen würden wegen mangelnden Tatverdachts eingestellt, sechs Tage später korrigierte er sich und erklärte, die Ermittlungen fortsetzen zu wollen. Im Oktober 1960 wurden sie dann endgültig eingestellt.

Verfechter der Ziele der Anti-Hitler-Koalition zu unterstreichen. Das Politbüro begrüße deshalb den Beschluß des ZK der *KPdSU*, Zeugen zur Verfügung zu stellen. Weitere Zeugen seien durch den Generalstaatsanwalt der DDR in Polen, der C[S]SR, Israel und der Bundesrepublik zu ermitteln und vorzuladen."[75]

Walter Ulbricht und sein Funktionärs-Areopag folgten den Vorstellungen Nordens: am 15. März 1960 gaben sie grünes Licht für den Oberländer-Prozeß. Er sollte, so Nordens Vorschlag, zwischen dem 20. und dem 30. April stattfinden. Auch das Urteil hatte Norden bereits konzipiert: „Oberländer schuldig zu sprechen, eine zeitliche Zuchthausstrafe, Verlust der bürgerlichen Ehrenrechte und Einzug seines Vermögens auszusprechen". Alle Fragen der Zuständigkeit und der Anwendbarkeit des DDR-Strafrechts seien zufriedenstellend geklärt worden, der Ablauf des Prozesses stand bis ins Detail bereits fest. Nach dem Beschluß des Politbüros solle der Generalstaatsanwalt in einer Pressenotiz bekanntgeben, daß er ein Ermittlungsverfahren gegen Oberländer eingeleitet habe, und gleichzeitig den Bonner Generalbundesanwalt der in Sachen Oberländer ermittelnde Franz Drügh zur Zusammenarbeit auffordern. Zwei Wochen später würde der DDR-Generalstaatsanwalt die Öffentlichkeit darüber informieren, auf Grund der Ermittlungsergebnisse werde Anklage gegen Oberländer erhoben. Danach solle Oberländer die Anklage zugestellt und er zum Prozeß offiziell geladen werden. Ihm werde ein Pflichtverteidiger gestellt; nach dem rechtskräftigen Urteil werde Haftbefehl erlassen und er in die Fahndungsliste aufgenommen[76].

Um den Prozeß nun im einzelnen vorzubereiten, schlug Norden die schon erwähnte Kommission unter Führung von Hilde Benjamin vor. All diesen Vorschlägen Nordens stimmte das Politbüro am 15. März 1960 im wesentlichen zu[77]. Bereits zwei Tage später trat die Kommission zum ersten Mal

---

[75] Vgl. Vorlage Nordens für das Politbüro vom 11. März 1960, *SAPMO - BA*, Dy 30 / IV 2 / 2028 Nr. 5.

[76] Vgl. das Protokoll Nr. 11 / 60 der Sitzung des Politbüros vom 15. März 1960, Anlage 8, *SAPMO - BA*, J IV 2 / 2 Nr. 692 und die Festlegungen in der Sache Oberländer vom 17. März 1960. *SAPMO - BA*, Dy 30 / IV 2 / 13 Nr. 435.

[77] Vgl. das Protokoll Nr. 11 / 60 der Sitzung des Politbüros vom 15. März 1960, Anlage 8, *SAPMO - BA*, J IV 2 / 2 Nr. 692. Das Protokoll gibt nur Aufschluß über die Ergebnisse der Sitzung und macht nicht deutlich, ob es in ihrem Verlauf zu Diskussionen über die einzelnen Punkte kam. Auffällig ist nämlich, daß im Politbürobeschluß gegenüber der Vorlage Nordens die Frist um 5 Tage verkürzt (auf den 25. April 1960) und die Prozeßkommission um 2 Personen von 8 auf 6 verkleinert wurde: es fehlen

zusammen und legte Pläne über Ablauf und Personal vor: Ankläger und Verhandlungsführer des Gerichts wurden festgelegt; einer Vierergruppe aus Funk, Streit, Benjamin und Rehahn oblag es, innerhalb von maximal drei Wochen die Anklageschrift auszuarbeiten und Oberländer bis spätestens 8. April zuzustellen. Die Hauptverhandlung sollte nunmehr am 19. April 1960 beginnen und das Urteil acht Tage später verkündet werden[78].

Um jedem Zweifel über die Erhabenheit des Obersten Gerichts zuvorzukommen, mußte es noch von einem kompromittierten Mitglied gesäubert werden: seinem Vorsitzenden. Dr. Kurt Schumann war ehemaliges NSDAP-Mitglied und hatte in der Deutschen Wehrmacht als Kriegsgerichtsrat gedient. Das hatte seinen Aufstieg bisher in keinster Weise behindert, zumal Schumann nach östlichem Maßstab eine vorbildliche Antifaschistenkarriere hinter sich hatte: im Jahre 1943 hatte er sich mit Generalfeldmarschall Paulus in Stalingrad der Roten Armee ergeben, war dem *Nationalkomitee Freies Deutschland* beigetreten, gehörte zu den Gründern der NDPD und wurde acht Wochen nach Gründung der DDR Präsident des Obersten Gerichts der DDR. Nun aber sah Norden die Glaubwürdigkeit des Gerichts in Gefahr. Er schrieb deshalb am 16. Januar an Ulbricht, die *Times* habe in mehreren Artikeln auf Schumanns NS-Vergangenheit hingewiesen und sie der DDR als Inkonsequenz ausgelegt. „Ich erinnere mich, „daß Du [Ulbricht] bereits seit langer Frist im PB [Politbüro] den Hinweis gabst, daß hier eine Umbesetzung erfolgen soll"[79] Ulbricht folgte dem Fingerzeig seines obersten Propagandi-

---

Kaul und Kegel. Wahrscheinlich ist Kegel nur zu außenpolitischen Fragen konsultiert worden, die einschlägigen Papiere geben hier keinen Hinweis. Kaul, einer der geistigen Väter des Oberländer - Prozesses, wurde dagegen ganz sicher ausgenommen, damit er sich einem Nebenkriegsschauplatz im Fall Oberländer widmen konnte - dem Prozeß gegen Klaus Walter. Davon wird auf den nächsten Seiten die Rede sein.

[78] Vgl. die Festlegungen in der Sache Oberländer vom 17. März 1960. *SAPMO - BA*, Dy 30 / IV 2 / 13 Nr. 435. Für die Verteidigung Oberländers wurde ausdrücklich festgelegt, daß ein gegebenenfalls von Oberländer nominierter Verteidiger in Ost - Berlin zugelassen würde, „obwohl nach unseren gesetzlichen Bestimmungen eine solche Möglichkeit nicht gegeben ist. Es würde dann trotzdem noch ein Pflichtverteidiger aus der DDR gestellt".

[79] Brief Nordens an Ulbricht vom 16. Januar 1960. *SAPMO - BA*, Dy 30 / IV 2 / 2028 Nr. 2.

253

sten und am 16. Februar 1960 entließ das Politbüro Schumann mit sofortiger Wirkung[80].

Albert Norden und Friedrich Karl Kaul konnten zufrieden sein: die Diskussion des Falles Oberländer war nicht mehr einzudämmen, und mit der Klage der *VVN* waren ausreichend Nebenkriegsschauplätze eröffnet, auf denen sich der Druck auf Oberländer bis zum Prozeßbeginn aufrecht erhalten ließ. Die innenpolitische und innerparteiliche Diskussion um Oberländer zermürbte seine Basis und es mehrten sich die Stimmen, die immer lauter nach seinem Rücktritt riefen. Außerdem hatte die Humboldt-Universität in Ost-Berlin Oberländer schon im November 1959 seinen im Jahre 1929 erworbenen Doktortitel der Agrarwissenschaften aberkannt. Auf allen Feldern befand sich der Bundesvertriebenenminister schon lange in der Defensive - jetzt, dessen war sich Kaul sicher, war es nur noch eine Frage der Zeit, bis er vor dem schier übermächtigen Druck von allen Seiten kapitulieren würde. Der Prozeß vor dem Obersten Gericht der DDR würde den propagandistischen Höhepunkt der Oberländer-Schlacht bilden und sie nun hoffentlich zugunsten des Ostens entscheiden. Für Kaul und für Norden war der Prozeß kein Selbstzweck, sie dachten beide darüber hinaus. Er sollte ein Baustein sein in der umfassenden Strategie der DDR, die Bundesrepublik als durchseuchten Hort von Blutrichtern, Militaristen, Revanchisten und Antisemiten darzustellen. Kaul hielt deshalb Ausschau nach einer Art Probebühne für den letzten Akt der Oberländer-Schlacht, auf der überdies das gesammelte Material zum Fall Oberländer zum ersten Male einem westdeutschen Gericht vorgelegt werden konnte.

Bislang war der Bonner Oberstaatsanwalt Drügh nicht geneigt, das östliche Material überhaupt zur Kenntnis zu nehmen und hatte sich schlicht geweigert, die Dokumente in Ost-Berlin einzusehen. Kaul und Norden hofften nun, dies zu durchkreuzen und Drügh zu seinem Glück zu zwingen. Wenn die Dokumente Ost-Berlins nicht nur vor dem dortigen Obersten Gericht, sondern auch vor einem Richter in der Bundesrepublik oder im Westen Berlins begutachtet und verhandelt würden, entfalteten sie erst die maximale Wirkung, auf die Kaul und Norden hofften. Dieser Wirkung würde sich auch

---

[80] Vgl. Andrea Feth: *Hilde Benjamin - eine Biographie*. Berlin 1997, S. 78-81; Bretzel, S. 289. Trotz seiner Entlassung wurde Schumann indes gut versorgt: er erhielt eine Professur an der *Deutschen Akademie für Staat und Recht „Walter Ulbricht"* in Potsdam (vgl. Rudi Beckert: *Die erste und die letzte Instanz*. Schau- und Geheimprozesse vor dem Obersten Gericht der DDR. Goldbach 1995, S. 47).

ein Bonner Staatsanwalt nicht entziehen können. Kaul hatte in dieser Richtung bereits einen ersten Versuch unternommen. Doch eine Verleumdungsklage Adolf Deters gegen Oberländer, die Kaul anstrengte, führte zu keinem unmittelbaren Ergebnis, da eine Entscheidung Monate dauern würde.

Der DDR-Kronanwalt, der nebenbei zahlreiche Hörspiele verfaßt hatte, sehnte sich nach einem Vorspiel auf dem Theater, um erste forensische Erfahrungen mit den Materialien gegen Oberländer zu sammeln. *En passant* ließ sich auf diese Weise seine Strategie, den Bonner Minister stellvertretend für den Adenauerstaat auf die Anklagebank zu setzen, noch verfeinern. Kaul hatte die Gedankenführung für einen solchen Probelauf bereits ausgearbeitet - nun bedurfte es nur noch einer passenden Gelegenheit. Er mußte nicht lange warten, denn die lieferte ihm Theodor Oberländer, stets zur Klage gegen jeden Kritiker seiner Vergangenheit bereit, höchstpersönlich. Auch der Ort entsprach ganz den Vorstellungen Nordens und Kauls: die Westsektoren Berlins, in denen man allein auf Grund der räumlichen Nähe über entsprechende Verbindungen verfügte, einen gerichtlichen Probelauf im Fall Oberländer propagandistisch zu begleiten. Der Statist, auf dessen Schultern dieser deutsch-deutsche Systemstreit ausgetragen werden sollte, war ein bis dahin unbekannter 21 Jahre alter Sohn eines Reichsbahnangestellten aus Berlin.

4. Propagandistisch-juristischer Probelauf - Der Prozeß gegen Klaus Walter

Der Bauzaun war eine ideale Fläche für ein politisches Plakat, selbst wenn es Ausmaße von 1,20 x 1,50 m besaß. Dessen war sich Klaus Walter sicher, als er an der Karl-Marx-Straße 159-161 abends im Berliner Stadtteil Neukölln stand. Schon morgen früh würde heftiger Verkehr durch diese Hauptverkehrsstraße im Südosten von West-Berlin an der Stelle vorbeiströmen, wo die amerikanische Kaufhauskette *Woolworth* gerade eine neue Filiale errichtete. Es war ein vergleichsweise leichter Auftrag, den das FDJ-Mitglied Klaus Walter an diesem Montagnachmittag, dem 11. Januar 1960, im Kreisbüro der FDJ in Berlin-Treptow erhalten hatte. Bevor er die Sektorengrenze überschritt, hatte ihm sein Kreissekretär das Plakat aus Leinen in die Hand gedrückt, das er nun, kurz nach sechs Uhr abends, in der Dämmerung auseinanderfaltete. Es zeigte Konrad Adenauer, der Krokodilstränen über antisemitische Schmierereien vergoß, während zwei kleine Köpfe aus seinen Jakkentaschen hervorlugten und gleichzeitig Hakenkreuze an eine Wand malten.

Beide waren klar zu erkennen: Adenauers Staatssekretär Hans Globke und, in SA-Uniform, Theodor Oberländer. Walter machte sich daran, es mit ein paar Nägeln am Bauzaun zu befestigen. Doch dabei wurde er von zwei Handwerkern überrascht. Walter ergriff überstürzt die Flucht, verfolgt von dem Glaser Alfred Migalla und dem Maurer Werner Bandlow, der sogleich die Polizei benachrichtigte. Walter sprang in die Straßenbahn Nummer 6, die nach Süden in Richtung Sektorengrenze fuhr. Doch er kam nicht weit: kurz vor dem S-Bahnhof Neukölln war die Flucht bereits zu Ende; dort wartete bereits eine vierköpfige Polizeistreife auf ihn und nahm ihn vorläufig fest[81].

Walter leugnete zunächst die Tat, was die Polizei lediglich ermutigte, auch seine Wohnung zu durchsuchen. Dabei fand sie 24 FDJ-Schriften mit dem Titel „Unter falschem Namen" und beschlagnahmte sie. Zu Zeiten des Kalten Kriegs, zumal in Berlin, waren solche deutsch-deutschen Agitationslappalien absolut üblich. Doch was als Routine begann, nahm schon bald ganz andere Formen von gesamtstaatlicher Bedeutung an: zwei der drei auf dem Plakat Abgebildeten - Adenauer und Oberländer - stellten Ende Januar 1960 Strafantrag gegen Walter wegen Verunglimpfung und öffentlicher Herabwürdigung ihrer Persönlichkeiten. Die Berliner Generalstaatsanwaltschaft ergänzte den Vorwurf der illegalen Einfuhr propagandistischer Druckschriften „mit dem Ziel, Mißtrauen oder Feindschaft des Deutschen Volkes gegen die westlichen Besatzungsmächte hervorzurufen"[82]. Ohne viel Federlesens kam Walter in die Strafanstalt Berlin-Plötzensee in Untersuchungshaft. Schon nach vier Wochen wurde Mitte Februar 1960 die Anklageschrift gegen ihn mit dem Vorwurf wegen Staatsgefährdung an die 2. Große Strafkammer des Landgerichts Berlin in der Moabiter Turmstraße 91 abgegeben.

Damit hatte Friedrich Karl Kaul seine Probebühne zum Fall Oberländer. Er konnte nun, aktiv unterstützt von Max Schmidt und *der Akademie für Deutsches Recht „Walter Ulbricht"* in Potsdam-Babelsberg, daran gehen,

---

[81] Vgl. die ausführlichen Ermittlungsergebnisse in der Anklageschrift des Generalstaatsanwalts beim LG Berlin gegen Klaus Walter vom 11. Februar 1960. *SAPMO - BA*, Dy 30 / IV 2 / 13 Nr. 604; *BA*, B 150 Nr. 8188.

[82] Vgl. Anklageschrift des Generalstaatsanwalts beim LG Berlin gegen Klaus Walter vom 11. Februar 1960. *SAPMO - BA*, Dy 30 / IV 2 / 13 Nr. 604; *BA*, B 150 Nr. 8188. Grundlage des zweiten Vorwurfes waren die 24 FDJ - Schriften, in denen behauptet wurde, die Geheimdienste der drei westlichen Besatzungsmächte „trieben in Westberlin ihr Unwesen". Dies verstoße, so die Anklageschrift, gegen die Verordnung 501 der westalliierten Kommandanten vom 11. September 1950.

aus dem Prozeß gegen Walter einen Prozeß zu machen, bei dem Oberländer auf der Anklagebank saß. Er beantragte Ende Februar 1960 beim ZK der *SED* die entsprechenden Hilfsmittel an Personen und Material[83]. In seiner „Linienführung im Prozeß Klaus Walter" plante Kaul, in zwei Stufen vorzugehen: zunächst sollte durch den Antrag an die 2. Große Strafkammer, sich für unzuständig zu erklären, dem Prozeß „die ihm gebührende politische Bedeutung bezüglich der Regelung der Westberliner normalen Verhältnisse" gegeben werden. Dieser Antrag sollte gemeinsam mit Max Schmidt und dem Rektor der Akademie, Herbert Kroeger, ausgearbeitet werden und bewirken, daß der Fall als einfache Beleidigung an ein nachgeordnetes Schöffengericht oder einen Einzelrichter abgegeben würde[84].

Kaul war sicher, daß er nur gewinnen konnte: „Gibt das Gericht - was nicht anzunehmen ist - dem Antrage statt, dann ist der Prozeß mit einem vollen Erfolg für uns erledigt". Würde die Verhandlung zur Klärung dieser rein politischen Frage vertagt, so müsse der tuberkulosekranke Walter in jedem Falle sofort entlassen werden - auch dies ein höchst publikumswirksamer Erfolg. Falls das Gericht den Antrag ablehnen würde - die wahrscheinlichste Möglichkeit - , hatte Kaul auch ein Rezept. Klaus Walter sollte dann -

---

[83] So schrieb Kaul am 29. Februar 1960 an Gerhard Danelius vom ZK der SED: „Ich bitte zu veranlassen, daß die für den Wahrheitsbeweis erforderlichen Dokumente im Institut für Zeitgeschichte [in Ost - Berlin] gesammelt, gesichtet und mir zur Verfügung gestellt werden. Um das Material (...) zusammenzubekommen, wird es notwendig sein, daß Du Dich an Albert Norden wendest. Von dort aus müßte veranlaßt werden, daß ein Genosse von der Akademie in Babelsberg abgestellt wird, um mir bei der Vorbereitung dieses Verfahrens behilflich zu sein. Es ist dies nach den gemachten Erfahrungen der einzige Weg, um eine halbwegs zuverlässige Arbeit zu sichern" (Brief Kauls an Danelius vom 29. Februar 1960 im Nachlaß Kauls, *SAPMO - BA*, NY 4238 Nr. 114).

[84] Vgl. die Linienführung im Prozeß Klaus Walter vom 17. März 1960, *SAPMO - BA*, Dy 30 / IV 2 / 13 Nr. 604. Ausführlich heißt es hierzu, daß die Bestimmung, auf Grund der Klaus Walter angeklagt sei, durch die Bundesrepublik über das Strafrechtsänderungsgesetz in das StGB gelangt sei und somit nicht für West - Berlin gelte, „da Westberlin auf Grund der bestehenden Rechtslage und in Übereinstimmung mit westalliierten Völkerrechtlern nicht Bestandteil der Bundesrepublik ist". Mit diesen rein formalrechtlichen Darlegungen werde „die gesamte Situation von Westberlin im Sinne unser Politik der Bereinigung der anormalen Situation aufgerissen". Vielmehr, so Kaul, könne man zuspitzen, daß die Anklage gegen Klaus Walter selbst gegen die Verordnung 501 verstoße, „weil sie mit der Behauptung, dass Berlin ein Teil der Bundesrepublik ist, selbst gegen die Alliierten Besatzungsbestimmungen verstößt".

entgegen seiner ursprünglichen Aussage, im Auftrag der FDJ gehandelt zu haben -, sich zu dem Plakat und seinem Inhalt bekennen. Zwei Tage vor dem Prozeß besuchte Kaul Walter dafür in Plötzensee zu einer „eingehenden Rücksprache", deren Ergebnis er zufrieden notierte:

„Es ist jetzt mit ihm abgesprochen, daß sein Geständnis so zu verstehen ist, daß (...) im Interesse der Aufklärung der Bevölkerung die in Westdeutschland herrschende Situation bezüglich der Wiedererstehung des Faschismus und Antisemitismus der Bevölkerung deutlich vor Augen geführt werden müsse. Diese Erklärung wird er in seinen eigenen Worten entsprechend der Absprache in einer unpathetischen, aber festen Haltung abgeben"[85].

Kaul böte sich die Möglichkeit, Walters „Bekenntnis" mit Zeugen und Dokumenten zu beweisen, zumal der zuständige Landgerichtsdirektor Wolfgang Ohnesorge Kaul bereits angedeutet hatte, das Gericht sei geneigt, Oberländer zu vernehmen. Das Ziel, Oberländer und die Dokumente aus Nordens Pressekonferenz zum Gegenstand des Verfahrens zu machen, wäre erreicht.

Als Rahmenprogramm für den Prozeß hatte Norden für ausreichende agitatorische Begleitmusik gesorgt - in der „Frontstadt" Berlin sicher eine der leichtesten Übungen. Die Straßen des Ostteils waren in der Woche vor der Verhandlung mit Plakaten gesäumt („Terror-Prozeß beginnt am Freitag"), die auf das Verfahren hinwiesen und den Rücktritt Oberländers forderten. Aus der ganzen DDR und dem ganzen Ostblock gingen Unterschriftenlisten ein, die ein eigens gegründetes Komitee „Freiheit für Klaus Walter" an der Humboldt-Universität sammelte. Bis zum 17. März kamen mehr als 20.000 Unterschriften zusammen, und eine Flut von Protestresolutionen ging bei West-Berlins Bürgermeister Willy Brandt, Justizsenator Kielinger und der Staatsanwaltschaft ein. Eine Delegation der Humboldt-Universität begab sich eigens ins Schöneberger Rathaus, um zu protestieren und die schließlich auf 31.000 Unterschriften angewachsene Liste in dicken Bündeln zu übergeben. Parallel rief der *Berliner Rundfunk* mehrmals zu Protestdemonstrationen unter dem Motto „Rettet Klaus Walter!" auf[86].

---

[85] Vgl. die Linienführung im Prozeß Klaus Walter vom 17. März 1960, *SAPMO - BA*, Dy 30 / IV 2 / 13 Nr. 604.

[86] Vgl. die Abbildung des Plakates in der *Berliner Zeitung* vom 17. März 1960; „Hallesche Studenten sammeln Unterschriften", *Volksstimme Magdeburg* vom 16. März 1960; „20.000 solidarisch mit Klaus Walter", *Berliner Zeitung* vom 17. März 1960; „Morgen: Der Fall Oberländer vor Gericht", *Junge Welt* vom 17. März 1960; „Klaus Walter haftentlassen - Oberländers Verbrechen jetzt im Mittelpunkt", *Neues Deutsch-*

Am ersten Verhandlungstag, dem 18. März 1960, hatte der Innensenator die Moabiter Polizeiwache 28 verstärkt und ein großes Polizeiaufgebot in der Turmstraße rund um das Landgerichtsgebäude zusammengezogen. Der Direktor des Landgerichts hatte an diesem Freitag außerdem mit Störungen im Gebäude selbst gerechnet und deshalb als Sitzungssaal den kleinen Saal Nr. 618 genommen, in dem lediglich knapp 30 Zuschauer Platz hatten. So blieb die Lage unter Kontrolle: etwa 100 *FDJ*-Demonstranten blieben vor dem Gebäude und gaben lediglich bei den Gerichtsbehörden Protestresolutionen ab, während 70 weitere, die in den weitläufigen neobarocken Gängen und Hallen des Gerichts Parolen skandiert hatten, von der Polizei vor die Tür gesetzt wurden. Auch ein sowjetisches und ein DDR-Filmteam wurde aus dem Gerichtsgebäude gewiesen, in einem Fall sogar die Kamera eingezogen. Parallel dazu nahm die Polizei im ganzen Westteil Berlins 38 Personen, meist Mitglieder der *FDJ*, fest, die schon seit einigen Tagen Sonderausgaben der *FDJ*-Zeitung *Signal* zum Fall Walter verteilt hatten. Sie trugen die Überschrift: „Obernazi verklagt Antinazi - Demokratie vor Gericht!"[87].

Im Gerichtsaal schlug Kauls große Stunde. Mit dem *SED*-Parteiabzeichen gut sichtbar am Revers seiner Robe, verfuhr er nun wie in seiner Disposition vorgesehen: er zweifelte die Zuständigkeit des Gerichts an und bezeichnete die Verhandlung bundesdeutscher Strafrechtsvorschriften als rechtswidrig. Anschließend bekannte sich Klaus Walter in seiner Aussage zu den Anschauungen der *SED*. Er erklärte, sein Gewissen habe ihn beauftragt, das Plakat anzubringen, weil Globke und Oberländer wegen ihrer politischen Vergangenheit nicht in die Bundesregierung gehörten. Auf die Frage, ob Walter nicht wisse, daß in Holland eine internationale Untersuchungskommission gebildet worden sei, entgegnete Walter: „Wie dieser Untersuchungsausschuß arbeitet, das ist uns ja aus der Westpresse bekannt. Oberländer ist immer noch Minister!"

Dies war Kauls Einsatz, er übernahm sogleich das Wort: sein Mandant wolle den Wahrheitsbeweis antreten, also werde er dies für Walter tun. Der Bundeskanzler verurteile öffentlich antisemitische Schmierereien, handele

---

land vom 19. März 1960; „Anklage verstößt gegen den Status Westberlins", *Neue Zeit* vom 19. März 1960.
[87] Vgl. „Nazi - Oberländer wird sich wundern", *Junge Welt* vom 18. März 1960; „SED - Propaganda in Moabit", *Der Tag* vom 19. März 1960; „Sie verteilten Hetzschriften", *Berliner Morgenpost* vom 19. März 1960; „Polit - Propaganda in Moabit", *Der Kurier* vom 18. März 1960; „SED - Propaganda in Moabit", *Der Tag* vom 19. März 1960.

aber „doppelzüngig", denn gleichzeitig habe er in seinem Kabinett „zwei Männer, von denen er wisse, daß sie unverbesserliche Antisemiten, Faschisten und Völkerverhetzer" seien. Dies zu beseitigen, so Kaul, sei „nicht nur ein Problem der Gesinnung, sondern der Gesittung". Kaul bezeichnete Oberländer und Globke als „Mörder, die sich von ihren Mordtaten bewußt distanziert" hätten[88]. Zwei Stunden lang verlas er dreizehn Beweisanträge, die sich auf die politische Vergangenheit Oberländers bezogen. Seine Karriere als Ostforscher und Antisemit sollte dabei ebenso beleuchtet werden wie seine Schuld für die Morde von Lemberg. Die Liste der Zeugen, die Kaul dazu laden wollte, war immens lang - sie reichte von polnischen und israelischen Zeugen der Lemberger Morde bis hin zu Oberländer selbst, allen Mitgliedern des *CDU*-Ehrenrates und Bundeskanzler Adenauer, die zur Sache vernommen werden sollten[89].

So endete der erste Verhandlungstag mit einem klaren Punktsieg Kauls, denn das Gericht beschloß am Ende seiner sechsstündigen Beratung, Klaus Walter Haftverschonung zu gewähren, da keine Fluchtgefahr bestehe. Der erste Schritt, hier aus dem Fall Walter einen Fall Oberländer zu machen, war getan: angesichts der Masse an Dokumenten, die dem Gericht in Aussicht gestellt wurden, erbat sich die Staatsanwaltschaft eine längere Frist. Es wollte die Anträge Kauls gründlich prüfen, denn es sei nicht die Schuld Wal-

---

[88] Vgl. „Oberländer ist immer noch Minister", *Junge Welt* vom 21. März 1960; „Prozeß um Verunglimpfung Adenauers", *Der Tagesspiegel* vom 19. März 1960; „Es wurde ein Prozeß gegen Oberländer", *Berliner Zeitung* vom 19. März 1960; „Dr. Kaul sprach von Mördern", *Die Welt* vom 19. März 1960; „Anklage: Verunglimpfung der Regierung", *Der Telegraf* vom 19. März 1960.

[89] Vgl. die Beweisanträge Kauls vom 18. März 1960. *SAPMO - BA* Dy 30 / IV 2 / 13 Nr. 604. Sie waren, wie Kaul in seiner Linienführung zum Prozeß betont, in enger Zusammenarbeit mit Professor Geratz vom Institut für westdeutsche Rechtsentwicklung in Potsdam - Babelsberg sowie Max Schmidt aus dem ZK der SED erarbeitet worden. Was wesentlich zur Länge des Verlesens beitrug, war eine Liste all der Dokumente aus Oberländers Personalakte, die schon Norden auf seinen zwei Pressekonferenzen entstaubt hatte und die bereits durch die *VVN* mehrmals in Auszügen veröffentlicht worden war. Die Liste dieser Dokumente für den Walter - Prozeß entspricht sowohl denjenigen Dokumenten, die in Moskau am 5. April 1960 ausgestellt werden sollten als auch denjenigen, welche schließlich im Oberländer - Prozeß Ende April 1960 verwandt werden sollten. Der dreizehnte Beweisantrag schließlich war gänzlich ohne juristische Bedeutung: er bestand lediglich aus einer Artikel- und Karikaturensammlung zum Fall Oberländer mit Ausschnitten aus zahlreichen amerikanischen, israelischen und europäischen Zeitungen.

ters, daß der Prozeß nun „eine bedeutende Ausweitung erfahren" habe. Auf die Bemerkung des Staatsanwaltes, er habe das Verfahren ja bislang fest in der Hand, antwortete Kaul nur: „Und ich behalte es auch in der Hand!".

Die Entscheidung des Gerichts wurde in der Berliner Presse heftig und kontrovers kommentiert: In Ost-Berlin waren die Zeitungen - zum Teil in wortgleichen Beiträgen - einhellig der Meinung, statt Klaus Walter sitze längst Theodor Oberländer auf der Anklagebank („Heute in Moabit vor Gericht: Der Fall Oberländer!" [90]). Im Westteil der Stadt herrschte vor allem Empörung darüber, wie Kaul das Verfahren zu seinen Gunsten dominiert hatte. Die Berliner Morgenpost schrieb:

„Wer gestern dem Prozeß (...) beigewohnt hat, kann, wenn er kein Kommunist ist, den Saal nur mit Scham und Erbitterung verlassen haben. In seltener Deutlichkeit wurde offenbar, wie hilflos unsere Justiz der ebenso robusten wie lautstarken und listenreichen Agitation eines SED-Anwalts gegenübersteht (...) wir aber wollen hoffen, daß bei nächster Gelegenheit die politische Strafkammer in Westberlin einen Vorsitzenden erhält, der den Jonglierkünsten des dialektischen Materialismus nicht erliegt. Die Sache der Rechtsstaatlichkeit muß mit Würde, Festigkeit und ausreichender Kenntnis des Strafprozeßrechts vertreten werden!"[91]

Diese Zitate der von der DDR geschmähten „Ullstein-Blätter" nahm Kaul sogleich in seine Disposition für den zweiten Verhandlungstag auf; er plante, die Chefredakteure der entsprechenden Zeitungen zu verklagen und ihre Korrespondenten am zweiten Verhandlungstag aus dem Saal zu verweisen wegen „Mißachtung und Unterdrucksetzung des Gerichts". „Damit sind wir bereits", so notierte Kaul in seinem Strategiepapier, "bevor der Staatsanwalt noch ein Wort gesagt hat, mitten im Angriff". Im weiteren Verlauf der Verhandlung wollte Kaul in jedem Falle erreichen, daß ein Teil der Dokumente zum Falle Oberländer vor Gericht verlesen würde - allerdings nur als Kopien.

---

[90] Vgl. *Junge Welt* vom 18. März 1960; „Klaus Walter haftentlassen", *National - Zeitung* vom 19. März 1960; „Oberländer ist immer noch Minister", *Junge Welt* vom 21. März 1960; „Es wurde ein Prozeß gegen Oberländer", *Berliner Zeitung* vom 19. März 1960; „Nazi-Oberländer wird sich wundern", *Junge Welt* vom 18. März 1960; „Klaus Walter haftentlassen - Oberländers Verbrechen jetzt im Mittelpunkt", *Neues Deutschland* vom 19. März 1960.

[91] Vgl. „Politische Groteske in Moabit", *Berliner Morgenpost* vom 19. März 1960; „SED - Kaul überspielte den Richter - kommunistische Hetzreden in Moabit", *Der Abend* vom 19. März 1960; „Skandal in Moabit: SED - Anwalt hetzte - der Richter schwieg!", *BZ* vom !9. März 1960.

Außerdem wurden in Absprache mit Albert Norden bereits die ersten Zeugenaussagen vorbereitet[92].

Doch auch das Gericht und die Staatsanwaltschaft waren entsprechend vorbereitet: am 2. Verhandlungstag - Dienstag, den 22. März 1960 - kam es zu einem kurzen, aber heftigen Schlagabtausch. Der Staatsanwalt erinnerte Kaul wortreich daran, hier werde der Fall Walter und nicht der Fall Oberländer verhandelt. Walters und Kauls Einwand, Globke und Oberländer seien die wahren Hintermänner der antisemitischen Ausfälle in der Bundesrepublik, ließ der Staatsanwalt nicht gelten und bezeichnete sie nur als „Albernheiten, die gar nicht ernst zu nehmen seien". Er ließ einen Bericht über die illegale Arbeit der *FDJ* im Berliner Westen, der Klaus Walter angehörte, vortragen. Der Angeklagte selbst spielte in seinem eigenen Prozeß mehr und mehr eine Nebenrolle als Statist: Kaul wurde bei dessen Befragung wiederholt verwarnt, er dürfe seinem Mandanten weder durch Gesten noch durch Vorsagen Dinge in den Mund legen, die er aussagen solle. Solchermaßen gehindert, schwieg Walter prompt für den Rest des Prozesses und verweigerte die Aussage[93]. Schließlich lehnte das Gericht die Beweisanträge ab, da Kaul nicht bereit war, die Dokumente im Original, sondern nur als Photokopie vorzulegen - aus gutem Grund, wie ein Blick in die Beweismittel klar macht.

Kaul hatte dem Gericht in Form von Photokopien lediglich unvollständige Dokumente Oberländers vorgelegt, die meist einseitig gekürzt und dadurch in ihrem Sinn vollkommen entstellt waren. Die schon bekannten Zitate aus dem *Neuen Bauerntum*-Aufsatz finden sich hier, ebenso eine Reihe von Zitaten aus Aufsätzen, die durchweg vor 1936 erschienen waren. Beispielhaft mag hier ein Brief Oberländers an Alwin Broder Albrecht, einen der Adjutanten Hitlers, vom 18. Februar 1943 dienen - also zu einem Zeitpunkt, wo Oberländer wegen seiner Denkschriften schon Aufsehen erregt hatte und wenige Monate später sein Kommando verlieren sollte. Bereits am 15. Fe-

---

[92] Vgl. die Vorbereitungen Kauls für den 2. Verhandlungstag vom 20. März 1960, *SAPMO - BA*, Dy 30 / IV 2 / 13 Nr. 604. Die Originale sollten mit dem Hinweis verweigert werden, der Generalstaatsanwalt der DDR habe seinerseits ein Verfahren gegen Oberländer eingeleitet, deshalb sollte sich das Gericht mit dessen Behörde in Verbindung setzen.

[93] Vgl. „Oberländer bleibt angeklagt", *Junge Welt* vom 24. März 1960; „Dr. Kaul drang mit Anträgen nicht durch", *Der Tag* vom 5. April 1960; „Wendung im FDJ - Prozeß", *Der Kurier* vom 5. April 1960; SED - Kaul bekam die richtige Antwort", *Der Kurier* vom 23. März 1960; „Sie blieben gleich da", *Berliner Morgenpost* vom 26. März 1960.

bruar 1942 hatte sich Oberländer gegenüber Albrecht schriftlich über die Schwierigkeiten beklagt, die er durch seine dritte und vierte Denkschrift vom Herbst 1942 vor allem bei Hitler und Himmler bekommen hatte. Er schilderte Albrecht die Gefangenenerschießungen auf dem Rückzug und seine Maßnahmen dagegen und schrieb: „das Volk lernt uns mit den Bolschewisten [zu] vergleichen und meine Kaukasier, die unter den Sterbenden Landsleute trafen, kommen ständig mit Vorwürfen zu mir", resümierte er resigniert, „Wir haben die Rote Armee doch erst zusammengeschweißt".

In der von Kaul vorgelegten Kopie dankte Albrecht Oberländer in einem Brief vom 18. Februar 1943 für seine Schreiben und empfiehlt Oberländer, auch in Zukunft seine Eindrücke zu Papier zu bringen, da sie stets bei vielen Stellen genügendes Interesse fänden. Ausgelassen ist hier der nicht ganz unwesentliche Mittelteil des Briefes: darin bedauerte Albrecht Oberländers Schwierigkeiten und versprach, sich im Führerhauptquartier einmal genauer umzuhören. „Es will mir nicht in den Kopf", schrieb er, „dass eine so sachlich geschriebene Denkschrift derartige Folgen haben soll. Meinungsverschiedenheiten treten ja schließlich überall auf, und in diesem Fall sind Sie ja nicht ein Vertreter einer völlig extremen Richtung, sondern haben auf Ihrer Seite ja viele Gleichgesinnte. Ich habe mich im Laufe der letzten zwei Monate wiederholt (...) auch mit anderen Herren [darüber] unterhalten und überwiegend, wenn nicht ausschließlich, Ihre Ansicht bestätigt gefunden. Lassen Sie sich also durch diesen Mißerfolg nicht zu sehr verbittern" Gleiches gilt für einen Ausriß aus einem Brief Zabuesnigs an Oberländer vom Sommer 1944, in dem geschildert wird, Himmler stimme mit Oberländers Ansichten überein. Daß diesem Brief bereits Repressalien der SS gegen Oberländer in Prag vorausgegangen waren, die ihn sein Kommando gekostet hatten und Zabuesnig diesen Brief als einen von mehreren Rettungsversuchen führte, bleibt völlig im Dunkeln[94]

Durch die ganzen letzten Märztage hindurch wurde die Verhandlung in Berlin durch propagandistische Begleitmusik auf allen Ebenen begleitet: das Verfahren wurde als „Terrorprozeß der Frontstadtjustiz gegen einen jungen Friedenskämpfer" bezeichnet; bei den Gerichtsstellen gingen Hunderte von Drohanrufen ein, die sogar Morddrohungen nicht ausschlossen. Allein wäh-

---

[94] Vgl. *SAPMO - BA*, Dy 30 / IV 2 / 13 Nr. 604 für die Beweismittel im Prozeß gegen Klaus Walter. Die Originale beider Briefe in *BStU*, ZUV 28, Band 6 Nr. 190 und 272 – 273;

rend der Verhandlung wurden Hunderte von Protestschreiben im Moabiter Gerichtsgebäude abgegeben und per Post eingeschickt. „Verbrennen Sie sich nicht die Finger, denn das Urteil über Sie steht bereits fest!", konnte der Staatsanwalt dort lesen. Bis zum Ende des Verfahrens wurden im Gerichtsgebäude immer wieder zahlreiche Angehörige der FDJ festgenommen, jedoch kurze Zeit später wieder freigelassen[95].

Am 5. April 1960 morgens - zur gleichen Zeit, als in Moskau die Zeugen zum Falle Oberländer präsentiert wurden - hielt der Staatsanwalt sein Plädoyer in Sachen Klaus Walter. Er forderte die Strafe von 10 Monaten Gefängnis sowie eine Geldstrafe wegen Verunglimpfung und übler Nachrede in einem besonders schweren Fall. In seinem scharfen, emotionalen Plädoyer sprach er der *FDJ* wie den Kommunisten überhaupt das Recht ab, sich Antifaschisten zu nennen, denn die Merkmale der *SED*-Politik seien die gleichen wie die der Nationalsozialisten. „Rote Faschisten" hätten keinen Anspruch darauf, sich demokratisch zu nennen, denn demokratische Grundpfeiler gebe es in der DDR nicht mehr. „Eine unerhörte Beleidigung von 185.000 Opfern der KPD, die die Naziherrschaft forderte!", rief Kaul dazwischen. Wenn Kommunisten andere als Antisemiten beschimpften, fuhr der Staatsanwalt fort, müßten sie auf ihre eigenen Ausschreitungen hingewiesen werden. Schließlich habe Klaus Walters Organisation, die FDJ, den Auftrag, die demokratischen Strukturen des Westens zu unterminieren: „Nicht Bonn, sondern Pankow sitzt auf der Anklagebank!"[96]

Kaul dagegen plädierte auf Freispruch Walters, er hielt dessen Unschuld für erwiesen: „Gewähren Sie einem jungen Deutschen das Recht, dagegen zu protestieren, daß Oberländer noch Minister und Globke noch Staatssekretär ist!" Zu den geschichtlichen Ausführungen des Staatsanwalts bemerkte er nur, „wenn die Kommunisten 1933 an die Macht gekommen wären, wäre

---

[95] Vgl. „Der Angeklagte wurde zum Statisten", *Telegraf* vom 6. April 1960; „Sie blieben gleich da", *Berliner Morgenpost* vom 26. März 1960; „Berlin fordert: „Freispruch für Klaus Walter!", *Neues Deutschland* vom 7. April 1960; Eine Auswahl von Gedichten zum Walter - Prozeß (!) findet sich in der *Jungen Welt* vom 18. März 1960. Eine Auswahl von Gedichten zum Walter - Prozeß (!) findet sich in der *Jungen Welt* vom 18. März 1960.

[96] Vgl. „Zehn Monate Gefängnis für FDJ - Walter beantragt", *Der Kurier* vom 5. April 1960; „Der Angeklagte wurde zum Statisten", *Telegraf* vom 6. April 1960. In diesem Zusammenhang zitierte der Staatsanwalt ein Wort Walter Ulbrichts, der im Jahre 1940 den Hitler - Stalin - Pakt mit den Worten kommentiert hatte, wer ein Feind dieses Paktes sei, sei auch ein Feind Deutschlands.

Deutschland jetzt ein blühendes Land!". Er wolle sich nur ungern als Prophet betätigen, schloß Kaul sein Plädoyer, dennoch sei er sicher, daß „Oberländer nicht mehr Bundesminister sein wird, bevor das Urteil rechtskräftig ist!".

Am Tag vor der Urteilsverkündung waren die Zeitungen - zumindest die des Ostens - voll von den Zeugenaussagen, die in Moskau zum Fall Oberländer gemacht worden waren. „Klaus hat recht!", wetterte die *Junge Freiheit* und forderte, daß Oberländer sofort auf die Anklagebank müsse. „Frontstadt schützt Faschisten!", pflichtete ihr das *Neue Deutschland* bei, „In Westberlin wird der Mörder von Lwow verteidigt!". Am 7. April 1960 fiel schließlich das Urteil: Walter erhielt wegen einfacher Beleidigung eine Strafe von zwei Monaten Gefängnis - sie galt mit der Untersuchungshaft als verbüßt. So konnte er als freier Mann das Gericht in Moabit verlassen[97]. Damit hatte das Gericht vermeiden können, über die Beweisanträge Kauls das DDR-Material gegen Oberländer zum Bestandteil des Verfahrens zu machen. Die Außenwirkung des Moabiter Urteils war jedoch fatal, weil es in einem Moment gefällt wurde, als von osteuropäischer Seite zur letzten Phase der Oberländer-Schlacht geblasen wurde. Für Kaul war das Ergebnis des Walter-Prozesses ein Sieg auf der ganzen Linie und die beste Vorbereitung auf den eigentlichen Oberländer-Prozeß-Ergebnis einer soliden Gemeinschaftsleistung der DDR-Nomenklatura, der beteiligten ZK-Abteilungen und der *Deutschen Akademie für Staat und Recht* in Potsdam, wie Kaul gegenüber Albert Norden am 7. April 1960 enthusiastisch lobte[98].

---

[97] Vgl. „Ich stehe zu meiner Tat!", *BZ am Abend* vom 6. April 1960; „Zehn Monate für Klaus Walter", *Der Tag* vom 6. April 1960; „Der Angeklagte wurde zum Statisten", *Telegraf* vom 6. April 1960; „30 Festnahmen im Kriminalgericht", *Der Tagesspiegel* vom 6. April 1960; „Neue Indizien für die Mordtaten Oberländers bestätigen: Klaus hat Recht!", *Junge Welt* vom 7. April 1960; „Berlin fordert: Freispruch für Klaus Walter!", *Neues Deutschland* vom 7. April 1960; Zwei Monate Gefängnis für Ost - Studenten Walter", *Der Tagesspiegel* vom 8. April 1960; „Das Gericht war milde", *Telegraf* vom 8. April 1960. Adenauer und Oberländer wurde durch das Gericht das Recht zugesprochen, das Urteil auf Kosten Walters in zwei großen Tageszeitungen zu veröffentlichen. Als strafmildernd sah das Gericht Walters Alter und die Tatsache an, daß er in einem kommunistischen Elternhaus groß geworden war.

[98] Der Brief Kauls an Norden vom 7. April 1960 (*SAPMO - BA*, NY 4238 Nr. 114) lautete wie folgt: „Werter Genosse Norden! Nach Abschluß des Klaus-Walter-Prozesses und unmittelbar bevor ich meines Herzens wegen in Urlaub gehe, möchte ich Dir meinen Dank für die Hilfe aussprechen, die ich durch Deine Förderung von dem Genossen Geratz im allgemeinen, aber insbesondere dem Genossen Max Schmidt bei der Pro-

Nur 1000 Meter Luftlinie vom Kriminalgerichtsgebäude in Moabit entfernt, am Sektorenübergang Invalidenstraße, sollte die Oberländer-Schlacht in ihre dritte Phase gehen. Keine zwei Wochen später würde hier ein zweites deutsches Gericht den Fall Oberländer verhandeln: der Oberste Gerichtshof der DDR, diesmal mit ihm selbst als abwesendem Angeklagten. Die Oberländer-Schlacht, um bei der sowjetischen Terminologie Besymenskis zu bleiben, stand vor ihrem letzten Gefecht.

D. Finale in Berlin-Ost - Der Oberländer-Prozeß vor dem Obersten Gerichtshof der DDR vom 20. bis 29. April 1960

1. Letzte Proben im Marionettentheater

Eine Woche, bevor Friedrich Karl Kaul in seinem Plädoyer im Moabiter Gericht prophezeit hatte, Oberländer werde nicht mehr lange Minister sein, tra-

---

zeßführung in Sachen Klaus Walter gehabt habe. Es besteht kein Zweifel, daß ich nicht in der Lage gewesen wäre, das Ergebnis zu erzielen, wenn nicht der Genosse Geratz die theoretische Grundlage hierzu gelegt hätte und ich nicht den Genossen Max Schmidt ratend und beratend an meiner Seite gehabt hätte. Ich würde es sehr nett finden, wenn du diesen meinen Dank den beiden Genossen noch direkt übermitteln würdest. Die Erfahrungen, die in dem Zusammenhang bezüglich der Zusammenarbeit gemacht worden sind, sollten m.E. praktisch ausgewertet werden. Seit langem ist es für mich ein bedrückendes Gefühl, daß in dem Kampf, in dem wir uns gegen den Westen befinden, die Aktion, im Gegensatz zur Agitation, zumindest auf diesem Gebiet nicht zentralisiert ist, auf dem sich dieser Kampf am stärksten abspielt, nämlich auf der forensischen Ebene. Politische Prozesse können nur einwandfrei und mit einwandfreiem Erfolg durchgeführt werden, wenn jede opportunistische Regung von vornherein paralysiert wird, und das, was wir gemeinhin Sozialdemokratismus zu nennen pflegen, nicht zur Entstehung gelangen kann. Dies wird (...) nur möglich sein, wenn wir ein festes organisches Zentrum für die Vorbereitung und Durchführung dieser Prozesse einschl. der Sicherung der Protokollaufnahmen etc. schaffen. Ich habe diesen Gedanken bereits mehrmals vorgetragen. Vielleicht ist es möglich, daß wir nach Rückkehr von meinem Urlaub einmal gemeinschaftlich über diese Dinge sprechen können. Dir nochmals für all die Hilfe, die ich durch Euch gehabt habe, dankend, bleibe ich mit sozialistischem Gruß, Dr. Kaul, Rechtsanwalt".

fen sich in Berlins Mitte noch einmal sieben Angehörige der DDR-Nomenklatura. Sie wollten nun ihren Teil dazu beizutragen, Kauls Prophezeiung zu verwirklichen und Oberländer schnellstens von der politischen Bühne zu vertreiben. Voller Elan tagte am Samstag, den 26. März 1960 vormittags die vom DDR-Politbüro eingesetzte Kommission im Hause des *Ausschusses für Deutsche Einheit* in der Friedrichstraße 169 / 170 und besprach letzte Vorbereitungen für den Oberländer-Prozeß vor dem Obersten Gericht der DDR. Erst am 17. März 1960 hatte Staatsanwalt Funk die Verfügung unterzeichnet, die DDR leite gegen Oberländer ein Strafverfahren ein, und eine Woche später hatte Arne Rehahn vor jedem der Anwesenden einen Stapel mit Dokumenten und Ausarbeitungen für die Anklageschrift plaziert. Er bat alle Anwesenden, sie innerhalb von zwei Tagen mit Anmerkungen dem Staatsanwalt Werner Funk zurückzugeben, damit er zusammen mit Josef Streit die Anklageschrift bis zum 2. April ausarbeiten könne. Am 4. April wolle das Politbüro darüber befinden[99].

Eine „Grobdisposition" für den Ablauf des Prozesses sollte bis zum 2. April vorliegen. Schon die Eckvorgaben dafür waren präzise: Beginnen sollte der Prozeß nun am 20. April, dem 71. Geburtstag Adolf Hitlers, und bis zum 28. April waren exakt fünf Verhandlungstage und zwei Tage für Plädoyers und Urteilsverkündung vorgesehen.

„Dabei ist das Material genau auf die einzelnen Tage aufzugliedern, damit eine politische Steigerung während des Prozesses garantiert ist und für jeden Tag wirksame publizistische Zeugenaussagen bzw. Fakten zur Verfügung stehen. Es muß gesichert werden, daß nicht an einem Tag zuviel wichtiges Material auf einmal verhandelt wird"[100]

Auch etliche Details mußten noch arrangiert werden. Zwar hatte das Oberste Gericht das Aktenzeichen des Prozesses (1 Zst (I) 1/1960) rückdatiert, um einen langwierigen Ermittlungsvorlauf vorzutäuschen, und die Gutachter und Sachverständigen waren bereits festgelegt. Die Frage, welche Zeugen in Berlin vor Gericht auftreten sollten und wer Oberländers Pflichtverteidiger sein würde, war dagegen noch offen. Für die Zeugenriege hatte Norden mit dem sowjetischen Botschafter Perwuchin das Bereitstellen von siebzehn Zeugen

---

[99] Vgl. die Verfügung des Generalstaatsanwalts der DDR gegen Oberländer vom 17. März 1960. *BStU*, ZUV 28, Akte 1 Nr. 4; Festlegungen zum Prozeß gegen Oberländer vom 26. März 1960. *SAPMO - BA*, Dy 30 / IV / 2 / 2028 Nr. 81.

[100] Vgl. die Festlegungen zum Prozeß gegen Oberländer vom 26. März 1960. *SAPMO - BA*, Dy 30 / IV / 2 / 2028 Nr. 81 und die Grobdisposition für den Verlauf der Hauptverhandlung gegen Oberländer vom 4. April 1960. *BStU*, ZUV 28, Akte 1 Nr. 58 - 60.

und zwei Sachverständigen vereinbart, doch war an jenem Samstag noch nicht sicher, ob die Zeugen die Sowjetunion auch alle, aus welchen Gründen auch immer, verlassen durften. Adolf Deter befand sich in Warschau, um polnische Zeugen zu besorgen, begleitet von zwei Vertretern der Generalstaatsanwaltschaft, die ebenfalls mit ihren polnischen Amtskollegen verhandelten.

Über die Schlüsselfrage, wer Oberländer verteidigen sollte, hatte sich Norden lange den Kopf zerbrochen. Für die Glaubwürdigkeit des Prozesses war diese Besetzung von ganz entscheidender Bedeutung. Hier brachte die Kommission zunächst den Vorschlag ins Spiel, anstelle eines „Genossen Pflichtverteidigers" das *CDU*-Mitglied Clemens de Maizière zu beauftragen, um die Außenwirkung des Prozesses zu verbessern. Dem Politbüro war dies allerdings zu riskant, und der Vertrauensbonus der Parteigenossen war größer: statt de Maizière wurden die *SED*-Mitglieder Dr. Friedrich Wolff, Vorsitzender der Ost-Berliner Anwaltskammer, und Dr. Gerhard Rinck als Pflichtverteidiger benannt. Vor allem Wolff hatte nun alle Hände voll zu tun. Zwar erhielt er, nach eigenem Bekunden, keinerlei Direktiven aus der Kommission. Doch erst am 7. April wurde er überhaupt als Pflichtverteidiger nominiert, bis zum Prozeßbeginn blieben ihm also noch ganze dreizehn Tage, um sich gründlich vorzubereiten. Einsicht in die Handakte des Staatsanwalts erhielt er nicht, er durfte sich nur von einigen Dokumenten handschriftliche Notizen machen. Alle beabsichtigten Anträge mußte er dem Gericht vorher schriftlich zur Genehmigung einreichen[101].

Schließlich gab das Politbüro am 4. April 1960 endgültig grünes Licht, und einen Tag später traf sich die Kommission noch einmal beim *Ausschuß für Deutsche Einheit*, um letzte Details zu besprechen. Gustav Jahn als Vizepräsident des Obersten Gerichts der DDR erhielt nun den Auftrag, „auf der Grundlage der vorgelegten Grobdisposition das Drehbuch für den Prozeß unter Berücksichtigung der vorgeschlagenen Änderungen auszuarbeiten". Für die Zeugen sollte ein Organisationsstab „Unterbringung und Betreuung" regeln und dabei sicherstellen, daß alle Zeugen vor ihrem Auftritt Gespräche mit Vertretern des *Ausschusses für Deutsche Einheit*, des *Komitees der an-*

---

[101] Vgl. die beiden Festlegungen zum Prozeß Oberländer vom 26. März 1960 (*SAPMO - BA*, Dy 30 / IV / 2 / 2028 Nr. 81) und vom 5. April 1960 nach der Politbürositzung (*SAPMO - BA*, Dy 30 / IV / 2 / 2028 Nr. 21); Gespräch Wolff am 7. Januar 1998. Wolff war Vorsitzender der Ost - Berliner Anwaltskammer und Rinck, Jurist und Blockpolitiker in Erfurt, hatte das *MfS* vorgeschlagen.

tifaschistischen Widerstandskämpfer und anderer Organisationen führten. Am 12. April 1960 schrieb Norden zufrieden an Ulbricht:

„Alle Vorbereitungen des Prozesses gegen Oberländer laufen , am 12. auf Hochtouren. Wir geben alle zwei Tage neue Meldungen heraus, um die Spannung aufrechtzuerhalten. Morgen werden die Einladungen unseres Justizministeriums an den Bonner Justizminister und des Rechtsausschusses der Volkskammer an den entsprechenden Bundestagsausschuß zur Teilnahme als Prozeßbeobachter veröffentlicht. Von den angeforderten siebzehn Zeugen haben uns die sowjetischen Genossen neun fest zugesagt, die am 16. April hier eintreffen. Drei Tage vorher wird der stellvertretende Generalstaatsanwalt der Sowjetunion kommen, um die Einzelheiten zu besprechen. Weitere Zeugen aus Israel, Polen usw. haben ihr Erscheinen zugesagt"[102]

Insgesamt war Albert Norden zufrieden, als er wenige Tage vor dem Prozeß das Drehbuch durchging: auf neun Seiten war für jeden Tag genauestens ausgearbeitet, wer welche Rolle zu übernehmen hatte. Drei Spalten („Akteur - Sachverhaltsfeststellung - Beweismittel") regelten den Ablauf. Zeitlich wie inhaltlich war nichts dem Zufall überlassen - selbst die Einwände der Verteidigung waren im voraus programmiert. Gutachter und Sachverständige standen fest und entstammten durchweg der ersten Garde der DDR-Nomenklatura.

Für die juristische Kärrnerarbeit hatte Klaus Sorgenicht besonders die von seiner ZK-Abteilung dominierte und kontrollierte *Deutsche Akademie für Staat und Recht „Walter Ulbricht"* eingespannt. Ihr Rektor, Professor Herbert Kroeger, sollte die Zuständigkeit des Gerichts begründen - die für die Glaubwürdigkeit des Prozesses im westlichen Ausland wichtigste Frage -, die Immunität des Regierungsmitgliedes Oberländer widerlegen und sich dabei auf die mit Max Schmidt in den vorigen Monaten erarbeiteten Theorien stützen. Der Prodekan der juristischen Fakultät der Humboldt-Universität, Professor Peter Alfons Steiniger, erhielt den Auftrag, ein Gutachten über die aus dem Potsdamer Abkommen abgeleitete Pflicht, Oberländer als Kriegsverbrecher vor Gericht zu stellen, zu erarbeiten. Da Steiniger *SED*-Mitglied war, würde der Hallenser Völkerrechtler Professor Dr. Gerhardt Reintanz, ein Mitglied der *CDU*, das Gutachten dem Gericht unter seinem Namen vortragen.

---

[102] Vgl. den Brief Nordens an Ulbricht vom 12. April 1960 und die Festlegungen zum Prozeß gegen Oberländer vom 5. April 1960 nach der Politbürositzung. *SAPMO - BA*, Dy 30 / IV / 2 / 2028 Nr.2 und Nr. 21.

Für den Komplex der Ostforschung und Oberländers Tätigkeit legte sich die Kommission auf einen langjährigen Experten fest: Dr. Felix-Heinrich Gentzen, eine DDR-Kapazität in Sachen Ostforschung, war seit langem maßgeblich an der Durchforstung der Archive zur Zusammenstellung des Oberländer-Materials beteiligt. Ihm wurde am Vorabend des Prozesses noch ein weiterer Mitstreiter, Dr. Eberhard Wolfgramm, als „Sachverständiger Zeuge" zugeteilt. Auch er würde über Oberländers Aktivitäten der dreißiger Jahre und die Kontinuitätslinien in die Zeit nach 1945 aussagen[103].

Für Norden war die Zusammensetzung dieser Expertenriege schlechthin genial, denn ihre Lebensläufe trieben sie alle dazu, durch ihren Auftritt vor dem Gericht ihre Loyalität zu Ulbrichts Staat zu beweisen. Herbert Kroeger, Rektor der Potsdamer Akademie, war als ehemaliges Mitglied in *SA* und *NSDAP* und ehemaliger SS-Unterscharführer im *RSHA* innerhalb der DDR-Nomenklatura immer wieder kritisiert worden. Gerade mit Klaus Sorgenicht war er, trotz antifaschistischer Bilderbuchkarriere, während der fünfziger Jahre ständig aneinandergeraten[104]. Auch Gentzen hatte am Leipziger *Institut*

---

[103] Vgl. die Festlegungen zum Prozeß gegen Oberländer vom 26. März 1960. *SAPMO - BA*, Dy 30 / IV / 2 / 2028 Nr. 81, unddas Drehbuch zum Oberländer-Prozeß, o. D. (wahrscheinlich um den 10. April 1960 herum), *BStU*, ZUV 28, Akte 1 Nr. 65 - 74. Als plastisches Beispiel war für den ersten Prozeßtag vormittags - als vorletzter Punkt vor der Mittagspause - vorgesehen, noch vor der Verlesung der Anklageschrift die Frage der Zuständigkeit des Gerichts ausführlich zu behandeln - eine der Schlüsselfragen, die die Kommission zur Vorbereitung des Oberländer-Prozesses schon seit Monaten diskutiert hatte. Um dieses Problem nun publikumswirksam zu lösen, sah das Drehbuch für die Rechtsanwälte Wolff und Rinck nach dem Vortrag der Anklage einen Einwand der Verteidigung vor. Wegen der örtlichen Zuständigkeit, des Geltungsbereichs des DDR - Rechts und Immunität Oberländers sollte die Rolle des Gerichts angezweifelt werden. Der Staatsanwalt, so das Drehbuch, würde hierzu eine Erklärung abgeben, ebenso das Gericht, das dazu noch einen Beschluß fassen würde, der Einwand sei „nicht stichhaltig" (Kopie des Entwurfs für den Einwand findet sich in *BStU*, ZUV 28, Band 1 Nr. 75 - 83).

[104] Mitgliedschaft im *Nationalkomitee Freies Deutschland* und Schulung in Moskau, Prozeßvertretung im KPD-Verbotsprozeß 1955-56 vor dem Bundesverfassungsgericht in Karlsruhe (gemeinsam mit Kaul). Mit Sorgenicht, der die Akademie ausschließlich als Transmissionsriemen für die Staatsräson der DDR ansah, geriet der nach mehr wissenschaftlicher Unabhängigkeit strebende Kroeger dauerhaft aneinander. Seine SS-Vergangenheit war für das *MfS* Grund genug, ihn bis zum Jahre 1977 zu beobachten (vgl. dazu ausführlich Ulrich Bernhardt: *Die Deutsche Akademie für Staats- und Rechtswissenschaften „Walter Ulbricht" 1948-1971*. Frankfurt am Main 1997, S. 108-

für die Geschichte der Erforschung der Volksdemokratien schon monatelang Material zur deutschen Ostforschung gesammelt und veröffentlicht - allerdings blickte auch er auf eine bewegte Karriere zurück. Schon seine Promotion im Jahre 1954 war in staatstreuen Professorenkreisen sehr umstritten, und nach dem Aufstand in Ungarn 1956 erregte Gentzen durch diverse kritische Äußerungen immer wieder die Gemüter der Partei.

Eberhard Wolfgramm schließlich war ein Experte auf Bewährung - zudem hatten sich seine und Oberländers Wege bereits mehrmals gekreuzt. Im Jahre 1932 verkehrte Wolfgramm in Königsberg in den selben bündischen Kreisen wie Oberländer und hatte sich mit Werner Essen, Oberländers Freund und Gilden-Leibfuchs, angefreundet. Er erlebte Oberländer bei einem Vortrag über seine damals gerade beendete Weltreise und sympathisierte mit dessen ostpolitischen Ideen. Nach 1939 trat Wolfgramm in die sudetendeutsche *Anstalt für Landes- und Volksforschung* im tschechischen Reichenberg ein und brachte es bis zum Gauhauptstellenleiter im sudetischen Grenzlandamt der *NSDAP*. Nach dem Krieg zunächst in der Bundesrepublik, verlor er dort wegen kommunistischer Betätigung bald seine Arbeit und ging im Jahre 1956 in die DDR. Dort wurde er wissenschaftlicher Mitarbeiter an der Karl-Marx-Universität in Leipzig, verschwieg allerdings seine Karriere im Dritten Reich. Im Frühjahr 1960, einige Wochen vor dem Prozeß, brachte das *MfS* diese Dinge in die Öffentlichkeit. Für die Dauer eines Jahres wurde Wolfgramm deshalb von seinem Posten entbunden und erhielt die Gelegenheit, „sein Verhältnis zum Hitlerfaschismus und zu [Konrad] Henlein [dem Führer der Sudetendeutschen seit 1937] in der Zeit von 1938 bis 1945 klarzustellen". Sein Auftritt im Oberländer-Prozeß war eine erste Bewährungsprobe[105].

Oberländers Rolle und die Funktion des Amtes Ausland / Abwehr sollten aus militärischer Sicht zwei Fachleute, einer davon mit dem Intimwissen eines Ehemaligen, beurteilen: der Erste war Dr. Egbert v. Frankenberg und

---

144, S. 218 und S. 246; Falco Werkenthin: *Politische Strafjustiz in der Ära Ulbricht*. Berlin 1995, S. 19.

[105] Vgl. den Bericht der Hauptabteilung XX / AG 1 (Oberst Kienberg) an die Hauptabteilung IX / 10 (Oberstleutnant Stolze) vom 18. Oktober 1965. BStU, ZUV 28, Akte 3 Nr. 16 - 19. Im Jahre 1957 erhielt er eine strenge Rüge wegen „beharrlich destruktiver Diskussionen", außerdem sah die Partei die sozialistische Erziehung der Kinder nicht gesichert, da Gentzens Frau kirchlich sehr engagiert war (vgl. Ilko-Sascha Kowalczuk: *Legitimation eines neuen Staates. Parteiarbeit an der historischen Front*. Berlin 1997, S. 294).

Proschlitz, *NSDAP*-Mitglied seit 1931 und als Major der Wehrmacht Freiwilliger der *Legion Condor* auf seiten Francos im spanischen Bürgerkrieg. Auch er geriet 1943 in Stalingrad in sowjetische Kriegsgefangenschaft, trat dem *Nationalkomitee Freies Deutschland* bei und gehörte zu den Mitbegründern des *Bundes Deutscher Offiziere* (*BDO*). Nach seiner Rückkehr in die DDR im Jahre 1948 übernahm er diverse politische erreichte im Jahre 1956 seine Anerkennung als Verfolgter des Naziregimes und wurde militärpolitischer Kommentator des Staatlichen Komitees für Rundfunk. Für ihn war eine Teilnahme am Oberländer-Prozeß nach eigenem Bekunden schon auf Grund seiner Vita „Ehrensache"[106].

Der Zweite, Rudolf Bammler, frühes *NSDAP*-Mitglied wie Frankenberg, hatte sich mit viel Ehrgeiz nach 1933 dem Aufbau der Abwehr gewidmet und entgegen Canaris' Interesse früh auf eine enge Zusammenarbeit mit Reinhard Heydrich und der Gestapo gesetzt, doch Canaris hatte sich gegen seinen ehrgeizigen Rivalen durchgesetzt und Bammler die Abwehr schließlich im Jahre 1938 verlassen. gezwungen, die Abwehr verließ. Nach dem Krieg war Bammler in die DDR gegangen und hatte dort die *Kasernierte Volkspolizei* (*KVP*) aufgebaut, aus der schließlich die *Nationale Volksarmee* (*NVA*) hervorging.

Insgesamt war Norden mit dem Stand der Vorbereitungen zufrieden, doch ganz ohne Organisationsmängel ging es nicht. Erich Mielke hatte gegenüber Norden moniert, die Anklageschrift habe die Aussagen auf der Moskauer Pressekonferenz vom 5. April nicht berücksichtigt - in der Tat eine peinliche Panne. Die Hauptbelastungszeugen waren in der Anklageschrift nicht aufgeführt, denn die Protokolle waren erst eingetroffen, als Staatsanwalt Funk sein Werk bereits fertiggestellt hatte. Auch fehlte jeglicher Hinweis auf die holländische Untersuchungskommission, und allgemein „weist die Anklageschrift den Mangel auf, daß die faschistische Ausrottungspolitik und die Verbrechen des Oberländer nur ungenügend analysiert sind", wie Norden selbst eingestand. Da die Zeit jedoch drängte, sollte alles Fehlende nachträglich „durch den Anklagevertreter im Verlauf des Prozesses besonders hervorgehoben" werden[107] - es blieb also nichts anderes übrig, als diese weiteren Zeu-

---

[106] Gespräch mit Dr. Egbert v. Frankenberg und Proschlitz am 19. Februar 1997.
[107] Vgl. den Vermerk Nordens zur Anklageschrift gegen Oberländer vom 12. April 1960. *BStU*, ZUV 28, Akte 1 Nr. 5 sowie die Anklageschrift, *BStU*, ZUV 28, Akte 1 Nr. 56 - 58.

gen, wenn sie denn erscheinen dürften, quasi *en passant* in das Verfahren einzuschleusen.

Norden war von vornherein klar, daß Oberländer nicht zum Prozeß erscheinen würde - er hatte die Ladung ungeöffnet zurückgeschickt und auch jeglichen Kotakt mit seinem Anwalt Wolff abgelehnt[108]. Den negativen Eindruck, den ein Schauprozeß *in absentia* im Ausland machte, hatte er jedoch offenkundig unterschätzt. Zahlreiche Zuschriften an den *Ausschuß für Deutsche Einheit* aus dem Ausland sprachen hier klare Worte. Am deutlichsten brachte es ein prominenter Engländer auf den Punkt, um den sich Norden als Prozeßbeobachter besonders bemüht hatte. Lord Edward Russell of Liverpool, stellvertretender Kronanwalt der Britischen Streitkräfte und unermüdlicher Streiter gegen Altnazis in der jungen Bonner Republik, lehnte durch seinen Sekretär eine Teilnahme an dem Schauprozeß mit klaren Worten ab:

„Firstly, he [Lord Russell] does not understand how any court in East Germany can have jurisdiction to try a minister in Western Germany and secondly, he does not believe in trials held in the absence of the accused. No enquiry into the antecedents of Herr Oberländer could be of any value without the evidence of himself or an opportunity to question him"[109].

2. Bockwürste im Gericht - Der erste Verhandlungstag

Mancher Besucher dachte gewiß im stillen, er habe sich in der Adresse geirrt, als er in den Vorraum des Sitzungssaals trat. Er befand sich im zweiten Stock

---

[108] Wolff hatte Oberländer die Anklageschrift zuschicken lassen - und sie ebenfalls ungeöffnet zurückerhalten. Auf dem Umschlag findet sich ein Vermerk des Bundesvertriebenenministeriums, der Pförtner habe keine Vollmacht, den Umschlag entgegenzunehmen - ein Treppenwitz des Kalten Krieges (vgl. Gespräch Wolff am 7. Januar 1998, der Umschlag befindet sich im Archiv Wolffs. Vgl. auch die stenographische Mitschrift der Hauptverhandlung, *BStU*, ZUV 28, Akte 1 Nr. 132).

[109] Vgl. den Brief Lord Russells an Norden vom 20. April 1960. *BStU*, Ast 107 / 60 (Beiakten zum Fall Oberländer) Band 6 Nr. 196. Lord Edward Russell of Liverpool war schon von 1946 bis 1951 Rechtsberater der britischen Rheinarmee gewesen und hatte anschließend durch ein Buch „The Scourge of the Swastika" (dt. *Die Geißel des Hakenkreuzes*, Berlin (Ost) 1955) allgemeines Aufsehen erregt, ein illustriertes Buch über einige nationalsozialistische Verbrechen wie Lidice, Oradour und die Zerstörung des Warschauer Ghettos, was ihm harsche Kritik von allen Seiten einbrachte. Russell war daraufhin im Sommer 1954 zurückgetreten.

des Obersten Gerichts der DDR in der Ost-Berliner Scharnhorststraße 37. An einem großen Stand wurden Kekse, warme Bockwürste, Limonade und Süßigkeiten an die Zuhörer, meist Journalisten östlicher Zeitungen und Delegationen, die aus den großen DDR-Kombinaten erschienen waren, verkauft. Wenige Schritte weiter standen knapp ein Dutzend Vitrinen und Schaukästen, in denen den Betrachter die „Wahrheit über Oberländer" erwartete, wie ein darüber hängendes Spruchband verkündete. Betrat man den Saal selbst, mit hohen Halbsäulen und teilweise holzgetäfelt, befand sich auf seiner Längsseite ein hölzernes Podest, auf dem die drei Richter und zwei Staatsanwälte saßen - nicht in Robe, sondern im dunklen Anzug. Vor ihnen lag ein Stapel von sieben Aktenordnern mit Papieren aus Oberländers Personalakten. Über ihnen hing, einem Totem gleich, ein riesiges Staatswappen der DDR. Den Richtern gegenüber, in der ersten Reihe, waren die Plätze von Justizministerin Hilde Benjamin, die eine Sonnenbrille trug, und ihrem Staatssekretär Heinrich Toeplitz. Acht Scheinwerfer blendeten das Oberste Gericht mit ihrem grellen Licht, dirigiert vom Obersten Beleuchter, der den prominentesten Platz im Saal eingenommen hatte: den des Angeklagten. Die Abwesenheit des Bonner Vertriebenenministers weidlich ausnutzend, hatte sich der Oberste Beleuchter mit seiner Mannschaft auf der Anklagebank komfortabel eingerichtet[110].

Über das, was in den folgenden Tagen geschehen würde, gingen bislang Dichtung und Wahrheit weit auseinander. Die stenographische Mitschrift der Hauptverhandlung weicht an vielen entscheidend ab von der gekürzten und inhaltlich wie politisch überarbeitete Version des Protokolls, die im Herbst 1960 in Buchform erschien. Auf die zum Teil beträchtlichen Unterschiede wird im weiteren Text hingewiesen[111].

„Ich rufe den Angeklagten Oberländer!", donnerte ein Gerichtsdiener zu Beginn des Prozesses in den Korridor und in den Warteraum des Gerichts - erwartungsgemäß ohne Erfolg. Anschließend wurden die Zeugen einzeln aufgerufen: Zunächst für die Anklage, hier findet sich auch die erste Nachbesserung, denn laut stenographischem Protokoll sind die Hauptbelastungs-

---

[110] Vgl. die Photos zum Oberländer-Prozeß in den Akten des *SAPMO - BA*, Dy 6/vorl. Nr. 1507 - 1511; „Angeklagter Oberländer", *Münchner Illustrierte* vom 7. Mai 1960; „Der Theater-Prozeß gegen Oberländer", *Deutsche Zeitung* vom 30. April 1960.
[111] Vgl. die stenographische Mitschrift der Hauptverhandlung, *BStU*, ZUV 28, Akte 1 Nr. 105-549, und Ausschuß für Deutsche Einheit (Hg.): *Der Oberländer-Prozeß*, Ost-Berlin 1960 (künftig zitiert als offizielles Protokoll).

zeugen aus Moskau, Aleskerow und Okropiridse, am ersten Verhandlungstag noch gar nicht anwesend, ebenso fehlen ihre Namen in der Zeugenliste der Anklageschrift. Im offiziellen Protokoll sind sie dagegen auf S. 9 enthalten, geladen für den 25. April 1960. Dann die Zeugen der Verteidigung: es handelte sich um Werner Markert, den kompletten *CDU*-Ehrenrat, Staatssekretär Hans v. Herwarth und Joop Zwart. Von ihnen war, erwartungsgemäß, niemand erschienen. Zwart hatte die Einladung telegraphisch abgelehnt mit der Antwort, das Oberste Gericht der DDR sei „keine Rechtsinstitution, sondern ein politisches Machtinstrument"[112]. Zunächst formulierte die Verteidigung, wie im Drehbuch vorgesehen, ihren Einwand, daß das Gericht doch eigentlich nicht zuständig sei, weil Oberländer seine Straftaten außerhalb der DDR begangen hatte und seine Immunität durch den Bundestag nicht aufgehoben sei. Das Gericht erklärte sich, wie schon im Januar 1960 abgesprochen, ohne weitere Debatte für zuständig, die Verteidigung akzeptierte dies widerspruchslos. Anschließend verlas Staatsanwalt Funk über eine Stunde lang die Anklageschrift gegen Oberländer wegen Mordes, Anstiftung und versuchter Anstiftung zu Mordkomplotten und weiteren strafbaren Handlungen[113].

Die sehr weitschweifigen, wenig stringenten Ausführungen, die Funk in fehlerfreiem Sächsisch vortrug, lassen sich auf drei Hauptpunkte reduzieren, die Oberländer vorgeworfen wurden. Erstens habe Oberländer unter dem Deckmantel wissenschaftlicher Forschungsarbeit an der Königsberger Albertus-Universität, in *VDA*, *BDO* und als *NSDAP*-Gauamtsleiter eine Schlüsselposition innegehabt und damit die verbrecherische Ausrottungspolitik der Nationalsozialisten aktiv betrieben. Durch seine Theorie des Bevölkerungsüberdrucks hätten er und andere Wissenschaftler eine Bedrohung für das deutsche Volk abgeleitet, die wiederum als theoretisches Fundament der Versklavung und Ausrottung der osteuropäischen Völker gedient habe. Durch die Ostschulung seines Königsberger Instituts, des *VDA* und des *BDO* habe Oberländer die Deutschen im Reich und in den Nachbarstaaten im Sinne des Faschismus aufgeputscht und sie zu politischen und subversiven Verbänden gegen souveräne Staaten und ihre friedliebende Bevölkerung umorganisiert. Auf diese Weise sollten das Deutsche Volk und die im Ausland leben-

---

[112] Vgl. „Die leere Anklagebank in Ost - Berlin", *Der Tagesspiegel* vom 23. April 1960.
[113] Vgl. für die Anklageschrift *BStU*, ZUV 28, Akte 1 Nr. 110-131, Gesetzliche Grundlage waren die Paragraphen 211, 48, 49a und 49b des Strafgesetzbuches der DDR.

den deutschen Minderheiten chauvinistisch und revanchistisch verseucht und für den geplanten faschistischen Raubkrieg als fünfte Kolonne ideologisch reif gemacht werden[114].

Zweitens habe Oberländer als langjähriger Abwehrangehöriger im Sudetenland Sabotage und Zersetzung betrieben und nach 1941 die Sabotage- und Terroreinheit *Nachtigall* aufgestellt, um den ukrainischen Nationalisten Stephan Bandera in seiner Wühl- und Terrortätigkeit in der Westukraine zu unterstützen. Als militärischer Kommandeur habe Oberländer die Angehörigen *Nachtigalls* auf Antikommunismus und Antisemitismus, Haß gegen die intellektuellen Schichten Osteuropas im Sinne der faschistischen Ideologie gedrillt. Vom 30. Juni 1941 an habe *Nachtigall* in Lemberg unter Oberländers Kommando bestialische Pogrome gegen die jüdische Bevölkerung organisiert und mit der systematischen Ausrottung der Intelligenz dieser Stadt nach vorbereiteten Listen begonnen. So habe er am wirksamsten dazu beitragen können, Teile der osteuropäischen Völker - insbesondere die Juden und die Vertreter der Intelligenz - auszurotten und die übrigen Völkerschichten in den Sklavendienst für die deutschen Imperialisten, Faschisten und Militaristen zu pressen. Dies sei Hauptinhalt und Hauptziel seiner theoretischen Konzeption gewesen.

Mit dem Aufbau des Sonderverbandes *Bergmann* habe Oberländer, drittens, diese Tradition nach Osten fortgesetzt. Er habe die Bedingungen in ihm unterstehenden Kriegsgefangenenlagern grausam verschlechtert, eine Vielzahl kaukasischer Kriegsgefangener völkerrechtswidrig zum Dienst gegen ihre Heimat gepreßt und ihnen gedroht, sie würden im Falle des Ungehorsams zu Seife gemacht[115]. Oberländer sei, nach Aussagen aller Zeugen, ein gefürchteter Sadist gewesen, vor dem selbst seine deutschen Offiziere gezittert hätten. Während der Ausbildung in Mittenwald habe er bedenkenlos eine Gruppe sowjetischer Patrioten, die diese Zumutungen ablehnten [die Gruppe Ziklauri] ermordet und circa 50 weitere Soldaten ins Konzentrationslager geschickt. Einmal im Kaukasus angekommen, habe *Bergmann* in großem Maße Ausschreitungen, Plünderungen, Gewalttaten und Morde gegen die wehrlose sowjetische Zivilbevölkerung und Kriegsgefangene durchgeführt. Oberländer habe seinerseits *Bergmann*-Angehörige sofort erschossen, die

---

[114] Dieser Passus steht nur im stenographischen Protokoll, in der offiziellen Version ist er gestrichen.

[115] Vgl. stenographisches Protokoll, Nr. 125. Dieser Passus ist im offiziellen Protokoll gestrichen.

sich diesen Ausschreitungen verweigert hätten. Ganze Güterzüge an sowjetischer Beute habe Oberländer zu seiner Familie nach Deutschland geschickt. Auf dem deutschen Rückzug habe Oberländer Tausende von Zivilisten gegen ihren Willen zum Rückzug mit der deutschen Wehrmacht gezwungen und die Schwächeren von ihnen rücksichtslos erschossen.

Am Nachmittag des 20. April trat das Gericht dann in die Beweisaufnahme ein und behandelte Oberländers persönliche, berufliche und militärische Entwicklung, um, so das Drehbuch, „Widersprüche zur Entnazifizierung Oberländers herauszuarbeiten". Seine Teilnahme am 9. November 1923 wurde erörtert, als Beweis dafür ein Brief Oberländers und eine NS-interne Korrespondenz aus seinen Personalunterlagen zitiert[116]. Doch die Verteidigung war offenkundig nicht gewillt, die Vorgaben des Drehbuchs bedingungslos zu erfüllen: sie insistierte immer wieder darauf, eine Reihe von Schriftstücken verlesen zu lassen, die Oberländers Versetzung nach Greifswald und sein Verhältnis zu Erich Koch etwas genauer - und damit zu seinen Gunsten - beleuchteten.

Solche Entlastungen waren im Drehbuch nicht vorgesehen, deshalb wurden sie auch im offiziellen Protokoll gestrichen. Die Verteidigung insistierte nämlich darauf, eine Reihe von Dokumenten zu verlesen, die die Kritik der NS-Parteidienststellen an Oberländer noch deutlicher hervorhoben. Dazu gehörte der Brief Martin Bormanns an Reichsminister Rust vom 12. November 1937, in dem Bormann die gänzliche Entfernung Oberländers aus der Ostarbeit fordert. Die Staatsanwaltschaft hielt die Meinung Bormanns für gegenstandslos, da Oberländer Ende 1937 wegen seiner vermeintlichen Vergehen längst rehabilitiert worden sei - was falsch war. ist, Die Schlüsselstellung Bormanns innerhalb der NS-Hierarchie schob das Gericht schlicht beiseite und erklärte den Brief für „gegenstandslos". Bei einem weiteren Doku-

---

[116] Der im Protokoll zitierte handschriftliche Brief Oberländers vom 10. Oktober 1938, in dem er betont, Inhaber eines Dauerausweises Nr. 419 zur Teilnahme an den jährlichen NS - Veranstaltungen zum 9. November in München zu sein, findet sich in den Beiakten des Prozesses (*BStU*, ZUV 28, Ast 107 / 60, Band 4 Nr. 149). Es ist anzunehmen, daß Oberländer diesen Brief zu Beginn des Jahres 1938 schrieb, um seine Berufung nach Greifswald zu fördern. Erstaunlich ist, daß Oberländer diesen Ausweis in seinen zahlreichen Rechtfertigungen gegenüber der SS nicht erwähnt, was seine umstrittene Position im Jahre 1943 sicher verbessert hätte. Bei dem zweiten Brief handelt es sich um einen Brief des Reichsamtsleiters des NS-Dozentenbundes vom 4. Mai 1936 mit einer charakterlichen Einschätzung Oberländers, der bereits in Kapitel I behandelt wurde.

ment, einem Vermerk des Reichserziehungsministeriums von 1937, der betonte, Oberländer werde aus politischen Gründen versetzt und Koch wolle darauf hinwirken, daß Oberländer „völlig als Hochschullehrer entfernt würde", konnte die Verteidigung zwar die Verlesung durchsetzen, das Dokument wurde allerdings nicht weiter durch das Gericht gewürdigt. Im offiziellen Protokoll sind sowohl die beharrlichen Einwände der Verteidigung als auch der Unmut des Staatsanwalts über die Beharrlichkeit der Verteidigung gestrichen. Rückblickend sagte Wolff, er habe als Marxist zwar keinerlei Sympathien für Oberländer gehabt, bezeichnete die Verhandlung jedoch als „Sandkastenspiel", in dem er sich „keinesfalls zum Affen" machen lassen wollte [117].

Staatsanwalt Windisch maß Wolffs Einlassungen keine Bedeutung bei. Vielmehr stellte er fest, die Differenzen zwischen Koch und Oberländer, „sofern es sich überhaupt um solche gehandelt hat", seien keine Meinungsverschiedenheiten zwischen Oberländer und der „faschistischen Reichsführung", sondern „lediglich ein Beweis dafür, daß es zwischen den faschistischen Wölfen in der Naziführung (...) Cliquenkämpfe um den größeren Brocken" gegeben habe. Außerdem sei der Angeklagte durch seine Versetzung zur Abwehr aktiv in die Vorbereitung eines Angriffskrieges eingebunden gewesen. Mit einem Statement des Sachverständigen Gentzen, Oberländer sei lediglich Opfer einer politischen Intrige in Königsberg geworden, politische Differenzen zur *NSDAP*-Führung hätten jedoch nicht existiert, endete der erste Verhandlungstag[118].

3. „Wo die Reaktion hauste, war der Angeklagte dabei"- Der zweite Verhandlungstag

Dieser Einwurf Staatsanwalt Funks zur Ostforschung als Disziplin für deutsche „Wühlarbeit, Diversion und Spionage" in Osteuropa beschrieb das Thema, das laut Drehbuch am Donnerstag, den 22. April 1960, zur Verhandlung anstand, wohl. Königsberg als wichtige operative Zentrale der Ostforschung und der skrupellose, karrierebewußte Aufsteiger und Postensammler Oberländer als Spinne im Netz der vielfältigen nationalsozialisti-

---

[117] Gespräch Wolff am 7. Januar 1998; vgl. stenographisches Protokoll, Nr. 138 - 146.
[118] Vgl. Offizielles Protokoll, S. 23-24.

schen Interessen - dieses Bild gewannen die Betrachter, die im Gerichtssaal auf einer Leinwand ein Schaubild betrachteten, das Staatsanwalt Funk erläuterte. In einem dichten Gewirr aus Pfeilen, die Zuständigkeiten und Stoßrichtungen, Abhängigkeiten und Interessenlinien darstellen sollten, gab es praktisch keine Institution, die nicht den Namen Oberländers führte. Daß dabei Stationen dargestellt wurden, die Oberländer erst nacheinander innehatte, seine Königsberger Ämter und erst anschließend seine Tätigkeit bei der Abteilung II von Canaris' Abwehr, focht Funk nicht an. Als einer der „gemeinsten, skrupellosesten Einpeitscher der faschistischen Aggressions- und Ausrottungspläne" saß Oberländer, so Staatsanwalt Funk, als Ostreferent der *NSDAP*, als Mitglied des Amtes Ausland / Abwehr, in *VDA* und *BDO*, in der Nordostdeutschen Forschungsgemeinschaft und bekämpfte auf vielen Feldern die UdSSR, Polen, die CSSR und das Baltikum. Für den heraufziehenden Zweiten Weltkrieg schien Oberländer unentbehrlich: „Man reißt sich um den Spion in Gestalt eines Professors, man kann ohne ihn gar nicht mehr auskommen!". Eine ganze Reihe von *VDA*- und *BDO*-Publikationen wurde verlesen - von den Zuhörern mit wechselndem Interesse verfolgt: Selbst die Beisitzer des Gerichts gähnten ungeniert, als Staatsanwalt Funk die zahllosen Dokumente aus Oberländers Ostforscherkarriere verlas[119].

Funk steigerte sich erneut: Oberländer sei ein wahrer Hansdampf in allen ostpolitischen Gassen gewesen: er habe die Führer der deutschen Volksgruppen in den baltischen Staaten gezielt unterstützt, und sie zu einer schlagkräftigen Fünften Kolonne des Nationalsozialismus geformt, Gleiches habe er in bezug auf das verhaßte Polen probiert und sich schnell auf einer Linie mit Hitler und Himmler befunden. Innerhalb des Reichsgebietes habe er sich für eine Ausrottung der Sorben stark gemacht, die als „unerwünschte slawische Einsprengsel" die Lausitz bevölkerten. Seine Ziele seien dabei von Anfang an deckungsgleich gewesen mit denen Hitlers und Himmlers.

Für diesen Fragenkomplex rief das Gericht nun zwei Sachverständige auf und bat sie, zu diesen Fragen Stellung zu nehmen. Als Erster sprach Eberhard Wolfgramm, der nun zur Bewährung und zum Beweis seiner eigenen politischen Fortschrittlichkeit sich quasi im doppelten Zeugenstand befand und einige persönliche Begegnungen mit Oberländer im Jahre 1932 in Kö-

---

[119] Vgl. die Kopie des Schaubilds in *BStU*, Ast 107 / 60 Band 3 Nr. 97; „Die leere Anklagebank in Ost - Berlin", *Der Tagesspiegel* vom 23. April 1960.

nigsberg schilderte. Wolfgramm beschrieb das Ziel, das Oberländer und seine Freunde der bündischen Jugend damals vor Augen gehabt hätten: im „Rennen um Deutschlands Zukunft" mit den Nationalsozialisten zusammenzuarbeiten, um für das Netzwerk der Bündischen entsprechende einflußreiche Positionen zu gewinnen. Wolfgramms Schilderung einer Begegnung mit Oberländer aus dem Jahre 1948, bei der er betont hatte, seine Methoden der Behandlung Fremdvölkischer [in den von Deutschen besetzten Gebieten] seien im Krieg vollkommen andere gewesen als die der SS, wurde aus dem offiziellen Protokoll gestrichen[120]. Als Beleg für die personelle Kontinuität, die Oberländer bereits im Jahre 1932 beschworen habe, nannte Wolfgramm ausgerechnet den Namen von Oberländers *BDO*-Stellvertreter Ernst Hoffmeyer - kontraproduktiv genug, denn gerade Hoffmeyer war mit Erich Koch eine der treibenden Kräfte gewesen, die 1937/38 Oberländers Abschied aus der Ostforschung erzwungen hatten. Aber das blieb der Öffentlichkeit verborgen.

Dr. Felix-Heinrich Gentzen als zweiter Sachverständiger hatte ein langes Gutachten über Rolle und Funktion der Ostforschung in Deutschland verfaßt[121]. Er erläuterte ausführlich Struktur und Funktion der Ostforschung bei der Vorbereitung von Hitlers Krieg gegen die osteuropäischen Staaten und die Zwangsläufigkeit, mit der sich im Wirken und Denken Oberländers eine stringente Linie zur Vorbereitung des Zweiten Weltkrieges ergebe. Oberländer habe in seiner Person brennglasartig „Organisation, Politik, Pseudowissenschaft sowie Agitation und Propaganda des Revanchismus" vereinigt und mit einer „aktiven Spionagetätigkeit" verbunden. „Wir treffen ihn überall, wo für Krieg, gegen den Osten, gegen den Kommunismus getrommelt wird"

Gentzen behauptete, Oberländer habe einerseits die Unterdrückung deutscher Minderheiten in den osteuropäischen Staaten bekämpft, andererseits nach Kriegsbeginn die Ausrottung der Slawen im Volkstumskampf empfohlen - in enger Zusammenarbeit mit der Volksdeutschen Mittelstelle und der SS zusammengearbeitet. Nicht nur im Lichte seiner Denkschriften war dies ziemlich abwegig, zumal es gerade Lorenz und seine *VOMI* waren, die

---

[120] Vgl. stenographisches Protokoll, Nr. 173.
[121] Vgl. das Gutachten Gentzens „Über die Entwicklung des Revanchismus in Deutschland und die besondere Rolle Oberländers". *BStU*, Ast 107 / 60 Band 2 Nr. 52 - 89. Der erste Entwurf, der sich in den Gerichtsakten findet, trägt an mehreren Stellen den Korrekturvermerk „straffen und auf Oberländer konzentrieren" und „was hat das mit Oberländer zu tun?".

Oberländer wegen inhaltlicher Differenzen aus dem Amte gedrängt hatten. Das Gutachten konzedierte an anderer Stelle, Oberländer habe mit seiner Habilitation und ihren Zahlen die „faschistische Lebensraumtheorie eindeutig widerlegt"[122], doch all das trübte Gentzens Gesamturteil nicht - für ihn hatte Oberländer der Endlösung wissenschaftlich eine Bahn bereitet. Auch sein Wechsel zur Abwehr stehe in dieser Kontinuität, denn im „Interesse und Auftrag der Monopole" habe er dort den Krieg gegen die Staaten Osteuropas vorbereitet. Hitler habe im November 1937 die Annexion des Sudetenlandes beschlossen, und folgerichtig sei Oberländer durch die Abwehr zu einer Wehrübung einberufen worden, die obendrein zweimal verlängert wurde. Konrad Henleins Sudetenführer seien von ihm mit letzten Instruktionen vor dem deutschen Einmarsch in die Tschechoslowakei versehen worden. Schließlich sei auch der den Zweiten Weltkrieg auslösende deutsche Überfall auf den Sender Gleiwitz von der Abwehrstelle des Generalkommandos VIII in Breslau konzipiert und durchgeführt worden - und Oberländer habe dort just zur gleichen Zeit eine Wehrübung absolviert[123].

Wissenschaftlich habe sich Oberländer seit Kriegsbeginn an vorderster Front für die Ausrottungspolitik einspannen lassen. Seine Mordtheorien habe er in Artikeln im *Neuen Bauerntum* und anderen Zeitschriften ständig wiederholt und durch seine Kommandos bei *Nachtigall* und *Bergmann* in der Praxis immer wieder umgesetzt. Gemeinsam mit Otto Schiller und Werner Markert habe er den berüchtigten Agrarerlaß vom 15. April 1942 ausgearbeitet, der die Vernichtung von 30 Millionen Sowjetbürgern und ein System deutscher Militärsiedlungen vorsah. Erneut vermischte Gentzen hier zwei Dinge: den Agrarerlaß Alfred Rosenbergs und den *Generalplan Ost* der SS. An beiden Plänen war Oberländer nicht beteiligt gewesen, die Grundgedanken des SS-Plans lehnte er, wie in Kapitel I beschrieben, entschieden ab.

Abschließend erläuterte Gentzen die personelle Kontinuität vieler Ostforschungseinrichtungen in der Bundesrepublik nach 1945, für die Oberländer

---

[122] Vgl. Gutachten, Nr. 64.
[123] In dem Teilnehmerverzeichnis der militärischen Dienststellen in Krakau vom Oktober 1939 ist Oberländer in der Führungsabteilung unter Ic, 3. Generalstabsoffizier (Major Wieser) als „II 2" Leutnant Oberländer (zusammen mit Leutnant Koch „II 1") aufgeführt (*BA*, R2 Pers [ehemalige *BDC* - Bestände], Oberländer, Theodor, geb. 01.05.05, Ordner 297 I (Aufbau des Generalgouvernements). Oberländer machte sich dort mit Koch längst Gedanken über die Ukraine und eine Zusammenarbeit mit der *OUN-B* Banderas.

nur ein Beispiel, eben die Spitze des Eisbergs, sei. Diese Institutionen hetzten im Sinne einer Kriegsvorbereitung, ebenso wie Oberländer, nach 1945 in gleicher Weise wie davor und bildeten Spezialisten aus für einen „heißen Krieg". Auf Nachfrage der Verteidigung betonte Gentzen noch einmal, nach seiner Aktenkenntnis gebe es keinen Hinweis darauf, daß Oberländer sich über gewisse persönliche Differenzen hinaus gegen die nationalsozialistische Denkweise aufgelehnt und sich in seinen Konzepten entscheidend davon abgehoben habe. Außerdem sei er voll rehabilitiert worden. Dies ist, gelinde gesagt, verkürzt dargestellt, denn Gentzen standen sämtliche, im Kapitel I herangezogenen, Akten aus den Beständen des Gerichts, der ZK-Abteilungen und des *MfS* zur Verfügung - auch die entlastenden.

Im offiziellen Protokoll gestrichen wurde auch die Diskussion in der Verhandlung, die sich an Gentzens Gutachten anschloß und Oberländer entlastete: Rechtsanwalt Rinck insistierte, er habe in den Akten mehrere Schriftstücke Oberländers aus den dreißiger Jahren gesehen, in denen er sich bezüglich der Memeldeutschen für ein friedliches Vorgehen eingesetzt habe. Gentzen bejahte dies und bestätigte, Erich Koch und die örtlichen NS- und Volkstumsführer hätten sich über eine „zu laue" Politik Oberländer beschwert und ihm Anstiftung zur Fahnenflucht vorgeworfen „anstatt die Leute kämpfen zu lassen, bis sie ins Gefängnis kommen". Oberländer wurde seitens der *NSDAP* ein mangelndes Bekenntnis zum Nationalsozialismus vorgeworfen, denn er habe jeglichen „Putschismus" durch eine Bewaffnung volksdeutscher Milizen abgelehnt, solange kein Kriegszustand herrsche. Dies sei auch der Grund, warum er bis zu Bormann hinauf Unwillen erregt habe[124].

Die „Organisierung der Fünften Kolonne", Oberländers Tätigkeit bei der Abwehr, stand als nächstes auf dem Programm im Drehbuch des Prozesses. In einer einleitenden Erklärung des Staatsanwalts waren bereits die Reisen Oberländers für die deutsch-sowjetische Saatzuchtfirma *DRUSAG* in die Sowjetunion und in den Kaukasus Teil einer frühen, strikt antikommunistisch ausgerichteten Spionagetätigkeit. Ostforschung und Abwehr, so Staatsanwalt Funk, hätten schon frühzeitig Hand in Hand gearbeitet, um den Boden für einen deutschen Angriffskrieg zu bereiten. Deshalb habe sich die Abwehr auch nachhaltig darum bemüht, Oberländer für ihre Reihen zu gewinnen.

Um Oberländers Nähe zum Chef der Abwehr, Admiral Wilhelm Canaris, noch zu unterstreichen, wich das Gericht sogar vom Drehbuch ab und be-

---

[124] Vgl. stenographisches Protokoll, Nr. 208 - 210.

fragte einen Zeugen, der bislang weder in der Anklageschrift noch im Drehbuch vorgesehen war: Schalwa Okropiridse, Georgier und Vertrauter Oberländers bei der Aufstellung des Sonderverbandes *Bergmann*. Okropiridse war durch den KGB als wichtigster Belastungszeuge konzipiert und dafür im Frühjahr 1960 per Beschluß des Präsidiums des Obersten Sowjets erst im März 1960 eigens begnadigt worden, um am 5. April auf der Moskauer Pressekonferenz gegen Oberländer auszusagen. Bei der Vorbereitung des DDR - Prozesses gegen Oberländer hatte es Albert Norden einigen Verdruß bereitet, daß die Zusage für Okropiridse als einer der wichtigsten Zeugen aus Moskau so spät eintraf. Deshalb er in den Prozeß eingeführt. Zwei Tage später eine der wichtigsten Rollen im Prozeß spielen. Sein erster Auftritt war indes nicht eben bedeutungsvoll: er hatte lediglich zu bestätigen, Canaris habe Oberländer geduzt und ihn wegen seiner langjährigen Verdienste stets gelobt. Es blieb offen, woher der Zeuge dies wußte, nachdem er kein Deutsch sprach. Auf Nachfrage der Verteidigung räumte Okropiridse ein, er wisse dies nur vom Hörensagen. Dieser Passus wurde im offiziellen Protokoll gestrichen, was wohl auch besser war, denn Wolff hatte sie in einer „Verteidigungsdisposition" vom 14. April 1960 bereits als Schwachpunkt aufgelistet[125].

Substantieller schienen die Dinge, die der nächste Gutachter vortrug. Rudolf Bammler, vom Gericht nur als „Offizier, wohnhaft in Erfurt" eingeführt, holte weit aus, um die Vorkriegsaktivitäten der Abwehr und ihrer Abteilungen zu beschreiben. In Bezug auf Oberländer und seine Funktion bis zum Kriegsausbruch waren seine Angaben allerdings kurz und widersprüchlich. Das offizielle Protokoll sagt nur in einem dürren Satz, Bammler habe erklärt, daß Oberländer in Breslau allein die Planungen für den deutschen Überfall vorbereitet habe. Dies ist falsch - interessant ist aber, was Bammler tatsächlich vor dem Gericht aussagte. Canaris und Hauptmann Helmuth Groscurth [Oberländers späterer *spiritus rector* für die Ukrainepläne] hätten Konrad Henlein im Sudetenland aktiv unterstützt und seien darüber frühzeitig in Streit mit der SS in Gestalt von Reinhard Heydrich und Heinrich Himmler geraten, die Karl-Hermann Frank favorisiert hätten. Oberländer, so Bammler auf Nachfrage, sei zwar für die Abwehr II tätig gewesen, er könne aber nicht sagen, in welcher Funktion. Auch habe er ihn nie gesehen. Dennoch, so Bammler, „wisse er genau", daß Oberländer die Einsätze des Regiments *Brandenburg* im Jahre 1939 in Polen koordiniert habe. Warum er diese Din-

---

[125] Vgl. stenographisches Protokoll, Nr. 225 – 226; *BStU*, ZUV 28, Band 1 Nr. 99 - 104).

ge, die mehr als ein Jahr nach seinem Ausscheiden aus der Abwehr geschahen, so genau wissen wollte, blieb Bammlers Geheimnis - wohl auch ein Grund, warum sie aus dem offiziellen Protokoll gestrichen wurden[126].

4. „Tribunal der Totems und Tabus" - Der dritte Verhandlungstag

Dies war die Schlagzeile, mit der die *Berliner Zeitung* am Sonntag, dem 24. April 1960, in balkengroßen Lettern einen ganzseitigen Bericht über den Oberländer-Prozeß begann. Drei Tage lang sollten nun die Kriegsverbrechen Oberländers mit den Einheiten *Nachtigall* und *Bergmann* verhandelt, entlarvt und bewiesen werden. Bereits am Freitag hatte das Gericht damit begonnen. Zu Beginn waren sieben Zeugen vorgesehen, die darüber berichten sollten, was sie über Oberländers Taten in Lemberg Anfang Juli 1941 wußten oder selbst erlebt hatten. Der Zeuge Jaroslaw Schpidal, ehemals *OUN-B*-Kämpfer, berichtete von seiner Ausbildung in Krakau, während der ihm durch Freunde über die Ausarbeitung von Listen berichtet worden sei, nach denen in Lemberg Verhaftungen vorgenommen werden sollten. Allerdings erklärte Schpidal weiter, daß die Anweisung der *OUN-B*, in Lemberg „Kommunisten bis zur Erschießung zu verfolgen", durch Offiziere der Abwehr ausgesetzt wurde, da die *OUN-B* andere, politische Aufgaben habe. Dieser Absatz fehlt - als einziger in dem dortigen Dialog - im offiziellen Protokoll. Auch Oberländer habe er dort nie gesehen, er sei erst am 2. oder 3. Juli 1941 nach Lemberg gekommen und dort durch einen deutschen Oberst zur Leibwache eines der ukrainischen Kabinettsmitglieder kommandiert worden[127].

Dabei habe er in einem Haus zusammen mit Angehörigen des Bataillons *Nachtigall* gelegen, die nächtens im Hof zahlreiche Polen erschossen und andere lebendig aus dem vierten Stock in den Hof geworfen hätten, um sie dort liegen zu lassen. Später seien die Leichen ständig mit LKWs abtransportiert worden. Von Oberländer habe er allerdings weder etwas gesehen noch gehört. Zur Erinnerung: der Kommandeur des Bataillons *Nachtigall* beklagte sich in Briefen an seine Frau und bei Oberländer immer wieder darüber, die Einheit habe keine eigenen Fahrzeuge gehabt. Dies sei auch der

---

[126] Vgl. stenographisches Protokoll, Nr. 237 - 238; offizielles Protokoll, S. 59.
[127] Aussage Schpidals im offiziellen Protokoll S. 68 - 77, im stenographischen Protokoll *BStU*, ZUV 28, Band 9 Nr. 2 - 21, die Streichung S. 71 und Nr. 10.

Grund für den langen Aufenthalt in Lemberg gewesen: erst am 7. Juli 1941 konnten die Fahrzeuge für den Weitertransport bereitgestellt werden. Dies paßt nahtlos zu der Aussage des nächsten Zeugen Grigori Melnik, bereits in Solotschew, der nächsten Station des Bataillons, habe die Führung befohlen, sich alle möglichen Transportmittel zu organisieren - daraufhin habe sich ein Teil des Bataillons mit Fahrrädern versorgt. Die Aussage Schpidals steckte voller Widersprüche, die auch der Verteidigung auffielen. Sie hatte die Glaubwürdigkeit des Zeugen in ihrer Disposition bereits mit einem Fragezeichen versehen[128].

Grigori Melnik, der im Gegensatz zu Schpidal angab, *Nachtigall*-Angehöriger zu sein, schilderte ausgiebig seine Ausbildung in Krakau und Neuhammer, gab aber an, Oberländer am 29. Juni 1941 zum ersten Mal gesehen zu haben - erstaunlich, denn Melniks Ausbildungslager in Krynica hatte Oberländer laut seinem Tagebuch schon im März 1941 mehrfach besucht. Am 8. Mai 1941 wurde Oberländer endgültig zu *Nachtigall* nach Neuhammer kommandiert, Melnik befand sich nach eigenen Angaben bereits dort. Dennoch, so Melnik, habe man ihm erst am 29. Juni 1941 gesagt, Oberländer sei vom deutschen Oberkommando geschickt worden und habe für alles die politische Verantwortung. Die *Nachtigall*-Uniform beschrieb Melnik, ebenso wie Schpidal, eindeutig falsch, wie ein Vergleich mit authentischen *Nachtigall*-Photos zeigt. In Lemberg selbst habe er die ganze Zeit im Gaswerk als Wache verbracht, wisse aber genau, daß eine Abteilung seiner Kompanie auf Befehl Oberländers und Schuchewitschs „polnische Gelehrte" erschossen habe. Auch in den weiteren Stationen des Bataillons *Nachtigall*, Solotschew und Tarnopol, habe Oberländer nach vorbereiteten Listen eine große Zahl an

---

[128] Vgl. die Verteidigungsdisposition, *BStU*, ZUV 28, Band 1 Nr. 99 - 104. Es scheint zweifelhaft, ob der Zeuge wirklich *Nachtigall*-Angehörige gesehen hat, denn er beschreibt ihre Uniform mit gelb - blauen Streifen auf den Schulterstücken und einem Dreizack auf der Brust. Die Uniform der *Nachtigall*-Angehörigen war allerdings die deutsche Wehrmachtsuniform, ohne Dreizack und lediglich ergänzt durch eine schmale blau - gelbe Paspelierung an den Schulterstücken, die obendrein schwer zu erkennen ist. Angesichts des im Lemberg - Kapitel beschriebenen Uniformenwirrwarrs, das in den ersten Tagen dort herrschte, hat Schpidal möglicherweise Angehörige der ukrainischen Miliz gesehen. Ebensowenig stimmt die Adresse, die Schpidal angibt: sein Quartier in Lemberg befindet sich in der Mechanitzkistraße Nr. 112. Das Bataillon *Nachtigall* war am 2. Juli aus dem Hotel „Astoria" in das ehemalige Deutsche Gymnasium in die Podwalesstraße umquartiert worden und blieb dort bis zum Abmarsch am 7. Juli 1941. Dort nahm auch der Bataillonsstab seinen Sitz.

Polen und Juden erschießen lassen. Er habe diese Listen nie gesehen, es sei ihm aber glaubhaft versichert worden. Melniks Aussage steckte insgesamt so voller Widersprüche, dass große Teile im offiziellen Protokoll gestrichen wurden[129].

Um die polnischen Gelehrten ging es auch bei der Aussage der nächsten Zeugin, einer 59jährigen Dame namens Helena Kuchar. Sie hatte während des Zweiten Weltkrieges mit ihrem Mann in einer Wohnung oberhalb des Wuletzker Hügels gelebt, an dem die Erschießungen der polnischen Professoren am 3. und 4. Juli 1941 stattfanden. Am 4. Juli sei sie gegen vier Uhr morgens von Gewehrsalven geweckt worden und sei Zeuge einer Exekution von 36 Menschen gewesen, keine hundert Meter von ihrem Fenster entfernt. Etliche Professoren kannte sie persönlich und entdeckte sie dort auch an jenem Morgen. Als sie nach dem Abklingen der Schüsse auf ihren Balkon getreten sei, habe sich darunter eine Gruppe deutscher Offiziere befunden. Der Ranghöchste unter ihnen habe kurz zu ihr aufgeschaut, und das Gesicht habe sich ihr für immer eingeprägt. Erst im Herbst 1959 sei ihr angesichts der anschwellenden Oberländer-Debatte die Idee gekommen, ob er es vielleicht gewesen sein könnte. Anfang Februar 1960 habe man ihr dann ein Bild gezeigt, und sie sei sich ganz sicher gewesen, daß es sich nur um Theodor Oberländer handeln konnte.

---

[129] Aussage Melniks im offiziellen Protokoll S. 77 - 83, im stenographischen Protokoll *BStU*, ZUV 28, Band 9 Nr. 50 - 71. So etwa bei den Morde des SS-Einsatzkommandos unter SS-Untersturmführer Walter Kutschmann. Melnik machte keine Angaben darüber, warum er so genau wußte, daß Oberländer, den er zwei Tage vorher zum ersten Mal gesehen hatte, dafür verantwortlich war - er wurde allerdings auch nicht danach gefragt. Weiterhin gab er an, während seines Dienstes im Gaswerk Oberländer nicht ein einziges Mal gesehen zu haben. Diese Angaben sind im offiziellen Protokoll gestrichen (vgl. stenographisches Protokoll *BStU*, ZUV 28, Band 9 Nr. 63, im offiziellen Protokoll S. 81). Demgegenüber inspizierte Oberländer die auf zwei Standorte verteilten *Nachtigall* - Truppen ständig - eigentlich hätte Melnik ihm dort an einem der Tage begegnen müssen. Ebenfalls im offiziellen Protokoll gestrichen sind die Nachfragen Rechtsanwalt Wolffs, Melnik habe widersprüchliche Angaben zur Verantwortung Oberländers gemacht: zunächst sei es die politische, nun aber die militärfachliche Führung gewesen. Nach einigem Hin und Her räumte Melnik ein, er wisse nicht genau, ob Oberländer oder Herzner die Führung des Bataillons innegehabt hätte - doch sei für ihn vollkommen klar, daß Oberländer die politische Führung gehabt hätte (vgl. stenographisches Protokoll *BStU*, ZUV 28, Band 9 Nr. 67 - 69).

Das Gericht gab zu bedenken, es seien knapp zwanzig Jahre seit diesem Moment vergangen - was Frau Kuchar nicht anfocht. Das Gericht projizierte deshalb ein Bild Oberländers aus dem Krieg an die Wand - mit dem Ergebnis, daß sie ihn nicht erkannte. Was nicht verwundert, denn Oberländer trug auf diesem Bild eine Feldmütze mit Schirm, die sein Gesicht oberhalb der Nase auch für Eingeweihte praktisch unkenntlich machte. „Ich erkenne ihn wieder auf dem Bild, auf dem er in Zivil dargestellt ist, aus seinen jüngeren Jahren!" - offenkundig hatte sie bereits eine Reihe von Photos vor dem Prozeß studiert. Und in der Tat: auf einem Portrait Oberländers, wohl aus seiner Königsberger Zeit und circa sechs Jahre alt, identifizierte sie Oberländer „einwandfrei, ohne Irrtum!". Es war das letzte von vier Bildern, das ihr gezeigt wurde[130].

Frau Kuchars Aussage hinterließ einen zwiespältigen Eindruck und blieb, auch in späteren Jahren, stets umstritten. Sie wirkt unglaubwürdig, weil Frau Kuchar Oberländer auf Grund einer Photographie aus jüngeren Jahren in Zivil wiedererkannt haben will - nicht aber auf einer Photographie, die im Krieg entstanden ist und Oberländer, bei aller Schwierigkeit der Qualität, sicher wahrheitsgetreuer abbildet als das Photo in Zivil. Die Zeugin gab an, sie habe den Offizier nur einige Sekunden gesehen, voller Schrecken, Nervosität und Todesangst. Dazu kommt die Uhrzeit: auch im Hochsommer ist es um 4 Uhr morgens noch kaum hell. Außerdem behauptet sie, auch seine Augenbrauen und seine Nase gesehen zu haben, betont aber im selben Atemzug, er habe die Schirmmütze deutscher Offiziere getragen. In einer früheren Aussage am 29. März 1960 in Warschau hatte Frau Kuchar vor der polnischen Staatsanwaltschaft dagegen noch erklärt, sie und Oberländer hätten sich mehr als zwei Minuten wortlos angesehen, deshalb habe sie sich sein Gesicht so gut einprägen können. Was immer man von dieser Aussage halten mochte - der Anschein, hier sei von interessierter Seite nachgeholfen worden, wurde erst zehn Jahre später zur Gewißheit: Im Jahre 1970 bestätigte dies die Hauptabteilung IX / 10 des *MfS* in einer Stellungnahme zu polnischen Vor-

---

[130] Aussage Kuchars im offiziellen Protokoll S. 83 - 87, im stenographischen Protokoll *BStU*, ZUV 28, Band 9 Nr. 169 - 183. Dieses im Prozeß verwendete Photo findet sich auf dem Titelblatt der *VVN* - Broschüre *Die Wahrheit über Oberländer*, die im Februar 1960 erschienen war. Zuletzt erschien es im Jahre 1991 in der *tageszeitung* („Freispruch für den Mörder?", *taz* vom 8. Mai 1991). Das Soldatenbild druckte zuletzt der *Spiegel* im Jahre 1996 („Die Mühlen mahlen langsam", *Der Spiegel* Nr. 18 / 1996, S. 18).

würfen, der Fall Oberländer sei vor Gericht schlampig verhandelt worden. Der zuständige Offizier berichtete Erich Mielke, er selbst sei im April 1960 für die Betreuung der Zeugin verantwortlich gewesen und habe sich vor der Hauptverhandlung „noch einmal ausführlich mit ihr befaßt"[131]. Auch die Verteidigung war nicht restlos von Frau Kuchars Glaubwürdigkeit überzeugt und bat, die Zeugin bis zum Ende des Prozesses zur Verfügung zu halten, um eventuelle „Unstimmigkeiten bei der Personenbeschreibung Oberländers" klären zu können. Staatsanwalt Windisch ging über diesen Einwand hinweg mit der Bemerkung, die Zeugin habe ja alles bereits schriftlich bestätigt. Damit war Frau Kuchar entlassen - und diese Passagen im offiziellen Protokoll gestrichen[132].

Die letzten drei Zeugen des dritten Verhandlungstages hatten alle die Lemberger Ausschreitungen miterlebt und schilderten dies ausgiebig. Der Bezug Oberländer blieb jedoch nur undeutlich erkennbar - deshalb faßte das offizielle Protokoll ihre Aussagen in weiten Teilen zusammen und summierte in dürren Worten, die Angaben zu Uniformen und Abzeichen der Mörder sowie Zeitpunkt der Erschießungen" seien „übereinstimmend mit den bisher vernommenen Zeugen". Ein Blick ins stenographische Protokoll ergibt jedoch ein differenzierteres Bild: der Zeuge Maurice Reiss war als Mitglied einer Brigade, die Leichen exhumierte und verbrannte, im Jahre 1943 damit befaßt, die Leichen der Lemberger Professoren zu finden. Das sei erst möglich gewesen, nachdem ein an den Exekutionen beteiligter SS-Angehöriger die Stelle genau beschrieben habe. Dies entlastet Oberländer und deckt sich mit den Erkenntnissen aus Kapitel I. Zwar sagte Reiss immer wieder aus, er wisse, daß Oberländer verantwortlich gewesen sei, bestritt aber auf Nachfrage des Gerichts wenig später, den Namen Oberländer überhaupt zu kennen. Außerdem beschrieb er die ukrainischen Täter, die er während der Pogrome sah, ohne Zweifel als Milizionäre - mit gelbblauer Armbinde und in gemischten Uniformen.

Der Zeuge Iwan Makaruch, als Parteigänger Moskaus in Lemberg, wurde bereits am 25. Juni von einem Kommando OUN-B-Angehöriger verhaftet und schilderte, die Ukrainer hätten unmittelbar nach dem Abzug der Roten Armee mit den Ausschreitungen begonnen. Diese Schilderungen sind im offi-

---

[131] Vgl. die Stellungnahme der Hauptabteilung IX / 10 (Major Bauer) vom 29. Mai 1970, *BStU*, ZUV 28, Band 3 Nr. 226 - 234, und das Protokoll über die Vernehmung Frau Kuchars in Warschau, *BStU*, ZUV 28, Band 9a Nr. 61 - 65.
[132] Vgl. stenographisches Protokoll, Nr. 308.

ziellen Protokoll Satz für Satz verkürzt, gestrichen, verändert, fast als dürfe es vor dem Eintreffen Oberländers in Lemberg am 30. Juni 1941 noch keine Ausschreitungen geben. Auch beschreibt Makaruch die Uniformen der Täter - die er selbst, wie er zugibt, nicht gesehen hat - wie Reiss: gelbblaue Armbinden und Schulterstücke sowie einen Dreizack auf der Brust und auf den Schulterstücken - alles Details, die bei den *Nachtigall*-Uniformen nicht vorkamen.

Der letzte Zeuge, Theodor Sulim, wohnte in Lemberg ebenso wie Frau Kuchar neben dem Wuletzker Berg und datierte die Exekution präzise auf den 3. Juli 19 Uhr, kann sich aber an die Erschießung am 4. Juli 1941 um 4 Uhr morgens, die Frau Kuchar beschrieb, nicht erinnern. Auch beschreibt er, daß in der Stadt an fast allen Häusern Leichen erhängt worden waren, die nun von Balkons und Fassaden herabhingen - insgesamt mehrere hundert - vor allem an öffentlichen Gebäuden in der Stadt. Dafür gibt es keinen Mitzeugen, denn in den über hundert deutschen, ukrainischen, polnischen und jüdischen Aussagen, die ich über die Vorgänge in Lemberg eingesehen habe, findet sich kein Wort davon. Auch der ausführliche Bericht Adolf Folkmans verzeichnet dazu nichts. So endete der dritte Verhandlungstag, und die öffentliche Wahrnehmung über seine Ergebnisse war durchaus unterschiedlich: während das *Neue Deutschland* am 28. April frohlockte, „Der Kriegsverbrecher ist überführt!", spottete die bundesrepublikanische *FAZ* zwei Tage später, vor dem „Tribunal der Totems und Tabus" werde die „Groteske scheinbar objektiver Wahrheitsfindung exakt durchgespielt"[133].

5. „Das grosse Schuldbuch ist aufgeschlagen" - Der vierte und fünfte Verhandlungstag

Der vierte Verhandlungstag, so das Drehbuch, sollte den Komplex der Ereignisse in Lemberg abschließen und schließlich den weiteren Weg des Bataillons *Nachtigall* bis zu seiner Auflösung in Joswin am 30. Juli 1941 behandeln. Die ersten vier Zeugen, von deren Aussagen nur drei im offiziellen Protokoll enthalten sind und die auffallend kurz sind, wurden nach dem Prinzip des vorigen Verhandlungstages subsumiert: sie schlossen sich, so das

---

[133] Für das stenographische Protokoll der Aussage Makaruchs vgl. *BStU*, ZUV 28, Band 9 Nr. 110 - 118, Reiss' Band 9 Nr. 311-317 und Sulims Band 9 Nr. 135 - 147.

offizielle Protokoll, nahtlos an die Aussagen der bisherigen Zeugen an. Doch wieder fördert ein Blick ins stenographische Protokoll interessante Einzelheiten zutage. So hatte der Zeuge Fritz Hübner, Angehöriger einer Luftwaffeneinheit, sein Quartier gegenüber der Lemberger Feuerwache, wo er beobachtete, daß Angehörige des Bataillons *Nachtigall* unter dem Kommando Oberländers Gefangene von einem Übungsturm und aus den Fenstern des Gebäudes gestürzt hätten. Hübner habe, ebenso wie Frau Kuchar, das Bild Oberländers im Sommer 1959 in der Zeitung wiedererkannt und sich an die Vorgänge in Lemberg erinnert. Soweit das offizielle Protokoll.

Ein Blick in das stenographische Protokoll ergänzt, was Hübner noch gesagt hat: er war zwar sicher, daß er *Nachtigall*-Angehörige beobachtet hatte, gab allerdings auf Vorhalt der Verteidigung an, die Männer hätten sich halb in Zivil befunden, außerdem konnte er die Uniformen nicht beschreiben. Von der Existenz des Bataillons *Nachtigall* habe er darüber hinaus erst nach dem Kriege erfahren. Schon bei einem ersten Verhör im Januar 1960 hatte Hübner erst auf mehrmalige Nachfrage bestätigt, er habe Oberländer erkannt - deshalb versah die Verteidigung seinen Namen in ihrer Disposition von vornherein mit einem großen Fragezeichen. Auch auf die Frage, woran er Oberländer erkannt habe, konnte Hübner keine Spezifika angeben, er erwähnte lediglich die „zynischen Gesichtszüge, das Mitgehen während der Morde", die ihm - in einer ihm unbekannten Menschenmenge auf mehr als dreißig Meter Entfernung - aufgefallen sein wollten. Die Bemerkung Hübners, er habe sich diese Grausamkeiten nur ganz kurz ansehen können und sich dann abgewandt, ist im offiziellen ebenfalls Protokoll gestrichen[134].

Der Zeuge Wolfgang Stein, der den Einmarsch der Deutschen in Lemberg miterlebte, gab an, das Bataillon *Nachtigall* sei von Stephan Bandera geführt worden, und er habe im Brygydky-Gefängnis Angehörige der Einheit beim Ermorden einzelner Personen beobachtet. Später räumte er ein, von der Einheit erst Monate später erfahren zu haben. Nur an blaugelbe Kragenspiegel und blaugelbe Armbinden vieler Ukrainer in deutschen Diensten konnte sich Stein erinnern. Die Schüsse der Professorenmorde habe er, da er in der Nähe wohnte, ebenfalls gehört, sei aber, so das offizielle Protokoll, durch *Nachtigall*-Angehörige daran gehindert worden, sich dem Exekutionsort zu nähern. Die Beschreibung im stenographischen Protokoll paßt aber exakt auf ukrainische Milizen - blaugelbe Armbinden, gemischte Uniformen - zumal Stein

---

[134] Vgl. stenographisches Protokoll, *BStU*, ZUV 28, Band 9, Nr. 200 - 213.

erwähnte, er habe etliche dieser Soldaten in den Folgemonaten wiedergetroffen. Zu dieser Zeit befand sich das Bataillon *Nachtigall* aber geschlossen im schlesischen Neuhammer. Schließlich hatte Stein, der nach eigenem Bekunden in den Tagen der Besetzung in der ganzen Stadt herumkam, keine einzige Leiche an Fassaden und Balkons hängen sehen - im Gegensatz zum Zeugen Sulim. Auch dieser Hinweis fehlt im offiziellen Protokoll[135].

Im Ergebnis blieb bei all diesen Zeugen offen, ob sie Theodor Oberländer oder das Bataillon *Nachtigall* eigentlich wirklich gesehen hatten. Gleiches galt für ein Massaker an Juden in der Festung der Stadt Solotschew, das durch das Bataillon *Nachtigall* initiiert oder begangen worden sein sollte. Der Zeuge Otto Korfes, der als Oberst der deutschen Wehrmacht in Solotschew zugegen war, konnte nur angeben, seines Wissens seien ukrainische Zivilisten der *OUN-B* und die SS-Division *Wiking* dafür verantwortlich gewesen. Vor Ort habe er auf dem Durchmarsch davon erfahren und sei sogleich eingeschritten. Alles habe ihm den Eindruck gemacht, von langer Hand geplant gewesen zu sein: „Da das ungefähr mit dem Erscheinen des Bataillons *Nachtigall* in Lemberg zusammentrifft (...) so ist es durchaus möglich, daß die Bandera-Leute freie Hand zum Morden hatten".

Aber auch diese Möglichkeit bleibt nach einem Blick ins stenographische Protokoll vage, zumal Korfes die SS und ukrainische Zivilisten eindeutig als Täter des Solotschewer Massakers identifizierte und sich durch seine Schilderungen sogar eine Rüge des Gerichts zuzog Korfes beschrieb, wie sich ausgerechnet Helmuth Groscurth, einstiger *spiritus rector* Oberländers in der Abwehr und nunmehr Generalstabsoffizier in Korfes' Division, in Solotschew für die Bevölkerung eingesetzt hatte. Dies brachte Korfes den Rüffel des Gerichts ein, es teile seine Auffassung hinsichtlich der „Einschätzung der Rolle der faschistischen deutschen Soldaten in der Sowjetunion" nicht, die ja wohl dahingehe, „daß sie Hüter der Ordnung und der Sicherheit in den überfallenen Gebieten" seien[136]. Der zur Gegenprobe befragte *Nachtigall*-

---

[135] Vgl. Offizielles Protokoll, S. 101 und stenographisches Protokoll, Nr. 351 - 360. Ebenso fehlt die komplette Aussage des letzten Zeugen Jacobs, der als Nachschubsoldat der Wehrmacht nach Lemberg kam. Es muß daran liegen, daß er überhaupt nichts zur Sache beitragen konnte: er bekannte, weder *Nachtigall* noch Oberländer zu kennen bzw. jemals von ihnen gehört zu haben. Warum er dann geladen wurde, bleibt das Geheimnis der Anklage.
[136] Vgl. die Aussage Korfes' im offiziellen Protokoll, S 105–108 und im stenographischen Protokoll, Nr. 369-380.

Angehörige Grigori Melnik gab an, das gesamte Bataillon habe zwei bis drei Tage in Solotschew verbracht und dort Kriegsgefangenenlager bewacht, um „Kommunisten zu jagen". Dies wiederum stimmt nicht mit Oberländers Kriegstagebuch überein, das angibt, das Bataillon habe Lemberg am 7. Juli 1941 um 8 Uhr 30 Richtung Solotschew verlassen und sei mit den meisten Truppenteilen bereits gegen 16 Uhr in Tarnopol eingetroffen. Die Entfernung zwischen beiden Städten beträgt knapp 130 km, also konnte sich das Bataillon kaum lange in Solotschew aufgehalten haben. Nur eine Kompanie - möglicherweise die Melniks - sei erst am nächsten Morgen gegen 9 Uhr in Tarnopol angekommen. Da das Massaker, wie Korfes und der Mediziner Müller-Hegemann übereinstimmend feststellten, bereits in den ersten Julitagen geschah, ist eine Tatbeteiligung Oberländers und *Nachtigalls* sehr unwahrscheinlich. Mit diesem nicht eben schlagenden Beweis der Schuld Oberländers wurde die Beweisaufnahme zum Komplex *Nachtigall* abgeschlossen[137].

Am frühen Nachmittag des 23. April 1960 begann das Gericht nun mit der Beweisaufnahme zu Oberländers Rolle bei Aufstellung, Ausbildung und Einsatz des Sonderverbandes *Bergmann*. Da Oberländer hier geistiger Vater und Kommandeur in einer Person gewesen war, waren die Vorwürfe sehr viel präziser und umfangreicher. Erstmals kam ein Zeuge zu Wort, der Oberländer direkt erlebt hatte: der Aserbaidschaner Kerrar Aleskerow, seinerzeit in der 3. Kompanie des Sonderverbandes *Bergmann* landeskundlicher Berater des deutschen Kompaniechefs. Er präzisierte die die auf der Moskauer Pressekonferenz am 4. April erhobenen Beschuldigungen und schilderte zunächst die Erlebnisse bei seiner Auswahl durch Oberländer im Herbst 1941. Oberländer habe in seiner Gegenwart sechzig taugliche Kriegsgefangene ausgesucht und die restlichen sieben zusammen mit einigen Kranken durch Spritzen töten lassen. Während der Ausbildung in Mittenwald habe Oberländer aufrührerische Tendenzen in den eigenen Reihen brutal bekämpft und alle Soldaten gezwungen, einen Eid zu schwören[138].

---

[137] Vgl. Tagebucheinträge Oberländers vom 7. und 8. Juli 1941. Die ursprünglich im Drehbuch noch vorgesehenen Punkte „Erschießungen in Satanow" und „Belobigung und Beförderung von Oberländer" wurden fallengelassen - wohl mangels Masse, denn für beides findet sich weder in den Unterlagen der DDR noch in den Unterlagen Oberländers ein Anhaltspunkt.

[138] Vgl. die Aussage Aleskerows im offiziellen Protokoll S. 110 - 124, im stenographischen Protokoll Nr. 393 - 411. Die Eidesformel, so Aleskerow, lautete: „Ich schwöre

Seit Sommer 1942, so fuhr Aleskerow am fünften Verhandlungstag vormittags fort, seien Teile *Bergmanns* als Bestrafungseinheiten eingesetzt worden. Im Kaukasus hätten sie grausam unter der Zivilbevölkerung gewütet, unterstützt von lokalen Kollaborateuren, die von Oberländer ernannt worden seien. Oberländer sei faktisch ein „Gouverneur des Nordkaukasus" gewesen und habe die Loyalität der *Bergmann*-Angehörigen immer wieder getestet, indem er Himmelfahrtskommandos ins feindliche Feuer geschickt habe. Lazarette mit verwundeten Rotarmisten seien, so wie in Kislowodsk, durch Oberländer eigenhändig geräumt und viele Insassen erschossen worden, um deutsche Verwundete dort unterzubringen. Er habe sich auch durch wiederholte Plünderungen persönlich bereichert und seine Schätze per Flugzeug nach Deutschland abtransportiert.

Die Kriegsgefangenenlager für sowjetische Kriegsgefangene rund um Pjatigorsk hätten Oberländer direkt unterstanden, dort habe er durch Folter und lebensunwürdige Umstände immer neue Kaukasier zum Zwangsdienst bei *Bergmann* gepreßt und den Hungertod zahlreicher anderer in Kauf genommen. Selbst auf dem Rückzug habe gerade *Bergmann* auf Oberländers Befehl hin noch einmal grausam unter der Zivilbevölkerung gewütet, zahlreiche öffentliche Einrichtungen gesprengt und zahllose mitgeführte Kriegsgefangene erschossen - zuletzt 30 Kriegsgefangene Ende Januar 1943 bei dem Kosakendorf Slawjanskaja. Oberländer habe dem dortigen Führer der begleitenden Wachmannschaft nahegelegt, man solle „mit Bolschewiki keine Zeremonien machen" und müsse sie vernichten. Diesen Grundsatz habe Oberländer auch auf der Krim weiter befolgt.

---

vor Gott, daß ich alle Befehle meiner Vorgesetzten ausführen werde zum Zwecke des Sieges der deutschen Armee über die jüdische und kommunistische Armee, und wenn ich meinen Eid breche, so möge man mich schwer bestrafen - bis zur Todesstrafe". Eine andere Version gab er am 18. April 1960 im Verhör durch die DDR - Staatsanwaltschaft an: „Ich trete der Deutschen Armee bei, ich schwöre, daß ich alle Befehle meiner deutschen Vorgesetzten erfüllen und mich für ihren Kampf gegen die jüdische bolschewistische Armee bis zum endgültigen Sieg der deutschen Waffe aufopfern werde. Bei Verletzung dieses Schwurs werde ich bestraft. Das Höchstmaß kann die Todesstrafe sein" (*BStU*, ZUV 28 / Oberländer, *Band* 8 Nr. 7 ff.). Der vollständige Wortlaut der Eidesformel läßt sich nicht mehr im einzelnen rekonstruieren und ist heftig umstritten. Vgl. für die nach Meinung des Autors wahrscheinlichste Version das Urteil des Reichskriegsgerichts für einen Prozeß des 4. Senats gegen *Bergmann*-Angehörige vom 1. Juli 1942 bei Carsten, S. 483 - 509.

Aleskerows Schilderungen des Aufbaus der Einheit griffen die nächsten Zeugen, ein Kaukasier namens Schota Schawgulidse und ein Georgier namens Akaki Muchaschawri, übereinstimmend auf und beschrieben, wie sie von Oberländer, seinem georgischen Vertrauten Okropiridse und Baron Kutzschenbach geworben und zunächst zur Feldarbeit eingeteilt worden seien. Beide hätten sich in Mittenwald der „patriotischen Organisation" - der Verschwörergruppe des Hauptmanns Ziklauri - angeschlossen und bestätigten Aleskerows Aussage, er sei durch Oberländer unter einem Vorwand nach Berlin gelockt und dort ins Untersuchungsgefängnis der Wehrmacht eingeliefert worden. Oberländer selbst habe ihn dort verhört und immer wieder brutal foltern lassen[139].

Als das Gericht am Nachmittag des 25. April 1960 die Verhandlung fortsetzte, erhielt der Hauptbelastungszeuge und einstige Vertraute Oberländers, Schalwa Okropiridse, das Wort. Vom *KGB* und dem Obersten Sowjet erst vor wenigen Wochen begnadigt und aus der Haft entlassen, hatte er seinen ersten Auftritt vor zwanzig Tagen auf der Pressekonferenz in Moskau erfolgreich absolviert. Von allen Zeugen war er der einzige, der mit Oberländer direkten Umgang hatte und ihm demzufolge am nächsten gekommen war. Auch er gab eine genaue Schilderung des Aufbaus von *Bergmann* und der Ausbildungszeit in Mittenwald, bestätigte die vorigen Zeugen in ihren Angaben zum Fall Ziklauri und beschrieb seine außerordentliche Vertrauensposition zu Oberländer. Okropiridse bestätigte die Angaben Aleskerows, Oberländer habe wie ein Potentat im Nordkaukasus geherrscht und seit seiner Ankunft von dort ganze Eisenbahnladungen an Beutegut an seine Familie nach Deutschland geschickt. Schließlich sei er auch als georgischer Gauleiter im Gespräch gewesen.

---

[139] Vgl. die Aussagen Schawgulidses und Muchaschawris im offiziellen Protokoll, S. 124 - 130. Oberländer habe immer wieder Kaukasier geschlagen, wenn er den Verdacht hegte, daß sie Juden seien (vgl. offizielles Protokoll, S. 126). Dies paßt nicht recht zu dem Kuhhandel, auf den sich Oberländer nur drei Monate später mit dem SS - Oberführer Bierkamp einlassen sollte, um tausend Bergjuden (Taten) zu retten. Auch Oberländers Besuch in Berlin läßt sich anhand des Tagebuchs nicht nachvollziehen. Oberländer und die Offiziere des *deutschen* Rahmenpersonals begaben sich am 23. Mai 1942 für eine eintägige Besichtigungstour zur SS-Division *Großdeutschland* nach Berlin und kehrten mit dem Nachtzug über München nach Mittenwald zurück. Dort wohnten Oberländer und Okropiridse am 25. Mai den ersten Verhören der Verdächtigen durch das Reichskriegsgericht bei (Tagebucheintrag Oberländers vom 23. - 25. Mai 1942).

Beim Rückzug der Heeresgruppe Süd seit Dezember 1942 ließ, so Okropiridse, Oberländer auf dem Rückzug aus dem Kaukasus wahllos Schulen, Krankenhäuser, Wassertürme und andere Einrichtungen, in einigen Fällen samt Personal, sprengen. Alle Kriegsgefangenen, die nicht mit den Deutschen zurückgehen konnten, seien auf seinen Befehl umgebracht worden. Im Kreis seiner Vertrauten habe er sich obendrein gerühmt, einen entsprechenden Befehl bei dem Befehlshaber der Heeresgruppe, Generalfeldmarschall v. Kleist, für dessen ganzen Befehlsbereich erwirkt zu haben. Nachdem sich Okropiridse selbst ausgiebig seiner Nähe zu Oberländer gerühmt hatte, schloß er mit der Klage, er selbst sei durch Oberländer zu einem „Verbrecher an meinem eigenen Volk" geworden. Zwölf Jahre habe er für seine Schuld in den Arbeitslagern gebüßt und sei erst vor kurzem wegen guter Führung (!) entlassen worden. Doch er sei ein Opfer Oberländers gewesen. Er habe ihn zu einem Bruderkrieg angetrieben, und ihm sei es unverständlich, wie Oberländer heute Minister der Bundesrepublik sein könne[140].

Um den nachhaltigen Eindruck dieser Schilderungen noch zu steigern, beantragte die Staatsanwaltschaft, wie im Drehbuch vorgesehen, eine weitere Zeugenaussage zu verlesen - die von Alexander Hammerschmidt. Sie hatte bereits in Moskau auf der Pressekonferenz vom 5. April 1960 das meiste Aufsehen erregt - nicht zuletzt deshalb, weil Hammerschmidt jegliche Auskunft über seine Person verweigerte. Ursprünglich hatte das Gericht ihn als einen der Höhepunkte vorgesehen, doch hatte die sowjetische Botschaft sein Kommen verhindert, indem die Konsularabteilung ihn am 21. April 1960 einfach krank gemeldet hatte. Somit waren seine Ausführungen über Oberländers fünfzehnfachen Mord in einem Gefängnis in Pjatigorsk, bei dem Hammerschmidt seinen Angaben zufolge zugegen war, eine verkürzte Form dessen, was er bereits in Moskau gesagt hatte. In seiner Aussage nannte Hammerschmidt zahlreiche Zeugen für Oberländers Morde namentlich - doch das Gericht fühlte sich offensichtlich nicht bemüßigt, auch nur einen davon zu ermitteln und zu laden. Die schriftliche Aussage war dem Gericht Beweis genug, doch die tatsächliche Existenz Alexander Hammerschmidts ist bis heute offen[141].

---

[140] Vgl. offizielles Protokoll, S. 130 – 146.
[141] Beide Aussagen basierten auf einer mehrstündigen Vernehmung Hammerschmidts durch die Moskauer Staatsanwaltschaft am 14. Januar 1960 (vgl. für das Protokoll *BStU*, Ast 107 / 60, Band 7 Nr. 54 - 64). Für seine Krankmeldung vgl. stenographisches Protokoll, Nr. 460. Zahlreiche Gerichte haben nach 1960 in vielen Oberländer-

Den juristischen Schlußpunkt zu Oberländers Kriegsverbrechen setzte nach zahlreichen Zeugen nun wieder ein Gutachter, diesmal aus militärischer Sicht. Dr. Egbert v. Frankenberg hatte seine Expertise in der Woche vor dem Prozeß mit dem Gericht ausgiebig besprochen. Das Gutachten, eher Register als Analyse, listete noch einmal Oberländers Untaten auf und kam zu dem Schluß, er habe mit seinen „gemeinen Kriegsverbrechen" gegen die Haager Landkriegsordnung, die Genfer Konvention und bestehendes Völkerrecht verstoßen, auf ihn sei deshalb das Kriegsrecht anwendbar, er könne deshalb auch heute noch bestraft werden[142].

6. „Theorie und Praxis der Ausrottung" - der sechste Verhandlungstag

„Widerlegung der Nachteile und Entnazifizierungslügen" Oberländers - dies sah das Drehbuch des Prozesses für den sechsten Verhandlungstag - Dienstag, den 26. April 1960 - vor. Im Saal des Obersten Gerichts der DDR an der Ost-Berliner Invalidenstraße sollten Oberländers Denkschriften und seine Zeit in Prag zur Sprache gebracht werden. Die Schwierigkeit, Oberländers aktenkundigen Dissens mit der Berliner Führung in *OKW* und *SS* nun ins Gegenteil zu verkehren, hatte die Staatsanwaltschaft durchaus erkannt. Da

---

Prozessen immer wieder versucht, Hammerschmidt als Zeugen zu gewinnen - bislang ohne Erfolg. Da er angab, bei der deutschen Wehrmacht beschäftigt gewesen zu sein, müßte er in den einschlägigen Listen registriert sein. Eine Anfrage bei der Wehrmachtsauskunftsstelle (*WAST*) in Berlin förderte einen Alexander Hammerschmidt zutage, allerdings mit geringfügig anderen Lebensdaten. Er wurde per 12. August 1941 vom Hauptquartier der Panzergruppe I (Kleist) als Hilfswilliger beschäftigt, danach verliert sich seine Spur (Bescheid der *WAST* an den Autor vom 23. Januar 1997).

[142] Gespräch mit Dr. Egbert v. Frankenberg am 19. Februar 1997. Das Gutachten vom 14. April 1960 trägt den handschriftlichen Vermerk: „Änderungen bis 20.4. möglich" (*BStU*, Ast 107 / 60, Band 1 Nr. 99 - 110). In seinem Gutachten beschrieb Frankenberg auch Oberländers Rolle bei Nachtigall erneut: Seine Position bei *Nachtigall* sei eine Vorform eines NS-Führungsoffiziers gewesen, deshalb doppelt verwerflich. Frankenberg rückte damit von der These des Gerichts ab, Oberländer sei der eigentliche Kommandeur des Bataillons *Nachtigall* gewesen. Er beeilte sich, auf Vorhalt des Gerichts zu versichern, daß Oberländer in Lemberg faktisch die Disziplinargewalt innegehabt hätte, da Herzner zu dieser Zeit nicht mehr Kommandeur von *Nachtigall* gewesen sei (vgl. stenographisches Protokoll, Nr. 461). Wie Frankenberg darauf kommt, bleibt sein Geheimnis, denn Herzner war zweifelsfrei bis zur Auflösung des Bataillons dessen Kommandeur.

„eine flüchtige Überprüfung der von der Verteidigung zur Verlesung beantragten Stellen" ergeben habe, man könne „scheinbare Widersprüche Oberländers zur Politik Hitlers" erzeugen, wenn diese Stellen „aus dem Zusammenhang herausgerissen" würden, müsse dieser Zusammenhang eben wieder hergestellt werden. Die vier Hauptbelastungszeugen Aleskerow, Muchaschawri, Okropiridse und Schawgulidse.sollten deshalb noch einmal gehört werden[143].

Zwar hatte die Verteidigung die Verlesung von Abschnitten der Oberländerschen Denkschriften beantragt, die ein positives Licht auf dessen Bemühungen warfen. Die Staatsanwaltschaft konterkarierte diese Bemühungen jedoch, indem sie in einer einleitenden Erklärung die Prozedur der Beweisaufnahme festlegte: zunächst sollten Passagen aus drei Denkschriften der Jahre 1941 bis 1943 verlesen werden. Hinterher konnten die Zeugen und die Sachverständigen dazu Stellung nehmen, um zu erörtern, welche Stellung Oberländer mit seinen Thesen nun innerhalb des nationalsozialistischen Gedanken- und Machtgefüges einnahm. Diese Passagen waren allerdings so kurz und aus dem Zusammenhang gerissen, daß hier in den Fußnoten die Zusammenfassungen der jeweiligen Denkschriften ergänzt sind.

Als erstes wurde eine kurze Passage aus Oberländers zweiter Denkschrift vom 28. Oktober 1941 verlesen, in der er fast beschwörend die Notwendigkeit betonte, mit den Ukrainern konstruktiv zusammenzuarbeiten, um „Menschen zu sparen" und den Krieg zu gewinnen. Unterschlagen wurden dabei die Passagen, die sich selbstkritisch mit dem deutschen Besatzungsregime auseinandersetzten[144]. Nahtlos schloß sich eine kurze Passage aus seiner vierten Denkschrift vom 9. November 1942 daran an. Erneut spielte die Ukraine in Oberländers geostrategischen Überlegungen eine entscheidende

---

[143] Vgl. *BStU*, ZUV 28, Band 1 Nr. 73; stenographisches Protokoll, Nr. 463..
[144] Oberländer hatte diese Denkschrift mit dem Titel „Voraussetzungen für die Sicherheit des Nachschubs und die Gewinnung höchster Ernährungsüberschüsse in der Ukraine" unter dem Eindruck seiner *Nachtigall* - Erlebnisse und enttäuscht von dem Berliner Kurswechsel bezüglich der Ukraine im Herbst 1941 verfaßt. „Wir zeigen - nicht nur durch die Kampfmethoden der Bolschewisten verbittert -", so klagte Oberländer darin, „eine innere Abneigung, ja einen Haß gegen dieses Land und eine Überheblichkeit gegen dieses Volk, die jede positive Zusammenarbeit ausschließen". Er plädierte für eine Selbstkritik und eine Überprüfung der getroffenen Maßnahmen durch die Truppen und beschrieb plastisch die drohenden Gefahren eines passiven und aktiven Widerstands in der Bevölkerung für die Sicherung der deutschen Nachschubwege, die entstehen konnten, wenn die Bevölkerung weiter als Ausbeutungsobjekt behandelt würde.

Rolle. Oberländer monierte, die Deutschen würden momentan „kriegsbedingt mehr herrschen als führen" und demnach die Bedürfnisse der Ukrainer vernachlässigen, die mehr ausmachten „als 400 Gramm Brot am Tage". Er plädierte dafür, auch und gerade die kulturellen Bedürfnisse wie Ausübung der Religion, Presse, Funk, Schulwesen sowie auf sozialem und sanitärem Gebiet" zu berücksichtigen. Sein Plädoyer, für die Ukrainer sei die Motivation „von bolschewistischer Tyrannei in deutsche Versklavung" zu fallen, gleich null, fiel vor Gericht unter den Tisch. Auch andere selbstkritische Passagen wurden unterschlagen[145].

Der gleiche Tenor ging auch aus der dritten verlesenen Passage hervor - es handelte sich um einen Absatz aus seiner letzten Denkschrift vom Sommer 1943. Darin kritisierte Oberländer noch einmal scharf eine Reihe von Maßnahmen des Rosenbergschen Ostministeriums und mahnte eine „positive Kultur- und Sozialpolitik" an, denn der „Versuch, ein entwickeltes, sozial differenziertes Volk durch Zwangsdegeneration zu schwächen, ist absurd". Unterschlagen wurden auch hier weitere deutliche Worte gegen die deutsche Besatzungspolitik, die Oberländer die bereits erwähnte Ablösung von seinem Kommando eingebracht hatten[146].

Dieser selektiven Zitatenauswahl stellte das Gericht nun abermals die Aussagen der Zeugen gegenüber. Der Zeuge Muchaschawri erläuterte noch

---

[145] Oberländer skizzierte erneut die zentrale strategische Bedeutung der Ukraine für jegliche deutsche Operation im Osten und kritisierte die Entwicklungen der Jahre 1942 und 1943 sehr deutlich. Kaum ein Volk in Europa sei deutschfreundlicher als die Ukrainer. Doch habe die deutsche Besatzungspolitik nur innerhalb eines Jahres erreicht, daß die Ukrainer begännen, sich von den Deutschen abzuwenden. Die Erwartungen der Ukrainer seien enttäuscht, denn sie sähen sich „als Objekt behandelt, rücksichtslos ausgebeutet, in ihrer materiellen Existenz bedroht und der Vernichtung ausgesetzt". Für Oberländer war es jederzeit möglich, daß diese Haltung in handfeste Feindlichkeiten gegen die Deutschen umschlagen konnte - „mit allen wirtschaftlichen, militärischen und politischen Folgen für den Verlauf des Krieges und die Zukunft des Deutschen Reiches und Europas".

[146] In seiner letzten Denkschrift „Bündnis oder Ausbeutung" vom Juni 1943 forderte Oberländer zum letzten Mal eine „restlose Aufgabe der (in der Tat durch nichts begründeten) Auffassung, daß die Ostgebiete nur von <unterwertigen> Menschen bewohnt seien und daher im Kolonialstil des 19. Jahrhunderts regiert werden können". Dieser Umbruch in der Ostpolitik sollte „erkennbar und total sein". Oberländer verwies hier auf das Beispiel des Habsburgerreiches und die Tatsache, daß „mit wenig deutschen Kräften bei weitgehender landeseigener Selbstverwaltung vorbildlich zu regieren" sei (vgl. dazu Kapitel I.E.).

einmal die weltanschaulichen Schulungen Oberländers innerhalb *Bergmanns*. Oberländer habe immer betont, daß die Herrschaft der arischen Rasse eine unausweichliche und natürliche Erscheinung sei, und alles Unglück dieser Welt sei von den Juden ausgegangen. Der Zeuge Schawgulidse nannte noch einmal die Namen der Gruppe Ziklauri, die Oberländer selbst ins KZ geschickt habe, da sie sich geweigert hätten, gegen ihre Landsleute zu kämpfen. Staatsanwalt Windisch folgerte daraus triumphierend, dies widerspreche sicher dem, was Oberländer als „positive Kultur- und Sozialpolitik" bezeichne. Ihm pflichtete der Zeuge Aleskerow noch einmal lebhaft bei, als er die von Oberländer geschaffenen grauenvollen Zustände in den Kriegsgefangenenlagern schilderte und auf dessen zahlreiche Morde hinwies: „Das ist die Humanität, die ich gesehen habe!" Für den Zeugen Okropridse waren die Denkschriften Oberländers *summa summarum* blanker Zynismus: „Ist es etwa eine Rettung, wenn der Henker dem zum Tode Verurteilten vor seiner Hinrichtung noch ein paar Tropfen verabreicht?" Aus seiner Erfahrung faßte er Oberländers Philosophie auf einen Leitsatz zusammen: „Ostvölker, Untermenschen und Rindvieh sind gleich[147]".

Nach seiner Meinung zu den Denkschriften gefragt, äußerte der Gutachter, der Leipziger Ostforscher Professor Basil Spiru, Oberländers Denkschriften hätten sich innerhalb der Normalität des NS-Staates bewegt. Ihm sei es vielmehr darum gegangen „das Huhn, das die goldenen Eier für das Dritte Reich legen soll, nicht zu schlachten". Die vor Ort exerzierte grauenhafte Praxis Oberländers - in Lemberg, Solotschew und im Kaukasus mit den Kriegsgefangenen und der Zivilbevölkerung - sei nur eine konsequente Fortführung der Denkschriften Oberländers gewesen. Befriedigt bemerkte daraufhin Richter Renneberg, er wolle nur festgestellt haben, daß es zwischen Praxis und Denkschriften keinerlei Gegensatz gebe[148]. Spiru zitierte dazu aus dem Buch von Alexander Dallin:

„viele, wenn nicht alle Experten führten Beschwerde und machten Vorschläge, aber größtenteils innerhalb des Rahmenwerkes, der Zielsetzung und der Normalität des Dritten Reiches. Letzten Endes gaben sich fast alle Rußlandexperten in Deutschland - Wissenschaftler, Techniker, Abwehrleute - für den Kriegsdienst her. Nur wenige hielten sich abseits und weigerten sich, Schändlichkeiten zu begünstigen".

---

[147] Vgl. stenographisches Protokoll, Nr. 464 - 469.
[148] Vgl. stenographisches Protokoll, Nr. 471 - 473.

Auch hier galt das Prinzip der selektiven Auswahl: hätte Spiru weitergelesen, wäre auch Dallins Einschätzung Oberländers ans Licht gekommen:

„Hier [bei Bergmann] ging Oberländers Entwicklung weiter: je mehr Berührung er mit den Menschen des Ostens hatte, desto mehr wich seine Meinung von der Nazinorm ab",

schrieb Dallin und schilderte ausführlich die Aufregung, die Oberländers Denkschriften verursachten[149].

Die Staatsanwaltschaft ging nun ihrerseits dazu über, weitere Passagen der Denkschriften zu verlesen, und gab anschließend eine Erklärung dazu ab. „Immer und immer wieder spricht der Angeklagte davon, deutsches Blut für den Endsieg zu sparen. Das hat die bittere Konsequenz, daß sich der Angeklagte - und das entspricht seiner Mentalität - um das Blut der anderen Menschen, die dasselbe Recht auf Leben hatten, in keiner Weise gekümmert hat". Oberländer habe aus persönlichen Gründen gegen die Ukrainepolitik Erich Kochs gewettert, sich aber in seinen Denkschriften ansonsten als „voll und ganz dem Faschismus verfallener Verbrecher" entlarvt. Seine Politik sei keine grundsätzlich andere gewesen, sondern nur raffinierter verpackt worden, getragen von der Sorge, Deutschland werde mit Deutschen allein der riesigen Räume nicht Herr werden können. Er habe sich letztlich nur gegen „Unschicklichkeiten gewandt, deren Beseitigung der obersten Naziführung, wie Oberländer mit Recht vermutete, im eigenen Interesse gelegen sein mußte"[150].

Mit seinen Denkschriften habe Oberländer eine Etappe des deutschen Imperialismus eingeläutet, die bis heute andauere: er sei der Vater eines „Europagedankens zur Tarnung der Herrschaftsgelüste des deutschen Imperialismus" und als Vater der „psychologischen Kriegführung, die in Bonn heute vor allem von Kriegsminister Strauß betrieben wird, um neue Ostfeldzüge besser vorzubereiten". Oberländer stehe noch heute „voll und ganz auf dem Standpunkt des hitlerischen Aggressionskrieges und der Vernichtung der Sowjetunion. Und so etwas darf in Westdeutschland Minister sein!" Damit hatte Staatsanwalt Windisch das vom Drehbuch vorgegebene Ziel - „Entlarvung des ideologisch-politischen Standpunktes" - erreicht. Wie freizügig Staatsanwalt Windisch dabei mit den Fakten der Dokumente umging, zeigte hier ein kleines Beispiel: eine Passage aus Oberländers vierter Denkschrift vom 9. November 1942 lautete im Originaltext:

---

[149] Vgl. Dallin, S. 526 f.
[150] Vgl. offizielles Protokoll, S. 161.

"Die Bevölkerung der besetzten Gebiete benötigt, bei aller vorhandenen Primitivität, nicht nur 400 Gramm Brot am Tag. Sie hat auch kulturelle Bedürfnisse, wie Ausübung der Religion, Presse, Funk, Schulwesen usw. usw. Auch auf sozialem und sanitärem Gebiet haben sich aktive Kräfte nicht genügend entfalten können".

Bei Staatsanwalt Windisch wurde daraus: „Es geht ihm [Oberländer] ja nicht um die Bevölkerung, denn für die genügen ja 400 Gramm Brot"[151].

Windischs Schlußfolgerung bezüglich Oberländers Grundeinstellung war auch bei der Behandlung der nächsten Station im Leben Oberländers, seiner Zeit in Prag, sehr nützlich. Die Verteidigung hatte für diesen Komplex schon zu Beginn des Verfahrens beantragt, eine Reihe von Dokumenten zu verlesen, die die Spannungen zwischen Oberländer und der SS-Führung in Prag und Berlin belegen sollten. Dazu wurde die Korrespondenz Oberländers mit Alwin Broder Albrecht und seine Eingaben nach seiner Entlassung im Herbst 1943 ausgiebig zitiert, außerdem das Protokoll Franks vom 18. Januar 1944, in dem er Oberländer verwarnte und ihm eröffnete, sein Aufenthaltsgebot für Prag sei aufgehoben und seine Tätigkeit an der Prager Karls-Universität könne beginnen.

Allerdings waren die Dokumente ein weiteres Mal sorgsam gekürzt worden: in Franks Protokoll folgt auf die Feststellung, Oberländer sei eine schwere Rüge erteilt worden, der Absatz:

„Es wurde ihm [Oberländer] mitgeteilt, daß er wegen seiner verwerflichen und an Verrat grenzenden Handlungen zunächst einem Konzentrationslager zugeführt werden sollte. Eine bereits vorgesehene Verhaftung sei im letzten Augenblick durch das Entgegenkommen des Reichsführers in ein Aufenthaltsgebot für die Stadt Prag umgewandelt worden. Professor Oberländer habe sich ab heute jedweder wie immer gearteten Tätigkeit in Wort und Schrift zu enthalten und insbesondere Volkstumsprobleme weder zu behandeln noch zu diskutieren. Bei der geringsten Durchbrechung dieser Auflage habe er mit seiner sofortigen Verhaftung zu rechnen"[152].

Im offiziellen Protokoll war dieser Absatz gestrichen. Auch die Korrespondenz zwischen den SS-Obergruppenführern Frank und Ernst Kaltenbrunner und der Bericht des *RSHA* über Oberländer, der aus der Sicht der SS zu einem vernichtenden Urteil kommt, wurden - auch von der Verteidigung - nicht verwendet, obwohl sich alle Papiere in den Gerichts- und Beiakten des *MfS* fanden. So fiel es der Staatsanwaltschaft leicht, in einer anschließenden

---

[151] Vgl. Drehbuch zum Oberländer - Prozeß, Nr. 73 (S. 9); offizielles Protokoll, S. 161-162; Vierte Denkschrift, S. 92; offizielles Protokoll, S. 159.
[152] Vgl. das Protokoll Franks vom 18. Januar 1944, *BStU*, ZUV 28, Band 6 Nr. 210 - 211.

Erklärung darauf hinzuweisen, Oberländer seien aus dieser Verwarnung keine Nachteile erwachsen und gegen ihn weder ein Strafverfahren eingeleitet noch ein Todesurteil verhängt worden; vielmehr habe er statt dessen die Öffentlichkeit mit seiner Legende von der Bedrohung belogen[153].

Doch dies war erst der Auftakt für eine Argumentationskette der Staatsanwaltschaft, die man wohl zweimal lesen muß, um sie nachvollziehen zu können. Aus der Korrespondenz mit Albrecht gewann sie die Erkenntnis, daß „ein zum Tode Verurteilter in diesem Ton nicht mit der Reichskanzlei verkehren könne". Die Prager Universität habe ihm im Sommer 1943 noch für seine Verdienste gedankt und ihm für seinen „Ausbildungskurs" [gemeint ist der Offizierslehrgang Oberländers in Antwerpen] Urlaub gewährt. Es sei dem Staatsanwalt weder bekannt, wann einem zum Tode Verurteilten jemals zuvor Urlaub gewährt noch für seine Tätigkeit gedankt worden wäre[154]. Er sei also weder zum Tode verurteilt, noch aus der Wehrmacht ausgestoßen worden, wie er behauptet habe. Im Stabe Wlassows sei er 1945 ja nicht als Ausgestoßener, sondern als Hauptmann eingezogen und sogar zum Major befördert worden. Dies war glatt falsch, denn Oberländer ist, entgegen bis heute kursierender Gerüchte, niemals zum Major befördert worden. In seinen Personalunterlagen findet sich darauf kein Hinweis, und auch die US Army, vor dem 8. Mai 1945 wohl jeglicher Parteinahme unverdächtig, stellte dem „Captain [Hauptmann] Oberländer" am 24. April 1945 einen Passierschein für die eigenen Linien aus[155].

Staatsanwalt Windisch fuhr fort, in Prag habe Oberländer 1944 gänzlich ungehindert schalten und walten können, ein von ihm behaupteter Stadtarrest und ein Vorleseverbot seien daher absurd. Hier lag der Staatsanwalt einmal richtig, denn in der Tat war Oberländer seit dem Sommer an der Universität als Prüfer aktiv und hielt zahlreiche Vorträge. Oberländer habe die Legende seiner Prager Verfolgung für seine Entnazifizierung im Jahre 1947 genutzt und sie sich von zweifelhaften Weggefährten bis heute bestätigen lassen[156].

---

[153] Vgl. offizielles Protokoll, S. 169.
[154] Vgl. offizielles Protokoll, S. 170 - 171. Dies läßt die gedankliche Übereinstimmung zwischen Albrecht und Oberländer außer Acht, ebenso die Tatsache, die die SS erst ein halbes Jahr später, im Herbst 1943, Zwangsmaßnahmen gegen Oberländer erwog.
[155] Vgl. das Original des Papiers im Privatarchiv Oberländer.
[156] Vgl. offizielles Protokoll, S. 172. Das Gericht nannte hier für 1947 eine Reihe von Zeugen des Entnazifizierungsverfahrens: Otto Schiller, Hans v. Herwarth, Werner Markert und Hermann Raschhofer - alles „fanatische Propagandisten des hitlerischen

Wie schon am vorigen Verhandlungstag, stand auch diesmal ein Gutachten am Ende der Beweisaufnahme. Professor Gerhardt Reintanz trug in seinem Namen den aus Peter Alfons Steinigers Feder stammenden Text vor. Steinigers Handschrift ergab sich umso mehr aus dem Fußnotenapparat - dort zitierte er sich meist selbst[157]. Reintanz maß die Taten Oberländers seit 1933 an den Urteilen des Nürnberger Militärtribunals und kam zu dem Schluß, Oberländer habe sich der drei Tatbestände Verbrechen gegen den Frieden, Kriegsverbrechen und Verbrechen gegen die Menschlichkeit schuldig gemacht und darüber hinaus an der Vorbereitung eines Angriffskrieges mitgewirkt. Er sei zwar kein Hauptkriegsverbrecher im Sinne Nürnbergs, doch mindestens als Hauptschuldiger anzusehen, der der „nationalsozialistischen Gewaltherrschaft außerordentliche politische und propagandistische Unterstützung gewährt" habe. Aus dem Potsdamer Abkommen leite sich deshalb die Pflicht ab, Oberländer vor Gericht zu stellen.

Um nun abschließend eine gerade Linie der konsequenten Entwicklung von den Verbrechen Oberländers im Krieg bis in die bundesrepublikanische Gegenwart der Altnazis und Synagogenschmierereien nachzuzeichnen, bekam Professor Spiru noch einmal Gelegenheit, die Landschaft der Ostforschung in der Bundesrepublik und ihre Entwicklung zu beschreiben. Für ihn war die inhaltliche und personelle faschistische Kontinuität in der Bundesrepublik ungebrochen - mit Oberländer als Minister und *spiritus rector* an der Spitze. Er habe bei der Gründung von Einrichtungen wie dem *Deutschen Institut für Osteuropakunde* in Stuttgart und dem Münchner *Osteuropa-Institut* Hans Kochs Pate gestanden und dort das „ganze konterrevolutionäre Gesindel" - Mende, Schiller, Markert und andere - wieder versammelt, um sich der „Spionage, der Publikation revanchistischer Gedanken und der Schulung von revanchistitschen Kadern" unter den Heimatvertriebenen zu widmen[158].

Imperialismus" mit einer Weste „ebenso tiefbraun wie die des Angeklagten". Für die unmittelbare Vergangenheit wurden hier der holländische Lemberg-Untersuchungsausschuß mit seinem Sekretär Zwart („Schwarzhändler, Gestapoagent, von Bonn bestochen") und Arthur v. Machui, der Oberländers Artikel im *Neuen Bauerntum* von 1940 redigierte, genannt (vgl. offizielles Protokoll, S. 172 - 174).

[157] Vgl. das Gutachten in der Strafsache gegen Theodor Oberländer, o.D., BStU, Ast 107 / 60 Band 7 Nr. 268). Das Gutachten trägt, anders als die anderen im Prozeß, auch keinen Autorennamen.

[158] Vgl. stenographisches Protokoll, Nr. 507 - 510.

Dies war das Stichwort für Eberhard Wolfgramm: hier bot das Gericht seinem Bewährungskandidaten die Chance, sich als redlicher, von fortschrittlichen Gedankengut beseelter Vertreter der Ostforscherzunft zu präsentieren. Sein Interesse für slawische Sprachen und Völker, so Wolfgramm, sei „in verschiedener Hinsicht während des Krieges und im Rahmen der Naziokkupation in der Tschechoslowakei fehlgeleitet" worden. Seit 1947 habe er in der Bundesrepublik zunächst im *Büro für Friedensfragen* - der Keimzelle des späteren *Auswärtigen Amtes* - gearbeitet und sei dort für die Oder-Neiße-Grenze zuständig gewesen. Dort habe er später „Umsiedler" in den Auffanglagern nach den Verhältnissen in ihrer Heimat ausfragen sollen - was er abgelehnt habe mit dem Hinweis, er halte dies für Spionage. So sei er zwar im Jahre 1949 Mitglied der *Deutschen Gesellschaft für Osteuropakunde* geworden, habe aber gleichfalls Kontakte zur *Gesellschaft für Deutsch-Sowjetische Freundschaft* aufgenommen. Nach einer Reise in die Sowjetunion im Jahre 1951 habe er Markert in einem persönlichen Gespräch im Stuttgarter Hauptbahnhof seine positive Haltung gegenüber Moskau ausführlich erläutert - was Markert dazu bewogen habe, ihn sofort aus politischen Gründen zu entlassen. 1956 sei er dann in die DDR gegangen[159].

Das Schlußwort hatte nun Professor Dr. Walter Bartel zu der Frage, welche Rolle Oberländer als „Exponent der revanchistischen Ostpolitik in Westdeutschland" spiele. Auch Bartel spiegelte ein Stück DDR-Geschichte wider - er war weder im Drehbuch des Prozesses noch in der Anklageschrift vorgesehen und war möglicherweise ein weiterer Kandidat für die politische Bewährung. Als frühes *KPD*-Mitglied hatte Bartel im Dritten Reich Kontakte zur Gestapo geknüpft und war dafür im Jahre 1936 wegen Feigheit aus der Partei ausgeschlossen worden. 1939 kam er nach Buchenwald, 1946 wurde er Bürochef Wilhelm Piecks und bald Geschäftsführer der *VVN* in Berlin. Im Jahre 1953 entfernte ihn die *Zentrale Parteikontrollkommission (ZPKK)* der *SED* aus dem Parteiapparat, und 1957 wurde er Direktor des Ost-Berliner *Instituts für Zeitgeschichte,* das kurz vor dem Oberländer-Prozeß aufgelöst wurde, da die *SED* an eine Zeitgeschichte außerhalb der Parteigeschichte nicht glaubte. Obendrein hatte Bartel seit Herbst 1959 ein weiteres Mal die *ZPKK* am Hals, die sich mit einer Äußerung noch aus Leipziger Zeiten befaßte, Ulbricht sei sehr krank, habe ein Magenleiden und könne nur drei Stunden am Tag arbeiten. Vielleicht war er deshalb ebenfalls zur politischen

---

[159] Vgl. stenographisches Protokoll, Nr. 530 - 535.

„Bewährung" in das Oberste Gericht der DDR gekommen. Im offiziellen Protokoll sind sein Name und sein Beitrag nachgetragen. Die weit ausholenden Erklärungen Bartels lassen sich auf zwei Kernsätze zusammenfassen: Oberländer lehne „jedes friedliche Zusammenleben mit der Sowjetunion und den sozialistischen Ländern ab" und sei ein „typischer Fall des Versuches, mit einer Ideologie des Rassenwahns, des Herrenmenschentums und der Ignorierung der Rechte aller Völker auf nationale Selbständigkeit unser Volk und namentlich unsere Jugend zu einem neuen Krieg zu mißbrauchen"[160].

7. Übler Mörder oder Irrendes Gewissen? Die Plädoyers und das Urteil

Am Ende dieser sechs Verhandlungstage, nach einer - je nach Couleur - von der Presse entweder als „ausführlich und sachlich" gelobten oder „pannenreich" verspotteten Beweisaufnahme[161] stand nun die Frage im Raum, welches Urteil den abwesenden Angeklagten erwartete. „Im Ringen um die objektive Wahrheit", begann Staatsanwalt Werner Funk sein Plädoyer, sei bewiesen worden, in welcher Weise Oberländer „maßgeblich und zum Teil führend an der Aggressionspolitik des Hitler-Faschismus beteiligt war, an der Vernichtung des Lebens zahlloser Menschen mitgewirkt und eigenhändig Morde begangen hat".

Auch nach 1945 sei er aktiv und führend an der Neuauflage der aggressiven Politik des wiedererstandenen Imperialismus in den Westzonen beteiligt": er sei ein vom „alldeutschen Ungeist durchtränkter Revanchist", der zeit seines Lebens Ansprüche auf die Territorien seiner osteuropäischen Nachbarn erhoben habe und noch erhebe. Der leere Stuhl des Angeklagten unterstreiche nur sinnfällig die Auffassung der Staatsanwaltschaft, nicht nur Oberländer sei angeklagt, sondern das ganze „Bonner System, unter dessen Fittiche sich der Mörder Oberländer vor dem Volkswillen und der öffentlichen Empörung erneut verkrochen habe". Das Plädoyer würdigte noch einmal die einzelnen Komplexe der Beweisaufnahme und kam naturgemäß zu dem Ergebnis: Oberländer „ist und bleibt ein eingefleischter Ostlandritter", ein „gefährlicher Störenfried", den man unschädlich machen müsse. Staats-

---

[160] Vgl. offizielles Protokoll.
[161] Vgl. „Irrendes Gewissen", *Der Spiegel* Nr. 19 / 1960 und „Mörder auch nach westdeutschem Recht", *Neues Deutschland* vom 29. April 1960.

anwalt Funk beantragte deshalb, Oberländer sofort zu verhaften und ihn zu zweifach lebenslangem Zuchthaus zu verurteilen[162].

Für die Verteidigung betonten Friedrich Wolff und Gerhard Rinck eingangs, auch sie hätten sich dem Eindruck der Beweisaufnahme nicht entziehen können. Nur könne Unrecht nur mit den Mittel des Rechts beseitigt werden - einzig Recht könne für die Zukunft Unrecht verhindern. Die Anklage sei nicht in allen Punkten erwiesen: bezüglich der Vorgänge in Solotschew und in Lemberg hege die Verteidigung arge Zweifel. Auch sei Oberländers Schlüsselrolle bei der Kriegsvorbereitung nicht schlüssig erwiesen, ebenso die Anstiftung zum Mord in Solotschew. Für diese Anklagepunkte nach den Paragraphen 49a und b des DDR-Strafgesetzbuches zog die Verteidigung die Verjährungsfrist heran - gerechnet ab dem 8. Mai 1945, seien die Mordtaten, ob bewiesen oder unbewiesen, verjährt.

Die Verteidigung nahm für Oberländer das Prinzip des irrenden Gewissens in Anspruch. Nach ihm ist es für den Beweis einer Schuld unerläßlich, daß dem Angeklagten die Rechtswidrigkeit seines Tuns vollkommen klar ist. Bei Oberländer sei dies, so zeigten seine Rechtfertigungen im Anschluß an seine Entlassung aus der Wehrmacht, nicht der Fall. Am Schluß ihrer Ausführungen verwiesen die Verteidiger auf die „sich anbahnenden Entspannungstendenzen in der internationalen Politik", die „dank der ständigen Friedensbemühungen der Sowjetunion zu verzeichnen" seien. Deshalb plädierten die Verteidiger, von der Verhängung der „schwersten Strafe" - lebenslanges Zuchthaus - abzusehen.

Staatsanwalt Funk griff die Argumente der Verteidigung in einer kurzen Erwiderung noch einmal auf - und machte den politischen Charakter des Prozesses noch einmal schlagartig klar. Die Verjährung dürfe nicht vom 8. Mai 1945, sondern erst ab September 1955 gerechnet werden - solange sei das Kontrollratsgesetz Nr. 10 bis zum Abschluß des Staatsvertrages mit der Sowjetunion in Kraft gewesen. Die Taten seien also noch nicht verjährt. Wende die Verteidigung nun die Theorie des irrenden Gewissens an, mache sie sich gemein mit den ehemaligen Kriegsverbrechern, die diese Theorie heute auf dem Boden der Bundesrepublik für sich in Anspruch nehmen. „Handelt der ethisch, der seiner Pflicht gemäß handelt, so handelt auch ethisch, wer es für seine Pflicht hält, zu morden, Menschen zu vergasen und - wie im Falle des Angeklagten Oberländer - Angriffskriege vorzubereiten".

---

[162] Vgl. das Plädoyer der Staatsanwaltschaft im offiziellen Protokoll, S. 183-187.

Diese Argumentationsweise gebe den Gerichten in der Bundesrepublik die Möglichkeit, Verbrecher gegen den Frieden und gegen die Menschlichkeit freizusprechen. Der „fortschreitende Prozeß der Remilitarisierung" in der Bundesrepublik mache eine moralische und rechtliche Rehabilitierung der Kriegsverbrecher notwendig. Für die Organe der Rechtsprechung der DDR sei dies nicht annehmbar, denn „wir haben die Millionen Opfer des Faschismus nicht vergessen und werden sie niemals vergessen". Staatsanwalt Funk schloß mit der Auffassung, der Gesamtkomplex der Taten Oberländers bilde eine „dialektische Einheit, die nicht zu zerreißen ist". Oberländer sei ein fester Bestandteil jenes Mechanismus gewesen, der von Anfang an auf die Aggression hingearbeitet habe und dessen Ergebnisse durch den Prozeß erneut ins Gedächtnis gerufen worden seien[163].

Das Urteil des Obersten Gerichts der DDR, gesprochen am Freitag, dem 29. April 1960 um zehn Uhr vormittags, konnte kaum überraschend ausfallen - das Gericht entsprach dem Antrag der Anklage. Dies mußte wohl auch die Ansicht vieler Prozeßbeobachter gewesen sein, denn die Reihen hinter Hilde Benjamin und ihrem Staatssekretär Heinrich Toeplitz hatten sich merklich gelichtet. Gustav Jahn als Vorsitzender des Gerichts absolvierte noch einmal einen Schnelldurchgang durch das Leben Oberländers, wie es sich nach Meinung des Gerichts in der Beweisaufnahme dargestellt hatte, unterstrich dabei ausführlich die örtliche und inhaltliche Zuständigkeit des DDR-Gerichts für die in Polen, der Ukraine und im Kaukasus begangenen Verbrechen Oberländers und kam zu dem Schluß, eigentlich sei die Todesstrafe dafür angemessen. Dennoch lautete des Urteil anders: auf lebenslanges Zuchthaus - als „Ausdruck für das Bemühen der Deutschen Demokratischen Republik, eine Verschärfung in den Beziehungen der beiden deutschen Staaten zu vermeiden". Hilde Benjamin, mit einer Sonnenbrille in der ersten Reihe sitzend, nickte befriedigt[164].

Am gleichen Abend hörten die Bewohner der DDR im Radio kurz nach 23 Uhr einen Kommentar zu dem Prozeß. In Ost-Berlin sei ein „gerechtes Urteil" gesprochen worden: Dr. Egbert v. Frankenberg erläuterte den Hörern sein Gutachten im Oberländer-Prozeß und schloß mit empörter Stimme, seit

---

[163] Vgl. offizielles Protokoll, S. 192 - 193.
[164] Vgl. das Urteil im offiziellen Protokoll, S. 195 – 233; Der Theater - Prozeß gegen Oberländer", *Deutsche Zeitung* vom 30. April 1960.

sieben Jahren dulde die Bonner Regierung nunmehr einen Mörder in ihren Reihen:

„Sieben Jahre lang haben sich Adenauer, Brentano, Strauß, Schröder und die anderen Regierenden in der Gesellschaft eines üblen Mörders wohlgefühlt (...) Wäre die Bundesrepublik ein Rechtsstaat, so hätte längst der Staatsanwalt sprechen müssen. Guten Abend und auf Wiederhören!"[165]

Wiedersehen konnten Oberländer alle DDR-Bewohner schon am nächsten Tag, allerdings unfreiwillig: *der Ausschuß für Deutsche Einheit* hatte dessen Konterfei hundertausendfach in der ganzen DDR plakatieren lassen - als „Steckbrief: Mörder gesucht!". Das Plakat listete noch einmal alle seine Verbrechen auf, und die Bevölkerung wurde vor der „Gemeingefährlichkeit dieses Verbrechers" gewarnt und zur „Mithilfe bei der Festnahme und der Ausschaltung aus dem politischen Leben" aufgerufen. „Ins Zuchthaus mit Oberländer - Schluß mit der Bonner Revanchepolitik!", war dort in balkengroßen Lettern zu lesen. In das gleiche Horn stieß Staatsanwalt Funk nur einige Tage später: am 4. Mai 1960 forderte er den Bonner Generalbundesanwalt Max Güde in einem Brief auf, Oberländer zu verhaften und in die *DDR* „zur Strafvollstreckung zu überstellen"[166].

Damit war die Oberländer-Schlacht für die DDR zu Ende gegangen, für Norden mit einem Sieg auf ganzer Linie. Das Urteil des Obersten Gerichts der DDR sollte 32 Jahre lang gültig bleiben und damit länger leben als der Staat, dem das Gericht seine Legitimation und seine Existenz verdankte. Allerdings hatten die Ereignisse den Prozeß und damit den Schlachtplan Nordens zumindest teilweise überholt. Der Stoß gegen Oberländer traf bereits einen Ruheständler *in spe*, denn bereits am 27. April 1960 hatte Oberländer nach einem längeren Gespräch mit Adenauer die Bereitschaft zu seinem Rücktritt erklärt und einen Urlaub angetreten, aus dem er erst am 5. Mai zurückkehren sollte. Da er am 1. Mai 1960 nicht nur 56 Jahre alt wurde, sondern auch seine Pensionsberechtigung als Minister erlangte, hatte er nach Adenauers Plan noch vier Tage Zeit, um zurückzutreten und sich dann ohne Amt, aber mit Pensionsberechtigung, seiner Rehabilitierung zu widmen. Doch insgesamt hatte Norden sein Ziel erreicht: am Ende der *Oberländer-Schlacht* gab es in Bonn keinen Bundesvertriebenenminister Oberländer mehr.

---

[165] Protokoll des Kommentars im Archiv des Autors.
[166] Vgl. Brief Funks an Güde vom 4. Mai 1960 im offiziellen Protokoll, S.234.

E. Der Tag nach der Schlacht - *cui bono*?

1. Ein deutsch-deutscher Pyrrhussieg?

Albert Norden und sein Apparat waren zufrieden - sie hatten die Oberländer-Schlacht siegreich zugunsten der DDR entschieden. Allerdings war es kein Sieg auf ganzer Linie, eher ein Teilerfolg, eingebettet in die deutsch-deutsche und internationale Politik der *SED* in den Jahren bis zum Mauerbau. Ausgehend von den außenpolitischen Notwendigkeiten, beschloß das DDR-Politbüro am 18. August 1959, mit politischen Kampagnen einer neuen Qualität gegen die „renazifizierte Bundesrepublik" zu Felde zu ziehen. Albert Norden wurde ihr *spiritus rector*, sie sollten systematischer werden und konsequentere, militantere Ziele verfolgen. Als das Politbüro am 18. August 1959 tagte, hatte die Kampagne gegen Theodor Oberländer bereits begonnen. Dessen Taktik, sich angesichts der Vorwürfe erst tot zu stellen und dann wie ein Getriebener darauf zu reagieren, bot Norden die Gelegenheit für eine Kampagne neuen Typs, die an die gescheiterte Genfer Konferenz propagandistisch anknüpfte.

Den Startschuß hatte, wie bereits beschrieben, Nikita Chruschtschow persönlich gegeben mit seiner Rede in Mauthausen am 3. Juli 1959. Mit seinem empörten Hinweis, daß „im Westen Deutschlands demokratische Organisationen verboten, Friedenskämpfer verfolgt werden, aber militärische, revanchistische und neofaschistische Organisationen und deren Führer immer aktiver werden", war das Ziel für Norden bereits markiert:

„Ja, in der westdeutschen Regierung selbst sitzen solche Leute, ähnlich dem Erznazi Oberländer. Das sowjetische Volk sowie alle friedliebenden Menschen in der Welt können nicht ruhig und sorglos bleiben, wenn sie Erklärungen von Bundeskanzler Adenauer hören, wonach der Herrgott dem deutschen Volk die Mission auferlegt habe, Europa vor dem Kommunismus zu retten. Gleicht das nicht den Erklärungen des tollgewordenen Hitler, der danach strebte, eine „neue Ordnung" in Europa zu schaffen, zu deren Merkmalen das Todeslager Mauthausen gehörte?"[167]

---

[167] Deutsche Fassung der Rede Chruschtschows vom 3. Juli 1960 in Mauthausen. *SAPMO - BA*, Dy 30 / IV 2 / 2028 / 78.

An Chruschtschows deutliche Worte konnte Norden nahtlos anknüpfen. In seiner Rede zur Oberländer-Pressekonferenz am 22. Oktober 1959 betonte er,

„Oberstes Gebot der Politik muss gegenwärtig in Deutschland wie jenseits seiner Grenzen die Entgiftung der nationalen und internationalen Atmosphäre, die Beendigung des Kalten Krieges, die Wegräumung aller Hindernisse sein, die der innerdeutschen und internationalen Entspannung im Wege stehen (...) Es ist höchste Zeit, daß Oberländer vor Gericht gestellt wird (...) nicht um in der Vergangenheit zu wühlen, sondern um die gegenwärtig in Bonn konzentrierte Gefahr für den Frieden Europas zu beleuchten"[168].

Oberländer war, so makaber es klingen mag, sicherlich ein Wunschkandidat für Nordens erste Großkampagne. Als Vertriebenenminister war er ein Freund deftiger Worte und machte seit 1953 aus seiner Meinung gegenüber dem Kommunismus keinen Hehl. Er beschwor in seinen Reden ständig das Recht auf Heimat seiner Schutzbefohlenen und sah seine Arbeit als Fortsetzung des Kalten Krieges in der Innenpolitik. Jeglichen sowjetischen Vorschlägen in der deutschen Frage stand er dabei mißtrauisch und ablehnend gegenüber, wie Norden hervorhob:

„Oberländer verkündet jede Woche sein Annexionsprogramm. Es umschließt sowjetische, polnische, tschechische und rumänische Gebiete (...) Wer solche Ambitionen hat, der kann natürlich keinen Friedensvertrag wollen".

Nordens Kampagne appellierte an einen Gedanken, der im Denken und Fühlen der Bevölkerung beiderseits des Eisernen Vorhangs einen hohen Stellenwert genoß: die Frage nach der Zukunft Deutschlands und eine mögliche Wiedervereinigung. Dieses Problemfeld war in den Augen vieler durch den Westen gar nicht oder zu wenig besetzt: der Bonner Teilstaat widmete sich dem Wirtschaftswunder und betrachtete, westintegriert, Europa vom Kölner Dom aus. Der Appell an deutschlandpolitische Sehnsüchte, verbunden mit der Bewältigung des Nationalsozialismus und anderen Themen der Zeit (Wiederbewaffnung, Atomwaffen, Friedensvertrag etc.) verlieh der Kampagne erst Richtung und Kraft. Dem Volumen des Kriegsverbrechers Oberlän-

---

[168] Der Text der Rede Nordens vom 22. Oktober 1959 findet sich in dessen Nachlaß, *SAPMO - BA*, Ny 4217 Nr. 46.

der mußte allerdings etwas nachgeholfen werden, denn in der Person Oberländers an sich konnten sich viele Mitläufer des Nationalsozialismus auf beiden Seiten des Eisernen Vorhangs wiederfinden. Erst durch den größeren Zusammenhang, in den Norden ihn und seine Tätigkeiten von 1933 bis 1959 stellte, wurde er zu dem monströsen Kriegsverbrecher, gegen den man sich solidarisieren konnte. Hätte er die von der *VVN* genannten 310.000 Toten auf dem Gewissen, wären ihm mehr Menschen zum Opfer gefallen als in den Konzentrationslagern Mauthausen (100.000), Ravensbrück (92.000), Buchenwald (56.000) und Neuengamme (50.000) zusammengenommen ermordet wurden.

Politik ließ sich so in die Moral eines „besseren Deutschland" einbinden, denn antinazistische Gefühle waren auf beiden Seiten der innerdeutschen Grenze quer durch alle politischen Lager weit verbreitet. Man mußte nicht notwendigerweise der *SED* nahestehen, um den Kampf gegen eine vermeintlich nazifizierte Bundesrepublik als notwendig und wünschenswert zu empfinden. Es war kein Geheimnis, daß die geistige Aufarbeitung der nationalsozialistischen Verbrechen im Land des Wirtschaftswunders zu wünschen übrig ließ und bei weitem nicht die Dynamik der wirtschaftlichen Entwicklung besaß. Nicht umsonst existiert noch heute der Begriff der *Bleiernen Zeit* für diese Jahre. Zur Erinnerung: der Ulmer Einsatzgruppenprozeß als erster aufsehenerregender, genuin deutscher Kriegsverbrecherprozeß, war bei Beginn der Kampagne erst ein Jahr her. Sehr zögernd erwachte das Bewußtsein, wie notwendig eine juristische wie moralische Auseinandersetzung mit dem Dritten Reich, seinem Personal und seinen Taten war. Auch hier war Theodor Oberländer ein idealer Kandidat, bei dem man durch selektives Wühlen in der Vergangenheit schnell eine Diskussion auslösen konnte, die sich rapide verselbständigte und an Kraft gewann - gleich einem Steinwurf ins Wasser. Ost-Berlin und seine westdeutschen Ausleger arbeiteten hier Hand in Hand und nutzten die eingespielten und erprobten Wege. Oberländers dreifach ungeschickte Reaktion - erst zögernd, dann hemdsärmelig, stets aber ohne großes Geschick - trug schon bald die Züge einer verzweifelten Abwehrschlacht und steigerte die Wirkung der Kampagne noch zusätzlich.

Einmal erfolgreich in der Offensive, sollte in Nordens Vorstellung ein großangelegter Prozeß gegen Oberländer in der DDR den antifaschistischen Charakter der DDR und ihre Rechtmäßigkeit vor allem international demonstrieren. Walter Ulbricht und sein Politbüro rangen hier um internationale Aufwertung und völkerrechtliche Anerkennung. Gleichzeitig ließ sich so nicht nur Oberländers Sturz betreiben, sondern auch der Bonner Teilstaat diskreditieren. Zum ersten Mal seit 1945 sollte ein Bonner Minister vor den Schranken eines Ost-Berliner Gerichts verurteilt werden - für Norden propagandistisch pures Gold. Eine größere atmosphärische Hypothek ließ sich für Adenauer und die Bundesrepublik kaum denken in einer Zeit, in der seitens des Warschauer Paktes zahlreiche Initiativen in Sachen Abrüstung und Friedensvertrag gestartet und auch in Westeuropa intensiv diskutiert wurden.

Am 15. März 1960 begann die 10-Mächte-Konferenz in Genf, auf der die Großmächte für knapp drei Monate erneut über Abrüstung verhandeln sollten. Am 25. März erneuerte Chruschtschow seinen Vorschlag für einen Friedensvertrag mit Deutschland, und in Albert Nordens politischem Terminkalender tauchte eine weitere Verhandlungsrunde in Sachen Entspannung auf. Mitte Mai 1960 sollten sich die Großmächte in Paris erneut zu einer Gipfelkonferenz treffen, um über Fragen der Entspannung zu beraten. Norden schrieb daher in dem Beschluß des DDR-Politbüros vom 15. März 1960, der grünes Licht für den Oberländer-Prozeß gab:

„Im Hinblick auf die bevorstehende Gipfelkonferenz soll der [Oberländer-] Prozeß dazu dienen, auch auf diesem Wege das Bonner System zu entlarven, den demokratischen Kampf gegen die westdeutschen Revanchisten und Militärfaschisten wirksam voranzutreiben und die Rolle der DDR als Wahrer der nationalen Interessen, als deutscher Friedensstaat und Verfechter der Ziele der Anti-Hitler-Koalition zu unterstreichen[169]"

Wie schon geschildert, zog der Warschauer Pakt an einem Strang und trug einhellig zum Gelingen der Kampagne und des Prozesses bei. Die Zuständigkeit des sowjetischen Generalstaatsanwalts von Lemberg wurde zur Ahndung der Oberländer-Verbrechen kurzerhand nach Ost-Berlin delegiert; neben den in Moskau präsentierten Hauptbelastungszeugen gegen Oberländer wurden aus etlichen Gefangenenlagern noch andere ehemalige Weggefährten Oberländers ausfindig gemacht. Von Januar bis März 1960 wurden für alle Fälle über 50 Zeugen in Lemberg und im Kaukasus verhört[170]. Nur eine Handvoll fand schließlich den - lückenlos überwachten - Weg nach Ost-Berlin.

---

[169] Vgl. Vorlage Nordens für das Politbüro vom 11. März 1960, *SAPMO - BA*, Dy 30 / IV 2 / 2028 Nr. 5 und das Protokoll Nr. 11 / 60 der Sitzung des Politbüros vom 15. März 1960, Anlage 8, *SAPMO - BA*, J IV 2 / 2 Nr. 692.

[170] Vgl. die Protokolle aller Befragten in den Akten des *BStU*, ZUV 28, Bände 3, 8 und 9 sowie in den Beiakten Ast 107 / 60 Bände 1 - 11. Auffällig an den Protokollen sind die teilweise bis zu achtstündigen Verhöre, deren Ergebnisse lediglich auf ein bis zwei

Ebenfalls mit Erfolg trug Norden die Kampagne auch ins westliche Ausland. Dort wirkte das Mißtrauen gegenüber den Deutschen und der Abscheu über die Untaten des Dritten Reiches unterschwellig weiter fort, denn die Schicht des neuen Vertrauens zu Bonn war noch sehr dünn. Der DDR spielte dabei zusätzlich in die Hände, daß ihre Angriffe, bei Oberländer ebenso wie bei späteren Kampagnen, im einzelnen keineswegs unbegründet waren und Klärung in den Augen vieler im In- und Ausland nottat. Beispielsweise waren in England schon zahlreiche Flugblätter in Sachen Oberländer erschienen, als Ende Januar 1960 eine eigens entsandte Delegation des *Nationalrats der Nationalen Front* ganz England bereiste und den Fall Oberländer in zahlreichen Versammlungen und Gesprächen zur Sprache brachte[171].

Vor Journalisten, dann sogar vor Parlamentariern wurde in den Räumen des *House of Commons* ein Oberländer-Film vorgeführt, den das Auswärtige Amt als „sowjetzonalen Hetzfilm" brandmarkte. Prompt initiierte die *Labour Party* eine Unterhausdebatte zu den Vorwürfen, die ein beträchtliches Medienecho nach sich zog. Der deutsche Botschafter Hans v. Herwarth - er hatte Oberländer bereits 1947 bei der Entnazifizierung entlastet - protestierte Anfang Februar 1960 vergeblich beim *Foreign Office* gegen diese „Verletzung des Gastrechts". Aber den reißenden Absatz, den das vom *Ausschuß für Deutsche Einheit* herausgegebene *Braunbuch zum Fall Oberländer* auch in seiner englischen Version fand, konnte auch diese Demarche nicht verhindern[172].

Indem nun von Ost-Berliner Seite immer wieder ein propagandistisch begleitetes Angebot nach Bonn erging, Belastungsmaterial gegen ehemalige Nationalsozialisten in Amt und Würden bereitzustellen und beim Entlarven von Kriegsverbrechern zu helfen, wurde der insgesamt gute Eindruck, den die scheinbar so antifaschistische DDR international machte, noch verstärkt. Eine deutsch-deutsche Nebenwirkung dieser Kampagnen war die Tatsache, daß der Bonner Alleinvertretungsanspruch sich durch inoffizielle Kontakte,

---

Seiten niedergelegt sind. Obendrein ist der Text vielfach bausteinhaft zusammengesetzt und gleicht sich in manchen Aussagen bis aufs Wort.

[171] Vgl. beispielsweise den *Democratic German Report,* eine in Ost - Berlin hergestellte Postille, die alle zwei Wochen erschien und sich in der Ausgabe vom 6. November 1959 („Spotlight on W. German Reich - Five Questions for Adenauer") ausführlich mit Oberländer befaßte (Archiv des Autors).

[172] Vgl. den Bericht Adolf Deters an Norden vom 12. Februar 1960. *SAPMO - BA*, Dy 30 / IV 2 / 2028 Nr. 65; Brochhagen, S. 309.

Zusammenarbeit und Verhandlungen mit den Stellen der DDR nach und nach aushöhlen ließ. Kontakte dieser Art, federführend organisiert vom *Ausschuß für Deutsche Einheit*, fanden diskret und inoffiziell bereits seit dem Frühjahr 1960 statt - vorzugsweise zwischen der Generalstaatsanwaltschaft der DDR, verschiedenen westdeutschen Landesjustizbehörden und dem Generalbundesanwalt.

Bei so viel erfolgreicher und generalstabsmäßiger Vorarbeit konnte auch ein Prozeßszenario, beim dem der politische Hintergrund eindeutig wichtiger war als der Tatbestand und das zuweilen einer bühnenreifen Inszenierung voller Pleiten und Pannen glich, den Erfolg kaum noch verhindern. Als Oberländer schließlich verurteilt und Anfang Mai 1960 in der ganzen DDR hunderttausendfach per Steckbrief zur Fahndung ausgeschrieben war, sah sich Albert Norden als erfolgreicher Feldherr am Ende einer siegreich geführten Schlacht. Sie sollte Auftakt und Fanal sein für eine neue Art des Kampfes gegen Bonn. Siegessicher schrieb Norden deshalb am 12. Mai 1960 an Ulbricht:

„Bei der Kampagne gegen Oberländer hat sich gezeigt, daß die Zuspitzung des Angriffs auf bestimmte führende Persönlichkeiten des Bonner Regimes eine beachtliche nationale und internationale Wirkung hat, die der Erkenntnis über den Charakter der Adenauer-Gruppe zum Durchbruch verhilft, ihre weitere Isolierung international beschleunigt und zur Differenzierung auch unter den bürgerlichen Kräften beiträgt sowie die Durchsetzung des Koalitionskurses der rechten *SPD*-Führung erschwert (...). Nach meiner Meinung sollte man jetzt in Verfolg unserer Offensive gegen die aggressive Adenauer-Politik weitere Schläge dieser Art führen. Ich denke dabei an Leute wie Seebohm, Lemmer, Thedick und andere (...). Bei der Vorbereitung des Schlages gegen Oberländer zeigte sich, daß wir in den Archiven der DDR noch über viele ungehobene politische Schätze verfügen"[173].

Aber Norden und die DDR-Nomenklatura überschätzten wohl die langfristige Wirkung ihrer Kampagnen, die mit beträchtlichem Aufwand an Personal, Material und Kosten geführt wurden und den maroden DDR-Staatshaushalt zusätzlich schwächten. Zwar geriet die Bundesrepublik in den letzten Jahren der Herrschaft Adenauers zeitweilig in die politischen Defensive. Insgesamt blieben die Kampagnen jedoch ohne große Folgen, denn eine nennenswerte Destabilisierung des Bonner Erzfeindes blieb aus. Im Gegenteil: durch die Angriffe der DDR kam in der Bundesrepublik endlich die überfällige Diskus-

---

[173] Vgl. den Brief Nordens an Ulbricht vom 21. Mai 1960. *SAPMO - BA*, Dy 30 / IV 2 / 2028 Nr. 2.

sion über die unbewältigte Vergangenheit in Gang, die schon bald von den Medien und weiten Teilen der Bevölkerung aufgegriffen wurde.

Eine im Falle Oberländers noch sehr wirksame Waffe war schon kurze Zeit später stumpf. Zu Beginn einer letzten und noch einmal sehr aufwendigen Kampagne gegen Adenauers Staatssekretär Hans Globke hatte Norden mit einer Prise Hybris im Jahre 1963 das Ziel noch einmal formuliert:

„Die DDR macht sich mit einem Schauprozeß gegen Globke nicht nur zum Anwalt und Sprecher der ganzen [deutschen] Nation, sondern aller Völker (...) Der Globke-Prozeß muß deshalb unbedingt auf einer politisch höheren Stufe als der Oberländer-Prozeß geführt werden. Das Verfahren muß so angelegt werden, daß eine *Generalabrechnung* mit der Bonner Bundesregierung und ihrer Politik herauskommt (...) Das Ganze muß ein *Weltprozeß gegen das Bonner Unrechtssystem*, ein Weltforum der Anklage gegen Bonn werden " werden. Der Prozeß muß klar machen, warum die DDR ihrer nationalen Verantwortung gerecht wird und warum ihr die Zukunft gehört"[174].

Doch die Zukunft konnte der DDR nicht gehören, denn ihr fehlte die innere Bindungskraft und die Identifikation ihrer Bürger mit ihrem historisch wurzellosen, synthetischen Staatsgebilde. Ihr plakativer Antifaschismus begründete keine positive Gemeinsamkeit, sondern verband durch gemeinsame Gegnerschaft kurzfristig äußerst wirkungsvoll das gesamte gesellschaftliche Spektrum der DDR. *SED*-Mitglieder ebenso wie all jene Geister, die zwar nicht Parteigänger des Sozialismus nach sowjetischem Vorbild waren, aber besorgt und ängstlich auf die alte Bundesrepublik starren konnten, fühlten sich verstanden und vereint unter einem Dach.

Die DDR-spezifische Deutung der nationalsozialistischen Diktatur als bloße Variante bürgerlicher Herrschaft, in der die aggressivsten Kreise des Finanzkapitals die Macht erobert hätten, war nicht nur einfach strukturiert. Sie war für die Bevölkerung der DDR zugleich ein Angebot, die eigenen Verstrickungen in die NS-Vergangenheit zu verdrängen - der Blick in die Biographien der östlichen Prozeßteilnehmer ist nur ein kleines Beispiel dafür. Sie stand quasi außerhalb der gesamtdeutschen nationalsozialistischen Erblast und hatte gewissermaßen den Sieg über die NS-Diktatur mit errungen. „Wer Nazi-Verbrecher ist, bestimmen wir!", lautete das Prinzip nicht nur beim Staatssicherheitsdienst. Auch der Fall Oberländer und gerade seine zur Bewährung auftretenden Akteure auf ostdeutscher Seite legten dafür ein deutliches Zeugnis ab.

---

[174] Brief Nordens an Streit (Hervorhebungen im Original) vom 5. April 1963. *SAPMO - BA*, Dy 30 / IV A 2 / 2028 Nr. 119.

Von dieser Warte betrachtet, erscheint die erfolgreiche Oberländer-Schlacht schnell in einem anderem Licht: als ein Reagieren und Taktieren eines Regimes, das in den Jahren vor dem Mauerbau moralisch, politisch und ökonomisch mit dem Rücken zur Wand stand und Gefahr lief, ein Regime ohne Volk zu werden. Die Kraft von Nordens hybrider Selbsteinschätzung hatte zwar dazu beigetragen, einen Theodor Oberländer aus dem Amt zu treiben - doch seine Worte waren die eines Regimes mit dem Rücken zur Wand. Wer sich mit dieser Hybris nämlich nicht gewinnen ließ, war die eigene Bevölkerung. Seit Beginn des Jahres 1960 schwoll die Zahl der Flüchtenden erneut an. Jeden Monat optierte eine Zahl, die der Bevölkerung einer Kleinstadt entsprach, dafür, welchem deutschen Staat sie für die Zukunft den Vorzug gab, und verließ den Machtbereich Nordens und seiner *SED-*Genossen. Nur 17 Monate nach dem siegreichen Ende der Oberländer-Schlacht leistete die DDR einen politischen, moralischen und wirtschaftlichen Offenbarungseid: Am 13. August begann Walter Ulbricht mit dem Bau der Berliner Mauer.

Kapitel III
Freude an Prozessen –
Oberländers Kampf um seine Rehabilitation

A. Rasanter Hürdenlauf ohne Atemnot - Der zweite Aufstieg eines streitbaren Taktikers

1. Phönix aus der Asche - Oberländers Rückkehr aufs politische Parkett

Es war nur ein harmloser Knittelvers, den die Münchner Sekretärin ihrem Chef Theodor Oberländer zum Abschied ins Stammbuch schrieb. „Noch oft wird man die Lanze werfen / doch da hat Theo ruhige Nerven / Er wird noch von sich reden machen / Und manchen harten Kampf entfachen!". Streitbar war er schon immer gewesen, und beim Verfolgen seiner persönlichen Ziele hatte er stets taktisches Gespür und eine „gute Witterung" bewiesen, wie eine Hamburger Wochenzeitung mit kritischem Unterton anmerken sollte[1]. Sein Amtswechsel im Jahre 1953 führte ihn von München nach Bonn - aus einem bayerischen Staatssekretär wurde ein bundesdeutscher Minister, der bis ans Ende seiner Karriere umstritten und von allen Seiten bedrängt bleiben würde.

Was war geschehen, seit Oberländer neun Jahre zuvor im April 1945 in Gefangenschaft geraten war? Sein rascher Aufstieg in diese politischen Höhen suchte im Nachkriegsdeutschland Adenauers seinesgleichen. Er war von dem gleichen gesunden Ehrgeiz und geschmeidigen Pragmatismus gekennzeichnet, der auch schon Oberländers Stern im akademischen Ostforschermilieu der dreißiger Jahre hatte aufsteigen lassen. Aus den Jahren des Dritten Reiches hatte er zudem seine Fähigkeit bewahrt, ein erprobtes Netzwerk aus Freunden, Gildenbrüdern und Weggefährten äußerst effizient einzusetzen. Diese Gabe hatte ihm, obwohl er einige Male in ernster persönlicher

---

[1] Vgl. „Baustein oder Dynamit", *Der Spiegel* Nr. 17 vom 21. April 1954; „Der neue Chef des *BHE*", *Die Zeit* vom 27. Mai 1954.

Gefahr geschwebt hatte, schon zu Zeiten des Dritten Reiches stets geholfen. Sie sollte ihm noch eine Weile treu bleiben.

Angefangen hatte alles bereits in den Trümmern des Krieges. Nach der Übergabe der Malzew-Truppen an die Alliierten hatte Oberländer die Kapitulation des Deutschen Reiches zunächst in englischer Gefangenschaft erlebt - der privilegierten Gefangenschaft eines gesuchten Spezialisten. Am Vorabend des sich abzeichnenden Kalten Krieges mochten die westlichen Alliierten auf die Kenntnisse des theoretisch wie praktisch versierten Königsberger Ostforschers in keinem Falle verzichten. In einem Lager in der Nähe Londons erhielt er bald erste Arbeitsmöglichkeiten, und Anfang Dezember 1945 stand bereits seine Entlassung an. Eine Bahnfahrt erster Klasse - ziemlich ungewöhnlich für einen deutschen Kriegsgefangenen - brachte ihn am 7. Dezember 1945 von London via Dieppe und Paris nach Frankfurt, ein Jeep der US Army von dort weiter nach Bamberg. Doch in Franken erwartete ihn zunächst der Stacheldraht - seine Auslieferung verzögerte sich, und er wurde zwischen mehreren Lagern hin- und hergeschoben. Zwar hatten die Amerikaner auf ihrem Rückzug aus Thüringen Oberländers Frau aufgespürt und sie nach Bad Kissingen vor den Russen in Sicherheit gebracht. Doch nachdem General Wlassow von den Amerikanern der Roten Armee überlassen worden war und eine Sowjetische Vernehmungskommission mehrmals in seinem fränkischen Lager erschienen war, schwebte Oberländer in ständiger Sorge, auf Grund seiner Stellung in der Wlassow-Armee ebenfalls noch an die Russen ausgeliefert zu werden[2].

Oberländers Sorgen blieben jedoch unbegründet - sein Rat war nach wie vor gefragt. Die US Army und ihr militärischer Geheimdienst *CIC (Counter Intelligence Corps)* schufen dem Kriegsgefangenen schnell geeignete Arbeitsmöglichkeiten. Neben der Halbtagespflicht, Holz zu hacken, arbeitete Oberländer an „special investigations in the US interest", in deren Rahmen er für das Hauptquartier der US Army in Frankfurt Geheimdienstinformationen in mehreren slawischen Sprachen auswertete und daraus Analysen zu den verschiedensten osteuropäischen Problemen erstellte[3]. Somit entging

---

[2] Vgl. den Brief Oberländers an seine Frau vom 13. Januar und vom 2., 27. und 30. März 1946 (Privatarchiv Oberländer).

[3] Vgl. die Bestätigung der US Army vom 26. April 1946 (Kopie im Archiv des Autors) und den Bericht des *CIC* über Oberländer vom 16. Oktober 1950, S. 3 (*US National Archives*, RG 319, File G8-16-91-33 Oberländer, Theodor). Eine Bescheinigung des

Oberländer zwar der Roten Armee, erwartete aber mit gemischten Gefühlen seine Entnazifizierung. Er war sicher, seine Königsberger Karriere in den dreißiger Jahren mit ihren zahlreichen Ämtern werde einiger Erklärungen bedürfen.

Oberländer nahm sein Entnazifizierungsverfahren sehr ernst. Gemeinsam mit seiner Frau mühte er sich, für die Spruchkammerverhandlung in Bad Kissingen eine eindrucksvolle, ihm eng verbundene Zeugenriege zusammenzutrommeln[4]. Das bewährte Netzwerk funktionierte auch hier reibungslos, denn viele alte Bekannte aus kaukasischen und Prager Zeiten vor 1945 ergriffen für Oberländer Partei und sagten in Bad Kissingen zu seinen Gunsten aus. Sie alle hoben seine Rolle während des Krieges hervor und beschrieben anschaulich die Schwierigkeiten, in die Oberländer durch seine Denkschriften geraten war. Dr. Werner Markert berichtete von der Feindschaft des SD und Erich Kochs gegen Oberländer, der er verdankte, im Jahr 1937 seine *VDA-* und *BDO-*Ämter verloren zu haben. Hans v. Herwarth, nunmehr Oberregierungsrat in der bayrischen Staatskanzlei, schilderte die Kriegsaktivitäten Oberländers als „nie erlahmenden Kampf gegen die von den Nationalsozialisten angewandten verbrecherischen Methoden in der Verwaltung der besetzten Gebiete". Otto Schiller, jetzt Beauftragter des bayrischen Landwirtschaftsministers, und Gerhard v. Mende pflichteten Herwarth bei und bezeichneten Oberländers Denkschriften als den „Gipfel aktiven Widerstands". Hermann Raschhofer rundete das Bild ab und berichtete, Oberländer habe während des verhängten Stadtarrests vom November 1943 bis April 1944 dauernd in Lebensgefahr geschwebt. Parallel dazu brachte es Oberländer fertig, eine seiner Denkschriften aufzutreiben und damit einen der Gründe für seine Drangsalierung durch SS und SD zu illustrieren[5].

Der Eindruck, den all dies bei der Spruchkammer hinterließ, war so nachhaltig, daß sie selbst über Auslassungen und kleinere Ungenauigkeiten

---

Hauptquartiers vom 14. August 1946 bestätigt ebenfalls, Oberländer sei „engaged in valuable scientific work requested by this headquarter" (Kopie im Archiv des Autors).

[4] Vgl. die zahlreichen Briefe Oberländers an seine Frau vom 5. Januar bis zum 1. Februar 1946 (Privatarchiv Oberländer). Gleich nach seiner Entlassung verschob er einen im April 1946 geplanten Besuch bei Theodor Schieder mit der Begründung, er wolle und müsse sich zunächst ganz auf das Spruchkammerverfahren konzentrieren (Brief Oberländers an Schieder vom 6. April 1946, *BA*, N 1188 Nr. 71).

[5] Alle Zitate stammen aus den einzelnen Erklärungen in der Entnazifizierungsakte Oberländers der Spruchkammerverhandlung in Bad Kissingen (Privatarchiv Oberländer).

in Oberländers Version seines Lebenslaufes hinwegsah. So blieb Oberländers erneuter Wehrdienst als Hauptmann im Stabe General Wlassows gänzlich unerwähnt, denn Oberländers Rechtsanwalt hatte ihm dringend dazu geraten. „Während die schlichte Entlassung aus der Wehrmacht hervorgehoben ist, würde die Wiederverwendung als Hauptmann nur verwirrend wirken und sehr ausführlicher Erklärungen bedürfen", schrieb er Oberländer am 26. August 1947. Ebenso hatte Oberländer verschwiegen, daß er den Rang eines SA-Hauptsturmführers ehrenhalber bekleidet hatte - was erst auffiog, als seine Frau parallel zu ihm der Kissinger Spruchkammer seinen Lebenslauf und seine Ämter schilderte und auch dieses nicht vergaß[6]. Doch auf amerikanische Intervention blieb auch dies folgenlos, und die beabsichtigte Klage der Kissinger Kammer gegen Oberländer wurde fallengelassen, da der US-Stadtkommandant die Spruchkammer überzeugt hatte, daß Oberländer „infolge eines Irrtums über die Auskunft einer amerikanischen Dienststelle sich berechtigt glauben mußte, seinen Rang in der SA als Hauptsturmführer ehrenhalber nicht anzugeben"[7]. Nach knapp einjähriger Verhandlung stufte die amerikanische Spruchkammer in Bad Kissingen ihn

---

[6] Brief des Rechtsanwalts Haenisch an Oberländer vom 26. August 1947 (Privatarchiv Oberländer). Gerade entlassen, befürchtete Oberländer nun, sogleich wieder eingesperrt zu werden, wie er seiner Frau am 5. Februar 1946 schrieb (Privatarchiv Oberländer). Auch das Zeugnis einer Dame namens Herta Hein vom 23. Januar 1947 wird von dem Spruch der Kissinger Kammer dahingehend zusammengefaßt, sie sei Zeuge gewesen, wie Oberländer in Prag „unter Bewährungsfrist zu Stadtarrest begnadigt und unter Polizeiaufsicht gestellt" worden sei (vgl. den Spruch der Entnazifizierungskammer Bad Kissingen - 173 / 4 / 912 - vom 6. Dezember 1947, S. 4, Privatarchiv Oberländer). Das Original berichtet allerdings nur davon, Frau Hein sei im Sommer 1944 durch Oberländer in Volkswirtschaftslehre geprüft worden und habe im März 1945 durch Mitstudenten, die beim SD arbeiteten, erfahren, über ihren ehemaligen Prüfer Oberländer werde dort eine Akte geführt. Über sein Schicksal habe sie nur von diesen beiden gehört. Am 4. August 1997 schreibt Frau Dr. Hertha Eckhardt, geb. Hein, dazu folgendes: „Als Oberländer nach dem Krieg Entlastungsmaterial suchte, das er zu seiner Entnazifizierung brauchte, hatte er unter anderem auch mich gefragt. Ich konnte ihm da nur wenig helfen, war indessen erstaunt, zu welcher Bedeutung er das *ondit* stilisierte". In Prag sei sie auf einen ihr bekannten SD - Funktionär gestoßen, der ihr erzählte, von einer Gestapo - Akte über Oberländer gehört zu haben (Brief Frau Eckhardts an Schütt vom 4. August 1997, Kopie im Archiv des Autors).
Vgl. die Eingabe des US-Stadtkommandanten vom 21. April 1947 (Privatarchiv Oberländer).

im Jahre 1947 in die geringste Kategorie V - als Entlasteten - ein. In ihrer Entscheidung vermerkte die Kammer:

> Etwaige Belastungspunkte treten hinter der antinationalsozialistischen Gesamthaltung [Oberländers] zurück, bei der ein nachweisbarer fortgesetzter Widerstand gegen die nationalsozialistische Gewaltherrschaft im Vordergrund steht und wodurch ihm wesentlich Nachteile entstanden sind"[8].

Der Kalte Krieg hatte begonnen - und in der Auseinandersetzung mit Moskau waren die Kenntnisse theoretisch und praktisch versierter Experten wie Oberländer hochwillkommen.

Durch diese pragmatische Sanktion entnazifiziert, war Anfang 1948 der Weg frei für die Nachkriegszeit. Oberländer wälzte viele Zukunftspläne in seinem Kopf - Theologe, Landwirt und Wissenschaftler in Europa oder Amerika standen dabei zur Debatte. Zunächst arbeitete er offiziell in Augsburg für eine Saatgutfirma, verbrachte aber die meiste Zeit bei seiner Familie in Bad Kissingen und stellte seine Ostforscherkenntnisse weiterhin diskret in den Dienst verschiedener amerikanischer Dienststellen, die sich mit Minderheiten des sowjetischen Riesenreiches und ukrainischen Widerstandsgruppen befaßten[9]. Doch seine eigentliche Berufung sah er schnell auf einer anderen Bühne - der politischen. Schon aus England hatte er die Ereignisse in Deutschland mit Sorge betrachtet. „Wir stehen in einer geistigen

---

[8] Vgl. den Spruch der Entnazifizierungskammer Bad Kissingen - 173 / 4 / 912 - vom 6. Dezember 1947 (Privatarchiv Oberländer).

[9] Das *CIC*, das Oberländer bis 1954 (!) in seinen Akten führte, seine Post öffnete und sein Telephon abhörte, bezeichnete dessen Tätigkeit selbst als „more or less a cover occupation since he was still devoting most of his time to TIB work" (*US National Archives*, RG 319, File G8-16-91-33 Oberländer, Theodor, S.3). Gerade Oberländers Erfahrungen mit Ukrainern (*Nachtigall*) und Kaukasiern (*Bergmann*) wird für die USA im Zeichen des sich verschärfenden Kalten Krieges von Interesse gewesen sein: in der ukrainischen Untergrundarmee *UPA*, die die Rote Armee noch bis ins Jahr 1951 beschäftigen sollte, dienten eine ganze Reihe von Soldaten, die bereits im Bataillon *Nachtigall* an der Seite der Deutschen gekämpft hatten. Das *CIC* wurde gerade in ukrainischen Fragen bis zum Sommer 1950 immer wieder bedrängt, Kontakte zu Oberländer herzustellen. Zahlreiche Studien Oberländers, die sich in dem zitierten amerikanischen Aktenbestand befinden, sind bis heute aus Gründen der nationalen Sicherheit der USA gesperrt. Auch für den schweizerischen Militärgeheimdienst lieferte Oberländer nach amerikanischen Angaben über Jahre hinweg Analysen zu osteuropäischen Fragen (vgl. den Bericht des *CIC* über Oberländer vom 8. März 1951). Im persönlichen Gespräch hat er dies allerdings stets bestritten. Im Augsburger Melderegister war er mit seiner Familie erst nach dem 11. März 1949 verzeichnet.

Schlacht um Europa, in der ich mitkämpfen will", hatte er seiner Frau in dem ihm eigenen Pathos bereits am 11. Juli 1945 geschrieben. Der Feind stand dabei für ihn seit den dreißiger Jahren unverändert an der gleichen Stelle - in Moskau. Dem gläubigen Christen Oberländer, der in der Gefangenschaft zahlreiche Predigten verfaßt hatte, wird dabei das Luther-Wort vom „altbösen Feind, mit Ernst er's jetzt meint" im Kopf herumgegangen sein. Im November 1945 stand sein Entschluß bereits fest: nachdem der Krieg ihn verschont habe, sah er sich in der Pflicht, „den Kampf in Deutschland zu wagen"[10].

Für diesen Kampf mußten Beruf und Berufung für Oberländer deckungsgleich werden. Dies führte ihn fast zwangsläufig auf die Bühne der Politik. Zunächst erkor er sich die *FDP* und wurde deren Mitglied, doch es war lediglich eine Durchgangsstation. Oberländer sollte schon bald beweisen, wie sehr Parteien Transmissionsriemen seiner persönlichen Interessen waren. Seine Mitgliedschaft in diversen Parteien des politischen Spektrums ließen sich tragen wie einen Mantel - er handhabte sie äußerst flexibel. Sie waren für ihn, wie er selbst bekannte, lediglich „Mittel zum Zweck", seinen politischen Ansichten Geltung zu verschaffen[11]. Sein Aktionsfeld suchte und fand der Thüringer Oberländer in den Reihen der Heimatvertriebenen, die in Scharen in die drei Westzonen Deutschlands strömten. Sie waren die doppelten Verlierer des Krieges: in ihrer früheren Heimat als völkische „Fünfte Kolonne" des Deutschen Reiches in jeder Hinsicht diskreditiert, waren sie aus ganz Osteuropa vertrieben und hatten mit dem Krieg auch ihre Heimat verloren. Allein 1946 kamen durch die organisierte Vertreibung knapp drei Millionen Ostdeutsche in die britische und amerikanische Zone; sie mußten dort versorgt und untergebracht werden. Dazu kamen noch einmal drei Millionen Flüchtlinge, die vor der Roten Armee und aus der sowjetischen Besatzungszone geflohen waren und zwei Millionen Spätheimkehrer aus allen Himmelsrichtungen, die bis zum Jahre 1950 in die spätere Bundesrepublik zurückfluteten. Sie kamen nun in ein hungerndes Restdeutschland, in dem Städte, Industrie und Infrastruktur weitgehend zerstört waren.

---

[10] Vgl. den Brief Oberländers an seine Frau vom 11. November 1945 (Privatarchiv Oberländer).

[11] Vgl. Gespräch Oberländer am 1. Mai 1998. Gleiches hatte er auch schon in einem Interview im Jahre 1964 eingeräumt (zitiert bei Franz Neumann: *Der Block der Heimatvertriebenen und Entrechteten 1950-1960. Ein Beitrag zur Geschichte und Struktur einer politischen Interessenpartei*. Meisenheim 1968, S. 24 Fußnote 19).

Als Aufnahmegebiete eigneten sich deshalb nur wenige, meist agrarisch strukturierte Gegenden, die ausreichend unzerstörten Wohnraum boten. Dementsprechend wuchs dort die Bevölkerung: in Schleswig-Holstein um 62 Prozent, in Niedersachsen um 37 Prozent, in Bayern um 24 und Hessen um 14 Prozent. Die Reaktion der einheimischen Bevölkerung war zwiespältig: sie sah in den Vertriebenen nicht etwa Landsleute, mit denen man gemeinsam den Nationalsozialismus akklamiert, gemeinsam den Krieg begonnen, geführt und verloren hatte, mithin auch die Lasten des Krieges teilen sollte und mußte. Hier standen vielmehr Eindringlinge *ante portas* - Fremde und Habenichtse, die die allgemeine Not nur vergrößerten. Vielerorts mußten die Einheimischen mit Waffengewalt zur Aufnahme gezwungen werden. Diese Erfahrung bestärkte viele Vertriebene in ihrer Meinung, sie seien die Parias des zerstörten Nachkriegsdeutschlands. Als „fünfter Stand", der sozial noch unter der Arbeiterklasse stand, verstanden sie sich in der westdeutschen Gesellschaft als Fremdkörper - sie lebten unter Landsleuten im eigenen Land gewissermaßen in der Diaspora.

Der Mann, der dieses Wählerpotential als erster an sich band, residierte mit seinem Stab im Schleswig-Holsteinischen Ratzeburg. Waldemar Kraft, ehemaliger Präsident der Reichslandwirtschaftskammer in Posen, zog von seinem Hauptquartier in der alten Ratzeburger Jägerkaserne durch Schleswig-Holstein und sprach in überfüllten Sälen. Er beschwor eine neue Solidaritätsgemeinschaft und forderte eine gleichmäßige Verteilung der Lasten auf die Schultern aller Deutschen.

„Die Flüchtlinge aus dem Osten tragen keine persönliche Schuld daran, daß sie ihr Land verloren haben, wie es nicht das persönliche Verdienst der anderen ist, daß sie im Westen alles behalten konnten. Alle Deutschen haben den Krieg gemeinsam verloren, infolgedessen müssen alle gemeinsam bezahlen!"[12]

Kraft baute darauf, daß die Mehrzahl der Vertriebenen ihre Interessen bei den sogenannten Lizenzparteien nicht oder nur unzureichend vertreten sah. Schleswig-Holstein zählte im Jahre 1949 über eine Million Vertriebene; somit war der Erfolg einer Partei, die sich die Interessen dieser Gruppe auf die Fahnen schrieb, eigentlich sicher. Am 9. Juli 1950 zog Kraft mit 14 Abgeordneten in den Kieler Landtag ein, wurde stellvertretender Ministerpräsident und erhielt das Amt des Finanzministers.

---

[12] So Kraft im Dezember 1950 (zitiert bei Neumann, *Der BHE*, S. 20).

Die Erfolge Krafts strahlten bis nach Bayern aus, dem Bundesland mit dem drittgrößten Vertriebenenanteil in der Bundesrepublik. Auch dort begannen sich im Sommer diverse Vertriebenenorganisationen zu formieren, einzelne Flüchtlingslisten waren bereits seit dem Jahre 1946 politisch tätig. Nachdem Kraft in Bayern für seine Gruppierung geworben hatte, gründete sich dort am 20. August 1950 der sogenannte *Block der Heimatvertriebenen, Kriegsgeschädigten und Entrechteten, BHE-Kraft.* Dieser umständliche Name mit dem Zusatz des Parteigründers war deshalb notwendig, da sich im Fahrwasser des Kraftschen Erfolges bereits eine andere Gruppierung mit dem publikumswirksamen *BHE*-Kürzel schmückte, um daraus politisches Kapital zu schlagen: am 17. Juli 1950 hatten sich sieben Personen unter der Führung des Jurastudenten Heinz J. Huber zusammengefunden, rechtzeitig zur bayrischen Landtagswahl eine *BHE*-Landesgruppe gegründet und sie sogleich in das Münchner Vereinsregister eingetragen. Eine Fusion mit dieser fortan als *BHE-Huber* bezeichneten Gruppe lehnte der *BHE-Kraft* jedoch, nicht zuletzt wegen der Zusammensetzung, entschieden ab[13].

2. Ein kurzer Marsch durch die Institutionen (I)

Dies war nun die Stunde, in der Theodor Oberländer wieder die politische Bühne betrat. Aus US-Geheimdienstberichten läßt sich rekonstruieren, wie taktisch geschickt er dabei vorging. Im August 1950 hatte er bereits mit Bayerns Ministerpräsident Dr. Hans Ehard (*CSU*) Kontakt aufgenommen. Ehard schwebte eine Einigung und Integration aller Flüchtlinge und Vertriebenen in einer Regierung unter seiner Führung vor, und in ersten Gesprächen, an denen auch Oberländer teilnahm, lotete er die Möglichkeiten dazu aus. Schon in der letzten Augustwoche 1950 stand Oberländer an der Spitze einer Gruppe, die Huber und seiner Hinterzimmerfraktion das Angebot der Parteien der bürgerlichen Mitte überbrachte, bei der bevorstehenden bayrischen Landtagswahl in ein Wahlbündnis an ihrer Seite einzutreten[14].

---

[13] Von den sieben Gründern waren drei Bayern, alle stammten aus München und Rosenheim und waren bis dahin in Vertriebenenkreisen vollkommen unbekannt. Als ihr eigenes Programm hatten sie eine Kurzfassung der Kraft'schen Forderungen angefertigt und veröffentlicht (vgl. Neumann, *Der BHE*, S. 50-52).

[14] Dazu gehörten die CSU, FDP, Der Bayrische Heimat - und Königsbund sowie Teile der Bayernpartei. Bereits am 25. August 1950 hatten erste Gespräche zwischen Flüchtlings-

Neben einer größeren Zahl von Landtagsmandaten und Schlüsselstellungen in der neuen Landesregierung lockte Oberländer Huber vor allem mit einer Ressource, über die die Vertriebenenverbände fast gar nicht verfügte: Geld. Er stellte Huber 200.000 DM, ein kleines Vermögen, aus dem Wahlfonds des Bündnisses in Aussicht, falls er eintrete. Oberländer hinterließ bei den Verhandlungen in den Reihen des *BHE-Huber* einen zwiespältigen Eindruck: er habe wohl in erster Linie eine Plattform gesucht, die ihn legitimiere, im Namen des *BHE* zu sprechen und Verhandlungen zu führen, erinnerten die Anwesenden sich später[15].

Der politische Ehrgeiz Oberländers und die Zielstrebigkeit, mit der er seinen Weg verfolgte, wurde seinen Weggefährten und seinen Widersachern meist erst in dem Moment klar, in dem Oberländer sie bereits überflügelt hatte. Nachdem Huber das Angebot Oberländers angenommen hatte, um seine Chancen für die Bayrischen Landtagswahlen zu verbessern, erschien Oberländer am 29. August 1950 unvermittelt auf einer Vorstandssitzung im Münchner Lokal „Rosengarten". Der agile Professor schlug als nächsten Schritt vor, ihm kurzerhand den Landesvorsitz des *BHE-Huber* zu überlassen. Aber Hubers Anhänger revoltierten gegen den professoralen Seiteneinsteiger, der quasi über Nacht ihr Vorsitzender werden wollte. In einer längeren Debatte machte Oberländer einen Kompromißvorschlag und überzeugte die sechs anwesenden Vorstandsmitglieder davon, er könne doch lediglich als nomineller Parteivorstand agieren. Er betonte, er werde die Rolle des *primus inter pares* einnehmen, während die tatsächliche Parteiführung weiter in den Händen Hubers verbleiben solle. Alle Entscheidungen Oberländers würden auch weiterhin im Vorstand abgestimmt, auch der erwartete Geldsegen strikt nach parteitaktischen Gesichtspunkten verteilt. Huber gab schließlich nach und erklärte noch am gleichen Abend seinen Rücktritt. Nur eine Woche später wählten fünf Vorstandsmitglieder am 7. September 1950 Theodor Oberländer zum neuen Landesvorsitzenden des *BHE-Huber*[16].

---

vertretern stattgefunden, um Möglichkeiten zu erörtern, wie sich eine Große Koalition aus SPD und CSU verhindern ließe. Schon daran hatten Huber und Oberländer, allerdings unabhängig voneinander, teilgenommen. Vgl. die Berichte des amerikanischen *Counter Intelligence Corps (CIC)* über Oberländer vom 8. und 26. September und vom 16. Oktober 1950 (*US National Archives*, RG 319, File G8-16-91-33 Oberländer, Theodor).

[15] Vgl. „Die Besten an die Grenze", *Der Spiegel* Nr. 17 vom 21. April 1954.
[16] Leserbrief Hubers im *Spiegel* vom 26. Mai 1950, S. 150; Neumann, *Der BHE*, S. 62.

Aus dem fernen Ratzeburg wurde dieser Wechsel wohlwollend betrachtet; auch für Waldemar Kraft und seinen bayrischen Ableger kam Oberländer wie gerufen. In der zweiten Septemberwoche 1950 schrieb der *BHE-Kraft* an seine Mitglieder:

„Den Vorsitz hat jetzt Professor Oberländer übernommen, dem der Ruf eines jahrzehntelang im Deutschen Osten tätigen Kulturwissenschaftlers vorausgeht. Durch diese Entwicklung ist die Verwirklichung eines einzigen *BHE* in Bayern ebenso möglich wie erwünscht.[17]"

Genau dies war Oberländers Ziel, auf das er mit aller Macht hinarbeitete. Er benötigte nur Tage, um es zu verwirklichen: am 17. September fusionierten die beiden bayrischen *BHE*-Ableger und setzten ein gemeinsames siebenköpfiges Direktorium ein. An seiner Spitze stand - Theodor Oberländer. Seine ehemaligen Weggefährten um Heinz J. Huber fühlten sich schlichtweg übervorteilt, denn Huber selbst war in dem Direktorium nicht mehr vertreten. Aus dem *primus inter pares* war ein ganz realer Vorsitzender geworden, demnach hatte Oberländer nur knapp drei Wochen gebraucht, um via Hubers *BHE*-Splitter seine Karriere einen großen Schritt voranzutreiben. „Wir kommen uns vor wie ein Reitknecht, der seinem Herrn den Steigbügel gehalten hat und verlassen zurückbleibt, während sein Herr mit dem von ihm gepflegten Pferd davonreitet", schrieb sein einstiger Stellvertreter Ernst Hermann Sund ärgerlich an Oberländer und mahnte nun die versprochenen Gelder an - ohne Erfolg[18].

Doch den Professor focht dies nicht an, er war längst, um im Bild zu bleiben, an seinen Steigbügelhaltern vorbeigeritten. Er war fest entschlossen, seine Karriere zu der des *BHE* zu machen und beide zügig voranzutreiben. Dabei verfügte er über etwas, worum ihn seine Konkurrenten in der Habenichtsformation *BHE* nur beneiden konnten: einen funktionstüchtigen Apparat. Seit dem 1. Oktober 1949 arbeitete er für den *Sozialen Helferring* in Augsburg, und bereits im November 1949 beerbte er, nach einer Affäre wegen Veruntreuung von *Helferring*-Geldern, die bisherige Leitung[19]. Als

---

[17] Vgl. das Rundschreiben des *BHE* - Kraft vom 13. September 1950, zitiert in Neumann, *Der BHE*, S. 52.

[18] Vgl. den Brief Ernst Hermann Sunds an Oberländer vom 20. September 1950, zitiert in „Baustein oder Dynamit", *Der Spiegel* Nr. 17 vom 21. April 1954.

[19] Vgl. den Bericht des amerikanischen *Counter Intelligence Corps (CIC)* über Oberländer vom 16. Oktober 1950, S. 3 (*US National Archives*, RG 319, File G8-16-91-33 Oberländer, Theodor).

Geschäftsführer des *Sozialen Helferrings* war er mit Schreibkräften, einem Telephon, einem Fahrzeug plus Benzin und etlichen sonstigen Hilfsmitteln ausgestattet. All dies war in der unmittelbaren Nachkriegszeit mehr wert als pures Gold, als es in den Wochen und Monaten des Herbstes 1950 darum ging, den bayrischen *BHE* nicht nur zusammenzufügen, sondern ihn auch zu einer schlagkräftigen politischen Formation zu entwickeln, die vor Ort prononciert für ihre Ziele warb. Organisatorisch gestützt und mit der vereinten politischen Kraft aller Flüchtlinge und Vertriebenen im Rücken sah er sich für die kommende Landtagswahl bestens gerüstet. Alle politisch Heimatlosen, so seine Parole, sollten als fünfter Stand in jeder Hinsicht in den Staat integriert werden.

Oberländers Strategie, die Wahl zu gewinnen und in jedem Falle einen politischen Posten zu ergattern, läßt sich kaum präziser darstellen als durch den amerikanischen Militärgeheimdienst *CIC*, der ein waches Auge auf die politische Klasse im Nachkriegsdeutschland hatte und die NS-Vergangenheit deutscher Anwärter auf hohe politische Posten analysierte. Auch Oberländer als einstiger Kontaktmann wurde genauestens beobachtet. In einem Bericht vom 16. Oktober 1950 beschrieb der *CIC* den Charakter, Pläne und die Perspektiven Oberländers ungeahnt prophetisch:

„It is also logical to presume that Oberlaender's main objective in politics is the attainment of a Ministerial Post. For this reason, the importance and life span of Oberlaender's present attempts at coalition should be taken with a grain of salt, since he could just as easily change his mind and turn to a political party which could give him a greater assurance for a Ministerial position".

Diese Sicherheit, das hatte Oberländer früh erkannt, bot ihm nur Bayerns Ministerpräsident, der *CSU*-Politiker Dr. Hans Ehard, der eine möglichst breite Basis für seine Regierung anstrebte.

„Ehard's prerequisite for a coalition was the partial destruction of the BP [Bayernpartei] and the combining of all refugees under one political party. If this coalition were accomplished, Oberlaender would be certain to become Bavarian Minister for Refugee Affairs"[20].

In Gesprächen Anfang September 1950, zeitgleich mit seiner Übernahme der bayrischen *BHE*-Führung, hatte ihm Ehard im Falle eines Wahlsiegs einen Posten in seiner zukünftigen Regierung bereits zugesichert. So brachte

---

[20] Vgl. den Bericht des amerikanischen *Counter Intelligence Corps (CIC)* über Oberländer vom 16. Oktober 1950, S. 5 (*US National Archives*, RG 319, File G8-16-91-33 Oberländer, Theodor).

er genau die erwünschte Sammlungsbewegung fertig, und am 21. November 1950 errang der *BHE* in Bayern zwanzig Abgeordnetensitze im Landtag. Theodor Oberländer trat als neuer Staatssekretär für das Flüchtlingswesen mit Kabinettsrang unter SPD-Innenminister Wilhelm Hoegner in eine *CSU-SPD-BHE*-Koalitionsregierung unter Hans Ehard ein. Ehard war die Einlösung seiner Zusage an Oberländer ein gewichtiges Bauernopfer wert: er hatte dafür eigens den bislang erfolgreichen Staatssekretär Wolfgang Jaenicke geopfert, der sich bis dahin seiner uneingeschränkten Wertschätzung erfreuen konnte. Jaenicke erlebte eine böse Überraschung, als er am 18. Dezember 1950 auf der Regierungsbank im bayrischen Landtag Oberländer auf seinem Platz erblickte. Ehard hatte es nicht für nötig befunden, Jaenicke davon in Kenntnis zu setzen, daß im Lichte der politischen Koalitionsarithmetik sein Platz anderweitig vergeben worden war[21].

Nunmehr in Amt und Würden, verlor Oberländer keine Zeit. Er sah in den entwurzelten Flüchtlingsmassen Hilfsbedürftige, die der restdeutsche Staat im ureigensten Interesse unterstützen müsse. Nur wenn ihre materielle Existenz gesichert war, konnte die junge Bundesrepublik an innerer Stabilität gewinnen.

„Nach 1946 waren 48 Prozent des deutschen Volkes ohne wirtschaftlichen Rückhalt. Schlimmer als alle Verluste (...) ist die Verschlechterung der deutschen Sozialstruktur. Baustein oder Dynamit, das ist die Frage, die über der Vertriebenen - Eingliederung steht"[22].

Solche Sprengsätze für die junge Demokratie sah Oberländer in Bayern vor allem in den zahllosen Massenunterkünften, in denen Abertausende Flüchtlinge zusammengepfercht waren. Innerhalb von zwei Jahren wurden 247 Lager mit über 50.000 Menschen aufgelöst, und Oberländer entwickelte sein eigenes Wohnungsbauprogramm, um die Auflösung weiterer Lager zu beschleunigen.

Das von Oberländer geführte *BHE*-Direktorium war eine Konzession an die Richtungskämpfe innerhalb der Vertriebenen gewesen, die Oberländer für die bayrische Landtagswahl mühsam - und erfolgreich - kanalisiert und unter einen Hut zu bringen versucht hatte. Ein wirksames Führungsinstrument konnte es allerdings nicht sein. Auf dem ersten Landesparteitag des

---

[21] Vgl. Franz J. Bauer: Flüchtlinge und Flüchtlingspolitik in Bayern 1945-1950. Stuttgart 1982, S. 61.
[22] Vgl. „Baustein oder Dynamit", *Der Spiegel* Nr. 17 vom 21. April 1954.

bayrischen *BHE* am 25. Februar 1951 in Nürnberg wurde deshalb heftig debattiert über einen neuen Parteivorsitzenden, der nun als „starker Mann" die Zentrifugalkräfte der Partei in Grenzen halten sollte. Der Neue blieb der Alte: Theodor Oberländer wurde mit der überwältigenden Mehrheit von 104 der 118 Stimmen zum bayrischen *BHE*-Vorsitzenden gewählt. Er stand damit, knapp eineinhalb Jahre, nachdem er die politische Bühne wieder betreten hatte, an der Spitze einer der am schnellsten wachsenden politischen Gruppierungen der Nachkriegszeit. Er hatte auf das richtige Pferd gesetzt: die in einer Ratzeburger Kaserne geborene Vertretung der Vertriebenen erwies sich nun in ganz Deutschland als sehr populär, und in Bayern hatte der parteiintern *Oberländer-Flügel* genannte Landesverband bald mehr als 60.000 eingetragene Mitglieder.

So schien es nur eine Frage der Zeit, bis er die nächste Station auf der Karriereleiter erklomm. Bereits im Januar 1951 hatten Oberländers amerikanische *CIC*-Karrierebeobachter vorausgesagt, es dränge ihn in die vorderste Reihe des *BHE* - und darüber hinaus. „Oberländer considers the *BHE* as a political springboard to a ministerial position on Bonn level"[23]. Und in der Tat: kaum hatte der *BHE* einen Bundesverband gebildet, wurde Oberländer auf dem ersten Bundesparteitag im September 1951 in Goslar zu einem der drei Stellvertreter Waldemar Krafts gewählt. Zu diesem Zeitpunkt konnte der *BHE* bereits eine stolze Bilanz vorweisen: Bereits in fünf Landtagen vertraten 68 Abgeordnete die Partei, und in vier Landesregierungen stellte sie acht Minister und Staatssekretäre. Der Weg nach Bonn war für Oberländer so gut wie vorgezeichnet.

3. Endstation Selbstabschaffung - Wesen und Funktion des BHE

Die Erfolge des *BHE* waren das sozial-ökonomische Spiegelbild der Erwartungen ihrer Wähler - sie repräsentierten die Unzufriedenheit mit der Eingliederungs- und Unterstützungspolitik der Bundesregierung und die Skepsis, an den Segnungen des Wirtschaftswunders je teilhaben zu können. Außerdem war innerhalb des *BHE* und seiner Anhänger die Sehnsucht nach ihrer verlorenen alten Heimat jenseits von Oder und Neiße weit verbreitet.

---

[23] Vgl. den Bericht des *CIC* über Oberländer vom 23. Januar 1951 (*US National Archives*, RG 319, File G8-16-91-33 Oberländer, Theodor).

In den ersten Nachkriegsjahren waren viele von ihnen davon überzeugt, ihre Abwesenheit sei nur vorübergehend und von kurzer Dauer, und sie könnten schon bald in die Heimat zurückkehren. Das Niedergehen des Eisernen Vorhangs, die deutsche Teilung und der sich verschärfende Kalte Krieg hatten hier für Krafts Klientel schmerzliche Fakten geschaffen. Die Politiker des *BHE* mußten also, um die Emotionen ihrer Wähler anzusprechen, eigentlich die Quadratur des Kreises vollbringen, zumindest aber einen weiten Spagat bewerkstelligen: je mehr die Vertriebenen sich wirtschaftlich eingliedern und sozial verwurzeln konnten, desto stärker mußte auch ihre politische Integration in die Bundesrepublik voranschreiten - und desto mehr verblaßte in gleichem Maße die Sehnsucht, in die verlorene Heimat zurückzukehren. Eine erfolgreiche Politik zugunsten der Vertriebenen mußte dem *BHE* daher langfristig seine politische und soziale Basis entziehen und, je erfolgreicher desto eher, sein eigenes Ende herbeiführen.

Argumentativ versuchten die führenden Köpfe des *BHE* deshalb, die Forderung nach „Lebensrecht im Westen" mit dem Versuch zu verbinden, das Bewußtsein für ein „Heimatrecht im Osten" in den Köpfen wachzuhalten. Unter dem ersten Begriff ließen sich die Alltagssorgen der Flüchtlinge und Vertriebenen zusammenfassen - hier gewann der *BHE* immer mehr Profil. Keine Regelung der milliardenschweren Lastenausgleichsprogramme, kein Wohnungsbauprogramm kam ohne die Konzepte des *BHE* aus; eine Vielzahl von alltäglichen Hilfen und Unterstützungen wurde in den Reihen des *BHE* entwickelt und auf allen politischen Ebenen durchgesetzt. Ganz anders auf außenpolitischem Gebiet: Das „Recht auf Heimat", das der *BHE* rhetorisch für seine Wähler in Anspruch nahm, war kein dynamisches Konzept. Der *BHE* strebte, *cum grano salis*, die Wiederherstellung des Deutschen Reiches mit Preußen als Kern und Ordnungsfaktor an. Deutschland sollte seine Funktion als Bollwerk des Abendlandes gegen den Bolschewismus Moskaus stärken und ausbauen.

Weite Teile der Vertriebenen machten den Kommunismus allein für ihr Schicksal verantwortlich. Der vorausgegangene Nationalsozialismus mit seinen Verbrechen, der die Vertreibung überhaupt erst nach sich gezogen hatte, trat dahinter vollkommen zurück. Ganz im Geiste der alten Volkstumspolitik, der auch Oberländer anhing, spielte ein wiederhergestelltes Deutsches Reich eine hegemoniale, ordnende Rolle in einem europäischen Kräfte- und Mächtesystem.

„Bevor wir uns aktiv an der Verteidigung Europas und seiner geistigen und materiellen Werte gegen den bolschewistischen Imperialismus beteiligen, müssen wir in die Lage versetzt werden, uns auch als freies Volk zu fühlen. Es muß daher die volle Souveränität Deutschlands wiederhergestellt werden, es muß die deutsche Wirtschaft von allen Fesseln, Verboten und Einschränkungen befreit werden, die heute noch auf ihr lasten, und es muß die Ehre des deutschen Soldaten wiederhergestellt werden, der vier Jahre hindurch in einem blutigen Abwehrkampf gegen den Bolschewismus stand"[24]

hieß es in einem Sonder-Rundschreiben des *BHE* vom Winter 1950. Daraus läßt sich, wie unter einem Brennglas verdichtet, die Befindlichkeit vieler *BHE*-Wähler ablesen: Mit Adenauers mehrstufiger Politik einer gezielten Westintegration der Bundesrepublik hatten sie nicht viel im Sinn - sie zementierte die deutsche Teilung nur unnötig und rückte die alte Heimat in weite Ferne.

Parteibasis und Führung gerieten so schon bald in einen polarisierenden Gegensatz, denn trotz der unabhängigen Stellung des *BHE* in den Ländern wurde immer deutlicher, wie sehr seine Führungsgruppe um Waldemar Kraft in außen- und sozialpolitischen Fragen zu Konrad Adenauer und den bürgerlichen Parteien tendierte. Der Bundeskanzler seinerseits erkannte im *BHE* einen möglichen Bundesgenossen, der die schmale Machtbasis seiner Regierungskoalition in Bonn verbreitern und damit sichern konnte. Beide Kontrahenten bewegten sich aufeinander zu: Zwar erteilte der *BHE*-Bundesvorstand dem Lastenausgleichsgesetz Adenauers im Mai 1952 „aus sittlicher Verantwortung, aus seiner Einstellung zum Recht" eine eindeutige Absage und die Partei polemisierte auf Landesebene heftig dagegen. Doch schon wenige Monate später stimmten Kraft und seine vier *BHE*-Bundestagsabgeordneten der Vorlage dennoch „mit Bedenken und Vorbehalten"[25] zu.

Die Linie Krafts setzte sich in der Partei immer stärker durch, und bereits im Herbst 1952 kündigte sich eine Wende in der bislang reinen Vertriebenenpartei an. Am 14. November 1952 überraschte die Bonner *BHE*-Führung die gesamte Restpartei mit dem Entschluß, den Parteinamen künftig in *Gesamtdeutscher Block (BHE)* umzuändern und den Willen zu demonstrieren, neue Wählerschichten zu erschließen[26]. Bei der Bundestagswahl im Jahre

---

[24] Zitiert bei Neumann, *Der BHE*, S. 56.
[25] Vgl. Protokoll der Bundesvorstandssitzung vom 28. Mai 1952 und Kraft im *GB / BHE-Nachrichtendienst* vom 16. März 1953, beides zitiert bei Neumann, *Der BHE*, S. 72).
[26] Im April 1953 erkor sich die Partei das Brandenburger Tor als neues Parteisymbol, „als Klammer nationaler Tradition, welche das zerstückelte Deutschland zusammenhält, als

331

1953 erhoffte sich die Partei so bis zu 40 Mandate - und erzielte ein so schlechtes Wahlergebnis, das selbst die Pessimisten überraschte. Nur ein Drittel der Vertriebenen hatte für den *BHE* gestimmt, und Kraft zog mit lediglich 27 Abgeordneten in den Bundestag ein, während die *CDU / CSU*-Koalition unter Adenauer die absolute Mehrheit errang. Doch Kraft behielt trotz des Wahldesasters die erklärte Absicht, mit dem *BHE* in jede mögliche Koalition einzutreten, um seine politischen Ziele in der Regierung weiter verfolgen zu können. Daraus erklärt sich der Wandel von seinem bedingten Nein zu einem bedingten Ja gegenüber den Leitlinien Adenauerscher Politik (Westintegration, Wiederbewaffnung) und Krafts Verzicht auf eine eigenständige ostpolitische Konzeption. Schließlich trat der *BHE*, einem zahnlosen Tiger gleich, in eine Koalition mit den Christdemokraten ein und erhielt zwei Ministerposten: Waldemar Kraft übernahm den Posten eines Ministers für besondere Aufgaben, und Theodor Oberländer erhielt das Bundesvertriebenenministerium. Als er sich am 20. Oktober 1953 morgens Bundespräsident Heuss vorstellte und schließlich um 14 Uhr 20 vereidigt wurde, war Oberländer am Ziel seiner Ambitionen: knapp drei Jahre hatte er gebraucht, um von einem namenlosen Zuhörer in einer *BHE*-Versammlung zu einem *BHE*-Minister der Bundesrepublik Deutschland zu werden.

4. Ein kurzer Marsch durch die Institutionen (II)

Das bedingungslose Einschwenken des *BHE* auf seine außenpolitische Linie hatte Adenauer beinahe, aber nicht ganz umsonst bekommen. Zwar wäre der *BHE* wohl grundsätzlich jeder Regierungskoalition beigetreten, und für das Tagesgeschäft wurden die 27 *BHE*-Abgeordneten auch nicht benötigt - wohl aber für eine Zweidrittelmehrheit im Bundestag, die Adenauer für Westintegration und Wiederbewaffnung benötigte. Kraft und Oberländer hatten deshalb in Verhandlungen im September und Oktober 1953 erfolgreich darauf gedrängt, die Stellung des Vertriebenenministers zu stärken. Die Kompetenzen des neuen Ministeriums wurden enorm ausgeweitet, und zum 1. April 1954 wurde das Haus in der Bonner Husarenstraße 30 in *Bundesministerium*

Sinnbild unseres politischen Handelns" (zitiert aus den Redemanuskripten Krafts für 1953 bei Neumann, *Der BHE*, S.90).

für Vertriebene, Flüchtlinge und Kriegsgeschädigte umbenannt[27]. Oberländers Härte bei den Verhandlungen hatte sich ausgezahlt: wurde sein Haus unter seinem Amtsvorgänger Lukaschek in Bonn noch als „Ausgabestelle für Flüchtlingsausweise" verspottet, so lenkte Oberländer als neuer Minister nun die Geschicke der 8,5 Millionen Vertriebenen, 2,2 Millionen Flüchtlingen aus der DDR, 300.000 Evakuierten und - dies der Verhandlungserfolg Oberländers - nun auch 8 Millionen einheimische Fliegergeschädigte, isgesamt also rund 19 Millionen Kriegsgeschädigten. Er vergab die Mittel des Lastenausgleichs, kontrollierte die Programme der Lastenausgleichsbank und war damit im Rahmen eines demokratischen Staatswesens fast absoluter Herrscher über die milliardenschweren Konjunkturprogramme zugunsten der Vertriebenen[28].

Adenauer beschrieb den neuen Minister gegenüber Theodor Heuss als „tüchtig, kenntnisreich und rücksichtslos"[29] - und die ersten, die dieses nun zu spüren bekamen, waren die leitenden Ministerialbeamten im eigenen Haus. Der neue Minister krempelte sein Ministerium bereits in den ersten Wochen vollständig um: die Zahl der Abteilungen wurde von fünf auf drei reduziert, zwei überzählige Abteilungsleiter wurden versetzt, sieben Beamte und Angestellte neu eingestellt, sechs davon waren ehemalige *NSDAP*-Mitglieder. Oberländer, der ohnehin von Anfang an ein gespanntes Verhältnis zur *CDU*-Fraktion besaß, machte sich mit seiner hemdsärmeligen Personalpolitik wenig Freunde: am 18. März 1954 nutzten die Mitarbeiter eine Sitzung des Haushaltsausschusses im Bundestag für eine Demonstration.

---

[27] Tagebucheinträge Oberländers vom 24. September bis zum 7. Oktober 1953. Ein Blick auf die Verhandlungserfolge gibt einen guten Überblick über die Art der Maßnahmen, die den Vertriebenen zugute kamen: Zahlungen in dreistelliger Millionenhöhe waren vorgesehen zur Entschädigung von Kriegsgefangenen, zur Auflösung der Flüchtlingslager und für das Anmieten und den Bau von Wohnungen. 1954 und 1955 sollten jeweils 54 bzw. 50 Professuren für vertriebene Akademiker geschaffen werden. Schließlich sollte über ein neues Wahlgesetz beraten werden, das mit Elementen des Verhältniswahlrechts die Position der kleinen Parteien stärken sollte. Dies fiel allerdings der Verzögerungstaktik Adenauers zum Opfer, der daran kein Interesse hatte (vgl. Neumann, *Der BHE*, S. 112).

[28] Vgl. für detaillierte Zahlen zum Lastenausgleich und zur Eingliederung der Vertriebenen Gerhard Ziemer: *Deutscher Exodus*. Vertreibung und Eingliederung von 15 Millionen Ostdeutschen. Stuttgart 1973, S. 105-139.

[29] Adenauer zu Heuss am 12. Mai 1954 (vgl. *Adenauer - Heuss. Unter vier Augen. Gespräche aus den Gründerjahren 1949 - 1959*. Berlin 1988, S. 135).

Am 1. April schrieb sein Staatssekretär Dr. Peter Paul Nahm, von der *CDU* dem *BHE*-Minister quasi als „Aufpasser" an die Seite gestellt, deprimiert an Globke:

„Meine Hoffnung, daß sich das von Anfang an gespannte Verhältnis zwischen der *CDU*-Fraktion und Minister Dr. Oberländer normalisieren werde, scheint falsch zu sein (...) Große Teile der Fraktion haben sich mit der Tatsache, daß ein *BHE*-Mann das Vertriebenenministerium bekam, noch nicht abgefunden (...) dieser hat durch seine personalpolitischen Maßnahmen (nicht durch alle!), sowie durch die ihm anhaftende Art allerdings einigen Anlaß gegeben, der latenten Spannung Ventile zu öffnen"[30].

Doch auch Nahm selbst geriet nun unter Beschuß: die Belegschaft des Ministeriums bewies einmal mehr ihre dünnen Nerven und beschimpfte ihn in einem Schreiben vom 16. März 1954 als „Feigling", der nur noch „Oberländers Befehlsempfänger" sei. Er möge sein Amt sofort niederlegen und schnellstens aus der Partei austreten, sonst werde die Belegschaft ihrerseits ein Parteiausschlußverfahren angstrengen[31].

Was hatte nun die Gemüter erregt? Zunächst einmal, wie Nahm auch schrieb, hatte die *CDU* Oberländer den Einbruch in eine ihrer angestammten Domänen verübelt. Außerdem betonte Oberländer gegenüber der *CDU*-Fraktion immer wieder, er müsse loyale Beamte um sich haben, und machte von seinem „Recht auf neue Gesichter" intensiven Gebrauch. Der Vorwurf, er öffne dabei ehemaligen Nationalsozialisten die Tore seiner Behörde, war keinesfalls aus der Luft gegriffen. Insbesondere drei von Ihnen hatten im Dritten Reich mehr als zweifelhafte Karrieren gemacht:

Dr. Gerhard Wolfrum, Oberländers persönlicher Referent und ein langjähriger Weggefährte, leitete von 1934 bis 1937 das *BDO*-Schulungsamt in Ostpreußen und war seit 1940 für die *Volksdeutsche Mittelstelle (VOMI)* für die Umsiedlung der Buchenlanddeutschen ins Deutsche Reich zuständig gewesen, bevor er 1942 in die Waffen-SS eintrat. Für die *VOMI* brachte Wolfrum es im SS-Hauptamt in Berlin zum SS-Obersturmführer, was er bei seiner Anstellung allerdings verschwieg. Erst als der Bundesverfassungsschutz im März 1954 seine Akte im *Berlin Document Center (BDC)* einsah, erläuterte Wolfrum, er habe nur *pro forma* der SS angehört. Oberländer nahm ihn dennoch in Schutz: in seinem Anstellungsvorschlag vom Juli 1954

---

[30] Brief Nahms an Globke vom 1. April 1954. *BA*, B 136 Nr. 4699.
[31] Brief der Belegschaft an Nahm vom 16. März 1954. *BA*, B 136 Nr. 4699.

und in Wolfrums Bewerbung und Lebenslauf tauchte das Wort SS kein einziges Mal auf[32].

Werner Vensky, von Oberländer als Berliner Außenstellenleiter vorgesehen, *NSDAP*-Mitglied seit 1931 und 1940 Oberbürgermeister von Posen, hatte dort als Gauamtsleiter die Eingliederung des *Reichsgaues Wartheland* in das Deutsche Reich aktiv betrieben[33]. Georg Goldschmidt, neuer Hilfsreferent im Ausländerrat, war Ungarndeutscher und österreichischer Staatsbürger. Er spielte als stellvertretender Vorsitzender der *Volksdeutschen Kameradschaft* im *Volksbund der Deutschen in Ungarn (VDU)* vor und im Zweiten Weltkrieg eine wesentliche Rolle, die beide durch *VOMI* und SS-Hauptamt kontrolliert wurden. Nach dem Krieg verschwand er zunächst für einige Zeit nach Argentinien und war nach seiner Rückkehr bemüht, die österreichische Staatsbürgerschaft abzulegen, was Österreich indes grundsätzlich ablehnte. So beantragte er im Jahre 1953 in Bayern bei dem zuständigen Staatssekretär Theodor Oberländer, ihm den den Flüchtlingsstatus - als Vorstufe der deutschen Staatsbürgerschaft – zuzuerkennen.

Die Einstellung Goldschmidts schlug hohe Wellen innerhalb der *CDU*: der Fraktionsvorsitzende Heinrich v. Brentano schrieb an Globke, er „sehe die Verwendung eines österreichischen Staatsbürgers mit einer höchst dubiosen politischen Vergangenheit mit größtem Mißfallen", verhinderte aber, daß die Fraktion im Fall Goldschmidt eine kleine Anfrage an die Bundesregierung startete. Zwischen dem *CDU*-Abgeordneten Walter Rinke und Oberländer entspann sich wegen Goldschmidt ein heftiger Streit. Rinke warf Oberländer vor, mit Goldschmidt habe ein „prononcierter Nationalsozialist nur mit Ihrer persönlichen Hilfe Einfluß in einem Bundesministerium" erlangt und sei obendrein unberechtigterweise zum Deutschen nach Artikel 116 des Grundgesetzes gemacht worden[34].

All diese Fälle waren, selbst nach den Maßstäben der fünfziger Jahre, kaum zu rechtfertigen – was Oberländer kaum anfocht. Er stellte sich insbe-

---

[32] Anstellungsvorschlag des Vertriebenenministeriums an Globke vom 6. Juli 1954, *BA*, B 136 Nr. 4699).

[33] Vgl. die Kopie seines *BDC*-Dossiers vom 29. März 1954, *BA*, B 136 Nr. 4699 sowie Kurt. P. Tauber: *Beyond Eagle and Swastika*. German nationalism since 1945. Middletown 1967, S. 925).

[34] Brief Brentanos an Globke vom 24. Juni 1954, Brief Oberländers an Rinke vom 31. März und 22. Mai und Oberländers Antwort vom 9. April 1954 alle *BA*, B 136 Nr. 4699; vgl. auch „Oberländers Gefolgschaft", *Die Zeit* vom 6. Mai 1954).

sondere vor Wolfrum, seinen alten Freund und Weggefährten aus bündischen Zeiten, und erklärte, er sehe jeglicher Anfrage zur Personalstruktur seines Ministeriums „mit Vergnügen entgegen". Seine Kandidaten bejahten die Demokratie und seien fachlich einwandfrei[35].

Die Kritik an seinen Personalentscheidungen und seiner Vorgeschichte sollten den neuen Bundesvertriebenenminister schon lange vor der im Osten gestarteten „Oberländer-Schlacht" begleiten. Bereits zu seinem Amtsantritt schilderte die polnische *Trybuna Ludu* vom 28. April 1954 die „Karriere eines Polenfressers". In das gleiche Horn blies der französische *L'Express*: „Dieser Mann ist gefährlich", titelte sie am 2. Mai 1954 und schilderte ebenfalls Oberländers Vergangenheit. Der Ost-Berliner *Deutschlandsender* sprach vom „Mörder im Ministerfrack" und verbreitete sich ausführlich über Oberländers Artikel im *Neuen Bauerntum*. Die westdeutsche *Zeit* urteilte feinsinnig, aber nicht weniger kritisch, als sie Oberländer am 27. Mai 1954 eine „seltene Mischung von Tatkraft und Anpassungsfähigkeit" attestierte.

Doch Adenauer hielt still - er brauchte die 27 Stimmen des *BHE* für eine tragfähige Zweidrittelmehrheit im Bundestag. Kraft und Oberländer machten es ihm leicht, paßten sie sich doch vollkommen an die außenpolitische Linie des Bundeskanzlers an. Ihr Spagat zwischen markigen Vertriebenenparolen nach innen und pragmatischer Politik im Gefolge Adenauers nach außen machte sie zum Ziel immer größerer Unmutsäußerungen - nicht nur in den Medien, sondern vor allem in den eigenen Reihen. Kraft, dessen Stellung als Parteigründer fast sakrosankt war, und sein *BHE*-Bundesvorstand hatten alle wichtigen Entscheidungen des Jahres 1953 fast selbstherrlich und autoritär entschieden, ohne sich vorher der Zustimmung eines *BHE*-Parteitages versichert zu haben. Sein Anpassen an den Adenauer-Kurs und der Eindruck, die Partei werde von einer Kamarilla geführt, schürte neuen Unmut. Vor allem die Vertreter der Landsmannschaften innerhalb des *BHE* kritisierten, die von Kraft unterstützte Politik Adenauers schreibe die deutsche Teilung auf unabsehbare Zeit fest und gefährde das

---

[35] Brief Oberländers an Adenauer vom 29. Mai 1954, *BA*, B 136 Nr. 4699; „*CDU* kritisiert Oberländer", *Neue Rhein-Zeitung* vom 6. April 1954. Allerdings bat Globke im Auftrag von Adenauer am 4. Januar 1955 darum, Oberländer möge alle Beamten und Angestellten im höheren Dienst, die „ehemals deutschen Volksgruppen im Ausland angehörten", auflisten. In dieser Aufstellung fehlt beispielsweise bei Georg Goldschmidt jegliche Angabe über seine Volksgruppentätigkeit während des Krieges (Auflistung vom 12. Februar 1955, ebd.).

Recht auf Heimat. Anfang Mai 1954 fand in Bielefeld der zweite *BHE*-Bundesparteitag statt. Dort entlud sich der geballte Unmut der Delegierten: Kraft wurde zwar mit einem respektablen Ergebnis - 90 der 131 Stimmen - wiedergewählt. Doch für den an absolute Wahlsiege gewöhnten Parteigründer glich dies einem Eklat. Als der Parteitag dann auch noch seine Pressereferentin, Beraterin und langjährige Freundin, Gräfin Eva Finck v. Finckenstein, für den *BHE*-Vorstand nicht wiederwählte, war die Demütigung für Kraft komplett. Er nahm seine Wiederwahl nicht an, die Partei stand plötzlich kopflos da.

Erneut hatten Oberländers Karriereauguren beim amerikanischen *CIC* eine solche Situation bereits im Jahre 1951 durchdacht und die Reaktion des agilen Professors vorausgesagt: „it is quite possible that Oberländer will attempt to eclipse Waldemar Kraft (...) in case that the apparat should show weaknesses"[36]. Sie behielten recht: die Landesvorsitzenden drängten nun Krafts Stellvertreter Theodor Oberländer, die Position Krafts zu übernehmen, um den Zusammenhalt der Partei zu gewährleisten. Artig zierte sich Oberländer zuerst, willigte aber schließlich, nach eigenem Bekunden widerstrebend, ein und wurde mit 92 von 110 Stimmen gewählt. „Oberländer hat's geschafft - durch Kraft!", lautete der Text unter einer gängigen Karikatur, in der Oberländer auf dem gebeugten Rücken Krafts saß[37].

In seinem Vortrag auf dem Bielefelder Parteitag hatte Oberländer aus seinem scharfen Antikommunismus keinen Hehl gemacht. Dabei war er mit den Klassikern seiner Freunde gut vertraut. Unter dem Motto „Geschädigte aller Gruppen, vereinigt euch!" sah er die gleichmäßige Fürsorge des Staates

---

[36] Vgl. den Bericht des *CIC* über Oberländer vom 23. Januar 1951 (*US National Archives*, RG 319, File G8-16-91-33 Oberländer, Theodor).

[37] Brief Oberländers an Adenauer vom 12. Juli 1955 (Kopie im Archiv des Autors); so auch Richard Stöss (Hg.): *Parteien-Handbuch. Die Parteien der Bundesrepublik Deutschland 1945-1980*. Opladen 1984 S. 1435, und Neumann, *Der BHE*, S. 119, der auch ein Interview Oberländers mit der *FAZ* vom 12. Juli 1955 zitiert. Dieses Zögern paßt eigentlich nicht zu der ansonsten rücksichtslos betriebenen Karriere des Professors - ganz zu schweigen von der amerikanischen Prognose zu Oberländers Karriere, die bis dahin in allen Punkten eingetroffen war und auch diesen Schritt vorausgesehen hatte. Schon Adenauer hatte gegenüber Heuss gemutmaßt, Oberländer habe die Ablösung Krafts seit längerem betrieben (vgl. Adenauer - Heuss, S. 135). Auch die *FAZ* vermerkte, Oberländer müsse Kraft „eingewickelt" haben und folgerte daraus, „nicht nur Revolutionen, sondern auch Parteien vermögen wohl ihre eigenen Kinder aufzufressen" („Bonner Köpfe: Theodor Oberländer", *FAZ* vom 28. Mai 1954).

für alle Geschädigten vor allem als einen innenpolitischen Beitrag gegen den Kommunismus im Kalten Krieg. Mit diesem Anspruch hatte Oberländer auch seine Arbeit als Minister begonnen. Er hatte sich gemeinsam mit Kraft zu den Leitlinien Adenauerscher Außenpolitik bekannt und war bereit, sie mitzutragen und die Fraktion der 27 *BHE*-Abgeordneten im Bundestag dafür zu disziplinieren. Auf dem Parteitag schieden sich die Geister erstmals offen in zwei Lager, und die Kritik an dieser pragmatischen Haltung der Kamarilla um Kraft und Oberländer sollte nun auch nicht mehr verstummen. Sie bekam bald einen prominenten Fürsprecher - in Gestalt eines neuen Parteimitgliedes. Der *CDU*-Bundestagsabgeordnete Dr. Linus Kather hatte alle seine Parteiämter in der *CDU* aus Unzufriedenheit mit der Adenauerschen Flüchtlingspolitik bereits 1952 niedergelegt und sich nach der Bundestagswahl 1953 selbst Hoffnungen auf das Vertriebenenministerium gemacht. Im Sommer 1954 trat Kather zum *BHE* über und wurde sogleich - gegen den Protest von Kraft - in den *BHE*-Bundesvorstand gewählt.

Die Spannungen vor allem in außenpolitischen Fragen, die sich in Bielefeld artikuliert hatten, wurden durch Kathers Eintritt nicht gemildert - sie verstärkten sich noch durch dessen persönliche Animosität Oberländer gegenüber. Offener Streit entzündete sich schließlich an der Frage, welchen Status das Saarland in Zukunft haben sollte und welche Bedeutung diese Frage in Adenauers Konzept der Westbindung einnahm. Es war für Bonn die Nagelprobe für jeden ernsthaften Versuch, in Sachen Europa voranzukommen. Laut Kraft und Oberländer mußte man dem Saarstatut zähneknirschend zustimmen, um dadurch das Geflecht der Westverträge und die Wiederbewaffnung nicht zu gefährden. Das Recht auf Heimat und der Anspruch auf die deutschen Ostgebiete sahen sie dabei nicht gefährdet. Die landsmannschaftliche Gruppe um Kather und den niedersächsischen *BHE*-Landesvorsitzenden Friedrich v. Kessel - ohnehin stimmgewaltigste Widersacher Oberländers - war hier ganz anderer Auffassung: für sie bedeuteten Saarstatut und Westverträge, deutschen Boden preiszugeben und damit indirekt auch auf die deutschen Ostgebiete zu verzichten. Da auch ein außerordentlicher *BHE*-Parteitag im Februar 1955 die Partei weiter spaltete und der Gruppe um Kraft und Oberländer mit 70 zu 44 Stimmen eine empfindliche Abstimmungsniederlage in der Saarfrage bescherte, drohte der *BHE*, daran zu zerbrechen. Am 26. und 27. Februar 1955 stimmten im Bundestag 16 *BHE*-Abgeordnete gegen und 11 für das Saarstatut.

Diskret sondierten die Unterlegenen um Kraft und Oberländer nun ihre Zukunftschancen jenseits des *BHE*. Am 9. April übte Oberländer öffentlich scharfe Kritik an den „irreführenden" politischen Konzepten Kathers und seiner Anhänger innerhalb des *BHE*: der einzig reale Weg zur Wiedervereinigung führe gegenwärtig über die Pariser Verträge, und es sei äußerst fraglich, ob ein Ausgleich der Interessen innerhalb des *BHE* zwischen ihm und Kather überhaupt noch wünschenswert sei. Bereits am 25. April 1955 berichtete Adenauer Heuss von einer vertraulichen Anfrage, ob die *CDU* bereit sei, die Abtrünnigen in ihre Reihen aufzunehmen. Zunächst zögerte Adenauer noch, um den Ausgang der niedersächsischen Landtagswahlen abzuwarten. Auch bei der *CSU* hatte Oberländer sich nach Möglichkeiten erkundigt. Im Frühsommer 1955 verdichteten sich endgültig Gerüchte in den Medien, einzelne *BHE*-Mitglieder bereiteten im Stillen ihren Absprung vor. Als Theodor Oberländer von einem hintersinnigen Spötter eine Tube *Uhu*-Klebstoff zugeschickt bekam mit der Bemerkung, im Falle eines Falles klebe Uhu wirklich alles, reimte er zurück: „Uhu klebt Papier, Geschirr / doch nicht politisches Gewirr / die Kittbemühung stell' ich ein / weil i c h nicht geleimt möcht sein[38]".

Am 11. Juli 1955 ergriff Oberländer schließlich die Initiative: vormittags ließ Oberländer in Adenauers Umgebung sondieren, wie der Bundeskanzler auf einen Austritt der Renegaten in Richtung *CDU* reagieren würde. Sein Staatssekretär Dr. Peter Paul Nahm hatte sich am 11. Juli 1955 vormittags mit Globke und Heinrich Krone getroffen, um die Modalitäten eines Übertritts zu erörtern. Krone ermutigte Nahm stellvertretend für Oberländer ausdrücklich, zu handeln: die Regierung benötige zwar die Zweidrittelmehrheit der Abgeordneten nicht mehr, der Kanzler habe aber „den beiden Ministern [Kraft und Oberländer] Versicherungen abgegeben. wir sind es dieser Gruppe schuldig, daß diese Versicherungen um jeden Preis eingehalten werden". Globke informierte Nahm darüber, auch der restliche *BHE* sei an die *CDU* mit der Forderung herangetreten, im Falle eines Ausscheidens von Kraft und Oberländer müsse Adenauer aus dem Rest-*BHE* zwei neue Minister ernennen. Adenauer habe sich dazu nicht geäußert, vielmehr gegenüber Globke betont, ein Fallenlassen gerade Krafts komme nicht in Frage[39].

---

[38] Vgl. Adenauer - Heuss, S. 160; „Hörensagen", *Der Spiegel* Nr. 21 vom 18. Mai 1955; „Personalien: Theodor Oberländer", *Der Spiegel* Nr. 32 vom 3. August 1955.
[39] Vgl. das Protokoll der Unterredungen Nahms mit Globke und Krone vom 11. Juli 1955 (Privatarchiv Oberländer).

Nachmittags erklärte eine neunköpfige, so benannte „*Kraft-Oberländer-Gruppe*" dann ihren Austritt aus der *BHE*-Bundestagsfraktion. Oberländer begründete den Schritt damit, in der Partei seien „politische Spannungen und menschliche Unzulänglichkeiten in einem solchen Ausmasse aufgetreten (...), daß deren Ausgleich meine Kräfte überschreitet". Man wolle deshalb auf neuem Weg zum alten Ziel gelangen. Der überrumpelte *BHE*-Rest schäumte: die neun Renegaten wurden als Putschisten, Opportunisten, Überläufer und Deserteure beschimpft und gleichzeitig aufgefordert, ihre Bundestagsmandate zurückzugeben. Oberländer dachte jedoch gar nicht daran, ebenso wie die anderen. Ihn freute es besonders, seinen intimen *BHE*-Widersacher Friedrich v. Kessel an den Fall Linus Kathers zu erinnern. Oberländer schrieb Kessel am 21. Juli, durch den Übertritt Kathers sei ein Präzedenzfall geschaffen worden, der seinerzeit vom *BHE* „mit Freuden begrüßt wurde. Gleiches Recht für Alle!"[40].

Erstmals in der deutschen Parteigeschichte hatten Gründer und Parteivorsitzender gemeinsam ihre angestammte Partei verlassen - der Kopf hatte sich vom Körper gelöst, wie die *FAZ* am 26. August 1955 schrieb. Kraft und Oberländer legten ihre Parteiämter nieder, stellten Adenauer ihre Ministerposten zur Verfügung und suchten bei Adenauer darum nach, als Hospitanten in die *CDU* aufgenommen zu werden[41]. Adenauer vertröstete Oberländer zunächst mehrfach über die Sommerferien hinaus, um die weitere Entwicklung des *BHE* abzuwarten, wie er Heuss anvertraute. Eine Lungenentzündung im Herbst band den Kanzler für Wochen an sein Rhöndorfer Bett und verlängerte die Zeit zusätzlich. Für Oberländer waren diese Monate als Minister auf Abruf unerträglich. Als er nach drei Monaten immer noch keine Entscheidung Adenauers hatte, setzte er dem Bundeskanzler am 26. Oktober

---

[40] Briefe verschiedener Parteiführer an Oberländer zwischen dem 13. und dem 28 Juli 1955, Brief Oberländers an Kessel vom 21. Juli 1955 und Austrittserklärung Oberländers vom 11. Juli 1955 (alle Privatarchiv Oberländer), auszugsweise zitiert bei Neumann, *Der BHE*, S. 158.

[41] Vgl. Presseerklärung Oberländers vom 15. Juli 1955 (Privatarchiv Oberländer) sowie Adenauer - Heuss, S. 168. Am 12. Juli erhielt Adenauer noch einmal Besuch vom *BHE* - diesmal von den Rest - Führern v Kessel und Mocker. Sie erklärten, der Rest *BHE* besitze mit 18 Abgeordneten noch Fraktionsstatus und wolle die Koalition fortsetzen. Adenauer müsse nur Kraft und Oberländer zur Entlassung vorschlagen, dann werde die Fraktion zwei neue Kandidaten präsentieren. Adenauer spielte auf Zeit und hielt die beiden hin, er könne die Bundesregierung nicht als „Dauerfraktionsausschuß" betrachten und müsse die neue Lage erst im Koalitionsausschuß besprechen (ebd.).

1955 die Pistole auf die Brust und bat um eine Entscheidung innerhalb von drei Tagen. Doch Adenauer war noch schwer krank und vertröstete ihn ein weiteres Mal wortreich und gekonnt - Oberländer mußte sich noch bis ins neue Jahr gedulden. Am 12. Januar 1956, sieben Tage nach seinem achtzigsten Geburtstag, bat Adenauer ihn schließlich, sein Amt weiterzuführen, und fünf Wochen später trat Oberländer in die *CDU* ein[42].

Der Wechsel der *Kraft-Oberländer-Gruppe* und ihr Eintritt in die *CDU / CSU* und *FDP* war sinnfälliger Ausdruck der Tatsache, wie sehr der *BHE* seine sozialpolitische Mission bereits erfüllt hatte und Adenauer mit seiner Vorhersage Recht behalten hatte, der *BHE* sei als Partei auf Dauer zum Sterben verurteilt. Die politische Integration der Vertriebenen in der Bundesrepublik hatte große Fortschritte gemacht und war, unbeschadet vieler noch offener Einzelfälle, auf gutem Wege. Der *BHE* selbst ging unter Vorsitz von Friedrich v. Kessel in die Opposition, und die Anliegen einer sozialen Interessenpartei traten nun eindeutig hinter die rückwärtsgewandte Propaganda gegen die „Verzichtspolitik" Adenauers zurück. Doch der benötigte die *BHE*-Abgeordneten nicht mehr - sie hatten unter der straffen Führung Oberländers seine Politik des Westbindung im Bundestag mit verabschiedet. Durch seine Flucht nach vorn hatte Oberländer seine Karriere vom Schicksal des *BHE* gelöst und sein Amt rechtzeitig aus der Konkursmasse des *BHE* in Sicherheit gebracht. Adenauer hatte dabei wohlwollend seine Hand über ihn gehalten, und Oberländer revanchierte sich durch absolute Loyalität. Im Februar 1955 erklärte er:

„Es ist möglich, daß ich aus dem Parteivorstand ausscheide, es ist auch möglich, daß ich im *BHE* meine Funktionen niederlege. Fest steht aber, daß ich so lange auf diesem Sessel hier [dem des Vertriebenenministers] bleibe, wie der Bundeskanzler Adenauer heißt"[43].

In der Tat saß Oberländer fest im Sattel und konnte sich auf den Rückhalt des Bundeskanzlers verlassen. Während der *BHE* schon bald in der politischen Bedeutungslosigkeit versank, waren Kraft und er die einzigen Köpfe aus dessen Reihen, die als *CDU*-Mitglieder auf ihren Posten blieben. Adenauer sorgte nicht nur dafür, daß Oberländer für die Bundestagswahl 1957

---

[42] Vgl. die Briefe Oberländers an Adenauer vom 25. und 26. Oktober 1959 und dessen Antworten vom 29. Oktober 1955 und vom 12. Januar 1956 (Privatarchiv Oberländer); Adenauer - Heuss, S. 168; Adenauer, *Teegespräche* 1955 - 1958, S. 385, sowie Henning Köhler: *Adenauer. Eine politische Biographie*. Frankfurt am Main 1994, S. 788 und S. 906.

[43] Vgl. „Zitate", *Der Spiegel* Nr. 6 vom 2. Februar 1955.

ein sicherer *CDU*-Wahlkreis Hildesheim eingeräumt wurde. Er beließ Oberländer auch nach der Bundestagswahl 1957 auf seinem Ministerposten, obwohl er den Nutzen des Ministeriums für zweifelhaft hielt und aus den Reihen der Vertriebenen Oberländers Ablösung gefordert wurde[44].

Die Allianz des rheinischen Katholiken, der Europa vom Kölner Dom aus dachte, und des protestantischen Professors, dessen Gedanken- und Gefühlswelt sich sich stets nach Osten orientierte, mutet auf den ersten Blick seltsam an. Ebenso erscheint der defensive Antikommunismus Adenauers nicht recht mit dem klaren Freund-Feind-Schema Oberländers vereinbar, der den Feind stets in Moskau sah und gegen ihn seit 1932 unter wechselnden Fahnen kämpfte - von der schwarz-weißroten deutschen Reichsfahne bis zum US-Sternenbanner. Und doch gab es Gemeinsamkeiten, die Adenauer und Oberländer verbanden. Für Adenauer war weniger die konkrete militärische Bedrohung eine Quelle der Sorge - zu Zeiten des Kalten Krieges war sie eh ein latenter Dauerzustand. Unterwanderung und Fünfte Kolonne, das waren für ihn Schreckenswörter, und daraus erwachsende unbestimmte, nicht zu erkennende Gefahren für die junge Bundesrepublik machten ihm Angst. Seine Reaktion darauf hieß Politik der Stärke - nur so ließen sich die Sowjets beeindrucken. Genau hier traf er sich mit Oberländer. Der sah die Integration der Vertriebenen als integralen Teil des Kalten Krieges, als Kampf gegen den seit fast zwanzig Jahren gleichen Gegner an einer inneren Front. Oberländer betonte gegenüber John J. Mc Cloy im Sommer 1955,

„Living conditions in the refugee camps are very poor and the inmates are a ready prey to radical propaganda (...) The Soviets would not allow so many people to leave their territories constantly if they did not hope that some day this would help to create a labour crisis in Western Germany, with chances of a political blow-up (...) the refugee problem should be considered as part of the cold war"[45].

---

[44] Vgl. Daniel Koerfer: *Kampf ums Kanzleramt. Erhard und Adenauer.* Stuttgart ²1988, S. 163 und S. 177. Am 18. Oktober 1957 erklärte Adenauer Heuss, „es könne zweifelhaft sein, ob dieses Ministerium noch existenzberechtigt sei (...) Aus politischen Erwägungen sei es jedoch notwendig, es noch weiter beizubehalten. Vorgesehen sei Bundesminister Oberländer"(vgl. Adenauer - Heuss, S. 248).

[45] Tagebucheintrag Oberländers vom 6. Juni 1955 sowie Brief Oberländers an John J. McCloy vom 20. Mai 1955 und das Memorandum des Gesprächs zwischen McCloy und Oberländer am 6. Juni 1955 in New York (Archiv des Autors).

5. Die Zeiten ändern sich - Vorboten des Sturms

Als Oberländer nach der Bundestagswahl 1957 im Zenit seiner Karriere stand, waren die Vorwürfe, die seine Vergangenheit betrafen, weitgehend verstummt. In der Friedhofsruhe der bleiernen Zeit genossen die Deutschen das Wirtschaftswunder und die neue Reiselust. Über die Facetten der nationalsozialistischen Vergangenheit herrschte dagegen beredtes Schweigen. Erst der Ulmer Einsatzgruppenprozeß im Jahre 1958 rüttelte die Teile der Bevölkerung - und die Medien - auf, die bemüht waren, das moralische Ansehen Deutschlands in der Welt wiederherzustellen. Angesichts des propagandistischen Trommelfeuers aus Ost-Berlin stieg der Drang, sich mit der eigenen Vergangenheit auseinanderzusetzen, zumal es der DDR stets darum ging, sich selbst als das bessere Deutschland zu präsentieren. Dennoch bekam die bundesdeutsche Gesellschaft und insbesondere die Justiz ihre eklatanten Versäumnisse im Umgang mit der eigenen Vergangenheit schmerzhaft um die Ohren geschlagen. Die Unerträglichkeiten mußten von den Propagandisten der *SED* nicht erfunden, sondern nur aufgesammelt werden.

Gleichzeitig dazu wandelte sich aber auch die Stimmung innerhalb der Vertriebenen. Mit ihrer wirtschaftlichen Eingliederung und der Sicherung ihrer materiellen Basis verlagerte sich ihre politische Rhetorik und ihr Gewicht von der sozialpolitischen auf die außenpolitische Ebene. Im Lichte der westlichen und Bonner Initiativen, Bewegung in die festgefahrene Ostpolitik zu bringen, erscholl der Ruf nach dem Recht auf Heimat immer lauter. Die politische Polemik gebar ein neues Schimpfwort: den „Verzichtspolitiker", der mit leichtfertigen Initiativen die deutschen Ostgebiete preisgebe. Auch Oberländer, obschon ein Anhänger der Eckpfeiler Adenauerscher Politik, bildete hier keine Ausnahme. Seine dröhnenden Sonntagsreden waren zwar Balsam für die Seelen vieler Vertriebener, widersprachen jedoch dem Grundgefühl weiter Bevölkerungskreise, die quer durch alle Parteien in jeglicher politischer Initiative die Chance eines Fortschritts sahen. Das politische Bonn reagierte auf die östlichen Attacken stets mit dem gleichen Hinweis, schon durch die Urheberschaft sei jegliche Kritik in jedem Falle unberechtigt und in Kürze auch ausgestanden.

Politische Köpfe mit weniger automatischen Reflexen konnten sich damit allerdings nicht zufrieden geben. Einer der ersten, die deshalb mit Oberländer in einen Dauerzwist eintraten, war Professor Carlo Schmid, *SPD*-Mitglied und Vizepräsident des Bundestages. Er war im März 1958 nach

Warschau gereist und hatte dort eine Woche an der Universität nicht nur Vorlesungen über die Staatstheorie Macchiavellis gehalten, sondern auch versöhnliche Worte gegenüber den Polen gefunden. Für die Vertriebenenverbände Grund genug, ihn als Hauptredner einer Gedenkveranstaltung zum 17. Juni wieder auszuladen - mit der Begründung, er habe durch seine Worte in Warschau das Recht verwirkt, die Forderung des deutschen Volkes nach Wiedervereinigung zu vertreten.

Oberländer stieß ins gleiche Horn und schrieb zum Jahresende 1958 an Schmid, er hätte in das Lager Friedland reisen sollen, um Menschen zu erleben, die dreizehn Jahre unter dem polnischen System gelitten hätten. Als dieser daraufhin ein kursierendes Gerücht aufgriff und in einem Interview behauptete, Oberländer sei während des Krieges als Aussiedlungskommissar bei Alfred Rosenberg tätig gewesen, war der Stab zwischen beiden endgültig gebrochen. Zwar nahm Schmid diese Unterstellung zurück, doch schon einige Monate später - auf dem Höhepunkt der DDR-Kampagne gegen Oberländer - äußerte Schmid auf einer Israel-Reise gegenüber der Zeitung *Jedioth Chadaschoth* am 25. Dezember 1959 harsche Kritik an Oberländer: „Ich setze mich mit diesem Manne nicht an einen Tisch!"[46].

Im Herbst 1959 begann in weiten Teilen der Bevölkerung und der veröffentlichten Meinung ein Stimmungsumschwung, der die Menschen die nationalsozialistische Vergangenheit gerade ihrer politischen Klasse gänzlich anders beurteilen ließ. Oberländers Fall ist das beste Beispiel für diese nachhaltige Veränderung: an der Faktenlage hatte sich gar nichts geändert, sein Vorleben war bereits im Jahre 1953 bei seinem Amtsantritt hinlänglich bekannt gewesen und ausgiebig kritisiert worden - ohne Erfolg. Auch dies war ein Spiegel der Zeit: bei den Parteien und in den Medien schien die aktive oder zumindest opportunistische Betätigung in der *NSDAP* bis zum Herbst 1959 auf seiten der veröffentlichten Meinung und bei den Parteien als läßliches Fehlverhalten gewertet zu werden. Eine solche Vergangenheit empfahl zwar nicht für allerhöchste Staatsämter, durfte aber doch der Gnade des Vergessens oder Vernachlässigens teilhaftig werden. Selbst denjenigen, wie Adenauer, die Widerstand geleistet oder sich völlig herausgehalten hatten und nach 1945 an die Spitze der Parteien getreten waren, blieb in der Praxis häufig leider keine andere Wahl, als hier höchst pragmatisch vorzugehen. Darin spiegelte sich das kollektive Verhalten eines ganzen Volkes,

---

[46] Brief Oberländers an Schmid vom 29. Dezember 1958, zitiert in: Petra Weber: *Carlo Schmid 1896-1979. Eine Biographie.* München 1996, S. 613 und 896.

das sich auf die eine oder andere Weise mit dem Nationalsozialismus eingelassen hatte: wirklich Unbelastete gab es kaum. Doch ein Minister, der als Achtzehnjähriger im Jahre 1923 auf die Feldherrnhalle marschiert war, zu Beginn der dreißiger Jahre zahlreiche politische Ämter auf sich vereinigt und im nationalsozialistischen Publikationsdschungel eine breite Spur hinterlassen hatte, erwies sich seit dem Herbst 1959 als immer weniger tragbar - unabhängig davon, woher die Kritik gegen ihn stammte. Oberländer selbst gab seinen Kritikern durch die von ihm erwirkte Besetzung des *Tat*-Verlagshauses in Fulda und seine umstrittene Pressekonferenz in Bonn am 30. September 1959 noch zusätzliche Nahrung. Die Bedenken der Öffentlichkeit wurden bald auch die Bedenken seiner Partei, der *CDU*. Vor allem Heinrich Krone und andere sahen Sonntagsredner wie Oberländer als hinderlich für einen Ausgleich mit dem Osten an, der mehr und mehr auf die globale Tagesordnung zu rücken schien. Dabei ließen sich für manche dabei auch etliche alte Rechnungen begleichen, die Oberländer auf Grund seiner ebenso stringenten und rücksichtslos verfolgten Karriere noch offen hatte.

Innerhalb der *CDU* ergriff als einer der ersten Johann Baptist Gradl, Kopf der Vertriebenen innerhalb der *CDU*, das Wort. Er schrieb im Oktober 1959 an Oberländer, er solle „in der Öffentlichkeit nicht in einer Weise sprechen, die Sie sozusagen als den Interpreten der amtlichen Ostpolitik erscheinen läßt". Den Zielen einer deutschen Ostpolitik sei es nicht dienlich, wenn sie von einer Person interpretiert würden, die in der Ostarbeit des Dritten Reiches führend gewesen sei. Oberländers postwendend gelieferte Hinweise auf seine Differenzen mit NS-Größen wie Koch und seine Rolle im Kriege ließ Gradl nicht gelten:

„Gleichgültig ob das, was Sie sagen, richtig oder falsch ist, halte ich es im Interesse der deutschen Ostpolitik nicht für gut, daß sie von jemandem formuliert und öffentlich vertreten wird, der in den Jahren nach 1933 in der damaligen Ostarbeit führend tätig war. Ich will gar nicht bezweifeln, daß [Sie] diese Arbeit nach bestem Wissen und Gewissen zu tun glaubten. Aber die damalige Politik hat schließlich zu dem Unglück des deutschen Ostens geführt, das wir heute unter so ganz anderen Umständen zu bewältigen suchen müssen"[47].

Überhaupt war Gradls Neubewertung von Oberländers Rolle und Persönlichkeit kein Einzelfall - der atmosphärische Stimmungsumschwung machte auch vor Oberländers persönlichem Umfeld nicht halt. Bestes Beispiel dafür

---

[47] Briefe Gradls an Oberländer vom 26. Oktober und vom 2. November 1959 (Privatarchiv Oberländer).

bot der evangelische Theologe Professor Hans Joachim Iwand, der Oberländers Familie aus Königsberger Zeiten sehr verbunden war. Im Jahre 1953 hatte er Oberländers Amtsantritt noch euphorisch begrüßt[48], doch in den fünfziger Jahren hatte er sich stets für den Ausgleich zwischen Ost und West eingesetzt. Er war ein Gegner der atomaren Bewaffnung der Bundeswehr und vertrat die Ansicht, Deutschland müsse auf die Ostgebiete verzichten, um zu einem dauerhaften Ausgleich mit Polen zu kommen. Mithin stand seine Position der Oberländers diametral gegenüber, und im Herbst 1959 kam es zwischen beiden zu einem heftigen Streit, in dem Iwand gegenüber Oberländer sehr ernste nachdenkliche und kritische Worte fand. Am 26. Oktober 1959 - drei Tage nach Albert Nordens großer Pressekonferenz in Ost-Berlin - erfuhr Oberländer durch die *CDU*-Abgeordnete Elisabeth Schwarzhaupt von einer öffentlichen Bemerkung Iwands, ein amtierender Minister habe während des Krieges Umsiedlungserlasse im Warthegau unterzeichnet und trete heute für das Recht auf Heimat ein[49]. Zu diesem Zeitpunkt hatte Oberländer Adenauer bereits seinen Rücktritt angeboten und wurde in den östlichen Medien als Kriegsverbrecher und Mörder Banderas gebrandmarkt - er befand sich also mitten im Kreuzfeuer östlicher Kritik.

Entsprechend dünnervig war seine Reaktion - aus der Bemerkung Iwands entspann sich ein heftiger Streit mit Oberländer, den selbst sein Staatssekretär Nahm nicht mehr schlichten konnte. Iwand erinnerte Oberländer zornig an seine Königsberger Jahre:

„Wir kennen uns nun doch schon seit langem, und ich darf Ihnen versichern, dass ich Sie von der Königsberger Zeit her sehr geachtet habe. Dass Sie aber so stark zu den Nazis über-

---

[48] Iwand war dort bis 1937 Direktor des Predigerseminars gewesen und versah eine theologische Professur in Riga, bis er sich mit Erich Koch überwarf und den Krieg als Pfarrer in Dortmund überstand. Nach 1945 wurde er Professor in Göttingen und Bonn. Am 21. Oktober 1953 schrieb Iwand an Oberländer: „Lieber Herr Oberländer! Zu Ihrer Ernennung zum Minister beglückwünsche ich Sie und uns. Denn ich freue mich wirklich, dass angesichts der ungeheuren geschichtlichen Aufgabe, die die nächsten Jahre für den Bestand und die Zukunft Deutschlands in sich bergen, gerade Sie es sind, dem ein so wichtiges Stück davon anvertraut ist. Ich freue mich, denn (...) ich weiß, mit wie beweglichem Geist und aktiver Zuversicht Sie das Ostproblem von jeher gesehen und angepackt haben. Möge Gott es Ihnen geben, dass wenigstens ein paar Schritte zu einem guten, nicht nur restaurativen Ziele in dieser Hinsicht gelingen" (Privatarchiv Oberländer).

[49] Vgl. die Briefe Frau Schwarzhaupts an Iwand vom 26. Oktober 1959 und an Oberländer vom 27. November 1959 und vom 10. Dezember 1959 (Privatarchiv Oberländer).

schwenkten und nicht sahen, dass in diesem Lager die Gedanken [der konservativen Revolution] nicht zu verwirklichen waren, die Sie und viele von uns beseelten, habe ich nicht mehr verstanden (...). Wie weit Sie in der Verschmelzung des Ideengutes [der konservativen Revolution mit der des Nationalsozialismus] gegangen sind, kann ich im einzelnen nicht beurteilen, ich fürchte, sehr weit. Aber ich bin der Meinung, dass alle, die sich damals mit der Ostpolitik Hitlers irgendwie identifizierten, in Sachen der Ostpolitik heute in die zweite Reihe treten müssen (...). Es geht genau so wie damals. Sie wollten sicher damals [in Königsberg] etwas Gutes, aber sind in einen Zug eingestiegen, aus dem es kein Aussteigen gab. Nicht die anderen, sondern die Nazis haben uns um das große Erbe unserer Geschichte im Osten gebracht. Und heute? Heute schlagen wir uns die Tür nach drüben mit diesem Kampf um das Recht auf Heimat von neuem zu (...) wenn schon jemand reden will, dann nicht die, die vor und während des Krieges mit der Hitlerpolitik de facto zusammengearbeitet haben"[50].

Oberländer stand schon mit dem Rücken zur Wand. Seine Abwehrmaßnahmen - die Konfiszierung der *Tat*, die Pressekonferenz, der Lemberg-Ausschuß - hatten die Kritik noch gesteigert. Er war endgültig zu einem Gegenstand öffentlichen Interesses geworden und sah in jedem Kritiker nur noch willige Werkzeuge Moskaus und Ost-Berlins. So antwortete er Iwand zwei Wochen später erbost, er habe nicht erwartet, Iwand würde

„dem gesteuerten, mit absurden Unwahrheiten arbeitenden Rufmord, der heute gegen mich vom Osten aus im großen betrieben wird, Unterstützung leisten. Sie mußten sich doch sicher klar darüber sein, daß Sie die Sowjets mit Ihrer Behauptung erfreuten, ich sei für die Vertreibung verantwortlich. Sie werden sich eines so gewichtigen Zeugen wie Ihnen zu bedienen wissen. Ich habe daher, ehe Sie von sowjetischer Seite als Zeuge gegen mich benannt werden, Sie der holländischen Untersuchungskommission *Lemberg 41* als Belastungszeugen nach Den Haag gemeldet"[51].

Oberländer hatte obendrein bereits eine Verleumdungsklage gegen Iwand erarbeiten lassen. Doch der Tod Iwands verhinderte eine Auseinandersetzung vor Gericht - er starb Anfang Mai 1960.

---

[50] Vgl. den Brief Iwands an Oberländer von 27. November 1959 (Privatarchiv Oberländer).
[51] Brief Oberländers an Iwand vom 14. Dezember 1959 (Privatarchiv Oberländer).

6. Wer wirft den ersten Stein? Bucerius, Böhm und Krone als Motoren des Rücktritts

Anfang 1960 sah sich die Bonner Union in einer schier unlösbaren Zwickmühle. Adenauer selbst hatte ein Rücktrittsgesuch Oberländers erst am 23. September 1959 abgelehnt und Oberländers Aktivitäten, die Vorwürfe aktiv zu bekämpfen, hatte seine Position innerhalb des Kabinetts mehr als verschlechtert. Seine Idee, die Klärung seines Falles dem Untersuchungsausschuß in Den Haag anzuvertrauen, war für die *CDU*-Fraktion reine Spiegelfechterei - ein parlamentarischer Untersuchungsausschuß schien die sauberste, am wenigsten angreifbare Lösung zu sein, Oberländers Fall offiziell zu klären.

Doch weder die Union noch die *SPD* wollten sich den Vorwurf einhandeln, das Geschäft Albert Nordens zu besorgen und den ohnehin geschwächten Oberländer aus dem Kabinett herauszuschießen. Deshalb hatte auch die *SPD* es bei einer halbherzigen Forderung nach dem Rücktritt Oberländers belassen. Innerhalb der *CDU* waren sogar Oberländers Gegner gegen einen Untersuchungsausschuß, um nicht auf diesem Wege zu einem Akt parteipolitischer Solidarität gezwungen zu sein. Abseits dieser taktischen Überlegungen dräute die politische Klasse in Bonn die beinahe täglich aufgeworfene Frage, welche außenpolitische Hypothek der Fall Oberländer im Verhältnis zu Polen und im Hinblick auf die Reputation Bonns bei den Alliierten bedeute.

In diese Situation eines angespannt-paralysierenden Patts hinein platzte nun das *CDU*-Fraktionsmitglied Gerd Bucerius, im Nebenberuf Herausgeber der *Zeit*, die den *Fall Oberländer* ohnehin äußerst kritisch begleitete. Am 29. Januar 1960 - für diesen Tag war eine *CDU*-Bundesvorstandssitzung angesetzt - hob Bucerius in einem *Zeit*-Artikel „Was ist mit den Nazis in Bonn?" den Fall Oberländer ausdrücklich von anderen umstrittenen Köpfen wie Schröder und Globke ab und betonte die politische Dimension des Falles. „Gewiß klebt kein Blut an Oberländers Händen. Aber darum geht es nicht!" Trotz aller Verdienste um die Vertriebenen - und unabhängig von seinen Taten in Lemberg - müsse Oberländer zurücktreten, um Schaden von seinem Amt und der Bundesrepublik abzuwenden.

Bucerius hatte niemand in der *CDU* vorher von seinem Artikel informiert. Seine Attacke schlug deshalb auf der Sitzung in Bonn wie eine Bombe ein. Adenauer rügte Bucerius scharf und stellte sich vor den abwesenden Oberländer, der sich in Freiburg zur Beerdigung seines Amtsvorgängers Georg Lukaschek befand. Am Ende einer stundenlangen Debatte sprach ihm Adenauer sein volles Vertrauen aus. Den kommunistischen Versuchen, einzelne Politiker aus dem Bundeskabinett „herauszuschießen", dürfe in keinem Falle nachgegeben werden, erklärte der Bundeskanzler. „Die Bedenken gegen Oberländer nehmen zu", notierte der Generalsekretär der *CDU*, Dr. Heinrich Krone, lakonisch abends in sein Tagebuch[52].

Oberländer selbst hatte, die innerparteiliche Debatte über sein Schicksal und das sinkende Renommee der holländischen Kommission vor Augen, Anfang Februar darum gebeten, der Ehrenrat der *CDU* möge die Vorwürfe gegen ihn untersuchen. Krone hatte währenddessen Adenauer erneut gedrängt, Oberländer müsse endlich zurücktreten. Unter seinem Vorsitz befaßte sich die *CDU / CSU*-Fraktion am 9. Februar 1960 abermals mit dem Thema - in Form einer heftigen, kontroversen Diskussion. Die Meinungen der sieben anwesenden Christdemokraten gingen dabei weit auseinander: Professor Dr. Franz Böhm, ein engagierter, kritischer Streiter in Sachen Oberländer, stieß in das gleiche Horn wie Bucerius und äußerte sein Unverständnis darüber, wie Oberländer sich überhaupt an fünf ausländische Zivilpersonen habe wenden können, um seinen Fall zu klären. Der deutsche Weg über den Ehrenrat sei sicher besser. Ihm pflichtete Dr. Ferdinand Friedensburg, auch ein prominenter Kritiker Oberländers, bei und warf beunruhigt die Frage auf, wie ein Mann wie Oberländer, der an leitender Stelle dazu beigetragen habe, das deutsche Volk ins Unglück zu stürzen, einen Posten im Bundeskabinett bekleiden könne. Krone griff vermittelnd ein, der Ehrenrat solle erst die Grundlage für eine gerechte Beurteilung Oberländers schaffen.

Doch die Vorstandsmitglieder Dollinger und Stecker widersprachen Böhm und Friedensburg energisch: Stecker bezeichnete es als grobe Illoyalität, daß Bucerius für seine Kritik an Oberländer den Weg über die Öffentlichkeit gewählt habe, ohne die Partei zu informieren. Er setzte hinzu, man solle 15 Jahre nach Kriegsende nicht mit einer neuen Entnazifizierung beginnen - zumal die Vorwürfe erst jetzt auftauchten, aber schon lange bekannt seien. Schließlich übertrug die Fraktion den Fall Oberländer dem Ehrenrat der *CDU* unter dem Vorsitz des Bankiers Dr. Robert Pferdmenges,

---

[52] Tagebucheintrag Oberländers vom 29. Januar 1960; „Volles Vertrauen", *Sozialdemokratischer Pressedienst* - Sonderausgabe - vom März 1960, S.6.

einem alten Adenauer-Vertrauten. Krone schrieb abends erneut entnervt in sein Tagebuch:

„Immer wieder Oberländer. Er sollte gehen. Doch nicht, weil die Kommunisten ihn angreifen. Würde der Osten dann nicht einen anderen aufs Korn nehmen? Das macht die Sache schwierig"[53].

Die *CDU / CSU*-Fraktion sah sich nun in einer wenig beneidenswerten Lage. Nicht etwa der politische Gegner, sondern drei renommierte Köpfe aus den eigenen Reihen traten an die Öffentlichkeit und forderten lautstark den Rücktritt Oberländers: Böhm, Friedensburg und Freiherr Karl Theodor zu Guttenberg aus der *CSU*. Alle drei standen als Konservative nicht im Verdacht, der DDR oder Moskau Vorschub leisten zu wollen, alle drei hatten erklärt, die Vorgänge in Lemberg spielten für ihre Meinung keine Rolle – was indes, zumindest bei Böhm, nicht sicher war[54]. Sie sorgten sich um das Ansehen Bonns bei seinen westlichen Verbündeten. Für sie war Oberländer ein Bauernopfer, stellvertretend für die Gründungsmängel einer Bundesrepublik, die in der politischen Klasse mancherlei kompetente Fachkräfte ungeprüft übernommen hatte.

Am Montag, dem 15. Februar 1960, kam das Thema auf der Fraktionssitzung der *CDU / CSU* noch einmal zur Sprache. Krone trug einen Bericht zum Fall Oberländer vor und betonte noch einmal, der Ehrenrat könne le-

---

[53] Vgl. Krone - Tagebücher, Eintrag vom 9. Februar 1959; Protokoll der Sitzung der CDU / CSU Fraktion Nr. 15 vom 9. Februar 1960, S. 260 (Privatarchiv Oberländer).

[54] Hier gab es eine alte Rechnung, denn der Fall Oberländer hatte das Lager der demokratischen Vertriebenenverbände gespalten. Die deutsche *URPE*-Sektion, nur 15 Mitglieder stark, hatte unter ihrem Leiter Wolfgang Müller sich für den holländischen Oberländer - Ausschuß stark gemacht und dafür seitens der Bundesregierung beträchtliche Finanzmittel erhalten und mit Nachverhandlungen über die Versorgung meist kaukasischer und ukrainischer Exilverbände begonnen. Diesem Teppichhandel wollte der hessische *Verfolgtenverband für die Freiheit und Menschenwürde (VFM)* - Präsidialmitglied: Prof. Dr. Franz Böhm - nicht mitmachen. Der Verband sah Müller als bezahlten Büttel Oberländers, der nur dessen Mohrenwäsche betreibe. Sie legten Oberländer am 6. Dezember 1959 nahe, sein Amt in gesamtstaatlichem Interesse niederzulegen und schrieben lange Briefe an das Bundeskanzleramt. Als Müller den *VFM* daraufhin bei Adenauer als „demokratisch unzuverlässig" anschwärzte und die Vermutung äußerte, Böhm und sein Verband „griffen kommunistische Weltpropaganda auf", zog der *VFM* vor Gericht. In einem vor dem Landgericht Frankfurt geschlossenen Vergleich vom 3. Februar 1960 mußte sich Müller verpflichten, diese Aussage zu widerrufen (vgl. alle zitierten Schriftstücke in den Akten des Bundeskanzleramtes, *BA* B136 Nr. 3809).

diglich Oberländers Ehre wieder herstellen. Adenauer und der Bundespräsident müßten letztlich eine politische Entscheidung darüber fällen, ob der Vertriebenenminister im Amt bleiben könne[55]. Doch Adenauer zögerte - er scheute das Odium, seinen ihm stets loyalen Vertriebenenminister trotz aller Parteikritik letztlich doch den Angriffen aus dem Osten preiszugeben und damit einen Dominoeffekt in Gang zu setzen, der auch andere Bonner Regierungsmitglieder ihre Köpfe kosten konnte. Schon am gleichen Nachmittag sprang er ein weiteres Mal öffentlich für Oberländer in die Bresche, als er in der Aula der Kölner Universität vor Studenten sprach.

„Ich weigere mich, einem Mann den Kopf abzuschlagen, weil die SED es will (...). Es mag sein, daß Minister Oberländer braun gewesen ist, wenn Sie wollen, sogar tiefbraun. Aber er hat nie etwas getan, was unehrenhaft, ein Vergehen oder Verbrechen gewesen wäre (...) Man soll um Oberländer einstweilen nicht so viel Spektakel machen"[56].

7. Die Kunst, entlassen zu werden - Abgang durch die Hintertür?

Als „methodisches Durcheinander" verspottete die FAZ am 11. Maärz 1960 eine Situation, die nun vollends verworren war: Adenauer zögerte, Oberländer zum Rücktritt zu drängen, solange der holländische Ausschuß in Den Haag noch arbeitete. Oberländer selbst lag viel daran, von irgendeiner Autorität seine Unschuld bestätigt zu bekommen. Ohne den Abschlußbericht aus Den Haag abzuwarten, hatte er bereits den Ehrenrat der Union gebeten, sich seines Falles anzunehmen. Der Ehrenrat wiederum verfügte über keinerlei Möglichkeiten, den Fall umfassend zu untersuchen, denn er war auf die freiwillige Mitarbeit möglicher Zeugen angewiesen. Nichtsdestotrotz hatte man Oberländer dort klar gemacht, man erwarte sein Gesuch um Urlaub bis zur Klärung des Falles[57]. Oberländer versuchte zu viel, zu hastig und zu Untaugliches, um auf Biegen und Brechen zu einem Ergebnis zu kommen. Den einzigen geraden Weg, nämlich mit verschränkten Armen auf eine

---

[55] Vgl. Krone - Tagebücher, Eintrag vom 15. Februar 1960.
[56] Brief Adenauers an Oberländer vom 1. Dezember 1960 (Privatarchiv Oberländer); „Prüfung im Fall Oberländer verzögert", *Die Welt* vom 16. Februar 1960; „Nicht begriffen", *Sozialdemokratischer Pressedienst* - Sonderausgabe - vom März 1960, S. 13. Adenauer wiederholte dies am 11. Februar 1960 noch einmal auf einem Pressefrühstück in Bonn.
[57] Vgl. Adenauer, Teegespräche 1959 - 1961, S. 201; „Wann geht Oberländer endlich in Urlaub?", *Die Welt* vom 16. März 1960.

schlüssige Anklage des Staatsanwalts Drügh zu warten, ging er dagegen nicht.

So nahm, ungeachtet der Protektion Adenauers, die innerparteiliche Kritik an Oberländer erheblich zu. Ins Zentrum der Kritik geriet, was Oberländers Rolle im Krieg anbelangte, seine halsstarrige, unnachgiebige Haltung auf seiner Pressekonferenz vom 30. September 1959 und der Umstand, daß er sich in seinem Lebenslauf im Bundestagshandbuch als unentdeckter Widerständler stilisiert hatte, der mehrmals in Lebensgefahr geschwebt habe[58]. Franz Böhm setzte sich an die Spitze der Kritiker und schickte im März 1960 eine 21-seitige Ausarbeitung zu Oberländer an Krone mit dem Ergebnis, es sei eine „schwere Anormalität, daß ein Mann wie Oberländer dem Bundeskabinett angehört", die man der „verschmitzten Eiertanzmethode und Verhüllungsstrategie" Adenauers zu verdanken habe[59]. Auch Heinrich Krone arbeitete hinter den politischen Kulissen hartnäckig daran, Adenauer für einen Rücktritt Oberländers zu gewinnen - mit Erfolg, wie er fünf Tage später erleichtert in sein Tagebuch notierte:

„Der Kanzler will mit ihm sprechen. Dabei bin ich überzeugt, daß Oberländers Hände sauber sind. Nur war er einer, der mit der neuen Zeit ging, der dann auch wieder nein sagen konnte und es auch tat, wo Überzeugung und Verantwortung es ihm geboten"[60].

Deshalb galt es unter allen Umständen, eine gesichtswahrende Möglichkeit für Oberländer zu finden, die politische Bühne des Bonner Kabinetts zu verlassen - unabhängig davon, zu welchem Ergebnis der Ehrenrat der Partei kommen würde.

---

[58] Speziell bezüglich seiner Zeit in Prag hatte Oberländer angegeben, er sei explizit zum Tode verurteilt worden und habe einige Zeit Stadtarrest in Prag erhalten. Auch sein Zerwürfnis mit Erich Koch hatte er sehr hervorgehoben. Die Debatte darüber war erneut aufgeflammt, nachdem Albert Norden im Februar 1960 eine Reihe von Dokumenten publiziert hatte, die Oberländers Verhalten sehr viel pragmatischer beurteilten. Vgl. dazu auch Kapitel I.D.

[59] Brief Böhms an Krone o.D. (wahrscheinlich aus der ersten Märzwoche 1960), *BA* B 136 Nr. 3810. Auch Böhm und Oberländer setzten sich persönlich auseinander: nach einem längeren Gespräch über Oberländers Rolle und Schicksal im Zweiten Weltkrieg beharkten sich beide bis in den April hinein mit gegenseitigen Vorwürfen. Während Böhm Oberländer vorwarf, er habe sich zum unentdeckten Widerständler stilisiert, kritisierte Oberländer, er hätte wohl nur als Saboteur und Deserteur vor den Augen Böhms Gnade gefunden (Briefe Oberländers an Böhm und Krone vom 30. März und Brief Böhms an Oberländer vom 7. April 1960, *BA,* B 136 Nr. 3809).

[60] Vgl. Krone - Tagebücher, Eintrag vom 20. Februar 1960.

Am 26. Februar bat Adenauer seinen Vertriebenenminister zur Aussprache, und einen Tag später fiel Krone ein Stein vom Herzen: Oberländer trete zurück, nur das Datum sei noch offen[61]. Über die Modalitäten war man sich bald einig: sein Abgang von der politischen Bühne sollte in kleinen verträglichen Schritten vor sich gehen. Als erstes sollte Oberländer in einem Brief Adenauer um Urlaub bitten, bis die Vorwürfe gegen ihn geklärt seien. Anschließend sollte er, ebenfalls schriftlich, Adenauer mitteilen, er trete zurück, sobald die Ermittlungen der Bonner Staatsanwaltschaft gegen ihn abgeschlossen seien, einerlei, wie sie ausgingen[62].

In diese Situation hinein platzte ein Antrag von Friedrich Karl Kaul aus Ost-Berlin an den Immunitätsausschuß des Bundestages, Oberländers Immunität für den Prozeß gegen Klaus Walter aufzuheben. Die so sorgsam geplante *CDU*-Taktik war nun mit einem Schlage hinfällig, denn jede Reaktion Oberländers würde nun zwangsläufig mit Kauls Antrag in Verbindung gebracht und als Schuldeingeständnis gewertet werden. Oberländer sah sich deshalb außerstande, Adenauer den gewünschten Brief unter kommunistischem Druck zu schreiben[63]. Damit setzte sich die *CDU* fürs erste selbst matt - und die Initiative ging an die Oppositionspartei *SPD* über, die den Fall Oberländer seit längerem beobachtet hatte und der es nicht an Willen gebrach, die Klemme der Regierung für sich zu nutzen.

Ihr Fraktionsvorsitzender Fritz Erler hatte den Spaltpilz erkannt, der sich über den Fall Oberländer in der *CDU* implantieren ließ. Gleichzeitig wollte Erler eine reflexartige Solidarisierung der Union mit Oberländer vermeiden für den Fall, daß die *SPD* einen parlamentarischen Frontalangriff vortrug -

---

[61] Vgl. Krone - Tagebücher, Eintrag vom 27. Februar 1960; Tagebucheintrag Oberländers vom gleichen Tag. Auffällig und merkwürdig ist allerdings, daß Oberländer in seinem Tagebuch nur „Aussprache mit dem Bundeskanzler" vermerkt, zumal er in den turbulenten Monaten bei solchen Besprechungen stets den Zweck und Inhalt mit ein bis zwei Stichworten in seinem Tagebuch festgehalten hat. Mir scheint, Adenauer hat sich möglicherweise nicht deutlich genug ausgedrückt, oder Oberländer hat ihn nicht verstehen wollen. Bei allen späteren Besprechungen bis zu seiner Demission hat Oberländer „Aufforderung zum Rücktritt" etc. in seinem Tagebuch festgehalten.

[62] Vgl. Krone - Tagebücher, Eintrag vom 9. März 1960. Laut Tagebucheintrag Oberländers vom gleichen Tag hatte Krone ihn morgens in einem einstündigen Gespräch noch einmal eindringlich zum Rücktritt aufgefordert.

[63] Vgl. Krone - Tagebücher, Eintrag vom 10. März 1960; „Wann geht Oberländer endlich in Urlaub?", *Die Welt* vom 16. März 1960; „Neue Phase im Fall Oberländer", *Neue Zürcher Zeitung* vom 7. April 1960.

vielmehr sollte, gab er als Strategie aus, die *CDU* „zum Nachdenken gezwungen" werden. In der eigenen Fraktion war Erler damit nicht unumstritten; andere Sozialdemokraten hielten die Forderung nach einem Untersuchungsausschuß für die schärfste Waffe, während Erler das Risiko sah, Oberländer könne aus einer solchen Untersuchung als entlastet und rehabilitiert hervorgehen und sein Rücktritt doch noch hinfällig werden. Er setzte auf Verhandlungen mit der *CDU* hinter den Kulissen - und auf den außenpolitischen Druck, unter dem Adenauer stand. Eine Reise in die USA stand unmittelbar bevor, bei der er auch ein Gespräch mit Israels Staatspräsident David Ben Gurion führen würde. Auf diesen Punkt machte Erler Außenminister Heinrich v. Brentano am 5. April noch einmal ausdrücklich aufmerksam und ließ am gleichen Tag im Bundestag die Bemerkung fallen, auch die *SPD* wolle keine Neuauflage der Entnazifizierung, aber nicht jeder Antibolschewist sei gleichzeitig auch ein guter Demokrat[64].

Gerüchte über die Pläne der *SPD* kursierten schon bald in Bonner Fluren, und es verbreitete sich die Kunde von dem „Angriff" der *SPD*, der unmittelbar bevorstehe[65]. Am Dienstag, dem 5. April, war zunächst einmal Oberländer am Zug: Joop Zwart, Sekretär des holländischen Untersuchungsausschusses in Den Haag, erschien in Bonn mit etlichen hundert Exemplaren seines vorläufigen Abschlußberichtes „Lemberg 1941 und Oberländer", der Oberländer explizit von den Vorwürfen in Lemberg entlastete. Zwart erschien mit 550 Exemplaren im Plenarsaal und wollte sie an die anwesenden Abgeordneten verteilen. Der amtierende Bundestagspräsident Carlo Schmid, der Eugen Gerstenmaier vertrat und ohnehin kein Freund Oberländers war, untersagte kurzerhand die Verteilung und verwies Zwart mit seinen Heften des Hauses.

Am gleichen Tag meldete die Bonner Staatsanwaltschaft über das Justizministerium, das bislang gesichtete Material über Oberländer reiche für ein Strafverfahren nicht aus. Einen Tag später druckte die *FAZ* auf der ersten Seite, die *SPD* werde einen parlamentarischen Untersuchungsausschuß zu Oberländers Vergangenheit beantragen und fordern, er dürfe sein Amt solange nicht ausüben, bis die Vorwürfe geklärt seien. Dies solle anläßlich

---

[64] Vgl. Hartmut Soell, *Fritz Erler - Eine politische Biographie*, Band II, Bonn 1976, S. 718ff.

[65] Vertrauliche Mitteilung seines persönlichen Referenten an Oberländer vom 30. März 1960 (Privatarchiv Oberländer).

der Beratungen über den Vertriebenenhaushalt im Bundestag geschehen - seine zweite Lesung war für Freitag, den 8. April nachmittags angesetzt[66]. Adenauer und Krone gewahrten, daß sie keine 48 Stunden Zeit hatten, um den Fall Oberländer nunmehr endgültig zu lösen. Gleich Mittwoch morgens beorderte Adenauer Oberländer zu sich und drängte ihn, er müsse mit Krone umgehend über die Modalitäten seines Rücktritts sprechen. Bis mittags rangen Oberländer, sein Staatssekretär Nahm, Krone und das *CDU*-Ehrenratsmitglied Karl Weber darum, wie man den Untersuchungsausschuß und das drohende Schisma der Fraktion im Fall Oberländer vermeiden könne. Sie vereinbarten, Oberländer solle baldigst in seinen Jahresurlaub gehen, wenn der Ausschuß wirklich zustande käme. Mittlerweile gingen auch die ersten Nachrichten von der Moskauer Pressekonferenz zum Fall Oberländer ein. Nach der Beratung im Bundestag über seinen Kanzlerhaushalt empfing Adenauer Oberländer abends gegen halb sieben und ließ sich von Oberländer die erarbeitete Lösung vortragen. Mit dem *placet* des Kanzlers ausgestattet, machte sich Oberländer zusammen mit Nahm abends an die Formulierung seines Urlaubsgesuchs - sie brauchten dafür gute zwei Stunden.

Am nächsten Tag trat der *CDU*-Fraktionsvorstand für fünfzehn Minuten zu einer Krisensitzung zusammen. Adenauer hatte beschlossen, ein Rücktritt Oberländers „Knall auf Fall" komme in keinem Falle in Betracht, da die *CDU* sich nicht zum Büttel der kommunistischen Propaganda machen dürfe. Die *CDU*-Rechtsexperten Hoogen und Dr. Schmidt-Wuppertal und Fraktionsgeschäftsführer Rasner erhielten den Auftrag, sofort mit der *SPD* Gespräche aufzunehmen, wie sich das Oberländer-Problem am besten lösen ließe[67]. Nur wenige Stunden später trafen die drei Emissäre der Union mit einer *SPD*-Fünfergruppe unter Führung von Fritz Erler zusammen. Nach etlichen rhetorischen Vorgeplänkeln kam die *CDU*-Truppe gleich auf den Punkt. Man suche eine politische Lösung und biete den Rücktritt Oberländers gegen einen Verzicht auf den Antrag. Erler und Adolf Arndt stimmten zu, beharrten aber auf einer schriftlichen Regelung Adenauers. Schmidt-Wuppertal erklärte sich schließlich bereit, Oberländer bis Freitag morgen zum Rücktritt zu bringen - auch wenn es die ganze Nacht dauern würde.

---

[66] Vgl. Krone - Tagebücher, S. 410 Anmerkung 49; „Der Bundestag untersucht den Fall Oberländer", *FAZ* vom 6. April 1960.
[67] Tagebucheintrag Oberländers vom 6. April 1960; Protokoll der Sitzung vom 7. April 1960 (Privatarchiv Oberländer);; „Tod im Ausschuß", *Der Spiegel* Nr. 17 / 1960.

Doch er blieb erfolglos, denn Oberländer war auch in einem zweistündigen Gespräch am späten Abend nicht zum Rücktritt zu bewegen[68]. So erwarteten alle Betroffenen mit Spannung den Freitag und eine Fragestunde des Bundestages. Gegen neun Uhr trat der *FDP*-Abgeordnete Rademacher ans Mikrophon und richtete die Frage an Oberländer, wann und durch welche Instanz er im Herbst 1943 zum Tode verurteilt worden sei, wie er im Handbuch des Bundestages angegeben und immer wieder behauptet habe - und durch wen es später aufgehoben worden sei[69]. Es herrschte atemlose Stille, als Oberländer das Wort ergriff. Er antwortete, am 16. November 1943 habe Karl Hermann Frank ihm mitgeteilt, ein von Himmler unterzeichneter Erschießungsbefehl befinde sich in seiner Schublade. Am 18. Januar 1944 habe Frank ihn dann auf die Prager Burg bestellt und ihm eröffnet, das Urteil sei aufgehoben. Abweichungen von seinen Angaben im Entnazifizierungsverfahren 1947 erklärte Oberländer damit, all diese Informationen hätten ihm damals nicht zur Verfügung gestanden. Rademacher verzichtete auf weitere Fragen mit der spöttischen Bemerkung, die Antworten sprächen für sich. Auch der *Spiegel* nahm die Angaben Oberländers später aufs Korn und bezeichnete sie als „Beinahe-Tot-Story"[70].

Im Lichte der heute zugänglichen Quellen war dieser Auftritt Oberländers in der Tat zweifelhaft. Sein Tagebuch enthält für den 16. November 1943 keinen Hinweis auf ein Todesurteil. Vorkommnisse von solch essentieller Bedeutung - und die Bedrohung des eigenen Lebens zählt ganz sicher dazu - hat Oberländer sonst immer mit Stichworten in seinem Tagebuch vermerkt. Außerdem stimmten sich im November 1943 die diversen SS-Stellen noch darüber ab, was nun mit Oberländer geschehen solle, und kamen erst im Dezember 1943 zu einem genau erwogenen Ergebnis. Deshalb erscheint es kaum schlüssig, daß Himmler hier ohne Rücksprache mit Kaltenbrunner und Ohlendorff Karl Hermann Frank ein Todesurteil über Oberländer übermittelt haben soll. Auch Oberländers Angaben über die Verfügbarkeit seiner Quellen zur Entnazifizierung 1947 bleiben fraglich, denn sein Tagebuch stand ihm damals sehr wohl zur Verfügung, nicht aber die Möglichkeit, sich mit Hermann Raschhofer, seinem Weggefährten mit Immediatzugang bei Frank, zu besprechen. Da Oberländer Raschhofer ausweislich seines Tagebuches vor dem 9. April 1960 mehrmals traf, ist es denkbar,

---

[68] Tagebucheintrag Oberländers vom 7. April 1960.
[69] Vgl. „Minister Oberländer geht", *Die Welt* vom 9. April 1960.
[70] Vgl. „Tod im Ausschuß", *Der Spiegel* Nr. 17 / 1960.

daß sich beide auf die von Oberländer im Bundestag vorgebrachte Version einigten.

Oberländers in seinen Augen gelungener Auftritt hinterließ in den Reihen der Unionsparteien einen fatalen Eindruck. Gleich nach der Fragestunde bestürmten etliche Abgeordnete ihren Generalsekretär, dringend etwas zu unternehmen, um bei den für den Nachmittag anstehenden Beratungen für den Vertriebenenhaushalt eine Katastrophe zu verhindern. Krone, Nahm und Schmidt-Wuppertal machten sich deshalb auf den Weg zu Oberländer und überredeten ihn nach eineinhalbstündiger Debatte schließlich zum Rücktritt[71]. Mit dessen Zusage in der Tasche, wanderten Krone und Rasner schnurstracks zur *SPD*. Erler und Arndt waren namens ihrer Fraktion damit einverstanden, die Debatte um Oberländer und seinen Haushalt auf den 5. Mai zu verlegen, wenn Adenauer schriftlich festhalte, ein Rücktrittsgesuch Oberländers in jedem Falle anzunehmen. Sobald Oberländer seinen Sessel räume, werde auch der *SPD*-Antrag auf einen Untersuchungsausschuß zurückgezogen. Mit diesem Vorvertrag in der Tasche begaben sich Krone und Rasner nun, mit Nahm und Adenauer-Intimus Pferdmenges als Begleitschutz, zu Adenauer.

Der Kanzler reagierte zwar verärgert auf die kurzfristige Demissionsbereitschaft Oberländers, beugte sich aber schließlich dem Druck der Anwesenden und schrieb einen Brief an die *CDU*-Fraktion, er werde Oberländers Demission in zwei Stufen - erst Urlaub, dann Verzicht auf sein Amt - in jedem Falle annehmen. Nur müsse die *SPD* zur Diskretion über diese Absprache verpflichtet werden. Krone hielt den *SPD*-Unterhändlern diesen Brief unter die Nase, und sie erklärten sich namens ihrer Fraktion damit einverstanden. Um 14 Uhr konnte der Bundestagspräsident dann mitteilen, die Fraktionen seien übereingekommen, die Debatte über den Vertriebenetat und die *SPD*-Anträge auf den fünften Mai zu verschieben.

Doch nun drohte Erler Ungemach aus den eigenen Reihen. Zahlreiche Abgeordnete der *SPD* waren der Ansicht, Erler habe seine Drohung zu billig an die *CDU* verkauft und obendrein nur eine mündliche Zusicherung Adenauers in Händen. Annemarie Renger höhnte, die Unterhändler hätten sich „im Sack verkaufen lassen", denn was Adenauers Zusagen wert seien, wisse doch jeder. In einer zweistündigen, turbulenten Debatte rebellierte ein großer Teil der *SPD*-Fraktion gegen Arndt, Erler und die Unterhändler. Erler

---

[71] Tagebucheintrag Oberländers vom 8. April 1960.

wurde vorgeworfen, er sei auf einen politischen Trick Adenauers hereingefallen, der dem Bundeskanzler ein parlamentarisches Debakel am Nachmittag erspart habe - Adenauer könne so Oberländer als Minister halten, wenn er es für richtig halte. Außerdem wurde das Zugeständnis an Krone und Rasner kritisiert, die *SPD* dürfe die Ablösung in der Öffentlichkeit nicht als Erfolg ihres Antrages für den Untersuchungsausschuß herausstellen. Die Kritik der Mehrheit der Fraktion konzentrierte sich vor allem auf Erler, der diesen fragilen Kompromiß ausgehandelt hatte - er erlitt während der Sitzung einen Schwächeanfall und mußte die Leitung an Carlo Schmid abgeben[72].

Das *SPD*-Präsidium fand in seiner Not schließlich nur eine Lösung: Der Bruch der Fraktion konnte nur durch einen Vertrauensbruch gegenüber der *CDU* verhindert werden. Die *SPD* machte die diskreten Absprachen in einer kurzen Erklärung öffentlich und legte den Bundeskanzler damit auf seine Zusage fest, Oberländer nicht als Minister halten zu wollen[73]. Die Reaktion der *CDU* auf diesen Affront war überraschend milde. Eine offizielle Erklärung hob noch einmal hervor, der Verschiebung der Haushaltsdebatte sei eine freie Entscheidung Oberländers vorangegangen, und die *SPD* habe die vereinbarte Vertraulichkeit in dieser Frage nicht gewahrt[74]. Keine Wertung,

---

[72] Vgl. „Kaltstellung Oberländers", *Neue Zürcher Zeitung* vom 10. April 1960; „Oberländers Ende", *Der Tagesspiegel* vom 10. April 1960; „Minister Oberländer geht", *Die Welt* vom 9. April 1960; Soell, S. 721. Hauptkritikpunkt war die Tatsache, daß nach langer außerparlamentarischer Debatte der Fall Oberländer endlich eine Chance hatte, zum Gegenstand einer heftigen Debatte zwischen Regierung und Opposition im Parlament zu werden. Gerade diese Aussicht fand der Teil der SPD - Fraktion, der Erler und Arndt kritisierte, sehr verlockend.

[73] Die offizielle Erklärung der SPD lautete: „Nachdem die verbindliche Zusage der Unterhändler der CDU im Namen ihrer Fraktion und für den Bundeskanzler vorliegt, daß Bundesvertriebenenminister Oberländer von dem heute angetretenen Urlaub in sein Amt nicht zurückkehren und ein Rücktrittsgesuch bis zur zweiten Lesung des Haushaltes des Bundesvertriebenenministeriums angenommen und seine Entlassung bis dahin erfolgt sein wird, nimmt die SPD - Bundestagsfraktion zustimmend davon Kenntnis, daß die Beratung dieses Haushalts am 5. Mai durchgeführt wird" (vgl. die im Wortlaut abgedruckte Erklärung in „Minister Oberländer geht", *Die Welt* vom 9. April 1960).

[74] Vgl. den vollen Wortlaut der CDU-Erklärung in „Tod im Ausschuß", *Der Spiegel* Nr. 17 / 1960). Allerdings war auch Krones Vorgehen innerhalb der CDU nicht unumstritten: Auf einer halbstündigen Fraktionssitzung der Unionsparteien am Freitagmittag vermerkt das Protokoll starke Unruhe innerhalb der Fraktion, als Krone seine Strategie

keine weitere Kritik - alle Beteiligten waren froh, den Fall Oberländer mit einem furiosen Finale nun bald begraben zu können. Der Vertriebenenminister hatte jetzt bis zum fünften Mai 1960 Zeit, den Weg zu gehen, den ihm schon Gerd Bucerius gewiesen hatte: am ersten Mai wurde er nicht nur 55 Jahre alt, sondern erlangte auch seine Pensionsberechtigung. Es schien, als könnte der Fall Oberländer mit dem Fall Oberländers enden.

8. Urlaub ohne Wiederkehr? Warten auf den Ersten Mai

Oberländer selbst hatte sogleich den Urlaub angetreten, aus dem er ohne sein Ministeramt wieder zurückkehren sollte. Er hatte noch einige Tage seine Akten geordnet und machte sich am 14. April 1960 auf den Weg, um für fünf Tage dem Bonner Trubel nach Süddeutschland zu entfliehen und im Badischen, im Elsaß und im Schwarzwald im Kreise der Familie zu wandern. Auf der Fahrt las er in der Zeitung den Wortlaut eines Briefes, den der Vorsitzende des *CDU*-Ehrenrates an die Fraktion seiner Partei geschrieben hatte. Nach Abschluß der Ermittlungen, hieß es dort, liege gegen Oberländer nichts vor, was sein weiteres Verbleiben in der Fraktion in Frage stellen könne. Gleichzeitig fand sich dort auch eine Spitze gegen Bucerius. Es sei nicht im Interesse der Fraktion gewesen, wenn „einige Kollegen" sich den Vorwürfen gegen Oberländer in der Öffentlichkeit angeschlossen hätten, ohne sich vorher mit der Fraktion darüber abzustimmen[75].

Er wußte, die gesamte *CDU* erwartete nun seinen baldigen Rücktritt. Dennoch sträubte er sich. Für ihn trat der innenpolitische Schaden, den er durch einen Verbleib im Amte anrichtete, zurück hinter den Gedanken, sein Abtreten würde als voreiliges Schuldeingeständnis gewertet werden. In letzter Konsequenz, davon war Oberländer überzeugt, hätte er sich der Kampagne aus dem Osten gebeugt - und das nur wenige Tage, bevor in Ost-Berlin der DDR-Schauprozeß gegen ihn eröffnet werden würde. Er wollte nun die Initiative zurückgewinnen. Alle Absprachen zwischen seiner Partei und der *SPD* sowie seine Entscheidung, aus freien Stücken zurückzutreten, rückten dabei in den Hintergrund. Erst am Montag brachten die Nachrichten

---

und die getroffenen Maßnahmen erläuterte (vgl. Protokoll der Sitzung vom 7. April 1960 (Privatarchiv Oberländer).

[75] Vgl. den Brief des Ehrenrats an die CDU - Fraktion vom 13. April 1960, abgedruckt im vollen Wortlaut im *Kölner Stadtanzeiger* vom 14. April 1960.

die Meldung der Bonner Staatsanwaltschaft, das Material über ihn reiche für ein Strafverfahren nicht aus - es hatte ihn so bewegt, daß er seinem Tagebuch am 11. April die Bemerkung „keine Belastung Lemberg!" anvertraut hatte. Bevor er also am Mittwoch, den 20. April wieder in seinem Bonner Büro erschien, brütete er zwei Tage vorher am Ostermontagabend mehr als zwei Stunden über der „Taktik für die nächsten Tage" - und beschwor neues Unheil für die Unionsparteien herauf.

Dieses Unheil nahm seinen Lauf, als Oberländer am Mittwoch nur gerüchteweise zu hören bekam, Adenauer habe bei einem Pressefrühstück am 15. April erneut hervorgehoben, für ihn sei der Fall Oberländer erledigt - schon angesichts eines Nervenzusammenbruchs, den Oberländer während der Diskussionen um sein Schicksal erlitten habe. Außerdem habe der Kanzler erneut bestätigt, Oberländer sei tiefbraun[76]. Oberländer, der bei bester Gesundheit war, konnte sich dies alles nicht erklären und bat für Donnerstag, den 21. April 1960, um einen Termin bei Adenauer, um all diese Gerüchte aufzuklären, bevor er für eine Woche Bonn in Richtung Schweiz verlassen würde. Nachdem aber Adenauers Sekretärin Anneliese Poppinga den Termin am Mittwoch abend ohne Angaben von Gründen abgesetzt hatte, entschloß sich Oberländer, ein letztes Mal, zur Flucht nach vorn. Die Erklärung des Ehrenrates hielt er für nicht ausreichend, gleichzeitig fühlte er sich nun auch von Adenauer im Stich gelassen. Obwohl er dem Arrangement Krones mit der *SPD* zugestimmt und angekündigt hatte, aus freien Stücken seinen Ministersessel räumen zu wollen, fühlte er sich daran nicht mehr gebunden. Er wollte von sich aus nun die Einsetzung eines parlamentarischen Untersuchungsausschusses beantragen. Nach einer Rückfrage bei *CDU*-Fraktionsgeschäftsführer Rasner war Oberländer entgegen seiner Zusicherung nun auch entschlossen, nicht mehr zurückzutreten, bevor ein Ergebnis des Ausschusses vorlag. Rasner hatte ihm versichert, Untersu-

---

[76] Adenauer bekannte sich in einer Unterredung mit Oberländer am 26. April 1960 zu ihm und meinte, er habe nur Oberländers wegen zu dieser Notlüge gegriffen (vgl. das Protokoll der Unterredung Oberländers mit Adenauer am 26. April 1960 in Karlsruhe, Privatarchiv Oberländer). Das immer wieder zitierte Wort vom „tiefbraunen" Oberländer wies Adenauer in einem Brief an Oberländer erneut scharf zurück und betonte, er habe nur wiederholt, was er bereits am 15. Februar 1960 in der Kölner Universität gesagt habe (Brief Adenauers an Oberländer vom 1. Dezember 1960, Privatarchiv Oberländer).

chungsausschüsse könnten nur gegen amtierende Minister eingesetzt werden[77].

Am Donnerstag, dem 21. April, versammelte Oberländer deshalb um halb neun seine Ministerialen Nahm, Dauge und Heinrich, um mehr als zwei Stunden über der Formulierung eines Ausschußantrags zu brüten. Oberländer erhoffte sich, die Debatte über seine NS-Vergangenheit auf den Komplex seiner Denkschriften verengen zu können, um sich in dem denkbar besten Licht darstellen zu können. Seine Formulierung lautete deshalb: „Hat Theodor Oberländer schon vor dem Zweiten Weltkrieg, die NS Rassen- und Ostpolitik propagiert?" Mit dem Ergebnis begab er sich dann nachmittags um halb vier zu Bundestagspräsident Eugen Gerstenmaier. Gerstenmaier hatte gerade eine längere Südamerikareise hinter sich und war deshalb mit den jüngsten Bonner Vorkommnissen und Absprachen nicht vertraut: Die Turbulenzen der letzten Woche um Oberländers Rücktritt waren ihm deshalb nicht geläufig.

So fand Oberländer bei ihm ein offenes, verständnisvolles Ohr, als er ihm in einer knapp zweistündigen Unterredung erläuterte, er befinde sich in einem Notstand. Die Erklärung des Ehrenrats sei für ihn nicht ausreichend, und da Adenauer ihn augenscheinlich habe fallenlassen, sehe er keine andere Möglichkeit, seine Ehre wiederherzustellen, als selbst einen Ausschuß zu beantragen. Den Antrag, versehen mit seiner eigenen Unterschrift, hielt er Gerstenmaier auch gleich vor die Nase. Dieser versuchte mehrmals, ihn von dieser Idee abzubringen - vergeblich. Am Ende des Gesprächs hatte Oberländer die Zusicherung Gerstenmaiers, er werde einen Antrag Oberländers unterstützen. Um das Unglück zu vervollständigen, gab Gerstenmaier noch am Donnerstag ein Kommuniqué über das Gespräch mit Oberländer heraus, versäumte es aber, das Bundeskanzleramt entsprechend zu informieren.

---

[77] Vgl. das Protokoll der Unterredung Oberländers mit Adenauer am 26. April 1960 in Karlsruhe und den Brief Oberländers an Adenauer vom 25. April 1960 (Beide im Privatarchiv Oberländer). Anders als heute waren parlamentarische Untersuchungsausschüsse im Jahre 11 der Bundesrepublik noch keine erprobte Maßnahme. Das Grundgesetz regelte in Artikel 44 lediglich, auf welche Weise ein Ausschuß eingesetzt werden konnte und nach welchen Methoden er arbeiten sollte. Schon bei den Verhandlungen mit der SPD waren sich die Juristen beider Parteien nicht einig und sicher, welche Dimension ein Untersuchungsausschuß annehmen könnte. So kam auch Rasners Hinweis an Oberländer zustande.

Adenauer und Krone erfuhren so am Freitagmorgen aus der Zeitung, Oberländer habe seinen Rücktritt nunmehr auf unbestimmte Zeit verschoben. Krone zürnte in seinem Tagebuch:

„Wieder die Geschichte Oberländer. Gerstenmaier, der aus Argentinien kam, mischte sich, wie er es gern tut, ein und warf alles um (...) Unmöglich dieses Verfahren, wie der Präsident es jetzt vorschlägt!"[78]

Während Oberländer am Freitagmorgen den Zug Richtung Süden bestieg, schwoll die innerparteiliche Kritik an ihm deutlich an. Adenauer war nachhaltig verärgert über Oberländers Gesinnungswandel und schrieb ihm noch am gleichen Tage einen entsprechenden Brief nach Caux. In der Fraktion war der Vorwurf des „eklatanten Wortbruchs" gegenüber dem Bundeskanzler zu hören. Auch Gerstenmaier wurde auf einer Sitzung der CDU-Fraktion wegen seiner „Eigenmächtigkeiten" scharf gerügt[79].

Die Medien reagierten mit einhelligem Unverständnis auf Oberländers erneute Kehrtwendung: der *Spiegel* prägte das Wort vom „Chessman von Bonn", der durch immer neue Schachzüge und Verfahrenskniffe seinen Rücktritt hinauszögere. Auf einer Pressekonferenz am Freitagnachmittag ging die *CDU* dann in die Offensive. Sie bestritt rundheraus jegliche Absprache mit der *SPD* über einen Rücktritt Oberländers. Pressechef Felix v. Eckhardt erklärte, Adenauer habe nichts Derartiges unterschrieben. Dies brachte die *SPD* wiederum auf die Barrikaden. Ihr Vorsitzender Erich Ollenhauer nannte das Taktieren der *CDU* ein „beschämendes Schauspiel", und die *SPD*-Unterhändler Erler, Arndt und Menzel beharrten darauf, sie hätten am 8. April den Brief Adenauers an seine Fraktion mit eigenen Augen gesehen - das Mißtrauen weiter Teile der *SPD*-Fraktion gegen die *CDU* sei also berechtigt gewesen[80].

Der einzige, der nicht die Nerven verlor, war Heinrich Krone. Er hatte schon am Freitagmittag nach längeren Gesprächen mit Adenauer und Gerstenmaier jeglichen Kommentar verweigert, um alles nicht noch schlimmer zu machen. Es war an ihm, nun den Scherbenhaufen zusammenzukehren und Oberländer doch noch zum Einhalten seiner Zusage zu bewegen, vor dem 5. Mai zurückzutreten. Ein Blick auf den Kalender zeigte ihm, daß er

---

[78] Vgl. Krone - Tagebücher, Eintrag vom 22. April 1960.
[79] Tagebucheintrag Oberländers vom 23. April 1960; „Kanzler verärgert über Oberländer", *Die Welt* vom 23. April 1960.
[80] Vgl. „Kanzler verärgert über Oberländer", *Die Welt* vom 23. April 1960; „Krone vermittelt im Fall Oberländer", *Der Tagesspiegel* vom 23. April 1960.

dazu nur wenig Zeit hatte - Adenauer wollte den Fall Oberländer bis zum *CDU*-Parteitag am 27. April 1960 in Karlsruhe bereinigt haben, koste es was es wolle, um die Debatte dort nicht zu belasten. Krone blieb deshalb nichts anderes übrig, als umgehend hinter Oberländer herzureisen, um mit ihm erneut zu verhandeln. Die Vereinbarung mit der *SPD*, obgleich öffentlich geleugnet, sollte unter allen Umständen eingehalten werden. Krone würde Oberländer auch vor Augen führen, der Bundeskanzler könne ihn, als *ultima ratio*, auch von sich aus als Minister entlassen. Oberländer selbst nutzte das Wochenende in Caux, um einen Rechtfertigungsbrief an Adenauer zu entwerfen. Nachdem der Bundeskanzler ihn offenkundig habe fallen lassen, das Verhalten des Kanzlers wie ein Eingeständnis seiner Schuld wirken müsse und der Weg zu ihm für Oberländer versperrt gewesen sei, habe er keine andere Möglichkeit gesehen, als den Gang zu Gerstenmaier anzutreten[81].

Am Montag, dem 25. April, trafen Oberländer und Krone abends um halb zehn in Ettlingen bei Karlsruhe zu einem Gespräch zusammen. Krone hob noch einmal hervor, für den Kanzler und ihn sei die Erklärung des Ehrenrates durchaus eine Rehabilitierung. Außerdem könne eine Untersuchung seines Falles im Parlament sicher leidenschaftsloser und nüchterner stattfinden, wenn Oberländer nur noch einfacher Abgeordneter sei. In jedem Falle müsse die Angelegenheit vor dem Parteitag am Mittwoch bereinigt werden. Adenauer wolle deshalb am nächsten Tag vor der Bundesvorstandssitzung der Union mit ihm sprechen.

Am Dienstag, dem 26. April 1960, fanden sich Oberländer und Krone im Karlsruher Rathaus ein und zogen sich, ohne ein Wort an die Scharen wartender Journalisten zu richten, in das Amtszimmer des Karlsruher Bürgermeisters zurück. Gegen 15 Uhr traf Adenauer direkt vom NATO-Flugplatz Söllingen im Rathaus ein, setzte seinen Namenszug in das Goldene Buch der Stadt und stieß dann ohne Verzug zu den beiden. Oberländer erläuterte noch einmal die Gründe für seinen Gang zu Gerstenmaier. Adenauer erwiderte, er habe sich mit Rücksicht auf Oberländer der Notlüge des Nervenzusammenbruchs bedient. Außerdem müsse man sein Wort „tiefbraun" über Oberländer dahingehend verstehen, daß eben tiefbraun sei, wer etliche Jahre der *NSDAP* angehört habe. Dann seien wohl sieben Millionen Deutsche tiefbraun, versetzte Oberländer ärgerlich. Dieses Wort habe einen verhee-

---

[81] Brief Oberländers an Adenauer vom 25. April 1960 (Privatarchiv Oberländer).

renden Eindruck gemacht, und schon angesichts des Pankower Prozesses, dessen Urteil unmittelbar bevorstehe, müsse er auf seiner Rehabilitierung im Bundestag bestehen. Im September 1959 hätte er ohne Schwierigkeiten gehen können, aber Adenauer selbst habe dies abgelehnt. Seit sechs Monaten sei er nun mit „Schmutz beworfen worden wie niemand in der Bundesrepublik", und er könne die Absprache der *CDU* mit der *SPD* nicht nachvollziehen - seine Partei habe „ein Gefecht verloren". Der Kanzler habe ihn fast bis zuletzt darin bestärkt, seinen Stuhl nicht zu räumen. Wenn sich diese Meinung geändert habe und er glaube, der Osten und die *SPD* hätten ihn untragbar gemacht, sei er, Oberländer, sofort bereit, sein Amt zur Verfügung zu stellen. Er müsse aber auf dem Ausschuß bestehen, um den Schaden für seine Person, die Partei und die Bundesrepublik zu begrenzen.

Adenauer beruhigte Oberländer zunächst einmal. Er sei für die Gipfelkonferenz im Mai in Paris keine Belastung, und auch in den USA habe niemand nach ihm gefragt. Das Problem sei vielmehr innenpolitischer Natur. Der *SPD* sei nun einmal ein Versprechen gegeben, und trotz ihres Wortbruches wolle man nun „keinen weiteren Ärger mehr". Adenauer versicherte, die *CDU* werde eine Untersuchungskommission zu seinem Falle einsetzen und dies unter allen Umständen durchfechten, um Oberländers Rehabilitierung zu beschleunigen. Schließlich war es vier Uhr, als Oberländer schließlich nachgab - und Krone war die Erleichterung anzumerken, mit der er in sein Tagebuch schrieb: „Kein Fall Oberländer mehr!"[82]

Mit optimistischer Miene betrat Adenauer dann den Sitzungssaal, in dem der *CDU*-Bundesvorstand bereits seit einer Stunde tagte. In seiner Ansprache zum Fall Oberländer holte Adenauer noch einmal weit aus und erläuterte in einer *tour d'horizon* den Werdegang Oberländers. Sein Vorleben sei eingehend geprüft worden und habe keinen Anstoß erregt, bis der Osten seinen Feldzug gegen ihn begonnen habe. Dabei hätten die Medien und die *SPD* vielfach das Geschäft des Ostens besorgt. Adenauer räumte ein, mit der

---

[82] Vgl. das Protokoll der Unterredung Oberländers mit Adenauer am 26. April 1960 in Karlsruhe (Privatarchiv Oberländer); Tagebucheintrag Oberländers vom 26. April 1960; „Oberländer reicht sein Rücktrittsgesuch ein", *FAZ* vom 27. April 1960; Krone-Tagebücher, Eintrag vom 28. April 1960. Krone schrieb: „Kein Fall Oberländer mehr. Das war jetzt in Ordnung. Oberländer sah es ein. Wir tun alles, um Oberländer in seinem Kampfe gegen die Anschuldigungen aus dem Osten zu helfen. Doch Minister konnte er nicht bleiben. Ich hatte ihm das schon vor Monaten gesagt. Es war nicht leicht, mit ihm einig zu werden. Ich begreife und würdige durchaus, daß er seinen Namen wiederhergestellt wissen will".

SPD sei über Oberländer verhandelt worden, er bestritt aber rundheraus, irgend etwas Schriftliches in dieser Sache verfaßt zu haben - in den Medien „sei falsch darüber berichtet worden". Vielmehr trete Oberländer aus freien Stücken zurück, um sich mit vollen Kräften seiner Rehabilitierung durch einen parlamentarischen Untersuchungsausschuß zu widmen.

Danach ergriff noch einmal Heinrich Krone das Wort. Seine Spitze gegen Bucerius, der das Kesseltreiben gegen Oberländer eröffnet hatte, er habe sich „wenig honorig" verhalten, sorgte für anhaltende Unruhe, und es entspann sich eine lebhafte Diskussion. Mahnende Stimmen wurden laut, Oberländer könne jetzt eigentlich nicht zurücktreten, das träfe die Union „mitten ins Herz" und man wisse nicht, wer als nächstes an der Reihe sei. Doch Adenauer und Krone behielten das Heft in der Hand, und schließlich stimmte der Bundesvorstand ihren Vorschlägen zu. Über hundert Abgeordnete der Unionsparteien sollten schließlich ihre Unterschrift unter den Antrag für einen Untersuchungsausschuß setzen, und am 3. Mai 1960 schrieb Oberländer endlich den ersehnten Brief an Adenauer, in dem er sein Amt zur Verfügung stellte. Adenauer schlug Bundespräsident Heinrich Lübke vor, den Bundesvertriebenenminister aus seinem Amt zu entlassen, und Lübke entsprach dieser Bitte. Damit war, endgültig, der Fall Oberländer durch den Fall Oberländers abgeschlossen[83].

9. Vom umstrittenen zum vertriebenen Minister - Der zweite Aufstieg und Fall eines streitbaren Taktikers

Mit Oberländers freiwillig-unfreiwilligem Rücktritt war zum zweiten Male im Leben des Professors eine kometenhafte Karriere beendet, die Zeitgenossen mit einer Mischung aus Skepsis und Unglauben betrachtet hatten. In den Trümmern Nachkriegsdeutschlands war Oberländer wie ein Phönix aus der Asche auferstanden und hatte es meisterhaft vermocht, das Wellenspiel der politischen Landschaft für seine persönlichen Ambitionen zu nutzen. Seine Mitgliedschaft in diversen Parteien des politischen Spektrums handhabe er äußerst flexibel. Der politische Wandervogel Oberländer, zunächst bei der

---

[83] Vgl. die Stenographische Mitschrift der 2. Sitzung des Bundesvorstands der CDU am Dienstag, dem 26. April 1960 im Karlsruher Rathaus, S. 23; Brief Oberländers an Adenauer vom 3. Mai 1960 (Privatarchiv Oberländer);„Die CDU plagt sich mit dem Oberländer - Ausschuß", *FAZ* vom 24. Mai 1960..

FDP beheimatet, hatte mit taktischem Gespür und einer guten Witterung die Zeichen der Zeit erkannt und auf den *BHE* gesetzt. Beseelt von einem gesunden Ehrgeiz und ausgestattet mit geschmeidigem Pragmatismus, trug ihn ein schwindelerregend kurzer Marsch durch die Institutionen innerhalb von Wochen in die bayrische Staatskanzlei, und drei Jahre später tauschte er seinen Stuhl dort gegen einem Ministersessel in Bonn ein. Fast müßig zu erwähnen, daß der *BHE* ihn bald an seiner Spitze sah.

In Bonn sah Oberländer seinen Platz an der Seite Adenauers - erst recht, als der *BHE* seinen politischen Zenit überschritten hatte. Oberländer selbst spaltete die Partei, die ihn an die Spitze katapultiert hatte, löste durch seinen Übertritt zur *CDU* seine Karriere vom Schicksal des *BHE* und rettete sein Amt aus der Konkursmasse der zerfallenden Partei. Oberländer wollte „auf neuem Weg zum alten Ziel" gelangen, um seine Arbeit für die Vertriebenen fortzusetzen - eben an der Seite Adenauers. Der dankte es ihm mit politischer Schützenhilfe. Bei der Bundestagswahl im Jahre 1957 arrangierte die *CDU* einen sicheren Wahlkreis für ihren Konvertiten, und im zweiten Kabinett Adenauers blieb Oberländer der letzte *BHE*-Mohikaner, ausgestattet mit einem christdemokratischen Parteibuch.

Doch die zuweilen rücksichtslose und taktisch gekonnt inszenierte Geschichte seines Aufstiegs nur einem Egoismus und Geltungsdrang zuschreiben zu wollen, wäre einseitig und griffe viel zu kurz. Eine weitere Triebfeder seines Aufstiegs war die Vision, die Oberländer mit seinem Amt verband. Seine Arbeit für die Vertriebenen bedeutete für ihn Innenpolitik und Außenpolitik zugleich. Der Grenzlandkämpfer Oberländer sah sich an exponierter Stelle an der inneren Front des Kalten Krieges, und er wollte seinen Beitrag leisten, um die junge Bonner Republik wirtschaftlich und sozial zu stabilisieren. Die Vertriebenen als Parias des zerstörten Restdeutschlands, sozial deklassiert und vielfach als Eindringlinge verachtet, bildeten eine über zehn Millionen starke amorphe Masse, die, ungewollt, ohne weiteres zur leichten Beute des Radikalismus, zu Sprengstoff in Stalins Händen werden konnte, indem sie Verelendung, Chaos und Umsturz in die sich gerade erst verwurzelnde Bonner Republik trug.

Für Theodor Oberländer war sein Beruf Berufung, denn er sah sich in einer nahtlosen Kontinuität seiner Erfahrungen aus der Vorkriegs- und Kriegszeit. Seit er denken konnte, lebte er in einem fast statischen Freund-Feind-Schema, in dem der Feind für ihn stets an der gleichen Stelle stand: links und in Moskau, seit seinen Studientagen verkörpert durch Josef Stalin und den Kommunismus. Mit dieser Ansicht stand Oberländer beileibe nicht allein. Nur wenn die materielle Basis der Vertriebenen gesichert war, konnte die junge Bundesrepublik an innerer Stabilität gewinnen. Baustein oder Dynamit - dieses Motto zieht sich wie ein roter Faden durch die Arbeit Oberländers. Für ihn war es ein vitales Interesse der Bundesrepublik, die Vertriebenen möglichst schnell von einer Interessen- zu einer Erlebnisgemeinschaft werden zu lassen, die das Bewußtsein ihrer kulturellen Identität pflegte, dabei aber möglichst schnell zu einem stabilen und produktiven Baustein der deutschen Nachkriegsdemokratie wurde. Dieser Aufgabe widmete er seine ganze Kraft, seinen ganzen Pragmatismus, sein ganzes taktisches Geschick und sah sich dabei als obersten Anwalt der Vertriebenen.

Zunächst übte sich der *BHE* in der Kunst des Spagats - Kraft und andere führende Köpfe der Vertriebenenpartei versuchten, argumentativ die Forderung nach „Lebensrecht im Westen" mit dem Versuch zu verbinden, das Bewußtsein für ein „Heimatrecht im Osten" in den Köpfen wachzuhalten. Unter dem ersten Begriff ließen sich die Alltagssorgen der Flüchtlinge und Vertriebenen zusammenfassen - hier gewann der *BHE* immer mehr Profil. Keine Regelung der milliardenschweren Lastenausgleichprogramme, kein Wohnungsbauprogramm wurde ohne den *BHE* erarbeitet; eine Vielzahl von alltäglichen Hilfen und Unterstützungen wurde in den Reihen des *BHE* entwickelt und auf allen politischen Ebenen durchgesetzt. Doch der zweite Begriff wurde dem *BHE* immer mehr zum selbstgewählten Hemmschuh: die „Recht auf Heimat"-Rhetorik des *BHE* verkörperte kein dynamisches Konzept, sondern dachte an neblige *status quo ante*-Zustände der Jahre 1937 bis gar 1940, und in vielen Köpfen geisterte die Wiederherstellung des Deutschen Reiches mit Preußen als Kern und Ordnungsfaktor herum. Deutschland sollte seine Funktion als Bollwerk des Abendlandes gegen den Bolschewismus Moskaus stärken und ausbauen.

Auch Oberländer hatte hier seine rhetorischen Vorlieben, doch er stand fest an der Seite Adenauers: während er öffentlich in markigen Sonntagsreden das Recht auf Heimat beschwor, war er dem Bundeskanzler hinter den Kulissen eine loyale Stütze und mobilisierte zuverlässig die *BHE*-Reihen im Bundestag für die Westverträge Adenauers, die die Bundesrepublik dauerhaft im Westen verankerten und dabei, zumindest in den Augen der allermeisten Vertriebenen, die deutsche Teilung erst zementierten. Oberländer predigte Wasser und trank Wein - zum Nutzen der Bundesrepublik Deutschland. Der Herrscher über die Mittel und Institutionen des Lastenausgleichs sah sich immer in einem Wettlauf mit der Zeit zum Wohl der Vertriebenen, und die Last seiner Arbeit war atlasgleich. In seiner siebenjährigen Amtszeit schuf er die notwendige Gesetzesbasis für die wirtschaftliche Eingliederung der Vertriebenen: 34 Gesetzte, Novellen und Gesetzesänderungen tragen seine Handschrift[84].

Aber Paragraphen allein halfen nichts - die Flüchtlinge mußten zunächst gleichmäßig auf das ganze Land verteilt werden, um ihre Eingliederung zu begünstigen. Schon in den ersten beiden Jahren seiner Amtszeit setzte Oberländer eine staatlich verordnete Völkerwanderung in Gang; erste Pläne faßten die Umsiedlung von 1,1 Millionen Vertriebenen ins Auge. In einem Dauerringkampf mit den Ländern und den dort zuständigen Ministerialen für Wohnungsbau, Finanzen und Flüchtlingsbelange wurden allein 800.000 Menschen innerhalb von 24 Monaten aus den überfüllten Ländern Bayern, Schleswig-Holstein und Niedersachsen in andere Bundesländer umgesiedelt - 364.000 aus Schleswig Holstein, 234.000 aus Niedersachsen und 200.000 aus Bayern. Die meisten von ihnen nahmen Nordrhein-Westfalen (372.000), Baden-Württemberg (238.000) und Rheinland-Pfalz (118.000) auf. Mit einer ganzen Reihe von Aufbauhilfen förderten Bauernfreund Oberländer und sein Ministerium gezielt eine Stärkung der landwirtschaftlichen Strukturen durch die Flüchtlinge und schoben die Existenzgründung zahlreicher mittelständischer Betriebe durch Hilfen an. Im Schatten des Wirtschaftswunders vollzog sich ein zweites Wunder, mit dem ersten eng verbunden. Die Eingliederung der Vertriebenen in die bundesdeutsche Gesellschaft. Zahlenmäßig gut ein Fünftel der Bevölkerung, waren sie nicht zu einem Quell von Revolution und Radikalismus geworden, sondern bildeten innerhalb weniger Jahre einen tragenden Pfeiler der Wirtschafts- und Sozialordnung der Bundesrepublik. Als Oberländer im April 1960 schließlich seinen Rücktritt einreichte, konnte er auf eine außerordentlich erfolgreiche Arbeit als Minister zurückblicken[85].

---

[84] Dazu gehören Gesetze zur Förderung des Wohnungsbaues für Umsiedler, die Novellen zum Lastenausgleichsgesetz und das Bundesvertriebenengesetz. Eine genaue Analyse und Bewertung der Arbeit des Ministeriums würde den Rahmen dieser Arbeit bei weitem sprengen. Dazu entsteht zur Zeit eine Habilitationsschrift an der Universität Tübingen (Matthias Beer: *Das Bundesministerium für Vertriebene. Integration - Politik - Verwaltung von 1949-1969*, erscheint 2001).

[85] So schuf er allein 300.000 Arbeitsplätze für Flüchtlingsfamilien in der Landwirtschaft, indem er knapp 164.000 Siedlerstellen mit 740.000 ha landwirtschaftlicher Nutzfläche bereitstellte. Da im männerarmen Nachkriegsdeutschland über 50.000 Bauernhöfe von

Doch sein Erfolg war auch sein Schicksal, denn Oberländer hatte seinen Kampf stets mit der Hingabe des Umstrittenen geführt. Seine rüde Art der Karriereplanung mehrte die Zahl der Feinde unter seinen Weggefährten, Mitstreitern und Gegnern immens. Selbst für den Taktiker Oberländer war es eine Frage der Zeit, bis er aus allen möglichen eigenen und gegnerischen Lagern ein Bündel alter Rechnungen präsentiert bekommen würde. Auslöser dafür waren im Sommer und Herbst 1959 nicht etwa die Vorwürfe aus dem Osten, sondern ein innenpolitischer Stimmungsumschwung in der Bundesrepublik. Der Wille, die nationalsozialistische Vergangenheit aufzuarbeiten, fand nach und nach seinen Weg in die Köpfe von Justiz, Politik und Medien. Karrieren wie die Oberländers durften bis dahin der Gnade des Vergessens oder Vernachlässigens teilhaftig werden, was zählte, war ihre Leistung in der Tagespolitik.

Seit dem Herbst 1959 änderte sich dies rapide: ein Minister, der als Achtzehnjähriger im Jahre 1923 auf die Feldherrnhalle marschiert war, zu Beginn der dreißiger Jahre zahlreiche politische Ämter auf sich vereint hatte, erwies sich als immer weniger tragbar - ganz unabhängig davon, wie die Vorwürfe gegen ihn aus dem Osten beurteilt wurden. Damit einher ging nun, daß jetzt die alten Rechnungen aus den Reihen der Vertriebenenfunktionäre präsentiert wurden, die Oberländer stets verübelt hatten, das sinkende *BHE*-Schiff 1955 in Richtung *CDU* verlassen zu haben. Parallel verkörperte Oberländer, der in seiner ersten Amtszeit noch eine loyale Stütze der Adenauerschen Politik gewesen war, nach 1957 mehr und mehr ein außenpolitisches Auslaufmodell. Die Kehrseite der wirtschaftlichen Eingliederung der Vertriebenen war die Verlagerung ihrer Aktivitäten auf außenpolitisches Gebiet - hier wurden sie bald zu einem handfesten Störfaktor für Adenauer. Manche außenpolitische (sprich: ostpolitische) Idee des Kabinetts wurde von vornherein durch markige Sonntagsreden der Vertriebenen torpediert

---

Frauen über 65 Jahren notdürftig bewirtschaftet wurden, förderte Oberländer den Verkauf oder die Verpachtung an landwirtschaftlich versierte Flüchtlinge. Dazu gehörten Aufbaudarlehen und Mitgiften von DM 20.000 für Flüchtlinge, die in landwirtschaftliche Betriebe einheirateten. Durch die Vergabe von Lastenausgleichsmitteln und Soforthilfedarlehen wurden in Oberländers Amtszeit 11.000 Umsiedlerbetriebe eingerichtet, die insgesamt knapp 400.000 Arbeitsplätze schafften. außerdem wurden 70.000 Handwerksbetriebe gegründet und über 80.000 Gaststätten durch Vertriebene und Umsiedler eröffnet. Wollten im Jahre 1953 noch 90 Prozent aller Vertriebenen in ihre alte Heimat zurückkehren, so halbierte sich diese Zahl bis zum Jahre 1960 auf knapp 49 Prozent (vgl. für alle Zahlen Schütt, S. 67-74).

oder gar zunichte gemacht. Hier bildete Oberländer keine Ausnahme: seine Unversöhnlichkeit gegenüber dem kommunistischen Osten war eine persönliche Kontinuität und entsprach seinem bewährten, in jahrzehntelangem Kampf seit der Studienzeit gestählten Feindbild.

Je beharrlicher er dies betonte, desto schwerer machte er es für Adenauer, an ihm festzuhalten. Im Lichte einer politischen Großwetterlage, die seit dem Sommer 1959 erste Bemühungen der Großmächte zur Entspannungspolitik sah, erschienen dröhnende Verfechter eines *status quo ante* wie Oberländer für die Bundesrepublik doppelt hinderlich, viele hielten ihn gar für schädlich, vor allem innerhalb der *CDU*. Schließlich trug er selbst durch die Art seiner Verteidigung gegen die Vorwürfe aus Ost-Berlin dazu bei, sich Stück für Stück zu demontieren. Damit einher ging eine im Ausland wachsende Skepsis gegenüber den Deutschen. Mußte die Bonner Republik ohnehin schon im Zusammenhang mit den Ost-West-Verhandlungen einen Verlust an politischem Gewicht hinnehmen, so nahm ihr moralisches Ansehen durch die vom *MfS* inspirierten und gesteuerten Hakenkreuzschmierereien zur Jahreswende 1959 / 1960 erheblichen Schaden.

Adenauer und die Bundesregierung sahen sich durch die politische Gesamtkonstellation immer stärker in die Defensive gedrängt, und ein Fall wie Theodor Oberländer paßte immer weniger in die politische Landschaft. Vor diesem Hintergrund war Oberländers Rücktritt seit Jahresbeginn 1960 für zahlreiche Kräfte innerhalb und außerhalb der eigenen Partei überfällig gewesen. Unvermeidlich wurde sein Rücktritt - trotz allen Beharrungsvermögens Oberländers - allerdings in dem Moment, in dem sein Mentor Adenauer ihn schließlich fallen ließ. Am Donnerstag, dem 26. April 1960, war dieser Zeitpunkt gekommen.

B. Kleine Fluchten West: Der Prozeßreigen beginnt

1. Juristische Entlastung (I) - Nachtigall vor Gericht

Nunmehr pensionierter Privatier wider Willen, verließ Oberländer keineswegs die öffentliche Bühne, sondern widmete sich mit ganzer Kraft seiner

Rehabilitation. Die Arena der Auseinandersetzungen würde für den Rest seines Lebens der Gerichtssaal sein, in den er seine Gegner immer wieder zwang. Oberländer war nicht nur bemüht die gegen ihn erhobenen Vorwürfe vor einem bundesdeutschen Gericht geklärt zu wissen. Nach seinem Rücktritt sollte er für den Rest seines Lebens die Kritiker gleich welcher Couleur mit einem ganzen Netz von Prozessen überziehen. Knapp einhundert Verfahren waren es bis zu seinem Tode im Mai 1998, und sie behandelten stets die gleichen Vorwürfe. Aus der Flut von Verfahren seien deshalb eine Handvoll herausgegriffen, die besonders geeignet sind, Wesen und Entwicklung dieser Prozesse exemplarisch darzustellen.

Auslöser aller westdeutschen Gerichtstätigkeit war zunächst nicht Oberländer, sondern die *VVN* mit ihrer bereits geschilderten Anzeige vom 31. Juli 1959 in Ludwigsburg, die Oberländer und den Angehörigen des Bataillons *Nachtigall* den Mord an 310.000 Juden, Polen und Kommunisten vorgeworfen hatte. Der Leiter der Ludwigsburger *Zentralen Stelle*, Oberstaatsanwalt Schüle, hatte schon damals die politische Brisanz des Falles erkannt und sich nur einen Tag nach dem Eingang der Anzeige mit dem Baden-Württembergischen Justizminister beraten, was zu tun sei. Schließlich wurde das Verfahren aufgeteilt. Gegen die Angehörigen des Bataillons *Nachtigall* leitete die Ludwigsburger Behörde auf Grund der Vorwürfe Vorermittlungen ein; bei ihrem Vorgesetzten Oberländer, der als Minister und Bundestagsmitglied Immunität genoß, prüfte sie zunächst deren Aufhebung, um anschließend denselben Vorwürfen nachzugehen, soweit sie den Professor persönlich betrafen. Der ganze Fall wurde als „VS-Vertraulich" eingestuft und die Ermittlungen an die, für Oberländer örtlich zuständige, Staatsanwaltschaft Bonn abgegeben[86].

Der dort ermittelnde Oberstaatsanwalt Dr. Franz Drügh stellte, die politische Dimension des Falles deutlich vor Augen, mit großem Eifer Ermittlungen in alle Richtungen an. Er sah sich mit einer schier überwältigenden Fülle von Beweismaterialien konfrontiert, die ihm von verschiedenen Seiten zugetragen wurden. Oberländer selbst hatte bereits am 23. September 1959, dem Tag nach der Beschlagnahme der *Tat* in Fulda, in einer ausführlichen Stellungnahme an die Bonner Staatsanwaltschaft seine Sicht der Dinge beschrieben und die Vorlage weiterer Materialien angekündigt.

---

[86] Vgl. LG Bonn - 8 Js 393 / 60 - ./. Oberländer u.a., Anzeige der *VVN* vom 31. Juli 1959 und Brief des Justizministeriums Baden-Württemberg an den Nordrhein-Westfälischen Justizminister vom 7. August 1959.

Sein Ministerium leistete ganze Arbeit. In umgekehrtem Verhältnis zu der harschen Kritik in den Medien erfuhr Oberländer seit dem Herbst 1959 eine Welle der Sympathie aus der Bevölkerung. Dankbarkeit aus den Kreisen der Vertriebenen, der Ukrainer und anderer Betroffener mischte sich mit dem Bestreben, im Kalten Krieg gegen die Vorwürfe des Ostens zusammenzustehen. In einer Zeit, die den Namen Oberländer täglich als Hauptthema in allen Medien sah und in der der streitbare Minister durch die Konfiszierung der *Tat* und seine Pressekonferenz am 30. September 1959 ständig neuen Diskussionsstoff lieferte, gingen täglich zahllose Solidaritätsbriefe in Oberländers Ministerium ein. „Hochverehrter Herr Minister! Mit größtem Interesse und Ärger verfolge ich seit Tagen die vom Osten gesteuerten Angriffe in der Presse wegen Ihrer angeblichen Greueltaten in Lemberg...". So begannen die meisten der Briefe, die an manchen Tagen, besonders nach der Bonner Pressekonferenz am 30. September und der *Spiegel*-Ausgabe zum Fall Oberländer vom 2. Dezember 1959, waschkorbweise eintrafen.

Neben der Vielzahl dankbarer Vertriebener, die Oberländer ihre Solidarität bekundeten, erregte eine andere Art der Zuschriften die Aufmerksamkeit Oberländers und seiner Ministerialen. Zahlreiche Augenzeugen aus den verschiedenen deutschen Truppenteilen, die in der ersten Juliwoche 1941 in Lemberg einmarschierten, schilderten ihre Sicht der Dinge. Diese Briefe fischten Oberländer und sein Pressereferent Dr. Schlicker heraus, und Schlicker beantwortete alle per Eilbrief mit der Bitte, die Dinge noch einmal genau zu schildern und weitere Zeugen des Geschehens zu benennen. Die nach und nach eintreffenden Aussagen wurden durch Oberländer und seine Rechtsanwälte ausgewertet und in mehreren Schüben an den ermittelnden Oberstaatsanwalt Drügh weitergereicht[87]. Oberländer selbst steuerte bereitwillig Tagebücher, Briefe an seine Frau und andere persönliche Materialien bei. Unter dem Eindruck der Pressekonferenz Albert Nordens in Ost-Berlin am 22. Oktober 1959 drängte Oberländer Drügh, die Prüfung wegen seiner

---

[87] Vgl. die Sammlung der Briefe im Privatarchiv Oberländer. Gefragt wurde auch nach Vorgesetzten, Befehlsverhältnissen etc.. Antwortete einer nicht sofort, bekam er innerhalb von sieben Tagen einen weiteren Eilbrief mit der Bitte, sich nunmehr umgehend zu äußern. Etliche Zeugen wurden in den Papieren anonymisiert, da sie Verwandte in der DDR oder der Sowjetunion hatten, die nicht gefährdet werden sollten. Ihre Identität wurde dem Staatsanwalt mündlich durch Oberländers Anwälte mitgeteilt und sie unter Ausschluß der Öffentlichkeit vernommen.

Stellung im politischen Leben jetzt bald abzuschließen. Oberländer und seine Ministerialen waren jedoch beileibe nicht die einzigen Lieferanten in eigener Sache. Auch die Führer der ukrainischen Emigranten in München betonten in Eingaben an Drügh und das Bundeskanzleramt immer wieder, der Prozeß und die Vorwürfe seien eine von Moskau gesteuerte Kampagne, und die Ukrainer und Oberländer seien unschuldig.

Geradezu spiegelbildlich dazu karrte auch die *VVN*, mit der Oberländer wegen der Beschlagnahme der *Tat* ebenfalls prozessierte, ständig neue Unterlagen nach Bonn, um die Glaubwürdigkeit des Ministers zu schwächen. Am 5. Oktober 1959 schickte sie Auszüge aus dem Tagebuch des SS-Hauptscharführers Felix Landau, die laut *VVN* alle Angaben Oberländers auf dessen Pressekonferenz widerlegten. Drügh möge sie genau prüfen und den in Stuttgart einsitzenden Landau über seine Verbindungen zu Oberländer befragen – obgleich, wie sich später herausstellte, Landau den Namen Oberländers noch nie gehört hatte[88]. Gleichzeitig erschienen in der *VVN*-eigenen *Tat* jede Woche neue Artikel, die neue Zeugen für die vermeintlichen Verbrechen Oberländers benannten[89].

Zunächst begnügten sich diese Artikel noch mit vagen, kritischen Aussagen über Oberländers Auftritt bei seiner Pressekonferenz. Im Frühjahr 1960 wurden diese Bemühungen massiver und präziser. Am 23. März reichte das Präsidium der *VVN* acht weitere Zeugen und fünf Beweismittel zu Lemberg nach. Im Rückblick wird hier der kurze Draht der *VVN* nach Ost-Berlin offensichtlich, denn deren Materialien zu Oberländer tragen die gleichen, von Mitarbeitern Albert Nordens hinzugefügten Anmerkungen wie die Exempla-

---

[88] LG Bonn - 8 Js 393 / 60 - ./. Oberländer, Brief des *VVN* - Präsidiums an Oberstaatsanwalt Drügh vom 5. Oktober 1959. In seinem Tagebuch schildert Felix Landau, Gestapo-Funktionär in Drohobycz, seine Erlebnisse von 1941-1944. Weder dort noch in späteren Vernehmungen konnte Landau einen zweckdienlichen Hinweis geben – er hatte weder von *Nachtigall* noch von Oberländer je gehört.

[89] Vgl. „Von Lemberg zur Todesbrigade 1005", „ ...mit Nachtigall unterschrieben", „Mit den NS-Truppen kamen die Bandera-Leute" (*Die Tat* vom 5., 12. und 19. Dezember 1959), in dem der *VVN* - Redakteur Erhard Karpenstein (auch verantwortlich für die von Oberländer konfiszierte *Tat*-Ausgabe) unter dem Motto „Ich war in Israel" eine ganze Reihe von Zeugen befragte, die in allen späteren Oberländer - Prozessen noch auftauchen werden. Nach der Moskauer Pressekonferenz am 5. April 1960 benannte die *VVN* in mehreren Verfahren just diese Zeugen gegen Oberländer.

re aus den Beständen des *Ausschusses für Deutsche Einheit* und des *MfS*[90]. Als Begleitmusik erschien in der *Tat* eine Artikelserie, die die Personalakte Oberländers aus seiner Zeit in Königsberg, Greifswald und Prag aus der Sicht der *VVN* erläuterte und zahlreiche Auszüge aus Dokumenten enthielt, die dies untermauern sollten. Zeitgleich übergab die polnische Generalstaatsanwaltschaft als „Anzeige über Verbrechen" Unterlagen der polnischen *Zachodnia Agencia Prasowa* an Drügh, die bereits in einer zehnseitigen polnischen Broschüre über Oberländer im November 1959 verwendet worden waren[91].

Dem Aktionismus seiner Gegner stand Oberländer in nichts nach. Neben den ministeriellen Zeugensuchern mobilisierte Oberländer auch intern, in den Reihen seiner ehemaligen Untergebenen aus dem ehemaligen Bataillon *Nachtigall* und dem Sonderverband *Bergmann*, alle nur möglichen Zeugen. Gerade aus den Reihen des deutschen Führungspersonals war der Bestand von *Nachtigall* und *Bergmann* vielfach deckungsgleich, denn im Lichte der identischen Anforderungen hatten Oberländer und die Abwehr im Herbst 1941 eine ganze Reihe deutscher Soldaten aus den Reihen von *Nachtigall* in den Sonderverband *Bergmann* übernommen. Vierzehn Jahre nach Kriegsende waren viele von ihnen noch am Leben.

Sie hatten sich bereits Anfang der fünfziger Jahre wieder zusammengefunden und trafen sich seit 1953 regelmäßig in ihrer alten Ausbildungsstätte, der Luttensee-Kaserne in Mittenwald. Diese „Kameradschaft Bergmann" und namentlich ihr Vorstand waren es auch, die ihren früheren Kommandeur Oberländer bei der Suche nach weiteren Zeugen aktiv unterstützten. Innerhalb von Wochen war ein großer Teil der restlichen deutschen, ukrainischen und kaukasischen Einheitsangehörigen ausfindig gemacht und der Staatsanwaltschaft als Zeugen nominiert worden. Gegenseitige Aufforderungen, einander die Kriegserlebnisse in Lemberg und im Kaukasus noch einmal zu schildern und auf diese Weise das kollektive Gedächtnis der Einheiten aufzufrischen, kursierten auf postalischem Wege quer durch Deutschland und bis zu georgischen Emigranten nach Frankreich und in die USA. So schrieb das Vorstandsmitglied Friedrich Middelhauve dem „lieben Kameraden Eichelkraut" am 13. März 1960:

---

[90] LG Bonn - 8 Js 344 / 59 - ./. Herzner u.a., Brief des *VVN* - Präsidiums an Drügh vom 23. März 1960.

[91] LG Bonn - 8 Js 344 / 59 - ./. Herzner u.a., Brief der polnischen Generalstaatsanwaltschaft an Drügh vom 7. April 1960.

„Inzwischen bin ich in der Angelegenheit O[berländer] am Mittwoch der Woche in Bonn von der Staatsanwaltschaft vernommen worden. Am Donnerstag war Dr. Hrynioch dran. Wann sind Sie an der Reihe? Über meine Vernehmung habe ich noch am gleichen Abend O[berländer] berichtet und ich meine, es könnte auch für Sie wertvoll sein, einiges darüber zu hören, ehe Sie ins „Examen" steigen. Ich lade Sie ein, den Abend vorher bei mir [in Düsseldorf] zu verbringen"[92].

Trotz der loyalen Unterstützung nach außen gärte es in den Reihen der Ehemaligen, denn die Rolle Oberländers als Kommandeur des Sonderverbands *Bergmann* war im Kreis der Ehemaligen durchaus umstritten. Innerhalb des Vorstandes der Kameradschaft wurde ihm, vor allem bei der Auswahl der Kaukasier, mangelnde Menschenkenntnis vorgeworfen, die ihm durch eine Verschwörung des Ostens nun zum Verhängnis geworden sei. Oberländer habe

„diese zwei Hauptzeugen gegen ihn [Aleskerow und Okropiridse] seinerzeit selbst als Schlangen an seinem Busen genährt. Er war eben ein miserabler Menschenkenner. Das haben wir ja auch schon daraus erkannt, daß er die größten Feinde seinerzeit um sich versammelte und dann auch tatsächlich eine „Elite" an eigenen Offizieren herausbrachte"[93].

Der Vorwurf, Oberländer habe seine Kaukasier gegenüber den deutschen Soldaten fast bevorzugt, zog sich später wie ein roter Faden durch die Aussagen der deutschen *Bergmann*-Angehörigen in den Prozessen zum Fall Oberländer. Er führte die Vorwürfe der DDR, er habe seine Kaukasier zum Dienst gepreßt, *ad absurdum*.

Von allen Seiten mit Material geradezu überschüttet, ermittelte Oberstaatsanwalt Drügh das ganze Frühjahr 1960 hindurch, ließ sich dabei aber

---

[92] Vgl. Brief Middelhauves an Eichelkraut vom 13. März 1960, *ArchGebTr*, Sammlungen *Bergmann* und *Nachtigall* sowie im NL Eichelkraut für zahlreiche weitere Beispiele.
[93] Brief Victor Rodewalds an Erich Eichelkraut vom 30. Juni 1960. *ArchGebTr*, Sammlung *Bergmann*, NL Erich Eichelkraut. Für Rodewald war der Verschwörungscharakter der Kampagne gegen Oberländer offensichtlich: „Professor Oberländer mußte fallen. Er ist gefallen. Die Heranziehung von Bergmann und Nachtigall war nur ein Mittel zum Zweck. Ich glaube nicht, daß noch irgendein Weißbuch des Ostens über Bergmann oder Nachtigall kommen wird, es sei denn, daß der seinerzeitige Protegé des Kommandeurs Oberländer, Oberleutnant Aleskirov, seine Auftraggeber weiter bei der Stange zu halten in der Lage ist, damit er selbst so spät wie möglich ins Gefängnis kommt. Das gleiche gilt auch von Okropiridse, der seinerzeit in Mittenwald die übrigen 17 georgischen Offiziere hochgehen ließ [der Fall Ziklauri], um seinen Kopf zu retten. Sowohl er als auch Aleskerow sind in dem Oberländer - Prozeß im Osten als Kronzeugen aufgetreten" (Ebd.).

von keiner Seite unter Druck setzen. Er verhörte knapp fünfzig Zeugen, Angehörige von *Nachtigall* ebenso wie Lemberger Juden, die die Pogrome in den Straßen und den Gefängnissen von Lemberg miterlebt und überlebt hatten. Sie wurden zum Teil für ihre Aussagen aus Israel eingeflogen. Drügh stimmte sich bei seinen Ermittlungen des zeithistorischen Hintergrundes eng mit der *Zentralen Stelle* in Ludwigsburg ab und bediente sich für ein Gutachten auch des Sachverstandes des Münchner *Institutes für Zeitgeschichte*[94].

Anfang April 1960 - die Zeichen der öffentlichen Debatte standen für Oberländer längst auf Sturm respektive Rücktritt - spitzte sich die politische Situation bedenklich zu. Das Vorstandsmitglied Erich Eichelkraut verfaßte für die „Kameradschaft Bergmann" ein fünfseitiges Exposé mit dem Titel „Roter Rufmord!", das bereits im März 1960 an alle christdemokratischen Bundestagsabgeordnete verschickt wurde und zu den Vorwürfen gegen Oberländer ausführlich Stellung nahm. Als in der ersten Aprilwoche 1960 der sozialdemokratische Plan in den Medien erschien, Oberländer in der Debatte über den Haushalt seines Ministeriums anzugreifen, kam auch die *SPD*-Bundestagsfraktion in den Genuß dieser Lektüre. Ihr schickte Eichelkraut sein Pamphlet, ergänzt durch ein geharnischtes Begleitschreiben[95]. Gleichzeitig geriet auch die Bundesregierung in Unruhe. Sie erbat am 4. April 1960 angesichts der bevorstehenden Angriffe der *SPD* im Bundestag beim Landgericht Bonn vertraulich Auskunft über den Stand des Verfahrens; mit beruhigendem Ergebnis: Am 11. April 1960 gab das Presse- und Informationsamt der Bundesregierung bekannt, es sehe nach den bisherigen umfangreichen Ermittlungen keine Veranlassung, die Immunität Oberlän-

---

[94] LG Bonn - 8 Js 344 / 59 - ./. Herzner u.a., Verfügung vom 24. November 1959.

[95] "Sehr geehrte Herren! Wie man heute der bundesdeutschen Presse entnehmen kann, hat Ihre Fraktion in der nächsten Woche etwas ganz Besonderes vor. Wie die Zeitungen schreiben, wollen Sie anläßlich der Haushaltsdebatte (...) gegen Herrn Dr. Oberländer mit schweren Geschützen auffahren. Ich (...) empfehle Ihnen, sehr verehrte Herren von der SPD - Fraktion, zunächst einmal dies zu lesen, bevor Sie in Ihrer „Dicken Berta" eine Ladehemmung feststellen. Als Sprecher der Einheiten Nachtigall und Bergmann sage ich Ihnen, daß wir jeden, der in seinen Äußerungen in der Sache Oberländer im Bundestag lügenhafte Behauptungen aufstellt, gerichtlich belangen werden. Hochachtungsvoll!" (Brief Eichelkrauts an die Bundestagsfraktion der SPD, o. D., wohl Anfang April 1960, *ArchGebTr*, Sammlung *Bergmann*, NL Erich Eichelkraut).

ders aufzuheben[96]. Es war unter anderem diese Mitteilung, die Oberländers Willen stärkte, trotz aller parteiinternen Absprachen zunächst an seinem Amt festzuhalten. Für ihn war dies ein Silberstreif am Horizont, zarter Hinweis auf eine sich anbahnende juristische Entlastung durch die westdeutsche Justiz.

Am 5. August 1960, drei Monate nach Oberländers Rücktritt, gab Oberstaatsanwalt Franz Drügh schließlich das Ergebnis seiner Ermittlungen bekannt. In einer 73-seitigen Verfügung zeichnete er die Aufstellung und den Einsatz des Bataillons *Nachtigall* mit juristischer Akribie noch einmal nach, würdigte die polnischen, west- und ostdeutschen Materialien, gewichtete alle Zeugenaussagen und widmete sich besonders der Frage, welche deutschen, polnischen, jüdischen und ukrainischen Zeugen in den ersten Julitagen in Lemberg was genau beobachtet haben konnten. Für die Ausschreitungen während des Pogroms, so Drügh in seinem Vermerk, seien außerhalb der drei Gefängnisse mit Sicherheit die ukrainischen Milizen und die aufgebrachte Zivilbevölkerung verantwortlich. Dies lasse die Beschreibung ihrer Uniformen durch die Zeugen erkennen, die sich klar von denen des Bataillons *Nachtigall* abhebe. Für Drügh spielten die Aussagen von vier jüdischen Belastungszeugen, die die *VVN* benannt hatte, eine Schlüsselrolle: insbesondere eine von ihnen lasse es möglich erscheinen, ein Zug ukrainischer Soldaten in deutscher Wehrmachtsuniform habe sich im Hof des *NKWD*-Gefängnisses an den Morden und Ausschreitungen gegen die Juden beteiligt. Der Zeuge Abraham Goldberg, der die Mißhandlungen im Gefängnis überlebt hatte, schilderte seine Beobachtung, die deutschen Soldaten, ungefähr ein Zug unter dem Kommando eines Offiziers, hätten Wehrmachtsuniform getragen und untereinander und zu den Juden ausschließlich Ukrainisch gesprochen[97].

Auch drei weitere Zeugen gaben ähnliche Beobachtungen zu Protokoll, weckten bei Drügh und dem ermittelnden Staatsanwalt Zug aber Zweifel an ihrer Glaubwürdigkeit. Der Zeuge Maurice Reiss war an seinem Wohnort Tel Aviv zunächst von der *Tat* aufgespürt worden, um seine Lemberger Er-

---

[96] LG Bonn - 8 Js 344 / 59 - ./. Herzner u.a., Fernschreiben des Bundesjustizministeriums an Drügh vom 4. April 1960; Mitteilung des Presse- und Informationsamtes vom 11. April 1960 (Archiv des Autors); Krone - Tagebücher, S. 410 Anmerkung 49.

[97] LG Bonn - 8 Js 344 / 59 - ./. Herzner u.a., Einstellungsverfügung vom 5. August 1960. Ein weiteres Exemplar findet sich in den Akten des Bundeskanzleramtes im Bundesarchiv Koblenz (*BA*, B 136 Nr. 3810).

lebnisse zu schildern. Dabei hatte er in der *Tat* vom 12. Dezember 1959 weder seine eigene Verschleppung ins Brygydki-Gefängnis erwähnt noch den Namen Theodor Oberländer. Im Gegenteil: er versicherte, von einem Bataillon *Nachtigall* erst später und von einem Offizier namens Oberländer noch nie etwas gehört zu haben. Wenig später hatte er allerdings in einer israelischen Zeitung behauptet, Oberländer sei für die Pogrome gegen die Lemberger Juden verantwortlich. Auch vor dem Obersten Gericht der DDR war Reiss am dritten Verhandlungstag aufgetreten und hatte nunmehr von seiner eigenen Mißhandlung im Brygydki-Gefängnis berichtet, sich dabei allerdings in Widersprüche verheddert[98]. Von der Staatsanwaltschaft Bonn nach Deutschland geflogen und erneut befragt, hielt er diese Behauptung allerdings nicht mehr aufrecht[99].

Ähnlich verhielt es sich mit dem Zeugen Moritz Grynbardt, einem polnischen Juden, der den Einmarsch der Deutschen im Brygydki-Gefängnis erlebt und erlitten hatte. Im Februar 1960 berichtete er im *Spiegel* auf einer Doppelseite ausführlich über seine Erlebnisse in Lemberg und die Ausschreitungen ukrainischer Soldaten in deutschen Uniformen. Auf Vorhalt der Staatsanwaltschaft verheddette auch er sich in Widersprüche und konnte sich an Details von Uniformen und die örtlichen Verhältnisse nicht mehr besinnen. Erst nach mehrmaliger Nachfrage gab er zu, daß die Rote Armee bereits vor den Deutschen in den Gefängnissen gewesen sei und dort für den Mord an zahlreichen Ukrainern verantwortlich war[100]. Der Aussage des Zeugen Eliahu Jones schließlich, der im Lemberger Stadtgefängnis als Zeuge schwerer Mißhandlungen und Morden an Juden von aufsichtsführenden deutschen Soldaten auf Ukrainisch angesprochen worden war, konnte das Gericht mit seinen eigenen Beobachtungen und Fotos aus dem Gefängnis nachweisen, er habe mit Einheiten der deutschen Feldgendarmerie gesprochen. Außerdem machte sich Jones mit der Behauptung zwar wichtig, aber unglaubwürdig, er habe Bandera in Lemberg selbst gesehen.

---

[98] Im stenographischen Protokoll findet sich allerdings die Aussage Reiss auf Vorhalt der Verteidigung, der Name Oberländer sei ihm nicht bekannt. Auch beschrieb er die deutschen Soldaten im Gefängnis als uniformiert mit gelb-blauen Armbinden, was eher auf die ukrainische Miliz als auf die deutsche Wehrmacht hinweist. Diese Aussage ist im offiziellen Protokoll (S. 87-89) gestrichen (vgl. *BStU*, ZUV 28 (Oberländer), Akte 1 Nr. 313 - 318).

[99] LG Bonn - 8 Js 344 / 59 - ./. Herzner u.a., Einstellungsverfügung, S. 46.

[100] LG Bonn - 8 Js 344 / 59 - ./. Herzner u.a., Einstellungsverfügung, S. 46–47; „Das Blutbad von Lemberg", *Der Spiegel* Nr. 11 / 1960.

Insgesamt kam Drügh zu dem Ergebnis, mit großer Wahrscheinlichkeit habe ein ukrainischer Zug der 2. Kompanie des Bataillons *Nachtigall* sich im *NKWD*-Gefängnis an den Ausschreitungen beteiligt, jedoch ohne einen ausdrücklichen Befehl und auch ohne Wissen der Bataillonsführung. Deshalb wurde das Verfahren gegen die ermittelten Angehörigen des Bataillons *Nachtigall* eingestellt, weil Täter nicht ermittelt werden konnten. Gleiches tat Drügh mit den abgetrennten Ermittlungen gegen Oberländer selbst. Sie wurden ebenfalls am 26. September 1960 „aus den Gründen des Einstellungsvermerks in 8 Js 344 / 59" eingestellt, denn es bestehe kein begründeter Tatverdacht, die Immunität Oberländers als Mitglied des Bundestages müsse deshalb auch nicht aufgehoben werden[101]. Die *CDU / CSU*-Fraktion im Bundestag registrierte dieses Ergebnis mit Erleichterung, denn noch immer hing die Frage, ob ein Untersuchungsausschuß zum Fall Oberländer eingesetzt werden müsse, wie ein Damoklesschwert über den christdemokratischen Parteien. Nun aber machte sich der Rechtsausschuß des Bundestages, der über den Oberländer-Ausschuß beriet, das Urteil von Oberstaatsanwalt Drügh zu eigen und sah im Lichte dieses Ergebnisses erst einmal davon ab, einen Ausschuß einzusetzen.

Auch wenn diese juristische Runde, trotz der Einschränkung der Bonner Staatsanwaltschaft für die 2. Kompanie, an Oberländer und das Bataillon *Nachtigall* ging, blieb ein Wermutstropfen innerhalb der „Kameradschaft Bergmann". „Die Ukrainer sind über die Begründung der Einstellung des Verfahrens Lemberg verärgert", schrieb Oberländer am 7. Oktober 1960 an Erich Eichelkraut, es käme daher, „daß wir niemanden aus der 2. Kompanie fanden". Doch dies sollte erst in einem späteren Verfahren noch eine Rolle spielen. Fürs erste durften die Kombattanten die juristische Arena nicht verlassen, sondern nur wechseln, denn die *VVN* hatte noch einen weiteren Trumpf in der Hand. Keine vierundzwanzig Stunden nach der Moskauer Pressekonferenz vom 5. April 1960 erstattete die *VVN* als Albert Nordens verlängerter Arm bereits zum zweiten Mal bei der Bonner Staatsanwaltschaft Anzeige gegen Oberländer, diesmal auf Grund seiner Funktion als Kommandeur des Sonderverbandes *Bergmann* und der Verbrechen, die ihm im Kaukasus zur Last gelegt wurden[102].

---

[101] LG Bonn - 8 Js 344 / 59 - ./. Herzner u.a., Einstellungsverfügung, S. 50f. und S. 72 ff; 8 Js 393 / 60 - ./. Oberländer, Einstellungsverfügung vom 26. September 1960.
[102] LG Bonn - 8 Js 359 / 60 - ./. Otto Fleischer u.a., Einstellungsverfügung vom 13. April 1961, S.1.

Oberländer hatte sich bereits im Februar 1960, als erste Vorwürfe gegen den Sonderverband *Bergmann* in den Medien auftauchten, mit seinen ehemaligen Untergebenen über eine geeignete Verteidigungsstrategie den Kopf zerbrochen. Am 5. März hatte er sich mit dem Vorstand der „Kameradschaft Bergmann" in Stuttgart getroffen, um in einem achtstündigen Gespräch mögliche Varianten der Vorgehensweise zu besprechen[103]. Mit der Anzeige der *VVN* sah die Lage schlagartig anders aus. Einerseits war die Möglichkeit einer Zivilrechtsklage gegen die Zeugen aus dem Osten durch den Eisernen Vorhang verwehrt, da zwischen Bonn und Moskau fünf Jahre nach Adenauers Besuch dort noch kein Rechtshilfeabkommen bestand. Andererseits hatten die Vorwürfe gegen Oberländer durch den Prozeß in Ost-Berlin zwar keine größere Glaubwürdigkeit, doch enorme Publizität erlangt. So war es Oberländer darum zu tun, die Vorwürfe gegen ihn aus der Moskauer Pressekonferenz und dem Ost-Berliner Urteil nach seinem Rücktritt möglichst gemeinsam - und schnell - geklärt zu wissen.

2. Juristische Entlastung (II) - Prozesse gegen sich selbst

Die Möglichkeit, ein umfassendes Buch über den Sonderverband *Bergmann* zu schreiben, wurde erwogen und verworfen - es dauerte einfach zu lange. Außerdem mußte die gute Zeugenlage genutzt werden: die „Kameradschaft Bergmann" hatte 150 ehemalige Angehörige des Sonderverbandes und zahlreiche weitere Zeugen ausfindig gemacht, die Oberländer in seiner Zeit im Kaukasus erlebt hatten. Um die Initiative nun wiederzugewinnen, bot sich ein passendes Mittel: eine Selbstanzeige Oberländers oder eines ehemaligen *Bergmann*-Angehörigen. Der fand sich schnell in Gestalt des ehemaligen Unteroffiziers Otto Fleischer. Er war Angehöriger von *Nachtigall* und *Bergmann* gewesen und konnte auf diese Weise nicht nur zur Klärung der Vorwürfe beitragen, sondern auch gegenüber Oberländer eine späte Dankesschuld aus dem Krieg abtragen[104]. Am 30. Juli 1960 erstattete er Anzeige

---

[103] Brief Oberländers an Eichelkraut vom 25. Februar 1960 (ArchGebTr, Sammlung *Bergmann*, NL Eichelkraut); Tagebucheintrag Oberländers vom 5. März 1960.

[104] Fleischer war im Sommer 1940 im galizischen Dukla zur Ausbildung von Ukrainern eingesetzt und lernte dort seine spätere Frau, eine Polin, kennen. Obgleich der Kontakt zu Polen den deutschen Soldaten mehr oder weniger verboten war, hatte Oberländer Fleischer, wie auch einigen anderen, eine Sondererlaubnis erteilt. Fleischer heiratete

gegen sich selbst - eine Taktik, die im Kreis der *Bergmann*-Ehemaligen zunächst nicht unumstritten war. Erst der wortgewaltige Einsatz des Vorstandes sicherte Fleischer die volle Unterstützung aller ehemaligen *Bergmann*-Angehörigen – als neuer Schulterschluß gegen einen altbekannten Gegner. Oberländer schrieb am 5. Juli 1960 an Erich Eichelkraut, dessen Unterstützung in den Reihen der ehemaligen *Bergmann* - Angehörigen Wunder gewirkt haben muß:

„Ich bin Ihnen sehr dankbar, daß Sie überhaupt so wohl für uns alle eingetreten sind (...) Wenn einige in der Einheit sind, die dagegen Bedenken haben, so sollten sie wissen, daß wir alle nur eine Ehre haben und daß die Angriffe gegen den einen gleichzeitig auch Angriffe gegen den anderen sind. Vor einem so unerbittlichen Gegner, wie wir ihn im Bolschewismus haben, sollte das eigentlich jedem klar sein"[105].

Diszipliniert und auf Kurs gebracht, zogen alle an einem Strang. Oberländers Anwälte Hans Dahs und Konrad Redeker vertraten nun auch Fleischer und legten der Bonner Staatsanwaltschaft eine Liste mit knapp 200 Zeugen vor, die zur Sache vernommen werden sollten. Dabei handelte es sich meist um deutsche *Bergmann*-Angehörige wie den gesamten Stab und etliche Kaukasier aus den Reihen der Einheit. Darüber hinaus fanden sich darin deutsche Offiziere des kaukasischen Experiments wie Hans v. Herwarth, nunmehr deutscher Botschafter in London, weitere Offiziere aus dem Stab des Generalfeldmarschalls v. Kleist und zahlreiche Emigranten, die in Frankreich und den USA lebten und ihr Kommen sämtlich zusagten. Auch die vier Hauptbelastungszeugen aus Moskau und Ost-Berlin sollten nach Bonn vorgeladen werden[106].

Für die Bonner Justiz ermittelten, wie schon im Fall *Nachtigall*, Oberstaatsanwaltschaft Dr. Franz Drügh und sein erster Staatsanwalt Hans Zug in bewährter Manier. Wieder wurden mit dem Verfahren gegen Fleischer die Ermittlungen gegen Oberländer verbunden, soweit ihm die Anschuldigungen gegen den Sonderverband *Bergmann* direkt zuzuordnen waren. Für die beiden Juristen muß die Zeugenliste viele alte Bekannte enthalten haben,

---

seine Frau schließlich am 27. März 1944 und nahm sie nach dem Kriege mit in die Bundesrepublik. Noch im Herbst 1959 hatte Fleischer Oberländer darum gebeten, seinen Namen mit Rücksicht auf ostdeutsche und polnische Verwandte nicht zu nennen (Erklärung Otto Fleischers vom 19. Oktober 1959, Privatarchiv Oberländer).
[105] Vgl. den Brief im *ArchGebTr*, Sammlung *Bergmann*, NL Eichelkraut.
[106] LG Bonn - 8 Js 359 / 60 - ./. Otto Fleischer, Schriftsatz der Anwälte vom 26. September 1960.

denn etliche Zeugen hatten erst kurz zuvor in Sachen *Nachtigall* Rede und Antwort gestanden. Während der knapp zehn Monate dauernden Ermittlungen vernahmen sie zahlreiche Zeugen in Bonn und im ganzen Bundesgebiet und kooperierten eng mit der *Zentralen Stelle* in Ludwigsburg. Dabei stießen sie zuweilen auf groteske Schwierigkeiten, denn einige regionale Polizeidienststellen reagierten auf das Amtshilfeersuchen aus Bonn äußerst mißtrauisch. Die Landpolizeidirektion Oberbayern kabelte beispielsweise am 13. Oktober 1960 nach Bonn, die für die Zeugenbefragungen übersandten Akten enthielten „in Form einer Anklageschrift Angaben wie 'Oberstes Gericht der DDR' und 'Untersuchungsausschuß Moskau'". Es bestünden deshalb Zweifel, ob das Ersuchen tatsächlich aus Bonn stamme. In Bayern bat man allen Ernstes um eine telegraphische Bestätigung über das Netz der Polizei, ob alles seine Richtigkeit habe - ein Treppenwitz des Kalten Krieges[107].

Am 13. April 1961, knapp acht Monate nach dem Ende der *Nachtigall*-Ermittlungen, legte Drügh die Ergebnisse seiner umfangreichen Ermittlungen zur Geschichte des Sonderverbands *Bergmann* und ihrer Taten im Kaukasus vor - sein Vermerk war mit 53 Seiten nur wenig kürzer als der in Sachen *Nachtigall*. Wie schon im ersten Verfahren, beschrieb Drügh eingangs ausführlich die Aufstellung, Ausrüstung, Konzept und Auftrag der Einheit, um sich dann den einzelnen Vorwürfen, die in Moskau, Ost-Berlin und durch die *VVN* erhoben worden waren, zuzuwenden. Zunächst erörterte er die Aussagen der vier östlichen Hauptbelastungszeugen. Die drei Kaukasier Aleskerov, Okropiridse und Muchaschawri waren allen befragten Einheitsangehörigen, immerhin über 150 Mann, noch gut in Erinnerung, teilweise gar als besondere Vertrauenspersonen Oberländers. Ganz anders verhielt es sich mit dem Belastungszeugen Hammerschmidt, der in Moskau ausgesagt hatte, er sei bei Morden Oberländers zugegen gewesen. Keiner der Befragten konnte, so Drügh, mit dem Namen etwas anfangen[108].

---

[107] LG Bonn - 8 Js 359 / 60 - ./. Otto Fleischer, Fernschreiben des Polizeipräsidiums München an die Bonner Staatsanwaltschaft vom 13. Oktober 1960. In den Akten finden sich zahlreiche weitere Beispiele.

[108] LG Bonn - 8 Js 359 / 60 - ./. Otto Fleischer, Einstellungsverfügung vom 13. April 1961, S. 16. Hier irrte Drügh, denn ein einziger Zeuge erinnerte sich doch an einen Mitstreiter namens Hammerschmidt. Der Zeuge Franz Burger erwähnte in seiner Aussage den Rechnungsführer der 6. Kompanie des II. Bataillons *Bergmann*, den er im Herbst 1943 dort kennengelernt habe. Allerdings sei dieser Hammerschmidt nicht Rußland-, sondern

Die geballte Erinnerung aller Zeugen strafte für Drügh auch die Behauptung Lügen, Oberländer habe die Kaukasier zum Dienst im Sonderverband *Bergmann* gepreßt. Gerade die Kaukasier erklärten ausnahmslos, sie seien freiwillig in die Einheit eingetreten und hätten es nicht bereut, denn Oberländer habe sich immer wieder auf allen Ebenen für eine Verbesserung ihrer Kampf- und Existenzbedingungen stark gemacht und dafür gerade von deutscher Seite viel Kritik geerntet. Die deutschen Zeugen wiesen auf das Verhältnis von eins zu acht zwischen Deutschen und Kaukasiern bei *Bergmann* hin und hoben hervor, ein geschlossener Einsatz gepreßter Soldaten wäre unmöglich gewesen und hätte schon nach kurzer Zeit zu Unruhen und Massendesertionen führen müssen. Ein schlagendes Beweismittel sah Drügh schließlich auch in den Feldpostbriefen Oberländers an seine Frau, in denen er seine Bemühungen für eine bessere Behandlung seiner Kaukasier und der sowjetischen Kriegsgefangenen „ohne Anlaß für irgendwelche Schutzbehauptungen" geschildert habe. Außerdem seien seine Demarchen nicht nur aktenkundig, sondern mehrere Zeugen aus dem unmittelbaren Umfeld des Generalfeldmarschalls v. Kleist hätten Oberländers Auftritte selbst miterlebt.

Im Fall Ziklauri sei Oberländers Rolle die eines Zeugen gewesen, der mit den weiteren Ermittlungen und der Gerichtsverhandlung nicht befaßt gewesen sei, wertete Drügh. Auch Vorwürfe, er habe Ausschreitungen, Plünderungen und Massenmorde im Kaukasus zu verantworten, sah der Oberstaatsanwalt nicht nur durch die Zeugenaussagen, sondern auch durch Oberländers Richtlinien für das Verhalten deutscher Soldaten im Kaukasus widerlegt, die er für seine Einheit aufstellte und die einen späteren Erlaß des Generalfeldmarschalls v. Kleist wörtlich vorweggenommen hatten. Der Tenor aller seiner Schriften in diesem Zusammenhang, der stets auf eine kooperative Behandlung der Kaukasusvölker abstelle, mache darüber hinaus solche Ausschreitungen gänzlich unwahrscheinlich.

Für die Glaubwürdigkeit der drei kaukasischen Hauptbelastungszeugen kam Drügh zu dem Schluß, sie hätten mit großer Wahrscheinlichkeit unter Druck oder Zwang zum Selbstschutz gehandelt, denn alle Zeugen hätten immer wieder bestätigt, zumindest die zwei Offiziere Okropiridse und Aleskerov hätten die von Oberländer vertretenen Prinzipien stets propagiert und seien deshalb auch von Oberländer schnell zu Offizieren des Bataillons ge-

---

Sudetendeutscher gewesen (LG Bonn - 8 Js 359 / 60 - ./. Otto Fleischer, Zeugenaussage Franz Burgers vom 29. Oktober 1960).

macht worden. Gleiches galt für die Vorwürfe Hammerschmidts. Für Drügh sprach eigentlich alles dagegen, daß Oberländer unter Alkohol die Morde im Gefängnis von Naltschik begangen haben sollte. Sein Urteil war im Endergebnis hier noch klarer als im Falle *Nachtigall*. Er stellte die Ermittlungen gegen Oberländer, Otto Fleischer und den Sonderverband *Bergmann* wegen mangelnden begründeten Tatverdachts ein[109].

Die *VVN* schäumte bei diesem Ergebnis, nachdem sie die sowjetischen Vorwürfe durch ihre Anzeige in Ludwigsburg sorgfältig untermauert hatte. Sie erhob am 7. Juni 1961 Dienstaufsichtsbeschwerde beim Kölner Generalstaatsanwalt. Die Ermittlungen, so die Frankfurter Antifaschisten, seien nicht in dem erforderlichen Umfang und nicht ordnungsgemäß durchgeführt worden. Überhaupt habe die einstige und jetzige politische Stellung Oberländers eine entscheidende Rolle gespielt. Die Aussagen von Entlastungszeugen habe man eifrig zusammengetragen, entscheidende Belastungszeugen aus der Sowjetunion aber gar nicht erst berücksichtigt. Potentiellen Mittätern werde somit Glaubwürdigkeit bescheinigt, Belastungszeugen von vornherein die Unwahrheit unterstellt. Doch die Beschwerde blieb erfolglos - der Generalstaatsanwalt in Köln beschied der *VVN* am 15. Dezember 1961, der Beschwerde könne nicht stattgegeben werden. Eine nochmalige viermonatige Prüfung habe zwingend ergeben, wie unglaubwürdig die Aussagen der vier Belastungszeugen im Lichte der knapp zweihundert Entlastungszeugen wirkten; Von einer Ladung habe deshalb schon aus sachlichen Gründen abgesehen werden können. Zudem seien die vier Zeugen für ein Verfahren in Bonn unerreichbar gewesen, da zwischen Bonn und Moskau kein Rechtshilfeabkommen bestehe[110].

Die Taktik der potentiell Betroffenen hatte sich ausgezahlt. Auch die zweite juristische Runde ging, diesmal ohne Vorbehalt, an Oberländer und die „Kameradschaft Bergmann". Diese Einstellungsverfügung Drüghs diente, wie schon die erste, umgehend als Munition auf einem anderen Kriegsschauplatz. Oberländer hatte die Berichterstattung über ihn in den Medien als unfair und voreingenommen erachtet und sann darauf, sich nun nicht mehr nur mit juristischen, sondern auch mit publizistischen Mitteln zur Wehr zu setzen.

---

[109] LG Bonn - 8 Js 359 / 60 - ./. Otto Fleischer, Einstellungsverfügung, S. 53.
[110] Zitiert bei Raschhofer, S. 151 f.

3. Publizistischer Flankenschutz - Oberländers geistige Leibgarde

Noch bevor Oberländer im Mai 1960 seinen Ministerstuhl räumte, machte sich aus den Kreisen der Vertriebenen ein Autorenteam daran, die literarisch-publizistische Verteidigung Oberländers aufzunehmen und seine Sicht der Dinge zu formen, die sich später zu einem langlebigen Mythos entwikkelte. Unter dem Titel *Die Hintergründe des Falles Oberländer* erschien aus der Feder des Pseudonyms Victor Silling[111] eine polemische Streitschrift, die Oberländer gegen die Vorwürfe aus dem Osten in Schutz nahm und den grundsätzlichen Charakter der Auseinandersetzung um ihn hervorhob. Am Anfang dieser Streitschrift stand das Plädoyer für die „Wertbeständigkeit einer Konzeption": die Ehrenrettung der völkisch-revisionistischen Volkstumspolitik war das Ziel der ersten Kapitel. Volkstumspolitik sei in der Zwischenkriegszeit das „Ei des Kolumbus" gewesen. Die Kräfte, die sie gefördert hätten, wären erfolgreich fortgeschritten auf dem schmalen Grat „zwischen einer imperialen Herrschaft Deutschlands und einer Preisgabe Osteuropas an den Bolschewismus". Ihre Ideen, so auch die Oberländers, seien friedenssichernd und „im besten Sinne demokratisch" gewesen. Deshalb sei er zwangsläufig zum Ziel östlicher Propaganda geworden. Oberländers Leben und die Vorwürfe aus den verschiedenen Abschnitten seines Lebens wurden nun, einer nach dem anderen, aus der Sicht der Autoren dargestellt und in jeweils eine von fünf Kategorien kommunistischer Propaganda eingeordnet[112].

Eine „Dreistufen-Rakete der Verleumder, Ohrenbläser, Klarfahrer" als modernste Waffe des sowjetischen psychologischen Krieges, so das Fazit der Schrift, werde im Osten gegen Oberländer gezündet. Die erste Stufe bildeten „sowjetrussische und sowjetdeutsche Verleumder und ihre westdeutschen Agenten und Partisanen". Sie hätten sich auf Oberländer gestürzt

---

[111] Dahinter verbarg sich eine Autorengruppe („Drei Männer aus Schlesien und eine Frau aus Ostpreußen") unter der Führung von Arthur v. Machui.

[112] Die bei Silling nicht ohne Unterhaltungswert erläuterten Kategorien waren 1. Verleumdung durch unwahre Schauergeschichten, 2. Verleumdung durch Dinge, die tatsächlich vorgefallen sind, aber mit dem Verleumdeten nichts zu tun hatten, 3. Das Zurechnen sowjetischer Taten auf deutsche Konten (In Oberländers Fall Lemberg), 4. Schilderungen von Kriegshandlungen, die durch Übertreibungen in Friedenszeiten schauerlicher wirken, 5. Das Lenken und selektive Auswählen von Zeugenaussagen (vgl. Silling, S.29 und 68 f.).

mit dem Ziel, einen Mann, der den „Bolschewismus durchschaut" hatte, aus Adenauers Regierung herauszuschießen. Als zweite Stufe hätten, so Silling, die „parlamentarische und Intellektuelle Opposition" im Bonner Staat, genauer gesagt, ihre zur „Ohrenbläserei veranlagten Teile", gedient. Für sie sei Oberländer ein Präzedenzfall, um die Entfaltung der jungen deutschen Demokratie zu verhindern. Die „Rufmord-Attentäter", die die ersten beiden Stufen der Anti-Oberländer-Rakete bildeten, blieben allerdings ohne ihre dritte Stufe wirkungslos: die sogenannten Klarfahrer, d. h. Politiker, die eine moralische Diskreditierung der Bundesrepublik durch die Vergangenheit eines Ministers wie Oberländer nicht in Kauf nehmen wollten. Diese Kritik richtete sich vor allem an Oberländers innerparteiliche Kritiker wie Böhm, Friedensburg, Krone und Bucerius, aber nicht zuletzt auch gegen die Bundesregierung und den Bundeskanzler[113].

Gleich nach seinem Rücktritt hatte sich auch Oberländer selbst Gedanken gemacht, wie er publizistisch nun in die Offensive gehen könne, und sah sich nach einem geeigneten Autor um. Dabei fiel sein Augenmerk auf den Österreicher Kurt Ziesel, ein mehr als umstrittenes rechtskonservatives Flaggschiff im Bereich der Publizistik. Ziesel selbst war im Nachkriegsdeutschland kein unbeschriebenes Blatt, vielmehr ein Freund der harten, deftigen Sprache, der mit seinen Büchern einen Kreuzzug gegen die in seinen Augen vorherrschende „Diktatur" linker Medien unternahm und durch seinen 1958 erschienenen Bestseller *Das verlorene Gewissen. Hinter den Kulissen der Presse, der Literatur und ihrer Machtträger von heute* schnell

---

[113] Das Motiv dieser Gruppe war für die Autoren glasklar: „Teils weil diese Ohrenbläser früher unter Hitler oder sogar schon unter Wilhelm II. zu wenig Zivilcourage gezeigt hatten und den daraus resultierenden seelischen Komplex nun abreagieren möchten. Teils weil sie im NS-Staat große Männer waren oder jedenfalls werden wollten und weil sie, durch den mitverschuldeten Zusammenbruch um allen Ruhm und alle Herrlichkeit gebracht, nun unserer Demokratie auch keine Chancen geben möchten (...) Persönliche Kraftlosigkeit, moralische Ausgehöhltheit, ja Versumpftheit und Gemütsstörungen spielen da eine große Rolle" (vgl. Silling, S. 130 ff.). Auch der Verleger des Buches, Edelhard Rock, beteiligte sich auf der poltischen Ebene: er war stellvertretender *CDU*-Vorsitzender in Braunschweig und schickte an Adenauer zahlreiche Telegramme, der Bundeskanzler möge dem Druck aus dem Osten nicht nachgeben und Oberländer im Amte halten (vgl. etliche Beispiele in *BA*, B 136 Nr. 3809, 3910 und Nr. 4699). Mit prominenten Kritikern Oberländers wie Friedensburg begann Rock eine umfangreiche Korrespondenz, in der er ihm vorwarf, im Grunde das Geschäft des Ostens zu besorgen (Zitate daraus bei Silling, S. 143 ff.).

zum Dauergast vor bundesdeutschen Gerichten wurde[114]. Für Ziesel saß der Feind, den es zu bekämpfen galt, vor allem an drei Stellen: in Moskau respektive Pankow, in den bundesdeutschen Medien und in den Köpfen einiger Bundestagsmitglieder. Im Lichte seiner jüngsten Erfahrungen mag Oberländer ihm dabei zugestimmt haben.

So widmete sich Ziesel auf Oberländers Bitte hin in seinem neuesten Buch *Der rote Rufmord* dem Fall des zurückgetretenen Vertriebenenministers; es erschien im Frühjahr 1961, rechtzeitig vor der Bundestagswahl im Herbst. Hier lohnt eine nähere Betrachtung, denn es ist ein authentischer Spiegel des Kalten Krieges und der Verbitterung, die Oberländer und seine Anhänger nach dessen Rücktritt gegen alles und jeden empfunden haben müssen. Nimmt man es heute in die Hand, hat es beträchtlichen Unterhaltungswert durch seine fast hysterische, dröhnende Sprache und die gewollt wirkenden Metaphern und Bilder, die es vielfach verwendet - ganz zu schweigen von Ziesels Hang zu einem halsbrecherischen Satzbau. Damals jedoch, im Jahre 1961, war es ein ernstgemeintes Stück Kalter Krieg nach innen. Sein Buch beabsichtige, so Ziesel, „Deutschland zu dienen, indem ich seine Selbstbesudler, Kollektivschamprediger und Moralapostel als alte Nazikollaborateure entlarve"[115].

Schon im Vorwort gab Ziesel die Marschrichtung vor und vermittelte dem Leser eine Ahnung, was ihn erwartete. Sein Buch dokumentiere einen Fall, der Deutschland nicht zur Ehre gereiche.

„Der Rufmord ist seit 1945 zum zentralen Mittel deutscher Politik geworden (...) Seit vierzig Jahren entwickelt ihn der Weltbolschewismus zu krimineller Meisterschaft. Von ihm hat ihn Goebbels übernommen. Im heutigen Deutschland bedient sich seiner, meist in selbstmörderischer Übereinstimmung mit Pankow und Moskau, der linke Flügel jener Partei [die *SPD*], die derzeit zur Macht strebt. Wie skrupellos die Waffe des Rufmordes in der Bundesrepublik angewandt wird, dafür werden in diesem Buch unwiderlegbare Beweise geliefert (...) Die eigentlichen Träger des Rufmordes sind einerseits einstige Kommunisten oder radikale Linkssozialisten, die, aus der Schule Moskaus kommend oder früher oder später von kommunistischen Ideen infiziert, auch heute noch von den verwerflichen Bräuchen ihrer einstigen Vorbilder nicht lassen können, damit *nolens volens* der Bolschewisie-

---

[114] Darin hatte Ziesel, selbst Schriftleiter mehrerer nationalsozialistischer Zeitungen im Dritten Reich, seine Intimkenntnisse der einstigen Weggefährten ausgebreitet. Es wurde von Journalisten der Zeit gerne als Nachschlagewerk benutzt, um zu erfahren, wer was im Dritten Reich geschrieben hatte. Vgl. auch Weber, S. 615; Karl-Heinz Janßen: *Die Zeit in der ZEIT. 50 Jahre einer Wochenzeitung.* Berlin ²1995, S. 205.
[115] Vgl. Weber, S. 615.

rung Deutschlands dienend, und andererseits feige Opportunisten, die ihr Treiben im Dritten Reich mit dem Geschrei gegen Oberländer vergessen machen wollen. In dieser widerwärtigen und tödlichen Kumpanei von halbnazistischen Opportunisten und kommunistisch Infizierten wird der Bastard des roten Rufmordes gezeugt"[116].

Gegenüber dem, was die deutschen Medien und deutsche Politiker im Fall Oberländer getrieben hätten, sei die Dreyfus-Affäre vergleichsweise harmlos gewesen.

Nach dieser Einstimmung erwartete den Leser auf 274 Seiten ein Pamphlet, das bis heute seinesgleichen sucht. Es hatte mehrere ganz unterschiedliche Dinge eng miteinander verflochten. Eine detaillierte Darstellung von Oberländers Werdegang und Leben, die auch die Erkenntnisse des Ost-Berliner Prozesses, des ersten Bonner Verfahrens in Sachen *Nachtigall* und zahlreiche Privatpapiere mit einbezog, mithin viele interessante Bezüge herstellte und Details erhellte, war durchwirkt von einem langen polemischem Wechselbad voller Fakten, Unterstellungen und Behauptungen, mit denen Ziesel die prononciertesten Kritiker Oberländers überzog; es waren etliche. Ziesel wollte die Kritiker Oberländers an ihrer eigenen Vergangenheit messen. Aber nicht nur die: quasi im gleichen Atemzug warf Ziesel Politiker aller Farben, vor allem der *SPD* und *FDP*, in einen Topf und bezichtigte sie des gemeinschaftlichen roten Rufmords. Sein Buch trug Züge einer schäumenden Generalabrechnung mit leicht pathologischen Zügen.

Er breitete eine Vielzahl unappetitlicher Schriften und vermeintlicher Fakten aus der Zeit des Dritten Reiches aus, mit denen er die Betroffenen zu diskreditieren hoffte, fünfzehn Jahre nach dem Krieg ein leichtes Unterfangen. Dabei war ihm sein augenscheinlich gut gefülltes Privatarchiv sehr nützlich, eine zweifelhafte Mischung aus Dichtung und Wahrheit in die Öffentlichkeit zu bringen. Anschließend wurde Oberländer mit seinen Taten ihnen allen als Lichtgestalt gegenübergestellt. Gerd Bucerius, beispielsweise, war für Ziesel ein verabscheuungswürdiger Kriegsgewinnler. Er habe der ostdeutschen Kampagne noch eine westdeutsche Krone aufgesetzt und Oberländer sein Engagement schließlich durch parteiinternen Königsmord gedankt - und der „ganze Osten habe es mit Freudengeheul begrüßt". Ziesels Schlußfolgerung lag nahe: „Ob man auf Dauer gesehen Deutschland mit

---

[116] Vgl. Ziesel, S. 9-13.

Geld statt mit Charakter und Ehrgefühl retten kann, mit Leuten wie Bucerius statt mit Oberländer, wage ich zu bezweifeln"[117].

Ähnlich erging es dem Hamburger *FDP*-Abgeordneten Willy Max Rademacher, der am 8. April 1960 im Bundestag Oberländer intensiv über seine Zeit in Prag und das angebliche Todesurteil Himmlers befragt und ihn in arge Bedrängnis gebracht hatte. Seine „gehässige und zweideutige Frage im Bundestag" habe „blindwütig das Ansehen der Bundesregierung zur johlenden Freude des Ostens geschädigt". Er habe Oberländer seine Ehre bestritten und sei doch selbst, wie Bucerius, ein Kriegsgewinnler, der im Generalgouvernement auf zweifelhafte Weise Geld mit Schiffahrtsfirmen verdient habe. Ziesel nutzte diesen Einstieg für einen Rundumschlag und mokierte sich über die Vergangenheit der ganzen *FDP*-Fraktion bis hin zum früheren Bundespräsidenten Theodor Heuss. Während Oberländer im Jahre 1934 gegen eine Umsiedlung deutscher Volksgruppen zurück in die Grenzen des Reiches gewesen sei und vielmehr die deutschen Volksgruppen vor Ort stärken wollte, habe sich Heuss im Jahre 1940 für eine Neugewinnung deutschen Bodens in Polen ausgesprochen. Deshalb sei es ausgesprochen heuchlerisch, wenn sich ausgerechnet die *FDP* am roten Rufmord gegen Oberländer beteilige. Für Ziesel einte Rademacher, Bucerius und andere eine fatale Handlungsmaxime:

„Der Mensch ist nichts, Verleumdung ist alles! Die Leichtfertigkeit, mit der Menschen wie Rademacher oder Bucerius über einen Menschen urteilen, dem sie geistig und moralisch nicht das Wasser reichen können, (...) macht sie zu einer leichten Beute für den Rufmord des Bolschewismus"[118].

Auch der *CDU*-Doyen Ferdinand Friedensburg, der bei seiner Kritik an Oberländer stets die Glaubwürdigkeit Bonns im Ausland ins Feld geführt hatte, mußte sich von Ziesel der „geistigen Kapitulation" zeihen lassen.

---

[117] Bucerius habe, so Ziesel, sein Vermögen durch zwielichtige Geschäfte als Wehrmachtslieferant während des Krieges verdient, während Oberländer sein Leben als Offizier der Wehrmacht riskiert habe. Nach dem Krieg habe sich Oberländer um das Schicksal der 12 Millionen Vertriebenen gekümmert, während Bucerius sich unter dubiosen Umständen Anteile an der *Zeit* und dem *Stern* verschafft habe und durch „Lieschen Müllers Anfälligkeit für Illustrierte" sein Vermögen habe mehren können (vgl. Ziesel, S. 76 und S. 185 ff). Oberländer selbst hatte Bucerius seine Rücktrittsforderung nie verziehen und ihm im Herbst 1960 ein Verfahren vor dem Parteigericht der CDU angehängt. Es lief noch, als Bucerius im Jahre 1962, aus vielerlei Gründen, auf CDU-Parteibuch und Mandat verzichtete.

[118] Vgl. Ziesel, S. 214 sowie S. 47 ff. und S.201-204.

Hätte man dem Ausland mit der „notwendigen Härte und Klarheit" Oberländers Unschuld vor Augen geführt, würde es „vor uns als Volk und Staat mehr Achtung haben als auf Grund würdeloser Liebedienerei". Ziesel empfahl Friedensburg die Lektüre von Fichtes 13. Rede an die deutsche Nation. Nur die *SPD* kam vergleichsweise glimpflich davon, doch war sie als Feind ohnehin stigmatisiert. Wenn heute die *SPD* gegen die Verleumdung ihres Kanzlerkandidaten Willy Brandt kämpfe, so könne er nur sagen: die Geister, die auch die *SPD* gerufen habe, werde sie nun nicht mehr los: „Der rote Rufmord wendet sich gegen seine Urheber!"

Um seine These von der Diktatur der Medien wieder aufzuwärmen, widmete sich Ziesel am Ende seines Buches derjenigen Institution, die er für die Krönung allen Übels in der Presselandschaft hielt: dem Hamburger *Spiegel* und seinem Herausgeber Rudolf Augstein. Das „Spitzenorgan der deutschen Selbstbesudelung" trete die Interessen des deutschen Volkes zugunsten seiner gefährlichsten Feinde „dauernd dummdreist mit Füßen", und Augstein tarne sich als „armer verfolgter Jude, der sich mit seinem Blatt für die an ihm begangenen Verbrechen der Deutschen rächt". Seit Jahren habe sich das Blatt mit Oberländer auseinandergesetzt und im Herbst 1959 die publizistische Meinungsführerschaft gegen ihn übernommen - ganz als befolge man in Hamburg direkte Anweisungen Albert Nordens. Schließlich steigerte Ziesel sich noch einmal zu einem polemischen Crescendo:

„Die Leitbilder, die er [der *Spiegel*] den Deutschen verkauft, sind politische Herostraten, Sexualhelden, literarische Nihilisten, Formzerstörer und Atheisten. Vaterland, Glaube, Moral und Liebe sind dieser Art von Journalismus ein Greuel (...) Männer wie Oberländer, Vorbilder in jedem anderen Volk, hassen sie, wie sie sich selbst hassen. Sie mästen sich geistig und finanziell an der dunklen Seite des Weltgeistes. Sie sind die natürlichen Partner des Bolschewismus und die Totengräber der menschlichen Freiheit, die sie zu verteidigen vorgeben. Ihre Existenz in einem gesunden Staat ist wie ein Eiterherd an seinem Körper, der ihn systematisch vergiftet. Das erfordert dringend einen Chirurgen, sonst stirbt der Patient"[119].

Warum ist diesen verbalen Entgleisungen hier so viel Raum geboten? Vor allem wegen ihrer Authentizität, denn Ziesels Buch verrät so viel über das Selbstverständnis des Autors und eines Großteils seiner Generation. Ziesel sprach nicht zuletzt für sich selbst, wenn er immer wieder Bekenntnisse einstreute, die Nationalsozialisten der ersten Jahre hätten, im Gegensatz zu Wehner und anderen, die Stalins Leichenberge erlebt hätten,

---

[119] Vgl. Ziesel, S. 264 f.

„kaum ahnen, geschweige denn wissen [können], welche Verbrechen Hitler einmal begehen würde. Ihr Einsatz für das Dritte Reich, besonders bei jungen Menschen, geschah aus reinem Idealismus und war mit keinem Hauch eines Bewußtseins belastet, verbrecherischen Zielen zu dienen"[120].

Auch wenn Ziesel exakt das tat, was er allen Kritisierten vorwarf, nämlich aus der Vergangenheitsbetrachtung eine Schlammschlacht zu beginnen, nahm er für sich doch die hehre Absicht eines ehrlichen Maklers in Anspruch. Ein Mann wie Herbert Wehner (auch seinen Fall hatte Ziesel schon öfters erörtert) könne für Ziesel trotz seiner Vergangenheit ein loyaler Demokrat und Bundestagsabgeordneter sein - „aber nur dann, wenn das gleiche Recht einem Manne wie Oberländer zugebilligt wird". Überhaupt fungierte Oberländer für Ziesel als beispielhafte Lichtgestalt. Er habe als Offizier weit mehr als seine Pflicht getan und

„seinen humanen Vorstellungen über die Beziehungen der Völker untereinander und der einzelnen Menschen zueinander inmitten des Grauens gerade im Osten in einer Weise zur Geltung verholfen, die ihn mehrfach an Leib und Leben gefährdete"[121].

Ziesel brüstete sich in seinem Buch mit dem zeitgeschichtlichen Wert seines Werkes und dem internationalen Aufsehen, das *Der rote Rufmord* mit Sicherheit erregen werde. Der erste und wohl auch einzige, der das zu spüren bekam, war Ziesels Tübinger Verleger Fritz Schlichtenmayer. Auf ihn ging eine Lawine Einstweiliger Verfügungen nieder, in denen Bucerius, Rademacher, Augstein und viele andere Betroffene die Streichung der sie betreffenden Passagen des Buches durchsetzten. Ziesel hoffte zunächst, der Wirbel werde den Absatz zusätzlich anfachen, doch er irrte sich gewaltig. Die Prozeßlawine begrub den erhofften Erfolg des Buches, publizistisch wie materiell. Schlichtenmayer blieb auf mehreren tausend Exemplaren des Buches sitzen, die er, ausgerechnet in der turbulenten Zeit vor der Bundestagswahl 1961, nicht ausliefern durfte, und die hohen Gerichts- und Anwaltskosten trieben den Verleger bald an den Rand des Ruins.

Unter den von Ziesel Angegriffenen befanden sich etliche Personen, mit denen Oberländer eine alte Rechnung offen hatte, auch Carlo Schmid, der Vizepräsident des Bundestages und prominenter Oberländer-Kritiker. Auch er gehörte zu den Gescholtenen aus den Reihen der *SPD*, über die Ziesel auf 25 Seiten Unappetitliches ausgebreitet hatte. In Tübingen habe er freund-

---

[120] Vgl. Ziesel, S. 27.
[121] Vgl. Ziesel, S. 64.

schaftlich mit Größen des NS-Regimes verkehrt, sei im Krieg für die Verhaftung von Juden und französischen Geiseln verantwortlich gewesen und habe mit „zynisch-akademischer Ironie" einer „Auspowerung" des besetzten Frankreichs durch das Dritte Reich das Wort geredet[122]. Schmid sei, faßte Ziesel zusammen, ein „besonderes nationales Glanzstück", der einen eindrucksvollen Weg zurückgelegt habe vom „den Nationalsozialismus voll bejahenden Endsieger bis zur Besudelung des deutschen Volkes als Spitzenstar der *SPD* und dem Rufmord an einem nationalen, dem Deutschtum ungeheure Dienste leistenden Mann wie Oberländer".

Obgleich Schmid diese Attacken zunächst ignorieren wollte, brachte ihn der *SPD*-Parteivorstand auf seiner Sitzung am 11. August 1961 angesichts der bevorstehenden Bundestagswahl doch dazu, gegen Ziesel eine einstweilige Verfügung zu beantragen. Dies war der Moment, in dem sich Oberländer einschaltete, um gegen Schmid aktiv zu werden. Sie waren schon seit dem Frühjahr 1958 alte Streithähne, und in allen Phasen der Oberländer-Kampagne war Schmid gegen ihn hervorgetreten. Schmid war es, der im Jahre 1959 ein kursierendes Gerücht verbreitet hatte, Oberländer sei während des Krieges als Aussiedlungskommissar bei Alfred Rosenberg tätig gewesen. Ebenso stammte von ihm das im Dezember 1959, auf dem Höhepunkt der DDR-Kampagne gegen Oberländer, in Israel gefallene Wort, er setze sich nicht mit Oberländer an einen Tisch. Am 18. Februar 1960 hatte Schmid im Bundestag in einer vielbeachteten Debatte über die antisemitischen Schmierereien der Jahreswende 1959 / 60 schwere Vorwürfe gegen Oberländer erhoben. Schließlich war es ausgerechnet Schmid gewesen, der am 5. April als Bundestagsvizepräsident verhindert hatte, daß Joop Zwart, Sekretär des holländischen Oberländer-Untersuchungsausschusses in Den Haag, etliche hundert Exemplare seines vorläufigen Abschlußberichtes „Lemberg 1941 und Oberländer", der Oberländer ausdrücklich von den Vorwürfen in Lemberg entlastete, im Plenarsaal hatte verteilen können. Oberländer sah nun eine Möglichkeit, den Spieß gegen einen altbewährten Gegner endlich umzudrehen.

---

[122] Vgl. Ziesel, S. 157. Ziesel hatte hierzu einzelne Passagen einer Rede Schmids vor dem Völkerrechtsausschuß der *Deutschen Akademie für Staat und Recht* aus dem Jahre 1941 in Berlin so montiert, das der Eindruck entstand, er habe tatsächlich eine Endsieg-Rede gehalten. Außerdem fehlte der Hinweis, daß nach dieser Rede Graf Helmut James v. Moltke Schmid angesprochen und zur Zusammenarbeit aufgefordert hatte (vgl. Weber, S. 615 f.).

Zunächst einmal kam der Fall aber vor das Frankfurter Landgericht. Am 15. November 1961 verbot das Gericht zwar Ziesel, zu behaupten, Schmid habe sich selbst zum ordentlichen Professor ernannt und sei für Geiselerschießungen in Lille verantwortlich gewesen. Er durfte jedoch weiter verbreiten, Schmid habe freundschaftliche Kontakte mit lokalen NS-Größen in Tübingen gepflegt, im Jahre 1941 der Auspowerung Frankreichs das Wort geredet und schließlich in seiner Funktion in Lille das Dritte Reich und damit die Vernichtung der Juden unterstützt. Da auch die Kosten des Verfahrens im Verhältnis 2:3 zwischen Ziesel und Schmid geteilt wurden, war diese erste Runde zwar für beide Seiten unbefriedigend, jedoch ein Punktsieg für Oberländers Sprachrohr. Als beide Seiten Berufung einlegten, war der Zeitpunkt für Oberländer gekommen, als sogenannter Nebenintervenient in das Verfahren einzutreten[123].

In dem Verfahren, das sich letztlich bis ins Jahr 1964 hinzog, ging es Oberländer, im Gegensatz zu Ziesel, weniger um die dunklen Punkte im Leben Schmids. Er war vor allem bestrebt, Carlo Schmid zu einer öffentlichen Ehrenerklärung zu bewegen und eine Entschuldigung für die zahlreichen Vorwürfe, die so massiv zu seinem Rücktritt beigetragen hatten, zu erhalten. Dazu waren Schmid und sein Anwalt, der spätere Bundespräsident Gustav Heinemann, keinesfalls bereit. Heinemann konfrontierte im April 1962 Oberländer wieder mit seinen Texten aus dem *Neuen Bauerntum*. Oberländer bezeichnete sie als Fälschungen und bot als Zeugen den Fälscher, Arthur v. Machui, an. Carlo Schmid erregte diese Debatte vor Gericht so sehr, daß er während der Verhandlung einen Herzanfall erlitt[124].

Nach einem Umweg über das Oberlandesgericht landete das Verfahren im Herbst 1963 schließlich wieder beim Landgericht Frankfurt, diesmal bei

---

[123] LG Frankfurt - 2 / 30232 / 63 - Schmid ./. Schlichtenmayer und Ziesel, Urteil vom 15. November 1961; „Wieder da", *Der Spiegel* Nr. 14 / 1962. Vor Gericht griff Rechtsanwalt Gast zu einem juristischen, aus dem Handelsrecht entlehnten Trick: um Oberländer in das Verfahren einzubeziehen, mußte Ziesel ihm zunächst den Streit verkünden, d.h. ihm androhen, er werde sich an Oberländer schadlos halten, falls das ihm überlassene Material gegen Carlo Schmid nicht für einen Prozeßgewinn reiche oder sich als juristisch fadenscheinig erweisen solle. Oberländer hatte so die Möglichkeit, als Quasi-Partei an der Seite Ziesels dem Prozeß gegen Schmid beizutreten, um den Autor als Nebenintervenient im gemeinsamen Interesse zu unterstützen.

[124] Vgl. LG Frankfurt - 2 / 30232 / 63 - Schmid ./. Schlichtenmayer und Ziesel, Brief Dr. Peter Gasts an Ziesel vom 18. September 1963, S. 2; „Wieder da", *Der Spiegel* Nr. 14 / 1962; Weber, S. 617

der 3. Zivilkammer. Dort erreichten Ziesel und Oberländer nun endlich den Vergleich, den sie erstrebt hatten: Schmid hatte zu erklären, er werfe Oberländer nicht mehr vor, an der Ermordung von Juden in Lemberg mittelbar oder unmittelbar beteiligt gewesen zu sein. Ebenso verpflichtete sich Schmid, innerhalb von sechs Wochen anläßlich einer Israelreise öffentlich mit dem Ausdruck des Bedauerns zurückzunehmen, er wolle sich mit Oberländer nicht an einen Tisch setzen, und dort auch eine Ehrenerklärung für Oberländer abzugeben. Ziesel durfte seinerseits nicht länger behaupten, Schmid trage für die Vernichtung von Millionen Juden die Verantwortung. Auch wenn Oberländer und Ziesel hier letztendlich bekamen, was sie wollten, war das Buch Ziesels letztlich ein Rohrkrepierer für alle Beteiligten, denn einer auch nur annähernden Rehabilitation Oberländers war es, trotz juristischer Spiegelfechtereien, kaum dienlich. Auch über die Vorwürfe gegen Schmid ging die Forschung später hinweg[125].

4. Alte Treue rostet nicht - Hermann Raschhofers Buch zum Fall Oberländer

Sehr viel wirkungsvoller, weil ernstzunehmender, nüchterner und stichhaltiger, war eine juristische Abhandlung zum Fall Oberländer, die im Frühjahr 1962 aus der Feder von Hermann Raschhofer erschien. Der war seiner Völkerrechtswissenschaft treu geblieben und nunmehr Professor für internationales Völkerrecht an der Universität Würzburg. War Ziesel mit Oberländer nur im Geiste verwandt, so besaß Raschhofer eine objektive wie subjektive Nähe zu Oberländer: Raschhofer hatte zum Stab des Sonderverbands *Bergmann* gehört und seinem ehemaligen Kommandeur schon 1943 / 44 in Prag durch Einflußnahme bei Karl Hermann Frank das Leben gerettet. Raschhofer verschwieg im Vorwort seines Buches nicht, daß er als ehemaliger *Bergmann*-Angehöriger gewissermaßen auch für sich selbst spreche, wenn er die Vorwürfe gegen Oberländer prüfe und zu widerlegen trachte. Er wies den Einwand persönlicher Befangenheit allerdings kurzerhand ab mit Hinweis auf die abgeschlossenen Bonner Verfahren.

Ziesels schäumendes Eiferertum war Raschhofer fremd, und unter dem Titel *Der Fall Oberländer - eine vergleichende Rechtsanalyse der Verfah-*

---

[125] Vgl. dazu Weber, S. 82-190 und S. 617.

ren in Pankow und Bonn erörterte er auf 280 Seiten die Stichhaltigkeit der Vorwürfe gegen Oberländer, indem er die Ergebnisse der beiden Bonner Verfahren nach ihrem Abschluß genauestens ausbreitete und analysierte. Für Raschhofer hatte sich als Kern des Falls Oberländer die Frage herauskristallisiert, ob in der Bundesrepublik eine breite Schicht von Männern, die sich im Dritten Reich guten Glaubens in der *NSDAP* betätigt haben, in der Bundesrepublik die Voraussetzung für politische Ämter und eine Stellung im öffentlichen Leben besäße. Mit Oberländers Rücktritt sei der Frage zwar die politische Aktualität genommen, im Grundsatz sei die Frage jedoch weiter offen, da die DDR sich die Gelegenheit weiterer Kampagnen nicht würde entgehen lassen. Raschhofer nahm hier für ehemalige Nationalsozialisten das gleiche Recht in Anspruch wie für ehemalige Kommunisten:

„Wenn geläuterte Einsicht und, darauf fußend, bei früheren Kommunisten, ehemaligen Inhabern hoher politischer Funktionen, eine echte Hinwendung zu rechtsstaatlicher Demokratie möglich und glaubhaft ist - und die Gestalt Ernst Reuters etwa ist ein solches Beispiel -, wenn sie in der Bundesrepublik Deutschland führende Funktionen (...) bekleiden können, so muß das gleiche bei gleichen Voraussetzungen auch für frühere Aktive der *NSDAP* gelten"[126].

Am Fall Oberländer und dem Urteil des Obersten Gerichts der DDR entzündete sich für Raschhofer auch die grundsätzliche Frage, welchen Wert und Rechtsgehalt Urteile in Staaten des Ostblocks hatten. Leitlinie der Rechtsprechung in kommunistischen Staaten, so Raschhofer, sei die Erkenntnis von Marx und Lenin, Recht sei der zum Gesetz erhobene Wille der herrschenden Klasse, der die Politik widerspiegele durch die geschaffenen und angewendeten Rechtsnormen. Die Ost-Berliner Gerichtsbarkeit unter Hilde Benjamin sei dafür ein besonders krasses Beispiel. Dort, so zitierte Raschhofer den Generalbundesanwalt Max Güde, sei gelungen, was der Nationalsozialismus erstrebt, aber nie erreicht habe, nämlich die Verfügbarkeit einer beliebig lenkbaren Masse von Justizfunktionären, denen Recht anders als eine gesellschaftliche richtige Funktion gar nicht mehr erfaßbar ist. Pankow habe die „Spätformen des Dritten Reiches systematisiert und ausgebaut": Klassenzugehörigkeit und politische Gegnerschaft begründeten bereits die Schuld, die Intensität des Gegensatzes regele das Strafmaß. Insofern sei der Oberländer-Prozeß in Ost-Berlin ein klassisches Beispiel für die politische Funktionalisierung der Justiz, die eine vorgegebene politisch-

---

[126] Vgl. Raschhofer, S. XII.

moralische Diffamierung eines als gefährlich erachteten Gegners durch ein Urteil rechtsförmig einzukleiden hatte[127].

In seiner Darstellung und Analyse der beiden Bonner Verfahren vollzog Raschhofer die Erkenntnisse der beiden Drüghschen Einstellungsverfügungen noch einmal anhand etlicher, wörtlich zitierter Zeugenaussagen nach und unterstrich damit das Bild einer tiefschürfenden, gründlichen Untersuchung des Falles Oberländer durch die Bonner Justiz. Auf der anderen Seite richtete er bei der Betrachtung des Pankower Prozesses sein Augenmerk auf zwei eklatante Schwachstellen: die Zuständigkeit des Gerichts und die juristische Qualität des Urteils im Lichte der Rolle, die der Justiz in einem kommunistischen Regime zugedacht war. Für die vermeintlichen Verbrechen Oberländers waren die Sowjetunion oder Polen, nicht aber die DDR im Sinne der Nürnberger Gesetze zuständig. Außerdem war, so Raschhofer, die DDR kein allgemein anerkannter Staat im Sinne des Völkerrechts und nicht Mitglied der Vereinten Nationen, konnte somit auch niemanden wegen Verbrechen gegen die Menschlichkeit anklagen. Schließlich gehörte Oberländer wegen seiner vergleichsweise untergeordneten Stellung im Dritten Reich nicht zu dem Personenkreis, über den in den Nürnberger Gesetzen geurteilt worden sei. „Das Zonengericht", so die Schlußfolgerung, „drängt sich als ein im Rahmen der interalliierten Abkommen nicht zuständiges Gericht auf eigene Faust in diesen exklusiv konstruierten Rechtskreis ein" und war deshalb schon formell unzuständig.

Raschhofer schilderte darüber hinaus noch einmal die Verfahrensmängel aus westdeutscher Sicht und kam zu einem vernichtenden Urteil. Der Charakter der behaupteten Verbrechen, die Unglaubwürdigkeit der Belastungszeugen und die Abwesenheit des „völlig zwielichtigen" sowjetischen Kronzeugen Hammerschmidt ergaben für ihn eine „Summe schwerster verfahrensrechtlicher Verstöße, die jeder Rechtsprechung hohnsprechen". Das Urteil sei „eine unentwirrbare Mischung aus politischen Deklamationen, neuerlichen Anklagen und juristischen Darlegungen, die aber im Gesamtbild von ersteren fast erdrückt werden". Dabei wies er auf zwei nicht unwesentliche Details hin. Zum einen hatte die Sowjetunion bereits im Jahre 1942 mit der Registrierung der deutschen Greueltaten begonnen. Ein Verbrechen solch monströsen Umfangs, wie es die DDR Oberländer und seinen Einheiten vorwarf, wäre zumindest in Umrissen 1945 schon bekannt gewesen und

---

[127] Vgl. Raschhofer, S. 3, S. 195 und S. 200 f.

hätte bereits in Nürnberg zu einer Anklage von sowjetischer Seite führen müssen. Der sowjetische Anklagevertreter Smirnow habe sich jedoch am 15. Februar 1946 auf einen Bericht der *Außerordentlichen Staatlichen Kommission zur Feststellung der Verbrechen der deutsch-faschistischen Eindringlinge* – die gleiche Kommission, die 1960 die Oberländer-Pressekonferenz in Moskau veranstaltete - über Verbrechen der Deutschen in Lemberg bezogen, in dem die Morde an den 38 polnischen Professoren und die Täterschaft von SS und SD bereits enthalten waren. Zum anderen waren einige deutsche Angehörige des Bataillons *Nachtigall* und des Sonderverbands *Bergmann* nach dem Krieg in sowjetische Kriegsgefangenschaft geraten, ohne jemals mit diesen Vorwürfen konfrontiert worden zu sein.

Raschhofer tat seinem einstigen Kommandeur Oberländer mit seinem Buch sicher einen besseren Dienst als der eifernde Ziesel, auch hatte dessen Absatz von vornherein größere Chancen, bedingt durch die Tatsache, daß Raschhofer einen ebenso finanzkräftigen wie abnahmewilligen Auftraggeber hatte - die Bundesregierung. Das Bundespresseamt übernahm nicht nur sein Autorenhonorar, sondern finanzierte aus seinem Etat den Ankauf von 20.500 Stück in deutscher und englischer Sprache sowie 4.000 Stück in französischer Sprache, die an Interessenten aller Art verteilt wurden. Außerdem erhielten alle Universitäts-, Staats- und Gerichtsbibliotheken ein oder mehrere Exemplare - teilweise durch Oberländer selbst[128].

Seit Oberländer im Mai 1960, gesichert durch eine Ministerpension, den Kampf um die eigene Rehabilitation aufgenommen und damit die Initiative in der Kampagne gegen ihn wiedergewonnen hatte, konnte er, zumindest nach den zwei Bonner Verfahren gegen *Nachtigall* und *Bergmann*, eine insgesamt positive Bilanz ziehen. Als Kommandeur des Sonderverbandes *Bergmann* sah er sich und seine Einheit gegenüber den östlichen Vorwürfen aus Propaganda und Schauprozeß vollkommen rehabilitiert. Dabei hatte, unter anderem, ausgerechnet die Kritik innerhalb der Ehemaligen an den Führungsprinzipien Oberländers einen der Hauptvorwürfe des DDR-

---

[128] Gespräch Oberländer am 12. Februar 1998. Auch das Exemplar des Autors, erstanden bei der Auflösung der Kammergerichtsbibliothek in Berlin im Jahre 1997, trägt den handschriftlichen Vermerk „Prof. Oberländer (Bonn)" habe es dem Kammergerichtspräsidenten am 2. Januar 1963 überreichen lassen. Vgl. auch "Pleite von rechts", *Der Spiegel* Nr. 22 / 1965; „Oberländers Mohrenwäsche mit Steuergeldern finanziert", Münchner *Abendzeitung* vom 14. Juli 1965

Prozesses, Oberländer habe seine Kaukasier zum Dienst gepreßt, widerlegt. Weniger klar für ihn war das *Nachtigall*-Verfahren ausgegangen, denn die Bonner Staatsanwaltschaft hatte die Vorfälle in Lemberg betreffend offengelassen, ob sich nicht doch Angehörige der 2. Kompanie des Bataillons *Nachtigall*, mit oder ohne Wissen der Bataillonsführung, an den Pogromen beteiligt hatten.

Auf dem Feld der Publizistik fiel die Bilanz für Oberländer weitaus schlechter aus. Silling-v. Machuis weinerliche Rechtfertigungsschrift und Ziesels frenetisch geschriebene Apologie sagten mehr über die Autoren und ihre Befindlichkeiten aus, als daß sie der Rehabilitierung Oberländers wirklich Vorschub leisten konnten. Die hier mit Absicht ausführlichen Zitate verdeutlichen nur, weshalb diese Bemühungen durchweg für negative Schlagzeilen und Beurteilungen Oberländers in den überörtlichen deutschen Medien sorgte; der Fall Carlo Schmids ist nur ein Beispiel dafür. Deutlicher läßt sich der gewandelte Zeitgeist nicht widerspiegeln. Aus einem weithin, auch parteiübergreifend, nicht geliebten, aber respektierten Kämpfer Oberländer gegen den Osten im Kalten Krieg war innerhalb kürzester Zeit ein „unbewältigtes Exemplar aus Deutschlands unbewältigter Gegenwart" geworden, wie der *Spiegel* im Frühjahr 1962 spottete. Außerdem hatte er auch sein wichtigstes Ziel verfehlt: die politische Rehabilitierung als Folge der juristischen. Schon bei Ziesels publizistischem Trommelfeuer fiel auf, daß er, außer der Lichtgestalt Oberländer, überhaupt nur eine Person von jeglicher Kritik ausgespart und sogar gelobt hatte: Konrad Adenauer. Der habe in dem Kesseltreiben gegen Oberländer monatelang eine außerordentliche Haltung bewiesen. Er, Ziesel, könne sich vorstellen, „mit welcher Verachtung er auf das Treiben einer ganzen Reihe seiner eigenen Parteigenossen herabgesehen" habe. Auf diese Weise hielt sich Oberländer eine Hintertür für die Rückkehr auf das politische Parkett offen, denn er hoffte, innerhalb der *CDU* noch eine mandatsbewehrte Zukunft vor sich zu haben. Am 1. Dezember 1960 hatte Adenauer Oberländer gebeten, seine „wertvollen Erfahrungen und Fähigkeiten auch weiterhin der *CDU* zur Verfügung zu stellen" und ihn für den 24. Februar 1961 zu einer zentralen Besprechung des *CDU*-Parteivorstandes für den Bundeswahlkampf eingeladen. In seiner Antwort vom 23. Januar 1961 beklagte Oberländer die Aktivitäten von Bucerius und seinen übrigen Kritikern und warb bei Adenauer um Verständnis dafür, daß er in diesem Lichte keinen „Wahlkampf mit ungewissem Ausgang" führen wollte. Er bat Adenauer um einen sicheren Listenplatz auf der niedersächsischen Landesliste, aus politischen wie aus menschlichen Gründen. Ein Bundestagsmandat würde für Oberländer im In- und Ausland eine sichtbare Rehabilitierung bedeuten angesichts der Tatsache, daß Oberländer in der DDR zu einer lebenslangen Zuchthausstrafe verurteilt sei. Der niedersächsische Landesvorsitzende habe ihm einen sicheren Landeslistenplatz in Aussicht gestellt für den Fall, daß er von Adenauer einen Wink erhalte[129].

Doch sein ohnehin schmaler Kredit war innerhalb der Partei längst aufgezehrt. Auch hier hatte der Wind sich gedreht, und dabei wurde Oberländer mehr und mehr, auch innerhalb der Vertriebenenverbände, als Belastung aus einer vergangenen Epoche empfunden. Seine Verteidigungsstrategie, sein Bündnis mit Ziesel und seine außenpolitischen Konzepte trugen ihm in Zeiten einer beginnenden Entspannungspolitik immer weniger Sympathien ein, denn zu sehr waren sie von den Frontstellungen des Kalten Krieges geprägt. Es sei dahingestellt, ob Adenauer Oberländer nicht helfen konnte oder sich in der Partei nicht durchsetzen konnte. Jedenfalls blieb ihm für die Bundestagswahl im September 1961 ein sicheres Mandat verwehrt. Die niedersächsische *CDU*, die ihm im Jahre 1957 noch ein sicheres Direktmandat verschafft hatte, erübrigte vier Jahre später keins mehr und verschob ihn statt dessen auf Platz dreizehn ihrer Landesliste. Die Tür nach Bonn fiel Oberländer buchstäblich vor der Nase zu, als sich am Wahlsonntag abzeichnete, daß nach dem 17. September 1961 nur zwölf *CDU*-Landeslistenkandidaten in den Bundestag einziehen würden.

Noch schlechter ging es nur seinem Verleger Schlichtenmayer. Nach den finanziellen Verlusten des Ziesel-Buches war auch der Raschhofer-Band zum Fall Oberländer alles andere als der Bestseller, den sich Schlichtenmayer zur Besserung seiner desolaten Finanzlage erhofft hatte. Den Bankrott vor Augen, beging Schlichtenmayer am 1. April 1965 Selbstmord, nicht ohne in einem Abschiedsbrief Ziesel und Oberländer dafür verantwortlich zu machen.

Oberländers politische Karriere war damit, allen publizistischen Nachhutgefechten zum Trotz, erst einmal zu Ende. Dieser Meinung schloß sich auch das Bonner Bundestagsrestaurant an, denn sie strich die „Oberländer-Toastschnitte", eine Schweizer Spezialität, aus ihrer Karte, nachdem Gäste immer wieder auf Theodor Oberländer und ein mögliches Comeback spe-

---

[129] Brief Adenauers an Oberländer vom 1. Dezember 1960 und vom 23. Januar 1961 sowie Brief Oberländers an Adenauer vom 23. Januar 1961 (alle Privatarchiv Oberländer).

kuliert hatten[130]. Aber galt das auch für den Fall Oberländer? Mitnichten. Es gab immer noch Friedrich Karl Kaul, Albert Norden, seine Kampagnen und seinen Ost-Berliner Apparat. Norden hatte im Rahmen seiner Kampagnen gegen Globke, Lübke und andere ein ungebrochenes Interesse an seinem ersten Kampagnenopfer Oberländer. Da der selbst aus der ersten Reihe der Bonner Politik zurückgetreten war, konzentrierten Kaul und Norden die Kräfte nun auf ihren einzigen loyalen Helfershelfer, der mit Oberländer seit dem Sommer 1959 ebenso unverdrossen wie erfolgversprechend im Clinch lag: die *VVN*.

C. Kleine Fluchten Ost: Die Stasi als Prozeßgegner

1. Durch innige Feindschaft vereint - Oberländer und die VVN

„Die *VVN* ist als sogenannte Hilfs- und Massenorganisation personell von der *KPD* bzw. *SED* gesteuert. Im Organisations- und Kontrollplan des *KPD*-Parteivorstands ist sie als dritte von sieben Transmissionen ihrer Politik ausgewiesen. Sie hat sich nach innen und außen im Sinne der mit der freiheitlich demokratischen Grundordnung unvereinbaren aktuellen politischen Ziele der *KPD* / *SED* betätigt und tut es noch (...)"[131]

Mit diesen Worten, ganz im Geiste des Kalten Krieges, waren die Gründe illustriert, die Bundesinnenminister Schröder in einem Antrag vom 20. Oktober 1959 an das Bundesverwaltungsgericht in der Berliner Hardenbergstraße formuliert hatte, um ein bundesweites Verbot der *VVN* zu erwirken. Die *VVN* war der gesamten Bundesregierung schon seit längerem ein Dorn im Auge, da sie in den fünfziger Jahren immer wieder den Finger in die Wunde der fehlenden bundesdeutschen Vergangenheitsbewältigung gelegt

---

[130] Vgl. Hohlspiegel, *Der Spiegel* Nr. 13 / 1962.
[131] Vgl. den Antrag des Bundesinnenministers an das Bundesverwaltungsgericht für ein Verbot der *VVN* vom 20. Oktober 1959, S. 5. *SAPMO - BA*, NL Kaul, NY 4238 Nr. 20 und den Vermerk des Bundeskanzleramtes in Sachen Oberländer vom 7. Oktober 1959. *BA*, B 136 Nr. 3809.

hatte. Stets von neuem erhob sie Vorwürfe gegen Persönlichkeiten und konfrontierte sie dabei mit ihrer Vergangenheit aus dem Dritten Reich.

Viele Beschuldigungen waren unberechtigt, manche trafen dagegen ins Schwarze. Ganz uneigennützig war die Arbeit der *VVN* allerdings nicht, denn der antifaschistische Idealismus, der vielen *VVN*-Mitgliedern eigen war, ließ sich im Sinne Ost-Berlins und Moskaus trefflich verwenden und kanalisieren. Vom ersten Tag ihres Bestehens an war die *VVN* organisatorisch, finanziell und inhaltlich eng verzahnt mit dem Ost-Berliner Regime, warb in der Bundesrepublik für die außenpolitischen Konzepte des Ostblocks und wurde aus den Reihen des ZK der *SED* straff geführt. Für die Bundesregierung war das Verbot der *VVN* mithin eine zwangsläufige, logische Konsequenz des *KPD*-Verbots aus dem Jahre 1956, und in den Augen Oberländers und der meisten Kabinettsmitglieder war dieser Schritt längst fällig.

Bereits Anfang Oktober 1959 hatte eine Diskussion zwischen dem Bundeskanzleramt, dem Innenministerium und Oberländers Haus begonnen, welche Möglichkeiten es gebe, gegen die *VVN* vorzugehen. Oberländers Verdruß über die Machenschaften der *VVN*, der sich nach dem 31. Juli 1959 noch erheblich steigerte, traf sich mit dem von Bundesinnenminister Gerhard Schröder, den die *VVN* erst kürzlich wegen seiner SA-Mitgliedschaft im Dritten Reich angegriffen hatte. Mit Oberländers Fürsprache im Rücken erwirkte Schröder am 16. September 1959 einen Kabinettsbeschluß, um das *VVN*-Verbot auf den Weg zu bringen[132]. Doch dieses rabiate Vorgehen gegen die *VVN* war an der Schwelle der sechziger Jahre, im Lichte einer sich anbahnenden Zeitenwende, keineswegs mehr unumstritten. Den ganzen Herbst 1959 erhoben sich Stimmen in Politik und Medien, die ein *VVN*-Verbot als übertriebenen Racheakt der Bundesregierung und insbesondere ihrer Minister Schröder und Oberländer ansahen, um die Verkünder unliebsamer Wahrheiten loszuwerden. Auch die Judikative schien in dieser Richtung sensibilisiert zu sein, denn der Verbotsantrag wurde zunächst dilatorisch behandelt, und das Bundesverwaltungsgericht ließ sich mit der Einleitung eines Verbotsverfahrens gegen die *VVN* viel Zeit.

---

[132] Vgl. den Antrag des Bundesinnenministers an das Bundesverwaltungsgericht für ein Verbot der *VVN* vom 20. Oktober 1959. *SAPMO - BA*, NL Kaul, Ny 4238 Nr. 20; Nolte, *Deutschland im Kalten Krieg 1945 - 1963*, S. 240; „The Red attack on Oberländer", *Long Island Daily Press* vom 17. November 1959. Brief Oberländers an den Autor vom 11. Dezember 1998 und Gespräch Oberländer am 12. Februar 1998.

In diesem zeitlichen Vakuum ließ die *VVN* keine Gelegenheit aus, sich offensiv zu verteidigen. Der Verbotsantrag habe, so ihre Anwälte, nicht etwa den Schutz der freiheitlich-demokratischen Grundordnung, sondern die Ausschaltung eines politisch mißliebigen Gegners zum Ziel. Durch den zeitlichen Zusammenhang zwischen der *VVN*-Anzeige gegen Oberländer und dem Verbotsantrag nur drei Monate später läge dies auf der Hand. Zudem stütze sich der Antrag auf Informationen und Dokumente, die bereits seit Jahren auf dem Tisch lägen. Bezüglich Oberländer sei deshalb klar, daß die *VVN* durch ein drohendes Verbot der Möglichkeit beraubt werde, ihre Behauptungen über Oberländer unter Beweis zu stellen, argumentierten die *VVN*-Anwälte[133]. Daß sie dabei exakt die Taktik kritisierten, die sie selbst zusammen mit Albert Norden gegen Oberländer angewandt hatten - Konfrontation mit bereits bekannten Vorwürfen zu einem politisch günstigen Zeitpunkt - sei hier nur am Rande erwähnt.

Nun beschloß die *VVN*, ihre Mitglieder mobil zu machen, um das Verbot und seine Initiatoren an der publizistischen und politischen Front zu bekämpfen. Auch hier regierte die Sprache des Kalten Krieges: die „Werten Kameraden" wurden mit Lagebeurteilungen wie dieser moralisch aufgerüstet:

„Das Belassen solcher Revanchisten und Ostexperten wie Oberländer, Globke und Seebohm in der Regierung, die Durchsetzung des gesamten öffentlichen Lebens, vor allem in Verwaltung, Justiz, Bundeswehr und Kultur, mit belasteten Würdenträgern des Dritten Reiches, läßt die Schlußfolgerung zu, daß die alten Ziele des deutschen Militarismus weiterverfolgt werden. Deshalb wird die atomare Aufrüstung der Bundeswehr fieberhaft vorwärts getrieben, werden militärische und SS-Organisationen geduldet oder sogar gefördert. Auf diesem Boden gedeihen Antisemitismus und Revanchegeist (...) Die deutsche Widerstandsbewegung[die VVN] hilft, diese gefährliche Entwicklung zu stoppen und die Neuorientierung der Politik in der Bundesrepublik (...) zu erreichen"[134].

Der dafür verschickte Maßnahmenplan sah die „verstärkte Aufklärung der Bevölkerung über die Durchsetzung des öffentlichen Lebens mit Militari-

---

[133] Vgl. den Schriftsatz des *VVN*-Prozeßbevollmächtigten Hermann Rebensburg vom 4. April 1960 und den Schriftsatz des Rechtsanwalts Achim v. Winterfeldt über die Verfassungswidrigkeit der *VVN* vom 15. Oktober 1960. *SAPMO - BA*, NL Kaul, Ny 4238 Nr. 20 und 21.

[134] Vgl. die Information des *VVN*-Präsidiums an die Landesvorstände vom 25. März 1960. Die 200 Seiten starke Dokumentation *Die Wahrheit über Oberländer* erschien Anfang April 1960, rechtzeitig zu den parlamentarischen Debatten um Oberländers Zukunft in Bonn und rechtzeitig vor dem Schauprozeß in Ost-Berlin.

sten und belasteten Nazis und Weiterführung unseres Kampfes um die Entfernung Oberländers aus dem politischen Leben" vor. Das *VVN*-Präsidium plante, dafür „eine überarbeitete Dokumentation zum Fall Oberländer herauszubringen, weiteres Material nach Ludwigsburg zu schicken und durch Presseinformationen die Öffentlichkeit zu unterrichten".

Die publizistische Begleitung spielte dabei für die *VVN* eine wesentliche Rolle, und sie besaß ein schlagkräftiges Instrument, hier für entsprechende Begleitmusik zu sorgen. Ihre Fuldaer Zeitung *Die Tat*, intern als „unser Kampforgan und legale Waffe im Friedenskampf" gepriesen, hatte die *VVN* erfolgreich aus der Konkursmasse der verbotenen *KPD* gerettet. Bis zum Verbot der *KPD* im Jahre 1956 waren die kommunistischen Verbindungen kein großes Geheimnis: die *VVN*-Verlagsgesellschaft mbH, die auch die *Tat* herausgab, war eine Parteigründung der *KPD*, und der Parteivorstand hatte dort ein umfassendes Weisungsrecht. Diese Regelung hatte auch das Verbot der *KPD* überstanden; erst am 11. Februar 1959 wurden die Besitzverhältnisse besser getarnt. Aus der *VVN*-Verlagsgesellschaft wurde nun im Handelsregister in Frankfurt die Röderberg Verlags-GmbH, der nur noch durch Einblick in die internen Abrechnungen mit der *KPD* nachzuweisen war, daß der *KPD*-Parteivorstand sämtliche Druckerzeugnisse bestellte, finanzierte, kontrollierte und versandte[135]. Somit war es ein herber Rückschlag für die *VVN*, als nur wenige Wochen nach der Anzeige in Ludwigsburg Oberländer am 23. September 1959 quasi im Handstreich die Fuldaer Verlagsanstalt, das Druckhaus des Röderberg-Verlages, besetzen und die aktuelle *Tat*-Auflage beschlagnahmen ließ.

Lange bevor die Kampagne gegen Oberländer ihren Höhepunkt erreichte, war dies der Beginn einer von beiden Seiten hingebungsvoll gepflegten Dauerfeindschaft, die Oberländer auf der einen Seite und Karpenstein, die *VVN* und ihre ostdeutschen Helfershelfer auf der anderen Seite vierzehn Jahre beschäftigen sollte. Anfangs bestimmte Oberländer das Geschehen und überzog die Gegenseite mit einem ganzen Strauß von Gerichtsverfah-

---

[135] Vgl. den Schriftsatz des Rechtsanwalts Achim v. Winterfeldt über die Verfassungswidrigkeit der *VVN* vom 15. Oktober 1960. *SAPMO - BA*, NL Kaul, Ny 4238 Nr. 21. Bis dahin hatten sich die Gründer der *VVN*-Verlagsgesellschaft in einem Geheimvertrag vom 19. März 1950 zum Scheincharakter der Gründung und ihrer Treuhänderschaft bekannt, denn hinter ihnen stand die *KPD*. Der Geschäftsführer des Röderberg-Verlages, Richard Kettner, war zugleich Bundessekretär der *VVN* und *KPD*-Stadtverordneter in Frankfurt.

ren. Am 22. September 1959 hatte er in Fulda die Beschlagnahme der *Tat* erwirkt, die nach dem hessischen Pressegesetz zunächst für vier Wochen galt. Da sich bei Ablauf der Frist einen Monat später Oberländer voll unter Beschuß befand und das in der Öffentlichkeit kursierende Material gegen ihn sich erheblich vermehrt hatte, erwirkte er zunächst eine einstweilige Verfügung gegen Karpenstein, den Röderberg-Verlag und das Druckhaus in Fulda, jegliche Behauptungen und deren Verbreitung zu unterlassen, die die Vorwürfe aus dem inkriminierten *Tat*-Artikel aufnahmen.

Gleichzeitig hatte die Staatsanwaltschaft in Fulda gegen den *Tat*-Redakteur Erhard Karpenstein ein Strafverfahren wegen übler Nachrede und falscher Anschuldigung eingeleitet, dem Oberländer als Nebenkläger beigetreten war. Schließlich verklagte Oberländer Verlag und Druckhaus auf Unterlassung und Widerruf der gegen ihn erhobenen Beschuldigungen. Gegen die Einstweilige Verfügung legte Karpenstein Beschwerde ein. Mit Erfolg. Das Gericht wird sich der politischen und öffentlichen Stimmung, die sich im ersten Quartal 1960 mehr und mehr gegen Oberländer wendete, sicher nicht verschlossen haben, denn am 18. März 1960 stiftete es zwischen Oberländer und Karpenstein zunächst einen Vergleich. Die drei *VVN*-Beklagten verpflichteten sich, bis zur Entscheidung des Zivilverfahrens die Beschuldigung zu unterlassen, Oberländer sei an den Lemberger Morden beteiligt gewesen.

Doch die *Tat* hatte nicht die Absicht, sich an diesen Burgfrieden zu halten. Für die Frankfurter *VVN* und die Drahtzieher in Ost-Berlin war es im Frühjahr 1960 nur noch eine Frage der Zeit, bis Oberländer seinen Bonner Ministersessel räumen würde. Das aus der Ludwigsburger Anzeige entstandene Bonner Verfahren gegen Oberländer und sein Bataillon *Nachtigall* belieferte das *VVN*-Präsidium nach besten Kräften mit Belastungszeugen und einer Fülle belastender Dokumente, die direkt aus Ost-Berlin kamen. Parallel zum Prozeß gegen Klaus Walter und dem Schauprozeß gegen Oberländer erschienen nach dem 19. März 1960 in der *Tat* auf der ersten Seite noch einmal fünf Artikel mit neuen Vorwürfen gegen Oberländer, der letzte am 7. Mai, vier Tage nach seinem Rücktritt. Diese Verstöße brachten den drei *VVN*-Beklagten am 7. Juli 1960 noch einmal Geldstrafen wegen Verletzung des Vergleichs ein[136].

---

[136] LG Fulda - 2 O 63 / 64 (Fu) - Oberländer ./. Fuldaer Verlagsanstalt u.a., Urteil vom 29. Juni 1972, S. 6; „Oberländer contra *Tat*", *Fuldaer Zeitung* vom 11. Mai 1966.

Im August und September 1960 wurden schließlich die Verfahren gegen Oberländer und das Bataillon *Nachtigall* wegen mangelnder erwiesener Tatbeteiligung eingestellt. Beide Seiten griffen zum Mittel der Dienstaufsichtsbeschwerde. Die *VVN* erhob sie am 7. Juni 1961 beim Kölner Generalstaatsanwalt gegen das Bonner Urteil, blieb aber ohne Erfolg. Angesichts dieser Entwicklung sah die Fuldaer Staatsanwaltschaft für das dortige Verfahren gegen die *VVN*-Triade keinerlei öffentliches Interesse mehr, stellte das Verfahren ein und verwies Oberländer auf den Weg der Privatklage, um seine Interessen gegenüber der *VVN* geltend zu machen. Eine von Oberländer dagegen erhobene Beschwerde wies der Hessische Generalstaatsanwalt Fritz Bauer als Dienstherr des Fuldaer Staatsanwalts zurück, was Bauer prompt eine unrühmliche Beschimpfung in Kurt Ziesels *Rotem Rufmord* einbrachte[137]. Doch der verjagte Professor gab nicht auf, er wechselte lediglich die Ebene. Beim hessischen Justizminister Zinn legte er nun seinerseits Dienstaufsichtsbeschwerde gegen Bauer ein und fand Gehör, denn Zinn bejahte das öffentliche Interesse an der Angelegenheit und wies die Staatsanwaltschaft in Fulda per Erlaß am 12. Dezember 1960 an, die Ermittlungen weiterzuführen.

2. Auf der Suche nach der 2. Kompanie

Die Mühlen der Justiz mahlten nun gründlich und langsam. Im Sommer 1962 begann die Voruntersuchung des Falles. Sie stützte sich unter anderem auf die umfangreichen Gerichtsakten mit den Beweisaufnahmen der beiden Bonner Verfahren. Hier lag auch die Schwachstelle, die Oberländer und die „Kameradschaft Bergmann" in den zwei Urteilen zu ihren Gunsten ausgemacht hatten. Schon der Bonner Oberstaatsanwalt Drügh hatte im Jahre 1960 bei seinen Ermittlungen angemerkt, es sei auffallend, daß sich zahlrei-

---

[137] Ziesel schrieb, „diese prokommunistische Organisation [die VVN] erfreut sich des besonderen Wohlwollens des Generalstaatsanwalts Dr. Bauer in Frankfurt unter dem Protektorat des SPD-Ministerpräsidenten und Justizministers Zinn". Oberländers Anzeige werde verworfen mit der Begründung, es liege kein öffentliches Interesse vor - „Öffentliches Interesse findet die hessische Justiz anscheinend jedoch gegeben, wenn Abgesandte der Benjaminjustiz [der DDR - Generalstaatsanwaltschaft] Material gegen Mitglieder der Bundesregierung nach Frankfurt bringen. Für die Ehre der deutschen Soldaten ist der Hessische Generalstaatsanwalt nicht zuständig" (vgl. Ziesel, S. 79 und 109).

che Zeugen der 1. und 3. Kompanie, niemand aber aus der 2. Kompanie als Zeuge habe finden lassen. In seiner Einstellungsverfügung in Sachen *Nachtigall* hatte er demnach die Möglichkeit offengelassen, ein ukrainischer Zug der 2. Kompanie des Bataillons *Nachtigall* habe sich im *NKWD*-Gefängnis an den Ausschreitungen beteiligt, jedoch ohne einen ausdrücklichen Befehl und auch ohne Wissen der Bataillonsführung[138]. Für Oberländer war diese Einschränkung schwerwiegend und wurde im Kreise der "Kameradschaft Bergmann" heftig diskutiert. Dort hoffte man zunächst, diese Frage würde in dem Buch Hermann Raschhofers zum Fall Oberländer, das im Frühjahr 1962 erscheinen sollte, „den von uns allen gewünschten Niederschlag finden". In der Tat schnitt Raschhofer die Frage der 2. Kompanie in seinem Buch an und hielt eine Beteiligung, anders als Drügh, für fraglich[139]. In den Augen der "Kameradschaft Bergmann" bestand der Makel jedoch unverändert fort, und das Fuldaer Verfahren Oberländers bot eine Chance, ihn zu tilgen.

Delikat war dabei, daß, anders als vor Gericht behauptet, Angehörige der 2. Kompanie für die „Kameradschaft Bergmann" keineswegs unauffindbar waren. Sogar der Name des Kompaniechefs, Leutnant Karl Primm, war schnell ermittelt. Es gab nur ein kleines Problem: er lebte in der DDR. Ihn als Entlastungszeugen zu benennen, bedeutete für die „Kameradschaft Bergmann", sein Leben aufs höchste zu gefährden. In einem Brief an den Vorstand der „Kameradschaft Bergmann" vom Mai 1962 stand Oberländer das Menetekel seiner ehemaligen Vertrauensleute Aleskerow und Okropiridse und ihres Ost-Berliner Auftritts im April 1960 noch deutlich vor Augen:

„Wir müssen in dieser Sache sehr, sehr vorsichtig sein, denn es ist klar, daß wir Primm unter keinen Umständen gefährden dürfen. Jeglicher Briefverkehr in Sachen *Nachtigall* ist ausgeschlossen (...) Wenn der Osten erfährt, daß Primm als Kompanieführer in Lemberg war, wird er nach Gehirnwäsche genauso erpreßt, wie das im Prozeß Bergmann [dem Verfahren des Obersten Gerichts der DDR] mit verschiedenen unserer Kameraden war, und dies muß unter allen Umständen verhindert werden"[140].

---

[138] LG Bonn - 8 Js 344 / 59 - ./. Herzner u.a., Einstellungsverfügung, S. 50f. und S. 72 ff.
[139] Brief Erich Eichelkrauts an Raschhofer vom 19. März 1962. *ArchGebTr*, Sammlung *Bergmann*, NL Eichelkraut; Raschhofer, S. 77.
[140] Brief Oberländers an Eichelkraut vom 23. Mai 1962, Privatarchiv Oberländer. Auch sah Oberländer durchaus die Gefahr, daß andere Angehörige seiner beiden Einheiten durch den Osten unter Druck gesetzt würden. Sein Rechtsanwalt Dr. Konrad Redeker forderte

Doch Versuche der „Kameradschaft Bergmann", mit Primm über seine Schwester diskret Kontakt aufzunehmen, schlugen fehl, ebenso wie Bemühungen, Primm auf einer Besuchsreise im Westen durch einen Staatsanwalt heimlich vernehmen zu lassen. Auch die Bemühungen, wie schon im Falle des Bonner *Bergmann*-Prozesses durch eine Selbstanzeige die Initiative zu ergreifen, schlugen schon deshalb fehl, weil drei angesprochene ehemalige Angehörige der 2. Kompanie auch nach eindringlichem Zureden dazu nicht bereit waren. Immerhin stimmten sie einer Aussage vor Gericht zu[141].

Oberländers Rechtsanwalt in Fulda, Dr. Max Will, reichte dem Gericht bald darauf eine Liste von über dreißig Zeugen, meist aus den Reihen der „Kameradschaft Bergmann", ein, die vernommen werden sollten. Die Mehrzahl von ihnen hatten schon in den beiden Bonner Verfahren ausgesagt. In bewährter Weise wurde nun, wie schon bei den Bonner Verfahren, das kollektive *Bergmann*-Gedächtnis „aufgefrischt". Das Vorstandsmitglied der „Kameradschaft Bergmann", Erich Eichelkraut, schrieb deswegen an eine Reihe von Zeugen, die für den 26. Juni 1962 nach Fulda geladen waren, es sei „sehr erforderlich", sich vor der Aussage noch einmal zu einem „kleinen informativen Gespräch" zusammenzufinden. Natürlich sollte „keinesfalls auf diesem Treffen in irgendeiner Weise eine Zeugenbeeinflussung stattfinden, denn so etwas haben wir ja auch gar nicht nötig, da ja nichts Unrechtes von Nachtigall aus geschehen ist"[142]. So trafen sich am Abend des 25. Juni 1962 im Fuldaer Bahnhofshotel Eichelkraut, der ukrainische Kaplan Dr. Johannes Hrynioch, Kriegsverwaltungsinspektor Meyer, Friedrich Wilhelm Heinz und Feldwebel Egon Kröhl beziehungsweise der Kommandeur des 1. Bataillons des Abwehrregiments *Brandenburg*, die halbe *Nachtigall*-Bataillonsführung und mit Kröhl ein lange gesuchtes Mitglied

---

deshalb am 29. Mai 1962 von der Bonner Staatsanwaltschaft das dem Gericht 1960 im Original überlassene Personalverzeichnis der Bataillone *Nachtigall* und *Bergmann* mit dem Hinweis auf die Geheimhaltung zurück - anscheinend mit Erfolg, denn in den von mir eingesehenen Gerichtsakten ist das Verzeichnis nicht mehr enthalten (vgl. Brief Oberländers an Eichelkraut vom 30. Mai 1962, *ArchGebTr*, Sammlung *Bergmann*, NL Eichelkraut.

[141] Vgl. die Korrespondenz Oberländers und Eichelkrauts mit Primms Schwester Johanna im Sommer und Herbst 1962 und Brief Oberländers an Eichelkraut vom 23. und 30. Mai 1962. *ArchGebTr*, Sammlung *Bergmann*, NL Eichelkraut und Privatarchiv Oberländer.

[142] Brief Eichelkrauts an Meyer vom 18. Juni 1962. *ArchGebTr*, Sammlung *Bergmann*, NL Eichelkraut.

der 2. Kompanie von *Nachtigall*. Im Vorfeld hatte Eichelkraut speziell Kröhl noch einmal eindringlich ermahnt, den Namen Primms vor Gericht unter keinen Umständen zu nennen, um den „Drahtziehern im Osten" keine Hinweise zu geben, die für „den Betreffenden und uns alle dann äußerst unangenehm" werden müßten[143].

Doch gerade Kröhls Auftritt vor Gericht war trotz aller vorherigen Orientierung eine Katastrophe. Zwar schilderte er ausführlich und in den Augen des Gerichts glaubhaft, sein deutscher Zug des Bataillons *Nachtigall* habe sich schon am frühen Nachmittag des 30. Juni 1941 in das Lemberger Gaswerk zurückgezogen und dort die gesamte Zeit bis zum 7. Juli 1941 verbracht. Damit unterstrich er die früheren Aussagen Oberländers und anderer, die 2. Kompanie des Bataillons *Nachtigall* sei für das Gaswerk zuständig gewesen, doch legte er seinem Kommandeur ein anderes Ei ins Nest. Auch auf hartnäckiges Befragen durch das Gericht wollte sich Kröhl weder an die Nummer seiner Kompanie, in der er Zugführer gewesen war, noch an den Namen seines Kompaniechefs erinnern, obschon ihn Oberländers Anwalt Max Will als Angehörigen der zweiten Kompanie eingeführt hatte[144]. Somit blieb offen, ob die jüdischen Zeugen Brand, Jones und Feinsilber, die die *VVN* präsentiert hatte, nicht doch Angehörige des Bataillons *Nachtigall* bei Ausschreitungen in den Gefängnissen beobachtet hatten.

Außerdem erwähnte Kröhl immer wieder, er habe als Kommandeur des Bataillons nur einen kennengelernt, nämlich Theodor Oberländer. Von ihm seien die Dienstpläne erarbeitet und ausgegeben worden, und der Name Albrecht Herzners sei ihm überhaupt erst nach dem Kriege begegnet. Seine Aussage stand in eklatantem Widerspruch zu der Aussage Erich Eichelkrauts, der unmittelbar vor Kröhl die Arbeitsteilung zwischen Herzner und seinem landeskundlichen Berater Oberländer ausführlich erläuterte und Kröhl als Zugführer der 2. Kompanie benannt hatte. Auf die Frage des Gerichts, wie denn nun der Name des Kompaniechefs sei, verweigerte Eichelkraut die Aussage[145].

---

[143] Brief Eichelkrauts an Kröhl vom 18. Juni 1962. *ArchGebTr*, Sammlung *Bergmann*, NL Eichelkraut.

[144] LG Fulda - 2 O 283 / 59 - Oberländer ./. Fuldaer Verlagsanstalt u.a., Aussage Egon Kröhls vom 26. Juni 1962, S. 6.

[145] LG Fulda - 2 O 283 / 59 - Oberländer ./. Fuldaer Verlagsanstalt u.a., Aussage Erich Eichelkrauts vom 26. Juni 1962, S. 2 ff. Nach seiner Meinung sei Herzner für die deutschen und Oberländer für die ukrainischen Soldaten zuständig gewesen. Auf den Hin-

In bezug auf die Lemberger Ereignisse brachte der Prozeß in Fulda wenig Neues ans Tageslicht. Obschon Kröhls Aussage sich für Oberländers Anwalt Max Will alles andere als nützlich erwies, gewann Oberländer, seine Erfolge bei der Bonner Justiz und gegen Carlo Schmid im Rücken, am 30. April 1964 zunächst das Zivilverfahren gegen die *VVN*-Triade Karpenstein, das Druckhaus und den Röderberg-Verlag. Diese, so stand im Urteil der zweiten Zivilkammer in Fulda zu lesen, hätten weder im Jahre 1959 noch danach vor Gericht beweisen können, ihre Behauptungen seien wahr gewesen, und damit die Ehre Oberländers durch üble Nachrede verletzt. Wiederholungsgefahr sah das Gericht absolut gegeben, da die *VVN* sich bisher an keinen Vergleich gehalten habe und stets bemüht gewesen sei, die Klagen Oberländers immer wieder abzuweisen. Die *VVN*-Triade wurde deshalb verurteilt, ihre bisherige ständige Behauptung in Wort und Schrift nunmehr zu unterlassen und in der *Tat* zu widerrufen, Oberländer habe sich im allgemeinen an den Morden in Lemberg beteiligt und sei als Kommandeur des Bataillons *Nachtigall* insbesondere für den Mord an 38 polnischen Professoren und 1.600 Juden verantwortlich. Gegebenenfalls drohe eine Haftstrafe von sechs Monaten oder eine Geldbuße in unbegrenzter Höhe[146].

Mit diesem Urteil konnte keiner der Beteiligten zufrieden sein. Oberländer selbst, der seit 1963 als Nachrücker wieder im Bundestag saß, hatte zwar schon eine ganze Reihe gerichtlicher Rehabilitierungen erstritten. Doch stets hatte sich ein Restverdacht gegen ihn und die Angehörigen des Bataillons *Nachtigall* nicht ausräumen lassen. Dazu kam der brennende Wunsch, seinem erprobten Hauptgegner *VVN* nicht nur Vergleiche abzuringen, sondern dessen Glaubwürdigkeit durch eine nachhaltige Niederlage in Sachen Lemberg vollends zu erschüttern. Deshalb erwartete er das Strafverfahren gegen den *VVN*-Redakteur Karpenstein in Sachen *Nachtigall*, das im September 1964 beginnen würde, ebenfalls mit Spannung. Nach seinem erzwungenen

---

weis des Gerichts, er könne die Aussage nur verweigern, wenn er sich selbst belasten würde, antwortete Eichelkraut, es lägen besondere Umstände vor, da die Angehörigen des Kompaniechefs im Osten lebten. Damit gab sich das Gericht, erstaunlicherweise, zufrieden - der Name Primms wurde nicht genannt. Auch in den Ost-Berliner Akten taucht er nirgendwo auf. Dies ist wohl der Grund, warum Eichelkraut trotz der wenig hilfreichen Aussage Kröhls nach dem Fuldaer Termin an seinen Vorstandskameraden Middelhauve schrieb, in Fulda sei „alles glatt" gegangen" (Brief Eichelkrauts an Middelhauve vom 10. Juli 1962. *ArchGebTr*, Sammlung *Bergmann*, NL Eichelkraut).

[146] LG Fulda - 2 O 63 / 64 (Fu) - Fuldaer Verlagsanstalt u.a ./. Oberländer, Urteil vom 30. April 1964, S. 4.

Rücktritt war der Kampf mit der *VVN* nicht nur eine Frage der persönlichen Genugtuung, sondern auch eine logische Konsequenz seiner Tätigkeit als Minister, eine Fortsetzung des Kalten Krieges mit juristischen Mitteln. Für Oberländer war die *VVN* ohne jeden Zweifel ein Exponent und Werkzeug des Ostens. Sie hatte die Kampagne gegen ihn losgetreten, sie publizistisch stets an den entscheidenden Stellen beeinflußt und die zuständigen Gerichte mit Bergen von vermeintlichem oder tatsächlichem Belastungsmaterial versorgt und schließlich auch seinen Sturz entscheidend befördert. In ihrem Kampf hatte sich die *VVN*, so bekannte der Hauptmann a.D. Oberländer bis zu seinem Tode, als äußerst widerstandsfähig erwiesen[147].

Diese Gegnerschaft beruhte auf innigster Gegenseitigkeit, denn auch für die *VVN* war dieser Streit von grundsätzlicher Bedeutung. Abgesehen von der finanziellen Dimension einer möglichen Schadensersatzforderung Oberländers war er es gewesen, der im Herbst 1959 zusammen mit Innenminister Schröder den Antrag für das *VVN*-Verbot auf den Weg gebracht hatte und Urheber einer Entwicklung war, die die *VVN* in ihrer Existenz gefährdete. Für die Frankfurter Antifaschisten war der Streit mit Oberländer der Kampf um das eigene Überleben - und zugleich eine Abrechnung mit den fünfziger Jahren, in der die Karrieren im Dritten Reich meist unter den Teppich gekehrt wurden. Die *Tat* wetterte am 16. April 1960 folgerichtig, Adenauer brauche Oberländer als „Scharfmacher des Kalten Krieges". Deshalb konnte der Rücktritt Oberländers am 3. Mai 1960 nur als Etappensieg gelten, mit dem der zähe Gegner noch keineswegs zur Strecke gebracht war. „Einem Oberländer gestattet man nicht, zurückzutreten. Er muß entlassen und mit Schimpf und Schande davongejagt werden. Mehr noch: er gehört vor Gericht!". Er durfte auch keine weitere Gelegenheit erhalten, „als Privatmann seine aggressive Ostpolitik weiter zu betreiben und dabei die Vertriebenenverbände für seine Zwecke einzuspannen".

Die *VVN* entfaltete nun auf allen Ebenen Aktivitäten gegen ihn. Seit dem Herbst 1961 forderte die Fuldaer *Tat*-Redaktion in Rundbriefen andere Medien und Agenturen immer wieder zur Berichterstattung über die endlose Prozeßreihe mit Oberländer auf, da die Möglichkeit bestand, Oberländer werde als Nachrücker doch noch in den Bundestag kommen und somit weiterhin politisch tätig sein[148]. Die *VVN* konnte es sich leisten, auf Zeit zu

---

[147] Gespräch Oberländer am 12. Februar und am 1. Mai 1998.
[148] Brief der *Tat*-Redaktion an das Hamburger Büro der *Deutschen Presse-Agentur* (dpa) vom 18. Oktober 1961, Archiv des Autors.

spielen, denn der Wandel des Zeitgeistes spielte ihr in die Hände. Seit dem Herbst 1959 waren vier Jahre vergangen, in denen sich die geistig-politische Großwetterlage nachhaltig verändert hatte. Die Bundesrepublik erlebte den Beginn und die Entfaltung einer überfälligen Debatte über ihre unbewältigte Vergangenheit, die schon bald von den Medien aufgegriffen wurde und in weiten Teilen der Bevölkerung starken Widerhall fand.

Oberländers Aufstieg und sein Sturz waren ein bestaunter Präzedenzfall dafür, was in den Gründer- und Aufbaujahren der Bonner Republik vertretbar erscheinen mochte, zu Beginn der sechziger Jahre aber nicht mehr gerechtfertigt werden konnte. Unabhängig von seinem späteren zweifachen Gerichtserfolg in Bonn war Oberländer das erste prominente Opfer dieses Sinneswandels, der sich in der öffentlichen Diskussion und später auch im Verhalten der Justiz niederschlug. Unter der Ägide der *Zentralen Stelle* in Ludwigsburg wurden eine ganze Reihe von Verfahren wegen nationalsozialistischer Gewaltverbrechen begonnen, und die bevorstehenden großen NS-Prozesse demonstrierten den Willen, die Untaten des Dritten Reiches nicht weiter zum Tabu zu erklären. Zeitgleich mit dem Fuldaer Verfahren standen in Frankfurt Angehörige des Vernichtungslagers Auschwitz-Birkenau vor Gericht, ein Jahr später beschloß der Bundestag, allerdings nur mit knapper Mehrheit, eine Verlängerung der Verjährungsfristen für NS-Verbrechen.

Die *VVN* spürte, wie sehr die Zeit für sie arbeitete, und profitierte vom Wandel der politischen Kultur in der Bonner Republik. Den Verbotsantrag der Bundesregierung hatte das Berliner Bundesverwaltungsgericht volle drei Jahre eher dilatorisch behandelt, bevor erst im November 1962, zweieinhalb Jahre nach Oberländers Rücktritt, das Verfahren eröffnet wurde, begleitet von Vorwürfen aus Ost-Berlin gegen den Gerichtspräsidenten wegen seiner Dissertation im Dritten Reich. Der zuständige Senat beschloß, das Verfahren erneut auszusetzen, ohne einen neuen Verhandlungstermin zu benennen. Die Richter zweifelten, ob ein Feststellen der Verfassungswidrigkeit der *VVN* ausreichend sei, um ein Verbot zu rechtfertigen. Der verfassungsmäßigen Ordnung der Bundesrepublik liege, so die Richter in ihrem Urteil von 1962, der Sühnegedanke zugrunde; ihn gelte es vorrangig zu verwirklichen. Deshalb sei abzuwägen, ob gegen eine Organisation von Verfolgten ein Verbot samt der damit verbundenen Strafaktionen erlassen werden dürfe und könne.

Schließlich wurde aus verschiedenen Gründen der Prozeß im Jahre 1964 unvermutet eingestellt. Es bestärkte die *VVN* darin, die Auseinandersetzung mit dem deutschlandpolitischen Auslaufmodell Theodor Oberländer unbedingt fortzusetzen. Deshalb gingen Karpenstein, der Röderberg-Verlag und das Druckhaus ohne Zögern in die Revision, der sich Oberländer gleichfalls anschloß, um die nächste Runde für sich zu entscheiden. Vielleicht war es ein Menetekel für Oberländer, daß dies der dreizehnte Prozeß war, den er in Sachen Lemberg für sich entscheiden konnte.

3. Aktenberge als propagandistischer Rohstoff - Kompetenzzentrum Ost-Berlin

Noch viel weniger als für das Frankfurter *VVN*-Präsidium war es für Ost-Berlin akzeptabel, Oberländer siegreich aus dem Fuldaer Verfahren hervorgehen zu lassen. Vier Jahre zuvor war die Kampagne gegen Oberländer erfolgreicher Testlauf für Albert Nordens Maschinerie der Großkampagnen gewesen und hatte Oberländers Rücktritt beschleunigt. Doch dies war nur der Auftakt. Keine zwei Monate nach Oberländers Rücktritt veranstaltete Norden in Ost-Berlin eine Pressekonferenz, auf der er seinen nächsten Kampagnen-Wunschkandidaten präsentierte, Adenauers Staatssekretär Hans Globke. Der erfolgreiche Sturz des Bundesvertriebenenministers hatte Norden so sehr beflügelt, daß er zur Vorbereitung des Globke-Schauprozesses im Jahre 1963 an DDR-Generalstaatsanwalt Josef Streit mit einem Anflug von Hybris schrieb, der Globke-Prozeß müsse unbedingt auf einer politisch höheren Stufe als der Oberländer-Prozeß geführt und ein „Weltprozeß gegen das Bonner Unrechtssystem, ein Weltforum der Anklage gegen Bonn" werden[149].

Für die zukunftsträchtigen antifaschistischen Weltpolizisten im Zentralkomitee am Werderschen Markt in Berlin-Mitte war deshalb der Rücktritt Oberländers, ebenso wie für die *VVN*, nur ein Etappenziel. Das Zentralkomitee und Albert Norden beauftragten den mit der Materie bestens vertrauten Friedrich Karl Kaul, in Zusammenarbeit mit der Generalstaatsanwaltschaft der DDR erneut gegen Oberländer in den Ring zu steigen und die *VVN* hinter den Kulissen zu unterstützen[150]. Diesmal konnten Norden, Kaul

---

[149] Brief Nordens an Streit vom 5. April 1963. *SAPMO - BA*, Dy 30 / IV A 2 / 2028 Nr. 119.

[150] Brief Dr. Joachim Noacks (Mitarbeiter Kauls) an Generalstaatsanwalt Josef Streit vom 28. November 1966. *BStU*, ZUV 28 (Oberländer), Band 3 Nr. 30.

und Generalstaatsanwalt Josef Streit auf einen neuen, höchst motivierten Mitspieler bauen: das *Ministerium für Staatssicherheit* (*MfS*). Seit Erich Mielke zum 1. November 1957 Ernst Wollweber an der Spitze des Ministeriums nachfolgte, hatte das *MfS* seine Fähigkeiten, die Kriegsvergangenheit einschlägiger Persönlichkeiten operativ zu nutzen, stetig ausgebaut und verfeinert.

Bereits kurz nach seiner Gründung im Jahre 1950 hatte das *MfS* begonnen, sich der papierenen Hinterlassenschaft des Dritten Reiches auf dem Territorium der DDR zu widmen. Ähnlich wie die Amerikaner die NS-Aktenfunde der ersten Stunden schon bald im Berliner *Document Center* (*BDC*) zusammenfaßten und auswerteten, durchforstete seit 1952 eine kleine Handvoll *MfS*-Angehöriger die Keller und Archive Ost-Berlins und Potsdams mit dem Ziel, Erkenntnisse zu gewinnen „für aktuelle Personen- bzw. sachbezogene politisch-operativ bedeutsame Entscheidungen", wie es im internen *MfS*-Sprachgebrauch hieß[151]. Im Jahre 1953 hatte sich das *MfS* in den Kellern der Gestapo ganze Aktenberge aus der Zeit des Dritten Reiches gesichert. Doch dies war nur die Spitze des Eisbergs. Eine Vielzahl oberster Dienststellen von Partei, Staat und Wehrmacht des Dritten Reiches hatte sich in Ost-Berlin befunden, dazu kamen die umfangreichen Registraturen der Zivil- und Militärbehörden. Die Suche in diesen archivarisch nicht erschlossenen, durch den Krieg meist lückenhaften Beständen, ganz ohne Findmittel und kundiges Personal, war zeitraubend und aufwendig, Erfolge demnach meist zufällig. Der aus vielen einzelnen Posten zusammengetragene Archivfundus konnte erst seit dem Frühjahr 1954 inhaltlich erfaßt und systematisiert werden, bevor er für zwei wichtige Ziele nutzbar war: Nach innen besaß das Aufspüren von flüchtigen und untergetauchten Kriegsverbrechern innerhalb der DDR höchste Priorität, um die internationale Glaubwürdigkeit Pankows weiter zu steigern. Nach außen galt es, für die „politisch-operative Aufklärungs- und Abwehrarbeit" des *MfS*, sprich die „Entlarvung von in der BRD unbehelligt lebenden Nazi- und Kriegsverbrechern" die geeigneten Mittel zur Verfügung zu stellen.

Dennoch dauerte es etliche Jahre, bis dieser Fundus annähernd zielgerichtet eingesetzt werden konnte. Zunächst konnte auch das *MfS* dabei nicht

---

[151] Vgl. dazu Dieter Skiba: Der Beitrag der Organe des MfS bei der konsequenten Verfolgung von Nazi- und Kriegsverbrechen und Verbrechen gegen die Menschlichkeit. Diplomarbeit an der Juristischen Hochschule des MfS Potsdam-Babelsberg vom November 1980, Nr. 45.

auf die Zusammenarbeit mit dem *Ausschuß für Deutsche Einheit* verzichten, der unter der Aufsicht Albert Nordens ebenfalls umfangreiche Materialsammlungen angelegt hatte und über gute Kontakte zu den anderen osteuropäischen Staaten verfügte. Im Jahre 1957 hatten beide erstmals eine Analyse über die wirtschaftliche und politische Lage der Vertriebenen erstellt, die die „Rolle der revanchistischen Landsmannschaften im Gesamtkomplex der Bonner Politik" geißelte und ein kritisches Auge auf ihren politischen Kopf Theodor Oberländer warf. Doch die Federführung der Oberländer-Kampagne lag seit dem Sommer 1959 eindeutig in den Händen von Norden und dem *Ausschuß für Deutsche Einheit*. Das *MfS* spielte hier nur eine nachgeordnete Rolle bei der Beschaffung einiger Dokumente. Erst bei der unmittelbaren Vorbereitung des Schauprozesses im April 1960 sorgte das *MfS* in Zusammenarbeit mit den Moskauer Behörden für die nötige Zahl bestens präparierter Zeugen: durch „Suche, Vernehmung und Vorbereitung auf die Hauptverhandlung"[152].

Erst durch zwei gleichzeitige Entwicklungen ließen sich Einfluß und Funktion des *MfS* noch erheblich steigern und entscheidend verbessern. Zum einen war es, paradoxerweise, die Arbeit der Ludwigsburger *Zentralen Stelle*. Sie wandte sich immer häufiger mit Rechtshilfeersuchen an verschiedene Ost-Berliner Stellen, wenn es darum ging, die Einleitung von Vorermittlungsverfahren gegen vermeintliche Kriegsverbrecher zu prüfen. Keine einfache, in der Bundesrepublik im Lichte des Bonner Alleinvertretungsanspruches zudem nicht unumstrittene Methode, die aber entscheidend die Glaubwürdigkeit der Behörde unter Oberstaatsanwalt Dr. Erwin Schüle steigerte. Mielkes Apparat in der Berliner Normannenstraße waren die Ludwigsburger Ermittler allerdings verdächtig. Dort unterstellte man den Schwaben unlautere Motive und maß ihrer Arbeit lediglich eine taktische, von Bonn gesteuerte Feigenblattfunktion zu, die ernsthafte Verfahren mehr verhindern als fördern sollte[153].

---

[152] Vgl. Skiba, Nr. 46 und Nr. 82ff. Die Vorbereitungstreffen der DDR-Nomenklatura, die sich mit den praktischen Maßnahmen gegen Oberländer befaßten, machen dies deutlich - weder aus den Anwesenheitslisten noch aus den Akten beteiligter Stellen geht eine unmittelbare Mitwirkung des *MfS* hervor.

[153] So schrieb ein Angehöriger der Hauptabteilung IX / 11 des *MfS* in seiner geheimen Diplomarbeit, in „der politisch-operativen Arbeit der Organe des *MfS* wurde seit der Gründung dieser Institution [der *Zentralen Stelle*] davon ausgegangen, daß diese BRD-Behörde nur geschaffen worden war, um der Weltöffentlichkeit mit zur Schau gestellter Aktivität vorzutäuschen, daß man um die Bestrafung der Nazi- und Kriegsverbrecher

Zum anderen bot sich gerade in der deutsch-deutschen Verfolgung von Kriegsverbrechern die Möglichkeit, die verschiedenen DDR-Institutionen und ihren Sachverstand zu bündeln, zu verzahnen und den mittlerweile erschlossenen Fundus an Originaldokumenten nach politischem Ermessen optimal einzusetzen. Das subjektive, „politisch-operative" Interesse des *MfS* konnte sich dabei für jede einzelne Aktion hinter dem lauteren, scheinbar objektiven und plakativen Interesse verbergen, dem hehren Ziel der Vergangenheitsbewältigung zu dienen. Vor allem die Generalstaatsanwaltschaft der DDR entwickelte die Gewohnheit, das *MfS* bei allen Anfragen aus der Bundesrepublik und die Entscheidung über eine Reaktion eng mit einzubeziehen. Den erprobten Tschekisten Erich Mielkes öffnete dies Tür und Tor für eine zielgerichtete Arbeit, um einzelne Personen und Institutionen der Bundesrepublik gezielt zu diskreditieren.

Ein erster erfolgreicher Probelauf war die Verhandlung des Bundesverwaltungsgerichts über ein Verbot der *VVN* im Dezember 1962. Bei diesem Prozeß, schon in der Bundesrepublik nicht unumstritten, wiesen Norden und Kaul als die konzeptionellen Köpfe der Ost-Berliner Regie das *MfS* an, die Vergangenheit der Mitglieder des Bundesverwaltungsgerichts zu durchleuchten. Das Ergebnis war für Bonn niederschmetternd. Die vom *Ausschuß für Deutsche Einheit* publizierten Materialien belasteten 24 der 53 Richter[154]. Die Taktik der *VVN*, durch eine Reihe von Befangenheitsanträgen gegen die Richter das Verfahren immer wieder zu verzögern und ihn in der schon bei Oberländer bewährten Form in das Licht der Öffentlichkeit zu ziehen, haben, nicht nur atmosphärisch, ganz sicher zu der Entscheidung des Bundesverwaltungsgerichtes beigetragen, über den Verbotsantrag schließlich abschlägig zu entscheiden.

---

und die Aufklärung von Verbrechenskomplexen bemüht sei. Es konnte bewiesen werden, daß diese Zentralstelle sich keineswegs mit den schwer belasteten Nazi- und Kriegsverbrechern in Staat und Wirtschaft der BRD, wie Oberländer und Globke, den Blutrichtern und Schreibtischmördern, sondern auftragsgemäß [!] ausschließlich mit den niederen Chargen des faschistischen Systems und seinen primitiven Subjekten, die für die BRD ohnehin keinen Gebrauchswert mehr besaßen, zu befassen hatte" (vgl. Skiba, Nr. 87).

[154] Vgl. die vom Ausschuß für Deutsche Einheit zu Beginn des Verfahrens herausgegebene Broschüre Information über die Wiederverwendung von belasteten Nazi-Juristen in der westdeutschen und Westberliner Justiz nach dem Stand vom 15. November 1962, passim; Skiba, Nr. 99.

Doch es bedurfte noch zweier weiterer Schritte, um dieses Modell der Zusammenarbeit zu vervollständigen und seine Effizienz und Schlagkraft noch einmal erheblich zu steigern. Zwar hatten die betroffenen Institutionen des DDR-Herrschaftsapparates, nämlich die Generalstaatsanwaltschaft, die Westkommission des ZK, der *Nationalrat der Nationalen Front*, der *Ausschuß für Deutsche Einheit*, die *Akademie für Deutsches Recht „Walter Ulbricht"* und nicht zuletzt das *MfS*, in der Kampagne gegen Oberländer eine erfolgreiche Premiere hingelegt. Es war jedoch nie wirklich gelungen, das Belastungsmaterial wirksam in der bundesdeutschen Presse zu plazieren, sieht man einmal von eigenen Sprachrohren wie der *Tat* ab. Gerade die Diskussion um Oberländers Rücktritt in den bundesdeutschen Medien hatte den Fall Oberländer mehr als politisch-atmosphärisches Problem denn unter dem Aspekt justitiabler Verbrechen betrachtet. Aber auch hier hatte der Wind in den vergangenen vier Jahren gedreht. Im Zuge der sich abzeichnenden Entspannung wuchs die Zahl bundesdeutscher Journalisten, die sich deutsch-deutschen Themen zuwandten und in den Jahren vor 1968 eine vielfach ungefilterte Affinität zum zweiten deutschen Staat entwickelten, der in seinem Selbstverständnis das Bessere Deutschland verkörperte. Als die Volkskammer nun am 1. September 1964 die Nichtverjährbarkeit von Nazi- und Kriegsverbrechen beschloß, war ein Bindeglied zwischen diesen Kräften in den Medien und dem Ost-Berliner Behördenkombinat unter Nordens Führung erst recht vonnöten.

Diese Lücke füllte eine neue Dienststelle mit einer vollkommen nichtssagenden Bezeichnung: das Ost-Berliner Dokumentationszentrum. Bereits im Frühjahr 1963 hatte das DDR-Innenministerium eine Dokumentationsstelle bei der Staatlichen Archivverwaltung eingerichtet, die den Kern des späteren Zentrums bildete, bevor der Ministerrat der DDR ein Jahr später am 28. Mai 1964 seinen Aufbau beschloß. Das Bindeglied war geschaffen. Als im Mai 1965 dann eine Arbeitsgruppe die Koordination der zentralen Erfassungs- und Auswertungstätigkeit übernahm, konnte die Arbeit beginnen. Offiziell stand das Zentrum unter der Aufsicht des Innenministeriums, doch tatsächlich saß das *MfS* bei jeder Anfrage mit am Tisch, denn der stellvertretende Leiter, Dr. Ludwig Nestler, war *MfS*-OibE (Offizier in besonderem Einsatz) und entstammte dem für Auswertungen zuständigen Abwehrreferat VII / F der Hauptverwaltung Aufklärung (HVA). Eine ganze Reihe brisanter Akten wurde im Dokumentationszentrum, dem Potsdamer Staatsarchiv und der Deutschen Bücherei in Leipzig nur mit Erlaubnis des *MfS* den Interes-

senten vorgelegt, in besonderen Fällen saßen Nestler selbst oder andere
MfS-Offiziere als Archivare getarnt am Tisch. Alle interessierten Nutzer, ob
Journalisten oder Historiker, konnten auf diese Weise mit ersten Informationen „angefüttert" und später mit mal mehr, mal weniger authentischen
Dokumenten versorgt werden[155].

Als federführende Dienststelle hatte das *MfS* eigene Vorstellungen von
der Zusammenarbeit der Institutionen. Für Mielkes Tschekisten sollte der
Austausch von Erkenntnissen eine Einbahnstraße bleiben. Da sie für nationalsozialistische und Kriegsverbrecher allein zuständig waren, sollten die
Aktenbestände des *MfS* von einer zentralen Erfassung ausgenommen werden. Demgegenüber war es für das *MfS* selbstverständlich, über Erkenntnisse aus allen übrigen Archivbeständen der DDR jederzeit informiert zu werden, was, gegen einigen Widerstand, innerhalb der Arbeitsgruppe 1965 auch
durchgesetzt wurde. Andere Dienststellen und das Dokumentationszentrum
konnten nur in wenigen Ausnahmefällen auf die Materialien des *MfS* zurückgreifen. Für das *MfS*, dessen oberstes Gebot die „Konspiration" der
„politisch-operativen Tätigkeit" bildete, war die Tarnung damit perfekt. Sie
brachte *MfS*-Mitarbeiter ins Schwärmen über die Möglichkeit, „operativ
erarbeitete Erkenntnisse und im Archiv des *MfS* vorhandene Archivalien
über das Dokumentationszentrum offiziell abgedeckt der Öffentlichkeitsarbeit zugänglich" zu machen[156].

Nach dem behördlichen Schulterschluß in Ost-Berlin galt es in einem
zweiten wichtigen Schritt, durch eine engere Zusammenarbeit mit den osteuropäischen Brudervölkern die Effizienz der DDR-Propaganda noch zu
steigern. Zwar hatten Warschau und Moskau schon im Fall Oberländer Zeugen und Dokumente nach Ost-Berlin geliefert, doch von einer institutionalisierten, reibungslosen Zusammenarbeit konnte zu diesem Zeitpunkt noch
keine Rede sein - im Gegenteil, denkt man an die Pannen im Vorwege des
Ost-Berliner Oberländer-Schauprozesses. Auch hier sann das *MfS* auf Abhilfe. Bei einer Konferenz in Prag, die Ende September 1965 stattfand, wurden Maßnahmen erörtert, die zwischenstaatliche Zusammenarbeit durch
ständigen Austausch von Archivalien, vor allem der deutschsprachigen

---

[155] Vgl. Günter Bohnsack und Herbert Brehmer: *Auftrag Irreführung*. Wie die Stasi die Politik im Westen machte. Hamburg 1992, S. 33 und S. 80;Gespräch Brehmer am 15. Oktober 1996).

[156] Vgl. Skiba, Nr. 107 ff.; Gespräche Bohnsack am 9. September 1996 und Brehmer am 15. Oktober 1996.

Beutedokumente, zu verbessern und sich bei der Bekämpfung von nationalsozialistischen und Kriegsverbrechern in erster Linie auf hohe politische Funktionsträger der Bundesrepublik zu konzentrieren. Anhand einiger herausgehobener Personen ließ sich, mit den Worten eines zuständigen *MfS*-Offiziers,

„die ganze Breite der nichtbewältigten Vergangenheit in der BRD bloßstellen: von der staatlich sanktionierten Nichtverfolgung nazistischer Verbrecher und ihrer Rehabilitierung bis hin zur Verherrlichung faschistischer Politiker, Militärs und Ideologen (...) von Freisprüchen nazistischer Massenmörder, der Nichtanerkennung der im Ergebnis des Zweiten Weltkriegs entstandenen Staatsgrenzen, der weiter praktizierten Alleinvertretungsanmaßung bis hin zu der immer lauter werdenden Forderung nach Rückkehr in die sogenannten Heimatgebiete als markantestes Beispiel dafür, in welchem Zustand sich die BRD-, Staats- und Rechtsordnung 35 Jahre nach der Zerschlagung des Hitlerfaschismus befindet"[157].

Wohl kaum eine Person im Bonner Nachkriegsdeutschland vereinte all diese Propagandaschablonen so komplett auf sich wie Theodor Oberländer, der in Fulda gegen die *VVN* prozessierte. Der Kampf gegen ihn blieb deshalb, wie schon in den Jahren davor, mehr als nur eine Frage der Ehre. Der instrumentalisierte Antifaschismus fand in ihm sein natürliches, zwangsläufiges Feindbild. Albert Norden bat daher Friedrich Karl Kaul, einmal mehr den Kampf gegen den hartnäckigen Oberländer aufzunehmen - und Erich Mielkes ständig effizienter arbeitendes *MfS* sollte ihn dabei unterstützen[158].

4. Marionetten vor Gericht (I) - Kauls willige Helfershelfer

Kaul wandte sich zunächst an die Hauptabteilung (HA) IX des *MfS* und bat um inhaltliche und organisatorische Unterstützung. Mielkes Mannen hatten bereits vorgearbeitet und die Lebensläufe der potentiell gegnerischen Verfahrensbeteiligten einer genauen F-10-Überprüfung unterzogen. Dabei wanderte ein Suchzettel mit vier Daten (Name, Vorname, Geburtsdatum und -ort) quer durch die Registratur in der Zentrale des *MfS* in der Berliner Normannenstraße, um Material einzusammeln. Da die einzelnen Abteilung grundsätzlich abgeschottet voneinander „konspirativ" arbeiteten, ließ sich

---

[157] Vgl. Skiba, Nr. 128.

[158] Vgl. die „Information der Hauptabteilung (HA) IX / 10 über Maßnahmen zur Unterstützung der VVN in Frankfurt / Main in einem Zivilprozeß zur Abwendung einer Klage Oberländers" vom 30. November 1966. *BStU*, ZUV 28 (Oberländer), Band 3 Nr. 32-34.

auf diese Weise Doppelarbeit vermeiden. Für die drei Fuldaer Richter und den Rechtsanwalt Oberländers, Max Will, fiel das Ergebnis negativ aus. Kaul selbst machte gegenüber dem *MfS* geltend, für eine optimale Prozeßführung in seinem Sinne bedürfe es zunächst eines anderen westlichen *VVN*-Korrespondenzanwalts, da der bisherige „nicht so spuren wollte, wie wir es für notwendig hielten"[159]. Die Wahl Kauls fiel auf Dr. Franz Fraenkel aus Bad Homburg, dessen politische Zuverlässigkeit die *VVN* signalisiert hatte und von dem er hoffte, er werde die Anweisungen aus Ost-Berlin ohne größere Eigenmächtigkeiten umsetzen. Doch die erste Überraschung ließ nicht lange auf sich warten. Fraenkel, mit der Materie bislang noch nicht vertraut, gab sich mit dem gedruckten (und gekürzten) Protokoll des Ost-Berliner Prozesses von 1960, das Kaul ihm als Beweismittel zugesandt hatte, nicht zufrieden und erbat sich statt dessen von Kaul „authentisches Material", beispielsweise den vollständigen Wortlaut der Aussagen, bis zum 10. Januar 1967 für einen Beweisantrag. Dieser Weg führte über das *MfS*, denn dort verwaltete man die Unterlagen zum Oberländer-Prozeß von 1960[160].

Kauls Taktik für den Prozeß glich aufs Haar der Vorgehensweise, die er schon bei der Verteidigung Klaus Walters in Berlin im Frühjahr 1960 ausgeklügelt hatte. Grundlage des bisherigen Urteils gegen die *VVN* war allein der Artikel in der *Tat*, der sich mit den Ausschreitungen in Lemberg befaßte und zu einer Beschlagnahme der Zeitung geführt hatte. Kaul sah für das kommende Verfahren die reelle Chance, die Revisionsinstanz, das Hessische Oberlandesgericht mit seinem Senat in Kassel, dazu zu nötigen, die Untersuchung auf Oberländers Verhalten während des gesamten Krieges auszudehnen, um so auch die Vorwürfe in Sachen *Bergmann* wieder ins Spiel bringen zu können[161].

Auf seiten des *MfS* befaßte sich innerhalb der HA IX / 10 Hauptmann Horst Bauer mit dem Fall Oberländer, im *MfS* als „langjähriger Nazijäger" bekannt. Bauer hatte sich in der Frühzeit des *MfS* in der HA IX / 4 mit

---

[159] Brief Kauls an Oberst Walter Heinitz (HA IX) vom 25. November 1966. *BStU*, ZUV 28 (Oberländer), Band 3 Nr. 29.
[160] Brief Fraenkels an Kaul vom 17. und 18. November 1966. *BStU*, ZUV 28 (Oberländer), Band 3 Nr. 27-28. Fraenkel vermutete, die *Tat* habe schon in den umstrittenen Artikeln von September 1959 Material aus DDR-Beständen verwertet, und war sich deshalb sicher, bei Kaul bzw. der Generalstaatsanwaltschaft an Originalpapiere zu kommen (ebd.).
[161] Brief Kauls an Heinitz vom 17. Januar 1967. *BStU*, ZUV 28 (Oberländer), Band 3 Nr. 54-56.

„Konterrevolutionären Verbrechen" beschäftigt und war bereits in den Jahren 1959 und 1960 mit der Recherche und dem Präparieren von Belastungszeugen im Fall Oberländer befaßt gewesen[162]. Anders als Kaul erwartete, reagierte Bauer auf dessen Bitte äußerst empfindlich. Zwar ging Kaul sofort eine Sammlung von Auszügen der erbetenen Zeugenaussagen aus der HA IX / 10 zu, aber die stenographischen Mitschriften in voller Länge wollte Bauer keinesfalls an Fraenkel herausgeben: Ihm werden, wie sich noch zeigen wird, die Widersprüche dieser Aussagen, die in diesem Buch behandelt sind und sich schon im Prozeß von 1960 durchaus zugunsten Oberländers auslegen ließen, bewußt gewesen sein[163]. Kaul gab sich scheinbar damit zufrieden, doch nur wenige Tage später wandte sich Joachim Noack, ein Mitarbeiter seiner Kanzlei, erneut wegen der vollständigen Protokolle direkt an Generalstaatsanwalt Josef Streit, um das Veto Bauers zu umgehen.

Der erzürnte Bauer gedachte nicht, dies hinzunehmen. Zu groß erschien ihm das einzugehende Sicherheitsrisiko. Am 29. November 1966 trommelte er Kauls Mitarbeiter und zwei Genossen der Generalstaatsanwaltschaft zusammen und betonte erneut, welches konspirative Risiko der Wechsel zu einem neuen Anwalt berge. Zwar habe der *VVN*-Redakteur Karpenstein sich für Fraenkel verbürgt, doch könne dessen politische Haltung bislang nicht klar analysiert werden. Für Bauer war so nicht gewährleistet, „daß der volle Wortlaut der Zeugenprotokolle dem Gericht unbekannt bleibt"; andernfalls wären die Richter „durch Manipulationen in der Lage, den Wahrheitsgehalt herabzuwürdigen und das Urteil [zugunsten Oberländers] durchzusetzen". Bauer bot als Ausweg an, Fraenkel selbst solle in Ost-Berlin Einsicht in die Akten des Obersten Gerichts zu Oberländer nehmen. Für Bauer war die ganze Angelegenheit hochbrisant – was schon aus dem Verteiler seiner Papiere hervorgeht. Nur zwei Personen bekamen sie auf dem Dienstwege zu

---

[162] Gespräch Bohnsack am 9. September 1996. ; Stellungnahme Bauers für die HA IX / 10 vom 29. Mai 1970, *BStU*, ZUV 28 (Oberländer), Band 3 Nr. 226 - 234. Bauer führte in den fünfziger Jahren u.a. die Verhöre des Journalisten Karl-Wilhelm Fricke. Für Frickes äußerst plastische Beschreibung Bauers vgl. Karl-Wilhelm Fricke, *Akten-Einsicht*. Rekonstruktion einer politischen Verfolgung. Berlin ²1996, S. 80 f.

[163] Vgl. die „Information der Hauptabteilung (HA) IX / 10 über Maßnahmen zur Unterstützung der VVN in Frankfurt / Main in einem Zivilprozeß zur Abwendung einer Klage Oberländers" vom 30. November 1966. *BStU*, ZUV 28 (Oberländer), Band 3 Nr. 32-34.

Gesicht: der „Gen. Minister", Erich Mielke, und der Leiter der HA IX, Generalmajor Dr. Rolf Fister[164].

Kaul behalf sich gegenüber Fraenkel zunächst mit einer Notlüge, indem er ihm am 2. Dezember 1966 schrieb, die Protokolle seien, so habe er beim Generalstaatsanwalt erfahren, im Zusammenhang mit anderen Kriegsverbrecherverfahren für längere Zeit ausgeliehen. Er werde Fraenkel aber aus eigenen, inoffiziellen Aufzeichnungen schon Einzelheiten der gewünschten Protokolle zukommen lassen, damit der Beweisantrag pünktlich gestellt werden könne. So kamen Bauers Protokoll-Auszüge doch noch zu Ehren: Kaul ließ sie kurzerhand abschreiben - die Versionen sind identisch[165]. Kaul sortierte dabei die ihm weniger wichtigen aus und schrieb Fraenkel, er könne bezüglich der Zeugen Hübner, Stein und Kuchar „keine näheren Angaben" machen, er erinnere sich aber, daß diese Zeugen „keine große Bedeutung" gehabt hätten. Dieser Sinneswandel ist mehr als erstaunlich, denn gerade Frau Kuchar spielte im Prozeß von 1960 noch eine Schlüsselrolle als Augenzeugin mit schier übermenschlichem Erinnerungsvermögen. Doch mittlerweile war sie gestorben, und bei den anderen hatte das *MfS* sein Veto eingelegt[166]. Im gleichen Zug schob er auch die drei Hauptbelastungszeugen aus der Moskauer Pressekonferenz vom 5. April 1960, Aleskerow, Hammerschmidt und Okropiridse, hinterher mit dem Hinweis, der von Oberländer beanstandete *Tat*-Artikel beziehe sich ohnehin auf sein ganzes Verhalten im Zweiten Weltkrieg. Dies ist glatt falsch, denn in dem Artikel findet sich kein Wort davon[167].

---

[164] Vgl. die „Information der Hauptabteilung (HA) IX / 10 über Maßnahmen zur Unterstützung der VVN in Frankfurt / Main in einem Zivilprozeß zur Abwendung einer Klage Oberländers" vom 30. November 1966. *BStU*, ZUV 28 (Oberländer), Band 3 Nr. 32-34.

[165] Brief Kauls an Fraenkel vom 2. Dezember 1966 (*BStU*, ZUV 28 (Oberländer), Band 3 Nr. 45-50).

[166] Anläßlich einer Prüfung, ob beide als Zeugen nach Österreich reisen dürften, hatte die HA XX im Jahre 1965 Stein als unbedenklich, Hübner dagegen als unsicheren Kantonisten eingestuft, der die DDR keinesfalls verlassen dürfe. Da Steins Aussage schon 1960 keine nennenswerte Rolle gespielt hatte, konnte Kaul auf sie verzichten (Berichte der HA XX an die HA IX / 10 über Hübner und Stein vom 18. und 21. September 1965. *BStU*, ZUV 28 (Oberländer), Band 3 Nr. 21-23).

[167] Dieser Ansicht schloß sich auch das Gericht in seinem Urteil vom 3. November 1970 an (OLG Frankfurt - 14 (1) U 103 / 64 nach 2 O 283 / 59 -, Fuldaer Verlagsanstalt u.a. ./. Oberländer, Urteil vom 3. November 1970, S. 32).

In der Verhandlung am 10. Januar 1967 trat Oberländer selbst mit seinem Anwalt auf und unterstrich sein besonderes Interesse am Ausgang des Verfahrens, weil er beabsichtige, wieder auf das politische Parkett zurückzukehren[168]. Genau dies zu verhindern war jedoch seit Oberländers Rücktritt erklärtes Ziel aller östlichen Beteiligten. Die *VVN* schlug daher vor, sofort eine publizistische Begleitaktion zu starten, etwa Fraenkel und die Zeugen zu einem Gespräch an die Tatorte nach Lemberg zu bitten, um das Gericht, das über Fraenkels Beweisanträge bis zum 17. Februar 1967 entschieden haben wollte, unter den Druck der Öffentlichkeit zu setzen. So könne das „Gericht nicht im Verborgenen machen, was es will". Auch Bauer erklärte sich, nach Rücksprache mit Mielke, Markus Wolf und dem für Agitation zuständigen Oberst Günter Halle, namens des *MfS* damit einverstanden[169].

Doch Kaul plädierte für Geduld. Er wollte dem Gericht keinen Vorwand liefern, die Berufung abzuweisen. Und er behielt recht. Das Gericht gab dem Beweisantrag des Duos Fraenkel-Kaul statt und war bereit, fünf sowjetische Zeugen, die bereits in Ost-Berlin ausgesagt hatten, nach Kassel zu laden[170]. Für das *MfS* avisierte Bauer deshalb die „befreundete Dienststelle, mit der bisher alle Maßnahmen in dieser Sache abgestimmt wurden", die Moskauer

---

[168] Gespräch Oberländer am 12. Februar 1998; Brief Kauls an Heinitz vom 17. Januar 1967. *BStU*, ZUV 28 (Oberländer), Band 3 Nr. 54-56. Parallel zum Prozeß gegen die *VVN* hatte Oberländer auch die österreichische Zeitung *Volksstimme*, die der kommunistischen Partei nahestand, wegen gleichlautender Vorwürfe wie der *VVN* verklagt. Auch die österreichische KP hatte sich, genau wie Fraenkel, an das ZK gewandt mit der Bitte, die vollständigen Zeugenaussagen zu übergeben mit dem Hinweis, das in Buchform erschienene Protokoll des Prozesses von 1960 „genüge für einen Wahrheitsbeweis nicht". Norden, Streit und Klaus Sorgenicht hatten dagegen keine Einwände, allerdings gab das *MfS* auch hier nur die Abschriften der Zeugenaussagen vor dem Prozeß, nicht aber die vollständigen stenographischen Mitschriften während der Hauptverhandlung heraus (Brief der österreichischen KP an das ZK der SED vom 16. August 1965 und Vermerke Sorgenichts und Bauers vom 4. und 9. September 1965. *BStU*, ZUV 28 (Oberländer), Band 3 Nr. 1-6). Prompt gewann Oberländer den Prozeß und zwang die *Volksstimme* zu einer Gegendarstellung, die die Zeitung in ihrer Ausgabe vom 14. Februar 1968 abdruckte.

[169] Brief Kauls an Heinitz vom 17. Januar 1967 und Stellungnahme Bauers vom 23. Januar 1967. Sie trägt zustimmende handschriftliche Vermerke von Mielke, Halle und Wolf. *BStU*, ZUV 28 (Oberländer), Band 3 Nr. 54-59.

[170] Protokoll über ein Telefonat Fraenkels mit der Gerichtsgeschäftsstelle in Kassel vom 8. Februar 1967 und Beweisbeschluß des Gerichts vom 7. Juni 1967. *BStU*, ZUV 28 (Oberländer), Band 3 Nr. 66 und 110-112.

Generalstaatsanwaltschaft, und verzichtete einstweilen auf jegliche Agitationsarbeit. Kaul hatte damit ein erstes, wichtiges Ziel erreicht: Zeit zu gewinnen und den Fall Oberländer weiterhin am Kochen zu halten, ohne dem Gericht die Möglichkeit zu bieten, die Beweisanträge abzuweisen, wie er an den Stellvertretenden DDR-Generalstaatsanwalt Borchert schrieb[171].

Das Gericht setzte schließlich für den 10. Juni 1969 einen mündlichen Verhandlungstermin an und plante, die sieben östlichen Belastungszeugen aus dem Ostblock alle persönlich vorzuladen. Außerdem wandte sich der Präsident des Kasseler Senats direkt an das Oberste Gericht der DDR und erbat sich von dessen Vorsitzendem Heinrich Toeplitz die Protokolle der sieben Zeugen und die kompletten stenographischen Mitschriften aus der Hauptverhandlung des Oberländer-Prozesses. Gleichzeitig beantragte er in Moskau beim dortigen Generalstaatsanwalt, die fünf Zeugen nach Kassel reisen zu lassen[172]. Dies allein bedeutete für Kaul schon einen großen Erfolg, weil so die Ergebnisse der Ost-Berliner Beweisaufnahme eine reelle Chance hatten, Bestandteil eines bundesdeutschen Verfahren zu werden. Er hatte deshalb auch bei Toeplitz und Borchert dafür geworben, nicht darauf zu bestehen, daß das bundesdeutsche Gericht sein Rechtshilfeersuchen, anders als sonst, über das DDR-Justizministerium wiederholen müsse. Toeplitz solte vielmehr über das DDR-Justizministerium an das Bonner Justizministerium und von dort an das Kasseler Gericht weitergeleitet werden, um der formalen Anerkennung der DDR im Kleinen Genüge zu tun[173].

---

[171] Vgl. die „Information der HA IX / 10 über die weitere Entwicklung des von Oberländer gegen das Organ der VVN in Westdeutschland „Die Tat" angestrengten Zivilprozesses" vom 21. Februar 1967 und den Brief Kauls an Borchert vom 27. Mai 1969. *BStU*, ZUV 28 (Oberländer), Band 3 Nr. 67-68 und Nr. 80-82.

[172] Vgl. den Brief des Vorsitzenden des 14. Zivilsenats des OLG Frankfurt an den Präsidenten des Obersten Gerichts der DDR vom 12. Mai 1969, den „Aktenvermerk in der Strafsache Oberländer" der HA IX / 10 vom 4. Juni 1969 und den Brief Kauls an Borchert vom 27. Mai 1969. *BStU*, ZUV 28 (Oberländer), Band 3 Nr. 80-82, 86 und 119-120. Allerdings lehnte das Gericht den Antrag Fraenkels ab, die gesamten Verfahrensakten des Ost-Berliner Prozesses beizuziehen, um den Prozeß nicht über Gebühr aufzuwerten. Für die Befragung der Zeugen reiche das gedruckte, gekürzte offizielle Protokoll in Buchform vollkommen aus. (vgl. die Ablehnung des Senats vom 2. Mai 1969. *BStU*, ZUV 28 (Oberländer), Band 3 Nr. 113.

[173] Brief Kauls an Borchert vom 27. Mai 1969. *BStU*, ZUV 28 (Oberländer), Band 3 Nr. 80-82.

Doch einmal mehr funkte das *MfS* mit Horst Bauer dazwischen. In der Ost-Berliner Normannenstraße war man, wiederum, strikt dagegen, die vollständigen Protokolle an das Kasseler Gericht zu schicken. Allenfalls die „für uns sehr positiven Aussagen" wolle man dem Gericht zur Verfügung stellen. Außerdem waren die Zeugen Hübner, Kuchar und Schpidal bereits gestorben. Deshalb sollte es in diesen Fällen mit den gekürzten Aussagen des offiziellen DDR-Protokolls sein Bewenden haben[174]. Aber darauf ließ sich das Gericht in Kassel nicht ein. Fraenkel übermittelte Kaul am 29. Mai 1969 telefonisch, er müsse *alle* Beweise anbieten, sonst würden sie *in toto* von der Verhandlung ausgeschlossen. Kaul sah die Gefahr für den Prozeß und bekniete Borchert deshalb förmlich, „wenn irgend möglich", Fraenkel das vollständige Protokoll zur Verfügung zu stellen. Parallel dazu hatte er sich, um das Verfahren zu beschleunigen, seinerseits direkt an das Oberste Gericht der DDR wegen der Protokolle gewandt[175].

Für Bauer bargen die kompletten Protokolle, verbunden mit einem Auftritt der Zeugen in Kassel, nach wie vor ein unkalkulierbares Sicherheitsrisiko. Zwar sah er, wie Kaul, den Nutzen darin, „wirksam zur Entlarvung Oberländers beizutragen". Für ihn, den seit zwanzig Jahren erprobten *MfS*-Offizier, der im Geiste des Kalten Krieges erzogen und befangen war, überwogen die potentiellen Gefahren den Nutzen erheblich, denn das Kasseler Gericht bekomme die Möglichkeit, die Protokolle „durch juristische Winkelzüge zur Herabminderung ihres Wahrheitsgehaltes" zu mißbrauchen und im Endeffekt das DDR-Urteil von 1960 anzugreifen, indem „scheinbare Widersprüche" zwischen den Aussagen vor dem Ost-Berliner und Kasseler Gerichten geschaffen würden. In jedem Falle müßten die Zeugen vorher in Moskau mit ihren Aussagen von 1960 konfrontiert werden, um dem Kasseler Gericht „keinen Spielraum für derartige Manipulationen zu geben". Sollten die Zeugen nach Kassel reisen dürfen, rate er von publizistischen

---

[174] Vgl. den Brief Kauls an Borchert vom 27. Mai 1969. *BStU*, ZUV 28 (Oberländer), Band 3 Nr. 80-82.

[175] Vgl. den Brief Kauls an Borchert vom 27. Mai 1969, den Vermerk Kauls über einen Anruf Fraenkels vom 29. Mai 1969 und die „Information der HA IX / 11 über weitere Maßnahmen im Prozeß Oberländer" vom 27. Mai 1969, der diese Eigenmächtigkeit empört anmerkt. *BStU*, ZUV 28 (Oberländer), Band 3 Nr. 76-83.

Begleitmaßnahmen der Abteilung Agitation des *MfS* ab, um der Zeugenvernehmung nicht vorzugreifen[176].

Doch Moskau wollte nicht. Borchert hatte anläßlich einer Nachfrage erfahren, die Sowjets seien keinesfalls bereit, die Zeugen in den Westen reisen zu lassen, da sie alle bereits Strafen verbüßt hatten wegen ihrer Rolle im Zweiten Weltkrieg. Die Fluchtgefahr war aus sowjetischer Sicht einfach zu groß. Moskau hatte dem Kasseler Gericht vielmehr vorgeschlagen, die Zeugen selbst zu vernehmen und ihre Aussagen nach Kassel zu schicken oder die Einreise der Richter zu gestatten, um bei der Vernehmung dabeizusein, allerdings nur als Zuhörer ohne Fragerecht[177]. Für Bauer war dies die günstigste Lösung. Das Sicherheitsrisiko schien gebannt, und das *MfS* konnte sich darauf zurückziehen, nur die gekürzten Aussagen der Zeugen Hübner und Kuchar für den Versand nach Kassel herauszurücken. Auf seine Bitte hin schrieb Borchert dem Kasseler Gericht, der Generalstaatsanwalt der DDR halte es angesichts der Ladung der sowjetischen Zeugen für nicht mehr notwendig, die vollständigen Aussagen zu übermitteln[178].

So stand in dieser Fortsetzung des Kalten Krieges mit juristischen Mitteln alles auf der Kippe, nachdem anfangs ein Sieg des Ost-Berliner *dream teams* gegen den verhaßten Revanchisten Oberländer durchaus im Bereich des Möglichen gelegen hatte. Der westdeutsche Anwalt Fraenkel tat, wie ihm durch Kaul geheißen, gleichzeitig zogen DDR-Generalstaatsanwaltschaft und das Zentralkomitee reibungslos an einem Strang und unterstützten wiederum Kaul in dem Bestreben, seine schon im Klaus-Walter-Prozeß im Jahre 1960 erprobte Strategie erfolgreich fortzusetzen und zu verfeinern. Daß Mielkes *MfS*, verursacht durch Bauers nach allen Seiten gerichteten Konspirationswahn, mehr als einmal auf die Bremse trat, kostete Kaul beträchtliche Nerven. Zwar ließ sich verstehen, daß Bauer die

---

[176] Vgl. die „Information der HA IX / 11 über weitere Maßnahmen im Prozeß Oberländer" vom 27. Mai 1969. *BStU*, ZUV 28 (Oberländer), Band 3 Nr. 76-78.

[177] Brief der Generalstaatsanwaltschaft der UdSSR an Borchert vom 25. Juni 1969; Aktenvermerk der HA IX / 10 in der Strafsache Oberländer vom 4. Juni 1969. *BStU*, ZUV 28 (Oberländer), Band 3 Nr. 119-121 und 143. Dafür sollte das *MfS* die früheren vollständigen Protokolle nach Moskau schicken, um Abweichungen in den Aussagen von vornherein zu vermeiden.

[178] Vgl. die „Information der HA IX / 11 über weitere Maßnahmen im Prozeß Oberländer" vom 27. Mai 1969 und den „Bericht über weitere Maßnahmen im Prozeß Oberländer" von Bauer an Mielke vom 9. Juni 1969.. *BStU*, ZUV 28 (Oberländer), Band 3 Nr. 76-78 und Nr. 121-123.

Schwachstellen der Zeugenaussagen erkannt hatte und die vollständigen Protokolle dem westdeutschen Gericht in jedem Falle vorenthalten wollte, doch Kaul war zuversichtlich, diesen Mangel strategisch überspielen zu können. Die *VVN*-Triade und ihre Prozesse mit Oberländer boten dafür die passende Arena, und die Zeit und ihr Geist arbeiteten längst gegen Oberländer. Das Ost-Berliner *dream team* war, den Umständen entsprechend, bestens gestartet - doch das Urteil noch nicht gesprochen.

D. Störende Brudervölker - Einspruch aus Warschau

1. Störende Brudervölker (I) - Eine Analyse aus Warschau - intern und unerwünscht

In die Diskussion zwischen den beteiligten Ost-Berliner Stellen platze am 29. Mai 1969, wenige Tage vor der mündlichen Verhandlung in Kassel, ein Anruf Fraenkels wie eine Bombe. „Der Gegner", meldete Fraenkel aufgeregt in Kauls Kanzlei in der Ost-Berliner Wilhelm-Pieck-Straße, habe zum 10. Juni einen in Paris lebenden Zeugen geladen, der „folgendes bekunden solle: der frühere Generalstaatsanwalt der DDR hat ihm [dem Zeugen] gegenüber erklärt, es sei für einen Kommunisten geradezu zum Lachen, welcher Ernst der Westen den in politischen DDR-Schauprozessen auftretenden Zeugen beimißt". Zunächst herrschte helle Aufregung. Kauls Kanzlei gab die Fraenkelsche Meldung sofort an die Rechtsstelle des *MfS* weiter. Dort sann Bauer darüber nach, wen Fraenkel gemeint haben konnte. Auf Anhieb ergab seine Meldung keinen Sinn, denn der erste DDR-Generalstaatsanwalt, Ernst Melsheimer, war bereits gestorben, und sein Nachfolger Josef Streit nahm als Vorgesetzter von Klaus Sorgenicht aktiv an der Kampagne gegen Oberländer teil[179].

---

[179] Vermerk Bauers über einen Anruf Fraenkels vom 29. Mai 1969 und Mitteilung an die Rechtsstelle des *MfS* und die HA IX vom 2. Juni 1969. *BStU*, ZUV 28 (Oberländer), Band 3 Nr. 83 und 84.

Als Bauer eine Woche später Mielke und seinem Hauptabteilungsleiter Bericht erstatten mußte, hatte er den Namen des „von Oberländer bestellten Provokateurs" immer noch nicht feststellen können. Doch zwischen den Zeilen seines Berichts stand die Erleichterung geschrieben, daß auf Grund seiner Nachforschungen der Kreis der Verdächtigen mit Sicherheit außerhalb des Ost-Berliner Staatsapparates zu suchen war, sich vielmehr in den Reihen des Klassenfeindes befand. In Betracht kamen nunmehr zuerst „ein namentlich noch nicht bekannter, in den Westen geflüchteter Stellvertreter von Pilichowski". Professor Czeslaw Pilichowski, Leiter der polnischen Hauptkommission zur Untersuchung von NS-Verbrechen, ging ähnlich wie die Ludwigsburger Ermittler den NS-Verbrechen auf den Grund und wertete entsprechende deutsche und polnische Akten aus. Über die Jahre wurde die Zusammenarbeit mit der Ludwigsburger Behörde immer enger, was auch für den Fall Oberländer noch von großer Bedeutung sein wird. Außerdem präsentierte Bauer zwei weitere Verdächtige, nämlich den in den fünfziger Jahren geflüchteten „ehemaliger Staatsanwalt namens Schmuhl" und schließlich Simon Wiesenthal in Wien. Zusätzlich hatte Kaul Bauer informiert, die westdeutsche Seite habe die polnische Zeugin Kuchar anläßlich einer Reise in die Bundesrepublik nötigen wollen, ihre Aussage im DDR-Prozeß von 1960 zu widerrufen. Um diesen Sachverhalt sofort zu überprüfen und mögliche Gefahren für das Kasseler Verfahren abzuschätzen, bat Bauer seinen Minister um Erlaubnis, sich sofort nach Warschau begeben zu dürfen, um dort Nachforschungen anzustellen. Mielke versah dessen Vorlage mit einem schwungvollen handschriftlichen „Einverstanden"[180].

Bereits fünf Tage später konnte Bauer in Warschau in Zusammenarbeit mit dem polnischen Geheimdienst erleichtert feststellen, daß in Sachen Oberländer keinerlei Rechtshilfeersuchen bundesdeutscher Gerichte an polnische Stellen gerichtet worden war. Überdies hatte die Zeugin Kuchar seit 1960 bis zu ihrem Tod am 4. April 1966 weder Reisen in den Westen unternommen noch andere Kontakte dorthin gehabt. Den polnischen Vorschlag, am besten Pilichowski selbst nach seinem ominösen Stellvertreter zu befragen, lehnte Bauer zunächst vehement ab mit dem Hinweis auf die „politisch-operativen Interessen" seiner Mission, die dadurch gefährdet sein könnten. Nach einiger Überredung ließ er sich dann doch zu einem Gespräch mit Pi-

---

[180] Vgl. den „Bericht der HA IX / 10 über weitere Maßnahmen im Prozeß Oberländer" vom 9. Juni 1969. *BStU*, ZUV 28 (Oberländer), Band 3 Nr. 121-123.

lichowski herbei und lobte hinterher sogar dessen aufgeschlossene konstruktive Haltung.
Ein möglicher Verdächtiger war schnell ausgemacht. Der freischaffende Journalist Aleksander Drozdzynski, wußte Pilichowski, hatte gemeinsam mit einem anderen Journalisten im Frühjahr 1960 das Buch *Oberländer. A study in German East politics* in polnischer und englischer Sprache veröffentlicht. Er sei aber zu keiner Zeit Mitarbeiter der polnischen Hauptkommission gewesen und im Frühjahr 1969 von einer Reise in den Westen nicht zurückgekehrt. Seitdem arbeite er mit dem „Antikommunisten und Zionisten" Simon Wiesenthal zusammen. Pilichowski befürchtete, Drozdzynski könne sich von Oberländer als Provokateur mißbrauchen lassen und versicherte Bauer, einer seiner fähigsten Mitarbeiter säße bereits seit längerem daran, alle für die Hauptkommission verfügbaren Dokumente einschließlich des Drozdzynski-Buches zum Fall Oberländer durchzuarbeiten, um dieser Möglichkeit zuvorzukommen. Mit Ergebnissen rechne er in etwa einem Monat[181].

Pilichowski schlug außerdem vor, sich dann erneut zu treffen, um weitere Maßnahmen zu besprechen. Ein „zuständiger Vertreter der Rechtspflegeorgane der DDR" könne dafür ja die wichtigsten Dokumente und Aussagen des Oberländer-Prozesses von 1960 mit nach Warschau bringen, um gemeinsame Maßnahmen zu erarbeiten. Auf diese Weise wollte Pilichowski die Notlage Bauers elegant für die Lösung eines jahrelangen Problems nutzen. Auch die Polen ermittelten seit den späten fünfziger Jahren zu den Ereignissen in Lemberg von 1941 bis 1944, unter anderem zu den Professorenmorden. Für die Kampagne der DDR gegen Oberländer hatte Pilichowski zwar eigene Dokumente nach Ost-Berlin geliefert, trotz jahrelanger Bemühungen allerdings nie Einblick erhalten können in die Gerichtsakten und die Bestände des *MfS*. Die HA IX / 11 hatte dies stets aus „politisch-operativen Gründen und wegen des nicht auszuschließenden Mißbrauchs der Prozeßdokumente" hinter den Kulissen verhindert. Pilichowski hoffte, dies werde sich jetzt ändern[182]. Hochzufrieden kehrte Bauer nach Ost-Berlin zurück und stellte alsbald einen Maßnahmenplan auf. Per F-10-Überprüfung sollten die *MfS*-Bestände und die Agitationsabteilung beim Presseamt der

---

[181] Vgl. den Bericht Bauers über seine Dienstreise nach Warschau vom 15. bis zum 17. Juni 1969. *BStU*, ZUV 28 (Oberländer), Band 3 Nr. 134-138.
[182] Vgl. die Information der HA IX / 11 zum Fall Oberländer vom 29. Mai 1975, *BStU*, ZUV 28 (Oberländer), Band 3 Nr. 139 und Nr. 238-239.

DDR nach Material zu Drozdzynski durchforstet werden, um eventuellen Aktionen zuvorzukommen. Außerdem sollte die HA IX / 10 die Aussagen Frau Kuchars in seinem Buch mit denen vor Gericht vergleichen, um eventuelle Widersprüche aufzudecken[183].

Bauers ganze hektische Mühe war umsonst. Hätte er die Geduld und die Gelassenheit besessen, den Verhandlungstermin am 10. Juni abzuwarten, wäre ihm nicht verborgen geblieben, daß kein von Oberländer gedungener Provokateur vor die Schranken des Gerichts trat. Ein einfacher Blick Rechtsanwalt Fraenkels in die beigezogenen Gerichtsakten hätte genügt, um festzustellen, was der eigentliche Auslöser östlicher Hyperaktivität gewesen war. Oberländer hatte im Sommer 1966 Post bekommen von Jan Pawlowski, einem ehemaligen Angehörigen der Polnischen Heimatarmee, der nach dem Krieg lange Jahre in polnischer Haft gesessen hatte und jetzt in Paris lebte. Pawlowski berichtete Oberländer von einem längeren Gespräch mit dem ehemaligen Mitglied des Obersten Polnischen Gerichtshofes, Jerzy Sawicki, in der polnischen Bibliothek von Paris. Sawicki habe ihm die ganze politische Dimension des Falles Oberländer speziell für die Sowjetunion genauestens erläutert. In der für Moskau besonders wichtigen außenpolitischen Periode von Sommer 1959 bis Frühsommer 1960 habe sich die einzigartige Gelegenheit geboten, in einem Doppelschlag die Regierung Adenauer zu diskreditieren und den ungeliebten Oberländer als Speerspitze der Revanche *en passant* zu Fall zu bringen. Die polnische Justiz und die polnischen Behörden ermittelten schon seit längerem in Sachen Lemberg, hätten eine Vielzahl aus Moskau stammender Materialien überprüft und seien vollkommen darüber im Bilde, daß Oberländer mit den ihm zur Last gelegten Greueltaten nicht das Geringste zu tun habe. Dieses Ergebnis, dessen war Sawicki sicher, werde in irgendeinem Dokument niedergelegt sein[184].

Hätte Bauer diese Informationen mit nach Warschau genommen, wäre ihm möglicherweise der Schock erspart geblieben, den er erlitt, als er einige Monate nach seinem Besuch bei Pilichowski dessen angekündigte Analyse

---

[183] „Maßnahmenplan" Bauers zum Komplex Oberländer vom 19. Juni 1969.
[184] Brief Pawlowskis an den Autor vom 15. Januar 1997; LG Fulda - 2 O 63 / 64 (Fu), Röderberg-Verlag ./. Oberländer, Schriftsatz Rechtsanwalt Will vom 10. Dezember 1971, S. 2ff. Sawicki gehörte zu den polnischen Beobachtern der Nürnberger Prozesse und war von 1948 bis 1956 ein berüchtigter Ankläger bei etlichen politischen Prozessen. Als Jude verließ er Polen wenig später in Richtung Westen und wanderte 1969 nach Israel aus.

über das Beweismaterial in Sachen Oberländer in Händen hielt. Möglicherweise hatte Sawicki davon bereits erfahren. Sie bestätigte nämlich exakt, was er vermutet hatte. Auf 76 Seiten hatte Pilichowskis Mitarbeiter, Oberstaatsanwalt Waclaw Szulc, die Beweismaterialien zum Fall Oberländer einer eingehenden, kritischen Würdigung unterzogen. Für die Prüfung der Vorgänge in Lemberg war Szulc nicht von den Ergebnissen des DDR-Urteils von 1960 ausgegangen, sondern hatte die Aussagen und Dokumente der Beweisaufnahme mit neueren Ermittlungsergebnissen der sechziger Jahre ergänzt, westliche Literatur wie die Bücher Dallins und Raschhofers sowie die Ermittlungsergebnisse Simon Wiesenthals hinzugezogen und auch die beiden Bonner Urteile, die Oberländer entlasteten, in die Beurteilung mit aufgenommen. In Sachen *Bergmann* und der Vorwürfe gegen Oberländer als Kommandeur der Einheit hatte Szulc die Vorwürfe im DDR-Urteil von 1960 nur kurz aus persönlicher Sicht kommentiert.

Trotz seiner in weiten Teilen zurückhaltenden Sprache war Szulcs Urteil über die Güte der Beweisaufnahme und die Aussagekraft der Zeugen im Prozeß von 1960 verheerend. Die Einschätzung, der Reservist Oberländer sei strafrechtlich für die Vorbereitung eines Angriffskrieges im Sinne der Nürnberger Prozesse verantwortlich zu machen, hielt Szulc zumindest für gewagt. Seine Würdigung der einzelnen Zeugenaussagen war schon deutlicher. Die meisten von ihnen, etwa die Zeugen Melnik und Schpidal, schilderten Dinge, die ihnen selbst nur zugetragen worden seien, etliche Aussagen seien falsch, in sich widersprüchlich oder widersprächen anderen Aussagen im Prozeß[185].

---

[185] Vgl. die „Analyse der Beweismaterialien in der Angelegenheit Theodor Oberländer", o.D. *BStU*, ZUV 28 (Oberländer), Band 3 Nr. 148-225. Beispielsweise hatte Melnik berichtet, der polnische Professor Bartel sei bereits Anfang Juli 1941 durch Angehörige des Bataillons *Nachtigall* erschossen worden. Nach Aussage von Bartels Witwe habe die Gestapo ihn erst in der Nacht des 25. Juli 1941 abgeholt und erschossen (vgl. Analyse, S. 15). Der Zeuge Sulim beschrieb als Täter der Ausschreitungen immer nur „Faschisten" und „Hitleristen", ohne die *Nachtigall*-Angehörigen und ihre Uniformen genau zu beschreiben (vgl. Analyse, S. 22). Auch der Zeuge Makaruch wurde zwar durch den *Nachtigall*-Angehörigen Schuchewisch und zwei Deutsche am 2. und 3. Juli 1941 vernommen und habe anschließend ein Massaker im Belagorsker Wald vor Lemberg überlebt, an dem Angehörige des Bataillons *Nachtigall* teilgenommen hätten. Szulc hält die Deutschen bei Schuchewitsch für SS- oder SD-Angehörige, läßt aber die Möglichkeit offen, ob *Nachtigall*-Angehörige an den Erschießungen vor der Stadt teilnahmen (vgl. Analyse, S. 24). In der Anklageschrift der Staatsanwaltschaft beim Landgericht

Schonungslos ging er schließlich mit den Zeugen Hübner und Frau Kuchar ins Gericht, die Oberländer nach zwanzig Jahren prompt wiedererkannt haben wollten. Der Zeuge Hübner habe Oberländer zwar nur ein einziges Mal aus der Ferne in Lemberg gesehen und ihn auch auf Nachfrage nicht beschreiben können, wolle ihn aber auf Grund einer einzigen Photographie achtzehn Jahre später einwandfrei durch seinen zynischen Gesichtsausdruck wiedererkannt haben. Diese Wahrnehmung sei wohl eher „das Ergebnis einer Suggerierung". Ähnlich war Szulcs Meinung über die Angaben Frau Kuchars, nach einer ausführlichen Prüfung erweckten sie für Szulc ernsthafte Zweifel und reichten als Beweis keinesfalls aus.

Das für die DDR fatale Bild verfestigte sich noch, als Szulc nun daran ging, die seitens der polnischen Hauptkommission seit 1960 gesammelten Aussagen und Dokumente zu den Vorgängen in Lemberg auszuwerten. Die Witwen der ermordeten Professoren und der einzige Überlebende von ihnen, der Professor Frantisek Groer, hatten, nach den Umständen der Verhaftung ihrer Männer befragt, die Uniformen der verhaftenden Deutschen in der Nacht vom zweiten auf den dritten Juli 1941 präzise beschrieben und sie fast ausnahmslos als SS- und Gestapo-Angehörige identifiziert. Etliche der Frauen hatten auch in den folgenden Tagen immer wieder bei der Gestapo interveniert und dort die Auskunft erhalten, die Feldgestapo sei für die Verhaftungen verantwortlich gewesen. Professor Groer konnte bei der Gestapo seine Freilassung erreichen - vermutlich, weil seine Frau die englische Staatsangehörigkeit besaß. Groer hatte all dies auch schon im Jahre 1946 in Nürnberg zu Protokoll gegeben, ohne den Namen Oberländer oder das Bataillon *Nachtigall* je erwähnt zu haben.

Ebenfalls bei den Akten der polnischen Hauptkommission fand sich die Aussage der Gräfin Karolina Lanckoronska, gegenüber der sich der Gestapo-Chef von Stanislau, Hans Krüger, gebrüstet hatte, er und sein Untergebener Walter Kutschmann seien namens der SS für den Tod der Lem-

---

Stuttgart vom 30. Januar 1968 gegen die ehemaligen SS-Offiziere Kroeger, v. Koskull und Hecker, denen die Erschießungen im Belagorsker Wald zur Last gelegt wurden, ist von *Nachtigall*-Angehörigen als Teilnehmern nicht die Rede (StA Stuttgart - 18 Js 139 / 66 -, ./. Kroeger, v. Koskull, Hecker, Anklageschrift vom 30. Januar 1968). So die Behauptung des Zeugen Pankiw, er sei erst am 4. Juli 1941 nach Lemberg gekommen und habe gleich erfahren, Oberländer habe die Erschießung der Professoren kommandiert. Sie widerspricht der Aussage von Schpidal, der Pankiw am 2. Juli bei der Erschießung von Juden in einem der Gefängnisse gesehen haben will (vgl. Analyse, S. 17-19 und S. 28-29).

berger Professoren verantwortlich. Darüber hatte sie ausführlich im Stanislau-Prozeß 1967 in Münster ausgesagt, in dem Krüger zu einer lebenslangen Freiheitsstrafe verurteilt wurde und der die Verantwortung der SS und Eberhard Schöngarths für die gesamte Aktion erhellte. Diese Aussagen ermöglichten es Simon Wiesenthal, neben Krüger auch Walter Kutschmann als zweiten unmittelbar Verantwortlichen zu überführen und in Argentinien aufzuspüren. Alle notwendigen Fakten, die das Urteil des DDR-Gerichts blamieren konnten, lagen damit auf dem Tisch.

Schließlich zitiert Szulc aus der *RSHA*-Ereignismeldung Nr. 10 vom 2. Juli 1941, in der der Befehl zur Vernichtung der polnischen Intelligenz an die SS-Einsatzgruppen noch einmal ausdrücklich erwähnt war, und aus den Nürnberger Prozeßakten, in denen die Professorenmorde zweifelsfrei der Gestapo bzw. der SS zugeschrieben wurden. Am Ende stellte er noch einmal klar, es sei eindeutig erwiesen, nicht Oberländer, sondern Albrecht Herzner habe das Kommando des Bataillons *Nachtigall* gehabt.

Für eine Prüfung der Vorwürfe zu Oberländers Rolle im Sonderverband *Bergmann*, so fuhr Szulc in seiner Analyse fort, könne er sich nur auf die „sehr spärlichen Materialien" des offiziellen DDR-Protokolls mit den unvollständigen Aussagen stützen. Darüber hinaus, bemängelte er, habe das DDR-Gericht keinerlei weitere Beweise für Oberländers angebliche Verbrechen herangezogen. Für Szulc war die Motivation der Zeugen, gegen ihren ehemaligen Kommandeur auszusagen, aus ihrer menschlichen Situation zu erklären. Die meisten hätten von Oberländers Wohlwollen profitiert und unter ihm hohe Offizierspositionen bekleidet. Für ihren „Verrat an der Heimat wurden sie von der Sowjetunion zur Verantwortung gezogen und haben ihre Strafen bis zum Zeitpunkt des Prozesses gegen Oberländer entweder abgesessen, oder sie wurden ihnen auf der Grundlage einer Amnestie erlassen". Man dürfe deshalb bei der Analyse der Aussagen „nicht ausschließen, daß die Zeugen in dieser Lage das Bedürfnis hatten, durch bestimmte Aussagen ihre vergangenen Fehler wiedergutzumachen und ihre volle Achtung zurückzugewinnen". Szulc sah hier von einer weiteren Analyse ab und faßte als Orientierung den Tenor der Bonner Einstellungsverfügung vom 13. April 1961 noch einmal zusammen, der hilfreich sein könne „bei einer Ausarbeitung allgemeiner Ansichten in dieser Sache".

Für die DDR im allgemeinen und Bauers *MfS* im besonderen war dieses Papier nicht nur wenig hilfreich, es war ein Schlag ins Gesicht. Bauer schäumte, als er es las. Von seinem Minister um eine Stellungnahme gebeten, faßte er auf neun Seiten seinen Ärger in Worte. Szulc gehe nicht, „wie in der Zusammenarbeit der sozialistischen Rechtspflegeorgane erwartet werden kann", von der Basis des DDR-Urteils aus, sondern zerlege die einzelnen Zeugenaussagen und untersuche sie so auf ihren Wahrheitsgehalt. Dies richte sich „eindeutig" gegen das DDR-Urteil, zumal eine ganze Reihe polnischer Zeugenaussagen dem Obersten Gericht der DDR und dem *MfS* vorenthalten worden seien. Szulcs Schlußfolgerungen stimmten, so Bauer, in verhängnisvoller Weise mit den „offensichtlich unhaltbaren, auf die Rehabilitierung Oberländers abzielenden" Ergebnissen der Bonner Verfahren überein. Darüber hinaus sei die Kritik, das Oberste Gericht der DDR habe in der Beweisaufnahme nicht die nötige Sorgfalt walten lassen und die Glaubwürdigkeit der Zeugen sei meist zweifelhaft, eine gänzlich unangebrachte böse Unterstellung. Im Gegenteil: Szulc habe wichtige Details einzelner Aussagen gar nicht berücksichtigt und gewürdigt[186].

Für Bauer barg das polnische Papier eine beträchtliche Sprengkraft, da unklar blieb, ob Szulc aus Unkenntnis oder mit Absicht versucht hatte, das DDR-Urteil abzuwerten. Außerdem durfte es keinesfalls in die falschen, sprich: westdeutschen, Hände gelangen. Eine „Diskreditierung der Rechtspflegeorgane der DDR" und eine „Störung der Zusammenarbeit mit den Rechtspflegeorganen der sozialistischen Länder" als unvermeidliche Folge drohte bei Veröffentlichung des Papiers, von einer „Störung der Einflußnahme von seiten der DDR und UdSSR auf das von Oberländer inszenierte Zivilverfahren [in Kassel]" ganz zu schweigen. Die Konsequenz war deshalb klar: durch „geeignete Maßnahmen" sicherzustellen, daß „nur ein begrenzter Personenkreis davon Kenntnis erhält". Dies ließ sich am besten gewährleisten durch einen Rüffel an den polnischen Verantwortlichen. Der stellvertretende DDR-Generalstaatsanwalt Borchert bestellte Professor Pilichowski umgehend nach Berlin zu einer Aussprache über Szulcs Papier. Borchert hielt ihm vor, das Papier sei wohl „von einem bürgerlichen Klassenstandpunkt aus" erarbeitet worden, und überzog ihn mit einem Schwall herber Kritik. Pilichowski betonte den internen Charakter des Papiers, ent-

---

[186] Vgl. die Stellungnahme der HA IX / 10 vom 29. Mai 1970. *BStU*, ZUV 28 (Oberländer), Band 3 Nr. 226-234, hier S. 3 und S. 6-8. Speziell die Kritik an der Zeugin Kuchar nahm Bauer auf und wies sie vehement von sich, denn er selbst habe sich mehrmals, zuletzt vor der Hauptverhandlung im April 1960, davon überzeugt, daß sie eine „seriöse und überlegt handelnde polnische Bürgerin" gewesen sei. Sie habe niemals Zweifel daran aufkommen lassen, Oberländer wiedererkannt zu haben.

schuldigte sich ausdrücklich für die Analyse und versicherte, solche Dinge würden sich künftig nicht wiederholen[187].

Dem Kasseler Gericht blieb dieses Papier zwar verborgen, es maß der Glaubwürdigkeit der östlichen Zeugen jedoch ähnlich geringe Bedeutung bei wie Szulc. Nachdem das *MfS* sich schließlich dazu herbeigelassen hatte, Rechtsanwalt Fraenkel doch noch die allerdings verkürzten Abschriften der Zeugenaussagen zukommen zu lassen, hatte sich das Gericht trotzdem darum bemüht, die Zeugen in Moskau oder Lemberg vor Ort selbst zu vernehmen, doch ohne Erfolg. Die Geladenen erschienen nicht in Kassel, und die Generalstaatsanwaltschaft der UdSSR sah sich außerstande, den Zeugen die Reise in die Bundesrepublik zu gestatten. Das sowjetische Außenministerium bot über die deutsche Botschaft in Moskau statt dessen an, die Zeugen könnten durch sowjetische Staatsanwälte in Anwesenheit der westdeutschen Richter vernommen werden, sie sollten jedoch keine Fragen stellen dürfen[188].

Das Gericht sah sich damit der entscheidenden Möglichkeit beraubt, zu überprüfen, wie es um den Wahrheitsgehalt der Aussagen und die Glaubwürdigkeit der Zeugen tatsächlich bestellt war. Die Aussagen der Zeugen von 1960, urteilten die Richter, stünden in einem so auffälligen Widerspruch zu dem Ergebnis der bisherigen Ermittlungen, daß es notwendig sei, ihnen gegenüber ausgiebige Vorhalte zu machen und ihnen gegebenenfalls auch die Entlastungszeugen gegenüberzustellen, die Oberländer entlasteten und mit denen sie während des Krieges gemeinsam gekämpft hätten. Dies sei allerdings nur bei einem Auftritt der Zeugen in Kassel gewährleistet. Aus diesem Grund lehnte das Gericht auch ab, sich mit den Vorwürfen gegen Oberländer als Kommandeur des Sonderverbands *Bergmann* zu befassen. Die drei von Fraenkel benannten Hauptbelastungszeugen, Hammerschmidt, Aleskerow und Okropiridse, seien ebenso unerreichbar wie die Belastungszeugen im Falle des Bataillons *Nachtigall*. Die Aussagen der verstorbenen Zeugen Kuchar, Hübner und Schpidal würdigte das Gericht

---

[187] Vgl. die „Information der HA IX / 11" vom 29. Mai 1975. *BStU*, ZUV 28 (Oberländer), Band 3 Nr. 238-239.

[188] Vgl. den Brief des Senatspräsidenten Dr. Schmidt an Rechtsanwalt Dr. Peter Gast vom 23. September 1969; OLG Frankfurt - 14 (1) U 103 / 64 nach 2 O 283 / 59 -, Fuldaer Verlagsanstalt u.a. ./. Oberländer, Urteil vom 3. November 1970, S. 15 und S. 32.

eingehend und fand ähnlich deutliche Worte wie die polnische Analyse Szulcs. Die Richter hielten sie für wenig glaubwürdig[189].

Auf den ersten Blick schloß sich das Gericht der Auffassung Oberländers über die Vorwürfe und die Güte der Zeugenaussagen an und entschied am 3. November 1970, die *VVN*-Triade habe für die Zukunft jegliche Behauptung zu unterlassen, Oberländer stehe unter dem Verdacht, in Lemberg im Jahre 1941 an Massenmorden beteiligt gewesen und für den Mord an 38 polnischen Professoren verantwortlich zu sein. Bei Verstoß drohte den *VVN*-Beteiligten eine Haftstrafe von bis zu sechs Monaten oder eine Geldstrafe in unbeschränkter Höhe. Genauer betrachtet, fiel das Urteil jedoch differenzierter, und damit im Sinne der *VVN*-Triade, aus. Die Notwendigkeit, die Behauptungen über Oberländer zu widerrufen, die das Landgericht Fulda als Vorinstanz noch ausdrücklich bejaht hatte, sah das Kasseler Gericht nun nicht mehr gegeben. Für die Öffentlichkeit in der Bundesrepublik sei die Erörterung der Rolle Oberländers in Lemberg heute, zehn Jahre nach seinem Rücktritt als Minister und fünf Jahre nach seinem Ausscheiden aus dem Bundestag, nicht mehr aktuell, ein Widerruf stelle deshalb eine unnötige Demütigung der *VVN* dar[190]. Vergeblich bemühte sich Oberländer darum, dieses erstaunliche Urteil nachzubessern.

Die Urteilsbegründung enthielt eine Reihe weiterer, bemerkenswerter Feststellungen. Anders als die Vorinstanz bejahten die Kasseler Richter noch einmal ausdrücklich die Möglichkeit, Teile des Bataillons *Nachtigall* könnten sich, allerdings ohne direkten Befehl oder Mitwirkung Oberländers, an den Ausschreitungen gegen die Lemberger Juden beteiligt haben. Das Gericht stellte, auch das ein Novum in der Reihe der Oberländer-Prozesse, mit Nachdruck klar, seiner Meinung nach hätten die jüdischen Zeugen Goldberg und Jones die Wahrheit gesagt. Allerdings verneinte das Gericht ebenso die Möglichkeit, Oberländer habe diese Ausschreitungen befohlen, unterstützt oder auch nur geduldet. Die Rolle Oberländers innerhalb des

---

[189] Vgl. Urteil, S. 28-32. Insbesondere die Aussage Frau Kuchars wurde als „gänzlich unwahrscheinlich" gewertet.

[190] Damit zog das Gericht auch in Betracht, daß parallel zu dem zivilrechtlichen Verfahren gegen die *VVN* im Sommer 1966 ein Strafprozeß Oberländers gegen den *VVN*-Redakteur Karpenstein in Fulda stattgefunden hatte, den Oberländer auf ganzer Linie für sich entscheiden konnte. Nach der Verkündung des Urteils hatte er in der Presse erklärt, er betrachte dieses Urteil als volle Rehabilitierung (vgl. „Prozeß Karpenstein eingestellt - Ehrenerklärung für Oberländer", *Fuldaer Zeitung* vom 25. Mai 1966).

Bataillons *Nachtigall* sah das Gericht, entgegen der Meinung Oberländers, eindeutig als die eines politischen Offiziers. Es berief sich dabei ausgerechnet auf Oberländers Vorgesetzten Friedrich Wilhelm Heinz, Kommandeur des I. Bataillons des Abwehr-Regiments *Brandenburg*, der Oberländers Spezialfunktion, nach dessen eigener Einschätzung, am präzisesten beschrieben habe[191].

Auch wenn sich die formaljuristischen Nachhutgefechte noch bis in das Jahr 1973 hinzogen, hatte die unendliche Geschichte des Streits zwischen Oberländer und der *VVN* nach elf Jahren in der Hauptsache nun zu Ende. Zwar hatte Oberländer, der mittlerweile mehr als vierzig Prozesse in eigener Sache gegen seine zahlreichen Kritiker geführt hatte, erneut gewonnen. Doch nahm sich dieser Streit mit Zeugen und Motiven aus der heißen Phase des Kalten Krieges mehr und mehr wie ein skurriles Theaterstück in einer vollkommen veränderten politischen Landschaft aus, die einen weiten Weg zur Wirklichkeit längst hinter sich hatte. Während Oberländer die Gefechte der Vergangenheit unverdrossen fortsetzte, war die Epoche Adenauers zu Ende gegangen. Im Schatten der Berliner Mauer hatte sich der Sozialdemokrat Willy Brandt daran gemacht, die Hinterlassenschaft des ersten Kanzlers der Nachkriegszeit zu ordnen. Er bewahrte die Westbindung, ging jedoch neue Wege mit den einst unversöhnlichen Gegnern im Osten, symbolisch verkörpert durch seinen Kniefall in Warschau. Seine entspannungspolitischen Initiativen öffneten die Bundesrepublik nach Osten und den Osten zur Bundesrepublik. Die Bonner Republik kam damit außenpolitisch ins Gleichgewicht. Aus einem bedrohten Frontstaat der NATO wurde, trotz Mauerbau, in kleinen Schritten ein westliches Land in der Mitte Europas, das mit seinen osteuropäischen Nachbarn die Sprache wiederfand. Diese Entwicklung macht deutlich, wie sehr Oberländer, der sich in all seinen Funktionen immer als Frontkämpfer gegen den Kommunismus verstanden hatte, Kind einer anderen Zeit war. Sein letztlich erfolgreicher Kampf gegen die *VVN* mutete schon damals wie ein verlorener Sieg in einer längst vergessenen Schlacht an. Als am 3. November 1970 das Urteil in Kassel verkündet wurde, begann Außenminister Walter Scheel am gleichen Tag in

---

[191] Das Gericht sah dabei die Einschränkung Heinz', man könne Oberländer nur aus russischer Sicht durchaus als politischen Offizier bezeichnen, als nebensächlich an, denn Oberländer habe durch die Abwehr einen eminent politischen Auftrag gehabt und müsse daher auch aus deutscher Sicht als politischer Führer des Bataillons *Nachtigall* bezeichnet werden (vgl. Urteil, S. 20).

Polen mit den Verhandlungen zum Warschauer Vertrag, einem Kernstück der späteren Ostverträge. Diese Parallelität mag sinnfälliger Ausdruck der Tatsache sein, wie wenig die Entspannung der siebziger mit den beidseitigen Feindbildern der fünfziger Jahre möglich gewesen war. Doch diese Feindbilder waren bei Oberländer und seinen Gegnern gleichermaßen eingeschliffen. Gerade für das *MfS* blieb die Auseinandersetzung mit Oberländer ein immerwährender Kampf, der seine Kräfte aus den diametral entgegengesetzten Interessen und der nicht nachlassenden Streitbarkeit der Kombattanten bezog. Es erstaunt kaum, daß die nächste Gelegenheit nicht lange auf sich warten ließ. Erneut spielte Warschau dabei eine Schlüsselrolle.

2. Störende Brudervölker (II) - Ein Diplomatentreffen in Warschau

Der Leiter der Ludwigsburger *Zentralen Stelle*, Oberstaatsanwalt Dr. Adalbert Rückerl, war sich nicht sicher, ob er richtig verstand, was er gerade hörte. An diesem Tag, dem 8. Mai 1975, befand er sich mit dem Baden-Württembergischen Justizminister Traugott Bender auf einer dreitägigen Reise in Warschau, begleitet von einem Justizbeamten und einem Vertreter der deutschen Botschaft. Ihm gegenüber saßen Professor Pilichowski als Kopf der Polnischen Hauptkommission zur Untersuchung von NS-Verbrechen, dessen Staatsanwälte Szulc und Starczewski, ein Dolmetscher und eine Protokollantin. Erörtert wurden Fragen der Rechtshilfe bei NS-Prozessen in Polen und der Bundesrepublik. Bereits seit den späten sechziger Jahren entwickelte sich im Zeichen der Entspannung eine allmähliche Zusammenarbeit zwischen den beiden Dienststellen, die sich nach dem Warschauer Vertrag weiter verbesserte. Für Rückerl war dies ein Stück praktische Vergangenheitsbewältigung, die viel Fingerspitzengefühl erforderte, da sie in die Gegenwart unmittelbar hineinwirkte.

Deshalb stutzte er zunächst, um dann mitzuschreiben, was er gerade aus dem Mund des Dolmetschers vernahm. Die Gruppe sprach über die Ermordung der Lemberger Professoren, die durch die Recherchen Simon Wiesenthals, die Aussagen der polnischen Gräfin Lanckoronska und die Ermittlungen des Stanislau-Prozesses von 1967 nunmehr aufgeklärt zu sein schienen. So war Rückerl einerseits nicht erstaunt, aus Pilichowskis Munde zu hören, auf Grund der polnischen Untersuchungen ließe sich nunmehr mit Sicherheit feststellen, die Vorwürfe gegen Oberländer aus den Jahren 1959 und 1960 seien unbegründet gewesen. Auch Simon Wiesenthal hatte ihm erst vor einigen Wochen ähnliches bestätigt und den wahren Mörder präsentiert[192]. Andererseits war dies, fünfzehn Jahre nach der Oberländer-Kampagne, das erste Mal, daß von polnischer Seite eine solche Erklärung zu hören war. Einen Übersetzungsfehler des Dolmetschers hielt Rückerl für unwahrscheinlich, denn Pilichowski selbst sprach gut Deutsch und hatte schon in früheren Jahren Übersetzungen korrigiert und präzisiert, wenn sie ihm nicht genau genug erschienen[193].

In einer Verhandlungspause beriet er sich mit den übrigen Deutschen über die Worte Pilichowskis. Nicht nur er selbst, auch zwei andere Teilnehmer hatten die Worte Pilichowskis mitgeschrieben. So entstand in der Pause der Gedanke, man müsse doch Oberländer darüber verständigen. Nach Ludwigsburg zurückgekehrt, schilderte Rückerl Oberländer in einem Brief vom 9. Mai 1975, was er gehört hatte und verwies auf die Einmaligkeit dieses Falles. Vielleicht ahnte er nicht, daß dieser Brief zu einem Politikum ersten Ranges werden würde.

Oberländer sah in dem Brief Rückerls eine unverhoffte Chance, die letzten Rest des Stigmas, der Mörder von Lemberg zu sein, fünfzehn Jahre nach seinem Rücktritt nun endgültig loszuwerden. Dieser Brief mußte deshalb sofort an die Öffentlichkeit. „Warschau nimmt die Vorwürfe gegen Oberländer zurück", titelte die *Welt* am 28. Mai 1975, druckte den Brief in vollem Wortlaut ab und präsentierte die zwischenzeitlich von Simon Wiesenthal ermittelten Schuldigen: Walter Kutschmann und Hans Krüger. Einen Tag später folgten etliche andere Zeitungen mit der Agenturmeldung, Oberländer sei von polnischer Seite „offiziell rehabilitiert" worden. Am 1. Juni 1975 kommentierte Karl Wilhelm Fricke im Deutschlandfunk, mit der polnischen Rehabilitierung sei dem Ost-Berliner Urteil von 1960 die strafrechtliche Grundlage entzogen worden. Doch weil aus politischen Gründen nicht sein könne, was nicht sein dürfe, werde in der DDR wohl niemand

---

[192] Vgl. „Längst verschwunden", *Der Spiegel* Nr. 28 / 1975; Brief Wiesenthals an Oberländer vom 18. August 1976 (Archiv des Autors).

[193] Brief Rückerls an die *Stuttgarter Zeitung* vom 11. Juni 1975 (abgedruckt dort als Leserbrief am 14. Juni 1975, Original im Archiv des Autors).

diese höchstrichterliche Entscheidung angreifen, mit der 1960 aus politischer Willkür das Strafrecht gebeugt wurde[194].

Über die Motive wurde allerorten gerätselt. Die *Süddeutsche Zeitung*, sonst Oberländer über die Jahre alles andere als wohlgesonnen, hob die Tatsache hervor, Oberländer sei nicht wegen mangelnder Tatbeteiligung, sondern wegen „mit Sicherheit erwiesener Unschuld" rehabilitiert worden und vermutete, die Polen hätten lediglich „der Wahrheit die Ehre geben" wollen. Die *FAZ* mutmaßte eine auf höherer politischer Ebene beabsichtigte Klimaverbesserung zwischen Bonn und Warschau als Folge des Warschauer Vertrags. In einem aber waren sich alle Kommentatoren einig: sie zollten den Polen allerhöchsten Respekt für diesen Schritt, der ihnen in der DDR kaum Sympathie einbringen würde. „Daß schlichte Wahrheit über politische Interessen gestellt werden kann, geschieht heutzutage allzu selten", kommentierte Fricke im Deutschlandfunk und sah auf polnischer Seite einen Geist, der der Ost-West-Verständigung nur förderlich sein könne. Ohnehin sei die ganze DDR-Kampagne wenig stichhaltig gewesen[195].

In Ost-Berlin sah man das selbstverständlich ganz anders, und die Aufregung über diese Meldungen der westlichen Medien war groß. Generalstaatsanwalt Streit hielt den *Welt*-Artikel noch am Tag seines Erscheinens dem in Berlin weilenden Stellvertretenden polnischen Generalstaatsanwalt Kukawka zornig vor die Nase und forderte „beschleunigte Aufklärung"[196]. Für Streit mußte der fatale Eindruck, die sozialistischen Brudervölker Deutschland und Polen seien bei der Beurteilung eines Hauptkriegsverbrechens und seiner Schuldigen nicht einer Meinung, um jeden Preis widerlegt werden. Der Fall Oberländer war längst in den antifaschistischen Mythenschatz der frühen DDR eingegangen, der in jedem Fall geschützt werden mußte.

Zu dem diplomatischen Schaden kam die geheimdienstliche Gefahr, die Pilichowskis Äußerung in den Augen des *MfS* barg. Für Horst Bauer galt Pilichowski ohnehin schon seit längerem als unsicherer Kantonist in der

---

[194] Vgl. „Polen erklärt Vorwürfe gegen Oberländer als unbegründet", *Der Tagesspiegel* vom 19. Mai 1975; Manuskript des Frickeschen Beitrags „Oberländers Rehabilitierung und die DDR" vom 1. Juni 1975. BStU, ZUV 28 (Oberländer), Band 3 Nr. 269-270.

[195] Vgl. „Späte Rehabilitierung aus Polen", *Süddeutsche Zeitung* vom 29. Mai 1975; „In Lemberg vor 34 Jahren", *FAZ* vom 4. Juni 1975; Manuskript des Fricke'schen Beitrags „Oberländers Rehabilitierung und die DDR" im *Deutschlandfunk* vom 1. Juni 1975. *BStU*, ZUV 28 (Oberländer), Band 3 Nr. 269-270.

[196] Vgl. die „Information der HA IX / 10" vom 2. Juni 1975. *BStU*, ZUV 28 (Oberländer), Band 3 Nr. 242-245.

Phalanx östlicher Antifaschisten; überdies befürchtete Bauer in seinem Hause eine undichte Stelle. Da Pilichowski Ost-Berlin nun, wie schon fünf Jahre vorher, erneut düpiert hatte, war es für Bauer an der Zeit, seinem Minister eine deutliche Einschätzung zu liefern. Das Verhalten Pilichowskis „zum gemeinsamen offensiven Vorgehen zur Entlarvung der völkerrechtswidrigen Bonner Strafpolitik wegen Nazi- und Kriegsverbrechen" sei „unklar". Er halte sich nicht an Vereinbarungen zur „Absicherung von Untersuchungsdokumenten, die von seinem Organ der BRD [d.h. Ludwigsburg] zugeleitet werden" und stimme sein Vorgehen auch nicht mit dem *MfS* im Sinne einer gemeinsamen Linie ab. Vergangene Beispiele hätten gezeigt, daß die Mitglieder der polnischen Hauptkommission sich als „Erfüllungsgehilfen Ludwigsburgs" betätigt hätten. Von Pilichowski selbst werde die Zusammenarbeit mit dem *MfS* im Sinne einer Unterstützung der Ludwigsburger Zentralstelle vorsätzlich mißbraucht[197].

Bauer nutzte die Gelegenheit zu einer Generalabrechnung mit der polnischen Haltung zum Fall Oberländer. Schon im Jahre 1959 und 1960 sei die Unterstützung der Polen für die Oberländer-Kampagne gering gewesen und hätte sich auf die Übermittlung einzelner Zeugenaussagen beschränkt. Im Gegenzug habe Pilichowski sich namens der polnischen Hauptkommission nach 1960 immer wieder um die *MfS*-Materialien zu Oberländer bemüht, was aber aus „politisch-operativen Gründen und dem nicht auszuschließenden Mißbrauch" der Materialien stets abgelehnt worden sei. Bauer sah sich in seiner Skepsis bestätigt, weil die unter Pilichowskis Ägide entstandene Analyse des Staatsanwalts Szulc die „bisher vom Klassengegner geführte Rehabilitierung Oberländers" noch unterstützt habe. Zwar habe Pilichowski der Ost-Berliner Generalstaatsanwaltschaft versichert, solche Analysen würden sich in Zukunft nicht wiederholen, doch nun lese man in der westdeutschen *Welt* genau das Gegenteil[198].

Nicht nur für Bauer barg das Vorpreschen Pilichowskis eine doppelte Gefahr. Oberländer zu entlasten, bedeutete im Endeffekt, auch seine Behauptung plausibler zu machen, die Rote Armee sei für eine Vielzahl ukrainischer Toter in den Straßen Lembergs verantwortlich gewesen. 1960 hatte der Ost-Berliner Prozeß die Behandlung dieser Frage wohlweislich vermie-

---

[197] Vgl. den „Vermerk der HA IX / 10" vom 2. Juni 1975 und den „Bericht der HA IX / 10" vom 2. Juni 1975. *BStU*, ZUV 28 (Oberländer), Band 3 Nr. 240-241 und 247-251.

[198] Vgl. die „Information der HA IX / 10" vom 2. Juni 1975. *BStU*, ZUV 28 (Oberländer), Band 3 Nr. 242-245.

den. In einer Zeit, in der zwischen Warschau und Moskau unbewältigte Vergangenheiten unter der Oberfläche fühlbar fortlebten - etwa die Grenzverschiebungen und das sowjetische Massaker an polnischen Offizieren in Katyn, das, bis in die neunziger Jahre, noch den Deutschen in die Schuhe geschoben wurde - konnte aus dem Dissens im Falle Oberländers schnell eine Belastung der zwischenstaatlichen Beziehungen erwachsen. Gleiches galt für das System, dem er selbst diente. Albert Nordens Propaganda-Apparat, die sozialistische Strafrechtspflege und das ganze System des instrumentalisierten Antifaschismus stünden peinlichst blamiert da, sollte die Welt der polnischen Version der Vorgänge in Lemberg Glauben schenken.

Hatte es zunächst für einige Tage so ausgesehen, als sei Polen angesichts der Wiesenthal'schen Recherchen von unhaltbaren Vorwürfen gegen Oberländer abgerückt, so kehrten schon bald die eingeschliffenen Formeln mit aller Kraft zurück. Anfang Juni 1975 hielt sich in den Medien das Gerücht, Ost-Berlin setze Warschau mit harschen Telegrammen unter Druck, die Pilichowski zugeschriebenen Äußerungen in aller Form zurückzuweisen und im Gegenzug die Glaubwürdigkeit Rückerls zu unterminieren. Erst eine Woche nach dem *Welt*-Artikel ging Warschau zum Angriff über und stellte sich hinter Pilichowski. Am 3. Juni 1975 veröffentlichte die Parteizeitung *Trybuna Ludu* unter dem Titel „Desinformation in der BRD" die eigene Version des Gespräches zwischen Pilichowski und Rückerl. Pilichowski habe über Oberländer, den „für seine hitlerfaschistische und antipolnische Tätigkeit bekannten ehemaligen BRD-Minister für Angelegenheiten der Umsiedler", im Gegensatz zu Rückerls Äußerungen gesagt, die Polen hätten neues Material zu Lemberg ermittelt, das beweise, *nicht nur* Oberländer sei in die Verbrechen verwickelt. Von einer Rehabilitation könne dabei keine Rede sein. Oberländer sei im Jahre 1960 durch das Oberste Gericht der DDR rechtskräftig verurteilt worden. Der Brief Rückerls an Oberländer sei „beispiellos" und sein Verhalten „mit den Pflichten der Ludwigsburger Zentralstelle unvereinbar", zumal ihm Ungenauigkeiten dieser Art nicht zum ersten Male unterliefen. Rückerl habe sein Amt zur „politischen Provokation" und zur „Desorientierung der Öffentlichkeit mißbraucht" und sein Verhalten stelle eine zukünftige Zusammenarbeit zwischen Ludwigsburg und der polnischen Hauptkommission ernsthaft in Frage. Ohne Zweifel hatte Ost-Berlin den Polen seine Version der Dinge in die Feder diktiert: die Passage der polnischen Meldung zum Ost-Berliner Prozeß betrifft, gleicht wörtlich den Zusammenfassungen, die Bauer in seinen Vermerken, Maßnahmeplänen und Informationen für seinen Minister Mielke immer wieder gebetsmühlenhaft wiederholt hatte[199].

Um seine Behauptungen zu untermauern, präsentierte Pilichowski kurze Zeit später einen Auszug aus dem polnischen Gesprächsprotokoll, in dem seine Version bestätigt wurde. Als Beispiel für einen fahrlässigen Umgang Rückerls mit der Wahrheit schoben die Polen nun ein Gespräch zwischen ihm und Pilichowski über die Verjährung nationalsozialistischer Verbrechen nach, das schon vor einigen Jahren stattgefunden hatte. Pilichowski habe damals festgestellt, wenn Bonn dabei bleibe, daß nach dreißig Jahren auch nationalsozialistische Gewaltverbrechen wie gewöhnliche Mordtaten verjähren, so laufe dies praktisch auf eine biologische Amnestie für alle noch nicht überführten Täter hinaus. Rückerl habe diese Bemerkung später in der Öffentlichkeit als Einverständnis der Polen mit dieser Form der Amnestie hingestellt und damit Sinn und Intention der Worte Pilichowskis wissentlich ins Gegenteil verkehrt[200].

Am Abend des 11. Juni 1975 befaßte sich das *ZDF-Magazin* von Gerhard Löwenthal ebenfalls mit diesem Thema. Dort kamen Simon Wiesenthal und der Ludwigsburger Oberstaatsanwalt Rolf Sichting zu Wort. Sichting, Leiter der Staatsanwaltschaft in Stuttgart, hatte bereits im Lemberg-Prozeß von 1963 die Ereignisse in Lemberg ermittelt. Beide schilderten ihre Erkenntnisse über die verantwortlichen Täter aus den Reihen der SS und entlasteten damit den Angegriffenen aus Ludwigsburg. Doch auch Rückerl selbst setzte sich am gleichen Tag öffentlich mit aller Macht zur Wehr. In der *Stuttgarter Zeitung* schloß er nach einer Durchsicht seiner eigenen Notizen und einer Befragung der anderen deutschen Gesprächsteilnehmer einen Irrtum seinerseits gänzlich aus. Auch die Möglichkeit, der Dolmetscher habe hier ungenau übersetzt, hielt Rückerl auf Grund der hervorragenden Deutschkenntnisse Pilichowskis für sehr unwahrscheinlich[201].

---

[199] Vgl. die *dpa*-Meldung „Warschau: keine Rehabilitierung Oberländers" vom 3. Juni 1975 und die deutsche Übersetzung des *Trybuna Ludu*-Artikels, BStU, ZUV 28 (Oberländer), Band 3 Nr. 276 und 290-293.

[200] Vgl. den amtlichen polnischen Auszug (Archiv des Autors); „Warschauer Protokoll-Zitate zum Oberländer-Streit". *Der Tagesspiegel* vom 7. Juni 1975.

[201] Brief Sichtings an Oberländer vom 21. Januar 1984 (Privatarchiv Oberländer); Brief Rückerls an die *Stuttgarter Zeitung* vom 11. Juni 1975 (Archiv des Autors, abgedruckt dort als Leserbrief am 14. Juni 1975).

Zu den polnischen Vorwürfen vergangener Ungenauigkeiten schilderte er seine Sicht der Dinge. In einem seiner Bücher habe er in einer Fußnote vermerkt, auch Pilichowski habe anläßlich eines Gespräches in Ludwigsburg Ende der sechziger Jahre die Ansicht vertreten, er halte infolge zunehmender Beweisschwierigkeiten eine Verurteilung von NS-Tätern nach 1975 kaum noch für möglich. Diese Bemerkung habe er nicht nur in größerem Kreise in Ludwigsburg, sondern auch vor zwei weiteren Staatsanwaltschaften in der Bundesrepublik gemacht. Sie habe einiges Aufsehen erregt und sei von etlichen Ohrenzeugen an die zuständigen Landesjustizministerien gemeldet worden. Nach Polen zurückgekehrt, habe Pilichowski diese Äußerungen allerdings entschieden dementiert. Bei einem Gespräch unter Zeugen im November 1972 in Warschau habe Pilichowski die Äußerung dagegen bestätigt, allerdings mit der Einschränkung, er habe sie nicht öffentlich gemacht. Rückerl vermutete, Pilichowski sei unter Druck geraten, weil im Vorfeld der Ostverträge seine Worte nicht in die politische Landschaft gepaßt hätten.

Gegen den Vorwurf, sein Brief an Oberländer sei mit den Pflichten seiner Behörde unvereinbar, verwahrte sich Rückerl energisch. Den totalitär regierten Polen schrieb er ins Stammbuch, in einem Rechtsstaat sei es nicht die Aufgabe einer staatsanwaltlichen Ermittlungsbehörde, einseitig und ausschließlich Belastungsmaterial zu sammeln. Als einem Bürger der Bundesrepublik sei Oberländer durch die DDR ein „gemeiner und heimtückischer Massenmord" vorgeworfen und er in Ost-Berlin in Abwesenheit zu einer lebenslangen Freiheitsstrafe verurteilt worden. „Wenn ich nun von einer Seite, die diesen Vorwurf erhoben oder doch zumindest mit erhoben hatte, erfahre, daß diese Beschuldigung nicht mehr aufrechterhalten wird, dann halte ich es nicht nur für ein Gebot der Fairneß, sondern in erster Linie für eine zwingende, rechtsstaatliche Notwendigkeit", Oberländer dies mitzuteilen. Zwei Wochen später sprang ihm Simon Wiesenthal noch einmal bei, präsentierte den flüchtigen Pedro Ricardo Olmo alias SS-Untersturmführer Walter Kutschmann als den Mörder und erklärte öffentlich, Oberländer sei in der Frage der Professorenmorde „total rehabilitiert"[202].

Im Fall Oberländer hatte Pilichowski damit bereits zum zweiten Mal einen höheren Orts erzwungenen Rückzieher machen müssen, um den Mythos

---

[202] Brief Rückerls an die *Stuttgarter Zeitung* vom 11. Juni 1975 (Archiv des Autors, abgedruckt dort als Leserbrief am 14. Juni 1975); „Wiesenthal glaubt an die Unschuld Oberländers", *Der Tagesspiegel* vom 28. Juni 1975.

der DDR-Kampagne nicht als politisch-operatives Machwerk zu desavouieren. Daß er dies wider besseres Wissen tat, legt nicht nur die Vorgeschichte der Szulc-Analyse und das harsche Eingreifen des *MfS* nahe. Auch ein Blick in den polnischen Auszug des Gesprächsprotokolls zwischen Rückerl und Pilichowski unterstreicht dies zusätzlich. Darin erläutert Pilichowski ausführlich, der Mord an den Lemberger Professoren sei ein komplizierter Fall, da nicht alle Schuldigen („Oberländer, Schöngarth, Krüger u.a.") festgestellt wurden. Polnische Emigrantenkreise um die Gräfin Lanckoronska hätten den Fall weitgehend diskutiert, und die Zusammenarbeit zwischen deutschen und polnischen Stellen sei sehr eng gewesen. Erst am 6. Mai 1975, so Pilichowski, habe Oberstaatsanwalt Rolf Sichting aus Ludwigsburg ihm Material zukommen lassen, aus dem die Verantwortung für die Professorenmorde in Lemberg hervorgehe[203].

Hier liegt nun die Crux: wenn Pilichowski die Erkenntnisse der Gräfin Lanckoronska (und damit Simon Wiesenthals) bekannt waren, wußte er auch, wer für die Professorenmorde ausschließlich verantwortlich war: Hans Krüger und Walter Kutschmann. Immerhin betrieb Wiesenthal spätestens seit dem Herbst 1974 aktiv und öffentlich die Auslieferung Kutschmanns aus Argentinien. Auch Oberstaatsanwalt Sichting, aus dem Lemberg-Prozeß von 1963 und dem Stanislau-Prozeß von 1967 bis ins Detail mit den Lemberger Vorgängen vertraut, wird ihm ähnliches geschrieben haben. Er schickte nämlich seine Erkenntnisse nicht nur an Pilichowski, sondern auch an Oberländer, der ihn eigens darum gebeten hatte. Am 21. Januar 1984 schrieb Sichting an Oberländer, er hätte sich mit seinem Fall nicht befaßt, wenn er nicht schon im Jahre 1960 der Meinung gewesen wäre, „daß Ihnen beim Zustandekommen des DDR-Urteils bitteres Unrecht geschehen" sei. Sichting selbst bezeichnete das Dementi Pilichowskis als „durchsichtig"[204]. Demnach ist zu vermuten, daß er am 6. Mai 1975 aus seiner Meinung zum Falle Oberländers gegenüber Pilichowskis keinen Hehl gemacht hat. Retten konnte Pilichowski neben einem Dementi schließlich nur die Präsentation eines unvollständigen Protokollauszugs, der verschwieg, was er, entsprechend seinem Kenntnisstand, Rückerl tatsächlich gesagt hatte.

So blieb Oberländer für den Ostblock weiterhin der Professorenmörder von Lemberg - und Polen weiterhin von den wirklichen Erkenntnissen des

---

[203] Vgl. den amtlichen polnischen Auszug des Protokolls vom 8. Mai 1975 mit deutscher Übersetzung, Archiv des Autors.

[204] Brief Sichtings an Oberländer vom 21. Januar 1984 (Privatarchiv Oberländer).

MfS über Oberländer ausgeschlossen. Erst neun Jahre später, im April 1984, erwirkte Pilichowski schließlich in einem persönlichen Gespräch mit dem Ersten Stellvertretenden DDR-Generalstaatsanwalt Heinrich Borchert in Ost-Berlin, daß Polen seine Originaldokumente und darüber hinaus eine breite Auswahl aus *MfS*-Beständen erhielt. Doch es dauerte schließlich noch weitere vier Jahre, bis Polens offizielle Meinung sich geändert zu haben schien. Im Jahre 1988 zog das polnische Kunst- und Kultusministerium eine ganze Reihe von Büchern per Dekret aus dem Verkehr - darunter befanden sich auch alle Bücher, die sich kritisch mit Theodor Oberländer befaßten. Für die Warschauer Wochenzeitung *Przeglad tygodnia* waren sie voller „Tageswahrheiten", deren politisches Verfallsdatum allmählich abgelaufen war[205].

Das Kasseler Urteil von 1970 hatte, ebenso wie alle Vorverfahren Oberländers vor bundesdeutschen Gerichten, den Unwillen der Justiz demonstriert, dem Urteil des Obersten Gerichts der DDR aus dem Jahre 1960 auch nur irgendeine strafrechtliche Bedeutung zuzumessen, geschweige denn der Beweisaufnahme des Obersten Gerichts der DDR glaubwürdige und beweiskräftige Angaben zum Fall Oberländer zu entnehmen. Im Gegensatz zu der Vorinstanz am Landgericht Fulda hatten die Kasseler Richter zwar die Bereitschaft gezeigt, die sowjetischen und polnischen Belastungszeugen zu vernehmen. Sie waren allerdings an der Halsstarrigkeit und der hektischen Sorge der Sowjets und des *MfS* gescheitert, die Zeugen könnten nicht nach Plan funktionieren. Die verkürzten Zeugenaussagen, die um ihre erheblichen Widersprüche bereinigt waren, lehnte das Gericht hingegen ab und nahm auch deshalb das Urteil vom 29. April 1960 schlicht nicht zur Kenntnis. Es bedurfte noch einer weiteren Wende von Zeit und Zeitgeist, bis sich dies ändern sollte. Auch hier mußten erst die achtziger Jahre erreicht werden.

---

[205] Brief Pilichowskis an Borchert vom 16. April 1984 und Vermerk der HA IX / 11 vom 26. April 1984. *BStU*, ZUV 28 (Oberländer), Band 5 Nr. 98-103; „Polen: Buch gegen Oberländer aus dem Verkehr gezogen", *DUD* vom 1. September 1988.

E. Honeckers hilfreicher Helfershelfer - Bernt Engelmann und das operative Interesse des *MfS*

1. Marionetten vor Gericht (II) - Der lange Arm des MfS

Der Fall Oberländer hatte Erich Mielke und seinem *MfS* gezeigt, wie sehr die politische Arbeit mit den NS-Materialien, obgleich in einigen Fällen erfolgreich, durchaus noch zu verbessern war. Für Mielke mußte das zielgerichtete operative Interesse beim Sammeln und Auswerten von NS-Dokumenten mehr in den Vordergrund treten. Zu Weihnachten 1967 befahl er deshalb der Hauptabteilung IX, eine eigene Abteilung 11 zu gründen, die fortan die Sammlung und Auswertung von NS-Dokumenten und die Übermittlung an die Justiz übernehmen sollte. Sie war Mielke direkt unterstellt, und ihre Aufgabe formulierte der Minister eindeutig: die Aktenberge für die „politisch-operative Arbeit nutzbar zu machen". Diese Abteilung, die am 1. Februar 1968 ihre Arbeit aufnahm, war im Ost-Berliner Stadtteil Hohenschönhausen, direkt neben dem Gefängnis des *MfS*, angesiedelt und baute das sogenannte NS-Sonderarchiv auf. Hier wurden nunmehr systematisch Aktenberge zusammengezogen, die vor allem aus osteuropäischen Archiven ermittelt worden waren. Gerichtsurteile von NS-Gerichten, Agentenkarteien des *RSHA* und andere Bestände wurden sorgsam darauf geprüft, inwieweit sich belastendes Material über führende Köpfe der Bundesrepublik finden ließ.

Die neue Abteilung sollte, um die politisch-operative Arbeit möglichst effizient zu gestalten, mit der HV A (Aufklärung), den Hauptabteilungen VII (Abwehr) und XX (Sicherung des Staatsapparates) des *MfS* engstens zusammenarbeiten und jede Maßnahme mit dem DDR-Generalstaatsanwalt, dem Dokumentationszentrum, dem Deutschen Institut für Militärgeschichte und den ZK-Historikern beim Institut für Marxismus-Leninismus koordinieren. Die Grenzen zwischen Wissenschaft, Medien, Jurisprudenz und geheimdienstlicher Arbeit ließen sich auf diese Weise nach außen fast vollkommen verwischen. Die enge Zusammenarbeit mit Ludwig Nestlers Dokumentationszentrum eröffnete die Chance, in unverdächtigem Rahmen, gesteuert durch das *MfS*, Erkenntnisse und Dokumente in den Westen zu lancieren. Die Konspiration, der Fetisch, dem das *MfS* als Ganzes huldigte, schien perfekt[206].

Als kompetentes Personal für die neue Abteilung kamen vor allem alte Routiniers wie Horst Bauer in Frage, die sich seit Jahren um die „Entlarvung" brauner Vergangenheiten auf seiten der Bundesrepublik bemühten. Auch er wurde in die neue Abteilung IX / 11 versetzt, die sich auch fortan um den Fall Oberländer kümmern sollte. Viel mehr als früher konnte die Arbeit der Bauerschen Abteilung nun in den Kontext der generellen deutsch-deutschen Politik Ost-Berlins gestellt werden, und eine passende, äußerst prominente Gelegenheit war im Fall Oberländer bald zur Hand. Gegen Oberländer stieg diesmal ausnahmsweise nicht die *VVN* in den Ring, sondern der bundesdeutsche Schriftsteller Bernt Engelmann. Auch er war ein neuer und doch zugleich alter Mitspieler.

Engelmann war zu Zeiten des Dritten Reiches verfolgt worden und hatte drei Konzentrationslager überlebt. In den fünfziger Jahren hatte er sich zunächst als Kritiker des Stalinismus profiliert, bevor er mit wachsenden Unzufriedenheit gegen den Einfluß des Großkapitals und alter Seilschaften des Dritten Reiches in der Bonner Republik zu Felde zog. Dieses Motiv zog sich seit Anfang der sechziger Jahre durch sein Werk, und in gleichem Maße, wie er seinen Blick nach rechts schärfte, erblindete er auf dem linken Auge. Im Zeichen der beginnenden Entspannungspolitik verschloß er die Augen vor den Zuständen jenseits des Eisernen Vorhangs und erwuchs schnell zu einem Protagonisten eines Wandels durch Anbiederung. Je nach Couleur war Engelmann in der Bundesrepublik ebenso umstritten wie populär. Auf ihn hatte Franz-Josef Strauß sein berüchtigtes Wort gemünzt, mit „Ratten und Schmeißfliegen" prozessiere man nicht. Es blieb deshalb nicht aus, daß man sich in Ost-Berlin für Engelmann interessierte.

Engelmann war in den Augen der östlichen Machthaber schon seit längerem ein Wunschkandidat für eine herausgehobene publizistische Rolle in der Bundesrepublik. Deshalb taten *SED* und *MfS* alles, um seinen Aufstieg nach Kräften zu fördern. Mit seiner Wahl zum Vorsitzender des *Verbands deutscher Schriftsteller (VS)* im Jahre 1977 war er in eine solche Schlüsselposition gelangt. Engelmann war kein Kommunist, aber ein zur „Aktions-

---

[206] Vgl. den Gründungsbefehl Mielkes Nr. 39 / 67 zur Gründung der HA IX / 11 vom 23. 12. 1967, Archiv des Autors; Günter Bohnsack: *Hauptverwaltung Aufklärung: Die Legende stirbt. Das Ende von Wolffs Geheimdienst.* Berlin 1997, S. 31f.; Bohnsack / Brehmer, S. 58 f.

einheit" mit den östlichen Machthabern bereiter Sozialdemokrat, der auf Grund seiner Verfolgung im Dritten Reich in der westdeutschen Öffentlichkeit hohes Ansehen genoß. In seiner Amtszeit wurde der VS zu einem recht unkritischen Sprachrohr für Entspannungspolitik und friedliche Koexistenz. Er sorgte obendrein dafür, daß aus der DDR emigrierte Schriftsteller in der Bundesrepublik nicht Fuß fassen konnten und als Kalte Krieger und notorische Antikommunisten immer stärker ins kulturelle Abseits gedrängt wurden[207].

Erst nach der deutschen Einheit geriet vollends ans Tageslicht, wie sehr Engelmann in Amt und Werk zu einer allzu unkritischen Friedenskumpanei mit Ost-Berlin neigte. Seit langem pflegte er enge Kontakte in die DDR und verbrachte dort viel Zeit für seine Recherchen. Die Türen der DDR-Archive öffneten sich nahezu mühelos, wenn Engelmann dies wünschte. In Ludwig Nestlers Dokumentationszentrum war er ein häufiger und gern gesehener Gast, der ausgiebig betreut wurde. Die HA IX / 11 sorgte in Verbindung mit der für Desinformation zuständigen Abteilung X der HV A für die reibungslose Ausgabe der gewünschten Dokumente an Engelmann[208].

Laut Oberstleutnant Günther Bohnsack, der Engelmann zeitweilig betreute, ahnte er die zweifelhafte Herkunft vieler Materialien, habe aber „um der guten Sache willen" darauf keine Rücksicht genommen. Der Zweck heiligte eben die Mittel. Regelmäßig besuchte Engelmann außerdem den Filmautor Dr. Karl-Georg Egel, einen engen Freund Markus Wolfs, der ihn stets bei seinen Recherchen unterstützte. Wahrscheinlich hat Engelmann auch Wolf selbst mehrmals dort getroffen. Im Jahre 1986 versuchte die Abteilung X der HV A über Egel, Engelmann als inoffiziellen Mitarbeiter anzuwerben. Mit welchem Erfolg, ist bis heute ungeklärt[209].

Zwangsläufig verkörperte Oberländer all das, was Engelmann in der Bundesrepublik ablehnte und mit seiner Feder bekämpfte. Er war mit dem Fall des Bonner Vertriebenenministers bestens vertraut, hatte er doch zu Hochzeiten der Oberländer-Kampagne als *Spiegel*-Korrespondent darüber

---

[207] Vgl. dazu ausführlich die *Materialien der Enquête-Kommission*, Band 5 S. 2346-2350.

[208] Vgl. dazu beispielsweise Heribert Schwan: *Erich Mielke. Der Mann, der die Stasi war.* München 1997, S. 163; Bohnsack / Brehmer, S. 199; Manuskript des Fernsehbeitrags von Joachim Wagner, „Schriftsteller Bernt Engelmann schrieb mit Stasi-Hilfe" in der Sendung *PANORAMA* vom 27. Januar 1992 (Archiv des Autors).

[209] Vgl. Gespräch Bohnsack am 9. September 1996. Diese Vermutung findet sich mit guten Gründen bei Bohnsack, *Legende*, S. 114.

berichtet. Außerdem hatte auch er in den sechziger Jahren bereits einen Prozeßreigen mit Oberländer hinter sich. In seinem Roman *Die Laufmasche* aus dem Jahre 1980 griff er diese Dinge noch einmal auf und schrieb, Oberländer habe nicht nur den deutschen Überfall auf den Gleiwitzer Sender im Jahre 1939 organisiert, sondern auch mit dem Bataillon Nachtigall den Mord an bis zu 5.000 Juden in Lemberg im Jahre 1941 auf dem Gewissen. Die Liste seiner Vorwürfe war dabei deckungsgleich mit den Anklagepunkten des DDR-Prozesses von 1960[210].

Oberländer verklagte Engelmann postwendend und erwirkte im Dezember 1980 vor dem Landgericht München eine Einstweilige Verfügung gegen das Buch. Statt selbst zur mündlichen Gerichtsverhandlung zu erscheinen, ließ Engelmanns Anwalt Hans-Eberhard Schmitt-Lermann dem Gericht nur eine „Unterwerfungserklärung" zukommen, um den Prozeß zu vermeiden. Für Schmitt-Lermann als Führungskader der DKP in Bayern und in seiner Funktion als langjähriger Anwalt der *VVN* war die Vertretung Engelmanns Ehrensache. Der Schriftsatz, den er am 10. Februar 1981 beim Landgericht München I einreichte, hatte eher den Charakter einer politischen Schmähschrift gegen die bundesdeutsche Justiz im allgemeinen und Oberländer im besonderen. Flankierend ging Engelmann über die *Deutsche Presse Agentur* nur eine Woche später mit einer ausführlichen Erklärung an die Öffentlichkeit.

Das Oberste Gericht der DDR, so Engelmann, habe Oberländer „wegen auch im Westen für erwiesen befundener Straftaten" verurteilt, und seitdem habe Oberländer „keine Einsicht oder Reue erkennen lassen". Die juristische Auseinandersetzung der Medien mit Figuren wie Oberländer habe gezeigt, daß Publizisten sich nicht länger dafür hergeben dürften, der deutschen Justiz eine Verantwortung abzunehmen, vor der sie sich seit Jahren beharrlich zu drücken versucht. In Sachen Oberländer, formulierte Engelmann, sehe er deshalb nur zwei Möglichkeiten, wenn die Bundesrepublik ihrem Anspruch, ein Rechtsstaat zu sein, gerecht werden wolle. Entweder müsse sie das DDR-Urteil von 1960 anerkennen - „was das einfachste wäre" - oder es für nichtig erklären, dann aber umgehend wegen dringenden Tatverdachts ein Strafverfahren gegen Oberländer einleiten[211].

---

[210] Vgl. Bernt Engelmann: *Die Laufmasche*. München 1980, S. 239 f.
[211] Vgl. die *dpa*-Erklärung Engelmanns vom 16. Februar 1981. *BStU*, ZUV 28 (Oberländer), Band 5 Nr. 35.

Dieser Sinneswandel Engelmanns war zumindest erstaunlich, hatte er doch im Jahre 1960 als Leiter der Bonner *Spiegel*-Redaktion dem Ost-Berliner Prozeß als Beobachter beigewohnt und in einem Artikel vom 4. Mai 1960 mit Hohn und Spott nicht gespart über die laienhafte Inszenierung und die „fragwürdigen Beschuldigungen" Ost-Berlins. Doch fünfundzwanzig Jahre und etliche Prozesse später war Oberländer für Engelmann Exponent all dessen, was er als Autor bekämpfte. Deshalb traf es ihn zunächst empfindlich, als Oberländer mit seiner Einstweiligen Verfügung erreichte, bei Androhung einer Ordnungsstrafe von bis zu einer halben Million DM dürfe Engelmann die in der Laufmasche aufgestellten Behauptungen nicht weiter verbreiten[212].

Damit gab sich Oberländer allerdings nicht zufrieden. Er war sicher, daß Engelmanns Unterwerfungserklärung nicht mehr als ein taktisches Lippenbekenntnis sein würde. Als Engelmann im März 1981 freimütig entsprechende Pläne in einem Interview einräumte, reichte Oberländers Anwalt Ende April 1981 erneut Klage gegen Engelmann auf Zahlung eines Schmerzensgeldes ein. Die Klageschrift führte alle Oberländer entlastenden Momente, vom Kissinger Entnazifizierungsbescheid des Jahres 1947 bis zu Rückerls Angaben über Pilichowskis Worte aus dem Jahre 1975, noch einmal minutiös auf. Zusätzlich wurde auf die Bonner und Fuldaer bzw. Kasseler Verfahren Oberländers, die sämtlich zu seinen Gunsten ausgegangen waren, verwiesen[213].

Klagte Oberländer zunächst nur zivilrechtlich auf Unterlassung, kam bald noch eine strafrechtliche Variante hinzu. Oberländers Rechtsanwalt Dr. Günter Ossmann, gleichzeitig Anwalt von Franz-Josef Strauß, stellte im Namen von Oberländer auch Strafantrag gegen Engelmann, dem sich die Münchner Staatsanwaltschaft und das Amtsgericht sogleich anschlossen. Die Bayrische Staatsregierung erklärte den Fall zur Vorlagesache und war somit in jeden Schritt eingebunden. Am 3. Juni 1981 verurteilte die Kammer Engelmann schließlich zu einem Schmerzensgeld von 10.000 DM, und sie-

---

[212] Vgl. „Irrendes Gewissen", *Der Spiegel* Nr. 19 / 1960; „Oberländer erwirkt Einstweilige Verfügung gegen Engelmann", *Süddeutsche Zeitung* vom 17. Februar 1981; „Einstweilige Verfügung gegen BRD-Schriftsteller erlassen", *Neues Deutschland* vom 18. Februar 1981.

[213] Vgl. das Interview mit Engelmann in der Zeitschrift *Die Neue* vom 12. März 1981 und die Klage Oberländers gegen Engelmann vom 29. April 1981. *BStU*, ZUV 28 (Oberländer), Band 5 Nr. 2-26.

ben Wochen später kam noch ein Strafbefehl wegen übler Nachrede über 3.000 DM hinzu, der sich ausdrücklich auf sieben Oberländer entlastende Verfahren bezog, das Gespräch Pilichowski-Rückerl ausführlich schilderte und dem gegenüber eine Reihe von Widersprüchen im DDR-Urteil von 1960 hervorhob. Schmitt-Lermann ging sofort in die Revision und wollte nun den Wahrheitsbeweis antreten, Oberländer sei tatsächlich der Mörder von Lemberg. Für ihn, so schrieb er am 13. August 1981 an das Münchner Amtsgericht, gebe es sowieso „nur einen Oberländer-Prozeß: den in Berlin - ebenso wie es nur einen Eichmannprozeß gibt: den in Jerusalem"[214].

Nur Ost-Berlin konnte Schmitt-Lermann jetzt noch helfen - in Gestalt der Hauptabteilung IX / 11 mit ihrem NS-Sonderarchiv. Ende August 1981 beschloß der DKP-Parteivorstand in Düsseldorf gemeinsam mit dem Präsidium der *VVN*, sich „im Rahmen der internationalen Beziehungen an die zuständigen DDR-Organe" zu wenden. Knapp zwei Wochen später nutzte Schmitt-Lermann eine Reise als bayrischer DKP-Delegierter nach Gera, um sich im dortigen *SED*-Gästehaus mit diversen Ost-Berliner Stellen in Verbindung zu setzen. Telefonisch erläuterte er Oberst Knaust von der Abteilung X (Desinformation) der HV A den Fall und betonte, er erwarte entsprechende Hilfe durch Rat und Tat. Am gleichen Tag schickte er alle bisherigen Schriftsätze und Urteile in Kopie nach Ost-Berlin und breitete in einem Brief an DDR-Generalstaatsanwalt Streit seine grundsätzlichen Überlegungen für eine Unterstützung Engelmanns gegen Oberländer aus. Engelmann sei einer der meistgelesenen progressiven Autoren, für Strauß eine Ratte und Schmeißfliege und „einer unser wichtigsten Bündnispartner", der in seinen Büchern „die wichtigsten Vorwürfe des O[bersten] G[erichts der DDR] gegen Oberländer erhoben habe". Schmitt-Lermann verstand seine Bitte nicht einfach als Hilfsersuchen, sondern „als Vorschlag unter Kommunisten unter dem Gesichtspunkt überwiegender politischer Interessen, sich zu koordinieren und abzusprechen". Engelmann als eine „Symbolfigur unseres antifaschistischen und Friedensbündnisses sowie des progressiven internationalen Literaturmilieus" und seine Auseinandersetzung mit Oberländer seien daher ein „international provokantes Politikum ersten Ranges". Der Termin für die

---

[214] Vgl. den Brief Schmitt-Lermanns an den stellvertretenden DDR-Generalstaatsanwalt Josef Streit vom 10. September 1981, den Strafbefehl gegen Engelmann vom 30. Juli 1981 und Amtsgericht München, Abteilung für Strafsachen - 422 Cs 115 Js 3221 / 81 - Einspruch Schmitt-Lermanns vom 13. August 1981. *BStU*, ZUV 28 (Oberländer), Band 5 Nr. Nr. 3-5 und Nr. 46-50.

Verhandlung sei für den 20. Oktober 1981 anberaumt. Er würde gerne, schloß Schmitt-Lermann seinen Brief, so schnell wie möglich „auf Rat und Tat unserer qualifiziertesten Kräfte hoffen dürfen" und stünde „in Bayern Gewehr bei Fuß"[215].

Noch am gleichen Tag versicherten sich die Abteilung X der HV A und die HA IX / 11 innerhalb des *MfS* ihres gegenseitigen operativen Interesses, Engelmann zu unterstützen. Die HA IX / 11 sollte die Gerichtsakten durchsehen und entscheiden, ob und welche Papiere durch Schmitt-Lermann eingesehen werden durften. Am 16. Oktober 1981 erarbeitete die HA IX / 11 einen umfangreichen Maßnahmenplan, um zur Unterstützung von Schmitt-Lermann in den nunmehr erheblich erweiterten und besser erschlossenen Beständen des NS-Sonderarchivs noch einmal eine grundsätzliche Suche nach Oberländer-Materialien vorzunehmen[216].

Der ganze Überprüfungsreigen, den das *MfS* seit 1959 inszeniert hatte, begann von vorn, und alle feindlichen Akteure des Falles Oberländer wurden von neuem überprüft. Oberländers dreißiger Jahre wurden genauestens durchleuchtet, die Entlastungszeugen des Kissinger Spruchkammerverfahrens von 1947, die Kammer selbst, seine Münchner und Bonner Rechtsanwälte, die Offiziere von *Nachtigall* und *Bergmann*, Kriegsgefährten wie Raschhofer, sonstige Gegner wie Raschhofer, Zwart und Ziesel - ohne besonderes Ergebnis. Gleiches galt für die östlichen Belastungszeugen, die ebenfalls überprüft wurden - vergebens. Auch die Rechercheure der HA IX / 11 und des Dokumentationszentrums erhielten für die Durchsicht der Akten eindeutige Anweisungen, die das politisch-operative Ziel des *MfS* klar festlegten: „Aufbereitung geeigneter Dokumente zur Widerlegung des Sachzusammenhanges", Oberländer seien im Dritten Reich Schwierigkeiten durch seine Denkschriften entstanden; außerdem „Beschaffung von Dokumenten,

---

[215] Vgl. den Vermerk des *Komitees der Antifaschistischen Widerstandskämpfer* [der DDR-Nachfolgeorganisation der VVN], Abteilung Internationale Beziehungen, vom 9. und 10. September 1981, und den Brief Schmitt-Lermanns an den stellvertretenden DDR-Generalstaatsanwalt Josef Streit vom 10. September 1981; Aktenvermerk der HA IX / 11 über ein Telefongespräch zwischen Knaust und Oberst Stolze der HA IX / 11 vom 10. September 1981; Brief Schmitt-Lermanns an den stellvertretenden DDR-Generalstaatsanwalt Josef Streit vom 10. September 1981. *BStU*, ZUV 28 (Oberländer)*BStU*, ZUV 28 (Oberländer), Band 5 Nr. 1, Nr. 29-31 und Nr. 46-47.

[216] Vgl. den Aktenvermerk der HA IX / 11 über ein Telefongespräch zwischen Knaust und Oberst Stolze der HA IX / 11 vom 10. September 1981: *BStU*, ZUV 28 (Oberländer), Band 5 Nr. 1:

welche die Behauptung widerlegen, daß die Angehörigen der Einheit Nachtigall wiederholt darauf hingewiesen wurden, daß Ausschreitungen gegen die Juden und die einheimische Bevölkerung verboten seien". In diesem Sinne galt es auch, „Beweisdokumente [zu] beschaffen, die zum Inhalt haben, daß die faschistische Wehrmacht und das Btl. Nachtigall keine sogenannte Zurückhaltung gegenüber der Zivilbevölkerung an den Tag legten"[217].

Nachdem die notwendigen Maßnahmen veranlaßt worden waren, trafen sich Bauer und Staatsanwalt Carlos Foth am 21. Oktober 1981, um erste Recherche-Ergebnisse zu besprechen und „konzeptionelle Festlegungen" zu treffen für die Unterstützung Schmitt-Lermanns gegen Oberländer. Sie waren sich einig darüber, daß die Unterstützung Schmitt-Lermanns noch einmal eine unverhoffte Chance biete, gegen den altbösen Feind Oberländer doch noch siegreich zu bleiben. In mehreren Etappen sollten nicht nur die beiden Klagen gegen Engelmann abgewiesen werden, sondern auch „die bisherigen Verurteilungen in der BRD und in Österreich rückgängig gemacht werden". Dazu galt es, eine ganze Reihe von Vorkommnissen aus Oberländers Leben, die aus Sicht des *MfS* ungünstig waren, in das richtige Licht zu stellen. Vor allem die Mär, Oberländer habe sich schon vor dem Krieg mit einigen Parteioberen überworfen, galt es zu bekämpfen. Es müsse „widerlegt werden, daß Oberländer weder einer Verfolgung durch die Gestapo ausgesetzt war noch Widerstand gegen das faschistische System leistete. Offensichtlich werden hier solche Tatsachen verfälscht wiedergegeben". Immerhin habe die Gestapo selbst festgestellt, Oberländer trage keine Schuld am zeitweiligen Verlust von Geheimdokumenten. Auf diese Weise lasse sich in einem Aufwasche auch der Entnazifizierungsbescheid aus dem Jahre 1947 angreifen, in dem Oberländer all diese Dinge vorgebracht habe[218].

Auch die alte *MfS*-Taktik, die Palette der Vorwürfe gegen Oberländer weiter aufzufächern, kam wieder zu Ehren. Hatte Oberländer Engelmann wegen dessen Behauptungen zu seiner Rolle im Bataillon *Nachtigall* verklagt, so müsse nun auch seine Rolle bei *Bergmann* wieder aufgegriffen

---

[217] Vgl. den Maßnahmenplan der HA IX / 11 zur Überprüfung von Personen und Sachzusammenhängen zur Unterstützung des BRD-Rechtsanwaltes Schmitt-Lermann vom 16. Oktober 1981. *BStU*, ZUV 28 (Oberländer), Band 5 Nr. 63-65.

[218] Vgl. die konzeptionellen Festlegungen Foths und Bauers vom 21. Oktober 1984. *BStU*, ZUV 28 (Oberländer), Band 5 Nr. 56-62.

werden. Immerhin hatte sich das DDR-Urteil von 1960 ausgiebig mit diesem Komplex beschäftigt. Schmitt-Lermann müsse unter allen Umständen den Eindruck erzeugen, Oberländer sei auch als Kommandeur von *Bergmann* ein Mörder gewesen. Seine Verurteilung der Ziklauri-Gruppe innerhalb des Sonderverbandes *Bergmann* biete hier einen guten Ansatzpunkt. Weiterhin mußten die von Oberländer behaupteten Widersprüche der Zeugenaussage des Ukrainers Melnik aus dem Jahre 1960 widerlegt und Oberländer eigene Widersprüche, möglichst eine wissentliche Falschaussage unter Eid, nachgewiesen werden. Für Foth und Bauer bot sich eine vielversprechende Chance darin, daß Oberländer seine Funktion beim Bataillon *Nachtigall* stets heruntergespielt und einen politischen Charakter vehement bestritten, das hessische Oberlandesgericht in Kassel diese Frage jedoch klar bejaht hatte.

Das Ziel leuchtete für Bauer und Foth hoffnungsvoll am Horizont. Gehe Schmitt-Lermann so vor wie geplant, müsse sich daraus „zwingend ergeben, daß im Bonner Rehabilitierungsverfahren entgegen der später geübten Rechtspraxis in der BRD wesentliche Ermittlungen zur Wahrheitsfindung unterblieben sind. Hieraus wäre es möglich, (...) eine Wiederaufnahme des eingestellten Ermittlungsverfahrens gegen Oberländer zu begründen". Doch auch diese verlockende Perspektive konnte das *MfS* nicht dazu bringen, mit dem Fetisch der Konspiration um jeden Preis zu brechen. Schmitt-Lermann sollte nämlich all diese Beweise ohne ein einziges Originaldokument vor Gericht einbringen und sich lediglich bei Foth Abschriften der wichtigsten, vom *MfS* zusammenzustellenden Materialien besorgen. Mitte November 1981 bekam das *VVN*-Vorstandsmitglied Helmut Stein anläßlich eines Gesprächs mit Foth entsprechende Orders für Schmitt-Lermann mit auf den Weg in die Bundesrepublik[219].

Ein Fülle neuer Materialien kam nun auf Bauers Tisch: Dokumente aus Oberländers Zeit in Prag, über seine Zeit im Stabe Wlassows, über seine Denkschriften, seine Vorkriegstätigkeiten in *VDA* und *BDO* in Königsberg. Die Euphorie Bauers währte nicht allzu lange, denn die Rechercheergebnisse brachten nicht nur etliche Oberländer entlastende Dokumente ans Licht, sondern waren auch insgesamt ernüchternd. Am 3. November 1981 schickte Bauer an Foth eine Kopie des Reichsgerichtsurteils gegen die Gruppe Zi-

---

[219] Vgl. die konzeptionellen Festlegungen Foths und Bauers vom 21. Oktober 1984 und den Vermerk der HA IX / 11 über ein Gespräch Foths und Bauers vom 18. November 1981. *BStU*, ZUV 28 (Oberländer), Band 5 Nr. 56-62 und Nr. 72.

klauri mit der Bemerkung, hätte es dem Obersten Gericht der DDR vorgelegen, hätte das Gericht schwerlich behaupten können, Oberländer habe für die „Widerstandsgruppe Ziklauri" die Todesstrafe gefordert. Es ist erstaunlich, wie spät das *MfS* erst im Jahre 1981 auf dieses Urteil stieß, denn bereits im Jahre 1969 war es als Quellenveröffentlichung in einer renommierten historisch-politischen Fachzeitschrift erschienen. Doch auch in Oberländers Klageschriften war dieses Urteil kein einziges Mal aufgetaucht. Dabei hätten er und seine ostforschenden Unterstützer in ihrer Zunft fast zwangsläufig über dieses Urteil stolpern müssen, zumal es Oberländer von dem östlichen Vorwurf entlastet, er selbst habe die Todesstrafen für die Mitglieder der Ziklauri-Gruppe verhängt[220].

Bauers Prüfung ergab ebenfalls, daß die Aussage des Zeugen Melnik tatsächlich widersprüchlich war. Hatte er, so Bauer im Hinblick auf das gekürzte Prozeßprotokoll von 1960, Oberländer angeblich bei den Erschießungen der Professoren selbst beobachtet, stellte sich jetzt heraus, daß er sowohl in der Verhandlung als auch in seiner vorhergehenden Vernehmung durch Sowjets und Deutsche die Dinge nur vom Hörensagen kannte und Oberländer überhaupt nicht gesehen hatte. So war es kein Wunder, daß Bauer am 1. Februar 1982 vermerkte, weitergehende Überprüfungen zum Thema Oberländer sollten zunächst gemeinsam erörtert und von der zwischenzeitlich eingetretenen Rechtslage abhängig gemacht werden. Zur „persönlichen Information und Disposition" erhielt Foth eine Auswahl an belastenden Dokumenten, ansonsten war der Fall für die HA XI / 11 vorerst abgeschlossen[221].

---

[220] Vgl. für das Urteil Carsten, S. 483 - 509 und den Vermerk Bauers für Foth vom 3. November 1981. *BStU*, ZUV 28 (Oberländer), Band 5 Nr. 70. Bauer schlug als Ausweg vor, das Urteil von einem bundesdeutschen Völkerrechtler darauf prüfen zu lassen, ob Oberländer nicht doch noch irgendein Vorhalt daraus gemacht werden könne.

[221] Vgl. das Protokoll der Zeugenvernehmung Melniks in Lemberg vom 15. Januar und in Ost-Berlin vom 17. Januar 1960 (*BStU*, ZUV 28 (Oberländer), Band 2 Nr. 406-410 und Band 9 Nr. 94-101). Bauer vermerkte zwar am 28. Januar 1982 fast trotzig, die „Wiedergabe der Aussage des Zeugen Melnik sei dennoch richtig" (*BStU*, ZUV 28 (Oberländer), Band 5 Nr. 85), allerdings finden sich in der ersten, vagen Aussage Melniks aus Lemberg eine ganze Reihe handschriftlicher deutscher Vermerke, die auf eine notwendige „Nachbesserung" der Aussage Melniks hindeuten. Vgl. außerdem den Vermerk Bauers vom 1. Februar 1982 und den Vermerk zur Einstellung der Bearbeitung des Vorgangs Oberländer vom 18. April 1984. *BStU*, ZUV 28 (Oberländer), Band 5 Nr. 90-96.

2. Entscheidung in Karlsruhe: Wie gültig kann ein DDR-Urteil sein?

Aus den Akten des *MfS* läßt sich nicht nachweisen, inwieweit Schmitt-Lermann von dem Material Foths wirklich Gebrauch machte. Fest steht dagegen, daß er erfolgreich war. Das Landgericht München I konzedierte Oberländer am 26. Mai 1982 zwar grundsätzlich ein Schmerzensgeld, sprach ihn jedoch nicht vollkommen frei von der moralischen Verantwortung für die möglichen Vorgänge in Lemberg, da er im Bataillon *Nachtigall*, wie auch später bei *Bergmann*, eine „leitende Stellung" eingenommen habe. Die Vorwürfe gegen ihn stünden „seit Jahrzehnten im Raum", seien in der breiten Öffentlichkeit des In- und Auslandes diskutiert worden und hätten schließlich auch zu seinem Rücktritt geführt. Deshalb könne seiner Klage nur teilweise entsprochen werden, das Schmerzensgeld werde mithin um die Hälfte reduziert auf 5.000 DM. Auch den Strafbefehl konnte Schmitt-Lermann abwehren, er wurde später wegen Verjährung annulliert[222].

Beide gingen in die Revision - und erlebten vor dem Oberlandesgericht München eine große Überraschung. Der 21. Zivilsenat des Gerichts rückte in seinem Urteil zwei Jahre später vom 19. September 1983 das Ost-Berliner Urteil von 1960 in den Blickpunkt des Interesses. Oberländers Persönlichkeitsrecht sei durch die Vorwürfe Engelmanns in der Tat schwer beeinträchtigt worden, deshalb komme es entscheidend darauf an, was an den Behauptungen Engelmanns wahr sei. Nach dem Strafgesetzbuch sei maßgeblich, ob Oberländer von einem deutschen Gericht rechtskräftig verurteilt worden sei. Und hier bereitete das Gericht Oberländer eine bittere Überraschung. Das Ost-Berliner Urteil von 1960 sei kein nichtiges Urteil, denn das Oberste Gericht der DDR sei kein Ausnahmegericht gewesen, sondern ein reguläres deutsches Gericht, denn die DDR sei für die Bundesrepublik nicht Ausland. Die Verbindlichkeit, die einem zur Rechtskraft erwachsenen DDR-Strafurteil zukomme, gelte auch im Bereich des Grundgesetzes fort. Engelmann könne sich deshalb auf dieses Urteil berufen. Das Gericht wies die Klage Oberländers rundheraus ab[223].

---

[222] LG München - 9 O 7002/81 - , Oberländer ./.Engelmann, Urteil vom 26. Mai 1982; „Wie gültig kann ein DDR-Urteil sein?". *Süddeutsche Zeitung* vom 5. April 1986.

[223] OLG München - 9 O 7002/81 - Oberländer ./. Engelmann, Urteil vom 31. Januar 1986, S. 6; BGH - VI ZR 214/83 - , Oberländer ./. Engelmann, Urteil vom 9. Juli 1985 mit den Gründen S. 9 ff.; vgl. auch „Wie gültig kann ein DDR-Urteil sein?". *Süddeutsche Zei-*

Für Oberländer war dies eine herbe Enttäuschung, und es wird ihm kaum Genugtuung bereitet haben, daß Engelmann in den Wochen der Urteilsverkündung selbst über seine intime Verbandelung mit Ost-Berlin strauchelte. In seiner Eigenschaft als VS-Vorsitzender hatte er den Friedenspreisträger des Deutschen Buchhandels von 1983, Manès Sperber, aufgefordert, seinen Preis zurückzugeben, weil dieser Wachsamkeit gegenüber dem Osten und seiner militärischen Hochrüstung und Expansion gefordert hatte. Damit hatte er seinen Kredit in der Zunft endgültig aufgezehrt, und fünfzig Schriftsteller unter der Führung von Günther Grass setzten im November 1983 seinen Rücktritt durch[224]. Doch auch ein gestürzter Engelmann blieb ein vollwertiger Gegner, und dies beruhte ganz auf Gegenseitigkeit. Ehrensache also, daß beide im dreiundzwanzigsten Jahr ihrer gerichtsnotorischen Feindschaft die nächste und letzte Instanz anpeilten: den Bundesgerichtshof in Karlsruhe.

Oberländer hätte es selbst in der Hand gehabt, das Ost-Berliner Urteil von 1960 für rechtsunwirksam zu erklären, indem er nach §15 des Gesetzes für innerdeutsche Rechts- und Amtshilfe aus dem Jahre 1953 einen entsprechenden Antrag beim örtlich zuständigen Generalstaatsanwalt in Köln hätte stellen können, um die Vollstreckbarkeit für unzulässig zu erklären. Doch darauf hatte er verzichtet - wahrscheinlich hielt er es zu Hochzeiten des Kalten Krieges auch nicht für nötig. Jetzt war dies das erste, was er nachholte. Bereits am 21. November 1983 bescheinigte die Generalstaatsanwaltschaft in Köln Oberländers Anwalt Ossmann wie gewünscht die Unzulässigkeit der Vollstreckung des DDR-Urteils vom 29. April 1960[225].

Die Rechtswirkung war damit nicht für die Vergangenheit, wohl aber für die Zukunft aufgehoben, und Engelmann konnte sein Vertrauen darauf nicht mehr geltend machen. Da er seinerseits ein berechtigtes öffentliches Interesse für sich reklamiert hatte, würde er dem Bundesgerichtshof darlegen müssen, in welcher Weise er die Erkenntnisse des Urteils von 1960 durch eigene

---

tung vom 5. April 1986; BGH - VI ZR 214/83 - , Oberländer ./. Engelmann, Urteil vom 9. Juli 1985 mit den Gründen S. 9 ff.

[224] Vgl. „Der Zornige - zum Tod von Bernt Engelmann". FAZ vom 18. April 1994. Allerdings waren die Ost-Berliner Fernsteuerer eifrig bemüht, einen Nachfolger zu inthronisieren, der am ehesten die Kontinuität der bewährten Engelmann-Linie verkörperte (vgl. *Materialien der Enquête-Kommission*, Band 5 S. 2346-2350).

[225] Vgl. den Brief der Generalstaatsanwaltschaft an Ossmann vom 21. November 1983, Privatarchiv Oberländer.

Recherchen zusätzlich abgesichert habe, um auf das Urteil dennoch vertrauen zu können. Noch im gleichen Jahr baute er in seinem neuesten Buch *Bis alles in Scherben fällt* in dieser Richtung vor. Auf vier Seiten gab er eine Kurzchronik seines Streits mit Oberländer und schilderte die ausführlichen Gespräche, die er als *Spiegel*-Korrespondent mit den Belastungszeugen gegen Oberländer geführt hatte[226]. So war er bereits auf die veränderte Situation vorbereitet, die durch Oberländers Antrag entstanden war, das DDR-Urteil von 1960 für nicht vollstreckbar erklären zu lassen.

In bezug auf den Kern des Rechtsstreits, wie der Wahrheitsbeweis ehrkränkender Behauptungen im Sinne des Strafrechts zu erbringen sei, war er Oberländer schon ein wenig voraus, als der Fall vor dem Bundesgerichtshof verhandelt wurde. Auch die von Oberländer beigebrachte Verfügung der Kölner Generalstaatsanwaltschaft änderte daran nichts. In ihrem Urteil vom 9. Juli 1985 attestierten die Karlsruher Richter des 6. BGH-Zivilsenats der Vorinstanz in München, ihre Erwägungen seien rechtlich kaum zu beanstanden, denn der Wahrheitsbeweis könne durch das DDR-Urteil als geführt gelten. Engelmann habe auf die Ergebnisse des DDR-Urteils vertrauen können. Die Gebote der Rechtsstaatlichkeit seien dabei gewahrt gewesen.

Mit der Feststellung des Generalstaatsanwalts, führten die Richter weiter aus, habe sich die Situation nun vollkommen gewandelt, und die Wahrheitsvermutung des DDR-Urteils gelte für die Zukunft nicht mehr fort. Als Schriftsteller könne sich Engelmann, so das Gericht, zwar auf ein öffentliches Interesse berufen, sei aber der Pflicht zur gründlichen, sorgfältigen Recherche keinesfalls enthoben. Engelmann war nunmehr aufgefordert, seine Behauptungen durch zusätzliche Recherchen abzusichern, da er bei dem Ost-Berliner Urteil zumindest die Möglichkeit habe einkalkulieren müssen, die Unzulässigkeit des Urteils, auf das er sich stützte, werde eines Tages festgestellt. Engelmanns Augenmerk, so das Gericht, müsse sich dabei in erster Linie auf den sichtbaren Charakter des Verfahrens richten. Notwendig seien unbefangene Richter, ein faires Verfahren und die Möglichkeit einer sachlichen Verteidigung. Mit einem erneuten Verhandlungsauftrag gaben die Karlsruher Richter den Fall deshalb zurück nach München, damit dort geprüft werde, ob sich Engelmann Zweifel hätten aufdrängen müssen bezüglich der Wahrhaftigkeit der Vorwürfe gegen Oberländer. Bestand dazu beim Blick durch die Laienbrille kein Anlaß, konnte Engel-

---

[226] Vgl. Bernt Engelmann: *Bis alles in Scherben fällt*. Köln 1983, S. 207-211. Darin beschrieb er vor allem die Aussage des Zeugen Moritz Grynbart.

mann die Wahrnehmung berechtigter Interessen für sich in Anspruch nehmen. Falls nicht, würde er den Wahrheitsbeweis antreten müssen[227].

Nicht nur in München und Bonn, auch in Ost-Berlin hatte man voller Spannung das Urteil des BGH erwartet. Bereits wenige Wochen nach der Urteilsverkündung schickte der Staatsanwalt Günther Wieland von der DDR-Generalstaatsanwaltschaft dem „Werten Genossen Bauer" von der HA IX / 11 eine Kurzfassung des Urteils, die ein Ministerialrat Dr. Renger aus dem Bonner Justizministerium vorauseilend nach Ost-Berlin übermittelt hatte mit dem Hinweis, er wolle „der DDR in dieser delikaten Angelegenheit das Urteil bereits jetzt übergeben", da die Gründe erst in einigen Monaten in der juristischen Fachpresse nachzulesen seien[228]. Für das *MfS* war das BGH-Urteil bereits ein durchschlagender Erfolg, weitere operative Maßnahmen schienen daher nicht notwendig. Am 22. Oktober 1985 kam das Thema Oberländer auf einer Arbeitstagung der HA IX / 11 und der Generalstaatsanwaltschaft noch einmal zur Sprache - und wurde beerdigt. Befriedigt klappte man in Ost-Berlin die Aktendeckel zu und wurde sich schnell einig, der Fall Oberländer sei mit dem BGH-Urteil abgeschlossen[229].

Vor dem Oberlandesgericht München kam es nun zur entscheidenden Auseinandersetzung. Oberländer und Ossmann hielten Engelmann erneut vor, er habe von Anfang an gewußt und selbst vor Ort wahrgenommen, daß DDR-Verfahren und -Urteil eklatant rechtsstaatswidrig gewesen seien. Abgesehen von groben Formfehlern sei der ausschließliche Zweck des Prozesses gewesen, Oberländer unter dem Deckmantel haltloser Beschuldigungen als NS-Kriegsverbrecher zu stigmatisieren und damit zugleich einen Schlag gegen die Bonner Republik zu führen. Zudem beruhe das Justizsystem der DDR auf einem marxistisch-leninistischen Rechtsverständnis, demzufolge hätte den Richtern die sachliche und persönliche Unabhängigkeit gefehlt. Engelmann konterte, sowohl OLG als auch BGH hätten sich einer inhaltlichen Wertung des DDR-Urteils enthalten und es lediglich aus formalen

---

[227] OLG München - 9 O 7002/81 -, Oberländer ./. Engelmann, Urteil vom 31. Januar 1986, S. 9; BGH - VI ZR 214/83 -, Oberländer ./. Engelmann, Urteil vom 9. Juli 1985, S. 13 (Das Urteil ist auch abgedruckt in der *Neuen Juristischen Wochenschrift (NJW)*, Heft 44 / 1985, S. 2644-2647); BGH - VI ZR 214/83 -, Oberländer ./. Engelmann, Urteil vom 9. Juli 1985, S. 19 ff.

[228] Vgl. den Brief der DDR-Generalstaatsanwaltschaft an Bauer vom 30. August 1985 mit der Kurzfassung des Urteils. *BStU*, ZUV 28 (Oberländer), Band 5 Nr. 178-179.

[229] Vgl. den Aktenvermerk der HA IX / 11 vom 22. Oktober 1985. *BStU*, ZUV 28 (Oberländer), Band 5 Nr. 206.

Gründen für nicht vollstreckbar angesehen. Dies füge sich nahtlos zu seinen eigenen Beobachtungen, denn er habe im Jahre 1960 den Prozeß aufmerksam analysiert und in seiner Eigenschaft als Leiter des Bonner *Spiegel*-Büros eingehende begleitende Recherchen angestellt, dabei auch zahlreiche Zeitzeugen des Lemberger Massakers befragt[230].

Aufgefordert, die gegenseitigen Interessen nun gegeneinander abzuwägen, kam das Gericht zu einer bemerkenswerten Entscheidung. Auf Grund seiner eigenen Eindrücke und seiner Nachforschungen habe Engelmann am Wahrheitsgehalt des DDR-Urteils nicht zweifeln müssen. Für die Richter überwogen Engelmanns Interessen diejenigen Oberländers, denn er könne sich als Schriftsteller auf ein öffentliches Interesse berufen. Die Öffentlichkeit habe, so die Richter, ein unvermindert hohes Bedürfnis und ständigen Anlaß, die Erinnerung an die Ausschreitungen während des deutschen Einmarsches in die Sowjetunion im Jahre 1941 und die Leiden der Juden wachzuhalten und „die Beteiligung einzelner Personen hieran in der Öffentlichkeit bewußt zu halten. Dies gilt insbesondere dann, wenn diese Personen - wie der Kläger [Oberländer] - später im politischen Leben eine bedeutende Rolle gespielt haben". Auch wenn die Rechtsprechung und Gesetzgebung in der DDR andere Wege gegangen seien und, jedenfalls teilweise, „auf politischen und weltanschaulichen Grundlagen beruhen, die zu der verfassungsmäßigen Ordnung des Grundgesetzes im Widerspruch stehen", führe dies „nicht *eo ipso* zur Nichtigkeit des Urteils". Zudem habe die Kölner Generalstaatsanwaltschaft nicht im einzelnen dargelegt, worin ihre rechtsstaatlichen Bedenken gegen das DDR-Urteil gelegen hätten.

Das Gericht sah keine Anhaltspunkte dafür, daß das Ost-Berliner Verfahren „nicht fair geführt worden ist und auch nicht auf die Erforschung der materiellen Wahrheit ausgerichtet" worden wäre. Engelmann habe dabei, obwohl er den Prozeß als *Spiegel*-Korrespondent selbst verfolgte, mit Sicherheit keine Möglichkeit gehabt, festzustellen, ob die erkennenden Richter in Ost-Berlin befangen gehandelt hätten: die Verhandlung sei öffentlich

---

[230] OLG München - 9 O 7002/81 -, Oberländer ./. Engelmann, Urteil vom 31. Januar 1986, S. 11 f. Schmitt-Lermann hatte dem Gericht minutiös geschildert, welche Zeugen Engelmann im Frühjahr 1960 und darüber hinaus im Laufe der sechziger Jahre gesprochen hatte. Darunter befanden sich alle Belastungszeugen der Verfahren aus Bonn, Fulda und Kassel - die Namen waren exakt dieselben, die die *VVN* stets nominiert hatte (OLG München - 21 U 4465/85 -, Oberländer ./. Engelmann, Schriftsatz Schmitt-Lermanns vom 18. November 1985.

gewesen und habe vor einem regulären Gericht stattgefunden, westliche Prozeßbeobachter seien zugelassen und dem Angeklagten zwei Pflichtverteidiger bestellt worden, die seine Interessen aktiv wahrgenommen hätten. Der Journalist Engelmann hätte beim Blick durch die Laienbrille letztlich keinen begründeten Zweifel an der Rechtsstaatlichkeit des Urteils haben müssen, insbesondere über die Zuständigkeit des Gerichts, die auf Seite 18 des DDR-Urteils eingehend erläutert worden sei.

Daß Ziel und Zweck des DDR-Verfahrens nicht den Erfordernissen der Gerechtigkeit und Menschlichkeit Rechnung trugen, sondern vielmehr als Schlag gegen die Bonner Republik und ihre Bundesregierung inszeniert waren, sei mithin „nicht so offenkundig geworden, daß dies einem Außenstehenden Anlaß zu begründeten Zweifeln hätte geben müssen". Das Gericht folgte damit der Argumentation Engelmanns, der schon im Februar 1981 gefordert hatte, die bundesdeutsche Justiz müsse das DDR-Urteil endlich anerkennen. Mit ihrem Urteil vom 31. Januar 1986 beschieden die Münchner Richter Oberländers Begehr nach Schmerzensgeld rundheraus abschlägig und bürden ihm abschließend auch die beträchtlichen Gesamtkosten des Verfahrens auf[231].

Ein vernehmliches Raunen ging durch die gesamtdeutschen Medien. Oberländers Gegner stimmten ein wahres Triumphgeheul an: Engelmanns einstiger VS-Stellvertreter Dieter Lattmann frohlockte in der *SPD-Parteizeitung Vorwärts*, nach 25 Jahren sei der Ex-Minister unterlegen, und das späte Urteil werfe ein Schlaglicht auf die Frühgeschichte der Bundesrepublik. Agenturmeldungen über den Sieg Engelmanns fanden sich in allen großen deutschen Zeitungen, und die *Süddeutsche Zeitung* widmete dem Fall Oberländer in ihrer Wochenendausgabe vom 5. und 6. April 1986 eine ganze Seite, die das „bemerkenswerte Urteil" lobte und anmerkte, Engelmann sei seinen Verfolger wohl vorerst los[232].

Für Oberländer war dieses Urteil eine vollkommene Niederlage, eine Schmach, die er jahrelang nicht verwinden konnte. Es wollte ihm nicht in den Kopf, daß ein höchstes bundesdeutsches Gericht dem Ost-Berliner Ur-

---

[231] OLG München - 9 O 7002/81 -, Oberländer ./. Engelmann, Urteil vom 31. Januar 1986, S. 2 und S. 22-26.
[232] Vgl. „Prozeß Oberländer-Engelmann: Ex-Minister unterliegt nach 25 Jahren". *Vorwärts* vom 15. Februar 1986; *Tagesspiegel* vom 8. Februar 1986 und in der *Süddeutschen Zeitung* vom 8.-9. Februar 1986; „Wie gültig kann ein DDR-Urteil sein?". *Süddeutsche Zeitung* vom 5. April 1986.

teil aus dem Jahre 1960 Rechtskraft zuerkannt hatte, auch wenn die Münchner Richter Oberländer ins Stammbuch geschrieben hatten, er habe es sich selbst zuzuschreiben, den Antrag an die Kölner Generalstaatsanwaltschaft nicht schon früher gestellt zu haben. Deshalb suchte er sein Heil im erneuten Bemühen der Gerichte. Eine Verfassungsbeschwerde gegen das Urteil blieb erfolglos, ebenso eine Beschwerde bei der Europäischen Menschenrechtskommission, die gar nicht erst zur Entscheidung angenommen wurde.

Das Urteil blieb für Oberländer nicht nur schmerzlich, es zog auch weitere Kreise. Schon im Sommer 1986 überschattete es die beabsichtigte Verleihung des Bayrischen Verdienstordens durch Franz-Josef Strauß an den ehemaligen bayrischen Flüchtlingsstaatssekretär Oberländer. Als am Donnerstag, dem 19. Juni 1986, Strauß Oberländer in einer Feierstunde den Orden verlieh, zog dies ein Aufheulen in den Medien nach sich. Der *SPD*-Landtagsabgeordnete Günter Wirth kritisierte die Verleihung an den „Altnazi" Oberländer als „Zumutung und grobe Instinktlosigkeit" und fragte die bayrische Staatsregierung, welche Verdienste sie Oberländer eigentlich im einzelnen zumesse. Der bayrische *VVN*-Landesverband erklärte empört, die Ehrung „ausgerechnet dieses prominenten Verfechters der faschistischen Rassen- und Aggressionspolitik und nachmaligen Exponenten des Revanchismus der Bonner Regierung" sei eine Verhöhnung der Opfer des Faschismus und des Krieges. Auch international blieb die Verleihung nicht ohne Folgen. „Strauß verleiht Nazi-Verbrecher bayrischen Verdienstorden", donnerte die sowjetische Nachrichtenagentur TASS am 23. Juni 1986 und griff den Fall Oberländer nach etlichen Jahren wieder einmal auf. Die Ordensverleihung an einen „durchtriebenen Nazi" sei durch den „Ultrarechten" Strauß initiiert worden, um Oberländer gegen Engelmann zu unterstützen, zu rehabilitieren und seine Sympathie für den „erklärten Hitler-Verbrecher" offen zu demonstrieren[233]

Auch der israelische Schriftsteller Shalom Ben-Chorin, der gleichzeitig mit Oberländer ausgezeichnet worden war, meldete sich aus Jerusalem zu Wort und schrieb an die bayrische Staatskanzlei, es sei für ihn in der israelischen Öffentlichkeit von äußerstem Nachteil, „mit einem Alt-Nazi mit so schwer unbewältigter Vergangenheit in einem Atemzug genannt zu wer-

---

[233] Vgl. „Bayrischer Verdienstorden für Kriegsverbrecher Oberländer", *Die Wahrheit* vom 20. Juni 1986; „Verdienstorden-Träger Ben-Chorin bittet um Auskunft", *Süddeutsche Zeitung* vom 28.-29. Juni 1986; „Empörung über Orden für Oberländer", *unsere zeit (uz)* vom 21. Juni 1986; TASS-Meldung vom 23. Juni 1986 (Archiv des Autors).

den". Im heimischen Radio werde dauernd darüber berichtet. Angesichts der Vorwürfe bat er die bayrische Staatsregierung um eine amtliche Stellungnahme zu den Vorwürfen, um auf die Angriffe der israelischen Medien reagieren zu können. In der bayrischen Staatskanzlei wandte man sich deshalb Ende September 1986 an das Militärgeschichtliche Forschungsamt in Freiburg mit der dringlichen Bitte, sich zu Oberländer zu äußern. Der dortige Spezialist für Freiwilligenverbände, Dr. Joachim Hoffmann, übersandte postwendend ein Gutachten zur Sache, das Oberländer von den Ost-Berliner Vorwürfen ganz und gar freisprach[234].

Doch das konnte Oberländer nicht mal ein schwacher Trost sein. Fünfundzwanzig Jahre nach dem Ost-Berliner Schauprozeß und seinem Rücktritt hatte er zum ersten Mal einen Prozeß verloren - einen Prozeß, der sich zum wiederholten Male mit mehr als altbekannten Vorwürfen auseinandersetzte. Die Erkenntnisse aus dem DDR-Urteil von 1960 hatten sich dabei nicht verändert, wohl aber der Stellenwert, den das Urteil für die bundesrepublikanischen Gerichte genoß. Hatten frühere Instanzen das Urteil als Ganzes stets ignoriert und allenfalls einzelne Zeugenaussagen auf ihren Wahrheitsgehalt untersuchen wollen, so hatte im Falle Engelmanns das DDR-Urteil als Ganzes das juristische Gütesiegel des Oberlandesgerichts in München erhalten. Eine Entwicklung, die wie unter einem Brennglas verdichtet den Wandel der deutsch-deutschen Rechtsprechung nach dem Grundlagenvertrag, aber auch den Wandel des Zeitgeistes widerspiegelte.

Für die Akteure in Ost-Berlin war das Münchner Urteil von 1986 gleich ein zweifacher Segen. Neben der Diskreditierung Oberländers enthob es das *MfS* ein für allemal der Sorge, die widersprüchlichen Prozeßmaterialien von 1960 nicht dem kritischen Licht der Öffentlichkeit oder einer unbefangenen juristischen Prüfung auszusetzen. Der ständige Wahn von Horst Bauer und der Hauptabteilung IX / 11, ein offener Umgang mit den Materialien werde im Fall Oberländer dekonspirierend wirken, war seit dem 31. Januar 1986 gegenstandslos. Jahrelang hatte das *MfS* auch den interessierten Helfershel-

---

[234] Vgl. den Brief Ben-Chorins an die Bayrische Staatskanzlei vom 22. Juni 1986, den Brief Ministerialdirektor Keßlers an das MGFA vom 28. September 1984 und die Antwort Hofmanns mit seinem Gutachten vom 30. September 1986 (Privatarchiv Oberländer). Hofmann war bereits in einigen Oberländer-Verfahren als Gutachter bezüglich der Vorwürfe gegen den Sonderverband *Bergmann* aufgetreten. Vgl. außerdem „Verdienstorden-Träger Ben-Chorin bittet um Auskunft", *Süddeutsche Zeitung* vom 28.-29. Juni 1986.

fern wie Engelmann oder der *VVN* den vollen Wortlaut etwa der Zeugenaussagen vorenthalten - mit dem kalkulierten Risiko, sie alle gegen Oberländer vor Gericht stets unterliegen zu lassen. Die Sorge vor der Dekonspiration überwog hier sogar das politisch-operative Interesse, Oberländer ein für allemal zu diffamieren, und die polnische Analyse, die die Dürftigkeit des Ost-Berliner Prozesses in allen Einzelheiten deutlich gemacht hatte, gab Bauer und seinen Bedenkenträgern recht. Das Münchner Urteil hatte dem *MfS* diese Sorge nach 25 Jahren nun abgenommen.

Oberländers DDR-Pflichtverteidiger von 1960, Friedrich Wolff, fand über den damaligen Prozeß dreißig Jahre später deutliche Worte. Der Prozeß und das Urteil gegen Oberländer seien in jeder Hinsicht Ausdruck einer Dominanz der Politik über die Rechtsprechung gewesen und daher nur aus politischen Gesichtspunkten zu verstehen. Angesichts dieser Zielstellung habe Oberländer „keine reale Chance" zu seiner Verteidigung gehabt, denn der Prozeß sei weder fair abgelaufen noch habe er rechtsstaatlichen Gesichtspunkten entsprochen. Auch im Jahre 1998 bezeichnete Wolff den Prozeß als „abgekartetes Sandkastenspiel"[235]. Nur Bernt Engelmann, der als Korrespondent 1960 nur wenige Meter von Wolff entfernt im gleichen Gerichtssaal gesessen hatte, brauchte nach Auffassung des Münchner Gerichts keine nachhaltigen Zweifel an der Rechtsstaatlichkeit dieses Schauprozesses zu haben, bei dem der politische Zweck wichtiger war als der Tatbestand. Er wollte es nicht, und mit Billigung der Münchner Richter brauchte er es auch wirklich nicht. Das Münchner Urteil hatte Engelmann zugebilligt, er habe im Jahre 1960 quasi blind und taub in der Verhandlung sitzen dürfen.

Oberländer blieb somit, ungeachtet der zahlreichen Vorverfahren, als das stigmatisiert, was er für den Osten schon immer gewesen war: der „Mörder von Lemberg". Für die Zeit der deutschen Zweistaatlichkeit würde sich das wohl auch nicht mehr ändern, allen Ermittlungen Simon Wiesenthals und der westdeutschen Justiz zum Trotz. Der Einundachtzigjährige fügte sich in die Überzeugung, es werde wohl auch für den Rest seines Lebens dabei bleiben. Ihm blieb nur die vage Hoffnung, falls die DDR eines Tages untergehe, könne der Fall Oberländer noch einmal auf eine gesamtdeutsche Tagesordnung der Geschichte kommen. In seinen Fristen hatte sich Oberländer bisher immer getäuscht, sein ganzes Leben lang. So auch diesmal. Dreieinhalb Jahre später war es soweit.

---

[235] Vgl. die Kassationsanregung vom 31. Juli 1990, S. 11 (Privatarchiv Oberländer); Gespräch Wolff am 7. Januar 1998.

F. Totgesagte leben länger - Oberländers Rehabilitation 1993

1. Aufzufinden in Ruinen - Die Suche nach Oberländers MfS-Akten

In der Tat, er hatte sich geirrt. Als im Herbst 1989 die Mauer fiel, kam dies für Oberländer gänzlich überraschend. Er hatte schon lange nicht mehr zu hoffen gewagt, daß der DDR ein geschichtliches Verfallsdatum beschieden sein würde. Nun aber war es so weit, und Oberländer verspürte wenig Neigung, die Geschichtsschreibung eines vereinigten Deutschlands mit dem von der DDR geprägten Mythos, er sei der „Mörder von Lemberg", zu bereichern. Seit 1960 war Rehabilitation für ihn stets das Schlüsselwort geblieben, erst recht nach der bitteren Erfahrung im Engelmann-Prozeß. Der Vierundachtzigjährige sah in der friedlichen Revolution der DDR auch eine späte Chance, auf der Asche der leidenschaftlich bekämpften Gegner seine Rehabilitation zu erreichen, wie er am 15. Januar 1990 an Bundeskanzler Helmut Kohl schrieb und ihn bat, seinen Fall der Regierung Modrow baldigst vorzutragen[236].

Gleichzeitig mit seinen Appellen an die Bundesregierung machte er sich zur Jahreswende 1989/90 Gedanken, auf welche juristische Weise eine Rehabilitation in die Wege geleitet werden könnte. Wie lange die DDR und die funktionsfähige Struktur ihres Staatsapparates angesichts der inneren Umwälzungen noch bestehen würde, schien seinerzeit unsicher. Jegliche Bemühungen, folgerte Oberländer daraus, müßten ihren Anfang deshalb innerhalb der DDR nehmen, ein Rehabilitationsverfahren deshalb beim Obersten Gerichtshof oder der Generalstaatsanwaltschaft der DDR in Gang gesetzt werden. Für ihn kam es darauf an, auf östlicher Seite einen Anwalt zu finden, der nicht nur bereit war, ihn - das Feindbild des instrumentalisierten östlichen Antifaschismus einer ganzen Generation - überhaupt zu vertreten. Er mußte über die entsprechenden Verbindungen verfügen und obendrein in kürzester Zeit mit allen Facetten des Falls Oberländer von 1959/60 vertraut sein - alles zusammengenommen, glich dies der Quadratur des Kreises.

---

[236] Vgl. den Brief Oberländers an Kohl vom 15. Januar 1990 (Privatarchiv Oberländer).

Der Mann mit den erstklassigen Verbindungen war Anfang 1990 dennoch schnell gefunden: Professor Dr. Wolfgang Vogel. Seine mangelnde Kenntnis des Falles Oberländer ließ sich am besten von demjenigen DDR-Anwalt ausgleichen, der Oberländers Fall aus eigener Anschauung kannte, dem neunundsechzigjährigen Friedrich Wolff, der dreißig Jahre zuvor Oberländers Pflichtanwalt im Ost-Berliner Schauprozeß gewesen war. Vogel schlug Oberländer vor, auch Wolff beizuziehen. Daß Vogel und Wolff zur gleichen Zeit den im Gefängnis Berlin-Moabit einsitzenden Erich Honecker verteidigten, focht beide nicht an. Oberländer sah dies zwar als eine späte Ironie der Geschichte, war aber angesichts so viel gebündelten Sachverstands in eigener Sache einverstanden[237]. Für die Ost-Berliner Anwälte war in den Monaten vor der Währungsunion, wie Wolff freimütig bekennt, ein westliches Mandat mit einem Honorar in harter D-Mark durchaus interessant. Vogel riet Oberländer im Februar 1990 zunächst zur Geduld. Er wolle ein förmliches Verfahren erst in Gang setzen, wenn „wir hier auf dem Wege zum Rechtsstaat viel, viel weitergekommen sind". Dazu müsse man unter allen Umständen die Neuwahl der Richter beim Obersten Gerichtshof abwarten[238].

Doch in der sich auflösenden DDR sollten Vogel und Wolff nicht die einzigen bleiben, die sich für die papierene Hinterlassenschaft des Falles Oberländer interessierten. Noch bevor die neugebildete DDR-Regierung unter Hans Modrow am 17. November 1989 die Auflösung des *MfS* und seine Ersetzung durch das *Amt für Nationale Sicherheit (AfNS)* beschloß, hatte Erich Mielke am 6. November befohlen, den *MfS*-Bestand an operativen Dokumenten auf allen Ebenen wesentlich einzuschränken. Dieser Befehl wurde ergänzt durch die Anweisung der neuen DDR-Regierung, Akten aus der Zeit „der zu weit gefaßten Sicherheitssysteme" zu vernichten. Über eine Million Menschen gingen im November 1989 auf die Straße, um diese als „Aktion Reißwolf" apostrophierte Vertuschungs- und Vernichtungsaktion in letzter Minute zu vereiteln. Auch das NS-Sonderarchiv geriet dabei in Gefahr, in dem das *MfS* bis zum letzten Tag der DDR gewaltige Mengen historischer Akten aus allen erdenklichen Beständen der DDR zusammengezogen hatte. Als die Modrow-Regierung am 14. Dezember 1989 nun auch

---

[237] Vgl. den Brief Vogels an Oberländer vom 13. Februar 1990 (Privatarchiv Oberländer); Gespräch Oberländer am 1. Mai 1998.
[238] Vgl. den Brief Vogels an Oberländer vom 13. Februar 1990 (Privatarchiv Oberländer) Gespräch Wolff am 7. Januar 1998.

die Auflösung des *AfNS* beschloß, war die Zukunft der *MfS*-Archivalien vollends offen[239].

Die Direktorin des Zentralen Staatsarchivs der DDR, Frau Brachmann-Teubner, wandte sich deshalb am 8. Dezember 1989 zornig an den Leiter des *AfNS*, Generalleutnant Wolfgang Schwanitz, protestierte gegen die „Politik der Reißwölfe" und forderte ihre historischen Bestände komplett zurück. Unter den 9.000 Metern an Akten, die im NS-Sonderarchiv in der Freienwalder Straße in Ost-Berlin lagerten, befanden sich zahlreiche „langfristig ausgeliehene Dokumente zentraler Provenienz, die zunächst durch den Ausschuß für deutsche Einheit, später durch das Dokumentationszentrum und die Generalstaatsanwaltschaft ausgeliehen worden sind" und von dort entweder in das *MfS*-Zentralarchiv oder in das NS-Sonderarchiv gelangt seien, wo sie sich immer noch befänden. Dazu zählte sie auch Akten aus „Strafprozessen gegen Faschisten und faschistisch belastete Personen wie Oberländer, Lübke und Globke"[240].

Doch Oberstleutnant Dieter Skiba, letzter Leiter der HA IX / 11, wollte seine Archivalien um keinen Preis herausgeben, da historische mit operativen Materialien vermischt seien und Teile sogar sicherheitspolitische Bedeutung hätten und eine „Bereinigung" sehr zeitaufwendig sei[241]. Letztlich blieb seine Gegenwehr vergebens, denn der runde Tisch hatte bereits über die Zukunft Skibas und seines Archivs entschieden. Am 8. Februar 1990 wurde das NS-Sonderarchiv zu einer Außenstelle des Zentralen DDR-Staatsarchivs, und die *Berliner Zeitung* frohlockte, nunmehr könnten die historisch wertvollen Dokumente der Forschung im In- und Ausland zur Verfügung stehen. Doch weit gefehlt. Die meisten Akten verließen ihren angestammten Platz in Berlin-Hohenschönhausen nicht, sondern waren bis zur Deutschen Einheit erst einmal Gegenstand eines Kompetenzgerangels verschiedener Institutionen um das Recht des ersten Zugriffs[242]. Immerhin überstanden viele Bestände die Aktenvernichtungswellen, an denen die ehemaligen *MfS*-Mitarbeiter bis in das Frühjahr 1990 hinein niemand hin-

---

[239] Vgl. Dagmar Unverhau: *Das NS-Archiv des Ministeriums für Staatssicherheit*. Stationen einer Entwicklung. Münster 1998, S. 108-109, sowie Anne Worst: *Das Ende eines Geheimdienstes*. Oder: wie lebendig ist die Stasi? Berlin 1991, S. 250.
[240] Vgl. Bohnsack / Brehmer, S. 64 f; Unverhau, S. 169.
[241] Vgl. Unverhau, S. 118-120.
[242] Vgl. Unverhau, S. 98-174; „Ein Bürgerkomitee entdeckte Spezialarchiv". *Berliner Zeitung* vom 10. Februar 1990.

derte. Auch der „Zentrale Untersuchungs-Vorgang (ZUV) 28 Oberländer" verblieb weiterhin vollständig - allerdings sollte es schwer werden, alle seine Teile aufzuspüren.

Gleich nach der Bildung der neuen Regierung de Maizière machten sich Vogel und Wolff an die Arbeit und beantragten die Akten des Oberländer-Prozesses. Das war, wie im Archivwesen, in der sich auflösenden DDR-Judikative gar nicht so einfach, denn allerorten herrschten Agonie und Auflösung. Der Präsident des Obersten Gerichts, Generalmajor Günter Sarge, hatte bereits im Januar 1990 seinen Rücktritt eingereicht, und etliche Stellvertreter waren ebenfalls aus dem Amt geschieden. Geordnete Rechtsprechung fand dort kaum noch statt, und in den Monaten bis zur Einheit dümpelte das Gericht vor sich hin. So lief Wolff gewissermaßen von Pontius zu Pilatus, denn das Oberste Gericht verwies ihn an die Generalstaatsanwaltschaft. Es wurde schließlich Mitte Juli 1990, als er von dort hörte, die Akten seien nicht auffindbar und stünden nicht zur Verfügung[243].

Dies war nur die halbe Wahrheit, denn die Generalstaatsanwaltschaft hatte im Zentralarchiv des *MfS* elf Bände Beiakten mit Beweismaterialien zum Oberländer-Prozeß ausfindig gemacht und sie am 6. Juni 1990 dem amtierenden DDR-Generalstaatsanwalt Seidel übergeben. Bereits am 24. Juli 1990 folgten einige Ordner aus dem NS-Sonderarchiv, die alle die Bezeichnung ZUV 28 (Oberländer) trugen, sie waren jedoch nicht vollständig[244]. Wolff und Vogel blieben diese Dinge, unter welchen Umständen auch immer, verborgen. Sie beschlossen nunmehr, ihre Kassationsanregung auf formalen Verstößen des Gerichts aufzubauen und von einer inhaltlichen Neubewertung ganz abzusehen.

Am 31. Juli 1990, einen Tag nach seinem 68. Geburtstag, reichte Wolff zusammen mit Vogel eine „Kassationsanregung" zum Oberländer-Urteil

---

[243] Vgl. die Briefe Wolffs an Oberländer vom 2. Mai 1990 und an die DDR-Generalstaatsanwaltschaft vom 15. Mai 1990 und den Brief Vogels an Oberländer vom 12. Juli 1990 (alle Privatarchiv Oberländer); Beckert, S. 49.

[244] Vgl. den Brief des parlamentarischen Staatssekretärs beim Bundesinnenminister, Horst Waffenschmidt, an Oberländer vom 23. April 1992 (Privatarchiv Oberländer). Da das nach der deutschen Einheit für die Rehabilitierung zuständige Berliner Kammergericht auch in den neunziger Jahren noch neu erschlossene Oberländer-Akten mit gleicher Signatur durch die Gauck-Behörde nachgereicht bekam, kann die erste Lieferung nicht vollständig gewesen sein.

von 1960 bei der Generalstaatsanwaltschaft ein. Auf elf Seiten begründeten beide ausführlich, warum das Urteil aus ihrer Sicht kassiert werden müsse. Der Prozeß sei für Oberländer kein faires Verfahren gewesen und habe daher das DDR-Strafgesetz und das Strafverfahrensrecht verletzt, nicht einmal „gewisse Minimalvoraussetzungen" seien gewahrt gewesen, die Waffengleichheit zwischen der Anklage und Oberländer zu gewährleisten. Schon die Möglichkeiten der Verteidigung seien vollkommen unzureichend gewesen. Wolff schilderte aus eigener Erinnerung, die Ladung zur Hauptverhandlung sei ihm, ebenso wie der Beschluß, er sei als Verteidiger benannt, erst am 8. April 1960 überhaupt zugestellt worden. Somit habe er nur dreizehn Tage und Oberländer, theoretisch, nur neun Tage Zeit gehabt, sich auf das Verfahren vorzubereiten. Darüber hinaus seien seine Arbeitsmöglichkeiten „völlig unzureichend" gewesen, denn er habe sich von allen Akten handschriftliche Auszüge anfertigen müssen, während der Staatsanwalt eine komplette Handakte besessen habe. Auch die Art des Verfahrens in breiter Öffentlichkeit und seine politische Zielsetzung habe den Verteidiger in einen „krassen Gegensatz zur Staatspolitik" gebracht, deren Durchsetzung „das Verfahren erkennbar zum Ziele hatte"[245].

Wolf und Vogel beleuchteten noch einmal die Schwachstellen des Verfahrens - die Frage nach der Zuständigkeit. Oberländer habe nie einen Wohnsitz in der DDR gehabt und könne auch nicht als Flüchtiger im Sinne der DDR-Strafprozeßordnung eingeschätzt werden. Die örtliche Zuständigkeit sei deshalb bereits 1960 zweifelhaft gewesen, da Oberländer die ihm vorgeworfenen Taten nicht auf dem Territorium der späteren DDR begangen habe und auch nicht begehen konnte. Wolff verwies hier explizit auf seine Eingabe an das Gericht vom 15. April 1960, in der er schon damals die Zuständigkeit angezweifelt hatte. Obschon diese Frage auch in Nordens Vorbereitungsgruppe ausführlich diskutiert worden war und das Drehbuch des Prozesses diesen Einwand durchaus vorsah, konnte Wolff durch seine Verteidigung, so gut es ging, auf die Schwächen der staatsanwaltlichen Ar-

---

[245] Vgl. die Kassationsanregung vom 31. Juli 1990, S. 2-5. (Privatarchiv Oberländer). Wolff hatte die Anklageschrift am 9. April an Oberländer abgeschickt und erhielt seinen Umschlag wenige Tage später ungeöffnet zurück - mit dem Vermerk „Pförtner hat keine Vollmacht" (Gespräch Wolff am 7. Januar 1998) Der Originalumschlag befindet sich noch heute in seinem Besitz. Es ist klar, warum Wolff die Akten nicht zu Gesicht bekam: die zu verlesenden Dokumente waren darin sorgsam präpariert und alle Oberländer entlastenden Stellen gestrichen, ausgelassen oder handschriftlich kommentiert.

gumentation hinweisen. Seine Argumentation von 1960 hatte sich 1990 nicht verändert. Schließlich habe er als Bundestagsabgeordneter unteilbare Immunität genossen. Vor deren Aufhebung durch den Bundestag habe er deshalb gar nicht verurteilt werden können. Zusammenfassend zogen die beiden ein klares, vernichtendes Fazit. Der Prozeß von 1960 und das Urteil gegen Oberländer sei in jeder Hinsicht Ausdruck einer Dominanz der Politik über die Rechtsprechung gewesen und daher nur aus politischen Gesichtspunkten heraus zu verstehen. Angesichts dieser Zielstellung habe Oberländer „keine reale Chance" zu seiner Verteidigung gehabt, denn der Prozeß sei weder fair abgelaufen noch habe er rechtsstaatlichen Gesichtspunkten entsprochen[246].

2. Eine Regierung wird belagert - Oberländers Demarchen in Bonn

Oberländer betrieb seine Rehabilitation zweigleisig. Parallel zu den Aktivitäten in Ost-Berlin war er selbst in Bonn nicht untätig geblieben und hatte mehrere Demarchen im Kanzleramt und bei diversen Bundesministerien unternommen - nicht ohne Erfolg. Das Bundesjustizministerium sah sich in einer besonderen Fürsorgepflicht gegenüber Oberländer, die sich aus der Tatsache herleitete, Oberländer habe im Jahre 1960 stellvertretend für das Kabinett Adenauer getroffen werden sollen, und Staatssekretär Kinkel wurde nun auf deutsch-deutschen Kanälen tätig. Ursprünglich verfolgte das Ministerium dabei das Ziel, eine Kassation möglichst ohne erneute Hauptverhandlung zu erreichen. Da gesicherte Erkenntnisse über die Rechtsprechung der DDR in solchen Verfahren nicht zur Verfügung standen und der Ausgang damit ungewiß schien, beschlossen die Ministerialen deshalb, lediglich bei der DDR eine beschleunigte Behandlung des Falles Oberländer anzuregen.

Das Ministerium entsandte daher, ohne von Wolffs und Vogels Arbeit zu wissen, am 16. August 1990 zwei seiner leitenden Beamten nach Ost-Berlin, um mit Vertretern des dortigen Justizministeriums und der Generalstaatsanwaltschaft zu erörtern, wie das Verfahren gegen Oberländer möglichst bald nach rechtsstaatlichen Gesichtspunkten überprüft werden könne. Die

---

[246] Vgl. die Kassationsanregung, S. 8 und S. 11. Der Leser erinnert sich vielleicht, daß erst vier Jahre zuvor das Oberlandesgericht München die Zweifel, die der Verfahrensbeteiligte Wolff an der Fairneß des Verfahrens äußerte, ausdrücklich verworfen hatte.

zwei Bonner erläuterten den skeptischen DDR-Zuhörern ihren Auftrag. Die Bundesregierung sei primär an einer baldigen Entscheidung interessiert, und das Ziel des Verfahrens sei aus Bonner Sicht nicht in erster Linie ein Freispruch, sondern die nochmalige Überprüfung, insbesondere auf die strafrechtliche Zuständigkeit hin. Es solle, so unterstrichen die beiden Emissäre mehrmals, nicht der Eindruck entstehen, Bonn strebe um jeden Preis nach einer Exkulpierung verurteilter NS-Verbrecher. Zur Unterstützung boten die Bonner an, die Ermittlungsakten der Bonner Oberländer-Verfahren könnten nach Ost-Berlin geschafft werden. Ihre Ost-Berliner Gesprächspartner hielten sich bedeckt und versetzten knapp, die Oberländer-Akten seien noch nicht aufgefunden worden.

Doch das stimmte nicht, denn ihr Verhandlungsführer wußte bereits seit zwei Monaten, daß aus den Beständen des *MfS* schon mindestens elf Bände bei seiner Dienststelle eingegangen waren. Am 19. Juni hatte er in einem Aktenvermerk festgehalten, es handle sich dabei nicht um die Ermittlungsakten, sondern nur um Beiakten mit diversen Beweismitteln. Da sich darin auch die selektiv aufbereiteten Dokumente befanden, die der Staatsanwalt als Beweismittel 1960 benutzt hatte und die Aufschluß über das Ziel des Verfahrens gegen konnten, war die Neigung der DDR-Unterhändler möglicherweise nicht übermäßig ausgeprägt, sie ans Licht der Öffentlichkeit zu zerren. In jedem Falle gaben sich die Bonner damit zufrieden, und Staatssekretär Klaus Kinkel schrieb am 10. September 1990 an Oberländer, die Akten seien wohl deshalb nicht vorhanden, weil die Akten an das *MfS* gegangen seien und eine Herausgabe durch das Bürgerkomitee und den Sonderausschuß der Volkskammer erschwert werde[247].

Trotz aller Vernebelungstaktik versetzte die Bonner Intervention den Ost-Berliner Apparat offenkundig in hektische Aktivität. Schon fünf Tage später, am 23. August 1990, erhielt Wolff die Mitteilung, die Akten der Hauptverhandlung könnten nun bei der DDR-Generalstaatsanwaltschaft eingesehen werden. Der zuständige Staatsanwalt Busse hatte obendrein die Bonner Akten angefordert. Doch nun war es Wolff, der den Fortgang des Verfahrens verzögerte. Er teilte am 29. August mit, er sei den ganzen September im Urlaub und könne erst danach, zwei Arbeitstage vor der deutschen Einheit, mit der Aktendurchsicht beginnen. Am 21. September 1990

---

[247] Brief Kinkels an Oberländer vom 10. September 1990 und Aktenvermerk des Vertreters der DDR-Generalstaatsanwaltschaft, Heistermann, vom 16. August 1990 (beide Privatarchiv Oberländer).

zog auch Staatsanwalt Busse nach, als er Wolff schrieb, die Strafsache Oberländer könne nicht fortgeführt werden, nachdem durch den „Anschluß der DDR an die BRD" seine Behörde ihre Tätigkeit einstellen werde. Als die DDR am 3. Oktober 1990 unterging, war das Rehabilitationsverfahren, bis auf die Kassationsanregung, kaum vorangekommen. Nur die Honorarfrage hatte Vogel für sich und Wolff noch rechtzeitig vor dem Untergang der DDR geklärt: 2.000 DM pro Person für die bisherige Arbeit[248].

Mit dem Tag der Deutschen Einheit war Oberländer zwar seines stärksten Gegners verlustig gegangen, auf dem Weg zu seiner Rehabilitierung hatte er aber noch einen langen Weg vor sich. Durch den Einigungsvertrag galten rechtskräftige DDR-Urteile im vereinten Deutschland fort, ebenso daraus entstandene Fahndungsersuchen. Am 26. Oktober 1990 übermittelte das Berliner Polizeipräsidium dem Generalstaatsanwalt beim Berliner Landgericht ein Fahndungsersuchen gegen Oberländer wegen Mordes aus dem Jahre 1960, zuletzt verlängert 1988, und bat um Aufklärung[249]. Eine Verhaftung Oberländers stand zwar nicht zur Debatte, doch wollte Oberländer das zählebige Stigma des verurteilten und gesuchten Mörders gerne schnell loswerden und, angesichts seines mittlerweile biblischen Alters von 85 Jahren, die Rehabilitation noch erleben. Dazu richtete er sein Augenmerk nach wie vor auf das Münchner Urteil vom 31. Januar 1986, das er nie ganz verwunden hatte. Durch die baldige Rehabilitation hoffte er, die Grundlage für eine Klage gegen das Münchener Urteil in die Hand zu bekommen. Die Fünfjahresfrist, die die Strafprozeßordnung dafür vorsah, lief am 31. Januar 1991 ab.

Also bemühte er erneut Justizstaatssekretär Klaus Kinkel, der ihm kurz vor Weihnachten 1990 antwortete, nach seinen Recherchen sei Oberländers Verfahren wegen Überlastung der Berliner Justiz noch immer nicht an das Landgericht Berlin gelangt und die Akten noch immer unvollständig. Er habe Oberländers Fall ausführlich mit der Berliner Justizsenatorin Limbach

---

[248] Vgl. den Brief des DDR-Generalstaatsanwalts an Wolff vom 23. August 1990 und den Brief des damaligen Justizstaatssekretärs Klaus Kinkel an Oberländer vom 10. September 1990; Vermerk Truckenbrodts über ein Gespräch mit Vogel am 27. September 1990; Brief Wolffs an Oberländers Anwalt Truckenbrodt vom 29. August 1990; Brief Staatsanwalt Busses an Wolff vom 21. September 1990 (alle Privatarchiv Oberländer).

[249] Vgl.- den Brief der Generalstaatsanwaltschaft beim Landgericht Berlin an den Generalbundesanwalt beim BGH vom 12. November 1990 mit den Kopien der Fahndungsersuchen (Privatarchiv Oberländer).

besprochen, und sie habe beschleunigte Hilfe zugesagt. Schließlich war es so weit. Zum 1. Februar 1991, einen Tag, nachdem die Frist für eine Klage gegen das Münchner Engelmann-Urteil abgelaufen war, erhielt Oberländer Post aus Berlin, die sechste Große Strafkammer das Landgerichts Berlin habe den Fall nunmehr übernommen[250].

Kaum hatte nun das Landgericht Berlin darüber zu entscheiden, wie im Fall Oberländer weiter verfahren werden sollte, wurde Oberländer wieder zu einem Thema der Medien. Längst totgeglaubte Feindbilder erwiesen sich als äußerst langlebig. In Oberländers Vaterstadt Meiningen kommentierte die *Thüringer Landeszeitung* im Mai 1991, sein Antrag auf Rehabilitation sei an Frechheit kaum noch zu überbieten. Der „unter dem Druck der Beweise in die Wüste geschickte Menschenvernichter" habe „5.000 [Opfer] in ein paar Tagen allein in Galizien" auf dem Gewissen. „Das mörderische Untier verlangt nun gar nach Rehabilitation!"[251].

„Freispruch für den Mörder?" überschrieb die linksalternative Berliner *Tageszeitung* am 8. Mai 1991 sprach- und wesensverwandt einen ausführlichen Bericht über Oberländer, der die Vorwürfe gegen ihn noch einmal ausbreitete und noch erweiterte. Natürlich hätten die Richter in Ost-Berlin die Fakten im Sinne ihres antifaschistischen Weltbildes zurechtgebogen, doch seien die Vorwürfe des Jahres 1960 „zutreffend". Als Beweis dafür nannte der Artikel unter anderem das Münchner Engelmann-Urteil. „Vielleicht macht es sich die sechste Strafkammer leicht, pickt sich einige Verfahrensfehler heraus und stellt auf Grund formaler Mängel die Nichtigkeit des Urteils fest. Vielleicht aber versuchen die Moabiter Richter, sich mit der Substanz der Vorwürfe und Urteilsgründe auseinanderzusetzen", dann werde Oberländers Begehr vielleicht zum Bumerang. Der wahre Theodor Oberländer, so schloß der Artikel, sei noch schlimmer als der seinerzeit als abwesendes Phantom verurteilte. „Er war kein einfacher Mörder, er ist ein theoretisch und praktisch ausgewiesener Experte des arbeitsteiligen Völkermordes". Vom Gericht sei deshalb mehr verlangt als „geölter Rechtsformalis-

---

[250] Vgl. Brief Oberländers an Kinkel vom 28. November 1990 Brief Kinkels an Oberländer vom 19. Dezember 1990; Brief der Staatsanwaltschaft beim Kammergericht Berlin an Truckenbrodt vom 1. Februar 1991 (alle Privatarchiv Oberländer).

[251] Vgl. „Entschädigungen", *Thüringer Landeszeitung (TLZ)* vom 15. Mai 1991. Der Autor dieses Artikels, Henning Pawel, war thüringischer VS-Vorsitzender und hatte möglicherweise den erst wenige Jahre zurückliegenden Streit zwischen dem bundesdeutschen VS-Vorsitzenden Engelmann und Oberländer nicht vergessen.

mus". Kein Wunder, daß der Autor des Artikels, der Berliner Historiker Dr. Götz Aly, in den kommenden Jahren, quasi als legitimer Erbe der *VVN*, auf seiten der Kritiker Oberländers schon bald die Rolle als bevorzugter Beklagter einnehmen sollte. Der in der Einleitung erläuterte Forschungsstand mit Alys meist unsubstantiierten Thesen spiegelt diesen Sachverhalt wider.

Die Vorwürfe gegen Oberländer erhielten nun eine neue Dimension, denn nicht die Vorgänge in Lemberg standen im Vordergrund, sondern auch seine Rolle als ehrgeiziger Königsberger Ostforscher in den dreißiger Jahren. Die aufflammende Kritik war eingebettet in eine Debatte, die erst Ende der achtziger Jahre neu begann. Im Jahre 1988 hatte sich der englische Historiker Michael Burleigh in seinem Buch *Germany turns eastward* erstmals ausführlich und auf breiter westlicher und östlicher Quellenbasis mit der Rolle der deutschen Ostforschung im nationalsozialistischen Machtgefüge beschäftigt und dabei die führende Rolle des aufstrebenden Oberländer in Königsberg beschrieben. Mit der Frage, inwieweit sich diese Forschergeneration als Elite im Wartestand mit dem Nationalsozialismus und seinen Zielen identifiziert hatte, widmete sich Burleigh einem bis dahin fast vergessenen Thema. Speziell Oberländer in seiner einzigartigen, herausgehobenen Position an der Schnittstelle zwischen Wissenschaft und Politik, so eine der Thesen, habe mit seiner Arbeit intellektuelle Waffen für die Verteidigung des Deutschtums gegen die Polen geschmiedet, um so im Kampf gegen die Ergebnisse von Versailles die Ansprüche der Deutschen auf ihre verlorenen Territorien wissenschaftlich zu untermauern.

Dreißig Jahre nach seinem Rücktritt war Oberländer in Forschung und Medien wieder gleichermaßen präsent, denn sein Hauptkritiker Götz Aly griff die Erkenntnisse Burleighs auf und ging in seinem Buch *Vordenker der Vernichtung* weit darüber hinaus. Für Aly führte die Linie von Oberländers Aufstieg geradezu nach Auschwitz. Als Berater der Macht habe sich der ehrgeizige Oberländer den Nationalsozialisten bedenkenlos angedient, und dort sei sein Sachverstand als „versierter Propagandist der deutschen Ostexpansion" schon bald auf fruchtbaren Boden gefallen. Als zentraler Theoretiker von Bevölkerungsdruck und Überbevölkerungsproblem habe Oberländer wissenschaftlich ausgearbeitet, was durch Partei, Staat und SS in Form des Holocaust schon bald grausige Wirklichkeit werden sollte. Aly blendete dabei den Generationswechsel in der Ostforschung, dem Oberländer zum Opfer gefallen war, vollkommen aus. Er begann seine Betrachtungen im Jahre 1938, ein Jahr, nachdem Oberländer die unmittelbare Ostforschung zwangsweise verlassen mußte. Außerdem verließ er, im Gegensatz zu Burleigh, die gesicherte Quellenbasis und nahm es mit etlichen Quellen, die aus der Feder von Oberländers Schülern stammten, er jedoch Oberländer zuschrieb, nicht allzu genau. Die einzigen direkten Zitate entstammen Oberländers Habilitationsschrift aus dem Jahre 1935. Im weiteren Verlauf des Buches wird ihm meist zugeschrieben, was er gemeint hat bzw. haben könnte, jedoch ohne entsprechende Belege. Der Stil zielt auf die Assoziativkraft des Lesers, der geneigt ist, die beschriebenen Fakten nicht nur den tatsächlichen Urhebern, sondern auch Oberländer zuzuschreiben. Dazu wärmte Aly die DDR-Beschuldigungen ein weiteres Mal auf, indem er erneut behauptete, Oberländer habe 1941 in Lemberg mit seinem Bataillon *Nachtigall* ein Blutbad unter der Zivilbevölkerung angerichtet[252].

Flankiert wurde diese Attacke von einer kleinen Anfrage der PDS-Bundestagsfraktion im Juni 1991. Gregor Gysi und Gerhard Riege verwiesen auf Oberländers Bemühungen, das Ost-Berliner Urteil aus dem Jahre 1960 aufzuheben, hielten das Münchner Engelmann-Urteil von 1986 mit ausführlichen Zitaten dagegen und baten die Bundesregierung um eine grundsätzliche Stellungnahme zu dem Fall Oberländer und gleichgelagerten Fällen, in denen DDR-Urteile für nichtig erklärt werden konnten. Die Bundesregierung antwortete darauf drei Wochen später, der Fall Oberländer habe nicht nur zu dem Münchner Gerichtsurteil, sondern auch zu einer Vielzahl weiterer Verfahren geführt, die sämtlich ergeben hätten, die Beschuldigungen gegen ihn seien nicht haltbar. Überdies habe Oberländer noch 1990 einen Kassationsantrag gestellt, über den nach der Maßgabe des Einigungsvertrages entschieden werde[253].

Oberländer war fassungslos über diese Aktivitäten seiner Widersacher, zumal seine Rehabilitierung durch die offiziell immer noch fehlenden Sach-

---

[252] Vgl. die Passagen zu Oberländer in Aly, *Vordenker*, S. 92-97, S. 101-118 und S. 447.
[253] Vgl. Deutscher Bundestag, 12. Wahlperiode, Drucksache 12 / 774 (Kleine Anfrage des Abgeordneten Dr. Gerhard Riege und der Gruppe der PDS / Linke Liste) vom 13. Juni 1991 und die Drucksache 12 / 909 (Antwort der Bundesregierung) vom 4. Juli 1991. Nach diesen Vorschriften konnte die Kassation erfolgen, wenn die angefochtene Entscheidung auf einer schwerwiegenden Verletzung des Gesetzes beruht oder im Strafausspruch oder im Ausspruch über die sonstigen Rechtsfolgen der Tat gröblich unrichtig und nicht mit rechtsstaatlichen Mitteln vereinbar ist. Die Bundesregierung betonte ausdrücklich, im Grundsatz blieben nach dem Einigungsvertrag die Entscheidungen der DDR-Gerichte wirksam und rechtskräftig, ihre Aufhebung sei deshalb nach den obigen Vorgaben zu prüfen.

akten des DDR-Prozesses nur schleppend vorankam. Zornig wetterte er in einem Brief an den nunmehr zum Bundesjustizminister aufgestiegenen Klaus Kinkel, er könne wohl offensichtlich mit keiner Hilfe der Bundesregierung rechnen. Die Art und Weise, wie sein Fall behandelt werde, komme lediglich dem politischen Gegner zugute, der allein am politischen Aspekt interessiert sei, wie die Anfrage der PDS mit aller Deutlichkeit zeige. Sichtlich entnervt antwortete Kinkel Oberländer drei Wochen später, über seine bisherigen zahlreichen Interventionen hinaus habe er keine Möglichkeit, das Verfahren zu beeinflussen. In aller Offenheit erinnerte er Oberländer an die Grundprinzipien der Gewaltenteilung und schrieb dem früheren Minister ins Stammbuch:

„Ich habe Zweifel, ob es Ihrer Sache förderlich ist, wenn bei dem unabhängigen Kassationsgericht irgendwann der Eindruck entstehen sollte, durch eine Vielzahl von Interventionen aus dem staatlichen Bereich solle Einfluß auf die Entscheidung genommen werden"[254].

Kinkels Replik kam nicht von ungefähr. Die bundesdeutsche Exekutive wurde in der Tat auf allen Ebenen mit dem Fall Oberländer beschäftigt. Auch die „Kameradschaft Bergmann" schaltete sich erneut ein und setzte sich bei Bundeskanzler Kohl für ihren alten Kommandeur ein. Parallel dazu hatte Oberländer sich nicht nur an Kinkel, sondern auch an Bundesinnenminister Rudolf Seiters gewandt. Dessen Staatssekretär Horst Waffenschmidt hatte bei Joachim Gauck, dem Verwalter der papierenen *MfS*-Hinterlassenschaft, immerhin erwirkt, daß dort mit Vorrang nach den verschollenen Gerichtsakten gesucht wurde[255]. Schließlich war auch die *CDU*

---

[254] Vgl. den Brief Oberländers an Kinkel vom 7. September 1991. Oberländer machte seinem Zorn gegenüber Kinkel ausgiebig Luft: „Sehr geehrter Herr Kollege, ich hoffe, daß ich mir diese Anrede noch erlauben bzw. mich überhaupt noch persönlich an Sie wenden darf. Als ein nun auch nach dem Recht des wiedervereinigten Deutschlands noch für lange Zeit (wenn nicht endgültig) rechtskräftig verurteilter Massenmörder sind mir da Zweifel gekommen (...) Sie werden verstehen, daß es mich peinlichst berührt, daß heute die Vertreter des untergegangenen SED-Regimes in dieser Form vor dem Bundestag gegen mich auftreten können". Mit ihrer Antwort, so Oberländer, habe die Bundesregierung den Eindruck erweckt, sie könne oder wolle den PDS-Behauptungen nicht recht widersprechen (ebd.); Brief Kinkels an Oberländer vom 26. September 1991, S. 2 (Privatarchiv Oberländer).

[255] Vgl. die Eingabe der „Kameradschaft Bergmann" an Kohl vom 2. Dezember 1991 und die Antwort von Bundesminister Friedrich Bohl vom 9. Dezember 1991; Brief Waffenschmidts an Oberländer vom 5. Februar (alle Privatarchiv Oberländer). Bereits im

für ihr einstiges Überläufer-Neumitglied Oberländer aktiv geworden. Ihr Fraktionsvorsitzender Dr. Alfred Dregger hatte den Ehrenrat beauftragt, sich nach der Wiedervereinigung erneut mit dem Fall Oberländer und den Vorwürfen der Jahre 1959 und 1960 auseinanderzusetzen. Am 17. Juni 1993 verurteilte das Gremium erneut die Kampagne, betonte ihren rein politischen Hintergrund und forderte die zuständigen Justizbehörden in einer forschen Erklärung auf, das Kassations- und Rehabilitationsverfahren „ohne jede Verzögerung" einzuleiten und vorrangig durchzuführen. Eine Nichtigkeitserklärung des DDR-Urteils sei überfällig. Der neue christdemokratische Fraktionsvorsitzende, Dr. Wolfgang Schäuble, bat daraufhin die neue Bundesjustizministerin Sabine Leutheusser-Schnarrenberger und die Berliner Justizsenatorin Jutta Limbach, ebenso wie Schäubles Vorgänger Dregger, sich für eine zügige Abwicklung des Kassationsverfahrens einzusetzen[256].

Doch die Berliner Justiz blieb gegenüber den erhitzten Bonner Regierungsgemütern unbeeindruckt. Noch immer, so machte sie geltend, seien nicht alle verfügbaren Akten aus der Hinterlassenschaft der untergegangenen DDR aufgefunden und erschlossen worden. Dies war, wie schon erwähnt, die halbe Wahrheit, denn die Akten waren aus dem *MfS*-Sonderarchiv ordnungsgemäß im Sommer 1990 an die Generalstaatsanwaltschaft geliefert worden und hatten von dort ihren Weg zur Staatsanwaltschaft beim Kammergericht in Berlin genommen[257]. Die 52. Strafkammer des Landgerichts Berlin, die Oberländers Sache mittlerweile verhandelte, hatte zwar die Staatsanwaltschaft zur Sache gehört, war jedoch nicht bereit, Oberländer selbst noch einmal dazu zu vernehmen. Es dauerte noch einmal mehrere Monate, bis die Justiz schließlich zu einem Ergebnis kam. Auf dürren zwei Seiten fanden sich die Worte, für die der mittlerweile 88jährige Oberländer dreiunddreißig Jahre auf allen Feldern gekämpft und auf die er so sehnlichst gewartet hatte. Das Urteil sei rechtsstaatswidrig, und die

---

Herbst 1990 hatte die „Kameradschaft Bergmann" sich bei Kinkels Amtsvorgänger Engelhard für Oberländer verwendet.

[256] Vgl. Ehrenerklärung des CDU / CSU-Ehrenrats vom 17. Juni 1993 und Briefe Schäubles an Frau Leutheusser-Schnarrenberger und Frau Limbach vom 22. Juni 1993 (alle Privatarchiv Oberländer). Bereits im April 1992 hatte der Ehrenrat in einem Brief an Dreggers Nachfolger als Fraktionsvorsitzenden, Dr. Wolfgang Schäuble, seine erste Ehrenerklärung für Oberländer vom 13. April 1960 bestätigt (ebd.).

[257] Vgl. Brief des parlamentarischen Staatssekretärs beim Bundesinnenminister, Horst Waffenschmidt, an Oberländer vom 23. April 1991 und den Brief des Landgerichts Berlin an Truckenbrodt vom 13. Mai 1991. (beide Privatarchiv Oberländer).

Hauptverhandlung habe in Ost-Berlin 1960 gesetzwidrig in Abwesenheit des Betroffenen stattgefunden[258]. Mit dieser Begründung hob das Gericht am 24. November 1993 das DDR-Urteil aus dem Jahre 1960 auf. Oberländer hatte seinen Sieg; allerdings einen, auf dessen Glanz ein erheblicher Schatten fiel. Das Gericht hatte, wie schon Götz Aly vorausgesagt hatte, seine Entscheidung auf formale Mängel gestützt, dagegen auf eine erneute inhaltliche Prüfung der DDR-Vorwürfe vollständig verzichtet. Das Stigma des „Mörders von Lemberg" haftete ihm weiterhin an.

Götz Aly blieb dem Fall Oberländer auch weiterhin treu. In seinem Buch *Macht-Geist-Wahn* von 1997 erneuerte er noch einmal die Vorwürfe aus den *Vordenkern der Vernichtung*, und machte sich letztlich die zweifelhaften Ergebnisse der Beweisaufnahme des DDR-Prozesses von 1960 noch einmal höchst selektiv zu eigen. Collageartig löste er, wie schon zuvor, einschlägige Zitate aus unterschiedlichen Zusammenhängen und blendete sie gemäß dem eigenen Tenor neu ineinander, eine Technik, die Aly, nicht nur unter Historikern, stets Kritik eingebracht hat[259]. Die Quellenlage Alys zu Oberländer blieb, wie schon in den *Vordenkern*, denkbar dürftig, und die „biobibliographischen Hinweise" am Ende des Buches verweisen lediglich auf eine ganze Reihe eigener Zeitungsartikel und Vorträge.

Auch der Aktenbestand zum Fall Oberländer, hinter dem Vogel, Wolff und die Berliner Justiz in den Wirren des DDR-Untergangs hergehetzt waren, kam noch einmal komplett zum Einsatz. Die Zentrale Stelle in Ludwigsburg, von der Justizministerkonferenz beauftragt, die ehemaligen DDR-Verfahren wegen NS-Verbrechen auszuwerten, prüfte noch einmal die mittlerweile vollständigen Akten, die sich nunmehr bei der Gauck-Behörde als Nachlaßverwaltung des *MfS* befanden. Nach Abschluß der Vorermittlungen nahm die in Nordrhein-Westfalen für Kriegsverbrechen zuständige Staatsanwaltschaft in Köln Ermittlungen auf. Sie basierten auf einem Bericht aus Ludwigsburg, in dem erneut die ganze Palette von Dokumenten, Zeugenaussagen und Inszenierungen enthalten waren, die Albert Norden einst so aufwendig arrangiert hatte. Im Fall Ziklauri wurde Oberländer des

---

[258] Vgl. LG Berlin - (552 Rh) 3 Js 66 / 90 - , Beschluß vom 24. November 1993.

[259] Vgl. Aly, *Macht - Geist - Wahn*, S. 99-106 und für die Quellen S. 217. Zahlreiche Kritik zuletzt durch Jürgen Kocka: „Zwischen Nationalsozialismus und Bundesrepublik" (in: Winfried Schulze und Otto Gerhard Oexle (Hg.): *Deutsche Historiker im Nationalsozialismus*. Frankfurt 1999, S. 340-347); „Ungenaues über Werner Conze". *FAZ* vom 26. Februar 199.

50fachen Mordes in Mittenwald verdächtigt, zahlreiche Erschießungen in Lemberg, im Kaukasus wurden ihm zur Last gelegt und auch die achtunddreißig Lemberger Professoren standen wieder auf seinem vermeintlichen Mordregister - die Liste ließe sich beliebig verlängern[260].

Für die Ludwigsburger Ermittler kam vor allem der Zeuge Alexander Hammerschmidt noch einmal zu Ehren, ihr Schlußbericht hinterläßt den Eindruck, seine Aussage sei für bare Münze genommen worden. Im Lichte der verfügbaren Quellen wirkt sie eher dürftig, deshalb soll hier noch einmal darauf eingegangen werden. Noch in Moskau hatten im April 1960 seine Anschuldigungen, Oberländer habe in seiner Gegenwart im Gefängnis von Pjatigorsk im September 1942 fünfzehn Häftlinge und eine Lehrerin bestialisch ermordet, großes Aufsehen erregt, nicht zuletzt deshalb, weil Hammerschmidt jegliche Auskunft über seine Person und seinen Lebensweg verweigerte. Albert Norden hatte ihn für den Ost-Berliner Prozeß eigentlich als einen der Höhepunkte vorgesehen, doch hatten wohl auch die Russen Zweifel an seiner Glaubwürdigkeit. Die Konsularabteilung der sowjetischen Botschaft hatte sein Kommen kurzfristig verhindert und ihn am 21. April 1960 einfach krank gemeldet. Seitdem ist er nie wieder aufgetaucht.

Heftet man sich an seine Spuren, stößt man auf interessante Details. In den Akten der Berliner Wehrmachtsauskunftsstelle findet sich ein Mann gleichen Namens mit geringfügig anderen Lebensdaten, über den nur aktenkundig ist, daß er als sowjetischer Hilfswilliger im Jahre 1941 dem Stab der Panzergruppe Kleist angehört hat. Die Taten, die er Oberländer vorwirft, finden sich in ungefährer Übereinstimmung an ganz anderer Stelle. Das Einsatzkommando 12 der SS-Einsatzgruppe D, meldete für den fraglichen Zeitraum im Herbst 1942 regelmäßige „Tätigkeit" im Gefängnis von Pjatigorsk, die Umschreibung für Erschießungen. Hier finden sich einmal fünfzehn Partisanen und eine Funkerin, einmal elf Partisanen, darunter etliche Frauen. Im Gefängnis von Armavir, nordwestlich von Pjatigorsk, entdeckte die Geheime Feldpolizei dreizehn vom sowjetischen *NKWD* hinterlassene Tote, darunter eine weibliche, schrecklich mißhandelte Leiche[261].

---

[260] Vgl. *ZStL*, - 207 AR-Z 2/96 - ./. Oberländer u.a., Schlußbericht vom 26. Januar 1996 (Archiv des Autors).
[261] Vgl die Meldungen aus den besetzten Ostgebieten Nr. 18 vom 28. August 1942, Nr. 24 und 25 vom 9. und 23. Oktober 1942. *ZStL* 213 AR 1899 / 66, ./. Persterer u. a., Band I Blatt 124 und Band II Blatt 555) und den Tätigkeitsbericht des Ic des PzAOK vom 25. August 1942. *BA-MA* RH 21 Nr. 435.

Der Verdacht liegt auf der Hand, daß all diese Vorfälle auf Oberländer umgedeutet sein könnten, um sie ihm, gleich den Morden von Lemberg, in die Schuhe zu schieben. Von dieser Erkenntnis ging auch die ermittelnde Staatsanwaltschaft in Köln, die nach dem Untergang der DDR die Unterlagen des DDR-Prozesses von 1996 bis 1998 noch einmal nachprüfte, aus. Daß Alexander Hammerschmidt auf östlicher Seite nie wieder aufgetaucht ist und in keinem der zahlreichen Verfahren gegen Oberländer je wieder eine Rolle gespielt hat, bestärkt diesen Verdacht. Hammerschmidt erscheint nachgerade als Phantom, konstruiert aus Teilen eines realen Lebenslaufes. Am besten wußte es vielleicht, wie manches in der DDR, Erich Mielkes Staatssicherheitsdienst. Dort überprüfte die HA IX/11 bis 1986 immer wieder hundertfach alle Beteiligten in den Oberländer-Verfahren - Richter, Anwälte, Zeugen - und kämmte die eigenen Akten durch, um neues Material zu gewinnen. Einen Antrag, die Identität Alexander Hammerschmidts zu überprüfen, findet sich kein einziges Mal.

Oberländer war im Jahre 1996 empört, daß er über diese Ermittlungen zu seiner Person aus der Zeitung erfuhr. Der *Spiegel* hatte sich des altbekannten Themas erneut angenommen und begleitete die Ermittlungen mit regelmäßiger Berichterstattung und Interviews der politisch Verantwortlichen[262]. Dabei war auffällig, wie sehr das Hamburger Magazin mit vielen Interna der Ermittlungen vertraut war. Gerüchte, eine undichte Stelle in der Düsseldorfer Staatskanzlei sei dafür verantwortlich, brachten Oberländer dazu, wie gewohnt, Strafanzeige zu erstatten. Doch die Ermittlungen beeinträchtigte dies nicht. Bereits Ende 1997 schloß der zuständige Kölner Staatsanwalt Klaus Yvo Dederichs die Ermittlungen zu Oberländers Rolle im Bataillon *Nachtigall*, und am 8. Mai 1998 war auch die hundertseitige Einstellungsverfügung zu dem Vorwürfen im Kaukasus fertig[263]. Das erste Verfahren, das den Fall Oberländer juristisch auf gesamtdeutscher Grundlage umfassend erforscht hatte, wäre zu seinen Gunsten wegen mangelnden Tatverdachts eingestellt worden, hätte er es noch erlebt. Das Berliner Urteil von 1993 hatte Oberländer nie ganz befriedigen können. Für das Kölner Ergebnis dagegen hatte er achtunddreißig Jahre, gegen harte Gegner in wechseln-

---

[262] Vgl. „Die Mühlen der Justiz mahlen langsam", *Der Spiegel* Nr. 18 (1996); „Bis zum bitteren Ende". Interview mit dem nordrhein-westfälischen SPD-Justizminister Fritz Behrens. *Der Spiegel* Nr. 43 (1996).
[263] LG Bonn – 130 Js 1/96 - ./. Oberländer, Einstellungsverfügung vom 8. Mai 1998; Gespräch Dederichs am 11. Dezember 1998.

den Besetzungen und mit allen Bandagen, gekämpft. Doch erleben sollte er diese späte Ehrenrettung nicht mehr. Theodor Oberländer starb am 4. Mai 1998, wenige Tage, bevor die Einstellungsverfügung seinem Anwalt zugestellt wurde.

Schlussbetrachtung: Theodor Oberländer - Ein deutscher Fall?

Benjamin Disraeli schrieb in seinem *Contarini Fleming* im Jahre 1832, Lebensläufe seien Leben ohne graue Theorie. Der Fall Oberländer ist ein Beweis dafür. Er führt in die Höhen und Tiefen und zeigt die Versuchungen, Erfolge und Niederlagen einer deutschen Biographie in diesem Jahrhundert. Theodor Oberländer durchlebte bewußt und als politisch denkender und handelnder Mensch mit der Weimarer Republik, dem Dritten Reich und der Nachkriegszeit drei Zeitepochen dieses Jahrhunderts, die Deutschland prägten. Dabei wandelte er sich zwar, doch er verwandelte sich nie. Als er die politische Bühne betrat, traten sehr bald drei Eigenschaften seines Charakters zutage, die für die Zukunft Denken und Handeln Oberländers bestimmen und sich wie ein inneres Geländer durch sein politisches Leben ziehen sollten. Sie waren auch die Gewähr, seinen Lebensweg in der zweiten Hälfte dieses Jahrhunderts zu einem politischen und propagandistischen Fall werden zu lassen. Außerordentliches taktisches Geschick, verbunden mit dem Drang, voller Ehrgeiz an exponierter Stelle das Zeitgeschehen mitzugestalten, sind die ersten zwei Eigenschaften.

Theodor Oberländer gehörte einer Generation an, die während des Ersten Weltkrieges aufgewachsen war, ihre politisch prägenden Erfahrungen aber in den Wirren der Nachkriegsjahre gemacht hatte. Der Zweifel an der Handlungsfähigkeit der ungeliebten Weimarer Demokratie entfachte bei Oberländer den unbändigen Wunsch, die Verhältnisse zu verändern. Mit seiner Ankunft in Königsberg im Oktober 1931 tauchte Oberländer in ein akademisches Milieu ein, das seine Arbeit als Erfüllung einer patriotischen Pflicht gegen die "Schande von Versailles" verstand. In der Machtergreifung der Nationalsozialisten sah Oberländer die einmalige Chance, jene ersten zwei Eigenschaften zur Geltung zu bringen, und er ergriff sie mit beiden Händen. Mit achtundzwanzig Jahren trat er im Sommer 1933 der *NSDAP* bei, um seine politische Stellung erfolgreich zu stabilisieren und die Bedingungen für seinen akademischen Aufstieg zu optimieren - Vorsorge eines Ehrgeizigen mit wachem Sinn für das Opportune. Oberländers Besuch bei Rothfels im Herbst 1934 symbolisierte wie unter einem Brennglas Abschied und Anfang der Ostforschung. Theodor Oberländer gehörte zu jener Elite im Wartestand, die ohne sichtbare Reibungsverluste in die akademischen Reihen des Nationalsozialismus aufschloß und dabei manches Bauernopfer in den Reihen ihrer Nestoren auf sich nahm.

Schon bald befand sich der knapp dreißigjährige Oberländer auf der Höhe seiner Macht. Er saß als Spinne im Netz der Grenzlandarbeit und vereinte auf diesem Feld ein einzigartiges Bündel an Kompetenzen und Ressourcen, an Macht und Mitteln in seiner Hand, das seinesgleichen suchte. Er rüstete zum Krieg mit intellektuellen Waffen für die Verteidigung des "Deutschtums" in Osteuropa und sah sich dabei in einem Wettstreit mit Warschau. Deutsche wie Polen gründeten und instrumentalisierten nun eine Reihe von staatlichen und halbstaatlichen Organisationen, die Wissenschaft, Publizistik und Propaganda zu einer schwer zu trennenden Melange amalgamierten. Oberländer war dabei bestrebt, die Nachwuchselite der Wissenschaftler im Wartestand mit den Funktionären der *NSDAP* zusammenzuführen.

Doch paßte schon bald nicht mehr zusammen, was er zusammenführen wollte. Der Kampf der Revisionisten gegen Versailles und für die Freiheit des Volkstums unterschied sich immer deutlicher von Hitlers Lebensraumkonzept, das von vornherein weiter gesteckte Ziele hatte als die Grenzen von 1914. Revisionismus und Großdeutschland sollten für ihn nur Durchgangsstationen sein auf dem Weg zu einem europäischen Großraum unter arisch-germanisch-deutscher Führung. Der Taktiker Oberländer erkannte die Gefahr, seitens der *SS* ausmanövriert zu werden, sehr deutlich, konnte es aber letztlich, trotz aller Volten, nicht verhindern. Die parallele Intrige Erich Kochs und des *RSHA* gegen ihn beendeten seine Ostforscherkarriere und zwangen ihn, Königsberg zu verlassen. Oberländers Talent, sein Ehrgeiz und seine Anpassungsbereitschaft hatten ihn nicht davor bewahrt, bedingt durch seine Prägung der Zwischenkriegszeit zu einem ostpolitischen Auslaufmodell zu werden.

Oberländer taugte in den Augen der Extremisten in Partei und SS nicht als Vordenker der Vernichtung, denn er war trotz aller Ambitionen nicht bereit, seinen aus Weimarer Zeiten geprägten Erfahrungshorizont zu verlassen und deshalb für die kommenden monströsen Pläne schlicht ungeeignet. Die Radikalisierung der NS-Außenpolitik und der Einbruch der SS in die

Domäne der ostpolitischen Ideen spülte eine Forschungs- und Funktionselite an die Schalthebel der Macht, die oft zeitgleich mit Oberländer in den gleichen Institutionen groß geworden und zum Teil durch ihn selbst aktiv gefördert worden war. Doch im Gegensatz zu ihren Mentoren war dieser Teil der nachwachsenden Aufsteiger sehr viel bedenkenloser bereit, unter der Ägide der SS den Weg hin zu Planungswahn und industriellem Massenmord zu gehen.

Dieser personelle Wechsel läßt sich an Oberländers unmittelbarem Umfeld gut ablesen. Dort verlief der Trennstrich zwischen der Zwischenkriegsgeneration wie Oberländer auf der einen Seite und den jungen Experten, die sich in den folgenden Jahren bedenkenlos von der SS einspannen ließen, auf der anderen Seite. Werner Conze und Theodor Schieder, beide an Oberländers Institut in Königsberg tätig, forderten schon drei Jahre später die Zersetzung des polnischen Volkskörpers und die millionenfache "Entjudung" polnischer Städte[1]. Auch Oberländers Stellvertreter und Nachfolger am Königsberger Institut, Peter-Heinz Seraphim, beglückte die Nachwelt mit seinem Buch *Das Judentum im Osteuropäischen Raum*, das schnell zu einem Standardwerk der Vordenker der Vernichtung wurde. Auf Oberländers politischem Betätigungsfeld wiederholte sich dieses Phänomen. Sein früherer Geschäftsführer im *VDA*, der spätere SS-Brigadeführer Ernst Hoffmeyer, trat gemeinsam mit SS-Oberführer Hermann Behrends Oberländers Nachfolge an. Behrends war ein Freund Ribbentrops und ein Vertrauter Reinhard Heydrichs - eine gute personelle Voraussetzung, die Volkstumsarbeit zielstrebig im Sinne der SS umzubauen.

Doch Oberländer wäre, betrachtet man seine Persönlichkeit, nicht er selbst gewesen, wenn er diesen Karriereknick nicht durch taktisches Kalkül und den Einsatz seines Netzwerks hätte auffangen können. Er wußte um seinen Wert für die Abwehr, die seit 1936 händeringend nach Ostexperten suchte, um für jede Form deutscher hegemonialer Gedankenspiele im Osten auf qualifizierten Sachverstand in den eigenen Reihen zurückgreifen zu können. So erwies er sich als ein äußerst geschickter Verhandler und verstand es mit einer an Dreistigkeit grenzenden Chuzpe, seine Arbeitsbedingungen in Greifswald und Berlin ähnlich üppig auszugestalten wie in Kö-

---

[1] Vgl dazu zuletzt Winfried Schulze und Otto Gerhard Oexle (Hg.): *Deutsche Historiker im Nationalsozialismus*. Frankfurt 1999; "Kritisches Goldrähmchen", *Berliner Zeitung* vom 12./13. Dezember 1998, sowie "Stakkato der Vertreibung, Pizzikato der Entlastung". *FAZ* vom 3. Februar 1999.

nigsberg. Alles in allem waren Professur, Ehre, Versorgung und die Nähe zu Berlin auf diese Weise sichergestellt, und alles unter den Augen seiner *NSDAP*-interner Widersacher. In einem totalitären System, welches bei internen Auseinandersetzungen auch vor Mord nicht zurückschreckte, war Oberländers Erfolg eine reife Leistung, der zeigte, mit welcher Geschmeidigkeit er im Dritten Reich seine Wege zu ebnen vermochte.

Admiral Canaris und er dachten in den gleichen Dimensionen. Sein Gang zur Abwehr gab Oberländer die Möglichkeit, aktive Nebenaußenpolitik zu betreiben. Dabei konnte sich nun seine dritte persönliche Eigenschaft entfalten, das Denken in klaren Freund-Feind-Kategorien. Die Abneigung gegen Polen war nur eine davon. Seit seinen Reisen durch die Sowjetunion war für ihn jedoch ein weiterer Feind klar ausgemacht, der fortan eine Hauptrolle spielen sollte. Er stand links und in Moskau, seit Oberländers Studientagen verkörpert durch Josef Stalin und den Kommunismus. Für Canaris und Oberländer war das Münchener Abkommen von 1938 ein Erfolg auf ganzer Linie. Ein Teil der "Schande von Versailles" schien getilgt, Deutschlands Hegemonialstellung in Mitteleuropa endgültig gesichert, und der Weg zu einer politischen und ökonomischen Vorherrschaft in Europa schien vorgezeichnet. Für Oberländer ließ sich dieser Weg konsequent fortsetzen, als die Abwehr am Vorabend des Zweiten Weltkriegs mögliche Bundesgenossen gegen Polen und die Sowjetunion in den Blick nahm.

Oberländer hielt, wie Canaris, einen Krieg gegen die Sowjetunion für einen Wahnsinn, da dieser nicht zu gewinnen war und die deutschen Kräfte nicht nur militärisch überfordern mußte. Bereits 1937 hatte Oberländer in Berlin mit einem Vortrag über die Rote Armee vor Generalstabsoffizieren Aufsehen erregt. Seine Analyse ihrer Kampfkraft im Lichte der jüngsten stalinistischen Säuberungen ergab das Bild einer zwar moralisch am Boden liegenden, insgesamt aber gut ausgebildeten und ausgerüsteten Armee. Oberländer vermied ein militärisches Urteil, warnte aber eindringlich davor, die Rote Armee zu unterschätzen. Außerdem stellte er die grundsätzlichen strategischen Überlegungen an: seit Napoleon habe jeder Angreifer der Sowjetunion automatisch drei Gegner - die Armee, den Raum und das Klima. Ein potentieller Eroberer müsse deshalb die sowjetische Bevölkerungsstruktur besonders berücksichtigen, denn allein 50 Prozent der Einwohner von Stalins Kolonialreich waren Nichtrussen aus 108 verschiedenen Nationalitäten, oftmals wider Willen sowjetisiert. Ein psychologisch geschicktes Verhalten ihnen gegenüber würde deshalb großen Einfluß auf den Erfolg in einem Krieg mit Moskau haben. Die Resonanz auf seine Worte war äußerst zwiespältig. Keitels anschließender Tadel, die Zuhörer hätten etwas anderes erwartet, war noch eine vergleichsweise harmlose Form. *NSDAP*-intern brachten Oberländer seine Worte nicht nur Querelen, sondern auch das aktenkundige Prädikat eines "Bolschewistenprofessors" ein[2].

Mit der Deckung durch Canaris setzte Oberländer weiter im übertragenen Sinne auf die Erkenntnis, die Sowjetunion sei nur von innen zu schlagen. War der Krieg erst einmal begonnen, mußte man diesen Völkerschaften als Eroberer besondere Beachtung schenken und ihnen ein Ziel bieten, für das es sich lohnte, an die Seite der Deutschen zu treten. Erst das Gefühl, sich für die Heimat an einem Befreiungskampf gegen Stalin zu beteiligen, würde sie zu millionenstarken Verbündeten machen. Die Ukraine bot sich für diese Philosophie geradezu an. Seit 1918 diente sie in den Köpfen deutscher Großraumstrategen als Traumland in verschiedenen Rollen: sie wurde als Kornkammer, als natürliches Bollwerk gegen Polen und die Sowjetunion, in jedem Falle aber als Schlüssel zur Sicherung der deutschen Machtposition in Osteuropa betrachtet.

Das 42-Millionen-Volk, verteilt auf vier Staaten, sah seinerseits im Deutschen Reich seinen potentiellen Bündnispartner, um endlich die langersehnte Unabhängigkeit in einem Nationalstaat zu erringen. Die natürlichen Ressourcen der Ukraine und die Aufteilung ihrer Bevölkerung auf vier Staaten machten sie zu einem strategischen Faktor erster Güte, der unbedingte Vorzugsbehandlung genießen sollte. Das Projekt des Bataillon *Nachtigall* markierte den ersten Versuch der Abwehr, durch Einsatz einer nationalukrainischen Truppe in deutschen Uniformen und unter deutscher Führung die Ambitionen der ukrainischen Nationalisten unter Stepan Bandera zu kanalisieren, die hier die Keimzelle der Armee einer Freien Ukraine sahen. Dieses Modell sollte die galizische Bevölkerung für den Kampf gegen die Sowjetunion gewinnen. Am Vorabend des Zweiten Weltkrieges war Oberländer fest davon überzeugt, ein Erfolgsmodell geschaffen zu haben, mit Hilfe der ukrainischen Minderheitenfrage eine klassische Achillesferse Polens und der Sowjetunion zu nutzen, um sie von innen zu schlagen.

Doch die Ukrainer waren mit ihrer Statistenrolle alles andere als zufrieden und nutzten die Befreiung Lembergs in der ersten Juliwoche 1941 als erste Gelegenheit, eine Freie Ukraine auf geschichtsträchtigem Boden zu

---

[2] Vgl. u.a. *BA*, R2 Pers, Oberländer, Theodor, geb. 01.05.05, PK (ehemalige *BDC*-Bestände).

proklamieren. *Nachtigall*-Soldaten spielten dabei eine tragende Rolle oder waren sogar Mitglieder des ukrainischen Schattenkabinetts. Parallel dazu wurde die Stadt durch ein mehrtägiges Pogrom erschüttert, das die Wehrmacht und die SS erst allmählich in den Griff bekamen. Der von Götz Aly und anderen erhobene Vorwurf, Oberländer sei der "Mörder von Lemberg" und habe mit seinem Bataillon *Nachtigall* während dieser Ausschreitungen ein Blutbad unter der Zivilbevölkerung angerichtet und mehrere tausend Juden sowie achtunddreißig polnische Professoren planmäßig hingerichtet, läßt sich nach einem Blick in die verfügbaren Quellen nicht halten. Nirgendwo findet sich ein Hinweis auf einen direkten Befehl der Bataillonsführung, sprich Herzners oder Oberländers, zur aktiven Teilnahme an dem Pogrom und den grausamen Ereignissen in den Gefängnissen. Ein solcher Befehl hätte nicht nur Oberländers Ideen, der Mission und den Einsatzgrundsätzen des Bataillons *Nachtigall* widersprochen, sondern die Ausschreitungen hatten auch in den Reihen des Bataillons, vor allem des deutschen Rahmenpersonals, schon zu Unruhen geführt.

Angesichts der unübersichtlichen Lage in Lemberg ist es eher denkbar, daß den Offizieren Herzner und Oberländer die Kontrolle über die Lage zeitweilig entglitten ist. Zwar gelang es ihnen, eine koordinierte Teilnahme der über die ganze Stadt verteilten *Nachtigall*-Einheiten an den Morden weitgehend zu verhindern. Doch die Bonner im Gerichtsverfahren von 1960 festgehaltene Möglichkeit, kleinere Gruppen von *Nachtigall*-Angehörigen hätten sich ohne Befehl während ihres Ausgangs an den Morden beteiligt, bleibt bestehen. Zu groß war die Wahrscheinlichkeit, daß die Angehörigen des Bataillons, die alle aus Lemberg und Umgebung stammten, Opfer der sowjetischen Morde in ihren Familien zu beklagen hatten und sich dafür rächen wollten. Auf den geschürten und geduldeten ukrainischen Volkszorn folgte bereits seit dem 2. Juli die organisierte deutsche Vernichtungsmaschinerie von Sicherheitspolizei, SS und SD. Dabei war das Einsatzkommando z.b.V. für die Oberländer später zugeschriebenen Morde an den achtunddreißig polnischen Professoren verantwortlich.

Obgleich Oberländer sein ganzes taktisches Geschick eingesetzt hatte, um seit 1940 unter Canaris' Protektion in Berlin für sein Modell zu werben, hatte die vorschnelle Ausrufung einer selbständigen Ukraine in Berlin ein regelrechtes politisches Beben ausgelöst. Die zahlreichen Gegner jeglicher ukrainischen Eigenstaatlichkeit in Berlin sahen im Vorpreschen der *OUN-B* einen Fall von Insubordination, der die gesamte deutsche Oberhoheit in Frage stellte. Letztlich blieb nur das Bataillon *Nachtigall*, dank dem Verhandlungsgeschick seiner Führung und der Protektion von Canaris, von den Zwangsmaßnahmen der SS verschont. Doch die Nebenaußenpolitik der Abwehr war damit zu Ende, bevor sie recht begonnen hatte. In Berlin sah man den Sieg über Stalin greifbar vor Augen, und in der Friedhofsruhe einer Hitlerschen *pax germanica* war Oberländers Idee freier Völkerschaften an deutscher Seite nicht mehr vorgesehen. Über Nacht waren die Ukrainer von privilegierten Separatisten zu verfolgten Parias geworden.

Trotz dieses Mißerfolgs lehnte Oberländer es weiterhin ab, den gesamten Osten unterschiedslos als einen Schmelztiegel von Minderwertigen anzusehen. Er bejahte das Kriegsziel voll und ganz, durch einen Eroberungsfeldzug eine deutsche Herrschaft im Osten zu errichten. Auch er sah sich in einem kreuzzugsgleichen Kampf gegen Stalin und die Sowjetunion. Doch lehnte er die brutalen Methoden des Vernichtungskrieges eines Erich Koch, die Mißhandlungen und das Verhungernlassen der Kriegsgefangenen sowie den Planungswahn eines Konrad Meyer mit seinem *Generalplan Ost* entschieden ab. Doch auch seine Gedankenwelt speiste sich aus einem starken Gefühl deutscher zivilisatorischer Überlegenheit. "Man kann Europa nicht ohne die Slawen aufbauen", schrieb Oberländer am 15. März 1941 an seine Frau, "und ohne mit ihnen einen modus vivendi zu finden. Wir dürfen nicht wie die Amerikaner und die Bolschewisten assimilieren, sondern müssen die Völker bei eigenem Leben führen, nicht beherrschen. Wir müssen den Frieden bereits im Krieg gewinnen, in dem wir die große Anlage richtig machen und der engen Raumgebundenheit vieler Völker in Europa eine geistige und seelische Gemeinsamkeit entsprechen lassen"[3].

Für Oberländer gab es im Krieg drei vollkommen gleichwertige Faktoren, die über einen Sieg entschieden: Waffen, Wehrwirtschaft und Psychologie. In seinen Augen hatte die Schwächung nur eines dieser Faktoren fatale Auswirkungen auf die Schlagkraft und den Erfolg des deutschen Vormarsches. Die psychologische Notwendigkeit einer politischen Kriegführung stand für Oberländer ganz oben auf seiner Prioritätenliste, deshalb sei die richtige Behandlung der Bevölkerung der besetzten Gebiete als Teil des Faktors Psychologie von größter, ja kriegsentscheidender Bedeutung. "Führen und nicht herrschen" sei der einzig richtige Ansatz für eine erfolgreiche Besatzungspolitik, das war der rote Faden in allen seinen Denkschriften.

---

[3] Vgl. den Brief Oberländers an seine Frau vom 15. März 1941 (Privatarchiv Oberländer).

Diese Geisteshaltung ließ sich, in ihrer eigenen Terminologie, in eine Formel zusammenfassen: "hart, aber gerecht". Ein Abweichen von dieser Linie konnte in Oberländers Augen jederzeit in handfeste Feindseligkeiten gegenüber den Deutschen umschlagen - mit allen wirtschaftlichen, militärischen und politischen Folgen für den Verlauf des Krieges. Für Oberländer war die von Erich Koch unterdrückte Ukraine das negative Sammelsurium all dessen, was vermieden werden mußte. Der "Versuch, ein entwickeltes, sozial differenziertes Volk in Europa durch Zwangsdegeneration zu schwächen, ist absurd"[4], und die Motivation, von der bolschewistischer Tyrannei in eine deutsche Versklavung zu fallen, war für ihn gleich null. Seine Ideen waren dabei kein Ausfluß humanistischer Philanthropie - ihm ging es um die kühle Effizienz einer dauerhaften, möglichst nachhaltigen, lokal verwurzelten deutschen Herrschaft im Osten.

Das Ergebnis war der Sonderverband *Bergmann*, sicher eines der erfolgreichsten Beispiele dieser Art im Zweiten Weltkrieg. Oberländers multiethnische Truppe in deutscher Uniform blieb über den Rückzug und seine Entlassung als funktionstüchtiger Verband erhalten. Innerhalb interessierter Offizierskreise seiner Heeresgruppe und der deutschen Wehrmacht überhaupt machten ihn seine Erfahrungen bei *Bergmann* zu einem gesuchten Experten. Die Erkenntnisse, die Oberländer bei der Aufstellung der Einheiten *Nachtigall* und *Bergmann* gewonnen und zu Papier gebracht hatte, waren für ihn die logische Konsequenz seiner Volkstumspolitik seit 1933. In seinen Augen führte eine gerade Linie von seiner Tätigkeit in *VDA* und *BDO* bis zur Aufstellung der Einheiten *Nachtigall* und *Bergmann*, wie er seiner Frau am 3. Mai 1943 schrieb.

In der Tat hatte Oberländer sich nie ganz von den Mustern der Volkstumspolitik im Schatten von Versailles gelöst. Zwar glaubte er, ähnlich wie andere Experten, auch schon vor 1939 an die zivilisatorische Überlegenheit der Deutschen als Führungsmacht eines europäischen Großraums. Doch sein Weltbild war dagegen eher eine Art deutscher Monroe-Doktrin, die Geopolitik und Völkerrecht miteinander verwob. Mit einem Zweiklang von "Völkischer Freiheit und politischer Gebundenheit", wie er es seiner Frau gegenüber nannte, beschrieb er, wie ein von Deutschland dominierter europäischer Großraum Mittel- und Osteuropa eine Völkerhierarchie von Berlins Gnaden erhielt. Dem militärischen Kampf müsse dabei eine geistige Offensive zur

---

[4] Vgl. Oberländer, *Denkschriften*, S. 123.

Seite stehen, um durch freiwilligen Entschluß alle Europäer einschließlich der Völker des Ostens als Bundesgenossen im Kampf gegen Moskau mitzureißen. Für ihn war es nicht wichtig, was, sondern *wie* die deutschen Besatzer etwas forderten. Historische Vorbilder sah Oberländer im Habsburgerreich, das mit wenigen deutschen Kräften und einer weitgehend lokalen Selbstverwaltung vorbildlich regiert worden sei.

Für Heinrich Himmler und die SS waren solche, in traditionellen Kategorien denkende, Modelle romantische Schwärmerei. Der Vernichtungskrieg, den Deutschland im Namen einer "Verteidigung Europas" führte, sollte mit dem *Generalplan Ost* auch das Gesicht Osteuropas und seine Landkarte in weiten Teilen neu zeichnen und die dort ansässige Bevölkerung als großen Störfaktor buchstäblich ausschalten. Diesem Planungswahn, seinen Institutionen und Köpfen stand Oberländer kopfschüttelnd gegenüber. In seinen Augen wäre das "Volk ohne Raum" niemals in der Lage gewesen, den Raum ohne Volk auch nur annähernd wieder zu besiedeln. Konrad Meyer selbst hatte im Herbst 1939 vergeblich versucht, Oberländer als Mitarbeiter zu gewinnen. Auch den Weg seines einstigen Königsberger Protegés Peter-Heinz Seraphim, der den radikalen Weg ohne Bedenken mitging, betrachtete Oberländer verständnislos. "Ich bedaure nicht, ihn gefördert zu haben", schrieb er seiner Frau am 13. März 1943, "aber menschlich kann ich da nicht mit und will auch nichts mehr mit ihm zu tun haben"[5].

Durch die aus seinem Tagebuch ersichtlichen ständigen Kontakte mit den Ic-Offizieren der Heeresgruppen, den Vertretern des Ostministeriums und der SS sowie mit den in Berlin tätigen Wissenschaftlern seiner Disziplin war Oberländer über Meyers Pläne ständig informiert und konnte sie verfolgen. Außerdem hatte er die realen verbrecherischen Vorstufen der kolonialen SS-Pläne hinter der Front in Naltschik selbst kennengelernt. Mit dieser Art der Gewaltherrschaft waren Oberländers Vorstellungen kaum in Einklang zu bringen. In zahlreichen Vorträgen des Jahres 1943 machte er in diesem Tenor aus seinen Ansichten in Wort und Schrift keinen Hehl. Canaris hielt das Beispiel Oberländers "unseres Luthers, der furchtlos für seine Thesen eintritt", seinen Mitarbeitern vor, doch stieß Oberländers dezidierte Kritik seinen Widersachern, vor allem in den Reihen von Partei und SS, immer wieder auf.

---

[5] Vgl. den Brief Oberländers an seine Frau vom 13. März 1941 (Privatarchiv Oberländer).

Zwei Besatzungsphilosophien standen sich hier diametral gegenüber. Oberländer beschwor in einem Brief an seine Frau: "Wir können im Osten nur eins: entweder Ausbeutung á la K[och] oder landeseigene Verbände aufziehen. Beides können wir nicht"[6]. Das kostete ihn schließlich sein Kommando - und beinahe auch seinen Kopf. Denn Oberländers Gegner sahen die Kontinuität, die er selbst für sich in Anspruch nahm, nur mit umgekehrten Vorzeichen, - als eine folgenschwere Reihe gravierender Makel. Der interne Bericht des *Reichssicherheitshauptamts*, den die SS-Oberen Frank, Ohlendorff und Kaltenbrunner diskutierten, registrierte eigentlich alles, was Oberländer seit 1933 getan hatte, als kritikwürdig. Ins Auge fällt dabei vor allem die Kritik, wie sehr taktische Gesichtspunkte Oberländers Handeln stets bestimmt hätten. Hier muß man den Analytikern im *Reichssicherheitshauptamt* zustimmen - und um den Hinweis ergänzen, daß sie dabei stets den kürzeren gezogen hatten. Dies blieb auch so: die Furcht seiner Gegner, den in Wehrmacht und Wissenschaft gut beleumundeten Oberländer durch eine drakonische, aufsehenerregende Strafe öffentlich nicht zu sehr aufzuwerten, und die Fürsprache seines bündischen Weggefährten und *Bergmann*-Untergebenen Hermann Raschhofer, der als Berater Karl-Hermann Franks in Prag großen Einfluß besaß, ließen Oberländer auch diesmal mit einem blauen Auge davonkommen.

Oberländers militärische Karriere bietet Raum für einige Überlegungen, welche Wirklichkeit sich ihm an der Ostfront präsentiert hat. Gerade im Lichte der Debatte über das Ausmaß, in dem die Wehrmacht in Verbrechen verstrickt war, wurde deutlich, wie sehr das Bild, das sich Spät- und Nachgeborene trotz aller Forschung vom Zweiten Weltkrieg machen, im Abstand der Jahre nicht genauer und schärfer, sondern eher gröber und disparater geworden ist. Im Fall Oberländer ist es seit 1960 nicht anders. Gelegentlich befällt den Betrachter der Eindruck, der Verurteilungseifer sei so mächtig, daß er den Wunsch schwächen könnte, unvoreingenommen und genau wissen zu wollen, wie denn gewesen war, was heute so schwer zu begreifen ist. Dabei ist Oberländer ist ein gutes Beispiel dafür, daß es eine absolute Einteilung in Schwarz und Weiß, von Schuld und Unschuld, an der Ostfront wohl kaum gegeben hat. Die alltägliche Realität im Osten glich eher einem Pepitamuster - schwarze, weiße und graue Felder in allen Schattierungen fanden sich dicht beieinander, und die Verstrickung in Verbrechen war in

---

[6] Vgl. den Brief Oberländers an seine Frau vom 12. Juni 1943 (Privatarchiv Oberländer).

hohem Maße von der Bereitschaft einzelner abhängig, daran mitzuwirken oder sich entsprechenden Befehlen zu widersetzen.

Aber wo fängt es an? Der Großraumstratege Oberländer unterstützte das Ziel des Vernichtungskrieges gegen die Sowjetunion, eine deutsche Herrschaft im Osten zu errichten, der Pragmatiker Oberländer setzte in seinem Befehlsbereich den Kommissarbefehl aus. Der Ukraineexperte Oberländer arbeitete mit prononciert antisemitischen *OUN-B*-Offizieren mit einem ebenso dezidiert antisemitischen Programm zusammen, der Truppenführer Oberländer weigerte sich, Rahmenpersonal für Judenerschießungen durch die SS zur Verfügung zu stellen. Er handelte der SS-Einsatzgruppe D zu Weihnachten 1942 das Leben mehrerer tausend Bergjuden in einer langen Debatte ab, warum sie nicht als Juden zu gelten hätten. Diese Ambivalenzen machen eine einfache kategorische Beurteilung fast unmöglich.

In jedem Fall aber zeigt Oberländers Karriere, welche Handlungsspielräume die Akteure der Ostfront haben konnten, wenn sie wollten. Er verhinderte nicht nur die Verhaftung seiner ukrainischen Soldaten durch die SS, boxte für die kaukasischen *Bergmann*-Verschwörer ein reguläres Kriegsgerichtsverfahren durch, verhinderte durch geschicktes Verhandeln die Auflösung der Einheit im Sommer 1942 und schritt erfolgreich gegen etliche Ausschreitungen ein, die auf dem Rückzug unter seinen Augen geschahen. Innerhalb seiner Heeresgruppe war Oberländer nicht nur für seine fachlichen Einwände bekannt. Auch seine zuweilen unorthodoxen Methoden wurden aktenkundig und ihm des öfteren zur Last gelegt. Entweder hatte er es mit dem Dienstweg nicht sehr genau genommen, oder er war nicht zimperlich, mit eigenwilligen Methoden kaukasische Soldaten anderen deutschen Einheiten zu entziehen und Material zu requirieren.

Selbst wer die in seinen Denkschriften geäußerten Gedanken mehr als militärisch-pragmatische denn als moralische Erwägungen betrachten will, kommt an einer Tatsache nicht vorbei: bei seinen kaukasischen Soldaten war Oberländer extrem beliebt. Innerhalb der Osttruppen genoß er allgemein einen guten Ruf, der sich auch aus den Bündeln von Briefen ergibt, in denen Kaukasier ihre Versetzung in seinen Verband erbitten[7]. Die Karriere Oberländers hatte mitunter durchaus schillernde Züge, und sie wurde durch die Protektion, die Oberländer durch Canaris, Kleist und andere stets genoß, begünstigt. Dieses erprobte Netzwerk sorgte auch dafür, daß Oberländer

---

[7] Vgl. u.a. die Sammelbitte von 30 verwundeten Georgiern vom 24. März 1943. *BA-MA* R 19 V Nr. 5.

trotz großer Entfernungen und mangelnder Nachrichtenmittel bestens informiert war über Pläne und Taten in der deutschen Besatzungspolitik.

Die katastrophalen Zustände in den Kriegsgefangenenlagern begünstigten die Bewerbungen von Tausenden für seine Einheiten, seine Debatten mit den Führern der SS-Einsatzgruppen ließen ihn über deren Ziele nicht im unklaren. Oberländers gute und, im Rahmen des Möglichen, regelmäßig gepflegten Kontakte nach Berlin, seine Teilnahme an der Debatte um die geeigneten Kolonisationsprinzipien, und die Kontakte zu den betroffenen Wissenschaftlern, die meist frühere Weggefährten waren, versorgten ihn mit dem nötigen Grundwissen über den Vernichtungskrieg. In Gesprächen mit dem Autor hat er dies bis zu seinem Tode immer wieder energisch bestritten, doch nicht zuletzt die akribisch notierte Liste seiner Gesprächspartner in seinen Kriegstagebüchern machen sein Dementi äußerst unglaubwürdig.

Im Lichte der Erkenntnis, wie gut Oberländer über vieles, was sich an und hinter der deutschen Front ereignete, informiert war, stellt sich noch einmal die Frage, welche Haltung er selbst gegenüber den Juden einnahm. Im Sommer 1937 hatte er in seinem Vortrag "Der Kampf um das Vorfeld" inmitten des weltanschaulichen Chaos, das Polen in seinen Augen darstellte, dreieinhalb Millionen polnischer Juden als Kern des Überbevölkerungsproblems und als potentielle Träger des Kommunismus ausgemacht. Da die "Achtung vor einem Deutschland, das den Kampf mit dem Judentum aufgenommen hat, unter den polnischen Bauern ungewöhnlich groß" sei, waren die Juden damit auch als Objekt seiner Propaganda markiert.

Allerdings hatte sich Oberländer nicht darüber ausgelassen, welche Maßnahmen er im einzelnen empfahl, aus dem Wortlaut des Vortrags geht dies nicht hervor. Zieht man seine Habilitationsschrift von 1935 heran, so wird auch dort lediglich die bedrohliche agrarische Überbevölkerung vor allem für Galizien (dort war der jüdische Bevölkerungsanteil am größten) festgestellt. Das Kapitel "Heilmittel der agrarischen Überbevölkerung" geht in seinen Empfehlungen aber über traditionelle Konzepte von Auswanderung, Industrialisierung oder Intensivierung der Landwirtschaft nicht hinaus. Oberländer wiederholte hier nur die Mahnung, Polen sei gefährdet, "aus inneren Spannungen und dem Überbevölkerungsdruck heraus gleich Rußland einer sozialen Umwälzung entgegenzugehen". Mit dieser Schlußfolgerung schilderte Oberländer die zeitgenössische Mehrheitsmeinung in der Forschung, denn auch in den westlichen Ländern Frankreich, England, den

USA und auch in Polen selbst fand sich die Prognose, dort stehe ein Bürgerkrieg oder eine soziale Revolution unmittelbar bevor.

Im Gespräch mit dem Autor bekannte sich Oberländer zu der Idee einer freiwilligen Um- und Aussiedlung. Er betrachtete die Juden durchaus isoliert als eigene Volksgruppe und favorisierte einen Umzug beispielsweise in die autonome Stadt und Region Birobidschan, die Stalin 1928 in Ostsibirien am Amur gegründet hatte. Auch damit befand er sich in bester internationaler, zumal polnischer Gesellschaft, denn die polnische Regierung beklagte die Überbevölkerung in ihren Grenzen, die seit dem Ersten Weltkrieg um knapp ein Viertel gestiegen war. Wie Oberländer es beschrieben hatte, war diese Lage durch eine stete Emigration nach Westen leicht entschärft worden; seit der Weltwirtschaftskrise blieb diese Möglichkeit versperrt. Gerade in den dreißiger Jahren setzte in der polnischen Politik und Publizistik eine aktive Debatte darüber ein, wie die Juden das Land notfalls auch zwangsweise verlassen könnten. Für den polnischen Außenminister Jozef Beck ließen sich so Emigrationswünsche mit kolonialen Sehnsüchten verbinden. Ein erster Plan, polnische Juden nach Madagaskar auszusiedeln, entstand im Januar 1937, sechs Monate vor dem "Kampf um das Vorfeld".

Obgleich Oberländer die Juden in seiner Habilitationsschrift mit keinem Wort erwähnt hatte, räumte er im Gespräch mit dem Autor ein, die Juden hätten in seinem Volksgruppenkonzept eine eigenständige Rolle gespielt. Gedanklich ging er, gerade wegen der hohen Achtung jeglichen eigenständigen Volkstums, den ersten Schritt auf dem Weg der Judenvernichtung mit, nämlich durch die isolierte und stigmatisierende Betrachtung der Juden als einzelne Volksgruppe. All das geschah zwei Jahre nachdem Oberländer seinem Mentor Rothfels sein Bedauern über dessen erzwungenen Abtritt zum Ausdruck gebracht hatte und damit ein persönliches Risiko eingegangen war.

Erleichtert wurde ihm dieser Schritt sicher durch den Unterschied, den er zwischen den meist orthodoxen Ostjuden und den assimilierten, meist auch getauften Juden wie Rothfels machte, die bis 1933 integraler Bestandteil der deutschen Gesellschaft waren. Hans-Ulrich Wehler hat für diese Art des Antisemitismus den Begriff des "Honoratioren-Antisemitismus" geprägt[8], gemünzt auf seinen Doktorvater Theodor Schieder, der aus dem gleichen bündischen Königsberger Ostforschermilieu stammte wie Oberländer. Aus

---

[8] Vgl. das Interview Hermann Rudolphs mit Wehler im Berliner *Tagesspiegel* vom 8. Dezember 1998.

seinen Schriften geht eine in seiner bündischen Herkunft wurzelnde Grundüberzeugung hervor, die jeder Form der Verstädterung und der städtischen Zivilisation abgeneigt war und die bäuerliche Bodenverbundenheit als einzigen völkischen Kraftquell ansah. Dies läßt ebenso vermuten, daß er antisemitischen Tendenzen nicht fern stand. Bis zu seinem Tod schwieg er sich darüber beharrlich aus.

Somit lieferte er mit der theoretischen Grundlage das geistige Rüstzeug für die spätere Dekomposition und die isolierte Betrachtung und Behandlung des osteuropäischen Völkergemisches und der Juden, ohne diesen Weg selbst mitzugehen. Die bedenkenlose Weiterentwicklung des Überbevölkerungs-gedankens und seiner Lösungen von evolutionären zu revolutionären Methoden, von der Deportation bis zum industriellen Massenmord ganzer Volksgruppen, übernahmen andere, radikalere Akteure. Auffällig ist, daß die Juden in seinen Papieren nach 1939, seinen Denkschriften und seinen Briefen an seine Frau mit kaum einem Wort erwähnt sind, weder positiv noch negativ wertend, nicht einmal beschreibend in irgendeinem Nebensatz. Man gewinnt den Eindruck, sie kamen in Oberländers ansonsten wohl informierter und strukturierter Gedankenwelt gar nicht mehr vor. Erstaunlich, denn für die Ukrainer und die Kaukasier wich er keinem Streit mit seinen Widersachern aus. Selbst in seinem Entnazifizierungsverfahren spielte ein Engagement Oberländers für die Juden absolut keine Rolle, weder in seinen eigenen Eingaben noch in den Erklärungen aller Zeugen. Sein Engagement für Kaukasier und Ukrainer spielte dagegen für alle Beteiligten stets eine Rolle.

Für Oberländer war es 1945 nur ein schwacher Trost, daß er seinem Erzfeind Moskau noch ein letzes Schnippchen schlagen konnte, indem die ihm anvertrauten Angehörigen des Malzewschen Luftkorps in amerikanische Gefangenschaft kamen und nicht an die Rote Armee ausgeliefert wurden. Denn wie alle deutschen Eroberer hatte auch der Großraumstratege Oberländer insgesamt sein Ziel verfehlt. Seine Konzepte für die Ostvölker waren umsonst gewesen, und Stalin mit seinen Bolschewisten war immer noch da - nicht irgendwo weit im Osten, sondern mitten in Deutschland. Sie standen überall dort, wo Oberländer politisch und menschlich heimisch geworden war: in seiner Vaterstadt Meiningen, in seiner geistigen Heimat Königsberg, in Greifswald, Berlin und Prag. Für Oberländer war sein Weltbild in Trümmer gefallen, das Land materiell zerstört und moralisch vollkommen diskreditiert. "Wir haben den Krieg 1918 nur militärisch verloren, diesmal durch die SS militärisch und moralisch", schrieb er seiner Frau am 31. Juli 1945.

Fragt man, welchen Anteil er selbst daran hatte, und bilanziert man Oberländers Zeit im Dritten Reich, fällt es schwer, ihm gerecht zu werden und ein eindeutiges Urteil zu fällen. Man ist umringt von etlichen Fragezeichen: Gläubiger Nationalsozialist und Vordenker der Vernichtung? Verdeckter Widerstandskämpfer, nützlicher Idiot oder williger Vollstrecker oder...? Oder: von allem nichts und von allem etwas? Mit Hilfe seines taktischen Gespürs und seines Geltungsdrangs machte er sich die Chancen des Nationalsozialismus für einen ungeahnten Aufstieg zunutze, doch verzeichnete seine Karriere 1937 und 1943/44 abrupte Brüche, wurde indes nie ganz unterbrochen. Dennoch befand sich Oberländer bald im Widerspruch zur herrschenden Doktrin der Nationalsozialisten, obschon nicht nur sein Netzwerk ihn vor den gröbsten Folgen seiner Handlungsweisen schützte.

Wie beurteilt man Oberländers Verhalten, der den heraufziehenden Krieg gegen Moskau für Wahnsinn hielt, doch darin für seinen Ehrgeiz und sein Feindbild eine Chance sah? Der diesen Vernichtungskrieg mittrug als kreuzzugsgleichen Kampf gegen den ewigen Gegner Moskau und dabei das gleiche Ziel nur über eine andere, humanere Kolonialidee verfolgte? Der nach 1939 glaubte, die Fehler der Hitlerschen Unterdrückungspolitik würden mit der Zeit so deutlich zu Tage treten, daß dann die Stunde seiner Konzepte schlagen werde? Der gerade im Kaukasus etliche Morde unter seinen Augen verhinderte, gegen andere energisch protestiert, sich indes in Lemberg einer Vielzahl von Morden unter seinen Augen machtlos gegenübersieht? Wie passen Oberländers christliche Prägung mit seinem Glauben an eine deutsche Hegemonialstellung in Osteuropa zusammen? Wie läßt sich Oberländers Ernüchterung über Hitler, sein Wissen um die Morde im Osten und seine Abneigung gegen NS-Extremisten wie Erich Koch mit seiner Überzeugung verbinden, ein versuchter Tyrannenmord am 20. Juli 1944 sei für ihn undenkbar?[9]

Theodor Oberländers Weg im Dritten Reich trägt in der Rückschau viele Ausrufe- und noch mehr Fragezeichen, zeigt Widerspruch, nicht Widerstand. Wer seine Rolle im Dritten Reich letztlich positiv bewerten will, kommt nicht an der Tragik vorbei, daß für Oberländer Gegenwirkung gegen eine verbrecherische Ostpolitik nur im Modus der Mitwirkung möglich war. Doch Mitwirkung bedeutet immer auch einen Grad an Mitverantwortung - bis zur Mitschuld. Vielleicht ist die Beurteilung desjenigen Mannes am tref-

---

[9] Vgl. Gespräch Oberländer am 1. Mai 1998; Schütt, S. 142-143.

fendsten, der sich Oberländers Persönlichkeit und seine drei herausragenden Persönlichkeitsmerkmale am nachhaltigsten zunutze machen sollte. Konrad Adenauer brachte im Jahre 1959 nach kurzem Nachdenken die Vita Oberländers mit ihren Ambivalenzen und Widersprüchen im Dritten Reich auf eine prägnante Formel: "Er war einer von den Anständigeren - nicht von den Anständigen"[10].

Phoenix aus der Asche - die zweite Chance

Eine Stunde Null gab es für Oberländer in diesem Sinne nicht, denn mit seinem Eigenschaftsdreigestirn aus taktischem Sinn, Geltungsdrang und einem erprobten Feindbild benötigte er nur Wochen, um nach vorn zu schauen und sie auf der politischen Bühne deckungsgleich werden zu lassen. Dem Feind Moskau würde er sein restliches Leben in Amt und Würden widmen, und er verlor keine Zeit dabei. Erste Stationen bei den Alliierten und seiner eigenen Entnazifizierung durchlief er dabei erfolgreich, wohlwollend protegiert von den einstigen amerikanischen Kriegsgegnern. Dank einer stattlichen Reihe von Ehrenerklärungen und vor dem Hintergrund der amerikanischen Unterstützung stufte die Kissinger Spruchkammer Oberländer in einem Entnazifizierungsverfahren als Unbelasteten ein.

Diesen Spruch umgibt im Lichte der herangezogenen Quellen durchaus die Aura einer Pragmatischen Sanktion. Doch konnte Oberländer anschließend wie ein Phönix aus der Asche aus den Trümmern Nachkriegsdeutschlands auferstehen und meisterhaft das Wellenspiel der politischen Landschaft für seine persönlichen Ambitionen nutzen. Seine Mitgliedschaften in diversen Parteien, von der *FDP* über den *BHE* bis zur *CDU*, ließen sich tragen wie einen Mantel - er handhabte sie äußerst flexibel und benutzte sie je nach Bedarf als Wetterschutz seines Aufstiegs. Sie waren für ihn lediglich Transmissionsriemen seiner persönlichen Interessen. Taktisches Gespür und gute Witterung führten ihn bald in die Reihen der am schnellsten wachsenden politischen Gruppierung der Nachkriegszeit, den *BHE*. Dort trug ihn ein schwindelerregend kurzer Marsch durch die Institutionen innerhalb von Wochen in die Reihen der bayerischen Staatsregierung. Doch erst als Oberländer 1953 als Vertriebenenminister vereidigt wurde, war er am Ziel seines Ehrgeizes. Knapp drei Jahre hatte er gebraucht, um von einem namenlosen

---

[10] Vgl. Adenauer, *Teegespräche* 1959-1961, S. 201.

Pardon für den Zivilisationsbruch.

Zuhörer in einer *BHE*-Versammlung zu einem *BHE*-Minister der Bundesrepublik Deutschland zu werden.

Dort traf er auf Konrad Adenauer, der 1949 mit nüchternem Wirklichkeitssinn aufgebrochen war, das neue, westliche Deutschland möglichst schnell auf eine stabile Grundlage zu stellen. Für die NS-Vergangenheit eines ganzen Volkes entwickelte Adenauer eine Art des pragmatischen Vorgehens, für das Michael Wolffsohn den Begriff Geschichtspolitik und Norbert Frei den Begriff Vergangenheitspolitik geprägt haben. Diese Politik bestand aus Elementen der Amnestie, der Abgrenzung und der Integration. Umstrittene NS-Karrieren wie die Oberländers konnten auf Adenauers Willen zur weitgefaßten Pardonierung rechnen. Was zählte, war ihre Leistung in der Tagespolitik. Auf diese Weise würde über kurz oder lang vom Heer der Gestrigen nur ein Häuflein der Ewiggestrigen übrig bleiben. Diese Maxime im Kopf, nahm Adenauer Lebensläufe wie den Oberländers mit einer Mischung aus Augenmaß und gesundem Pragmatismus in den Blick.

Theodor Oberländer war für Adenauer ein wichtiges Element in seiner Politik. Auf Grund seiner NS-Vergangenheit genoß Oberländer auch an den Rändern des Vertriebenenspektrums Autorität; was ihn in Adenauers Augen zusätzlich begünstigte, war dessen äußerst wirkungsvolles Engagement für eine postnationale Zukunft. Adenauer benötigte einen umtriebigen Manager der Vertriebenenfragen genauso wie einen Feuerwehrmann auf dem schwierigen, emotionsgeladenen Feld der Heimatsehnsüchte von 12 Millionen Menschen; zu sehr hing der noch keineswegs gesicherte Bestand der jungen Bonner Demokratie daran. Oberländer schien dafür die Idealbesetzung, denn mit einer Mischung aus Tatkraft und Anpassungsfähigkeit widmete er sich einem Feld, von dem man annehmen darf, daß es Adenauer innerlich fern lag. Oberländer wurde so zwar zum interessenpolitischen Schwergewicht, aber ohne Adenauer selbst Konkurrenz zu machen.

Adenauer erkannte die Vision, die Oberländer mit dem Amt verband und die zur Triebfeder seines zuweilen rücksichtslosen und taktisch gekonnt inszenierten zweiten Aufstiegs geworden war. Seine Arbeit für die Vertriebenen bedeutete für ihn Innen- und Außenpolitik zugleich. Der erprobte Grenzlandkämpfer Oberländer sah in seinem Ministerium einen Kampfplatz an der innerdeutschen Front des Kalten Krieges. Für ihn war es ein vitales Interesse der Bundesrepublik, die Vertriebenen möglichst schnell von einer Interessen- zu einer Erlebnisgemeinschaft werden zu lassen, die das Bewußtsein ihrer kulturellen Identität pflegte, dabei aber möglichst schnell zu einem stabilen und produktiven Baustein der deutschen Nachkriegsdemokratie wurde.

Dieser Aufgabe widmete er alle Kraft, seinen ganzen Pragmatismus und sein ganzes taktisches Geschick und verstand sich dabei stets als obersten Anwalt der Vertriebenen. Unter dem Motto "Geschädigte aller Gruppen, vereinigt euch!" organisierte er die möglichst gleichmäßige Fürsorge des Staates für alle Geschädigten des Krieges. Der Herrscher über die Mittel und Institutionen des Lastenausgleichs sah sich immer in einem Wettlauf mit der Zeit zum Wohl der Vertriebenen, und die Last seiner Arbeit war atlasgleich. In seiner siebenjährigen Amtszeit schuf er die notwendige Gesetzesbasis für die wirtschaftliche Eingliederung der Vertriebenen; vierunddreißig Gesetze, Novellen und Gesetzesänderungen tragen seine Handschrift. Das "zweite deutsche Wirtschaftswunder", die Integration der Vertriebenen im Schatten des Wirtschaftswunders und mit diesem eng verbunden, ihre wachsende materielle Orientierung und die damit verbundene Entpolitisierung, ist die Frucht seiner Arbeit. Sie gehört zu den Grundsteinen des Fundaments, auf dem die Bundesrepublik bis heute sicher ruht.

Auf politischer Ebene spielte Oberländer zum Nutzen der Bundesrepublik Deutschland ein doppeltes Spiel, beschwor öffentlich in markigen Sonntagsreden das Recht auf Heimat, war dem Bundeskanzler aber hinter den Kulissen eine loyale Stütze und mobilisierte zuverlässig die *BHE*-Reihen im Bundestag für die Wiederbewaffnung und die Westverträge Adenauers, mit dehnen er die Bundesrepublik dauerhaft im Westen verankerte und dabei, zumindest in den Augen der allermeisten Vertriebenen, die deutsche Teilung erst zementierte. Nur dies bot Oberländer die Gewähr, die Vertriebenen möglichst schnell vom Notstands- zum Wohlstandsbürger werden zu lassen. Dafür spaltete er 1955 auch die Partei, die ihn an die Spitze katapultiert hatte, löste die eigene Karriere vom Schicksal des *BHE* und brachte sein Amt rechtzeitig aus der Konkursmasse der Partei in Sicherheit. Oberländer wollte auf neuem Weg zum alten Ziel gelangen, nun unter der Fahne Adenauers, der wohlwollend die Hand über ihn gehalten hatte und es auch weiterhin tat. Bei der Bundestagswahl im Jahre 1957 arrangierte die *CDU* einen sicheren Wahlkreis für ihren Überläufer, und im zweiten Kabinett Adenauer war Oberländer der letzte *BHE*-"Mohikaner", nunmehr ausgestattet mit einem christdemokratischen Parteibuch, obwohl der Kanzler den Nutzen seines Ministeriums inzwischen für zweifelhaft hielt.

Was diese zweite Erfolgsgeschichte erst zum Fall machte, waren weniger die Angriffe des Ostens, mit denen Oberländer seit Jahren lebte. Erst die Verbindung mit dem innenpolitischen Stimmungswandel bei der Beurteilung, wieviel NS-Vergangenheit die neue politische Klasse vertrug, machte Oberländer zum Fall. Die Fakten seines Lebens lagen seit 1953 weitgehend auf dem Tisch und hatten sich nicht verändert, doch ein Minister, der als Achtzehnjähriger auf die Feldherrnhalle marschiert war und zur NS-Zeit zahlreiche politische Ämter bekleidet hatte, war moralisch nicht mehr tragbar. NS-Karrieren wie die Oberländers wirkten, allen differenzierten Betrachtungen zum Trotz, von vornherein zunehmend als Skandalon, und eine Distanzierung davon in Medien und Politik begann sowohl zum Nachweis als auch zum Konstitutionsmerkmal der westdeutschen Demokratie zu werden. Der Fall Oberländer war ein medienwirksamer Katalysator für die bundesrepublikanische Gesellschaft Ende der fünfziger Jahre, sich in ihrem Selbstverständnis und ihrem Selbstbewußtsein von den Resten einer nationalsozialistischen Volksgemeinschaft in die Gesellschaft der Bundesrepublik zu verwandeln.

Ein politisches Auslaufmodell im Fadenkreuz der DDR

Der auch innenpolitisch stets umstrittene Oberländer geriet so ins Fadenkreuz Albert Nordens. Die Zielanalyse Ost-Berlins erweist sich auch aus heutiger Sicht als perfekt, Oberländer war nachgerade ein Wunschkandidat für jedwede Form der Propaganda. Er war amtierender Minister. Sein Lebenslauf war mehr als umstritten und bot eine Fülle von Stationen, bei denen durch (selektives) Wühlen in der Vergangenheit schnell eine heftige Diskussion auszulösen war, die sich rapide verselbständigen und an zerstörerischer Kraft gewinnen konnte. Oberländers Kontinuitätsdenken, eine Steilvorlage für jeden Propagandisten, ließ sich dabei bestens gegen ihn verwenden. Theodor Oberländer, der einstige Nachwuchsstar der deutschen Ostforschung, eignete sich als Zielscheibe besser, als Hans Globke es je sein konnte. Er war ein langjähriger, erprobter politischer Feind, der nunmehr mit vereinten Kräften ausgeschaltet werden sollte.

Mit Oberländers Namen verbindet sich die erste DDR-Großkampagne einer neuen Qualität gegen einen prominenten Bonner Amtsträger, der als Symbol dafür dienen konnte, wie weit das Dritte Reich in die Bundesrepublik hineinreichte. Das Zusammenspiel diverser DDR-Institutionen und ihres Personals, die Mechanismen des instrumentalisierten Antifaschismus und seiner eingeübten Rituale wurden hier in großem Stil unter beträchtlichem Aufwand erprobt, mit der einzigen Ressource, die dem historisch wurzellosen Gebilde DDR unbegrenzt zur Verfügung stand. Der Appell an deutschlandpolitische Sehnsüchte, verbunden mit der Bewältigung des Nationalsozialismus und anderen Themen der Zeit, wie beispielsweise Wiederbewaffnung, Atomwaffen, Friedensvertrag, verliehen der Kampagne erst Richtung und Kraft. Die Strategie war einfach und wirkungsvoll, denn die eklatanten Versäumnisse Bonns im Umgang mit der eigenen Vergangenheit mußten von den Propagandisten der *SED* nicht erfunden, sondern nur aufgesammelt werden.

Daraus ergibt sich auch die Doppelfunktion der Kampagne nach außen und innen. Sie war für die Bevölkerung der DDR ein Angebot, die eigenen Verstrickungen in die NS-Vergangenheit zu verdrängen. Östlich des Eisernen Vorhangs stand das Volk quasi außerhalb der gesamtdeutsch-nationalsozialistischen Erblast und hatte den Sieg über die NS-Diktatur miterrungen. Wer Nazi-Verbrecher war, bestimmte das Politbüro, und zwar bis in die eigenen Reihen. Dieser Effekt war dringend nötig, denn das Regime hatte in der Bevölkerung nie wirklich Wurzeln geschlagen, und Ulbrichts DDR bot den meisten Menschen einfach keine emotionale Heimat. Vielmehr stimmten sie mit den Füßen ab und flüchteten über die Grenze ins Land des Wirtschaftswunders.

Zum Ost-Berliner Eigeninteresse gesellte sich die Absicht Moskaus, die "Oberländer-Schlacht" zu einem sinnstiftenden Gemeinschaftswerk Osteuropas gegen den deutschen "Mörder von Lemberg" umzuwandeln. Die Rote Armee hatte bereits 1944 die Vorgänge in Lemberg untersucht und am 23. Dezember 1944 in der *Iswestija* ein Liste mit 69 deutschen Verantwortlichen veröffentlicht; Oberländer war nicht darunter. Da Nordens verlängerter Arm, die *VVN*, im Sommer 1959 in Ludwigsburg Anzeige gegen Oberländer wegen dreihundertzehntausendfachen Mordes von 1941 bis 1943 erstattete, wäre zu erwarten gewesen, die *Iswestija* oder die Nürnberger Prozesse hätten Oberländers Namen genannt - Fehlanzeige.

Achtzehn Jahre später befiel Moskau offensichtlich die kollektive Erinnerung, denn besonders für Chruschtschow war das Ziel Oberländer perfekt. Chruschtschow hatte, bevor die Deutschen einmarschierten, als regional verantwortlicher KP-Chef im Juni 1941 die Erschießungen der ukrainischen Nationalisten in den Lemberger Gefängnissen befohlen. Faßte man diese Toten mit den Lemberger Pogromopfern und den von den Deutschen planmäßig Ermordeten zusammen, entstand aus drei Massakern ein einziges großes. Auf diese Weise ließ sich, gerade für Chruschtschow, ein kleines Katyn zimmern, das man den Deutschen in die Schuhe schieben konnte. Die eigenen Leichen schaffte man in den Keller desjenigen, der mit seiner Einheit Lemberg als erster Deutscher betreten hatte: Theodor Oberländer.

Der anfänglichen Professionalität der östlichen Akteure entsprach dabei umgekehrt die laienhafte Ungeschicklichkeit, mit der auf Bonner Seite reagiert wurde. Nachdem Adenauer Oberländers Rücktrittsangebot abgelehnt hatte, handelte dieser, das Vertrauen des Bundeskanzlers im Rücken und wie immer kampfbereit, auf die gewohnt hemdsärmelige Art, doch viel zu spät und keinesfalls souverän, sondern ausgesprochen nervös. Oberländers Rolle war, spätestens seit der Pressekonferenz am 30. September 1959, die eines Getriebenen. Seine Reaktionen wirkten im Lichte einer straffen östlichen Regie hilf- und kraftlos. Die mehrfache Flucht nach vorn, seine Angriffe als beste Verteidigung, hatten die östlichen Widersacher auf ganzer Linie pariert.

Seinen Schirmherrn Adenauer brachte der loyale Oberländer mehr und mehr in Bedrängnis. Schon längst war aus dem interessenpolitischen Schwergewicht Oberländer eine schwere innen- und außenpolitische Belastung geworden. Mußte die Bonner Regierung ohnehin schon im Zusammenhang mit den Ost-West-Verhandlungen seit Sommer 1959 einen politischen Gesichtsverlust hinnehmen, so litt ihr moralisches Ansehen durch die vom *MfS* inspirierten und gesteuerten Synagogenschmierereien zu Weihnachten 1959 erheblich. Adenauer und die Bundesregierung sahen sich durch die politische Gesamtkonstellation immer stärker in die Defensive gedrängt, doch der Bundeskanzler scheute das Odium, seinen ihm stets loyalen und über die Jahre äußerst nützlichen Vertriebenenminister nun den Angriffen aus dem Osten preiszugeben. Indes hatte die Bundesregierung im Frühjahr 1960 den Zeitpunkt längst verpaßt, den Fall Oberländer gesichtswahrend zu lösen. Trat er zurück, stellte sich die Frage, wen der Osten als nächsten aufs Korn nehmen würde. Blieb er im Amt, stellte sich die Frage nach dem außenpolitischen Schaden. Die Bundesregierung saß in einer Zwickmühle.

Hier nun setzte Norden mit sowjetischer Hilfe an, um den Fall Oberländer endgültig mit dem Fall Oberländers abzuschließen - durch einen Schauprozeß in Ost-Berlin. Zum ersten Mal seit 1945 sollte ein Bonner Minister vor den Schranken eines Ost-Berliner Gerichts verurteilt werden - für Norden propagandistisch pures Gold. Doch die erfolgreiche Vorarbeit Kauls und die generalstabsmäßige Planung konnte nicht darüber hinwegtäuschen, daß bei dem innerdeutschen Gerichtsverfahren, das am 20. April 1960 begann, der politische Hintergrund eindeutig wichtiger war als der Tatbestand. Die DDR-Justiz präsentierte sich unter den wachsamen Augen von Hilde Benjamin einmal mehr als Waffe im Klassenkampf. An sechs Verhandlungstagen wurde die Groteske scheinbar objektiver Wahrheitsfindung exakt durchgespielt. Was die *Deutsche Akademie für Staat und Recht* in ihrem Selbstverständnis als "Russischpreußisch-marxistische Rechtssynthese"[11] dem Prozeß als juristisches Grundgerüst lieferte, war, ebenso wie dieser Begriff, denkbar nichtssagend, wenn nicht lächerlich. Auch die Auftritte der Zeugen und ihre Aussagen waren vielfach widersprüchlich, meist aber tragisch. Gerade die Hauptbelastungszeugen befanden sich im doppelten Zeugenstand, denn ihre Worte spiegelten meist die Bemühungen, als Gegenleistung für die eigene Begnadigung Oberländer wunschgemäß zu belasten. Mit ebenso viel Sorgfalt hatte Norden die Garde der Experten arrangiert. Eberhard Wolfgramm, Felix-Heinrich Gentzen und Walter Bartel waren genauso Zeugen zur eigenen Bewährung, da sie in der DDR gefehlt hatten und durch ihren Auftritt vor dem Gericht Gelegenheit bekamen, ihre Loyalität zu Ulbrichts Staat zu beweisen. Bei aller Vorbereitung macht ein Vergleich zwischen dem gekürzten, offiziellen Verhandlungsprotokoll und der stenographischen Mitschrift dennoch deutlich, wie sehr der Prozeßverlauf trotz eines akribischen Drehbuchs zuweilen einer skurrilen Sammlung von Pleiten, Pannen und Propaganda glich.

Maßgeblichen Anteil daran hatte Oberländers Pflichtanwalt. Friedrich Wolff sagte später selbst, als Marxist habe er zwar keinerlei Sympathien für Oberländer gehegt, doch in diesem "abgekarteten Sandkastenspiel" habe er sich nicht "zum Affen" machen lassen wollen[12]. Gerade seine Kreuzverhöre der Zeugen, die Verlesungen auch entlastender Dokumente und die Einlassungen gegenüber dem Gericht machen einen Großteil der gestrichenen Protokollpassagen aus, ebenso wie Zeugen, die sich ungefragt in Widersprüche verwickelten.

Dreißig Jahre später sollte Wolff, der 1990 für Oberländer die Kassation des Urteils von 1960 beantragte, noch einmal betonen, Oberländer habe keine reale Chance zur Verteidigung gehabt, denn das Verfahren sei nicht fair

---

[11] Vgl. Bernhardt, S. 89.
[12] Gespräch Wolff am 7. Januar 1998.

geführt worden und habe kaum rechtsstaatlichen Grundsätzen entsprochen. So verwundert auch das Urteil für Oberländer, lebenslanges Zuchthaus, kaum. Wolff benannte in nüchterner, klarer Juristensprache die Schwachpunkte des Schauprozesses, und der Verlauf der Verhandlung bietet in der Rückschau für den Betrachter beträchtlichen Unterhaltungswert. Für diese Inszenierung fühlt man sich an die Vermutung Jochen Staadts erinnert, vielleicht sei die DDR das größte Sprechtheater seit Brecht gewesen[13].

Doch letztlich war und blieb der Fall Oberländer bis zuletzt ein innenpolitisches Problem. Der Schauprozeß war kaum ein wirksamer, hinreichender Anlaß für Oberländers Rücktritt. Die *CDU* hatte sich in dem Bemühen, für Oberländer einen Mehrstufenplan zum gesichtswahrenden Abgang zu erarbeiten, bald selbst matt gesetzt, die Initiative ging nun an die *SPD* als parlamentarischer Opposition über. Deren Fraktionsvorsitzender Fritz Erler hatte den Spaltpilz erkannt, der sich mit dem Fall Oberländer in die *CDU* implantieren ließ. Erler setzte einerseits auf Verhandlungen hinter den Kulissen, um eine reflexartige Solidarisierung der *CDU* mit Oberländer unter allen Umständen zu verhindern, andererseits auf den außenpolitischen Druck: Mit Erfolg. Oberländer hatte am 3. Mai 1960 nicht nur sein Amt verloren. Er sah sich selbst am Ende einer Tragödie in drei Akten. Erst jetzt war für ihn der Krieg endgültig verloren, der 1918 begonnen hatte.

Ähnlich wie Charles de Gaulle, der die Jahre von 1914 bis 1945 als zweiten Dreißigjährigen Krieg mit ähnlichen politischen und moralischen Verheerungen, Zerstörungen und Verwüstungen ansah, war für Oberländer das Jahr 1918 der Schlüssel seines politischen Lebens, der Beginn einer persönlichen Tragödie. Nach der Weimarer Republik und dem Dritten Reich, schrieb er seiner Frau im Sommer 1945, läge der dritte und schwerste Teil noch vor ihm. Dem gläubigen Christen Oberländer, der in der Gefangenschaft zahlreiche Predigten verfaßt hatte, wird dabei das Luther-Wort vom "altbösen Feind, mit Ernst er's jetzt meint" im Kopf herumgegangen sein. Im November 1945 stand sein Entschluß bereits fest: nachdem der Krieg ihn verschont habe, sah er sich in der Pflicht, "den Kampf in Deutschland zu wagen".

Die Ergebnisse des Jahres 1945 seien die Quittung für eine "verbrecherische deutsche Ostpolitik voller Halbheit und Rechtlosigkeit", auch Hitler sei letztlich ein "Ausläufer des Bolschewismus" gewesen. Oberländer fügte,

---

[13] Vgl. "Die virtuelle DDR". *FAZ* vom 2. September 1997.

durchaus autobiographisch-selbstkritisch, hinzu, man dürfe nicht vernachlässigen, was vor zwanzig Jahren gewesen sei. Es habe auch ihn als Ostforscher "zu vielem gezwungen"[14]. Als Konsequenz der deutschen Verbrechen, dessen war er sicher, würde die Sowjetunion "auch den Rest Europas von innen heraus in die Hand bekommen". "Wir stehen in einer geistigen Schlacht um Europa, an der ich mitkämpfen will", hatte er seiner Frau in dem ihm eigenen Pathos bereits im Juli 1945 geschrieben. Im Herbst 1945 fand sich in seinen Briefen bereits ein praktischer Plan, ein Hilfswerk für deutsche Ostflüchtlinge, "wie einst in Galizien". So hatte er, wenige Monate nach Kriegsende und noch in alliierter Gefangenschaft, die wichtigsten Ziele seiner Nachkriegskarriere bereits auf Papier gebannt.

Mit der gleichen Energie, die ihn schon bei den deutschen Hegemonialplänen im Osten unter Hitler ausgezeichnet hatte, stand er schon bald bedingungslos an der Seite Konrad Adenauers, seiner Leitfigur des dritten Aktes. Zunächst mutet diese Allianz mehr als seltsam an: der rheinische Katholik Adenauer dachte Europa vom Kölner Dom aus und war den Genüssen des bürgerlichen Lebens und überhaupt westlicher Lebensart zugewandt. Dagegen war die Gedanken- und Gefühlswelt der protestantischen Seele des Professors Oberländer stets nach Osten gewandt. Das Leben des thüringisch-ostpreußisch geprägten Protestanten Oberländer war seit frühester Jugend vom einem antibürgerlich-bündischen Gestus und der Hinwendung nach Osten geprägt. Zahlreiche Pfarrer im familiären Stammbaum, auf die er oft und ungefragt hinwies, paßten gut zu seiner strengen und asketischen, fast kargen protestantischen Lebensführung, für die er unter Weggefährten hier bewundert und dort verspottet wurde. Gegensätzlicher in Temperament und Lebensart konnten zwei Menschen kaum sein. Auch ihre bisherigen Lebenswege waren über weite Strecken fast diametral entgegengesetzt verlaufen. Der katholische Adenauer hatte das Dritte Reich als eine zwölfjährige Phase der Drangsalierung erlebt und mit Mühe und Not überstanden. Für Oberländer war die gleiche Zeit, allen konzeptionellen Vorbehalten zum Trotz, eine Zeit des erfolgreichen Aufstiegs und der verschlungenen Karriere auf der Seite von Adenauers Gegnern gewesen.

Ebenso erscheint der defensive Antikommunismus Adenauers gegenüber dem Osten kaum mit dem klaren Freund-Feind-Schema vereinbar, das Oberländer seit 1932 unter wechselnden Fahnen, von der schwarz-weiß-

---

[14] Vgl. den Brief Oberländers an seine Frau vom 11. und 31. Juli und vom 11. November 1945 (alle Privatarchiv Oberländer).

roten deutschen Reichsfahne über das US-Sternenbanner bis hin zur schwarz-rot-goldenen Fahne der Bundesrepublik, gegen Moskau kämpfen ließ. Und doch gab es Gemeinsamkeiten, die Adenauer und Oberländer verbanden. Für Adenauer war weniger die konkrete militärische Bedrohung eine Quelle der Angst; zu Zeiten des Kalten Krieges war sie eh ein latenter Dauerzustand. Doch Unterwanderung und Fünfte Kolonne, das waren für ihn Schreckenswörter, und die daraus erwachsende unbestimmte, nicht zu erkennende Gefahr für die junge Bundesrepublik ängstigte ihn. Seine Reaktion darauf hieß Politik der Stärke, denn nur so ließen sich die Sowjets in seinen Augen beeindrucken. Genau hier trafen sich die beiden. Mit einem gerüttelten Maß an politischer Schlitzohrigkeit, die Adenauer zu eigen war, machte sich der eine Taktiker die Stärke des anderen - und dessen Feindbild - zunutze. Für Adenauer war Oberländer der richtige Mann am richtigen Platz, um die junge Bonner Republik wirtschaftlich und sozial zu stabilisieren. Die Vertriebenen als Parias des zerstörten Restdeutschland, sozial deklassiert und vielfach als Eindringlinge verachtet, bildeten eine zwölf Millionen starke amorphe Masse, die, ungewollt, ohne weiteres zur leichten Beute des Radikalismus, zu Sprengstoff in Stalins Händen werden konnte, indem sie Verelendung, Chaos und Umsturz in die sich gerade erst verwurzelnde Bonner Republik trug.

Oberländers Person und seine Gedankenwelt sprachen einen zentralen Aspekt im Weltbild vieler Vertriebener an und nutzten ihn als Klammer der Integration. Weite Teile von ihnen machten den Kommunismus allein für ihr Schicksal verantwortlich. Der vorausgegangene Nationalsozialismus mit seinen Verbrechen, der die Vertreibung überhaupt erst ausgelöst hatte, trat dahinter vollkommen zurück. Ganz im Geiste der alten Volkstumspolitik spielte ein wiederhergestelltes Deutsches Reich eine hegemoniale, ordnende Rolle in einem europäischen Kräfte- und Mächtesystem. Adenauers Vergangenheitspolitik konnte dieses Gedankengut kanalisieren und nutzen, um das Fundament der Bundesrepublik zu festigen.

Schon bald erregte der streitbare Oberländer heftigen Widerspruch. Zu der Ablehnung seiner Position eines außenpolitischen Falken gesellte sich die Kritik an seinem Drang, stets an exponierter Stelle zu stehen. Der Streit mit dem evangelischen Theologen Hans-Joachim Iwand im Herbst 1959 brachte diese Eigenschaft Oberländers noch einmal auf den Punkt. Obwohl beide sich aus Königsberg bereits kannten und Iwand Oberländers Amtsantritt 1953 euphorisch begrüßt hatte, standen sich die beiden nun an politischen Fronten gegenüber. Iwand kritisierte wortgewaltig, gemeinsam mit Martin Niemöller, Helmut Gollwitzer und Karl Barth, Adenauers Wiederbewaffnungspläne. Gott habe den Deutschen in diesem Jahrhundert zweimal die Waffen aus den Händen geschlagen, nun dürften sie die Waffen nicht ein drittes Mal aufnehmen.

Iwand vertrat die Ansicht, Deutschland müsse auf die Ostgebiete verzichten, um zu einem dauerhaften Ausgleich mit Polen zu kommen. Er schrieb an Oberländers Staatssekretär Nahm wenige Wochen vor seinem Tod:

"Wenn er [Oberländer] glaubt, er sei von anderen berufen, für die Vertriebenen deutsche Politik machen zu müssen, dann geht das genauso schief wie damals und trägt, leider, darin haben seine Kritiker recht, dieselbe Note [wie 1933 bis 1945] (...) Heute stellt er sich genauso bedingungslos hinter Adenauer, wie er sich seinerzeit hinter Hitler stellte (...) Schon sein Königsberger Weg zum Nationalsozialismus an so exponierter Stelle war nicht gut. Man konnte Moeller van den Bruck nicht mit den faden und gemeinen Zielen Hitlers verbinden. Wenn Oberländer heute das Recht auf Heimat fordert, möge er bedenken, wie Deutschland im Osten mit dem Recht auf Heimat der Juden und Sozialisten umgegangen sei[15].

Seinen loyalen Paladin protegierte Adenauer dennoch so lange, bis er mit Rücksicht auf die Interessen des Landes eine taktische Entscheidung fällen mußte. Spätestens seit dem Frühjahr 1960 war Oberländer zu einem Opportunisten ohne Sinn für das Opportune geworden, und der eine Taktiker konnte seine Rolle beim Rauswurf des anderen in einigermaßen günstigem Licht erscheinen lassen. Adenauer wollte einfach, wie er Oberländer gegenüber zugab, keinen Ärger mehr. Er schob innerparteiliche Zwänge und Absprachen mit der *SPD* vor, um Oberländers Rücktritt zu erzwingen, und zog sich den Umständen entsprechend so elegant wie möglich aus der Affäre. Wie geschickt Adenauer dabei war, ergibt sich nicht nur aus dem Protokoll der Besprechung, sondern auch aus der Ehrfurcht, mit der Oberländer von Adenauer gegenüber dem Autor bis zu seinem Tode sprach.

Theodor Oberländer - ein deutscher Fall

Was macht den Fall Oberländer nun zum deutschen Fall? Mit Sicherheit seine Persönlichkeitsstruktur. Die beschriebenen Merkmale, der Obrigkeitsglaube und die loyale Hingabe an wechselnde Herren gehören zu den fast

---

[15] Vgl. die Briefe Iwandts an Nahm vom 6. Dezember 1959 und an Oberländer vom 27. November 1959 und vom 3. Januar 1960 (alle Privatarchiv Oberländer).

tragischen Kennzeichen vieler Angehöriger einer Generation, die deutsche Zeitläufte in diesem Jahrhundert nachhaltig geprägt haben. Der vierschrötige Mann mit den selbstbewußten, energischen, fast kalten Augen fürchtete wenig, ging zeit seines Lebens keinem politischen Streit aus dem Weg und setzte dabei sein außerordentliches taktisches Geschick rücksichtslos ein, um an vorderster Front das Zeitgeschehen mitzugestalten für das höhere Ziel, sein Feindbild zu bedienen. Oberländer führte und betrachtete sein Leben stets als Kampf, und die Zielstrebigkeit, mit der er seinen Weg verfolgte, wurde seinen Mitstreitern und seinen Widersachern meist erst in dem Moment klar, in dem Oberländer sie bereits überflügelt hatte. Was nach 1945 für Bayern galt, behielt auch im *BHE* seine Gültigkeit.

Deshalb war es ungeachtet seiner taktischen Fähigkeiten eine Frage der Zeit, bis er durch Weggefährten und politische Gegner von allen Seiten ein Bündel alter Rechnungen präsentiert bekommen würde. Dazu trug er selbst auch kräftig durch die Klitterung seiner Vergangenheit bei, denn Oberländer, vor 1945 eingeübt in Überlebensschläue, hatte nach 1945 in bezug auf sein Vorleben den Mythos an die Stelle der Wahrheit gesetzt. In seinem Lebenslauf für das Bundestagshandbuch hatte er sich als unentdeckter Widerständler stilisiert, der mehrmals in Lebensgefahr geschwebt habe. Es waren viele solcher feinen Ungenauigkeiten, die stets willkommene Anlässe waren, allgemein Zweifel zu nähren.

Zweifel sind auch angebracht, ob Oberländer nach 1949 je ein überzeugter Demokrat gewesen ist, nachdem er von seinem 13. bis zu seinem 28. Lebensjahr nur die Weimarer Republik erlebt und bekämpft hatte. Als bestenfalls assimilierter Demokrat stand er auf dem Boden des Grundgesetzes, um die Mechanismen der neuen Demokratie für seine Mission gegen den Kommunismus zu nutzen. Wie kein anderer faßte das *CDU*-Mitglied Professor Franz Böhm dieses persönliche Defizit in Worte, als er an *CDU*-Generalsekretär Heinrich Krone schrieb:

> Oberländer ist niemals ein Gegner des Nationalsozialismus und niemals ein Freund der Demokratie gewesen und hat sich der Methoden, die während des Dritten Reiches im Kampf zwischen den kleinen und den großen Matadoren üblich waren, ohne jede Skrupel bedient. Daran hat sich bis heute auch nichts geändert (...) Er beherrscht die ganze Skala von unterwürfiger Anbiederung bis zur massiven Pression. Sein Verständnis für Fairness, Rechtlichkeit, Wahrhaftigkeit, Offenheit und menschliche Rücksichtnahme ist nur unvoll-

kommen entwickelt; es spricht sehr viel dafür, daß er diese Tugenden auch theoretisch für unangebracht hält"[16].

Das Zusammenspiel seiner Persönlichkeitsmerkmale führte über weite Strecken seiner Vor- und Nachkriegskarriere zu einem fast schon maschinenartigen Funktionieren, zur Bewältigung eines enormen Arbeitspensums, das die äußeren Umstände in den Hintergrund rückte, solange der Feind der gleiche blieb.

Oberländers Persönlichkeit bedingte fast zwangsläufig, daß der Kampf für ihn 1960 noch lange nicht zu Ende war. Seine Tragödie bekam einen nicht vorgesehenen vierten Akt, der ihn bis zu seinem Tode beschäftigte. Als Privatier wider Willen führte er seinen politischen Stellvertreterkrieg auf juristischer und publizistischer Ebene fort. Die zwei Bonner Verfahren gegen *Nachtigall* und *Bergmann* brachten ein insgesamt positives Ergebnis. Als Kommandeur des Sonderverbandes *Bergmann* sah er sich und seine Einheit gegenüber den östlichen Vorwürfen aus Propaganda und Schauprozeß vollkommen rehabilitiert. Dabei widerlegte vor allem die Kritik der ehemaligen Angehörigen dieser Einheit an der prononciert kaukasierfreundlichen Menschenführung ihres Chefs einen der DDR-Hauptvorwürfe, Oberländer habe seine Kaukasier zum Dienst gepreßt. Weniger eindeutig lautete die richterliche Entscheidung in Sachen Lemberg: hier ließ ein Freispruch zweiter Klasse zumindest die Möglichkeit offen, Angehörige der 2. Kompanie des Bataillons *Nachtigall* könnten sich, ohne Wissen der Bataillonsführung, an den Ausschreitungen und Pogromen beteiligt haben. Im Endeffekt bestätigt diese Studie dieses Urteil.

Seine Parallelstrategie, mit drei Büchern der Jahre 1960 bis 1963 den publizistischen Grundstein für seine mythengleiche Sicht der Dinge zu legen, war als Arbeitsdreiteilung zwischen Victor Silling alias Arthur v. Machui, Kurt Ziesel und Hermann Raschhofer geschickt angelegt. Doch ihre Ergebnisse sind im Lichte der heute zugänglichen Quellen nur mäßig überzeugend. Silling-v. Machuis weinerliche Rechtfertigungschrift und Ziesels frenetisch geschriebene Apologie mit leicht pathologischen Zügen sagen mehr über die Autoren und ihre Befindlichkeiten aus, als daß sie der Rehabilitierung Oberländers wirklich dienlich sein konnten. Ihr Tenor unterstreicht, wie sehr Oberländer als deutscher Fall zu einem unbewältigten Exemplar

---

[16] Vgl. den Brief Böhms an Krone, o.D. (wahrscheinlich im Februar 1960), *BA*, B 136 Nr. 3810.

aus Deutschlands unbewältigter Gegenwart geworden war. Auch Raschhofers solide, sachliche, vergleichende Analyse konnte diesen fatalen Eindruck nicht mehr beheben. Über dem Autor selbst hing und hängt die Aura der Befangenheit, und auch sein Buch, finanziert und in großem Stil aufgekauft durch die Bundesregierung, wurde vom Ruch einer Auftragsarbeit nie ganz frei. Bei genauerer Betrachtung fiel die publizistische Bilanz für Oberländer sehr viel negativer aus als die juristische.

Wechselseitige Feindschaften erledigen sich nicht durch Zeitablauf, und die Fähigkeit Oberländers, Karriereeinbrüche aufzufangen, hatte er, wie diese Studie belegt, oft genug bewiesen. Wie bei einem Staffellauf gaben sich auf beiden Seiten des eisernen Vorhangs die Kombattanten die Staffette in die Hand. Zunächst behielten Friedrich Karl Kaul, Albert Norden und sein Ost-Berliner Apparat Oberländer sorgsam im Auge. Zwar waren seine Chancen für eine politische Karriere spätestens mit dem Abgang Adenauers gleich null. Doch solange er sich nicht rehabilitiert sah, war er ein vollwertiger Gegner, dem genau diese Rehabilitierung unter allen Umständen verwehrt werden mußte. Der Ost-Berliner Hebel dafür war die unverdrossene Prozeßfreude, die Oberländer, in inniger Feindschaft vereint mit der *VVN* als Nordens loyalem Helfershelfer, seit Sommer 1959 an den Tag legte.

Für Oberländer war der Kampf mit der *VVN* nicht nur eine Frage der persönlichen Genugtuung, sondern auch eine logische Konsequenz seiner Tätigkeit als Minister, eine jahrzehntelange Fortsetzung des Kalten Krieges mit juristischen Mitteln. Die *VVN* war für ihn ein Werkzeug des Ostens, sie hatte die Kampagne gegen ihn losgetreten, sie publizistisch stets an den entscheidenden Stellen beeinflußt und die zuständigen Gerichte mit Bergen von vermeintlichem oder tatsächlichem Belastungsmaterial versorgt. Als Gegner hatte sich die *VVN*, bekannte Hauptmann a.D. Oberländer gegenüber dem Autor bis zu seinem Tode, als äußerst widerstandsfähig erwiesen und war in seinen Augen dafür verantwortlich, daß er noch immer das Stigma des "Mörders von Lemberg" trug.

Auch für die *VVN* blieb dieser Streit von grundsätzlicher Bedeutung. Oberländer hatte im Herbst 1959 den Verbotsantrag der Bundesregierung mit auf den Weg gebracht, nun bedrohte er sie mit immensen finanziellen Schadenersatzforderungen. Für die Frankfurter Antifaschisten war der Kampf mit Oberländer ein Kalter Krieg um das eigene Überleben. Dabei unterstützten sie nicht nur das gewohnte Ost-Berliner Nomenklaturkombinat aus Friedrich Karl Kaul, Generalstaatsanwaltschaft der DDR und dem Apparat Albert Nordens. Auch das *MfS* schaltete sich mit seinen beträchtlichen Ressourcen ein und perfektionierte über die Jahre seine Methode, aus Aktenbergen propagandistischen Rohstoff zu gewinnen. Die Grenzen zwischen Wissenschaft, Medien, Jurisprudenz und geheimdienstlicher Arbeit verwischten auf diese Weise nach außen fast vollkommen. So bot sich die einmalige Möglichkeit, in der deutsch-deutschen Verfolgung von Kriegsverbrechern die Schlagkraft der DDR-Institutionen zu bündeln und den mittlerweile erschlossenen Fundus an Originaldokumenten nach politischem Ermessen optimal einzusetzen und einzelne Personen und Institutionen der Bundesrepublik gezielt zu diskreditieren. Das politisch-operative Interesse des *MfS* konnte sich stets hinter dem lauteren, scheinbar objektiven und dazu plakativen Interesse verbergen, dem hehren Ziel der Vergangenheitsbewältigung zu dienen.

Diese Strategie blieb bis in die achtziger Jahre wirksam und verdeckte, trotz aller polnischen Störmanöver, die Haltlosigkeit der Ost-Berliner Vorwürfe bis zuletzt. Nachdem Bernt Engelmann in die Fußstapfen der *VVN* getreten war, lieferte ausgerechnet die westdeutsche Justiz dem Osten eine letzte, ultimative Hilfe. Vor dem Bundesgerichtshof und dem Oberlandesgericht München mußte sich Oberländer bescheinigen lassen, die Richter hätten keine Anhaltspunkte dafür gehabt, daß das Ost-Berliner Verfahren nicht fair geführt worden und nicht auf die Erforschung der materiellen Wahrheit ausgerichtet worden sei. Oberländers DDR-Pflichtverteidiger von 1960, Friedrich Wolff, fand dagegen über den damaligen Prozeß dreißig Jahre später deutliche Worte: Prozeß und Urteil gegen Oberländer seien in jeder Hinsicht Ausdruck einer Dominanz der Politik über die Rechtsprechung gewesen und daher nur aus politischen Gesichtspunkten zu verstehen, alles in allem ein "abgekartetes Sandkastenspiel"[17].

Bernt Engelmann, der als Korrespondent 1960 nur wenige Meter von Wolff entfernt im gleichen Gerichtssaal gesessen hatte, brauchte nach Auffassung der bundesdeutschen Justiz keine nachhaltigen Zweifel an der Rechtsstaatlichkeit dieses Schauprozesses zu haben. Er wollte es nicht, und mit Billigung der Münchner Richter brauchte er es auch nicht. Das Münchner Urteil hatte Engelmann zugebilligt, er habe im Jahre 1960 quasi blind und taub in der Verhandlung sitzen dürfen. Sechsundzwanzig Jahre nach Oberländers Rücktritt hatten die Ost-Berliner Regisseure der Kampagne

---

[17] Gespräch Wolff am 7. Januar 1998.

einen späten Sieg errungen. Das DDR-Urteil als Ganzes besaß nun seit 1986 das juristische Gütesiegel des Oberlandesgerichts in München. Im Lichte der zugänglichen Quellen ist dieses Urteil mehr als fragwürdig. Wie unter einem Brennglas verdichtet spiegelt es den Wandel der deutsch-deutschen Rechtsprechung und des Zeitgeistes nach dem Grundlagenvertrag wider. Daß Oberländer zum zweiten Mal nach 1959 und 1960 Opfer eines solchen Wandels geworden ist, gehört ebenso zu den Kontinuitäten dieses deutschen Falles.

Die letzte, unverhoffe Chance auf Rehabilitierung sah Oberländer jetzt nur noch auf der Asche seiner östlichen Gegner, nach dem Untergang der DDR. Ironie der Geschichte, daß er sich zunächst zu seinem seit 1960 bestehenden DDR-Fahndungsersuchen äußern mußte, dem der Einigungsvertrag die Legitimation des Grundgesetzes verliehen hatte, ebenso zu dem Richterspruch von 1960, das als rechtskräftiges Urteil weiterhin galt. Ironie der Geschichte auch, daß sich Oberländer mit Friedrich Wolff, dem Verteidiger Erich Honeckers, den besten östlichen Experten in eigener Sache engagierte. Es war bitter für ihn, daß die neubundesdeutsche Justiz volle drei Jahre brauchte, um über seinen Antrag, das DDR-Urteil aufzuheben, zu entscheiden. Ein letztes Mal setzte Oberländer in dieser Zeit auf seine taktische Fähigkeit, ein hochkarätiges Netzwerk für sich einzuspannen. Innerhalb der von *CDU* und *FDP* geführten Bundesregierung ließ er kaum jemanden aus, ihn für seine Rehabilitation zu bemühen. Doch in einer gefestigten deutschen Demokratie, in der die Gewalten geteilt und die Feindbilder des Kalten Krieges vergessen waren, blieb er weitgehend erfolglos.

Ende 1993 hielt er, nach dreiunddreißig Jahren der persönlichen Fortsetzung des Kalten Krieges, ein mageres Ergebnis in Händen. Es war die Aufhebung des DDR-Urteils, formal begründet durch die Abwesenheit des Angeklagten. Das Gericht hatte vollständig darauf verzichtet, dem Fall Oberländer noch einmal inhaltlich auf den Grund zu gehen. Das Stigma des "Mörders von Lemberg", von Ost-Berlin geschaffen und verhängt, wollte ihm das neubundesdeutsche Berliner Landgericht nicht wieder abnehmen. Seine Kritiker, allen voran Götz Aly, hielten dieses Stigma mit aller Macht am Leben, den zahlreichen Prozeßniederlagen gegen Oberländer zum Trotz.

So hat Oberländers gelebtes Freund-Feind-Schema den Untergang der DDR überdauert und die Polarisierung des Falles Oberländer bis heute seine Spuren hinterlassen. Das pauschale Verdikt über den vermeintlichen "Mörder von Lemberg" fällt bis heute in der Tagespublizistik auf einen für Kollektivurteile empfänglichen Resonanzboden. Die Demonstration vor Oberländers Haus, die am Anfang dieser Studie steht, macht es allzu deutlich. Die jungen Aktivisten in der Bonner Luisenstraße, teilweise vermummt, demonstrationserfahren mit Parkas, zerschundenen Jeans und festgeschnürten Springerstiefeln, waren nach sechsunddreißig Jahren gleichsam verspätete Handlungsreisende eines instrumentalisierten Antifaschismus, den Albert Norden 1960 so wirkungsvoll kanalisierte. An den Worten ihrer Presseerklärung, der vielfache Mörder Oberländer sei 1960 nach erfolgreicher internationaler Kampagne endlich aus dem Ministeramt entfernt worden, und man müsse nun dem "Mörder, der nicht mal freiwillig zur Hölle fährt", eben seinen Lebensabend zur Hölle machen[18], hätte Albert Norden sicher seine Freude gehabt.

An der Vielschichtigkeit des Falles Oberländer gehen solche Phrasen allerdings vorbei. Sie sind eher sinnfälliger Ausdruck dafür, wie notwendig dieses Buch im Jahre 1999, fast vierzig Jahre danach, noch ist. Die Höhen und Tiefen, die Versuchungen, Stärken und Schwächen einer deutschen Biographie, die sich wandelt, aber nie verwandelt, müssen schon genauer betrachtet werden. Auf weite Strecken ist Theodor Oberländer ein Spiegel deutscher Zeiten in diesem Jahrhundert, im Dritten Reich oft in der ersten Reihe, in der Bundesrepublik ein Mann der ersten Stunde. Als hochpolitischer Kopf hat er die ersten Jahre der Bonner Nachkriegsdemokratie in jeder Hinsicht entscheidend mitgeprägt. Einerseits hat er durch die Integration der Vertriebenen dazu beigetragen, die Bundesrepublik dauerhaft zu stabilisieren. Andererseits hat er durch Wesen und Vita Verfehlungen mancher Art mitgeprägt, mitgetragen, mitverkörpert und mitverantwortet.

Auch in den Akteuren des Falles Oberländer spiegeln sich die Ironien der deutschen Geschichte. Es war Erich Koch, der stets die Wendungen in Oberländers Leben mitprägte oder zugegen war - 1937 und 1943. Auch 1959, sechzehn Jahre nach ihrem Schlagabtausch auf der Krim, war sich Koch, nunmehr als Häftling vor Gericht in Warschau, nicht zu schade, Oberländer seine eigenen Verbrechen in die Schuhe zu schieben. Oberländers erster Kabinettschef in Bayern, Hans Ehard, war nach Hitlers Marsch auf die Feldherrnhalle in den Prozessen von 1924 gegen Hitler und Ludendorff Ankläger und Untersuchungsführer gewesen und hatte für Hitlers Landsberger Haft gesorgt. Dessen Mitmarschierer Oberländer saß nun im

---

[18] Pressemitteilung "Besuch bei dem NS-Mörder Theodor Oberländer am 29. Juni 1996" (Archiv des Autors).

Jahre 1950 einträchtig mit ihm auf der bayerischen Regierungsbank. Am Ende dieser Liste steht schließlich auch Friedrich Wolff: mit knapp vierzig Jahren vertrat er Oberländer als Vertreter der marxistischen DDR-Nomenklatura im Schauprozeß und machte dessen Verlauf mit Inbrunst zu Makulatur, dreißig Jahre später stritt er für die Rehabilitation des einst lebenslänglich Verurteilten nach dem Fall der Mauer und genießt heute die Vorzüge eines freiheitlichen, wiedervereinigten Deutschland.

Am Ende eines langen, bewegten und mitunter tragischen Lebens, nach dem Untergang der DDR, hätte es Oberländer späte Genugtuung bereiten können, daß Albert Nordens einst aufwendig inszenierte Kampagne von 1959/60 das Gegenteil dessen bewirkte, was er beabsichtigt hatte. Zwar kostete sie Oberländer sein Amt und zeigte beispielhaft, wie einfach die Bundesrepublik Adenauers zeitweilig in die politische Defensive zu bringen war. Doch eine nennenswerte Destabilisierung blieb letztlich aus. Vielmehr kam in der Bundesrepublik endlich die überfällige Diskussion über die unbewältigte Vergangenheit in Gang, die nach kurzer Zeit von den Medien und weiten Teilen der Bevölkerung aufgegriffen wurde und letzlich das Fundament der zweiten deutschen Republik bis heute verfestigte. Schon bald erwies sich die Kampagne als Pyrrhussieg und konnte der DDR ihren politischen Offenbarungseid am 13. August 1961 nicht ersparen. Aber diese Überlegung hätte in Oberländers kartesianischem Weltbild wohl keinen Platz gefunden. Nicht einmal der Untergang der DDR und der der Sowjetunion konnten ihn zufriedenstellen[19]. Für seine vollständige Rehabilitierung stritt er bis zu seinem Tode.

Am 4. Mai 1998 starb Theodor Oberländer, Hitlers Ostlandritter und Adenauers Bundesminister, Träger des Großen Bundesverdienstkreuzes mit Stern und Schulterband und einer lebenslangen DDR-Haftstrafe, Mitinitiator des zweiten Wirtschaftswunders und Kronjuwel im antifaschistischen Mythenschatz der DDR. Ein deutscher Fall.

---

[19] Gespräch Oberländer am 1. Mai 1998.

Dank

Der Blick zurück auf eine knapp dreijährige Forschungsarbeit macht ziemlich schnell deutlich, wie lang die Liste all derer ist, die zum Gelingen dieser Studie beigetragen haben. Auch wenn sie nur einen Autor hat, ist sie ohne viele helfende Hände und Münder nicht zu denken. Vielfacher Dank soll deshalb nach allen Seiten ausgesprochen werden. An erster Stelle steht hier Theodor Oberländer. Lange hat er sich bitten lassen, bis er mir schließlich jede Freiheit ließ, seine privaten Papiere auszuwerten und mir seine Sicht der Dinge in langen, zum Teil sehr kontroversen Gesprächen schilderte, die eine unermeßliche Fülle aufschlußreicher Details zutage förderten. Es ist ein nicht unbeträchtlicher Vorteil eines Zeithistorikers, den Hauptakteur seiner Studie persönlich gekannt, ihn beobachtet und sprechen gehört zu haben, statt sich lediglich ein Bild aus Papieren zu formen. Doch ohne die geht es nicht. Eingeschlossen in diesen Dank ist deshalb auch Oberländers Rechtsanwalt Ortwin Lowack, dem ich zahlreiche, sehr wertvolle Informationen verdanke.

Oberländer selbst hat den Abschluß dieser Studie nicht mehr erlebt, deshalb geht der Dank ebenso an seine Erben, die mir mit der gleichen Freigiebigkeit ermöglichten, die Arbeit abzuschließen. Der Nachlaß Theodor Oberländers birgt etliche Dokumente von hohem zeithistorischem Wert, die im Bundesarchiv sicher angemessen aufgehoben wären. Es bleibt zu hoffen, daß die Familie auch gegenüber weiteren Forschern ebenso offen verfährt, wie es Theodor Oberländer mit dem Autor in seinen letzten Lebensjahren tat.

Ebenso bin ich einer langen Reihe von Personen auf der Seite von Oberländers einstigen Gegnern zu großem Dank verpflichtet - an erster Stelle Dr. Winfried Matthäus und Professor John Norden für die Erlaubnis, die Nachlässe von Friedrich Karl Kaul und Albert Norden einzusehen. Dr. Friedrich Wolff und Dr. Egbert v. Frankenberg konnten als Prozeßbeteiligte von 1960 die Prozeßdarstellung um zahlreiche Details bereichern. Die Oberstleutnante a.D. Günter Bohnsack und Herbert Brehmer erläuterten mir als ehemalige Angehörige des *MfS* die Arbeits- und Wirkungsweisen der HA IX / 11. Dr. Götz Aly, Oberländers bevorzugter Beklagter seiner letzten Lebensjahre, gewährte mir freundlicherweise Einblick in seine Sammlung von Zeugnissen der publizistischen Tätigkeit Oberländers in den dreißiger Jahren.

In zahlreichen Archiven wurden mir mit Engelsgeduld Akten, Akten und nochmals Akten vorgelegt und mit vielen praktischen Tips weitergeholfen. Stellvertretend für alle sei hier dreien besonders gedankt: Herrn Wagner von der Gauck-Behörde, der aus den hintersten Ecken der damals nur teilweise erschlossenen *MfS*-Magazine jede nur denkbare Akte zum Fall Oberländer aufspürte, Herrn Hans Peter Mayer vom *Kameradenkreis der Gebirgstruppe* in München, mit dessen Hilfe ich die von der Bundeswehr ängstlich gehüteten Materialien zur Geschichte der deutschen Gebirgstruppe ausgiebig durchforsten konnte, und dem verstorbenen Leiter der *Zentralen Stelle* in Ludwigsburg, dem Leitenden Oberstaatsanwalt Alfred Streim, der mir, gemeinsam mit dem den Fall Oberländer bearbeitenden Richter Schneider, mit vielerlei Rat hilfreich war. Schließlich, aber nicht zuletzt, steuerte Heinz Höhne aus seinem gut gefüllten Privatarchiv etliche aufschlußreiche Dokumente über das Bataillon *Nachtigall* bei, und Dr. Günther Wagenlehner erschloß mir sein ebenfalls gut gefülltes Archiv mit bislang nicht veröffentlichten russischen Dokumenten zum Fall Oberländer.

Nach Abschluß der Interviews, der Archiv- und Presserecherche standen mir vor allem zwei Freunde als Gesprächs- und Diskussionspartner zur Seite, ohne die diese Studie nicht denkbar wäre: Christian Behrendt und Andreas Durst. Sie haben in monatelanger Arbeit das Manuskript immer wieder kritisch gelesen, viele Gedanken geglättet, geordnet und mit einer Unzahl von Anregungen bereichert. Gleiches gilt für Ingo Haar, der als Autor einer Studie über Historiker im Nationalsozialismus mit der Thematik bestens vertraut war. Auch ihm verdanke ich viele Abende voller hochkontroverser Gespräche. Als Übersetzer betätigten sich dankenswerterweise Philipp v. Hülsen, Stephan v. Bárczy und Nicole Brockmann für Texte aus der russischen, ungarischen und polnischen Sprache. Mein Doktorvater Michael Wolffsohn stand mir stets hilfreich zur Seite, wenn ich einmal Rat brauchte, und begleitete diese Studie mit Wohlwollen, Geduld und Interesse. Er verstand jegliche Unterstützung dabei stets als Hilfe zur Selbsthilfe, vermittelte Anregungen, statt Ansichten zu oktroyieren - eine wertvolle Erfahrung, an die ich mich immer gern erinnern werde.

Der wichtigste und innigste Dank geht jedoch an drei Menschen in meiner Familie. An meine unermüdlich korrekturlesende und mich immer wieder ermutigende Mutter, deren Auge kaum etwas entging, an meinen Vater, der mich bei meinen reise- und kostenintensiven Forschungen finanziell großzügig unterstützt hat. Und - an meine liebe Frau Beatrice. Sie wußte die Einsamkeiten wissenschaftlicher Forschung aufzufangen, ertrug tapfer zahlreiche Monologe und half, gelegentliche Mut- und Ratlosigkeit mit Geduld, Lebensfreude und Optimismus zu überwinden. Sie wurde erst durch die Fertigstellung dieser Studie von dem beklemmenden Verdacht erlöst, sie habe den Fall Oberländer im Sommer 1998 mitgeheiratet. Ihr ist dieses Buch in besonderer Dankbarkeit gewidmet.

Quellen-, Literatur- und Abkürzungsverzeichnis

A. Ungedruckte Quellen

Aktenbestände des Ministeriums für Staatssicherheit (MfS) der ehemaligen DDR, Berlin (BStU)

ZUV 28 (Fall Oberländer), Bände 1 bis 9a
Ast 107 / 60, Bände 1 bis 12 (Beiakten zum Fall Oberländer)

Dissertationen und Diplomarbeiten aus dem Bereich des MfS

Blecha, Kurt, Oberst Günter Halle und Günter Köhler: Die Lösung der Aufgaben der staatlichen Öffentlichkeitsarbeit zum Schutz und zur Sicherung der DDR durch Kooperation des MfS und des Presseamtes beim Vorsitzenden des Ministerrates unter besonderer Berücksichtigung der Durchführung gemeinsamer Aktionen im Kampf gegen die subversive Tätigkeit des Feindes. Forschungsergebnisse für die Juristische Hochschule des MfS Potsdam-Babelsberg, April 1971

Skiba, Dieter: Der Beitrag der Organe des MfS bei der konsequenten Verfolgung von Nazi- und Kriegsverbrechen und Verbrechen gegen die Menschlichkeit. Diplomarbeit an der Juristischen Hochschule des MfS Potsdam-Babelsberg vom November 1980

Bundesarchiv Berlin-Lichterfelde, Bestand SED (SAPMO-BA)

Abteilungen
Agitation und Propaganda
Nationalrat der Nationalen Front
Staat und Recht
Westarbeit / Westkommission
Nachlaß Friedrich Karl Kaul
Büro Albert Norden
Nachlaß Albert Norden
Büro Walter Ulbricht
Nachlaß Walter Ulbricht

Bundesarchiv-Zwischenarchiv Dahlewitz-Hoppegarten (BA-ZwA-DH)

ZV 171 Theodor Oberländer
Dokumentationszentrum P 815
ZW 436
ZC 18037

Bundesarchiv-Militärarchiv, Freiburg (BA-MA)

RW 4   OKW / Wehrmachtsführungsstab / Abteilung für Wehrmachtspropaganda

RH 19   Oberkommando der Heeresgruppe Nord
RH 22   Kommandierender General der Sicherungstruppen und Befehlshaber im Heeresgebiet Süd
RH 58   Kommandeur der Osttruppen z.b.V. 710
29617   Generalkommando des LII. Armeekorps

Bundesarchiv Koblenz (BA)

B 136   Bundeskanzleramt
NL 213 Hans Rothfels
R 6   Reichsministerium für die besetzten Ostgebiete

Bundesarchiv, Außenstelle Berlin Zehlendorf (ehemaliges Berlin Document Center - BDC)

VDA
BDO
Theodor Oberländer

US National Archives, Washington

RG 319 Army staff, file Theodor Oberländer

Bayrisches Armeemuseum, Ingolstadt (BAM)

Sammlung Sonderverband Bergmann

Archiv der deutschen Gebirgstruppe, München (ArchGebTr)

Sammlung Bataillon Nachtigall
Sammlung Sonderverband Bergmann
Nachlaß Erich Eichelkraut

Privatarchiv Theodor Oberländer, Bonn

Tagebücher 1941-1946, 1951-1960
Feldpostbriefe an seine Frau 1939-1946
Korrespondenz u.a. mit Konrad Adenauer
Verschiedenes (Genaue Einzelbelege finden sich in den Fußnoten)

Privatarchiv Heinz Höhne, Großhansdorf

Akten Dr. Hans-Albrecht Herzner
Akten Bataillon Nachtigall

Privatarchiv des v. Kleist'schen Familienverbandes, Hamm

Sowjetische Haftstrafakte Generalfeldmarschall Ewald v. Kleist

Staatsanwaltschaft bei dem Landgericht Bonn

8 Js 344/59 gegen Hans-Albrecht Herzner u.a.
8 Js 359/60 gegen Otto Fleischer u.a.
8 Js 393/60 gegen Theodor Oberländer
130 Js 1/96 gegen Oberländer

Landgericht Fulda

2 O 283/59 (Fu) Oberländer gegen Fuldaer Verlagsanstalt u.a.
2 O 63/64 (Fu) Oberländer gegen Fuldaer Verlagsanstalt u.a.
3 KMs 3/64 Oberländer gegen Erhard Karpenstein

Landgericht München

9 O 1414/81 Oberländer gegen Bernt Engelmann

Oberlandesgericht München

9 O 7002/81 Oberländer gegen Bernt Engelmann

Bundesgerichtshof Karlsruhe

VI ZR 214/83   Oberländer gegen Bernt Engelmann

Zentrale Stelle der Landesjustizverwaltungen, Ludwigsburg (ZStL)

213 AR 1899/66 gegen Alois Persterer u.a.

Interviews

Oberstleutnant a. D. Dr. Günter Bohnsack
Oberstleutnant a. D. Dr. Herbert Brehmer
Staatsanwalt Klaus Yvo Dederichs
Egbert v. Frankenberg und Proschlitz
Theodor Oberländer
Frau Ellen Reuter
Dr. Friedrich Wolff

B.   Gedruckte Quellen und Literatur

Adenauer, Konrad: *Adenauer-Heuss. Unter vier Augen.* Gespräche aus der Gründerzeit 1949-1959. Bearbeitet von Hans Peter Mensing. Berlin 1988 (Rhöndorfer Ausgabe Ergänzungsband 3).
Adenauer, Konrad: *Teegespräche 1959-1961.* Bearbeitet von Hans Jürgen Küsters. Berlin 1988.
Adenauer, Konrad: *Teegespräche 1961-1963.* Bearbeitet von Hans Peter Mensing. Berlin 1992.
Adenauer im Dritten Reich. Bearbeitet von Hans Peter Mensing. Berlin 1991.
Alexiev, Alex: *Soviet Nationalities in German Wartime Strategies.* Prepared for the Director of Net Assessment, Office of the Secretary of Defense, August 1984.
Aly, Götz: *Macht-Geist-Wahn.* Kontinuitäten deutschen Denkens. Berlin 1997.

Aly, Götz und Susanne Heim: *Vordenker der Vernichtung*. Auschwitz und die deutschen Pläne für eine neue europäische Ordnung. Frankfurt am Main 1993.

Andrzejewski, Marek: *Opposition und Widerstand in Danzig 1933 bis 1939*. Bonn 1994 (Forschungsinstitut der Friedrich-Ebert-Stiftung, Reihe Politik- und Gesellschaftsgeschichte Band 36).

Armstrong, John A.: *Ukrainian Nationalism 1939-1945*. New York ²1963.

Ausschuß für Deutsche Einheit (Hg.): *Aus dem Tagebuch eines Judenmörders*. Weitere Dokumente über die Durchsetzung des Bonner Staatsapparates mit Verbrechen gegen die Menschlichkeit. Berlin (Ost) 1956.

Ausschuß für Deutsche Einheit (Hg.): *Der Oberländer-Prozeß*. Gekürztes Protokoll der Verhandlung vor dem Obersten Gericht der DDR vom 20. bis zum 27. April 1960. Berlin (Ost) 1960.

Ausschuß für Deutsche Einheit (Hg.): *Die Bundesrepublik - Paradies für Kriegsverbrecher*. Dokumente über die Durchsetzung des Bonner Staatsapparates mit Verbrechern gegen die Menschlichkeit. Berlin (Ost) 1956.

Axen, Hermann: *Ich war ein Diener der Partei*. Autobiographische Gespräche mit Harald Neubert. Berlin 1996.

Barron, John: *KGB*. The secret work of Soviet secret agents. London 1974.

Bauer, Franz J.: *Flüchtlinge und Flüchtlingspolitik in Bayern 1945-1950*. Stuttgart 1982 (Forschungen und Quellen zur Zeitgeschichte Band 3).

Beckert, Rudi: *Die erste und letzte Instanz*. Schau- und Geheimprozesse vor dem Obersten Gericht der DDR. Goldbach 1995.

Beher, Rudolf Heinz: Erinnerungen an den Sonderverband und das Bataillon Bergmann. Krailing 1983.

Benz, Wolfgang: „Der Generalplan Ost. Zur Germanisierungspolitik des NS-Regimes in den besetzten Ostgebieten 1939-1945", in: Wolfgang Benz (Hg.): *Die Vertreibung der Deutschen aus dem Osten*. Ursachen, Ereignisse, Folgen. Frankfurt am Main 1985.

Benzing, Klaus: *Der Admiral*. Nördlingen 1973.

Bernhardt, Ulrich: Die Deutsche Akademie für Staats- und Rechtswissenschaften „Walter Ulbricht" 1948-1971. Frankfurt am Main 1997.

Birke, Adolf M.: *Nation ohne Haus*. Deutschland 1945-1961. Berlin 1994 (Siedler Deutsche Geschichte - Die Deutschen und ihre Nation).

Bittmann, Ladislav: *Geheimwaffe D*. Bern 1973.

Bittmann, Ladislav: *Zum Tode verurteilt*. Memoiren eines Spions. München 1984.

Bohnsack, Günter, und Herbert Brehmer: *Auftrag Irreführung*. Wie die Stasi die Politik im Westen machte. Hamburg 1992.

Bohnsack, Günter: *Hauptverwaltung Aufklärung: Die Legende stirbt*. Das Ende von Wolfs Geheimdienst. Berlin 1997.

Boockmann, Hartmut: Deutsche Geschichte im Osten Europas - Ostpreußen und Westpreußen. Berlin 1992.

Brandes, Detlev: *Die Tschechen unter deutschem Protektorat*. 2 Bände. München 1969.

Bräutigam, Otto: Die Landwirtschaft in der Sowjetunion. Berlin 1942.

Bräutigam, Otto: *So hat es sich zugetragen*. Ein Leben als Soldat und Diplomat. Würzburg 1968.

Brechtgen, Magnus: *Madagaskar für die Juden*. Antisemitische Idee und politische Praxis 1885-1945. München 1998 (Studien zur Zeitgeschichte Band 53).

Brenner, Michael: *Nach dem Holocaust*. Juden in Deutschland 1945-1950. München 1995.

Bretzel, Marianne: *Die Machtfrau*. Hilde Benjamin 1902-1989. Berlin 1997.

Brochhagen, Ulrich: *Nach Nürnberg*. Vergangenheitsbewältigung und Westintegration in der Ära Adenauer. Hamburg 1994.

Brockdorff, Werner: Geheimkommandos des Zweiten Weltkrieges. München 1958.

Brockdorff, Werner: *Kollaboration oder Widerstand*. Die Zusammenarbeit mit den Deutschen in den besetzten Ländern während des Zweiten Weltkriegs und deren schreckliche Folgen. München 1968.

Browning, Christopher R.: *Der Weg zur Endlösung*. Entscheidungen und Täter. Bonn 1998.

Browning, Christopher: *Ganz normale Männer*. Das Reserve-Polizeibataillon 101 und die Endlösung in Polen. Reinbek 1993.

Bucerius, Gerd: *Zwischenrufe und Ordnungsrufe*. Berlin 1984.

Buchbender, Ortwin: *Das tönende Erz*. Deutsche Propaganda gegen die Rote Armee im Zweiten Weltkrieg. Stuttgart 1978.

Buchheit, Gert: *Der deutsche Geheimdienst*. München 1966.

Buchsweiler, Meir: *Volksdeutsche am Vorabend und Beginn des Zweiten Weltkriegs - ein Fall doppelter Loyalität?* Gerlingen 1984 (Schriftenreihe des Instituts für Deutsche Geschichte, Universität Tel-Aviv; Band 7).

Bundesministerium für Vertriebene, Flüchtlinge und Kriegsgeschädigte (Hg.): *20 Jahre Bundesministerium für Vertriebene, Flüchtlinge und Kriegsgeschädigte 1949-1969*. Bonn 1970.

Burleigh, Michael: *Germany turns Eastward*. A study of *Ostforschung* in the Third Reich. Cambridge 1988.

Buss, Philip Henry: *The Non-Germans in the German Armed Forces 1939-1945.* Phil. Diss. University of Kent. Canterbury 1974.

Camphausen, Gabriele: Die wissenschaftliche historische Rußlandforschung im Dritten Reich 1933-1945. Frankfurt am Main 1990.

Carsten, Francis L.: „A Bolshevik conspiracy in the Wehrmacht", in: *The Slavonic and East European Review*, vol. XLVII Nr. 109 (1969), S. 483-509.

Conquest, Robert: *Ernte des Todes*. Stalins Holocaust in der Ukraine 1929-1933. München 1988.

Dach, Helmut v.: „Kampf im Hochgebirge", in: *Der Schweizer Soldat* Nr. 48 (1973), S. 43-80.

Dallin, Alexander: *Deutsche Herrschaft in Rußland 1941-1945*. Eine Studie über Besatzungspolitik. Düsseldorf 1958.

Danyel, Jürgen (Hg.): *Die geteilte Vergangenheit*. Zum Umgang mit Nationalsozialismus und Widerstand in beiden deutschen Staaten. Berlin 1995 (Zeithistorische Studien Band 4).

Das Deutsche Reich und der Zweite Weltkrieg. Herausgegeben vom Militärgeschichtlichen Forschungsamt. 6 Bände und 1 Beiheft, Stuttgart 1983.

Das Urteil von Nürnberg. Grundlage eines neuen Völkerrechts. Herausgegeben von der Arbeitsgemeinschaft „Das Licht", Baden-Baden, o.D. (wahrscheinlich 1946).

Davis, Clyde R.: *Von Kleist.* From Hussar to Panzer Marshal. Houston 1979.

Demandt, Alexander (Hg.): *Deutschlands Grenzen in der Geschichte.* München ²1991.

Deutsche Geschichte 1933-1945. Dokumente zur Innen- und Außenpolitik. Herausgegeben von Wolfgang Michalka. Frankfurt am Main 1993.

Deutsche Politik im Protektorat Böhmen und Mähren unter Reinhard Heydrich 1941-1942. Eine Dokumentation. Herausgegeben von Miroslav Kárný, Jaroslava Milotová, Margita Kárná. Berlin 1997.

Deutschland im Kalten Krieg 1945-1963. Eine Ausstellung des Deutschen Historischen Museums vom 28. August bis zum 24. November 1992 im Zeughaus Berlin. Ausstellungskatalog Berlin 1992.

Die Nachhut. Internes, nicht öffentliches Informationsorgan für Angehörige der ehemaligen militärischen deutschen Abwehr, herausgegeben von der AGEA (Arbeitsgemeinschaft ehemaliger Abwehrangehöriger). Alle erschienenen Hefte von Nr. 1 (1967) bis Nr. 32 (1975), o. O., o.D.

Die Wahrheit über Oberländer. Herausgegeben vom Präsidium der VVN. Frankfurt am Main, o.D. (wahrscheinlich Winter 1959/60).

Domarus, Max: *Hitler.* Reden und Proklamationen 1932-1945. Kommentiert von einem deutschen Zeitzeugen. Band I. Würzburg 1962.

Drozdzynski, Aleksander, und Jan Zaborowski: *Oberländer.* A study in German East politics. Posen 1960.

Eckhardt, Felix v.: *Ein unordentliches Leben.* Lebenserinnerungen. Düsseldorf-Wien 1967.

Ehrenburg, Ilja: *Russia at War.* London 1943.

Eibich, Rolf-Josef (Hg.): *Unterdrückung und Verfolgung Deutscher Patrioten.* Gesinnungsdiktatur in Deutschland? Viöl 1997.

Engelmann, Bernt: *Die Laufmasche.* München 1980.

Engelmann, Bernt: *Bis alles in Scherben fällt.* Köln 1983.

Engelmann, Roger, und Paul Erker: *Annäherung und Abgrenzung.* Aspekte deutsch-deutscher Beziehungen 1956-1969. München 1993.

Enzyklopädie des Nationalsozialismus. Herausgegeben von Wolfgang Benz, Hermann Graml und Hermann Weiß. München 1997.

Ernst, Robert: *Rechenschaftsbericht eines Elsässers.* Berlin ²1955 (Schriften gegen Diffamierung und Vorurteile, Band 5: gegen Diffamierung der Verteidiger deutschen Volkstums).

Fässler, Peter, Thomas Held und Dirk Sawitzki (Hg.): *Lemberg-Lwów-Lviv.* Eine Stadt im Schnittpunkt europäischer Kulturen. Köln ²1995.

Festschrift 50 Jahre Kameradschaft Bergmann. Krailing 1991.

Feth, Andrea: *Hilde Benjamin - Eine Biographie.* Berlin 1997 (Schriftenreihe Justizforschung und Rechtssoziologie, Band 1).

Frank, Karl Hermann: *Mein Leben für Böhmen*. Als Staatsminister im Protektorat. Herausgegeben von Ernst Frank. Kiel 1994.

Frankenberg, Egbert v.: *Meine Entscheidung*. Berlin (Ost) 1963.

Fremund, Karel: „Professor Hermann Raschhofer - früher politischer und Rechtsberater der nazistischen Okkupationsmacht in der Tschechoslowakei, heute Rechtsexperte der Ostforschung und des Revanchismus in Westdeutschland", in: *Informationen über die imperialistische Ostforschung*, Band 6 (1966), Heft 2, S. 1-36.

Frei, Norbert: Vergangenheitspolitik. Die Anfänge der Bundesrepublik und die NS-Vergangenheit. München 1996.

Fricke, Karl Wilhelm: *Akten-Einsicht*. Rekonstruktion einer politischen Verfolgung. Berlin ²1996 (Analysen und Dokumente - Wissenschaftliche Reihe des Bundesbeauftragten Band 2).

Fricke, Karl Wilhelm: *Die DDR-Staatssicherheit*. Entwicklung - Strukturen - Aktionsfelder. Köln 1982.

Fricke, Karl Wilhelm: *DDR-Staatssicherheit*. Das Phänomen des Verrats. Die Zusammenarbeit zwischen MfS und KGB. Bochum 1995 (Kritische Aufarbeitung der DDR und Osteuropas Band 4).

Fricke, Karl Wilhelm: *Zur politischen Strafrechtsprechung des Obersten Gerichts der DDR*. Heidelberg 1994 (Schriftenreihe der Juristischen Studiengesellschaft Karlsruhe Heft 213).

Friedman, Philip: *Roads to Extinction*. Essays on the Holocaust. New York 1980.

Friedrich, Jörg: *Die kalte Amnestie*. NS-Täter in der Bundesrepublik. München 1994.

Fröhlich, Elke (Hg.): *Die Tagebücher von Joseph Goebbels*. Sämtliche Fragmente, Band I / 4: 1.1.1940 bis 8.7.1941. München 1987.

Fröhlich, Sergej: *General Wlassow*. Russen und Deutsche zwischen Hitler und Stalin. Köln 1987.

Genocide in the USSR. Studies in Group Destruction. Herausgegeben von Nikolai K. Deker and Andrei Lebed. München 1958 (Institut zur Erforschung der UdSSR Reihe I Nr. 40).

Gerlach, Christian: „Die deutsche Agrarreform und die Bevölkerungspolitik in den besetzten sowjetischen Gebieten", in: *Besatzung und Bündnis*. Deutsche Herrschaftsstrategien in Ost- und Südosteuropa. Berlin-Göttingen 1995, S. 9-60 (Beiträge zur nationalsozialistischen Gesundheits- und Sozialpolitik Band 12).

Gerstenmaier, Eugen: *Streit und Friede hat seine Zeit*. Ein Lebensbericht. Frankfurt am Main 1981.

Gill, David, und Ulrich Schröter: *Das Ministerium für Staatssicherheit*. Anatomie des Mielke-Imperiums. Berlin 1991.

Golczewski, Frank (Hg.): *Geschichte der Ukraine*. Göttingen 1993.

Gosztony, Peter: *Stalins fremde Heere*. Das Schicksal der nichtsowjetischen Truppen im Rahmen der Roten Armee 1941-1945. Bonn 1991.

Graml, Hermann: „Die Wehrmacht im Dritten Reich", in: *Vierteljahreshefte für Zeitgeschichte* Nr. 45 / 1997, S. 365-384.

Greiffenhagen, Martin: *Das Dilemma des Konservativismus in Deutschland*. Frankfurt am Main 1986.

Grewe, Wilhelm G.: *Rückblenden 1976-1951*. Aufzeichnungen eines Augenzeugen deutscher Außenpolitik von Adenauer bis Schmidt. München 1979.

Grinevskij, Oleg: *Tauwetter*. Entspannung, Krisen und neue Eiszeit. Berlin 1996.

Groscurth, Helmut: *Tagebücher eines Abwehroffiziers 1938-1940*. Herausgegeben von Helmut Krausnick und Harold C. Deutsch unter Mitarbeit von Hildegard v. Kotze. Stuttgart 1970 (Quellen und Darstellungen zur Zeitgeschichte Band 19).

Grunenberg, Antonia: Antifaschismus - ein deutscher Mythos. Reinbek 1993.

Gutberger, Jörg: *Volk, Raum und Sozialstruktur*. Sozialstruktur- und Sozialraumforschung im Dritten Reich. Münster 1996 (Beiträge zur Geschichte der Soziologie Band 8).

Haar, Ingo: *Historiker im Nationalsozialismus*: Die deutsche Geschichtswissenschaft und der „Volkstumskampf" im Osten. Phil. Diss. Halle 1998.

Hachmeister, Lutz: *Der Gegnerforscher*. Die Karriere des SS-Führers Franz Alfred Six. München 1998.

Hacker, Jens: *Deutsche Irrtümer*. Schönfärber und Helfershelfer der SED-Diktatur im Westen. Berlin-Frankfurt am Main 1992.

Hagen, Louis: Der heimliche Krieg auf deutschem Boden seit 1945. Düsseldorf 1969.

Haussmann, Guido und Andreas Kappeler (Hg.): *Ukraine*. Geschichte und Gegenwart eines neuen Staates. Baden-Baden 1993.

Heer, Hannes, und Klaus Naumann (Hg.): *Vernichtungskrieg*. Verbrechen der Wehrmacht 1941 bis 1944. Hamburg 1995.

Heim, Susanne und Ulrike Schwaz: *Berechnung und Beschwörung*. Überbevölkerung - Kritik einer Debatte. Berlin 1996.

Herbert, Ulrich: *Best*. Biographische Studien über Radikalismus, Weltanschauung und Vernunft, 1903 - 1989. Bonn ²1996.

Herbert, Ulrich (Hg.): *Nationalsozialistische Vernichtungspolitik 1939-1945*. Neue Forschungen und Kontroversen. Frankfurt am Main 1998.

Hermand, Jost: *Der alte Traum vom neuen Reich*. Völkische Utopien und Nationalsozialismus. Frankfurt am Main 1988.

Herwarth, Hans v.: *Zwischen Hitler und Stalin*. Erlebte Zeitgeschichte 1931-1945. Frankfurt 1989.

Herwarth, Hans v.: *Von Adenauer zu Brandt*. Erinnerungen. Berlin 1990.

Heydecker, Joe J., und Johannes Leeb: *Der Nürnberger Prozeß*. Köln ²1995.

Hockerts, Hans Günther (Hg.): *Das Adenauer-Bild in der DDR*. Bonn 1996 (Rhöndorfer Gespräche Band 15).

Höhne, Heinz: *Canaris*. Patriot im Zwielicht. München 1976.

Höhne, Heinz: *Der Orden unter dem Totenkopf*. Die Geschichte der SS. Neue Ausgabe Augsburg 1995.

Hoffmann, Joachim: *Die Geschichte der Wlassow-Armee*. Freiburg 1984 (Einzelschriften zur Militärgeschichte Band 27).

Hoffmann, Joachim: *Die Ostlegionen 1941-1943*. Turkotataren, Kaukasier und Wolgafinnen im deutschen Heer. Freiburg 1976 (Einzelschriften zur Militärgeschichte Band 19).

Hoffmann, Joachim: *Kaukasien 1942/43*. Das deutsche Heer und die Orientvölker der Sowjetunion. Freiburg 1991 (Einzelschriften zur Militärgeschichte Band 35).

Ilnytzkyj, Roman: *Deutschland und die Ukraine 1934-1945*. Tatsachen europäischer Ostpolitik. Ein Vorbericht. 2 Bände, München ²1958.

Im Dienste der Partei: Handbuch der bewaffneten Organe der DDR. Berlin 1998.

IMT - Der Prozeß gegen die Hauptkriegsverbrecher vor dem Internationalen Militärgerichtshof Nürnberg (IMT) vom 14. November bis zum 1. Oktober 1946. 42 Bände. Nürnberg 1947-49.

Jacobsen, Hans-Adolf: *Der Zweite Weltkrieg*. Darmstadt ⁵1961.

Jacobsen, Hans-Adolf (Hg.): *Hans Steinacher*. Bundesleiter des VDA 1933-1937. Erinnerungen und Dokumente. Boppard 1970 (Schriftenreihe des Bundesarchivs, Bd. 19).

Jacobsen, Hans-Adolf: *Karl Haushofer*. Leben und Werk. 2 Bände. Boppard 1979 Schriftenreihe des Bundesarchivs, Bde. 24 I/II).

Jacobsen, Hans-Adolf: „Kommissarbefehl und Massenexekutionen sowjetischer Kriegsgefangener", in: Hans Buchheim, Martin Broszat, Hans-Adolf Jacobsen und Helmut Krausnick: *Anatomie des SS-Staates*, Band II. Freiburg 1965, S. 163-182.

Jacobsen, Hans-Adolf: Nationalsozialistische Außenpolitik 1933-1938. Berlin 1968.

Janßen, Karl-Heinz: *Die Zeit in der ZEIT*. 50 Jahre einer Wochenzeitung. Berlin ²1995.

Kather, Linus: *Die Entmachtung der Vertriebenen*. 2 Bände. München 1964.

Kahane, David: *Lvov ghetto diary*. Amherst 1990.

Kappeler, Andreas: *Kleine Geschichte der Ukraine*. München 1994.

Kershaw, Ian: *Hitler 1889-1936*. Stuttgart 1998.

Kielmansegg, Peter Graf: *Lange Schatten*. Vom Umgang der Deutschen mit der nationalsozialistischen Vergangenheit. Berlin 1989.

Kirchheimer, Otto: *Politische Justiz*. Verwendung juristischer Verfahrensmöglichkeiten zu politischen Zwecken. Neuwied 1965.

Kittel, Manfred: *Die Legende von der „Zweiten Schuld"*. Vergangenheitsbewältigung in der Ära Adenauer. Berlin 1993.

Klemperer, Victor: *LTI*. Notizbuch eines Philologen. Leipzig ¹³1995.

Kleßmann, Christoph, und Georg Wagner: *Das gespaltene Land*. Leben in Deutschland 1945 bis 1990. Texte und Dokumente zur Sozialgeschichte. München 1993.

Kleßmann, Christoph: *Die doppelte Staatsgründung*. Deutsche Geschichte 1945-1955. Göttingen 1991.

Knabe, Hubertus: *Die unterwanderte Republik*. Stasi im Westen. Berlin 1999.

Koch, Peter-Ferdinand: *Die feindlichen Brüder*. DDR contra BRD. Eine Bilanz nach fünfzig Jahren Bruderkrieg. Bern 1994.

Köhler, Henning: *Adenauer*. Eine politische Biographie. Frankfurt am Main 1994.

Koerfer, Daniel: *Kampf ums Kanzleramt*. Erhard und Adenauer. Stuttgart ²1988.

Kornrumpf, Martin: *In Bayern angekommen*. Die Eingliederung der Vertriebenen. Namen - Zahlen - Daten. München 1979 (Dokumente unserer Zeit Band 3).

Kosyk, Wolodomyr: L'Allemagne national-socialiste et l'Ukraine. Paris 1986.

Kowalczuk, Ilko-Sascha: *Legitimation eines neuen Staates*. Parteiarbeit an der historischen Front. Berlin 1997

Krausnick, Helmut, und Hans-Heinrich Wilhelm: *Die Truppe des Weltanschauungskrieges*. Die Einsatzgruppen der Sicherheitspolizei und des SD. Frankfurt am Main 1981 (Quellen und Darstellungen zur Zeitgeschichte Band 22).

Kriegstagebuch des Oberkommandos der Wehrmacht (Wehrmachtsführungsstab) 1940-1945. Geführt von Helmut Greiner und Percy Ernst Schramm, herausgegeben von Percy Ernst Schramm. Studienausgabe München 1982.

Krone, Heinrich: *Tagebücher*. Erster Band 1945-1961. Bearbeitet von Hans-Otto Kleinmann. Düsseldorf 1995 (Forschungen und Quellen zur Zeitgeschichte, Band 28).

Kulturstiftung der Vertriebenen (Hg.): *Die Albertus-Universität zu Königsberg*. Bonn 1996.

Lang, Jochen v.: *Erich Mielke*. Eine deutsche Karriere. Berlin 1991.

Lanzinner, Maximilian: *Zwischen Sternenbanner und Bundesadler*. Bayern im Wiederaufbau 1945-1958. Regensburg 1996.

Lemberg 1941 und Oberländer. Das Ergebnis einer Untersuchung. Amstelveen 1960.

Lemke, Michael: *Die Berlinkrise 1958 bis 1963*. Interessen und Handlungsspielräume der SED im Ost-West-Konflikt. Berlin 1995 (Zeithistorische Studien Band 5).

Lemke, Michael: „Kampagnen gegen Bonn. Die Systemkrise der DDR und die Westpropaganda der SED 1960-1963", in: *Vierteljahreshefte für Zeitgeschichte* Nr. 41 / 1993, S. 153-174.

Lenz, Otto: *Im Zentrum der Macht*. Tagebuch von Staatssekretär Otto Lenz, 1951-1953. Düsseldorf 1989 (Forschungen und Quellen zur Zeitgeschichte, Bd. 11).

Leverkuehn, Paul: Der geheime Nachrichtendienst der deutschen Wehrmacht im Kriege. Frankfurt 1957.

Lexikon zur Parteiengeschichte. Die bürgerlichen und kleinbürgerlichen Parteien und Verbände in Deutschland (1889-1945). Herausgegeben von Dieter Fricke. 4 Bände. Köln 1983 ff.

Loewenthal, Rudolf: „The Judeo-Tats in the Caucasus", in: *Historica Judaica* vol. XIV (April 1952), S. 61-82.

Longerich, Peter (Hg.): *Die Ermordung der europäischen Juden*. Eine umfassende Dokumentation des Holocaust 1941-1945. München 1989.

Longerich, Peter: *Hitlers Stellvertreter*. Führung der Partei und Kontrolle des Staatsapparates durch den Stab Heß und die Partei-Kanzlei Bormann. München 1992.

Macdonald, Callum: Heydrich - Anatomie eines Attentats. München 1990.

Madajczyk, Czeslaw: Die Okkupationspolitik Nazideutschlands in Polen 1939-1945. Berlin (Ost) 1987.

Madajczyk, Czeslaw: „Vom Generalplan Ost zum Generalsiedlungsplan", in: Mechthild Rössler und Sabine Schleiermacher (Hg.): *Der Generalplan Ost.* Hauptlinien der nationalsozialistischen Planungs- und Vernichtungspolitik. Berlin 1993, S. 12-19.

Mader, Julius: *Hitlers Spionagegenerale sagen aus*. Ein Dokumentarbericht über Aufbau, Struktur und Operationen des OKW-Geheimdienstamtes Ausland/Abwehr mit einer Chronologie seiner Einsätze von 1933 bis 1944. Berlin (Ost) 1970.

Magenheimer, Heinz: *Die Militärstrategie Deutschlands 1940-1945.* Führungsentschlüsse, Hintergründe, Alternativen. München 1997.

Marbold, Johannes, und Gerald W. Horsten: *Als die Nachtigallen schlugen.* Berlin (Ost) 1960.

Mastny, Vojtech: *The Czechs under Nazi rule.* The failure of international resistance 1939-1942. New York-London 1971.

Materialien der Enquête-Kommission „Aufarbeitung von Geschichte und Folgen der SED-Diktatur in Deutschland (12. Wahlperiode des Deutschen Bundestages). Herausgegeben vom Deutschen Bundestag. 9 Bände in 18 Teilbänden. Baden-Baden 1995.

Meinl, Susanne und Dieter Krüger: „Der politische Weg des Friedrich Wilhelm Heinz", in: *Vierteljahreshefte für Zeitgeschichte* Nr. 42 / 1994, S. 39-69.

Michalka, Wolfgang (Hg.): *Deutsche Geschichte 1933-1945.* Dokumente zur Innen- und Außenpolitik. Frankfurt am Main 1996.

Mitter, Armin, und Stefan Wolle: *Untergang auf Raten.* Unbekannte Kapitel der DDR-Geschichte. München 1993.

Mühlen, Patrick v. zur: *Zwischen Hakenkreuz und Sowjetstern.* Der Nationalismus der sowjetischen Orientvölker im Zweiten Weltkrieg. Düsseldorf 1971 (Bonner Schriften zur Politik und Zeitgeschichte, Band 5).

Müller, Rolf-Dieter: *Hitlers Ostkrieg und die deutsche Siedlungspolitik.* Die Zusammenarbeit von Wehrmacht, Wirtschaft und SS. Frankfurt am Main 1991.

Neulen, Hans Werner: *An deutscher Seite.* Internationale Freiwillige von Wehrmacht und Waffen-SS. München 1985.

Neulen, Hans Werner: *Europa und das 3. Reich.* Einigungsbestrebungen im deutschen Machtbereich 1939-45. München 1987.

Neumann, Franz: *Der Block der Heimatvertriebenen und Entrechteten 1950-1960.* Ein Beitrag zur Geschichte und Struktur einer politischen Interessenpartei. Meisenheim 1968 (Marburger Abhandlungen zur Politischen Wissenschaft Band 5).

Neumann, Franz L.: *Behemoth.* Struktur und Praxis des Nationalsozialismus 1933-1944. Frankfurt am Main ³1993.

Niethammer, Lutz: *Der gesäuberte Antifaschismus.* Die SED und die roten Kapos von Buchenwald. Berlin 1994.

Nolte, Ernst: *Deutschland und der Kalte Krieg.* Stuttgart ²1985.

Norden, Albert: *Ereignisse und Erlebtes.* Berlin (Ost) 1981.

Oberländer, Theodor: *Der Osten und die deutsche Wehrmacht.* Sechs Denkschriften aus den Jahren 1941-1943 gegen die NS-Kolonialthese. Herausgegeben von der Zeitgeschichtlichen Forschungsstelle Ingolstadt. Asendorf 1987.

Oberländer Theodor: *Die agrarische Überbevölkerung Polens.* Berlin 1935.

Peltzer, Lilli-Sabine: *Die Demontage deutscher naturwissenschaftlicher Intelligenz nach dem 2. Weltkrieg - Die Physikalisch-Technische Reichsanstalt 1945-1948.* Berlin 1995.

Picker, Henry: *Hitlers Tischgespräche im Führerhauptquartier.* Berlin-Frankfurt am Main 1989.

Pohl, Dieter: *Nationalsozialistische Judenverfolgung in Ostgalizien 1941-1944.* Organisation und Durchführung eines staatlichen Massenverbrechens. München 1996 (Studien zur Zeitgeschichte Band 50).

Prantl, Heribert (Hg.): *Wehrmachtsverbrechen.* Eine deutsche Kontroverse. Hamburg 1997.

Prinz, Friedrich: Deutsche Geschichte im Osten Europas - Böhmen und Mähren. Berlin 1993.

Raschhofer, Hermann: *Der Fall Oberländer.* Eine vergleichende Rechtsanalyse der Verfahren in Pankow und Bonn. Tübingen 1962.

Rauschning, Dietrich, und Donata v. Nerée (Hg*.):* *Die Albertus-Universität zu Königsberg und ihre Professoren.* Aus Anlaß der Gründung der Albertus-Universität vor 450 Jahren. Berlin 1995 (Jahrbuch der Albertus-Universität zu Königsberg / Pr., Band 29).

Reichsführer-SS, Der Reichskommissar für die Festigung deutschen Volkstums (Hg.): *Der Menscheneinsatz.* Grundsätze, Anordnungen und Richtlinien. Berlin 1940.

Reinhardt, Stephan: „Der Fall Globke", in: *Neue Gesellschaft - Frankfurter Hefte* Nr. 5 (1995), S. 437-447.

Rössler, Mechthild und Sabine Schleiermacher: *Der Generalplan Ost.* Hauptlinien der nationalsozialistischen Planungs- und Vernichtungspolitik. Berlin 1993.

Rössler, Mechthild: *Wissenschaft und Lebensraum.* Geographische Ostforschung im Nationalsozialismus. Berlin-Hamburg 1990.

Rosskopf, Annette: *Strafverteidigung als ideologische Offensive.* Das Leben des Rechtsanwalts Friedrich Karl Kaul (1906-1981). Maschinenschriftliches Vortragsmanuskript vom 14. April 1999.

Rückerl, Adalbert: *NS-Verbrechen vor Gericht.* Heidelberg 1982.

Russell of Liverpool, Frederick Edward Lord: *Geißel der Menschheit.* Berlin (Ost) 1955.

Sandkühler, Thomas: „Endlösung" in Galizien: der Judenmord in Ostpolen und die Rettungsinitiativen von Bertold Beitz 1941-1944. Bonn 1996.

Schell, Manfred, und Werner Kalinka: *Stasi und kein Ende.* Die Personen und die Fakten. Berlin 1991.

Scheurig, Bodo: *Spiegelbilder der Zeitgeschichte.* Oldenburg 1978.

Schildt, Axel: *Konservatismus in Deutschland.* Von den Anfängen im 18. Jahrhundert bis zur Gegenwart. München 1998.

Schlögel, Karl (Hg.): *Russische Emigration in Deutschland 1918 bis 1945.* Leben im europäischen Bürgerkrieg. Berlin 1995.

Schnöring, Kurt: „Erich Koch - Einige nannten ihn Hitlers besten Gauleiter", in: *Wuppertaler Biographien* Band 17 (1993), S. 113-124.

Schöttler, Peter (Hg.): Geschichtsschreibung als Legitimationswissenschaft 1918-1945. Frankfurt am Main 1997.

Schroeder, Klaus, und Jochen Staadt: *Der diskrete Charme des Status Quo.* DDR-Forschung in der Ära der Entspannungspolitik. Berlin 1992.

Schütt, Siegfried: *Theodor Oberländer.* Eine dokumentarische Untersuchung. München 1995.

Schulze, Winfried, und Otto Gerhard Oexle (Hg.): Detusche Historiker im Nationalsozialismus. Frankfurt 1999.

Schwan, Heribert: *Erich Mielke.* Der Mann, der die Stasi war. München 1997.
Seraphim, Peter-Heinz: *Das Judentum im osteuropäischen Raum.* Essen 1938.
Siebenmorgen, Peter: *„Staatssicherheit" der DDR.* Der Westen im Fadenkreuz der Stasi. Bonn 1993.
Silling, Victor: *Die Hintergründe des Falles Oberländer.* Groß Denkte / Wolfenbüttel 1960.
Soell, Hartmut: Fritz Erler - Eine politische Biographie. 2 Bände. Bonn 1976.
Solschenizyn, Alexander: *Der Archipel GULAG.* 2 Bände. Reinbek 1980.
Soltikow, Michael Graf: *Meine Jahre bei Canaris.* Wien 1980.
Sontheimer, Kurt: *Antidemokratisches Denken in der Weimarer Republik.* Die politischen Ideen des deutschen Nationalismus zwischen 1918 und 1933. München ^{4}1992.
SS-Hauptamt, Schulungsamt (Hg.): *Der Untermensch.* Berlin 1942.
Stöss, Richard (Hg.): *Parteien-Handbuch.* Die Parteien der Bundesrepublik Deutschland 1945-1980. 2 Bände. Opladen 1984 (Schriften des Zentralinstituts für sozialwissenschaftliche Forschung an der Freien Universität Berlin Band 39).
Streim, Alfred: „Saubere Wehrmacht? Die Verfolgung von Kriegs- und NS-Verbrechern in der Bundesrepublik und in der DDR", in: Heer, Hannes, und Klaus Naumann (Hg.): *Vernichtungskrieg:* Verbrechen der Wehrmacht 1941 bis 1944. Hamburg ^{2}1995.
Streit, Christian: *Keine Kameraden.* Die Wehrmacht und die sowjetischen Kriegsgefangenen 1941-1945. Stuttgart 1978 (Studien zur Zeitgeschichte Band 13).
Strik-Strikfeldt, Wilfried: *Gegen Stalin und Hitler.* General Wlassow und die russische Befreiungsbewegung. Mainz ^{2}1970.
Suckut, Siegfried (Hg.): *Das Wörterbuch der Staatssicherheit.* Definitionen zur „politisch-operativen Arbeit". Berlin ^{2}1996 (Analysen und Dokumente - Wissenschaftliche Reihe des Bundesbeauftragten Band 5).
Suckut, Siegfried, und Walter Süß: *Staatspartei und Staatssicherheit.* Zum Verhältnis von SED und MfS. Berlin 1997 (Analysen und Dokumente - Wissenschaftliche Reihe des Bundesbeauftragten Band 8).
Szende, Stefan: *Der letzte Jude aus Polen* (Der Bericht Adolf Folkmans aus Lemberg). Zürich 1945.
Talbott, Strobe (Hg.): *Chruschtschow erinnert sich.* Reinbek 1971.
Tatsachen zum Problem der deutschen Vertriebenen und Flüchtlinge. Herausgegeben vom Bundesministerium für Vertriebene, Flüchtlinge und Kriegsgeschädigte. Bonn ^{4}1959.
Tauber, Kurt P.: *Beyond Eagle and Swastika.* German nationalism since 1945. 2 Bände. Middletown 1967.
Teske, Hermann (Bearb.): *General Ernst Köstring.* Der militärische Mittler zwischen dem Deutschen Reich und der Sowjetunion 1921-1941. Frankfurt 1965 (Profile bedeutender Soldaten Band 1).
Thamer, Hans-Ulrich: *Verführung und Gewalt.* Deutschland 1933-1945. Berlin 1994 (Siedler Deutsche Geschichte - Die Deutschen und ihre Nation).
Thiele, Hans Günther (Hg.): *Die Wehrmachtsausstellung.* Dokumentation einer Kontroverse. Bremen 1998.

Thorwald, Jürgen: *Die Illusion*. Rotarmisten gegen Stalin. Die Tragödie der Wlassow-Armee. München 1995.

Tieke, Wilhelm: *Der Kaukasus und das Öl*. Der deutsch-sowjetische Krieg in Kaukasien 1942/43. Osnabrück 1970.

Tolstoy, Nikolai: *Victims of Yalta*. London 1977.

Unverhau, Dagmar: *Das NS-Archiv des Ministeriums für Staatssicherheit*. Stationen einer Entwicklung. Münster 1998.

Verbrecherische Ziele, Verbrecherische Mittel: Dokumente der Okkupationspolitik des faschistischen Deutschlands auf dem Territorium der UdSSR (1941-1944).Moskau 1963.

Vernichtungskrieg. Verbrechen der Wehrmacht 1941 bis 1944. Ausstellungskatalog. Hamburg 1996.

Volkmann, Hans-Erich (Hg.): *Ende des Dritten Reiches - Ende des Zweiten Weltkriegs*. Eine perspektivische Rückschau. München 1995.

Wagener, Carl: *Die Heeresgruppe Süd*. Der Kampf im Süden der Ostfront 1941-1942. Friedberg 1979.

Wasser, Bruno: *Himmlers Raumplanung im Osten*. Der *Generalplan Ost* in Polen 1940-1944. Basel 1993.

Weber, Petra: *Carlo Schmid 1896-1979*. Eine Biographie. München 1996.

Wegner-Korfes, Sigrid: Weimar - Stalingrad - Berlin. Das Leben des deutschen Generals Otto Korfes. Berlin 1994.,

Wells, Leon W.: *Ein Sohn Hiobs*. München 1963.

Wer war wer in der DDR. Ein biographisches Handbuch. Frankfurt am Main ³1995.

Werkenthin, Falco: *Politische Strafjustiz in der Ära Ulbricht*. Berlin 1995 (Forschungen zur DDR-Geschichte Band 1).

Werle, Gerhard, und Thomas Wandres: *Auschwitz vor Gericht*: Völkermord und bundesdeutsche Strafjustiz. München 1995.

Wiesenthal, Simon: *Recht, nicht Rache*. Erinnerungen. Frankfurt am Main-Berlin 1992.

Wolffsohn, Michael: *Die Deutschland-Akte*. Juden und Deutsche in Ost und West. Tatsachen und Legenden. München 1995.

Wolffsohn, Michael: *Ewige Schuld?* Vierzig Jahre deutsch-jüdisch-israelische Beziehungen. München ⁵1993.

Wolffsohn, Michael: *Meine Juden, eure Juden*. München 1998.

Worst, Anne: *Das Ende eines Geheimdienstes*. Oder: wie lebendig ist die Stasi? Berlin 1991.

Zayas, Alfred M. de: *Die Wehrmacht-Untersuchungsstelle*. Frankfurt am Main ⁴1987.

Ziesel, Kurt: *Der rote Rufmord*. Eine Dokumentation zum Kalten Krieg. Tübingen 1961.

Ziemer, Gerhard: *Deutscher Exodus*. Vertreibung und Eingliederung von 15 Millionen Ostdeutschen. Stuttgart 1973.

C. Abkürzungsverzeichnis

ABN	Anti-Bolshevik bloc of nations
ArchGebTr	Archiv der Gebirgstruppe
ASSR	Autonome Sozialistische Sowjetrepublik
BA	Bundesarchiv
BAK	Bundesarchiv Koblenz
BAM	Bayerisches Armeemuseum
BA-MA	Bundesarchiv-Militärarchiv
BDO	Bund Deutscher Osten
BGH	Bundesgerichtshof
BHE	Bund der Heimatvertriebenen und Entrechteten
BStU	Der Bundesbeauftragte für die Unterlagen des Staatssicherheitsdienstes der ehemaligen Deutschen Demokratischen Republik
CDU	Christlich Demokratische Union Deutschlands
CIC	Counter Intelligence Corps
CSU	Christlich Soziale Union Deutschlands
DAG	Deutsch-Akademische Gildenschaft
DDR	Deutsche Demokratische Republik
FAZ	Frankfurter Allgemeine Zeitung
FDJ	Freie Deutsche Jugend
FDP	Freiheitlich Demokratische Partei Deutschlands
Gestapo	Geheime Staatspolizei
GPU	Gosudarstvennoe Politiceskoe Upravlenie [bis 1934 Staatssicherheitsdienst der Sowjetunion]
i.G.	im Generalstab
KGB	Komitet Gosudarstvennoe Bezopasnosti [Komitee für Staatssicherheit = Geheimdienst der Sowjetunion]
KPD	Kommunistische Partei Deutschlands
KPdSU	Kommunistische Partei der Sowjetunion
LG	Landgericht
NKWD	(eigentlich NKVD) Narodnyi Komissariat Gosudarstvennoe Bezopasnosti, Nachfolger der GPU)
NSDAP	Nationalsozialistische Deutsche Arbeiterpartei
MfS	Ministerium für Staatssicherheit
OKH	Oberkommando des Heeres
OKW	Oberkommando der Wehrmacht
OLG	Oberlandesgericht
OUN	Organisation Ukrainischer Nationalisten
RmbO	Reichsministerium für die besetzten Ostgebiete
RSHA	Reichssicherheitshauptamt
SAPMO-BA	Stiftung Archiv der Parteien und Massenorganisationen der ehemaligen DDR im Bundesarchiv

SD	Sicherheitsdienst
SED	Sozialistische Einheitspartei Deutschlands
SPD	Sozialdemokratische Partei Deutschlands
SS	Schutzstaffel
UdSSR	Union der sozialistischen Sowjetrepubliken
URPE	Union des Résistants pour une Europe unie
VDA	Vereinigungen für das Deutschtum im Ausland
VOMI	Volksdeutsche Mittelstelle
VVN	Vereinigungen der Verfolgten des Naziregimes
zbV	zur besonderen Verwendung
ZK	Zentralkomitee
ZStL	Zentrale Stelle der Landesjustizverwaltungen zur Verfolgung von NS-Verbrechen
ZUV	Zentraler Untersuchungsvorgang

Wissenschaftsgeschichte

Clemens Albrecht, Günther C. Behrmann, Michael Bock, Harald Homann, Friedrich H. Tenbruck
Die intellektuelle Gründung der Bundesrepublik
Eine Wirkungsgeschichte der Frankfurter Schule
1999. 649 Seiten, geb.
ISBN 3-593-36214-7

In der Bundesrepublik Deutschland hatte bis heute keine andere Intellektuellengruppe einen ähnlich großen Einfluss wie die so genannte »Frankfurter Schule«, zu der gewöhnlich Max Horkheimer, Theodor W. Adorno, Herbert Marcuse und der um eine Generation jüngere Jürgen Habermas gezählt werden. Die Frankfurter Schule vermochte mit der Protestjugend von 1968 eine ganze Generation und über sie die politische Kultur der Bundesrepublik zu prägen.

Die späte, ganz unerwartete Breitenwirkung einer in der Weimarer Republik entstandenen und 1933 zur Emigration gezwungenen Gruppe marxistischer Philosophen, Kultur- und Sozialwissenschaftler lässt sich allein mit den bekannten Studien zur Ideengeschichte der Kritischen Theorie und Institutsgeschichte des Frankfurter Instituts für Sozialforschung nicht erklären. Der Band schließt zwar an diese Studien an, verfolgt aber weiter gehende Fragen – wie die nach dem Einfluss auf die intellektuelle Bewältigung des Nationalsozialismus. Damit werfen die Autoren ein neues Licht auf die intellektuelle Geschichte der Bundesrepublik.

Gerne schicken wir Ihnen unsere aktuellen Prospekte:
Campus Verlag · Heerstr. 149 · 60488 Frankfurt/M.
Hotline: 069/97 65 16-12 · Fax - 78 · www.campus.de

campus
Frankfurt / New York